世界传世藏书

世界枭雄大传

刘宇庚◎主编

綫裝書局

世界枭雄大传

政坛领袖

线装書局

卷首语

要把一位领袖列入伟人行列的可靠的公式,包括三个要素:一个大人物、一个大国和一个重大事件。一次,丘吉尔在评论英国十九世纪首相罗斯伯里勋爵时说,很不幸,他生活在一个"有大人物而无重大事件的时期。"通常,我们对战时领袖的评价高于和平时期的领袖,部分原因是由于战争必然带来戏剧性的事件,部分原因是由于各国历史详细论述战争,还有一个原因是,当一位领袖遇到了需要他最大限度地发挥才能去应付挑战时,我们方能全面地衡量这位领袖有多么伟大。当授予荣誉勋章时,我常常思考着有多少获得勋章的人在他们以最大的勇猛精神迎接挑战前一定像极其普通的人一样。没有挑战,他们就不能显示出英雄本色。战时的挑战使领导人所显示出来的品格易于衡量。和平时期的挑战可能也是巨大的,但领袖战胜这些挑战构不成戏剧性事件,也引不起人们的注目。

正如尼克松所言:"这些领袖们扮演的角色之所以引起人们如此之大的兴趣,不仅仅是因为它的戏剧性,更是因为它的重要性,它的影响。当一出戏闭幕时,观众鱼贯退出剧场,回家去继续他们正常的生活;而当一位领袖的生涯结束,降下帷幕时,观众自己的生活也就起了变化,同时历史的进程也可能会随之发生深刻的变化。"

将本卷中所选择的领袖作为书写对象,是经过严格的删选和缜密的思考之后才确定的。本卷中,这些大国领袖的个性、品格、特殊经历;他们所面对的事态与困境,以及摆脱困境的策略、斗争与过程;无不生动、鲜活地跃然纸上。

那些不善于研究历史的人,多半会重蹈历史的覆辙,相反,如果一个时代的领袖们能比他们的前任对未来看得更远,那是因为他们比他们的前人更高瞻远瞩。本卷写的大多是过去的领袖人物,但也是为了未来的领袖们。

从这些领袖身上吸取教益对世界向前发展大有裨益。本卷中的每一位领袖他们都研究了过去,并从中吸取了经验教训。反之,在今后的岁月中。

目 录

世界传世藏书·世界枭雄大传·政坛领袖卷·

7

美国"国父"
——乔治·华盛顿

人物档案

简　　历：1775 年出任大陆军总司令，1789 年 4 月 30 日出任美国第一任总统，1796 年 9 月宣布不再争取连任总统，辞官回家。

生卒年月：1732 年 2 月 22 日~1799 年 12 月 14 日。

安葬之地：哥伦比亚特区华盛顿市阿灵顿国家公墓。

性格特征：相貌堂堂，风度雍容高贵，举止安静威严。

历史功过：北美独立战争的组织者，大陆军总司令。第一任美国总统，他开创了总统连任不超过两届的先例。领导美国独立，主持制宪会议。

名家点评：被称为是美国的"国父"，被看作是美国的象征，在全世界享有盛名。

皇族子胄

1732 年 2 月 22 日，美国弗吉尼亚威斯特摩兰一座宽敞的农舍里，一个小生命呱呱坠地。他就是后来领导独立战争、缔造美利坚合众国的历史巨人，美国的首任总统乔治·华盛顿。

华盛顿的父亲奥古斯丁·华盛顿长得高大白皙，他一生结了两次婚。第一次娶的是巴特勒先生的女儿简。她于 1728 年去世，留下了劳伦斯和奥古斯丁两个孩子。

奥古斯丁·华盛顿于两年后再次结婚，娶的是鲍尔少校的女儿玛丽，据说她是北狭地区的美人。乔治·华盛顿是他们的第一个孩子。

不久，他的家就迁到了弗雷德里克斯堡对面的新居——弗雷。那座庄舍前流淌着腊帕赫诺克河，涨潮时海船来往穿梭十分繁忙，华盛顿在童年时经常在这里游泳、划船。房子坐落的高地下面有一块草地，是他的游戏场和体育活动场。河东岸是一片宽阔的森林，这里也许是华盛顿进行军事游戏的天然的"战场"。

在华盛顿开始懂事时,他就被送到附近最好的学堂去接受教育。当时民间称这种学堂为"老式学堂",教一些简单的科目,如写字、计算等技能。同时,华盛顿还在家里受到修养极好的父亲在智力和道德上的熏陶。然而,不幸的是,父亲的教育并没有持续很长时间,1743年4月12日,父亲突然腹痛去世,当时小华盛顿年仅11岁。此后,教育华盛顿的事便由母亲承担了下来。玛丽深明事理,办事十分认真、当机立断,治家严谨但又十分慈祥。华盛顿对她十分尊敬。

不久,华盛顿转学到了布里奇斯溪附近的一所更好的学校。华盛顿在13岁以前,已经把各类商业文件、法律文件、汇票、契约等的格式抄录成册。

得益于早年这样的自学,他掌握了律师们起草文件的技能,养成了商人们随时记账、毫厘不爽的习惯,这使他终身受用。在较短的学习期间,他专心致志地学习数学,用心钻研并彻底掌握了当时最重要的学科:土地测量。他的几本田亩登记簿都细致地记录了测量过的田亩的边界和大量结果,并且绘了图表。他的登记簿整洁又准确,就仿佛整个工作同重要的土地交易有关,而不仅仅是学校的作业似的。

乔治·华盛顿是美国总统中唯一一位没有大学文凭的人。然而他依靠自身的努力,抓住一切学习机会,从而获得了一个成功人士所必备的各种知识和品德,最终成了一位合格的领袖人物。在家庭成员中,同华盛顿关系最密切也是对他影响最大的是他同父异母的兄长——劳伦斯·华盛顿。华盛顿六七岁的时候,劳伦斯从英国受教育归来。这时的劳伦斯已经成为一个谈吐修养极佳的青年了。劳伦斯比华盛顿大14岁,对这个弟弟爱护备至。

华盛顿表现出来的聪明才智和正直诚实的品德赢得了劳伦斯的喜爱,而华盛顿则把富于男子气概的、有教养的哥哥看作自己在学识和风度方面的楷模。

在父亲去世之后,劳伦斯对华盛顿表现了真正的慈父般的关心,经常接他到自己的弗农山庄来做客。

劳伦斯当时已经成了那个地方当之无愧的有名望的领袖人物。劳伦斯的岳父威廉·费尔法克斯受过高等教育,具有天赋的优秀品质。

他阅历很广、思想丰富,是英国约克郡一个名门望族之后。由于同这样一个家庭亲密交往,华盛顿这个有些粗野的青年学生的性格和风度,不能不受到良好影响。

在华盛顿16岁时,他就不再像少年了。他身材高大,体格健壮且富于男子气概。

由于他的自我训练和对自己的严格要求,他的举止已经显得庄重而果断,他的坦率与谦逊也博得了人们的热情尊重。

在这一时期,他同威廉·费尔法克斯的堂兄托马斯·费尔法克斯男爵交往甚密。狩猎季节到来的时候,华盛顿在马上表现出的勇敢和对猎物的拼命追击赢得了这位男爵的喜爱。

也许正是在这时,华盛顿培养起了对于跟踪追击的兴趣,并在以后以善于追击闻名于世。

就在这时,男爵在蓝岭那边的领地被一些非法移民强占居住,费尔法克斯男爵迫切希望对那片土地进行考察和测量,并分成小块田亩,以便把闯入者赶走或者迫使他们接受合理的条件。男爵决定把这一艰巨任务交给华盛顿。

　　1748年3月,年仅16岁的华盛顿骑上马,带着测量工具,在男爵的陪同下,开始了勘测的征程。

　　他们的第一站是费尔法克斯男爵的管家和黑奴的住所。华盛顿记有日记,而且像通常一样记得精确。

　　他以欢快的笔调记叙了弗吉尼亚大河谷一带树木的丰美、土地的肥沃及途经的一条明亮的,称作谢南多亚——意思是"星辰的女儿"的河。

　　不过,他是用商业的眼光来观察这一切的。日记中还忠实地记载了土地的质量及价值,他早期的观察习惯和实习测量的经验已经使他在这项工作中得心应手。

　　此次远征也为华盛顿提供了一个了解社会的好机会。他们一路上访问了许多朋友和居民。给华盛顿印象最深的是在华盛顿·梅森家目睹了寡妇安妮·汤姆森生活清苦、经济拮据的窘状。

　　这些见闻成了他了解社会的最好的教科书。

　　他们从谢南多亚河谷底部开始测量,测量的范围沿着谢南多亚河道长达数英里。那里到处都有非法垦荒者和吃苦耐劳的先驱者开辟的小块土地,在以后的日子里这位富家子弟吃尽了苦头。

　　艰苦的野外生活更给了他一笔比金钱和土地还要宝贵的财富,他不仅练就了一副强健的体格,而且还开阔了视野,磨砺了意志。

　　首次的测量工作激励了华盛顿向前迈进的热情,他迷恋西部土地,渴望成为一名正式的土地测量员。

　　在男爵的大力推荐下,这个愿望终于在1749年夏天得以实现。

　　乔治·华盛顿从事这个职业达三年之久。他的测量记录总是十分准确,不久就成了权威,列入本县各机构的档案,直至今日,档案中保存的这些记录还得到人们的绝对信任。

　　土地测量员的工作给华盛顿带来了丰厚的报酬。而且由于熟悉这个地区,了解各处土地的价值,他就用薪金购置土地。

　　这样三年后,这位19岁的年轻绅士已经拥有了1400多亩的地产。

军事生涯

　　就在这时,一项争夺殖民地的宏伟计划已经紧张地开始了。这项计划注定要把华盛顿吸引到艰苦的事业中来,并且在一定程度上决定了他未来命运的进程。

　　英法两国在埃克斯·拉·夏佩勒缔结的和约结束了欧洲境内的全面战争,但两国在美洲的领地边界却没有明确划定。大片大片的土地引起了两国长时间的争执,其中最令人垂涎的一个地区是从大湖区延伸到俄亥俄河,包括那条大河及其支流的河谷。

　　这一地区地域辽阔、土地肥沃,有良好的猎场和渔场,还有湖泊河流之利可供往来通商贸易。

　　形势越来越紧张,英法双方都为了应付不测的战争风云做着准备。

　　很明显,如果双方都坚持对有争议的领土的要求,就只能用武力来解决。

在弗吉尼亚,备战的气氛特别明显。弗吉尼亚省督为维护俄亥俄公司的利益,急需物色一名跟法国军方进行交涉的人选。这个人既要体格健壮,又要威武不屈;既要有智谋跟狡猾的法国指挥官谈判,又要有勇气跟野蛮的法国的印第安盟友周旋。在全省所有的出色人物中进行竞选的结果——21岁的华盛顿被认为最具备条件。

接受了这个重大使命之后,华盛顿备办了出使所必需的马匹、帐篷和其他旅行用品,聘请了一位向导、两位译员和四位边民。

11月15日,华盛顿带着这一小批随员登程,日夜兼程地穿越了一大片被冰雪封冻得几乎无法通行的旷野。

24日,他们到达了跟英国友好的印第安人聚居地区。经过一番周折,华盛顿邀集了所有的大小部落首领进行会谈。他陈述了自己出使的目的,劝导他们坚定地站在英国一边,请求他们派人护送他前去法国军队总部。

通过会谈,酋长们用印第安人的方式表示了绝对忠于英国、跟法国断绝一切关系的态度。会后,众部落的最高首领和两位酋长、一位印第安猎人成了华盛顿一行的新成员。

在此期间,华盛顿把所听到的和所看到的许多法国军事情报一点一滴地做了详细记录。

12月4日,他们到达了目的地,一群喝得烂醉的法国军官和亲法的印第安首领把日程延宕了7天。

7天后,华盛顿的使团走进了法国军队的堡垒,终于把弗吉尼亚省督的信件递交给了那里的最高指挥官。

在整个出使的过程中,华盛顿精明谨慎,坚定果断,富有牺牲精神;面对反复无常的野蛮人和诡计多端的欧洲人,他镇定机智,应付自如;对所到地区的制高点、可以防守的地点和一切跟军事相关的细节,他都洞察入微,记录在案。

在冰雪交加的严冬季节长途跋涉,风餐露宿,时时有可能遭受敌人的背信弃义,突然袭击,对这种常人难以招架的艰险困苦,他都安之若素,以苦为乐。从而不仅使省督,而且使一般公众都心悦诚服地承认:华盛顿虽然还十分年轻,却已经是一个足以担当军政重任的杰出人物。

在争夺战期间,一位美丽而温顺的妇人闯进了华盛顿的心坎,她就是寡妇马撒·丹德里奇·卡斯蒂斯。她"带有南方妇女那种迷人、坦率、可爱的风度"。二人一见倾心,隔不多久,两人很快定下终身。

1759年1月6日,华盛顿和马撒·丹德里奇·卡斯蒂斯喜结良缘。隆重的婚礼在马撒的名为"白屋"的寓所里进行,当地上流社会的人士都应邀出席。从此以后,芒特弗农成了华盛顿的安乐窝。

在经过多年的征战、闯荡、漂泊以后,华盛顿倍觉定居生活的乐趣,更加珍惜家庭生活的温馨、缠绵。

1763年,英法在北美的战事以英国的胜利而告结束。根据《巴黎条约》,法国放弃在北美的一切军事和政治权利。

战争的结束既是英国同其北美殖民地"和谐"关系的终点,又是两者矛盾日深的起点。华盛顿是最先觉察到战争的人士之一。

1764 年,英国为了将英法战争的大笔军费开支转嫁到殖民地人民的头上,颁布了"糖税法"。

　　1765 年,英国政府又变本加厉地通过了"印花税法"。华盛顿担心这项法令会在各地引起"燎原的大火"。

　　反对印花税的第一阵浪潮在弗吉尼亚发生了,他们对印花税法感到愤慨,认为这是对他们的权利的侵犯。

　　5 月 29 日,市民院对印花税进行讨论。在会上,帕特里克·亨利提供了他那著名的提案:只有弗吉尼亚议会才有权利和权力向居民征税,凡持有相反意见者,均应视为弗吉尼亚的敌人。

　　华盛顿对此忧心忡忡,他已经预感到要有一番艰苦的斗争。出于爱国热情,他已经在考虑怎样应付这场斗争了。

　　10 月,在马萨诸塞议会的鼓动下,在纽约举行了一次大会,参加大会的有马萨诸塞、罗德岛、康涅狄格、纽约、新泽西、宾夕法尼亚、特拉华、马里兰和南卡罗来纳的代表。

　　在这次大会上,他们厉声痛斥英国议会这两项法令侵犯了他们作为英国天然公民的权利和自由,并草拟了告国王书和致英国议会两院的请愿书,请求加以纠正。

　　11 月 1 日,印花税法预定生效的日子来到时,各地都举行了不祥的隆重仪式。这以后,一切需要购买印花税才有效力的交易都停止了,团结成为大家的座右铭。

　　而且纽约、费城等一些城市的商人一致同意,如果不取消印花税法,1766 年 1 月 1 日以后,大家就不再进口英国货了。

　　印花税法最终在 1766 年 3 月 18 日被废除。不过,在废除印花税的决议案中还有一项极其有害的条款:

　　英王经议会同意,有权利制定具有充分效力的法律和法规,这些法律和法规"在一切情况下都对美洲的殖民地和人民具有约束力"。

　　美洲人民所争的是原则,而不仅仅是金钱利益,因此在英王和议会继续保留这种权力的情况下,争执也就无法消弭。人民对于废除印花税的感激之情也就变成了心灰意冷。

　　而且英国议会的其他法令也进一步激起了人们的不满。

　　1770 年 9 月 5 日,在费城举行了第一届大陆会议,这是破天荒地第一次由一个殖民地议会建议召开的大陆会议。有 51 名代表参加,据记载,这次会议"极为庄严"。

　　各殖民地的极有名望的人物第一次有机会共聚一堂。共同的利害关系使大家紧紧地团结在一起。

　　大陆会议在秘密中一共开了 51 天。一个由每省派两名代表组成的委员会提出一系列提案,大会都一一加以通过,这就是所谓的"殖民地权利宣言"。

　　就在大陆会议进行期间,波士顿的省督盖奇派遣炮兵部队驻扎在广场上,派遣威尔士火枪手驻扎在碉堡山,在波士顿的唯一陆上大门波士顿隘口安置了四门大型野战炮。

　　因此,波士顿和附近地区的群众都提高了警惕,变得非常敏感。

　　乡村地区的群众纷纷从各个方面来武装自己,进行训练,到处搜集武器和弹药,储藏在他们一旦有事随时可以取用的地方。

长期引而不发的矛盾终于激化,驻守波士顿的英军渐渐增至了4000人左右。于4月18日夜对康科德的军火库进行了突然袭击。

5月10日,第二届大陆会议在费城举行,会议上成立了一个邦联,允许各殖民地有权按照各自的宪法处理自己的内部事务,但又把缔和宣战、订立条约和盟约、管理全面贸易的权力授予大陆会议。

随后,大陆会议下令征集兵员,在殖民地各地修筑碉堡、筹集军队、弹药和军用物资。

华盛顿担任所有处理军事事务的委员会的主席。这说明公众对他的军事才能和经验十分赏识。大多数军队的规章条例和防御措施都是由他制定的。

6月15日,大陆会议正式决定接管新英格兰军队,命名为大陆军,并全票通过了华盛顿担任总司令的决议。

6月20日,华盛顿正式担任总司令,应民兵军官的要求,他检阅了好几个步骑兵民兵连。人人都渴望见到新上任的总司令,而他也正符合人们心目中总司令官的美好形象。

他43岁,正当盛年,相貌堂堂,一表人才,风度雍容高贵,举止安静威严。当他威风凛凛地骑在马上的时候,不管他走到什么地方,空中都响彻一片欢呼之声。

华盛顿上任后不久,他就视察了波士顿北美民兵的据点,实地观察了波士顿的地形。

摆在华盛顿面前的局面十分严峻。

5月25日,从英国来了一些军舰和运输舰,又运来了大批援军,并且派来了在英国最有经验的三位将领:威廉·赫、亨利·克利顿和约翰·伯戈因。

现在英国共有11万多人,而且这支部队不但作战经验丰富,而且配备有精良的武器。

与此同时,在美洲军中所充斥的士兵几乎不知道军事纪律为何物。除了愤怒的爱国主义的共同感情外,没有什么组织纪律把他们结合为一体,共同一致行动。

面对这种复杂的局势,华盛顿抓住了对未来有决定意义的环节:整顿军队,建立起必要的规章制度。

当一切就绪,华盛顿刚要迫使敌军从波士顿出来决一死战的时候,华盛顿却在一次检查中,发现实际存有的军火只够营中官兵每人九发子弹了。

华盛顿再一次陷入了忧心之中,幸好驻守于波士顿城内的英军并未采取任何行动。就这样双方在僵持中度过了1775年。

1776年年初,诺克斯上校终于带领士兵经过长途跋涉,用牛拉的雪橇给部队送来了弹丸、燧石、43门大炮、16门臼炮及其他军需品。

华盛顿提出了作战措施,大陆军决定夺取城南的多彻斯特高地,这样就可以控制整个港口了。

3月4日晚,在振聋发聩的炮声的掩护下,托马斯将军率领队伍悄悄地向高地进军。300辆满载建筑材料的小车也迅速驶向高地。

美军官兵们表现出了惊人的毅力,他们挥动铁锹,掘开冰冻的土地,到黎明时分,高地上就威风凛凛地出现了一座令人望而生畏的堡垒。

美军占领多彻斯特高地使驻在波士顿的英军完全处在美军的炮火之下,情势十分危险。

为了拯救危局,赫将军命令军队夜袭多彻斯特。但接连的暴雨"天意干预"了这项作战计划。3月7日,赫将军不得不做出最后决定:全军撤出波士顿。

英国的舰队终于从海岸边完全消失了,波士顿终于彻底解放了。

华盛顿在整个围城战役中的突出表现,赢得了全国人民的热烈称赞。大陆会议为了向华盛顿表示感谢,下令铸造印有波士顿的解放者华盛顿的肖像的金质奖章。

在波士顿的惨败使伦敦的统治者们恼羞成怒,他们采取了非常措施,为下一个战役做准备。英国给了德国亲王不伦瑞克公爵、哈瑙伯爵一笔津贴,请他们提供军队协助英国制服殖民地。

为此,费城的大陆会议开始关起门来讨论一个重大的问题。7月4日,会议通过了一项庄严而崇高的文件——《独立宣言》。宣言最终成为英国统治结束的丧钟。

之后,赫将军从波士顿撤走,他又着手统率着从英国本土调来的正规军及黑森雇佣军3万多人。一支优良的海军也在其兄弟——海军上将理查德·赫的指挥下开赴北美。

赫将军重整旗鼓,决定南下夺取纽约和哈得逊河谷地,把美殖民地一分为二,然后集中全力迫使大陆军决战,一举全歼华盛顿的大陆军,把刚宣布独立的美利坚合众国扼杀在摇篮之中。

在随后的战斗中,华盛顿取得了夜袭特伦顿和巧攻普林斯顿的胜利,赶走了笼罩在全国人民头上的悲观情绪。

随着战争的胜利,华盛顿驰誉天下,名扬欧美,并在北美的政治、军事领域中奠定了自己的领导地位。

随后,华盛顿利用有利的时机,带领军队开赴莫里斯顿进行休整。在整休期间,华盛顿倾其全力,对大陆军进行了改组、训练和扩充。

他签署命令,要求大陆军和民兵各级军官都要保护居民,禁止抢劫人民的财产,违者严惩。为了提高新编连队的战斗力,他还提拔了不少军官。

后来大陆会议授权他征募了16个步兵团、3000名轻骑兵、三团炮兵和一团工兵,募兵期为三年或整个战争期间。

莫里斯顿的整训工作是华盛顿将军创建新军的重要开端。他竭尽全力把大陆军从一批"拿着武器的民众"提高到能同英军主力正面抗衡、周旋的革命正规军。

由于长期的操劳,华盛顿将军于1777年3月初得病卧床不起。

幸好,3月中旬华盛顿夫人乘着马车风尘仆仆地来到莫里斯顿,给华盛顿的军营生活带来了家庭的温馨与快乐,使他很快地恢复了健康。

5月初,赫将军已做好了发动攻势的一切准备。华盛顿立即觉察到他们企图攻取费城,他于5月底,撤去了莫里斯城的营盘,把驻地转移到距不伦瑞克不到10英里的米德尔布鲁克。

6月初,赫将军渡江进入了东新泽西,在不伦瑞克设立了司令部。与此同时,华盛顿派出了小股部队,在少数大陆军的协助下,袭扰敌军,以便用持续不断的小战斗削弱他们的兵力。

6月13日夜间,赫将军命令大军从不伦瑞克出发,一路上烧杀抢掠,妄图激起当地居民对华盛顿"坐视不救"的不满情绪。

但是英军一次次的引诱始终没有成功,华盛顿一直驻守着米德尔布鲁克的营地,并牢牢控制着山间的通路,避免决战。

不久,英国议会下达了作战计划。他们认为,两支军队——驻加拿大的军队和驻纽约的赫将军的军队会师是平定叛乱的最快办法。于是赫将军的目标转向费城。

9月8日,华盛顿率领大陆军渡过布兰得温河,又于10日晚,占领了河北的查德堡,派沙利文将军据守该堡北部的高地,形成自己的右翼,又让宾夕法尼亚民兵驻防查德堡左面的平地。

这时,赫将军的主力部队已在布兰得温河7英里外的地方扎下大营。

9月11日,赫将军先发制人。清晨,英军在通向查德堡浅滩的大路上向前推进。经过一段激烈的战斗,美军被赶过了布兰迪魏因河。

这时,赫将军又派康华里沿着与河流平行的大路向西北迂回,从侧面包抄沙利文。

大约10点钟时,双方开始猛烈的炮击,由于派出的侦察兵迟迟未回,华盛顿对敌人的部署毫无所知,又因为得到了敌军尚未出动的谎报,所以不敢妄下判断,以致错过了战机。

美军仓皇退却以后,赫将军并没有乘胜追击,华盛顿率军退到了日耳曼顿,部队在那里休息了一天。华盛顿发现战士们仍然斗志昂扬,并没有因为昨日的失败而沮丧,于是决定再次发动一次"特伦顿式"的奇袭。

10月3日晚,大陆军在黑暗中向英军发动了进攻。经过14英里的漫长路程,队伍在拂晓前赶到了日耳曼顿,而敌人竟毫无察觉。这天早晨,大雾弥漫,天色阴暗,华盛顿命令马里兰军官艾伦·麦克莱恩上尉率领一支巡逻队,前去攻取敌军外围哨所。

英军再次后退,但是在掷弹兵的支援下,又返回来冲锋。沙利文带领着部队继续沿日耳曼顿街南下,后来在"周氏宅邸"的石屋受到马斯格雷夫率领的军队的阻击,双方展开了激烈的战斗。

100多名敌人凭借坚固的石屋猛烈射击,居高临下的敌人从各个窗口射出密集的子弹。

结果,75名勇敢的官兵牺牲在屋前,勇士的鲜血洒了一地。美军留下一团兵力继续攻击,主力迅速南下直逼英军司令部。英军的左翼开始溃逃。

格林率领的军队,需要迂回前进,投入战斗较晚。斯蒂芬师由于受到敌人猛烈火力的阻击,与格林将军的部队失散。

格林师向前推进很快,一直推进到离市镇中心市场很近的地方,在那里,他遇到了严阵以待的英军右翼。他的猛烈进攻对敌军显然产生了效果。敌人开始动摇,眼看大陆军胜利在握。

就在这紧要关头，美军的几支部队由于当天的大雾迷漫，不幸互认敌军，自相残杀起来。

与此同时，最初因为遭到突然袭击而慌乱不堪的敌军已经镇定了下来，反过来发起进攻。

格林带领英军左翼，趁着美军向后退却的机会紧紧追击。康华利也带着一个骑兵营从费城来到，正好赶上追击。在日耳曼顿战役中，大陆军虽然没有取得预期的结果，但是在血战中美国军队的不屈不挠的战斗精神、指挥官的信心与才能都得到了进一步的锻炼。日耳曼顿战役以后，赫将军主力龟缩费城。

不久，伯戈因在萨拉托加当了美国人的俘虏。随后的萨拉托加战役又大大削弱了英军的实力，长了美国人民的志气，灭了英军的威风。

更重要的是它的胜利最终导致了美国和法国的结盟，从根本上改变了英美双方军事力量的对比，成了独立战争转败为胜的转折点。

在南方，华盛顿正费尽心机对付赫将军的部队。

他采用封锁敌人供应线的办法迫使赫将军退回费城市郊，又割断费城同新泽西州的运输，力图困死城内的赫将军。赫将军龟缩费城不出，双方几无战事。

这时严冬将至，看到衣不蔽体的大陆军官兵，华盛顿不禁寝食难安。他召开军事会议商议冬季整休的问题，最终决定前往伏吉谷建立冬营。

在伏吉谷，华盛顿为士兵的吃、住、穿而日夜操劳，为军队的训练而奋发努力，率领大陆军同寒冷、饥饿、死亡和敌人斗争，同时，他还要在精神上、心理上忍受难以言表的打击和折磨。

英国当局不仅在战场上用重兵企图消灭华盛顿的军队，而且不断施展阴谋离间大陆会议同华盛顿的关系，制造流言蜚语败坏他的声誉。接二连三的诽谤和造谣给华盛顿带来了精神上的巨大打击。

反华盛顿的派别活动开始于1777年秋冬，于1778年2月终于结束。这次阴谋对正在伏吉谷的华盛顿确实是一次重大的折磨，这种精神创伤只有用革命胜利的喜悦和人民的信任来医治。

1778年5月8日，由于英国议会对赫将军的战绩不满，派亨利·克林顿爵士接替了他的职务。

几天以后，费城里的英军一片忙乱，英法即将开战，华盛顿率军北上，又回到了两年前的战场——纽约附近的白原扎营。

1779年初，大陆会议在费城开会议论这一年的军事行动计划。在会上，华盛顿的防御计划获准通过。由于有几个印第安部落被英军收买，同大陆军开过仗，大陆会议决定组织一次对印第安人的讨伐。

这年夏天，华盛顿派沙利文将军率领5000人马，穿过几百英里的森林、荒原向两部进发。8月29日，美军在牛顿同1200名王党分子和印第安部落发动了一次战争，大部分印第安人遭到屠杀。

这次讨伐加深了印第安人与大陆军之间的矛盾，给英军和王党分子以可乘之机，并在以后的数年中，给反英斗争带来了消极影响。

1779年是美军最困难的一个冬天。由于投机商人大发国难财，军队的供应格

物价飞涨,纸币贬值,军人一个月的津贴早已不如一个泥瓦匠一天所赚的钱,因此在大陆军中发生了好几次叛乱。华盛顿不得不向各州强征军需物资。

美国人民以极大的爱国热忱理解了这一举动,他们尽自己最大努力来满足武装同胞的需要。

而此时的英军则利用美军的困境,南下发动攻势。这年圣诞节刚过,8000名英军趾高气扬地由海路直驶南方,华盛顿得到情报,立即抽调力量支援驻守在南卡罗来纳重镇查尔斯顿的本杰明·林肯将军。

1780年2月11日,一场战斗即将在南卡罗来纳爆发。英军1万人左右而美军只有5000人。

华盛顿主张林肯应该毫不犹豫地撤出查尔斯顿,然而,林肯将军竟千方百计组织增援部队死守城市。

不久,查尔斯顿就被英军包围。5月12日,5000名美国官兵被迫投降,查尔斯顿落入敌人之手。

查尔斯顿的失陷不仅是独立战争以来美军最惨重的一次失败,而且它对华盛顿个人来说也是一个沉重的打击。

更为可怕的是一场极其危险、出乎意料的叛国阴谋却在他身边偷偷地策划、进行着。

在萨拉托加战役中建立奇功的阿诺德将军是一位骁勇的猛将,然而他居功自傲,在华盛顿让他留守费城的那段日子里,他沉湎酒色,动用公款进行赌博,不久就债务缠身。

阿诺德在费城混不下去了,就向华盛顿提出了上前线的要求。当大陆会议把宾夕法尼亚行政委员会对他的指控提交一个军事法庭的时候,他第一次对他曾经勇敢地维护过的事业产生了不忠的念头。

在清算债务方面的失望情绪使他更加愤怒,他的卑鄙的动机和仇恨交织在一起,于是他开始考虑,在对他的国家进行报复的时候,如何干才能对自己的命运有利。他与英军密谋,使英军可以不费吹灰之力占领西点,甚至活捉华盛顿。

多灾多难的1780年终于过去了,在美国历史上,这是一段黎明前的黑暗,它不久就被法国出兵所带来的希望之光驱散。法国终于派出了一支远征军,由沙场老将军罗尚博任总司令。

罗尚博于1780年7月10日率领6000名法国远征军顺利地抵达美国罗得艾兰的纽波特。与此同时,美国南方兵团也连连获胜。此时,华盛顿认为决战的时机已经到来了,并决定选择弗吉尼亚作为决战战场。

1783年1月20日,人们盼望已久的和平消息终于传来,美英两国在巴黎签订了一项全面的条约。

几天以后,英国又奉命宣布停止海上、陆上一切敌对行动。美国人民终于为自己的祖国赢得了独立。大陆军在华盛顿将军的英明指挥下,为美国的独立立下了汗马功劳。

战争已经结束,然而国内却出现了错综复杂的政治格局。独立之后,美国将建成何种体制的国家成了一个新的问题。邦联制还是联邦制？共和制还是君主制？

　　同年 10 月，邦联议会决定解散大陆军。华盛顿的军事生涯结束了，在圣诞节前夜，他终于回到了心爱的家乡——芒特弗农。

政治生涯

　　在芒特弗农，这位昔日威严的将军成了一位温和文雅的乡绅。

　　他虽然在早晨醒来的时候，仍然等待着听军鼓激动人心的响声，但是对于这种变化，他还是觉得不太别扭或剧烈，像一条自由的鱼儿重又游回了大海一样。

　　然而，他的生活并非像他所希望的那样与世隔绝。他从前的丰功伟绩为他带来了大量的仰慕者，大量的信件，大量的传记作家与大量的画家。他总是谦逊而慈祥地迎接他的客人。

　　除了应付这些来访者之外，华盛顿把大部分时间和心血都花在了他的农场之上。他除了大量阅读农业和园艺方面的书籍，还悉心地进行农业实验，在庄园内建立了"植物园"。

　　同时，他还酝酿了一个建设西部的重要计划，他想建设一个巨大的交通网络把未曾开垦的西部土地和大西洋沿岸土地连成一片，使之变成一个不可分割的整体。他的建议得到了弗吉尼亚议会的批准，同意成立一个波托马克河和詹姆斯河运河公司，并一致推举华盛顿出任公司的主席。

　　在以后的日子里，华盛顿几乎全力投入了这项工作。

　　显而易见，华盛顿把疏浚河流、架设桥梁、开发交通看成是和平的"艺术"，是联合各州的杠杆。要求并促进各州的紧密联合是他战后最关心的战略目标。

　　从表面上看，华盛顿已经脱离了政坛，然而对于有着一颗强烈的爱国之心的他，却不能不时时在忧心忡忡中注视着这个庞大的政治邦联的命运。

　　在强敌压境的革命战争期间，这种政体是符合非常时期的政治需要的，可现在却越来越无力履行一个全国性政府的职能。

　　现在各州只关心保护自己的局部利益，对于邦联以前的条约现在的政策却视而不见。

　　美国国内，商品奇缺，纸币贬值。美国的大资产阶级和大种植园主过着养尊处优的生活，然而广大人民却处于水深火热之中。在这支贫困大军中，大陆军的复员士兵们是最惨的。

　　他们在战争期间用生命争得了祖国的独立，胜利后却一无所获，一贫如洗。

　　基于这种情况，1786 年秋，发生了著名的谢斯起义。虽然最后起义因镇压而平息，但是邦联政体却充分地展示了它的软弱无能。

　　华盛顿虽解甲归田，他却在不自觉中对国家事务发挥着强有力的影响。他大声疾呼：国家的团结，13 个州的联合是立国的"要素"。在马里兰州和弗吉尼亚州专员访问弗农山庄期间，他们进行了广泛的讨论，酝酿出的一项主要办法就是建立联邦体制。

　　这个办法又在各州议会中经过反复讨论，扩大成熟，最后形成了一个方案。

方案规定,要在费城召集各州代表,举行一次代表大会,专门修订邦联制度,纠正邦联制度的缺点,建立联邦政体,一致推选华盛顿出任弗吉尼亚代表团团长。

但是,有一段时间他却不愿接受这一任务。他很明白,如果出任代表团团长,就很容易重新卷入政治漩涡。然而祖国召唤着他,人民召唤着他,他终于决定出任团长。

1787 年 5 月 25 日,美国各州代表大会在费城举行。大会通过议程,代表们一致推选华盛顿为会议主席。经过代表们的慎重讨论,制定出了一部美利坚合众国宪法。这部宪法,后来经过一些修订,至今仍在实施之中。

这部宪法在当时引起了广泛的争议,但正如华盛顿所预想的那样,这部宪法最终获得了批准。

全会接到各州的批准书以后,就在 9 月 13 日通过决议,指定在 1789 年 1 月份的第一个星期三由美国人民按照宪法推选总统选举人,随后在 2 月份的第一个星期三由选举人开会推选总统。

选举如期举行,选举结果众望所归,华盛顿以全票当选为总统,从 3 月 4 日起任期四年。在安排好家事之后,他于 1789 年 4 月 23 日来到纽约,受到了人们热烈的欢迎。

公众对华盛顿寄予厚望,群众的欢呼声响彻云霄,然而越是如此,华盛顿就越感到责任的重大。4 月 30 日,举行了就职典礼。

然而,在总统办公室里等待他的已不再是鲜花和欢呼声了,而是一个难以收拾的烂摊子。美国邦联政府所遗留下来的,只不过是十几个办事员,一个空空如也的国库和一大堆债务而已。

华盛顿就在这种"零"的基础上,凭借自己的行政天赋,开始为建立美国的第一个联邦政府而鞠躬尽瘁。

首先,他于 7 月 27 日建立了专门处理外交事务的部门。

由于当时美国议院同意由总统任命这些重要的行政官员,这就开创了政府部门官员向总统而不是向国会负责的先例。

就这样,在华盛顿的带动下,同家机器渐渐地运转起来,并且带领着美国人民一步一步地向前艰难地行走着。

接下来所要解决的是独立战争期间,临时政府所借的大笔债务的偿还问题。财政部长汉密尔顿提出了一系列的解决方法。

他首先主张由全国性政府代替各州偿还各州为了共同的独立事业所欠下的债务。

这样就可以使各州在财政上统一起来,正像在政治上统一起来一样。他建议把短期债务统一转为长期公债,由联邦负责,并征收捐税来筹集还债的资金。

由于有的议员认为这种方法容易引起大一统主义,所以进行反对,但最终这项议案还是于 3 月 7 日以 31 票对 26 票经全体委员会通过。

在当时美国的政治生活中,处理中央政府与州政府之间关系是最复杂、最敏感的问题,其中尤以总统与州长间的关系为甚。

因为美国存在有邦而无国的历史传统,"州"自为政,州长是一州的最高行政长官。一些人认为,州长与总统是平起平坐的,然而这种看法显然与联邦制难以协调一致。

1789 年 10 月,华盛顿开始了对东部各州的巡视。当他到达马萨诸塞州时,州长亨科克竟称病不出。

华盛顿对此决不示弱,以拒绝出席州长宴会加以回敬。华盛顿的强硬态度压倒了亨科克的傲慢气焰。

10 月 25 日,州长在简函中向总统表示歉意,请求总统会见,华盛顿在这场战役中再一次取得了胜利。

1790 年 3 月,杰斐逊走马上任了。他对于一切带有君主制和贵族色彩的事物都有强烈的反感。另外他又受到了一些别有用心的人的影响,因而对新政府有了先入为主的偏见。

他认为在新政府中有一批以财政部长汉密尔顿为首的人妄图把新政府作为向君主政体过渡的阶梯。

杰斐逊总是用一种怀疑的眼光来看待汉密尔顿的一切财政方案,在两位政治家的敌对的旗帜下,联邦各地陆续成立起两个政党。

这两个政党所关心的都是国家的利益,但是,对于保障国家利益的政策,两个党却有不同的意见。

联邦党人把汉密尔顿奉为楷模,他们赞成加强全国性政府,以便在国外提高它的地位和尊严,在国内提高它的效率,保护它不受各州的侵犯,不受普遍的无政府主义倾向的损害。

另一个党叫作民主党,他们接受了杰斐逊先生对问题的看法。他们认为,联邦党人鼓吹的一切措施都是想把联邦政府变成一个庞大的中央政府,或者说是大一统主义的政府,作为从共和国向君主国过渡的准备步骤。

华盛顿日益觉得政府的重任沉重不堪,令人难以忍受。

在这种日夜的忧心与操劳之下,华盛顿的身体状况越来越不好。就在他刚刚宣誓就职以后,就重病缠身,卧病在床。

炭疽病使他连日高烧,医生塞缪尔·巴尔特不得不为他动了手术,割除坏疽。手术相当成功,华盛顿不久就病愈了。

1790 年 5 月中旬,他又得了肺炎,几乎是华盛顿从死神手里逃回了人间,但病好后一个月,身体仍十分虚弱,甚至无法握笔写日记。他表示任期一满,他就决心息影政坛。

然而就在这时,杰斐逊表示他打算与华盛顿一起退职。华盛顿认为政府的重要官员跟随着他退职是很不幸的,因为那样势必使公众大为震惊,以致产生危险后果。

经过了长期痛苦的思想斗争之后,华盛顿才同意参加第二任的总统竞选。公众一致的拥戴与信任,给予了他莫大的尊荣与安慰。

华盛顿仍继续着他的工作。政府正在积极地准备同印第安人重新开战,由韦恩挂帅出征。他仁慈而认真地叙述了对各野蛮部落施以教化,晓以耕稼农事的人道计划。

对于国内一些反对征收国产烈酒消费税的人,他决心维护法律的正当权威,以武力镇压聚众闹事的人。不久，又紧接着发生了法国对英国宣战的事,再一次打破了世界的宁静。

出于对国家局势的考虑,华盛顿认为再来一场战争将对美国刚刚步入正轨的政治、经济造成一种毁灭性的打击。

这时,为了避免战争,唯一的方法就是派出一位全权公使去英国谈判,以缓和两国关系。最终,这一重任落在了约翰·杰伊身上。在两国都做出了相应让步的基础上,1794 年 11 月,两国公使签署了条约。

联邦政府的力量逐渐加强,美国的经济也逐渐发展,然而美同政坛中的两党相争,使华盛顿感到沮丧。更使他感到烦恼甚至委屈的是,他自视洁身自好,不介入无谓的党派之争,然而偏偏有人把他说成是派性十足。

此时的华盛顿也下定决心,总统的任期即将结束,不再担任第三届总统了。

那些反对党本想用尖刻的口吻对其再次参加竞选大肆加以辱骂,不料却听到了华盛顿的告别演说。

华盛顿在 12 月 7 日,最后一次同国会两院议员见面。他在演说中建议建立一个改进农业的机构,成立一所军事院校,建立一所全国性大学,并逐步地扩大海军。

1797 年 3 月 4 日,举行了新旧总统的交接仪式。在仪式结束时,华盛顿走向门口,准备离开。

这时人群争先恐后地从大厅冲向走廊,群众都十分热切地希望最后看看这位长期以来受到人们爱戴的人物。

华盛顿到了大街上,挥动着礼帽向欢呼的人群致意。他的脸上闪耀着慈祥的光辉,他的银发在风中飘动。群众一直跟着他走到他的寓所门口。

在门口,他转过身来,脸上呈现出严肃的、几乎是悲哀的表情。他噙着眼泪,激动得说不出话来,只是用手势表示他的感谢,表达他的告别与祝福。

晚年生活

1797 年 3 月 10 日,华盛顿及其家属离开了费城,又回到了阔别多年的弗农山庄。

然而,庄园内的房屋损坏,看到这一切时,他一下子陷入了深深的失落感之中。

为了整顿庄园,华盛顿日夜忙碌。一清早他就开始工作,骑着马巡视农场,回到家里时,常常已有不少陌生人在等待他了。

经过一年的辛勤劳作,弗农山庄大楼面目一新。华盛顿在退休之后,虽不免有些失落,但庄园生活毕竟是他心之归属。家庭的脉脉温情胜于官场上的冷酷,在这里,到处充满了人情、温暖和天伦之乐。

正当华盛顿其乐融融地享受家庭生活的时候,美法关系又出现了危机。

法国督政府因对《杰伊条约》的不满与激愤,粗暴无礼地对待了美国使节,还用巡洋舰劫持美国商船等。

1797 年 3 月,亚当斯总统向国会报告了美法和谈破裂的消息,一时国内人民义愤填膺,反法情绪高涨,战争似乎已不可避免。

华盛顿又被人请求担负应付这次危难的重任。美国政府授权亚当斯招募1万名士兵,组成一支临时军队。

然而亚当斯对于这突然降临到他肩上的作战责任,感到一筹莫展。

7月2日,华盛顿被总统任命为全国军队的总指挥。

这位60多岁的老人毅然听从了国家的呼唤,1798年11月5日,在秘书的陪同下,华盛顿乘坐马车,顶着寒风向费城疾驰而去。

随后,华盛顿为筹建军队,任命军官、解决部队给养等工作一连工作了5个多星期的时间。

由于天气严寒,大家决定除非情况紧急需要他亲临战场,否则华盛顿可以不必到职。

因此,华盛顿把他对于军事指挥事宜的意见和计划交给陆军部长,就动身回弗农山庄去了。

在那里,华盛顿和他的朋友们度过了一个愉快的圣诞节。但是,谁曾想,这竟是华盛顿一生中的最后一个圣诞节了!

圣诞节过后,华盛顿一直用通信的方式继续指导着军事工作。然而值得庆幸的是,由于法国督政府不仅内外交困,风雨飘摇,而且拿破仑所率的法国海军又于1798年被英国舰队歼灭在埃及港口,于是这片战争的乌云终于在美国上空烟消云散了。

华盛顿又过上了以前的田园生活。他制定了一份今后几年内管理庄园的完整规划,希望"把这一切事务都处理得一清二楚,以便动身前往天堂时不致受到责备"。

1799年12月12日上午,天气阴沉,华盛顿照例骑上马,到庄园各处去巡视。大约1点钟,就开始下起雪来,很快又下起冰雹来,然后又变成一阵稳定的寒冷的雨。他穿着一件外衣,不顾天气严寒,继续策马到各处巡视,很晚才穿着打湿的衣服回到家里。

第二天,雪仍然下着,华盛顿感到嗓子痛,显然在前一天着了凉。

到晚上,嗓子嘶哑得更厉害了,他也没把这当一回事。夜里,华盛顿开始浑身打战,呼吸困难。华盛顿夫人想起来去喊仆人,但是他不让她下床,怕她着凉。

早晨,克雷克大夫、迪克大夫和布朗大夫前来为华盛顿医治,他们采用了各种治疗方法,但是都没有用处。

下午4点半的时候,华盛顿把他立的遗嘱交给了夫人,华盛顿的病情继续恶化,呼吸越来越困难。

到晚上10点钟左右,华盛顿最后从牙缝里挤出一句话:"我快不行了,死后葬礼不要过分,三天后再下葬。"然后,将军的手就无力地垂了下来。

三天后,也就是1799年12月18日,波托马克河的流水呜咽着,弗农山庄寂静肃穆,华盛顿的葬礼在这里举行。

军官们抬着华盛顿的遗体缓缓地走到了墓地,这时11门礼炮齐鸣致哀。

当牧师读了葬礼祈祷文后,人们把华盛顿的遗体安放进墓穴里。这时人们情不自禁地恸哭起来。

这位被同胞尊为"国父"、被朋友誉为伟人、被对手或反对过他的人视为值得尊重的人物的一代英豪,永远地离开了这个世界……

伟大的解放者

——林肯

人物档案

简　　历:1809 年生于美国肯塔基州,1860 年当选美国第十六任总统,1865 年 4 月 4 日晚在华盛顿福特剧院观看演出时遇刺身亡。

生卒年月:1809 年 2 月 12 日~1865 年 4 月 15 日。

安葬之地:不详。

性格特征:性格坚毅,能够坚持自己的主张。

历史功过:他是 19 世纪美国北方资产阶级民主派的代表人物,领导美国人民取得了南北战争的伟大胜利,由他签署的《解放奴隶宣言》是联邦成立以来美国史上最重要的文件。

名家点评:他以旗帜鲜明的废奴主张受到普遍称赞。

初涉世事

1809 年 2 月 12 日,阿伯拉罕·林肯出生在美国肯塔基州霍金维尔附近密林中一所圆木盖成的简陋小屋里。

林肯的父亲是英国移民后裔托马斯·林肯,母亲是一位朴实的农村妇女。

林肯生下来不久,他的父亲就用马车把全家搬到了离霍金维尔不远的诺兰河平原。在林肯家新盖的小木屋外面,有一条著名的坎伯兰小道,在这条路上,经常可以看到带篷的卡车载着移民驶向远方,兜售着杂货的小贩在沿途高声叫卖,有时路上还会出现蓬头垢面的成群奴隶,他们疲惫地移着脚步慢慢地向前挪动,跟着他们后边的是高踞马背的监工或奴隶贩子。

小林肯就是在这样的环境里一天天成长着,他学会了说话、走路。稍大一点,他又开始提水、搬运、劈柴、清扫炉灰。农忙的时候,他跟着父亲一块儿去开荒种地,在高山深谷环抱的诺兰河农场,林肯养成了热爱劳动的朴实品质。

当农闲的时候，林肯和他的姐姐萨拉就一起到离家 4 英里的学校去上学。校舍是一间泥土地面、独门出入的旧木屋，在这里，姐弟俩学习 26 个英文字母和 10 个阿拉伯数字，并养成了爱练字的习惯。他常用木炭东涂西抹，在尘土上练、在沙地上和积雪上练，书法对小林肯有着一种特殊的魅力。

7 年以后的一个冬天，也就是 1816 年 12 月，林肯的父母带着他和姐姐以及最必需的家什，渡过了俄亥俄河进入了当时印第安纳的佩里县。这是一个十分荒凉的地方。

林肯后来写道："这是一片荒野地带，森林里还有熊群和别的野兽出没，豹吼声使夜空中充满了恐怖，这里人烟稀少，每隔两三英里才有一家农户。"

林肯一家在这里搭起一个窝棚，开始了艰辛的生活。

他们砍树、除草，在少得可怜的几英亩土地上挖开长满草根的荒地，然后种上庄稼，从春末到深秋，林肯和姐姐萨拉都光着脚丫出去采摘榛果和其他的野果回家。

当林肯还不满 9 岁时，他亲爱的妈妈去世了，她死时只有 34 岁。随之而来的是艰苦的一年。12 岁的姐姐萨拉成了管家做饭的主妇，林肯则帮着父亲开垦更多的荒地。

这年 11 月，父亲离家外出。林肯和姐姐相依为命，打发着寂寞的时光。一个月后的一天早上，姐弟俩惊喜地看到一辆四驾马车停歇在他们家开垦出来的地里。父亲从车上跳下，跟着跳下来一个健壮、高大、面色红润的妇人。

"这是你们的新妈妈。"父亲告诉林肯姐弟俩说。

继母原来是个肯塔基州的寡妇，她带来了三个孩子，还带来了一套在当时来说已相当完善的家具。她神色温和，说话从容，举止端庄。林肯从一开始就喜欢上了继母，觉得她是一个和蔼可亲的好人。

第二年，林肯又上学了。当地的文化非常落后，只要是会读、会写、会算比例，就能被看成是高明的教师。如果谁在这里路过时说几句拉丁语，则会被视为了不得的奇才。学校的上课时间常常是在冬天，偶尔有教师来到这里，学校就开学。教师一走，学校就关门。在这样的学校里，林肯全部上学的时间加在一起还不到一年。第二次接受这种不正规的教育期间，林肯认识了很多字，并开始阅读书籍。他千方百计地从周围寻找书本来读。12 岁以后，他无论走到哪里，总是随身带着书本。

清晨，他把书塞在衬衫里，把玉米饼装满裤袋，就走出家门去耕地了。晌午，他坐在树荫底下边读书，边啃玉米饼。晚上，收工回家后，他把椅子放在烟囱边上，背靠着墙就读起书来。

他爱读的书有《乔治·华盛顿传》《鲁滨孙漂流记》《天路历程》和《伊索寓言》等等。对读过的每一本书，他都能做到铭记不忘。在埋头读书的同时，他还继续练字，常常是边读边捡起木炭在烧火用的铁锹上写字，写了又擦，擦了又写。

读完一本书后，林肯总还要思考一下，然后在玉米地里面对庄稼发表一通议论。

他的这种爱读爱写爱思考的脾气，引起了别的一些农村孩子的注意，在离林肯

17

家两公里的詹特里维尔镇的商店里,到了晚上往往有孩子聚在一起谈论林肯。

他们感到奇怪,为什么大家都读过《肯塔基教师》这本书,谁都没有发现什么,而唯独林肯提出了"谁最有权利提出控诉?是印第安人还是黑人?"的问题。

当林肯17岁时,他身高已近6英尺4英寸,手臂修长,肌肉健壮,臂力过人。每天的户外劳动使他十分困倦。他要伐树开荒、砍烧灌木、劈栅栏条、拉大锯、收割庄稼、挤牛奶,有时,他还给邻近的农户帮工,挣得衣食和住宿费。

他常常独自一个人在树林里劳动。他整天听到的只有自己的斧声、自语声、树枝随风摇曳声和鸟鸣兽吼声。在那荒野的孤寂中,陪伴他的只有树木和林间的空气。寂静紧紧地包围着他,这寂静的环境对他性格的形成有很大的影响。

除了学校和书本外,林肯还通过多种途径求得知识,正如他后来所说的,他的学问是"随手捡来的"。

他家里的信和邻居的信都归他写,他边写边大声地念,同时提出问题:"你想在信里说些什么?你打算怎么说?你确实认为这样说最好,还是觉得有更好的说法?"这是他练习语法和作文的一种方法。

他常常步行30英里,到一个法院里去听律师们的辩护词,看他们如何辩论,如何做手势。这些观摩学习,为他日后成为一个卓越的演说家打下了坚实的基础。

继母对林肯很关心,鼓励他多读书,教他做一个诚实善良的人。同时继母也是一个精明能干的人,她做得一手好针线活,很会理家,把家里的一切东西都收拾得整整齐齐。

当林肯心中有烦恼的时候,继母总是宽慰他,帮他化解心中的苦恼,林肯在后来的回忆中,对这位继母充满了感激与敬仰。

1830年夏,林肯在伊利诺伊发表了首次政治演说,这同单调繁重的农活相比显然是一个大变化,过去他只是对田里的庄稼和森林的树木独自演讲,而在这次政治演说中,他面对的却是成群结队的人群。

到第二年春天,林肯的家迁往柯尔斯县,这时林肯已是一个年满22岁的成年人了。

初入人世

1831年2月,林肯和他的堂舅及异母兄弟结伴,一起到新奥尔良去,此时的林肯心中充满了对未来的憧憬。他带着年轻人特有的朝气,想在未来的新天地中大显身手。

到达新奥尔良后,林肯见到了许多奴隶贩子的广告,其中有一张写道"愿随时出最高价购买各类黑人,立付现金,收取佣金。特设专供存放黑人的圈栏和牢房"。

卖主的广告上则写道"出售10到18岁壮实的女孩数名,24岁的妇女一名,25岁的能干妇女一名,外带壮实的小孩三名"。而买主的广告则千篇一律:"愿以最高价现金购买18到25岁的壮实的黑人25名,男女均可。"

在新奥尔良待了一个月后,林肯看不惯把黑人不当人看待的奴隶买卖市场,于是他又从新奥尔良乘汽轮沿密西西比河逆流而上,他要去一个新的地方纽萨勒姆村,在那里他将成为该村商店和磨坊的伙计。

纽萨勒姆村是个新开辟的地方,面积不大,村子里约有 20 多户人家,100 多口人,还有几家小店铺,那是工匠们干活的地方。此外,村子附近还住有一名法官和两名警察。

林肯白天干活,晚上则在烛光下与人们谈论新当选的国会议员,听人们讲纽萨勒姆村的发展历史和未来的前景。在这些交谈中,林肯与周围的人越来越熟悉了,他知道了散居在纽萨勒姆四邻的几乎所有人的名字和容貌。

在纽萨勒姆住了不久后,林肯就和奥法特成了朋友,奥法特以 10 美元买了一块土地,他打算与林肯合伙开一个商店。奥法特负责进货,而林肯则在店里卖货,商店开业了几个月后,林肯的诚实就四处传开了。

事情是这样的,有一次,一个妇女在林肯的商店买纺织品时,多给了林肯几美分。为了退还这几美分钱,林肯步行了 6 英里路,直到把那几美分钱退回到那名妇女手中,林肯才如释重负。

在商店工作中和业余的时间里,林肯有机会接触到许多性格各不相同的人,这使林肯增长了见识,学会了怎样与各种不同类型的人打交道。

与林肯同年同月来到纽萨勒姆的有一个叫作约翰·艾伦的人,他是达特茅斯大学医学院的毕业生,是个非常优秀的医生。同时,他对奴隶制深恶痛绝,为此,他总是心平气和地同人辩论,在辩论中他显示出了惊人的诚恳和顽强。林肯也总喜欢与这位博学的医生共同探讨社会和经济问题。从他的身上,林肯学到了不少社会和经济的知识。

1831 年年末至 1832 年年初,年轻的林肯在他的好朋友治安法官鲍林·格林的帮助下,开始钻研法律和学习如何起草较为简单的文件。学习法律和文书不到半年的时间,年轻的林肯在心底里就燃起了投身政治的火焰。

1832 年的春天,林肯写了一篇文章,宣布他将竞选伊利诺伊州议员,文章写好后,由斯普林菲尔德镇的《散加芒报》印成了传单。

在这篇文章里,林肯对自己的观点和政纲充满了信心,并准备同任何竞选者进行辩论。

那时候,由于在纽萨勒姆修筑铁路要花费很多钱,所以只能靠汽轮进行交通运输。因此,对凡是可以改进纽萨勒姆的航运状态的措施,林肯都表示坚决赞成。他说:"如果我当选,任何为了这一目的而又考虑周到的立法措施都将得到我的认可和支持。"此外,林肯还极力主张兴办教育、出版、宗教和道德教化事业。

由于这是第一次参加竞选,所以林肯也比较谦虚,他承认:"也许我已经自许过高,有点不合分寸了。"

同时,他还说:"我将努力使自己成为一个值得同胞们尊敬的人,从而得到他们真正的尊敬。我再没有比这更远大的抱负了。"

他把自己的当选"完全寄托在本县内无党派的选民身上",并坦率地宣称:"我出身于并一直生活在最卑微的阶层之中,我没有有钱有势的亲友的支持。"就这样,林肯开始投身于政界了。

1832 年 4 月,印第安人的一个外号叫"黑鹰"的部落首领,为收回被白人夺走的地盘,发动了一场"黑鹰战争"。伊利诺伊州的州长下令招募志愿兵。

当时,奥法特的商店濒临倒闭,林肯的生计受到威胁。他就借了一匹马,直奔一支由他的朋友和邻居组成的边队的驻地。大家欢迎他的加入,并一致选他为连长。他平等对待士兵,从不以势压人。

80 天后战争结束,林肯退伍,他对志愿兵们依然念念不忘。他了解志愿兵的疾苦,每提起他们就泪眼模糊。这年 8 月初,在离选举只有半个月的日子里,林肯在散加芒县各处奔走,进一步阐述他在春天发表的长篇竞选演说。

这时候,为了取得农民的信任,他经常到农民的地里帮助锄草、割麦,表明他是他们当中的一员。尽管林肯尽了最大的努力,但是选举揭晓后,林肯落选了,他在 13 名竞选人中仅名列第八。

1833 年 5 月,对林肯来说是一个非同寻常的日子。林肯被指定为纽萨勒姆村的邮递员,这是一个并不重要的职位,但是林肯仍然对这项工作兢兢业业,他的薪金不多,每年不到 50 美元,是从邮务所的收入中提取出来的。

尽管这不是一份美差,但是林肯却乐意做这份事,因为每次在分发报纸前,林肯都可以尽情地阅读,这不仅大大开阔了他的眼界,而且也使他加深了从报纸上观察政治动向和研究问题的习惯。

有一次,他在《国会环球报》上读到华盛顿国会议员们的演说全文时,对他们的精彩言论钦佩不已,他从心里发誓,以后也要做出与这些议员们水平相当的演说。

林肯为了生活,曾劈过栅栏木条,当过磨坊短工,在农场干过活,在商店做过帮手。在这期间,他还勤奋刻苦地学习,先后攻读了沃尔内的《帝国之灭亡》、吉本的《罗马帝国的衰亡史》、托马斯·潘恩的《理性时代》。

1833 年秋天,散加芒县的测量员建议他代为负责其所在地区的一部分测量工作。林肯愉快地接受了这个差使,他买了一个指南针和一副测链,研究了一些有关测量的著作之后,就全力以赴地开始了这项工作,为了提高自己的测量水平,林肯常常一个人从晚上钻研到黎明,这使他的身体受到了摧残。

但是,经过一段时间的刻苦努力,林肯不仅从书本上学到了很多知识,而且把从书上学到的测量知识灵活地运用到了工作之中。

不久,林肯在测量工作上的准确、细心就远近闻名了,人们经常请他去解决一些关于地界方面的纠纷。

踏入政坛

1834 年 4 月 19 日,林肯的名字又一次作为州议员候选人刊登在《散加芒报》上,在这前前后后,林肯参加了形形色色的大小政治集会,因此不管是他帮助测量过土地还是他给送过信的人,没有一个不知道他要竞选州议员这件事的,当时的林肯已成为散加芒县辉格党中一位公认的中坚人物,他得到了斯普林菲尔德的律师、县辉格党领导人约翰·托·斯图尔特的支持。

这一次竞选,林肯没有像两年前那样,对有争论的问题发表长篇大论,他讲的简洁有力,而且生动幽默,选民们对这位年轻的小伙子充满了好感。

在 13 名散加芒县候选人当中,林肯名列第二,他终于当上了州议员,这是 25 年来林肯获得的第一个重要政治职位。选举以后林肯继续管理乡村邮务所,偶尔也从事测量工作,这时他同斯图尔特的关系也更为密切了。

在当时的 54 名州议员中,半数以上是农场主,四分之一是律师,还有少数几个商人和机械工人,在 11 个执行委员会中,林肯被指派参加公共账目及支出委员会的工作,但他实际上参与了好几个专门委员会的工作。

林肯的时间常常安排得满满的,忙得不可开交,不过这个时候林肯并没有怎么显示出其政治才华,别人对他的印象也很一般,一个经常出入议会的人对当时的林肯曾做了这样的评价:"他瘦骨嶙峋,皱纹满面,不修边幅简直达到粗鲁的程度……然而他却有某种深得人心的魅力和气派。"

1836 年 6 月 13 日,林肯再次宣布自己为州议员的候选人,他声明赞成内地建设计划,主张妇女应该有投票权。8 月 1 日选举揭晓,林肯在散加芒县的 17 名州议员候选人中得票最多。

在州议员选举大获全胜后不久,林肯在州最高法院两名法官的主持下接受了律师业务考试。

9 月 9 日,林肯取得了在伊利诺伊州所有法院里执行律师业务的许可证。10 月份,在斯普林菲尔德的一个法庭里,他代替约翰·托·斯图尔特为一个案件辩护,这是他们两个人合伙开办的第一个律师事务所。

那时候,在美国的南部各州,奴隶制正在盛行,而且在那里谁发表反对奴隶制的议论谁就犯法,谁鼓动黑人奴隶造反谁就被判处绞刑,而且已经有不少人被绞死了。而北方很多州并不主张实行奴隶制。

在林肯所在的伊利诺伊州对奴隶制的看法也不一致,在该州所定下的一个决议案中说:"我们极不赞成组织废奴协会。按照联邦宪法,各蓄奴州对奴隶的所有权是不可侵犯的,未经它们的同意,不能剥夺他们的这种权利。"

但是林肯却反对这个决议案,他认为,合众国国会按照宪法无权干预各州的奴隶制度。

从上面的抗议书中,可以明显看出林肯早就对黑人奴隶制不满了,只是他不希望采取偏激的方式废除奴隶制。

同年 4 月,林肯准备离开纽萨勒姆,因为这时的林肯已经持有正式的律师证,而且他已成为州议会议员和议会的辉格党领袖,他像一个翅膀已硬的山鹰,要到更高远的天空去搏击锻炼。

1837 年 4 月 15 日,28 岁的林肯来到了斯普林菲尔德。在这里,林肯看到农民赶着大车运送着玉米、小麦、土豆和其他蔬菜,身穿有褶子的绸衬衫的男人和满身绫罗绸缎的妇女乘着马车来来往往。

林肯在一家百货店门前勒住马,他询问店主,一套被褥要多少钱,店主告诉他,需要 17 美元,林肯说:"价钱倒挺便宜,可我没有现钱。如果你肯让我赊账到圣诞节,我又能在这里顺利地开业当律师的话,到时我一定如数偿还,万一我倒运,那就只好一辈子欠你的账了。"

这位店主叫乔舒亚·斯皮德,他看到林肯满身疲惫,听到他那种忧伤凄怆的语调,不禁产生了深切的同情,他让林肯和他合睡在商店楼上的一张大双人床上,斯皮德的这一举动,让林肯惊喜不已,他高兴地说:"啊!斯皮德,我真感动!"这样,林肯就在斯皮德那里住了下来,他们之间始终不渝的友谊就这样开始了。

在斯普林菲尔德安顿下来后,林肯幸运地找到了在纽萨勒姆就认识的老朋友斯图尔特,他们两个人合办了一家联合律师事务所。这间事务所很小,里面只有一个用几块粗木板钉成的书架、一个烧木柴的旧火炉、一张破桌子、一把椅子、一条盖毯和一张小床。

当时斯图尔特正忙于竞选国会议员,因此绝大部分时间都由林肯独当一面,尽力处理他们的全部律师事务。他在处理诉讼事件的空隙时间里,还写了许多信,以继续争取政治上的支持。

后来,林肯在斯普林菲尔德的青年学会上做了一次题为《永葆我国政治制度之青春》的演说,他向青年们指出,参加美国独立革命的前辈们抛头颅、洒热血为我们赢得的权利,现在正在受到侵犯。

他说:"无论什么时候,如果听任一小撮歹徒聚众闹事……任凭他们焚烧教堂、抢劫仓库,随心所欲地吊死或烧死他们所讨厌的人,而又让他们逍遥法外,那么我可以断言,这个政府必定是短命的。"

这是林肯29岁前发表的一篇思想和语言的杰作,他阐述了一些极为重要而神圣的思想,这些思想立足于对美国的未来、人身自由和个人义务的热爱,它们像种子一样在他心中萌芽生长,极大地影响着他的成长。

同时,他不怕得罪南部的主张奴隶制的权贵们,要求给废奴主义者也提供辩论的机会和场所。

1838年夏季,林肯再一次参加了州议员的竞选,在这次选举中,林肯在17名候选人当中名列第一。同年12月辉格党人提名林肯为州众议院议长候选人,但由于竞争对手太强,林肯落选了,他便担任了州议会中的辉格党领袖。

之后不久,林肯认识了玛丽·托德小姐,玛丽出身于贵族家庭,其父曾当过国会众议院秘书、州参议员。当时玛丽小姐刚满21岁,体态丰满,性格活跃,她毕业于培养"上流妇女"的学校,会讲法语,她因与继母争吵而离开了老家,住到了姐姐伊丽莎白的家里。

自从林肯结识了玛丽小姐后,便被她磁石般的魅力吸引住了。她是第一个走进林肯生活圈子里的泼辣而有才华的女人。

但是玛丽小姐的姐姐伊莉莎白和姐夫爱德华兹都极力反对,说玛丽是自暴自弃,他们认为林肯出身贫寒,与她家不是门当户对。但是玛丽小姐不管这一套,她直截了当地说,林肯有前途,是她所遇到的人中最中意的对象。

1842年11月4日晚,在爱德华兹的住宅里,33岁的新郎和将满24岁的新娘举行了婚礼。

婚后,林肯夫妇寄宿在简朴的环球旅馆,每周食宿费4美元。1843年8月1日,他们的第一个儿子在这里出生,取名罗特·托德,不久他们搬进了一幢木结构的楼房。

就在这个时候，林肯认识了一个名叫比尔·赫恩登的小伙子，那时候他刚被批准从事律师事务，当林肯提出同他合伙开业时，赫恩登感到又惊又喜，林肯向他解释说："比尔，我信得过你，你也信得过我。"此后多年中赫恩登就一直被称为"比尔"，他则称林肯为"林肯先生"，他们成了一对交往甚密的好朋友。

1843年2月，林肯以州辉格党领导人的身份，同其他辉格党人一起写了一份题为《告伊利诺伊州人民书》的竞选传单，该传单分析了全国争论的问题，赞成征收财政关税，不同意征收直接税。

林肯警告犹豫不决的辉格党人说，必须采取代表大会提名的制度，否则就会继续被"共同的敌人"所打败。

这段时间，林肯在他的办公室里伏案疾书，用鹅毛管笔不断地写信给编辑、政界人士、选民和选区工作人员，他希望用这种方式使更多的人能了解自己。

民主党人提名彼得·卡特赖特为候选人，同林肯竞选。卡特赖特是一个有名的旧派的巡回牧师，一个粗鲁而暴躁的福音布道者，一个煽动家，他手下的人不断散布流言蜚语，说林肯是一个"自然神论者"，他相信上帝，但不承认耶稣，也不承认赎罪和报应的教义，他们说林肯讲过"基督是私生子"。

为此，林肯散发了一份传单，对他的宗教观做了一次最全面、最具体的阐述。传单写道："我不属于任何基督教教会，这是事实，但我从未否认过《圣经》的真理，从未有意说过不尊重宗教的话，更没有冒犯过任何基督教派……我认为我不会去支持一个公共敌视或嘲笑宗教的人进入官场。撇开他和上帝之间的那种永生不灭、报应循环的大道理不讲，我只感到任何人都无权去伤害他可能生活在其中的公众的感情与伦理。所以，假如我果真犯了这一条，那我决不会去怨恨由此而谴责我的人。但不管是什么人，只要他对我捏造罪名，散布流言蜚语，那我就要毫不客气地谴责他。"

1846年5月，就在林肯被提名为国会议员后的第11天，美国和墨西哥为了争夺领土发生了战争，当时的林肯只是简单地建议全体公民要站到国旗一边，向前线的英勇士兵提供一切必需品，直到取得全面的和平，他并不希望美国以武力解决的方式去拼命扩大版图，他认为侵占别国的土地，与其说是光荣，不如说是耻辱。

1847年12月，林肯正式当选为国会议员，在这之前，他仍然驾着一辆破旧的马车在街上为律师事务东奔西忙，看到他的身影，街上的人们都窃窃私语道："这就是新当选的国会众议员林肯。"

林肯当上众议员后，他每年的收入在1200美元和1500美元之间，这是一笔相当优厚的薪金，同时，他也开始穿礼服了，白衬衫的洁白领口上打着黑绸领结，鬓角留到齐耳朵的四分之三处。尽管如此，但他仍然被认为是不修边幅的，人家说他的裤脚管垂到脚踝骨以上，头发蓬松，背心皱褶不平。

1847年12月2日，林肯一家乘坐马车和火车抵达了华盛顿，在这里他将以一个众议员的身份为共和国出谋划策。首都华盛顿当时居住着4万人，其中有8000名自由黑人和2000名黑人奴隶，这里有堂皇的私邸，也有贫民窟，猪、鹅、鸡在大街小巷到处乱跑。

衣衫褴褛的黑人奴隶驾着运送各种产品的马车来来往往，街上还经常可以看到成群的已被卖出或将被拍卖的黑人奴隶被链子锁着沿街走过。

此外，华盛顿也有图书馆、博物馆、喷泉、花园以及做出过历史性决定的大厅和政府机关。

林肯在华盛顿宣誓就职时，美国与墨西哥的战争正打得不可开交，当时的不少人主张把战争打下去，但是林肯和少数众议员却不同意这么做，刚上任不久的林肯在众议院为辉格党几天前的投票辩护时声明说："总统发动对墨西哥的战争是没有必要和违反宪法的。"

第二年2月，墨西哥与美国的战争以签订一项条约而宣告结束，新墨西哥和加利福尼亚割让给了美国，同时美国答应为所获得的领土付给墨西哥1500万美元。这时候，林肯因为要执行辉格党"公平合理的轮换"的政策，他决定不再参加国会众议员的竞选了。他被派到自由土地党人势力咄咄逼人的新英格兰地区去演讲，他经过3天的旅程来到了马萨诸塞州的伍斯特，他在伍斯特发表讲话说，辉格党总统候选人泰勒是一个"可以把国家的利益、原则和繁荣可靠地托付给他的恰当的人选"。

而自由土地党的政纲总的说来就像北方小贩叫卖的裤子，"大得是可给任何大人穿，小得可给任何小孩穿"。

在选举日来临之前，林肯到伊利诺伊州的10多个城镇作了讲演，他为辉格党候选人泰勒尽力争取选票，他一再警告大家说，投自由土地党的票可能把目前的局势搞得更坏，在谈至美国向外扩张要求更多的领土时，他引用了一个农场主关于土地的话："我并不是贪得无厌，我只想得到跟我的土地相连接的那些地盘。"选举结果泰勒获胜了，俄亥俄州选了6名自由土地党人为国会议员，其余各州共选了6名自由土地党人的国会议员，从此国会议员们对奴隶制问题争论得更为激烈了。

林肯在参议员会议上建议从1850年1月1日起，凡奴隶所生的孩子都应该获得自由，都应该由其母亲的奴隶主给予合理的抚养和教育。

在关于奴隶制问题的争吵愈演愈烈的时候，辉格党、自由土地党和民主党之间大吵大嚷，彼此激烈交锋，但林肯却保持了沉默，他感到时局越来越难以把握。同时，他也深刻地意识到，奴隶制的废除和保持将会给美国带来新的巨大震荡。

1848年冬天，林肯又回到了斯普林菲尔德，在那里他开始重操律师旧业，他还是那样富有幽默感，还是恪守着他早先赠给斯皮德的那句忠言：悲伤的时候，工作就是良药。

他喜爱法律，他将全部精力倾注在律师业务上，所以他后来写道："在1849年到1854年这6个年头里，我比以往任何时候都更为勤奋地从事律师业务。"在这几年中，林肯与普通群众的关系越来越密切了。

1850年整整一年，林肯大量阅读一般报纸和《国会环球报》，了解华盛顿这一年间出现的政治动乱和险恶局势。1850年2月，林肯的次子爱德华·贝克·林肯才4岁就夭折了。同年，林肯家诞生了第三个男孩，取名威廉·华莱士。1851年1月17日，林肯的父亲逝世了，而他唯一的儿子由于日程上排满了法律事务，没有去参加葬礼。到1852年，林肯已当了20年辉格党的忠诚的领袖，差不多跟伊利诺伊州所有活跃的辉格党地方领导人都握过手。从他在1852年竞选运动中7次演讲来看,他似乎只是本党的一个听话的党员,只对候选人略加评论而不谈论任何重大问题。

这段时间,林肯买了一些关于逻辑的书,他开始研究怎样解决谬误和从既定事实推断出不容辩驳的结论,他力图把笔记记得像数学题那么精确。

"你说因为甲是白人而乙是黑人。那么,就是以肤色为依据了。难道肤色浅的人就有权去奴役肤色深的人吗?那你可要小心,因为按照这个逻辑,你就要成为你所碰到的第一个肤色比你更白人的奴隶。

"你说你的意思不完全是指肤色吗?那么,指的是白人在智力上比黑人优异,就有权去奴役他们吗?这你可又要当心,为按照这个逻辑你就要成为你所碰到的第一个智力上比你更优异的人的奴隶。

"你说这是个利益问题,只要你能谋取你的利益,你就有权去奴役他人。那么好吧,如果别人也能谋取他的利益,他也就有权奴役你了"。

这些就是林肯写在他个人备忘录中的片段。

竞选总统

1858 年 11 月的一天,林肯的朋友费尔对他说:"林肯,我曾去过东部……我到处听到人们在谈论你。常常有人问我,'你们那个州的林肯是谁?'……我有一个坚定不移的看法,如果你在奴隶制问题上的深得人心的经历和努力能够充分地介绍给人民知道的话,那么,即使不一定胜利,你也能成为一个难以对付的总统候选人。"

听完费尔的话,林肯谦虚地回答说:"哦,费尔,我们现在有像西华德、蔡斯等一些与共和党的原则紧密相连的人,为什么还要谈论我来做总统候选人呢?他们是尽人皆知的,而在伊利诺伊州以外,几乎没有人知道我。"

1859 年,林肯 50 岁了,作为一个演说家和思想家的名声已传播甚远。他的名字、他的作风和有关他的故事,在普通人和他们的孩子中间开始广泛流传。

虽然岁月流逝,可是他仍然相信"条件的改善是平等社会的正常情况",他希望实行全社会的真正民主,生活的磨难,使他对各种问题都经过深思熟虑后才发表观点,他习惯少说多听。在他的眉宇间和气度上含有伟大的诗人、发明家和探险家们向未知的领域奋斗的那种高尚的冒险精神。

林肯喜欢树,不知为什么,他对树有一种亲切感。他最喜欢的是硬槭树。在他看来,松树、雪松、云杉和柏树都具有松树类的特性。他觉得树和人有相似之处,从外表看不出它们的性格,但是生活、风雨、雷电和各种事件可以考验出它们的纤维素质,哪一部分是成材的,哪一部分已经腐朽了。

1860 年 1 月,《林肯道格拉斯辩论集》作为竞选运动文件出版了,该书出版后,引起了极大的反响。

1860 年初,林肯收到了很多邀请信,请他去做演讲。为了搞好这些演讲,林肯花费了大量精力做了充分准备。在纽约市的一次演讲中,林肯首先用肯塔基的乡音开场:"主席先生。"然后他开始慢慢述说。

他说得浅显易懂,毫不精彩,致使现场上的听众觉得十分乏味,但是当他的演讲逐渐深入主题时,情况却发生了明显变化,听众感到他对当前的争端和人们之所以愤怒的原因剖析得深入浅出。

他说道,"在宪法里既找不到'奴隶'也找不到'奴隶制'这样的字眼,甚至找不到称奴隶为'财产'的词。"林肯讲到这里,全场鸦雀无声,大家被林肯精彩而严密的论证深深地吸引住了。在演说的结尾,林肯提高声音呼吁:"让我们坚信正义就是力量。让我们怀着这个信念勇敢地担负起义不容辞的责任并坚持到底。"

林肯的演讲结束后,全场顿时沸腾起来,掌声、喊叫声和欢呼声响成了一片,人们挥动的手帕、帽子在空中飞舞。听众拥过来争着和林肯握手。他们激动地说,这是他们听到的最精彩的演讲。

从此,林肯的名声传遍了美国的大小角落,让他当选总统的呼声也越来越高了。

在 1859 年的整整一年中,林肯旅行了 4000 多英里,为共和党做了 23 次竞选演说,他在美国土地上留下的足迹超过了该党的任何一个总统候选人。林肯不懈的努力终于使他当选上了美国总统候选人。

1860 年 11 月 6 日,对美国来说是个不寻常的日子,这一天是美国总统进行大选的时刻。经过紧张而有序的投票,到晚上 8 点钟,结果终于公布出来了,林肯以 1866452 张票名列第一,在 17 个自由州里,林肯获得了多数票。但是在南部的 10 个州里,他没有得到一张选民票,可以说林肯当选为总统是美国开国以来最带有地方色彩的一次。

1961 年 3 月 4 日,美国第十六任总统阿伯拉罕·林肯就要宣誓就职。

解放黑人

就在林肯宣誓就职的第二天早晨,一份由萨姆特堡司令罗伯特·安德森少校送来的紧急报告送到了他的办公桌上。报告说他们的食物储备仅够维持 4 个星期,怎么节省也只能维持 40 天。南部同盟分子则已准备就绪,只等他们设在蒙哥马利的政府一声令下,就要炮轰萨姆特堡。

一开始,林肯政府就面临这个难题。作为政府首脑,他不得不对这一关系整个大陆和平的问题做出决定。随着时间一天天过去,萨姆特堡已经成为一个象征。

对北方而言,保住萨姆特堡就意味着维护了联邦权威;而对南方来说,在已经脱离了联邦的一个州的地盘上还飘扬着联邦的旗帜是一种故意损害南方尊严的行为,他们认为这是对南方的挑战。

对这样一件棘手的问题,林肯冥思苦想,彻夜难眠,而始终不得其解。

疑团终于解开了。林肯提出了一个供全国和全世界观察和思考的问题。杰弗逊·戴维斯在蒙哥马利召集他的助手们开会,商讨这个问题。

他们认识到,对萨姆特堡开火,就会揭开内战的序幕,而且这将是一场在规模上史无前例的战争。

不管怎么说,戴维斯总统还是决定进攻萨姆特堡。时间由博雷德加去选择。

4月1日凌晨,博雷德加向萨姆特堡下了最后通牒,限令北军立即无条件从该堡垒撤出。安德森做出答复,答应于15日正午撤离。可刚过不久,包围萨姆特堡的大炮便一齐向它开火,迫击炮和榴弹炮怒吼着。

12日整个白天,加上13日整个漆黑的雨夜,同盟军对萨姆特堡接连不断地打了3000多发炮弹。岛上的官兵忍受着尘雾、热浪和硝烟,躲避对方的炮火。在经受了30多个小时的炮击之后,安德森终于放弃了堡垒。4月14日这天,白宫内外人员进进出出,川流不息。萨姆特堡的炮声一下将北方人从梦幻中惊醒。一场似乎离他们很遥远的战争,突然变成了现实。

参议员和众议员们到白宫声明,他们的人民将做政府和总统的坚强后盾。内阁召开会议声讨南方的罪行。林肯号召"全体忠诚的公民"来保卫全国的联邦和人民政府,"消除那些早已令人忍无可忍的罪行"。应当征集志愿兵,招募军队,夺回"从联邦夺走的"堡垒和财产。舌战已经结束,预言中的真枪实弹的较量终于开始了。

1861年4月15日,以后多年被称为"林肯首次招募军队日"来到了,那天所发生的事情被视为"人民起义"。人们涌向街头,涌向公共广场,涌进会议厅和教堂。数以千计的城镇和村庄里,人们群情激昂,怒火中烧,演讲和行动都表达了人们同仇敌忾的情绪。各界为招募和装备军队进行募捐,通过决议,并指定专门委员去筹集资金,照顾军属,教育或惩戒不爱国的人。在大城市里外国移民也组成了部队,等待联邦政府和总统的召唤。

美国内战,或称南北战争,就这样开始了。与往日的一切战争一样,总是伴随着飘扬的旌旗、激昂的群众和高亢的战歌。参战的任何一方都深信自己必胜,并且毫不怀疑自己站在正义和公理的一边。

当时南北方的差异甚远,在工业、资源和人力上,北方与南方相比占有绝对优势,但其士气和将领却不如南方。南方是造就军人的地方。

他们会打枪,会骑马。他们来自乡村,大都是猎手和农场主,而不像北方人那样多数是居住在城镇的技师或工人。在士气方面,南方要高昂得多。对他们来讲,打仗的目的非常明确。他们认为,每个州都有脱离联邦的自由,联邦政府无权加以干涉。

南方认为北方是侵略者,他们不过是拿起武器摆脱北方的统治,捍卫他们的自由和独立,去追求自己的生活方式。

1861年7月6日,陆军部长凯麦隆向林肯报告,志愿兵已有64个团,每团900人,加上正规军1200人,正在华盛顿周围集结待命,北部各地招募的兵员总计已达225000人。这是世界历史上最庞大的军队之一,林肯就是这支军队的统帅。

他在致国会咨文中为这些志愿兵感到无比自豪,并要全世界都知道:"现在政府手里已经有如此庞大的一支军队,这是前所未有的,这支军队中没有一个士兵不是自愿地站到自己的岗位上来的。"

庞大的军队建立起来了,人民要求对敌开战的呼声也更加高涨。林肯及其内阁成员作为政治领导人,顺应了全国求战的呼声,并考虑到第一批役期3个月的志愿兵即将服役期满,便决定对敌开战。从此,战争的风云便在这块土地上开始了。

随着战争的延续,奴隶问题越来越突出。成千上万的黑人逃往北方军营,该怎样对待他们？作为劳工让他们修筑堡垒吗？能否让他们在后方进行军事服务？能不能让他们参军？

最初，林肯对解放奴隶的态度是犹豫的。他不愿把奴隶制问题作为战争的目的。战争的目的是捍卫联邦，而不是解放奴隶。

"如果我能拯救联邦而不解放任何一个奴隶，我愿意去做。如果为了拯救联邦需要解放所有的奴隶，我愿意这样做；如果为了拯救联邦而需要解放一部分奴隶而保留另一部分，我也愿意这样做。我在奴隶制和黑人问题上所做的工作是因为我相信那将有助于拯救联邦。"

随着形势的发展。解放奴隶势在必行，林肯的态度也日渐坚决。1862年9月22日早晨，最初的《解放宣言》发表了。宣言的开头部分说，为了联邦要把战争继续进行下去，要继续购买和解放边界州的奴隶，并将他们移置到国外，反叛合众国的州或地区内所有的奴隶"应从1863年1月1日这一天起永远获得自由"。

宣言发表后，引起很大的反响。自由州自然拥护新的解放政策，但北部蓄奴州则对此表示异议。虽然它们表示忠于联邦和支持总统，却不赞成《解放宣言》。民主党指责说，一场为联邦而进行的战争变成一场废奴战争了，"废奴主义者已迫使总统为他们效劳"。除了报纸和政客外，更为重要的是人民。

因此，林肯面临的问题是：他们在想什么？在许多地区，人民评论《解放宣言》是伟大的，具有历史意义，它的作者将流芳百世。但与赞扬相比，林肯更需要的是切实的行动，在各个方面支持他。

林肯在一年前就曾警告说，这场冲突有可能发展成"无情的革命"。现在摆在面前的重大任务是把这场征服敌人的战争打到底。

1863年1月1日，以解放所有奴隶为主旨的最后的《解放宣言》正式公布实施。在此之前，许多人都怀疑总统是否会发表这个文告。华盛顿传说纷纭，说林肯在1月1日只会撤销而不会发布这个宣言。人们的街谈巷议和连篇累牍的文章都说要对林肯的勇气加以支持和鼓励。

关于是否要发表宣言的问题，林肯的回答是："这件事我已酝酿成熟。我决心已定……非做不可。我是不得已而为之。"

"此外没有别的办法可以使我从困境中解脱出来。我的职责是明确的，但在某些方面却很伤脑筋。我深信人民会理解。我这样做不是出于一时的冲动，而是期望获得更大的利益。"

可事实上，林肯发现，人们并没有透彻领会《解放宣言》，因而出现对政府的不满增加了，一些秘密组织建立了。有些设法征兵的官员遭到谋杀，还有另外一些忠心耿耿支持政府的人受到恐吓等。不管怎样，《解放宣言》还是按预定计划发表了。

林肯在给朋友的一封信中写到对于世人的不满和不理解：

"有些人对我不满。对他们我要说：你们渴望和平，又因得不到而指责我。到底怎样才能求得和平呢？道路有两条：第一条路是用武力镇压反叛。我正尝试这样去做，你们赞成吗？如果赞成，那么我们在这一点上就是一致的。如果不赞成，第二条路是放弃联邦。我反对这样做。你们呢？如果你赞成，就应该说清楚。如果你们不赞成用武力，又不愿联邦解体，只有妥协。我不相信妥协，包括保存联邦这样的妥协能够实现。我所知道的一切均使我有一种完全相反的想法。"

总统最后写道：

"和平,我希望它早日到来并持续下去,我还希望未来的和平值得我们永远保持下去。"

许多人由于受林肯的影响而改变了他们的观点。

再次竞选总统

北方军队在与南方军队的交锋中损失惨重。急需兵源进行补充,林肯再次向各州发出征兵指示,并保证北方若不胜利就决不罢战。战争伊始,林肯的军事知识极其有限,然而随着战争的进行,他在指导军事行动方面已有相当高的水平了。

1863年11月19日,盖底斯堡小镇再一次热闹起来。同年7月,北方部队曾在这儿浴血奋战,死伤2万多人。为纪念他们,这里建成了一座国家公墓,供死去的将士安息。今天就要举行盖底斯堡国家公墓的落成典礼。

开始,这次活动的组织者并未打算请总统前来致辞。他们拿不准在这样一个伟大而庄严的场合,他是不是发表演说的适当人选。但经过再三考虑,还是决定邀请总统讲几句与这种场合相应的话,把这片场地划为圣地,总统就答应了。

第二天,15万多人前来参加典礼,倾听总统讲话。在此之前,他还在一直在看他的演说词。这时,只见他站起身,手里紧攥着那两页纸,以高亢的声调开始演说,只偶尔向稿子瞟上一眼。

林肯的演讲,总共还不到3分钟,连站在他前面的摄影师都没来得及拍照。似乎演讲还没开始就结束了。林肯本人对自己的演讲感觉很糟糕。

他觉得没有达到预想的效果,甚至是一次失败。过后他说:"我再准备充分一些就好了。"新闻界对总统的演讲也评价不高。附近的《哈里斯堡爱国者和联邦报》认为他的演讲是"不理智和无节制地乱讲",是"蠢话"。伦敦《泰晤士报》则说它是"枯燥乏味的陈词滥调"。第一张称赞总统演讲的是《芝加哥论坛报》,说"林肯总统的献词将永垂青史"。《斯普林菲尔德共和党人报》称赞说:"总统这篇短小精悍的演说是无价之宝,感情深厚,思想集中,措辞精练,字字句句都朴实优雅,行文完美无缺,完全出人意料……反复阅读这篇文章吧,因为它是一篇可以作为典范的演说。"

林肯的支持者感到不安。许多人认为应努力与南方和平解决争执。当林肯获知,民主党人提名麦克累伦将军作为他们的候选人时,他做好了失败的准备。因为国人似乎认定他无力以武力或谈判结束战争。

他们想换一换人,谁都可以,只要能结束打仗的日子。民主党提名大会刚刚结束,前方传来攻破亚特兰大的消息,全国一下子欢腾起来,庆祝前方的胜利。几乎与此同时,海军也获得了胜利。

这两次军事上的胜利使政治形势变得对林肯有利起来。格里利宣布《纽约论坛报》"今后要旗帜鲜明地拥护阿伯拉罕·林肯当总统候选人"。阴霾密布的8月变成了晨曦渐露的9月。

1864年11月8日是全国大选日。这一天白宫"冷冷清清,几乎看不见人影"。天气阴沉沉的,以后又下起雨来。由于狂风暴雨的影响,电报线路停了好长时间。但根据断断续续打来的电报结果来看,已获悉的选举结果与几星期前所做的估计相接近。

将近午夜,已经有人推断,林肯已经再次当选了。林肯对这件事却表现得十分平静,丝毫没有洋洋得意或情绪激动。他只是说感到高兴,感谢人民的裁决。

1865年1月31日正午,从法律上废除"奴隶制度或强迫劳役"的宪法修正案的两院联合决议案,就要付诸最后表决了。

第二天这项法案就在有的州得到了批准实施。当晚,林肯向前来祝贺的人群说道:"在我们面前还摆着一项任务,那就是要继续前进,争取各州的赞成来最后完成昨天国会已开始的事业。"

快到中午的时候,应邀出席就职典礼的人士来到为他们预先设置的席位上,林肯坐在前排中间。当时钟敲过12点,林肯走上讲台宣读演说词:

"在第二次宣誓就任总统的时候,我没有必要讲得比第一次还长……"

像盖底斯堡演说那样,第二次就职演说有着各种不同的意义。对于一些人来说,它是复仇的怒吼,而对于另一些人来说,它却是非常动听的祈祷和祝福。

永垂青史

正如林肯所希望的那样,北方的战争形势得到根本性的扭转。人们对如何进行战争的争论减少了,战争机器运转的故障减少了,提请林肯总统最后决定的复杂的军事问题减少了,征兵比以前执行得更加严格,抗拒和逃避的现象减少了。

在参众两院的会议上,几乎不再提到战争,讨论的问题是如何进行建设,重振联邦经济。

与北方正好相反,南部士气低落。种植场主阶级已经看到他们的末日即将来临的迹象。

虽然这些迹象并未表明他们将如何垮台,但足以表明他们不会有好下场。

到1865年年初,形势进一步恶化,整个南方处在一种绝望的情绪之中。战争的胜利指日可待。

1865年4月,美国南北战争结束了。国家经受的严峻考验,一场噩梦已经过去了,因为战争结束了。黎明时分,隆隆的礼炮声响彻了华盛顿上空。泥泞的街道上人群如海,歌声似潮,欢呼声在空中激荡。白宫前面的草坪上人山人海。

当一面缴来的同盟旗帜在白宫的窗口舞起时,人群顿时沸腾起来。主战和反战的人们在一起欢庆胜利,高呼联邦万岁!林肯万岁!格兰特和薛尔曼万岁!

关于如何对待被打败的同盟分子的问题,许多高级官员口口声声坚持对他们进行惩罚,"他们罪大恶极",如果不经惩罚就让他们回到联邦的话,影响很坏,而且后患无穷。

但对此,林肯主张"应在尽量保全那些反政府叛乱分子的面子的前提下,迅速着手重建工作",这一主张得到北部大多数人民和全体士兵的支持。

在复活节前的这一周,林肯脸上焕发出从没有过的慈祥和热情的光辉。他虽然骨瘦如柴,体重下降了30磅,两颊深陷,但在他的内心深处却激荡着和平降临和良好祝愿的佳音。

4月14日是耶稣殉难日,这天他预定的日程是:

8点以前办公,然后进早餐,在11点内阁开会前接见来访者;午餐,再接见客人;傍晚偕夫人乘马车兜风,同伊利诺伊州的旧友非正式会晤;一天之内去陆军部一两次;最后和林肯夫人和几名随从去剧院。下午的兜风只有林肯夫人同行。

当马车一路奔驰时,总统谈起今后4年在华盛顿的计划。

他还希望将来能出国旅行一次,然后回到斯普林菲尔德,也许重新干他的老行当,去做律师,或者在散加芒河畔的草原上经营一个农场。

傍晚,林肯步行来到陆军部。他做了一件也许是他破天荒第一次做的事情。

平时,别人告诫林肯要注意自己的安全,他总是一笑了之,还专门准备了一个大信封,上面写上"暗杀"两字,用来装收到的恐吓信。而这一次,是林肯首先提出这个问题。

他还自言自语地说:"我毫不怀疑,他们会这样干的。"谈到计划晚上去看戏,他说:"既然已经登出广告说我将去那里,我不能让人民失望。否则我是不去的。我不愿意去。"对此,当时谁也没有在意。

晚餐后,总统一扫闷闷不乐而严肃的表情又兴致高昂起来。他风趣横溢、谈笑风生,并准备去福特剧院看戏。当晚跟随林肯的卫士是约翰·帕克,他是从首都警察部队派来白宫担任保卫工作的4名军官之一。他的任务是寸步不离,严密监视可能暗算总统的任何人。

一行人在晚上9点左右进入剧院,由一个引座员带着走向他们的包厢。在座的1000名观众看见或听说总统到来,便一起鼓掌欢迎。许多人都站了起来,有的还发了欢呼。总统不时停下来向欢迎他的观众致意。

舞台上上演的是英国剧作家托姆·泰勒的作品《我们的美国表兄弟》。演出期间,约翰·帕克的任务和职责是毫不松懈地警惕总统安全,片刻不离地站在或坐在通往包厢的那道门或通往楼厅的那道门旁。但不知是因为演出换幕的间歇,还是剧情不够精彩,不中他的意,抑或由于贪饮随身带的威士忌酒,他竟擅离岗位,下楼到街上和几个同伴喝酒去了。这种情况就给伺机下手的"不速之客"以可乘之机。

戏还要继续演下去,观众们等待下一幕开演。下一幕是什么呢?那将是雷鸣海啸,是火山喷发,是最令人难以想象的悲剧。当这一悲剧传开,整个世界将为之震动。

剧院里谁都没有注意到,就在这个时候,一位"不速之客"穿过外面的门进入狭窄的过道,然后用一根结实的细木棍插进砖墙上的2英寸深的凹处,把门反顶住。

他蹑手蹑脚地摸到总统包厢门口,通过事先打好的小孔观察包厢里的动静和扶手椅上他要暗算的人。

他轻轻拉开门,走近自己的目标。他的右手握着一支铜制单发大口径袖珍手枪,左手持着一把匕首。接着他慢慢地举起枪,伸直右臂,瞄准相距不到5英尺的那个人的脑袋扣动了扳机。

只听"砰"的一声,一颗直径不足半英寸的铅弹头射向受害者的头部左侧,从齐耳高,距左耳3英寸的地方射入后脑。子弹斜着穿过大脑朝向右眼方向,最后停留在右眼眶后几英寸的地方。

听到枪声,拉思伯恩少校从椅子上一跃而起,看见一个陌生的家伙手攥匕首向他猛扑过来,像一头张牙舞爪、乱蹦乱跳的野兽。此人戴着头套,露着黑发,脸上杀气腾腾,闪动着一双凶狠的眼睛,身上穿着一件黑色便装。

他恶狠狠地对准拉思伯恩的心窝猛刺过去,拉思伯恩用右臂一挡,匕首深深刺进他的手臂,他的身子向后晃了一晃。那个恶虎般的歹徒乘机跨上包厢的围栏。这时拉思伯恩已回过身来,又向歹徒扑过去,一只手拽住了他,歹徒转身向拉思伯恩猛刺一刀,随即纵身往下跳。但装饰包厢的联邦锦旗缠住了他马靴上的马刺,使他失去了控制,从10英尺高的地方跌到舞台上。

他左脚先着地,脚踝上侧胫骨折断。

这时拉思伯恩在喊:"抓住他!"许多人看到有人从前排座位跳上舞台,边追边喊:"抓住他!"歹徒迅速从两个演员之间冲过舞台,穿过一个入口,从一扇通往一条胡同的小门逃了出去。

胡同里站着一匹栗色骏马,歹徒翻身上马,飞速逃跑了。从子弹射出到歹徒逃走,总共不过六七十秒的光景。一个女人的尖叫声响彻整个大厅。这一声尖叫震晾了许多人,令人毛骨悚然。

"他把总统打死了!"人们一下子拥到舞台边,过道里挤满了不知往哪走才好的观众。

大约200名士兵赶来清查现场,医生也很快被叫来。林肯被平放在地板上,大夫翻起林肯的眼睑,发现有脑损伤迹象。扒开被血块凝结起来的头部,发现了一处伤口。此时林肯尚存微弱的呼吸和脉搏。接着医生们立刻急救,并进行人工呼吸。

经过抢救,林肯慢慢可以自己呼吸,不至于立刻死去。但是由于伤势过重,已经虚脱。医生的诊断是:致命伤,无可挽救!林肯的最后一次呼吸是在1865年4月15日。一颗伟大的心脏停止了跳动。阿伯拉罕·林肯,这个与闪电和长虹为伴,在荒野草原成长起来的孩子,这个名字与全世界人民争取自由的斗争紧密联系在一起的传奇人物,与世长辞了。

一个让美国人民永远悲痛的日子,1865年4月18日,成千上万的人汇集到白宫的草坪上。他们排成两列纵队,分别从灵柩两侧鱼贯地走过东厅,瞻仰总统遗容。

华盛顿与家人在一起

在白宫东厅,停放着总统的遗体。一顶黑色丝绸的帷幔罩着放在台上的灵柩。灵柩四周装饰着穗状饰物、草叶、银星和银线。一座银碑上刻着这样的碑文:

合众国第十六任总统阿伯拉罕·林肯
生于1809年2月12日
卒于1865年4月15日

决斗狂人

——安德鲁·杰克逊

人物档案

简　　历：1767年生于横跨南、北卡罗莱纳州的瓦克斯豪移民区，1781年参加美国独立战争，1812年~1814年参加反英战争及对印第安人的作战，1815年在新奥尔良的战役中，大败英军，1829年~1832年连任美国总统。

生卒年月：1767年3月15日~1845年6月8日。

安葬之地：不详。

性格特征：性格鲁莽，斗志旺盛，敏感易怒。他对朋友是宽容的、体谅的、忠实的，但对侮辱和背叛他的人视同仇寇，绝不宽容。

历史功过：他使联邦政府有史以来第一次全部偿清国债，使国家进入了繁荣时期。

名家点评：杰克逊是一名擅长于政治方面的发言者，并且拥护平民，轻视贵族政府。

童年孤苦

安德鲁·杰克逊1767年3月15日生于横跨南、北卡罗莱纳州之间的瓦克斯豪移民区的一所小木屋里。

杰克逊的父亲安德鲁·杰克逊是爱尔兰安特里姆郡的一个农场主，母亲名叫伊丽莎白·哈钦森·杰克逊。1764年，他们卖掉土地，搭乘一艘轮船移居美国。

轮船在宾夕法尼亚登陆之后，经陆路前往瓦克斯豪地区的苏格兰—爱尔兰人的移民区。1767年3月初，杰克逊的父亲在搬运原木时不小心被砸伤去世。在他去世时，他的妻子正怀着未来的总统。几天之后，小安德鲁·杰克逊出生，他的命名就用了他父亲的名字。

他的母亲靠照料她姐姐——詹姆斯·克劳福特夫人的8个孩子所得的收入抚

养他和两个哥哥。安德鲁天资聪颖过人，不满 5 岁就在瓦克斯豪的一所乡村小学里识字。移民区的小学是移民自己组建，很不正规，所以杰克逊实际没有受过多少正规教育。

瓦克斯豪的许多成年人都不识字，所以这个偏僻的地方偶尔来份报纸，那些读书识字的先生们，包括安德鲁在内，就轮流读报给大家听。1776 年夏天，当刊载《独立宣言》的报纸传到瓦克斯豪时，9 岁的杰克逊作为他们的公共读报员向大家高声朗读了宣言，使他对宣言的词句印象十分深刻。

1780 年，13 岁的安德鲁随哥哥罗伯特加入了他姨父罗伯特·克劳福特少校的队伍，参加独立战争。他作为儿童民兵，参加了对英军的战斗。不久，他的大哥休·杰克逊在战争中牺牲。

1781 年 4 月，杰克逊和他的二哥在战争中被英军俘获。一位英国军官命令安德鲁擦皮鞋，他傲然拒绝，不肯受辱。那军官残暴地用军刀砍伤他的右臂，脸上也挨了一刀，使他终身带着刀疤和伤痕。后来，在南卡罗来纳州坎登的英国监狱里，安德鲁和他的二哥因染上天花而被释放。回到母亲身边后不久，他的二哥罗伯特因无法医治而死亡。

安德鲁·杰克逊的母亲含辛茹苦，在美国独立战争的艰苦岁月中抚养着 3 个失去父亲的儿子。在日夜照料安德鲁从几乎丧命的天花中恢复健康后，为了生计，她前往查尔斯顿，在那里帮助看护在英国战俘船上奄奄一息的美国战俘士兵。后来不幸染上霍乱死在那里。

14 岁的杰克逊成了孤儿。但他从来没有忘记母亲在动身去查尔斯顿前对他说过的一番话。她警告他别撒谎，别偷盗，只要他的男子汉尊严没有受到威胁，也别争吵。她还告诫他别指望法庭会惩罚诽谤，而要"靠你自己去解决那些问题"。

杰克逊在独立战争中失去了母亲和两个哥哥，战后他孑身一人，非常孤独。此后，他轮流在两个叔父家住了一阵子，又在一个马具师那儿当了 6 个月学徒。

15 岁那年，杰克逊继承了远在爱尔兰的祖父休·杰克逊的大约三四百英镑的遗产，他的祖父生前是个有钱的商人。杰克逊在穷困之中得到这一笔收入，的确有点意想不到。然而，作为一个无人管教的孩子，他没有用这笔钱购买土地、经营实业或接受教育，没有用这笔钱使自己这个孤儿在生活中扎下坚实的根子，也没有用这些钱购买农场或上学。他不能把握自己，他用这些钱买衣服，买赛马，投骰子赌博，在酒馆里寻欢作乐，由于生活放荡，很快就挥霍一空。

当他把钱挥霍得精光，回到瓦克斯霍的家中时，他想起了他母亲临终的教导，才对自己的恣意挥霍深感后悔，并下定决心要有所成就。

1784 年，杰克逊怀着成为一名律师的愿望离开了故乡。

在北卡罗来纳州的索尔兹伯里，杰克逊在斯普鲁斯·麦凯指导下学习了两年法律，又在约翰·斯托克斯的律师事务所学了 6 个月。他身高两米，目光英锐，在索尔兹伯里，作为一个学法律的青年学生，备受姑娘们的欢迎，许多姑娘都为之倾倒。1787 年，杰克逊取得了律师资格。

婚姻曲折

1788 年,杰克逊和在索尔兹伯里一起学习法律的同学约翰·麦克纳尔被任命为北卡罗来纳西部地区(即后来的田纳西州)的法官。

杰克逊在琼斯博罗中途停下来受理当地法庭的一些案件。有一次他觉得对方的律师在侮辱他,就立刻要求与该律师决斗。为了保全荣誉,朋友们恳求他不要真动刀枪,结果双方都朝天开了一枪。但杰克逊从此出了名,大家知道他不是好惹的。

1788 年 9 月,杰克逊加入了第一批到西部定居的移民行列,并安然无恙地到达了边疆地区的首府纳什维尔,在那里当了一名律师。杰克逊无所畏惧,常常用合法或不合法的手段帮助贷款人收回他们的贷款。人们很快就知道他,找他打官司的人蜂拥而来,他以一英亩土地等于十美分的比价收取手续费,不久就成为一个大土地主。

在纳什维尔,杰克逊住在寡妇约翰·唐奈尔逊太太寄寓的公寓里,他看中了房东太太的女儿雷切尔·丹纳尔逊。

雷切尔出生于现弗吉尼亚州哈利法克斯县。她是一个深讨男人们喜欢的美丽活泼的姑娘,17 岁嫁给刘易斯·罗巴兹,与他一起住在肯塔基州,而这时她的父母正居住在田纳西州。罗巴兹的妒忌心十足,一再指责雷切尔与其他男人有暧昧关系,尽管她表白自己是无辜的,但终被赶回了田纳西州的娘家,和已经守寡的母亲住在一起。

雷切尔·杰克逊

杰克逊和雷切尔了陷入情网,然而,罗巴兹来到纳什维尔,要与雷切尔和解。1790 年 6 月雷切尔将她接回肯塔基的家中,可是,他的妒忌心依然如故,使她无法忍受。

1 个月后,杰克逊得知她的不幸,赶紧前往肯塔基,带着她一起回到了纳什维尔。罗巴兹扬言要到纳什维尔,强迫他妻子回去。因而杰克逊和雷切尔又赶紧南逃到纳切兹,因为他在那儿还有土地。

1790 年 12 月,应罗巴兹的请求,州议会通过一项准许他起诉离婚的条令。可是作为律师的杰克逊,竟错把这一项条令当作最后的离婚判决。1791 年 8 月,杰克逊与雷切尔举行了婚礼。

罗巴兹获悉自己的妻子已与杰克逊同居,便以通奸为理由起诉离婚,离婚判决于 1793 年 9 月颁布。杰克逊怒不可遏,雷切尔则深感懊悔。因为他们以前的结合是非法的。

1794 年 1 月 7 日,他们再次举行了婚礼。但不幸的是,这么做并没有使此事就此了结,流言蜚语、通奸的指责此后一直纠缠着这对夫妇。后来,杰克逊听到一点风言风语就要跟人家决斗。

杰克逊非常钟爱他的夫人,他们没有亲生子女,但都很爱孩子,他们因此收养了几个孩子,并且都十分疼爱他们。

1795 年,杰克逊被选为田纳西州制宪会议的成员,以组织新成立的田纳西政府。1796 年,杰克逊作为代表出席了在诺克斯维尔举行的起草田纳西州宪法的会议。同年,田纳西州作为第十六个州加入了联邦,杰克逊在没有竞争对手的情况下当选为田纳西州第一位联邦众议员,在国会中他投票赞成托马斯·杰斐逊的民主共和党的主张。1796 年的总统竞选中杰斐逊被约翰·亚当斯战胜使他感到失望。

第二年,杰克逊回到田纳西,拒不参加众议员连任的竞选。同年,30 岁的安德鲁·杰克逊被州议会选举担任空出的参议员席位。

在参议院工作的短短几个月里,杰克逊与纽约州参议员艾伦·伯尔建立了终身的友谊,他反对约翰·亚当斯政府,对国会死气沉沉的步调越来越感到不耐烦。1798 年,他辞去参议员的职务。

此后,杰克逊把全部精力都用来经营种植园,以改善自己的经济状况。

同年年底,杰克逊被选为田纳西州最高法院的法官(年薪 800 美元)。在任法官的 6 年中,杰克逊法官尽管缺乏法官的学识,却因施行迅速的、公平的审判而获得很高的声誉。

决斗狂人

1802 年,杰克逊接受了他有生以来最光荣而重要的一项任命:田纳西州推举他为民兵司令。在当时,这是一个荣誉职位。

两年以后,杰克逊经营的一些企业失败,他便辞去法官职务,将大部分产业变卖以偿还债务,尔后搬到了纳什维尔附近的一座未开发的种植园居住。

处于逆境之中的杰克逊,借钱买了一匹名叫特拉克斯顿的赛马,企图通过赛马赚钱。经过一段时间的训练,杰克逊把这匹马投入比赛。在一次赛马中,他的马跟一匹名叫格雷霍昂的赛马竞赛,结果获胜,赢了 6500 美元。他又用这笔钱买下输给他的那匹赛马格雷霍昂,进行精心训练和调教。从此,杰克逊凭着这两匹赛马,每赛必胜,成为他收入的主要来源。甚至过了许多年之后,他当了总统,还在白宫的马厩里养着赛马。

同时,杰克逊还保持着激烈的决斗分子的盛名。早在 1803 年,他还在当法官的时候,就在诺克斯维法庭的台阶上和州长约翰·塞维尔决斗过,因为约翰说了杰克逊夫人雷切尔的闲话。决斗开始后,由于朋友们的劝阻,这两位田纳西州的重要人物才免于互相残杀。

1806 年,由于同样的原因引起了更为严重的后果。这次是因为一个纳什维尔的律师查斯·迪金森对杰克逊夫人的历史进行诽谤引起的。尽管迪金森是田纳西州有名的神枪手,杰克逊还是毫不犹豫地向他挑战。两人在相隔 8 步幅的距离用手枪一决雌雄。

决斗开始后,迪金森首先开枪,枪弹正中杰克逊的前胸,子弹在进入身体时扬起他大衣上的灰尘。杰克逊仍然笔挺地站着,迪金森无法面对现实而惊慌起来,并踉跄地向后退了几步,杰克逊的帮手急忙过去,把迪金森拉回到原来的地点,尽管处于杰克逊位置上的人常常朝天开枪,以留下对手的性命,杰克逊却没有这么做。他忍受着剧烈的伤痛,仔细瞄准。他开了一枪,但子弹没有打响。他再次开枪,子弹击中迪金森的腹部,从另一侧钻出来。迪金森死了。

杰克逊走着离开了决斗场所,他的双脚浸透了从胸部流出的鲜血。迪金森射出的子弹离心脏太近,无法安全取出,所以杰克逊就带着这颗子弹终其一生。

1805 年,下台的副总统艾伦·伯尔为实现他在路易斯安纳和墨西哥建立帝国的计划,来到西部征募新兵。他曾两次住在杰克逊家中。杰克逊以为这项计划是杰斐逊政府赞助的,便欣然同意,并给予支持。

1806 年 9 月,杰克逊在决斗中受的伤已基本痊愈。他以东道主的身份举办了一次招待会,欢迎伯尔的光临。杰克逊命令田纳西军队随时准备攻打驻路易斯安那的西班牙军队,并用伯尔提供的资金建造船只,准备运送自己的士兵过河。当时,杰克逊并不知道联邦政府已经指控伯尔在肯塔基犯有叛国罪行,但他从伯尔的一个亲信口中得知,伯尔的计划是要袭击驻新奥尔良的美国军队。杰克逊立即写信给美国总统杰斐逊和路易斯安那州的总督,提请他们注意伯尔的阴谋。杰克逊写道:"我愿意看到墨西哥被削弱,但我宁愿战死沙场,也不愿……看到联邦的解体。"

路易斯安那州总督派人抓住了伯尔。在肯塔基举行的审判会上,伯尔竟然开脱了他的叛国罪行。伯尔也几次写信向杰克逊保证他那计划绝无反对联邦政府的意图。杰克逊相信了他。1806 年 12 月,伯尔悄悄溜到纳什维尔,向杰克逊要了两只船,匆忙沿坎伯兰河顺流而下。这时杰克逊还不知道杰斐逊已发布了逮捕伯尔的命令。

伯尔被捕后,1807 年在弗吉尼亚州的里士满审判中,杰克逊被法庭传讯作为证人。但因杰克逊公开表示他认为杰斐逊还不如伯尔,便没有让他出庭作证。

投身战争

1812 年 6 月,美国对英国宣战,安德鲁·杰克逊以旋风般的战斗作风和钢铁般的决心加入,积极参加反英作战;1813~1814 年他打败了克里克印第安人,之后,他被誉为民族英雄。

1812 年美国对英国宣战的消息传来,杰克逊立即提出率领他的 2500 人的民兵师团,开赴加拿大,占领魁北克。田纳西州州长威廉·布朗特任命他为美国志愿军少将。但当时麦迪逊总统因他与伯尔有牵连,不信任他,他的计划未能通过。英军攻陷底特律后,杰克逊又提出夺回它,可他的请求无人理睬。

1813 年夏,杰克逊牵连在杰西·本顿和他的兄弟(即未来的国会密苏里州参议员托马斯·哈特·本顿)的仇斗事件之中。杰西和杰克逊的一位朋友决斗,杰克逊给这个朋友当了助手,这可激怒了当时担任陆军中校的托马斯·哈特·本顿。他骂了杰克逊些什么,无从查考,但显然都是难以入耳的话。反过来,杰克逊扬言如果托马斯·哈特再在纳什维尔露面,他就用马鞭狠狠地抽他。不久,本顿兄弟全副武装来到镇上。在一家旅馆的过道里,杰克逊一只手拿着马鞭,另一只手拿着手枪拦住托马斯·哈特·本顿的去路。但他还没有来得及动手,杰西·本顿突然出现在他的背后,并向他开枪,子弹打中了他的肩膀,杰克逊慢慢地倒了下来。托马斯哈特·本顿又向他连开数枪。奄奄一息的杰克逊一连几天都卧床不起。医生劝他把受伤的胳膊截掉,但意志坚强的杰克逊断然拒绝,后来伤势慢慢好转起来,胳膊中的子弹他带了19年,直到他当总统以后才取出来。

1813年夏天,一大批克里克族印第安人抓住了美国与英国交战的时机,走上了战争的道路,在米姆斯堡杀害了500名白人,整个西南方怀着对白人的刻骨仇恨,也都乘机造反。

当米姆斯堡事件传到田纳西时,从未带兵打过仗的民兵将领杰克逊正在病床上养伤,他心脏附近还留有一颗子弹,手还吊在绷带上,便挣扎着从床上爬了起来,挎着一只受伤的胳膊,召集2500名志愿兵。

1813年10月,杰克逊率领全副武装的部队,穿过人烟稀少的荒野向南进发。翌月,在塔拉迪加,杰克逊打败了1000人的克里克人部队,杀死300人,迫使其余的士兵溃逃。患着痢疾、军队得不到任何给养和士兵逃亡威胁着杰克逊,但他坚定地宣称:"宁愿死亡,决不后退。"

美英战争初期,美军战局不利。为了扭转不利局面,美军实行军事改组,大胆启用年轻军官以取代老朽无能的将领。安德鲁·杰克逊等6名立有战功的指挥官被提升为准将军衔。此外,美军还加紧对部队进行军事训练,以提高部队战斗力。

后来,杰克逊和他的队伍奉命开赴密西西比河的纳齐兹,准备攻打佛罗里达,经过艰苦的行军,他们到达了目的地。但是在那里詹姆斯·威尔金森将军只是命令杰克逊遣散他的军队。杰克逊拒不服从这一命令,而是在艰难的条件下把这支志愿军带回了田纳西州。他把所有的马匹都让给伤兵骑,自己徒步走完了全程。他执行严明的纪律,自觉与士兵同甘共苦,正是在归途中,他的部下因他的坚忍不拔而给他起了"山核桃"的绰号,后来又因年龄、资历而称他"老山核桃"。

1813年底,志愿兵们服役期已满,都要求回家。杰克逊威胁说要枪毙胆敢回家者,但在志愿兵们的一再要求下,他发了善心。援军到达后,杰克逊再次

麦迪逊

入侵克里克族的领土。尽管克里克印第安人的实力已大大削弱,然而,他们却以令人难以置信的坚韧不拔的精神发动了3次进攻,迫使杰克逊暂时撤出。当杰克逊得知有1000多名克里克人正在塔拉波萨河的一个河湾筑垒时,他又发动了第三次入侵,印第安人在半岛的颈部用木料筑了胸墙,在半岛的尾部还备有小船,一旦形势吃紧,便可逃之夭夭。杰克逊派出他的切洛基盟军和志愿兵骑兵去堵死印第安人的退路,同时猛攻敌军工事。美军大开杀戒,彻底消灭了印第安人,甚至杰克逊也承认"残杀惨不忍睹"。

从1813年11月~1814年4月,杰克逊率2500人及印第安军向克里亚人发动

6 次攻势。4 月 27 日,杰克逊率领 2000 士兵与 8000 克里克人在马蹄湾打了一仗。战斗一直进行到夜幕降临才结束,有 750 名克里克人和 49 名杰克逊的士兵被打死。几天后,克里克族酋长红鹰投降,与克里克人的战争宣告结束。为了惩罚叛乱的克里克人,杰克逊强迫他们交出 2300 万英亩土地。克里克人还给杰克逊本人送了 3 平方英里土地的私礼。

杰克逊打了胜仗凯旋归来,受到了麦迪逊总统的嘉奖。

大败英军

1814 年 5 月,杰克逊被任命为美国正规军少将,统领美国西南部的全部武装力量,指挥包括路易斯安那在内的第 7 军区。他的职责是阻止英军入侵新奥尔良。英国海军上将科克伦在切萨比克湾获胜后,又在牙买加制定了这样的作战计划:先占领莫比尔,再派陆军进军密西西比河,然后顺流而下,进攻新奥尔良。虽然这条战线绕了大湾,但都是最易进攻的路线。新奥尔良位于距离密西西比河入海口仅有 100 英里的上游地区,周围是一片牛轭湖、沼泽和芦苇荡。一位英国军官说,如果部队"能得到飞鸟的帮助,或是能踏着鳄鱼长满鳞甲的脊背进军",他们就能直接进攻新奥尔良。英内阁任命爱德华·帕克南爵士指挥陆军,但英舰队起航时他尚未赶到牙买加,于是由基恩将军代理指挥。

杰克逊怀疑英军会从陆路进攻。9 月中旬,英军向莫比尔的主要防御工事鲍耶堡进犯,被严阵以待的杰克逊部队击退。杰克逊不放心佛罗里达的西班牙人。他派了一名密探去彭萨科拉了解情况,得到英国正在利用彭萨科拉作为自己的海军基地的情报。杰克逊立即发兵突然袭击彭萨科拉,经过短暂的战斗,11 月 7 日攻陷了彭萨科拉,粉碎了英军的牵制企图,并使英国失去了克里克这个强有力的同盟者,美国控制了亚拉巴马的绝大部分。

杰克逊的警惕使得英军无法按科克伦所选定的路线进军,他们希望征募成千上万的印第安人和西班牙人前来相助的计划也化为泡影。

1814 年 12 月,英国 50 多艘战舰和 7500 名士兵企图攻占美国南方的战略重镇新奥尔良,进而夺取墨西哥湾沿岸地区,以便作为和谈中讨价还价的筹码,同时英国还企图使路易斯安那与美国分离。当时防守新奥尔良的美军只有 6000 人,其中四分之三是民兵,海军仅有 2 艘小军舰及几只炮艇。美军城防司令杰克逊下令构筑坚固工事,精心严密地组织防御。

为了赶在敌人下一步行动之前,杰克逊于 1814 年 12 月 1 日率军 5000 人进入新奥尔良,并颁布戒严令。英国人将该城看作谈判的一个筹码,而且还将它看作控制未来美国腹地,即广大的密西西比河盆地的一个潜在的出入口。杰克逊了解自己民军的作战能力和局限性,他让民军凭借野战工事而不是让他们在暴露的阵地上对抗正规军。

12 月 23 日,英国军队在新奥尔良以东仅几英里的地方突然登陆,杰克逊连夜出击,阻住了英军的推进。尔后,他退到离城 4 英里的一条废弃的运河边上,继续抗击英军。英军不断增援,最后调来了久经锻炼的战士达 10000 人之多,而杰克逊的兵力只有英军人数的一半,其中还包括琼·拉菲特的海盗。他们从密西西比河到沼泽地,用河泥和垒木筑起了一道防线。他身体虽然不好,但人们从他那鹰一般的眼睛里射出的愤怒目光中可以意识到,在他那消瘦的外表下面掩盖着坚强的力量。杰克逊对敌人可能进攻的路线做了研究,决定对其中6条路线严加防守。为了保卫新奥尔良,他召集了一支"世界化"的军队,其中包括一些海军陆战队士兵、水手,几个正规团,田纳西和肯塔基的民兵和志愿兵,路易斯安那的民兵,两个旅的新奥尔良自由黑人,一些巧克陶印第安人以及简·拉菲特为首的800名海盗。

杰克逊突然获悉英军离城只有15公里远,他大吃一惊,吼道:"上帝,决不能让他们在我们的土地上过夜。"英军神不知鬼不觉地跨过了博格纳湖,又发现了一个通往内陆但却不知为什么无人防守的牛轭湖可以直逼城下,美军乘夜袭击了基恩的阵地,英军的刺刀与美军的刀斧相互砍杀,发生了一场混战。

第一次新奥尔良战役后,杰克逊后撤了3公里,在宽阔而又无水的罗德里格斯运河后面30码的地方修筑了防御阵地。阵地右临密西西比河,左靠长着柏树的沼泽,使敌人很难从侧面发动进攻。在阵地前方是一片开阔地,又在杰克逊部队胸墙火力的控制之下。

美军的这次著名胜利并不影响战局,因为停战和约早已于1814年12月24日签字。但这场胜利的确把杰克逊带上了通向白宫的道路,并证明了正确使用民军的价值。

12月28日,英军发动第一次进攻,被炮火打退。英军把几艘炮舰上的大炮卸下,在元旦这天以排炮猛轰杰克逊的阵地,但还是没能摧毁这道防线。最后一次战役被称为新奥尔良战役,发生在1月8日。

1815年1月8日黎明,天气寒冷,大雾弥漫,英军又开始了大举进攻。当英国士兵排列整齐的队伍开向阵地的时候,杰克逊命令用毁灭性的步枪组织火力网,打死打伤2000余名英国兵,结果英军遭到了有史以来最惨重的失败,英军指挥官在战斗中阵亡。而杰克逊一方仅8人阵亡,13人受伤。

新奥尔良战役大捷的消息迅速传遍全国。47岁的杰克逊在人民心目中成了民族英雄,处处受到热烈的欢迎。新奥尔良战役尽管发生在正式结束战争的《根特条约》签订之后,却是美国人在这场冲突中获得的最决定性的胜利。

1815年2月初,华盛顿得到了3个来自不同地方的消息。从新奥尔良传来了杰克逊胜利的消息。不久后,《根特条约》的副本也从根特送到了华盛顿。这两条消息使整个国家欢腾起来,过去遭受的挫折和失败都从人们的记忆中统统消失了。在这令人欢欣鼓舞的时刻,第三条消息传到了首都,它来自哈特福德会议上的一个委员会。联邦党人因含蓄地威胁要使新英格兰脱离合众国而使该党蒙上了叛逆的名声,背着这个羞耻标志从此一蹶不振。这对联邦党来说是一个悲惨的结局,但也为共和制今后的发展奠定了基础。

战争结束后,杰克逊被任命为南方军区司令。

詹姆斯·门罗当选总统后,任命杰克逊为陆军部长,但他谢绝了。他认为只要西班牙人还盘踞在佛罗里达,他就不能离开田纳西边疆。为了回击塞米诺尔印第安人和逃亡奴隶的叛乱,门罗总统命令杰克逊将军阻止这次叛乱,但要避免侵入西班牙领地,除非在激烈地追击敌人时。杰克逊超越了这些命令。

1818 年,杰克逊侵入佛罗里达,摧毁塞米诺尔人的村庄,夺取彭萨科拉及其他城镇,并推翻了西班牙总督,任命手下的一名少校为这个地区的军事总督,然后胜利返回田纳西。因为杰克逊未经总统授权就采取这种鲁莽的行动,陆军部长卡尔霍恩等人私下里极力主张对他进行惩戒,然而并没有采取任何行动,国会的批评动议也失败了。过了十多年后,杰克逊才知道这件事的真相,那时他已成为总统,而卡尔霍恩却是他的副总统。

1821 年杰克逊担任了 9 个月的佛罗里达领地第一任军事总督,随即从军队退役,回到田纳西,经营自己的种植园。

当选总统

到 1824 年总统大选临近的时候,门罗总统提出由杰克逊担任驻墨西哥公使。杰克逊拒绝了。人们把他的这一行动看作是他准备参加竞选的征兆。1823 年 10 月田纳西州议会选举杰克逊为国会参议员,他同意就任。杰克逊在参议院大厅中的席位紧挨着密苏里州参议员托马斯·哈特·本顿的席位,而 10 年前,他正是在此人的枪口下险些丧命。现在两人握手言和了,本顿终于成为他最坚定的支持者。

1824 年,在宾夕法尼亚州的一次政治会议上,杰克逊被提名为美国总统候选人。结果,约翰·昆西·亚当斯于 1825 年就任总统,此后没几个月,田纳西州议会再次提名杰克逊为 1828 年总统候选人,没有举行决策会议。随后,杰克逊辞去了参议员的职务,全力以赴投入竞选活动。

竞争对手之间的斗争异常激烈。对手间在互相攻击之后,便降低人格开始谩骂。对手给"老山核桃"开的罪恶单子是:通奸、赌博、斗鸡、重婚、买卖奴隶、酗酒、盗窃、欺骗和凶杀。他们最恶毒的攻击是"六兵士事件"。

1813 年,在与克里克印第安人的战争期间,有 6 个士兵因开小差,经杰克逊批准被枪毙了。费城的一个编辑约翰·宾斯撰写一份有关此事的"棺材传单",称这几个士兵是无辜的。他们已经圆满地完成了服役期,仅仅要求回家,就被杰克逊冷酷地"谋杀"了。这份"棺材传单"被广泛分发,产生了巨大影响。它的标题是:"一些有关杰克逊将军血腥行为的报道",标题四周圈上黑框,画着 6 副棺材,每个士兵一副,并特别突出了其中的一个即约翰·哈里斯的棺材。根据宾斯这怪诞的故事,哈里斯是一个"福音派传道士",出于爱国热忱,自动服役期满要回家的时候被杰克逊下令枪毙。伴随这故事还有一首名为"悲惨事件"的七节诗,为杰克逊的血腥行为而痛惜。

这个"棺材传单"使杰克逊派狂怒不已。他们尽一切努力公布 1813 年事件的真相:一次,杰克逊在南部边境与印第安人遭遇,处境十分危急,哈里斯和其他 6 个人企图在士兵中煽动叛变,他们突入了一个供给仓库,盗窃给养,烧掉面包房,然后逃跑了。后来,他们被抓了回来,受到公众的审判。他们的公民权得到了精心保护。但对手亚当斯派坚持说,即使"棺材传单"有言过其实之处,杰克逊是杀人狂也是显而易见的事实:他喜欢杀人民。《新汉普爱国报》编辑、热诚的杰克逊党人艾萨克·希尔勃然大怒:"你们为什么不说出全部事实?"他补充了自己的英雄的主要行为:"1815年1月8日,他最冷酷地屠杀了1500名英国士兵,他们仅仅要进入新奥尔良抢劫财物和美女!"全国杰克逊派的编辑纷纷翻印希尔的犀利反驳,杰克逊本人也暗自高兴。

但是,杰克逊对政敌对他家庭的攻击则不能容忍。当他看到发表下列文字的反对派报纸时,竟难过得掉下泪来,其文曰:"杰克逊将军的母亲是一个公共娼妓,是英国士兵带到这个国家来的,后来与一个黑白混血儿结婚,和他有了几个孩子,杰克逊将军就是其中之一!!!"最令他震怒的是,亚当斯派报纸和小册子对他深深爱着的妻子雷切尔的攻击。关于和雷切尔"通奸"的恶毒故事,一直袭扰着杰克逊的后半生。

1828年竞选期间,反杰克逊的报纸重提这套对他道德败坏的陈旧指责,并诘问选举人:"应该让一个有罪的奸妇和她的情夫在这块自由的基督的土地上居最高地位吗?"雷切尔身体本来就不好,尽管杰克逊尽力不让有心脏病史的妻子得知这类报道,雷切尔所听说的已足以意识到,她的过去正凸现在全国性报纸的头版头条,至少部分地是由于她的极度痛苦,她病倒了。

1828年9月,投票在24个州开始。杰克逊的胜利是确定无疑的了。"噢,为杰克逊先生起见,我很高兴。"杰克逊夫人听到这消息时,喘息着说,接着她悲戚地补充道:"可对我自己来说,我绝不企求这个胜利。"几天之后,她去世了。

当雷切尔突然在1928年12月死去时,杰克逊坚信是亚当斯派的诋毁带来了她的死亡。他不断地指责他的政治对手们要对她的死亡负责。"在心爱的死者面前,"杰克逊在她的葬礼上庄严地宣誓:"我能够并且确实宽恕我的一切敌人。但是,那些诋毁她的卑鄙的家伙必须祈求上帝的宽恕。"

投票结果,杰克逊获取了67276张普选票,178张选举人票。杰克逊当选总统。

1829年,61岁的杰克逊就任总统时,看起来似乎已老态龙钟,心力交瘁,难胜重任。他受着肺结核病痛的折磨,身上的子弹也摧残着他的健康,更严重的是雷切尔的死亡使他失去了生活的意义。许多朋友都认为他绝不可能活到第一任届满。

杰克逊就任总统的那天,他的支持者们都蜂拥来到华盛顿,谋求官职。杰克逊实行两党轮流任职"政府分赃制",任用忠于自己的民主党人。虽然比杰斐逊撤换了更多的政府要员,可是在他任职期间实际上也只不过撤换了六分之一的联邦政府的官员。因此许多前来讨官的人都败兴而归。

后来因为对内阁成员、陆军部长约翰·伊顿同寡妇佩吉·奥尼尔结婚所持的冷漠态度不满,杰克逊采取了一个异乎寻常的措施。他召集了一次内阁会议,要求内阁成员中凡是妻子不对尹顿夫人以礼相待者一律辞职。这些内阁成员不动声色地回答说,他们不能干涉夫人们的行为,因此拒绝辞职。杰克逊也意识到他们的理由是相当充足的,因为连他白宫里的正式女主人,他的私人秘书艾米莉·唐奈尔逊夫人(原是他过继侄子的妻子)也断然拒绝帮助尹顿夫人获取社交界的承认。他废除了正规的内阁会议,而同白宫的私人顾问团议论和制定政策,被称为"厨房内阁"。

杰克逊跟内阁成员大多数是泛泛之交,因此他只好听取那些忠实的政治追随者组成的"顾问团"的意见,杰克逊让尹顿送他的夫人到田纳西州去居住,同时让唐奈尔逊夫人也回到田纳西去。然而,为时已晚,政府官员中出现的裂痕已无法弥合了。

为了打破内阁的僵持局面,杰克逊让国务卿辞去了职位,陆军部长尹顿也被迫提出辞职,杰克逊要求内阁另外3名支持者辞职,不久,尹顿向这3名内阁成员提出决斗,他们都婉言拒绝了。1831年,杰克逊任命了5名新的内阁成员,从而结束了"尹顿夫人事件",使杰克逊政府获得了新的开始。

杰克逊把熟练的政治家手腕与常胜将军当机立断的才能结合在一起。杰克逊性格鲁莽,斗志旺盛,敏感易怒。对他的朋友来说,他是宽容的、体谅的,尤其是忠实的;但对于任何侮辱和背叛他的人则视同仇寇,绝不宽容。

1832年11月,西点军校校长塞耶不知为什么事,使杰克逊不高兴。24日,杰克逊把塞耶叫到白宫的书房,他在房间里踱来踱去,愤怒地挥舞着拳头,对塞耶大叫起来:"西尔韦纳斯·塞耶,你是个暴君,美国所有的独裁者没有一个能超过你!"

书房中还有西点军校学员队司令伊桑·艾伦·希契科克上尉。杰克逊的话把他气得脸色发白,他大声驳道:

"总统先生,在这个问题上,你了解的情况是错误的,你不了解实情!"

希契科克上尉错了,并非总统不了解实情,而是上尉不了解这其中的奥妙。

安德鲁·杰克逊早就不喜欢西尔韦纳斯·塞耶,究其原因或因为塞耶的个人行为,或因为在杰克逊的头脑中埋藏着"山胡桃木"的旧怨恨。到底为何,我们无法确知。

塞耶是约翰·昆西·亚当斯的同乡。杰克逊仇恨亚当斯。塞耶在西点的权威是由约翰·C.卡尔霍恩树起来的,而杰克逊当时也恨卡尔霍恩。杰克逊有个侄子曾在西点军校学习,名叫安德鲁·杰克逊·唐纳逊,是1820届西点毕业生。此人是有名的联合请愿签名者之一,现在是杰克逊的私人秘书。如果唐纳逊以旧怨还报塞耶,当然会对总统施加影响。杰克逊有一名警卫,名叫爱德华·C.W.巴特,他与唐纳逊是西点军校同窗好友。巴特曾支持过温菲尔德·斯科特的敌人盖恩斯,而斯科特本人,一个塞耶和西点军校的热烈支持者,也为杰克逊所憎恶。爱德华·利文斯顿是杰克逊的国务秘书和在纽约的政治亲信。他1814年进入西点军校,在塞耶最初整顿西点军校时被开除。利文斯顿和受到塞耶批评的人进入白宫后,便利用其地位,从中制造矛盾,挑起事端。杰克逊不知内情,便大发雷霆。一位与利文斯顿一起进入西点的毕业生说,他确信,杰克逊的敌视态度肯定与总统的亲属在西点军校发生的事件有关,他认为不应该归罪于唐纳逊和巴特。不管怎样说,塞耶是个硬汉子,安德鲁·杰克逊与有才能的人发生矛盾是常事。

知道杰克逊性格的人说,杰克逊有时会大发雷霆,但从不真正动怒,相反,他措辞激烈地大发议论,完全是有目的的,或者是为了恐吓他的对手,或者是为了结束对一件拖了太久的事情的争论。在内阁会议上,只要有人激怒了他,他会拔直嗓门不停地尖声叫嚷。可是,过了一会儿,在其他人都离去之后,他就会很快地变得轻松愉快、谈笑风生。在社交场合,杰克逊以他的斯文、沉着和魅力使许多人感到吃惊。在妇女周围,他会收起土里土气的谈吐,从容不追加入社交谈话。他乐于使那些他所说的"准备看到我一手拿斧另一手拿刀"的人感到失望。

杰克逊总统容不得党内外政治家的反对意见。因为他坚信无论他指向哪里,人民都会跟着他走。他把自己对总统这一职务的看法归为一句话："美国总统掌有全部的行政大权……这是由《宪法》、各种法律以及一切政府工作的实践决定的。"

施行国政

1830 年,杰克逊实行《印第安人迁移法》,强迫无数印第安人迁往西部,并夺取了上亿英亩土地。

在执行迁移政策中,陆军担负着几项任务。起初,印第安人的迁移队伍是由民间承包商负责组织的,但承包商往往营私舞弊,因此到 1832 年,陆军部长将这些任务交给了陆军。军人们帮助移民在新的土地上定居,并保护他们不受平原地区印第安人的袭击。士兵们驻守在印第安领地边界的各要塞中,尽力维持白人和印第安人之间的和平。最重要的是,一旦印第安人拒绝搬迁,军队便诉诸武力。迁移本应是自愿的,有些部落也毫不反抗地迁移到了西部,但多数部落却宁愿留在原地。为促使印第安人移居,杰克逊大肆进行欺骗性活动,一旦骗局落空,便动用军队。1836 年,三个克里克部族武装反抗,但 11000 多名正规军、民兵和友好的克里克盟军迅速平息了这次抵抗运动。当大部分切洛基人也奋起抵制迁移时,军队又进行了镇压。

虽然克里克和切洛基动乱算不上战争,但这次迁移确实诱发了两次真正的冲突,即黑鹰战争和第二次西密诺尔战争。萨克和福克斯部落占据着伊利诺斯的大部分土地。1827 年,该州请求陆军部队安排印第安人迁移。到 1831 年,搬迁仍未见行动,州长约翰·雷诺兹动员了志愿部队,强迫年迈的萨克酋长黑鹰签署了一项协定,保证留居在密西西比河以西。但到冬季,黑鹰收到了加拿大和其他部落给予协助的虚假保证。1832 年 4 月,黑鹰及其随员,其中包括妇女和儿童,再次渡过密西西比河。随之而来的战争进程十分荒谬,用一位上校的话来说,是"一连串的错误"。当黑鹰得知他不会得到英国人或印第安人的任何支持时,曾三次准备投降,但白人每次都拒绝他的和平建议。8 月初,黑鹰战争以所谓的"破斧之战"而结束。在那次战役中,白人大肆屠杀印第安男人和妇孺。

杰克逊实行对南部蓄奴主有利的政策,对印第安人采取灭绝政策。他不遵守自己亲自与印第安人订立的协议。在他担任总统期间,迫使绝大部分东部印第安部落将土地让给白人定居者,叫他们背井离乡,迁移到密西西比河西部印第安人的保留地区(今俄克拉荷马州)。

杰克逊第一届总统任内有一个问题长期隐藏,那就是各州有权拒绝国会法令的问题。

1832 年,杰克逊签署了一个关税法,但南卡罗来纳州对这个法令不满意,并迅速颁布了无效法令,宣布关税法在该州无效。还声称如果 1832 年 2 月 1 日以后联邦政府再强迫征收关税,就退出联邦。杰克逊在几周后做出反应,发表了一个措辞强硬的声明,警告南卡罗来纳州遵照关税法行事,并谴责州不承认联邦法令的原则是"与联邦的生存势不两立的"。

1832 年 12 月,杰克逊发表了《关于"各州有权不执行国会法令"问题的声明》,

提出"用武力分裂联邦就是叛国"的警告。

南卡罗来纳一意孤行,杰克逊便动员了数千人的军队准备行动。人们知道杰克逊一向说到做到,绝非虚张声势,所以南卡罗来纳州只好做出让步。国会支持杰克逊,通过了《动员军队法案》,授权总统可以动用军队征收联邦税款。但国会同时也通过一项逐渐降低税率的法案,以安抚南卡罗来纳州的人心。杰克逊66岁生日那天南卡罗来纳州撤销了"拒绝执行国会法令"的法案——作为献给杰克逊的一份具有历史意义的生日礼物。

1832年底,杰克逊再次当选总统,1833年3月4日,杰克逊在第二届总统就职演说中宣布:"维护州权和联邦的统一是本政府国内方针的两大目标,要引起全国人民及其代表们的特别重视。我一直非常关心,今后还将更加关心这个问题。"演讲结束时,他祈求上帝帮助"使我们免于一切危险,使我们的人民永远团结幸福"。在"老山核桃"当总统期间,再没有人敢提退出联邦了。

为了巩固自己在民众中的威望,1833年春季,杰克逊做了一次经过东海岸中部地区和新英格兰各州的长途旅行。途中,杰克逊乘坐新建的巴尔的摩和俄亥俄铁路公司的火车作了20公里的旅行,成为第一位坐上火车的总统。他还接受了哈佛大学授予的名誉博士学位——尽管这所大学最知名的校长约翰·昆西·亚当斯表示反对,他嘀咕说,杰克逊几乎连自己的名字都不会写。

杰克逊在第二届总统任职初期,就决心粉碎被他称之为"妖魔"的合众国银行。第一步,他计划把联邦基金从合众国银行转移到州立银行。然而,他并没有得到全部内阁成员的支持,特别是财政部长威廉·J.杜安的支持。1833年9月,由于杜安拒绝支持他的计划,杰克逊撤销了他的职务,而任命原司法部长罗杰·塔尼接任财政部长,后来,罗杰·塔尼执行了这项计划,将联邦基金转入州立银行。

后来,杰克逊不但实现了他在第一次就职演说中提出的减少国债的诺言,而且在1835年1月8日,使联邦政府有史以来第一次全部偿清了国债。国家进入繁荣时期,物价上升,纸币通行,因为联邦政府征收的税款远远超过了经费支出。1836年,杰克逊签署了一项法案,同意将剩余的联邦政府基金分拨各州。为了制止因纸币过剩而引起公有土地的投机买卖,杰克逊发布几道命令,规定只有黄金和白银可以用来购买公有土地。

因为杰克逊要求法国政府赔偿拿破仑战争中美国在航运方面所受到的损失,美、法两国关系出现了空前严重的危机。两国断绝了外交关系,杰克逊准备诉诸武力,但是,法国不愿意打仗,同意分4期偿还支付的赔款,于是美国跟法国重新恢复了友好关系。

病魔缠身

1835年1月30日,在杰克逊离开国会大厦时,32岁的油漆匠理查德·劳伦斯走到离他约13英尺远的地方,用单发大口径短筒手枪朝他开了一枪。尽管发火帽正常地爆炸了,但火药没有点燃。杰克逊猛地冲向前,用手杖击打刺客,劳伦斯接着用第二支手枪又开了一枪,这一枪是近距离平射,但仍然没有打响。劳伦斯因精神错乱被判决无罪,他被囚禁在一所精神病院中,直到 1861 年死去。行刺事件发生后,很快对劳伦斯的手枪做了检查,发现它们完全能正常使用。可是两支手枪为什么竟没有打响,许多人感到不可思议。

杰克逊退休后,对政治仍感兴趣,为老友马丁·范布伦竞选总统忙碌。1837年 3 月 4 日,杰克逊在出席了他一手培养的后任马丁·范布伦的总统就职典礼后,回到了田纳西州纳什维尔附近的种植园赫米蒂奇。虽然他的种植园拥有 1200 英亩土地,但在 1837 年经济大恐慌之后的经济萧条期间,杰克逊很难为他的棉花找来市场,他不得不向朋友借钱,以应付业务开支。

杰克逊的经济问题不仅来自 1837 年的大恐慌,而且还来自养子小安德鲁·杰克逊。小杰克逊因遭受经济灾难,欠下 6000 美元的债。1838 年开始,杰克逊通过卖掉田纳西州西部的一些土地来还债,可是后来,小杰克逊的债务变成了 15000 美元,杰克逊吃不准是否还有别的债。

杰克逊给予儿子的钱财是如此之多,以致他隐居的庄园日渐荒芜需要油漆和修理。杰克逊遇到经济问题的闲话也逐渐在社会上传开。1841 年他的棉花歉收,7 匹良种马也死了。朋友们用各种办法为杰克逊募钱,但他生性清高,不愿接受赠款,只愿接受贷款。杰克逊的顾问弗朗西斯·布莱尔写信给他,表示愿意提供25000 美元的贷款,杰克逊很快接受了。不过他坚持要将儿子的种植园抵押给他,并在遗嘱中补充一句:在分遗产之前,必须还清布莱尔的款子。

1844 年又迎来了总统大选,杰克逊的门徒希望重返白宫。杰克逊用他的努力决心要看到一个民主党人获胜。杰克逊支持他的田纳西州同乡和密友詹姆斯·波尔克,并帮助詹姆斯·波尔克获得民主党总统候选人提名。结果波尔克获得胜利,这是杰克逊的又一个门生。

杰克逊能够影响全国,却无能力还债。为了偿还债务他已经耗尽了财力。他的身体变得更加虚弱,心情也变得沮丧起来。他只得要求债主缓期还债。这时,布莱尔再次向他伸出救援之手。他告诉杰克逊他有权从他的公司借到多至 10 万美元的钱。这封信使他老泪纵横。杰克逊把儿子的账目又过目了一遍,发现孩子又欠了 8000 美元,于是借下了那笔钱。

杰克逊晚年为疾病所苦,他的健康状况不断恶化。他的一只眼睛瞎了,而且无法躺着睡,只能用枕头支撑着身体坐在床上。死亡已经逼近,但杰克逊不得不再次面对小安德鲁因透支而欠下的新债。

1845 年 6 月 2 日,纳什维尔的医生给他动了一次手术,排出他腹部的积水。6月 8 日早晨,杰克逊醒来后不久,就陷入昏迷状态。这天下午,他握着儿媳萨拉·约克·杰克逊夫人的手颤抖了一下,张开嘴,便断了气,终年 78 岁。

根据杰克逊的遗嘱,用出让他的不动产和动产偿还养子的包括利息在内的总额为 10000 美元的债务。他把三柄礼仪用剑分赠给外甥安德鲁·杰克逊·多纳尔森、侄外孙安德鲁·杰克逊·科菲和孙子安德鲁·杰克逊第三,责成他们在必要时持剑保卫合众国和维护宪法。他把剩余遗产的大部分,留给了养子小安德鲁·杰克逊。

轮椅上的总统

——罗斯福

人物档案

简　　历：1882 年生于美国纽约州，1904 年哈佛毕业，1907 年哥伦比亚法学院
毕业，1910 年当选纽约州参议员，1930 年成为纽约州
州长，1932 年当选第三十二届美国总统，1944 年第四
次连任美国总统。

生卒年月：1882 年 1 月 30 日~1945 年 4 月 12 日。

安葬之地：不详。

性格特征：罗斯福具有英俊的容貌、善良的性格和
聪敏的天赋。他坚信"困难可以压垮一个人，也可以
成就一个人的辉煌"。

历史功过：罗斯福任总统期间，推行新政使美国摆脱了空前的经济危机，进入国家
垄断资本主义发展时期；与英国首相丘吉尔会谈，起草了反法西斯战争的《大西洋宪
章》；与英、苏、中四国建立了"联合国救济总署"，为联合国的建立奠定了基础。

名家评点：全世界爱好和平的人民将永远怀念罗斯福在伟大的反法西斯战争
中所做出的贡献。

富家子弟

1882 年 1 月 30 日，美国历史上唯一的一位下肢瘫痪、连任四届总统的残疾人
富兰克林·罗斯福出生于美国赫道森河畔的一个上流社会的家庭。

父亲詹姆斯·罗斯福是工商界的一个大资本家，任好几家大公司的经理，母亲
萨拉·德拉诺也是一位经营酵母生意的有钱人的女儿。富兰克林·罗斯福是他父
亲 54 岁时得的"老来子"，特别受到宠爱。

在当时，美国的农业发展正方兴未艾。令人神往的赫道森河河谷的肥沃土地
属 13 户人家所有，其中包括海德公园的罗斯福一家。每家平均占有 200 公顷土
地。这些土地的主人过着富裕的生活。

从富兰克林学步开始，他的父母就不厌其烦地告诉儿子，他是美国上流社会的
名门子弟。从海德公园住宅三楼儿童室的窗户向外眺望，凡能看到河的这边的大

片土地都是罗斯福一家的财产。但父亲也一再教导他，美好的一切不是从天上掉下来的，是经人的双手创造的，大地的果实养育人，而人也应当为它效劳。

母亲也非常溺爱儿子，她把儿子20年来的一举一动，一言一行都记在日记里。随着罗斯福的成长，母亲虔诚地把他穿过的衬衣、鞋子等都整齐地收藏起来，并注明孩子在什么时候穿用过这些"无价之宝"。后来，参观海德公园罗斯福纪念馆的观众，有幸看到了罗斯福母亲收藏的这些珍贵遗物。

富兰克林·罗斯福5岁的那一年便随父亲进入了白宫，当时的总统克利夫兰接见了他们。进入白宫的罗斯福看见克利夫兰总统时他显得既胆怯又好奇，克利夫兰总统看见罗斯福害怕自己的样子，于是握着罗斯福的小手爱抚地说道："小绅士，我给你一个祝福，我祝福你将来不会当上美国总统。"可是没有想到的是克利夫兰这一句让罗斯福放松的话最终却没有成为现实，相反，罗斯福长大以后，不仅当上了美国总统，而且还成了美国历史上任期最长的总统。

父母尽管用心良苦，但他们所做的安排也不是件件都能符合儿子的意愿，只是小罗斯福善于巧妙地去拒绝自己不乐意做的事情。在父母指定的所有活动中，罗斯福最讨厌的是到教堂做礼拜。他就想方设法寻找借口逃避，并且渐渐摸索出了经验，那就是在第一天晚上推说身体不好，第二天就可以获准不去教堂。到了12岁的时候，他的"发病"居然形成规律，似乎每到星期天，他的脑袋都会周期性地发生胀痛。无奈的母亲就把儿子的这种现象称为"星期天头疼症"。

罗斯福整个童年时代的教育，除了9岁时上过六个星期的公共学校的课以外，其余都是由家庭教师来家中上课。当然，父亲的渊博知识和母亲的礼仪举止教育对他的知识积累也很有帮助。在当时，他就接受了荷兰人喜爱大海和船的习性，每年都要随父母作航海旅行。他去过欧洲许多地方，不仅大开眼界，而且学会了法语和德语。

少年罗斯福不喜欢寄宿学校，母亲也舍不得儿子，直到14岁，他才进入美国著名的格罗顿公学。名曰公学，实为收费昂贵的私立学校。这所学校是一个名叫恩迪科特·皮博迪的摩根财团的股东于1883年创建的，离波士顿只有60公里。恩迪科特·皮博迪早年毕业于英国剑桥大学，他创建这所学校的目的是"用基督教的主旨"来培养年轻人。

1899年，17岁的罗斯福结束了格罗顿的学习生活。皮博迪在他的毕业证书上写道："他是个诚实的学生，在整个学习期间，他在集体中的表现是非常令人满意的。"

1900年6月，罗斯福成了哈佛大学的新生。哈佛大学位于波士顿附近查理士河一侧的坎布里奇。在那里可遇到全国各地贵族学校的毕业生。

12月27日，72岁的父亲去世，所留下的遗嘱是："我指定我的夫人作为我儿子富兰克林·罗斯福的唯一保护人，希望他在母亲的庇护下成长。"为了完成丈夫的遗愿，母亲从海德公园移居到波士顿来，以便把全部时间用在儿子身上。

在学校，罗斯福选听许多课程，主要是人文科学、英国和法国文学、拉丁语、古生物学和演讲术，还听了十几门历史课。他还在国家法和经济学方面下了不少功夫，他勤奋学习，但成绩平平。

从 1900 年秋开始,罗斯福开始为哈佛出版的大学生报纸《红色哈佛报》工作。《红色哈佛报》有一条不成文规定:严禁向大学校长采访。在 1900 年总统大选前夕,罗斯福竟然办成了别人感到不可能办成的事情。埃利奥特校长接见了这位一年级新生。

那天的情景是这样的——

罗斯福走进了校长埃利奥特的办公室。"您是谁?"校长问这位不速之客。"我是富兰克林·罗斯福。"他在回答了校长的问题之后,紧接着就提出了自己的问题:"我来请问您,校长先生,您准备投谁的票,是麦金莱,还是布赖恩?"

校长从上到下反反复复地打量着他。他窘极了,但很快地又镇定了下来,必须从校长口里找到答案的念头占据了他整个思想。"您为什么要知道这个?"校长终于开口了。"我是为《红色哈佛报》来采访您的。"校长迟疑了片刻,然后说道:"好吧,我告诉您。我准备投共和党的票,赞成麦金莱为总统,西奥多·罗斯福为副总统。"

这一采访结果在《红色哈佛报》上发表之后,轰动了哈佛校园,轰动了波士顿城。罗斯福这位一年级的大学生一鸣惊人,从此成了有名气的新闻记者。

1902 年春天,有两名布尔人来到哈佛,他们讲述了本国妇女和儿童在当时的英布战争中的苦难遭遇。罗斯福和两位同学要设法帮助远方的布尔人。

他们筹集了"支援布尔人基金",并于 1902 年 5 月给开普敦市寄去 336 美元。波士顿的报纸热情地描述了《红色哈佛报》一名编辑的义举。

1903 年,罗斯福以三分的成绩从大学毕业,由于在快毕业时,升为《红色哈佛报》的主编,罗斯福为了保持这一荣誉职位,又在哈佛大学读了一年研究生。

1904 年 6 月,罗斯福从哈佛大学毕业,四年哈佛大学生活培养了罗斯福对政治的强烈兴趣。随后不久,他迈进了纽约哥伦比亚大学法学院的大门,情景一如既往:平均学习成绩三分。第一学年的考试不及格得了两分。他对法学毫无兴趣,却越来越热衷于社会活动。

罗斯福的妻子埃利诺比他小 3 岁,是他的堂妹,也是西奥多·罗斯福总统的弟弟埃利奥特的女儿,她的童年可完全不像富兰克林·罗斯福一样无忧无虑,而是备受歧视。父亲埃利奥特是个放荡不羁、纵欲无度的花花公子,女儿 6 岁时他就离家出走了。她母亲安娜·霍尔为人古怪,在她眼里,女儿是一个怙恶不悛的罪人。她处心积虑地为女儿取绰号叫"小老太婆"。埃利诺常因一些微不足道的小事而受到严厉惩处。

命运之神将富兰克林和埃利诺这对儿时的伙伴安排在 1902 年春的一列火车上相遇了。愈来愈强烈的爱情火花在这对青年人之间迸发了。母亲得知一切后试图打消他们的鬼念头,理由是他们两人还太年轻,当以事业为重,先立业再成家。但后来母亲还是妥协了。

1905 年 3 月 17 日,罗斯福同埃利诺在纽约举行婚礼。西奥多·罗斯福总统来到纽约,并送侄女埃利诺出嫁——这对新人特意把婚礼的日期定在总统方便的日子以分享总统的殊荣。甚至在三个月的欧洲蜜月期间他们也始终沐浴在总统的荣光之中……

两年后,在纽约第六十五街的住宅里,孩子接踵出世:1906年5月安娜首先来到这个世界,在以后的10年里又生了五个儿子,其中一个儿子死于襁褓之中,萨拉在儿子家像照顾自己孩子那样照看孙子,同时照顾埃利诺。在家中,母亲主宰着家庭的一切,埃莉诺成为附属品,虽然她本人每年有6000美元的进款,经济上并不完全依靠夫家。

从律师到海军部长

1907年,罗斯福结束了法学院的学业。

不久,因是总统的侄女婿的缘故,他到赫赫有名的"卡特—莱迪亚德—米尔本"法律事务所当一名年轻的实习律师。但是,对政治颇感兴趣的罗斯福对律师业务感到厌烦。

他在迷惘中生活,不知事业之舟将驶向何方。有一次,他向事务所的办事员们吐露心事,想进入政界:先当州参议员,然后当助理海军部长,再当纽约州州长。

1910年初,机会终于来了,纽约州达切斯县地方检察官在同罗斯福攀谈中,这位民主党的忠实信徒建议罗斯福作为竞选纽约州议员候选人,罗斯福漫不经心地同意了。

母亲和多数亲友都是反对罗斯福去做一次毫无成功希望的竞选的。但他妻子还是支持他,决定让他试一试。

竞选活动大张旗鼓,在1910年,罗斯福租用代表进步的当地唯一的一辆"红色保险"汽车,这辆车没有风窗,两只巨大的钢质车灯很刺眼。

他在各地发表演说,在草棚里、在交叉路口、在大道旁。他学会了美国政治家的经验:笑容可掬,热情握手。

然而他的演说确实算不上高明,以至于埃利诺听着丈夫上句不接下句的施政演说,生怕他中途说不下去。

罗斯福这次参加州参议员竞选的时机太好了。最终他在3万张选票中以多于对手1140票当选为纽约州参议员。

罗斯福在登上政治舞台后,很长时间没有找到出人头地的机会。当时,纽约市的民主党组织——坦慕尼协会推举有过不光彩历史的威希恩为联邦参议员候选人,此事遭到一些民主党议员的反对,罗斯福也身列其中——出面反对坦慕尼符合当地选民意愿——他猛烈抨击威希恩和党魁墨菲。

大规模论战发展成了猛烈攻击,罗斯福提倡"纯洁政治",并以此作为旗帜反对对手,斗争结果是:为人正直的詹·奥戈尔曼作为候选人,双方都庆贺自己取得胜利。

1912年的总统选举,在罗斯福等民主党人的大力支持下,伍德罗·威尔逊被提名为总统候选人,然而威尔逊能否当选仍是个未知数,因为同时参加竞选的还有西奥多·罗斯福等人。

罗斯福认为,万一威尔逊失利,自己也应有个退路,于是他再度竞选纽约州参议员。

然而不幸的是,他患伤寒病病倒了,无法进行竞选活动,不幸中的万幸,他的一个新朋友和崇拜者替他开展了生气勃勃的竞选活动,反而使这次竞选较上次更有优势。

1911年,40岁的路易斯·豪出现了,此人直到1936年去世,一直全力支持罗斯福的事业。路易斯·豪当时是奥尔巴尼市《纽约论坛报》的记者,他不修边幅,异常丑陋,这使得他尽管雄心勃勃,但政治上很不得志。

然而,罗斯福发现了他身上的可贵之处,思维敏捷,有惊人的工作能力,罗斯福决定委托他为自己进行竞选活动,这使豪欣喜若狂:终于找到一位值得为他生活和劳动的"伟人"。豪发挥了惊人的政治才干。

1912年选举结果,威尔逊获胜,罗斯福也在纽约州再度当选为参议员。1913年3月,威尔逊总统任命刚满30岁的罗斯福为助理海军部长。

华盛顿很多认识他的人都认为罗斯福在海军部不会任职很久。因为他的上司——海军部长约·丹尼尔斯与罗斯福气质完全不同。

相反的是,他们从未发生过严重冲突,他们相处时间越长,越像父子关系,直至罗斯福逝世(丹尼尔斯比他多活三年)。

在海军部工作,罗斯福感到无比幸福。他从小就喜欢大海,他觉得过去的全部生活都是为现在的工作而准备的。罗斯福受过麦克恩海军理论教育,他主张建立强大的海军。

至1914年1月,美国海军和海军陆战队已达65万名,每年需开支144亿美元。连海军部长丹尼尔斯都认为海军过于庞大了。

同时,罗斯福很快学会了与工人领袖搞好关系,他在海军部任职期间,造船厂从未发生过一次严重的罢工事件。

罗斯福尽管高度评价正在推行的"泰罗制"对提高生产能力的作用,但并不主张在船厂中使用它,因为工人们坚决反对这样做,由于这件事推广开来,使罗斯福名扬全国。

不久,豪以助手的身份来到了罗斯福的身边。豪在各方面给他很大帮助,豪把利用机会的艺术传授给这位有才能的官员,主要教他善于等待时机,不要参与不受欢迎的举动。罗斯福很快地受到了海军将领和职业军人们的尊重和拥护。

他多次指挥舰队,并熟悉了海军中的年轻军官们,同时,他充分认识到海军作为一种宣传手段在内政方面的重大意义。从1913年起,每年7月4日国庆节都有军舰在海德公园和波基晋西城附近的赫道森河上停泊。

然而,罗斯福的目光从未离开过全国性政治舞台。若有机会,他是不会不抓住的。

1914年,在他面前闪现了一个机遇,可结果几乎变成一次灾难。这是罗斯福从政生涯中的第一次挫折——竞选联邦参议员。当时代表纽约州的联邦参议员空缺,担任威尔逊政府驻德大使的詹姆斯·杰拉尔德放弃外交职务回国竞选。而罗斯福也向海军部请假三周参加竞选,他以为威尔逊会支持他。可是威尔逊拒绝插手。

结果罗斯福败给了杰拉尔德,而杰拉尔德又败于共和党候选人之手。事后,威尔逊写信申斥罗斯福在全国性政治活动中的轻率行为。

罗斯福默默地接受了申斥和失败教训,老老实实地担任海军助理部长,并且一当就是七年半。

1916年总统大选,丹尼尔斯忙于替威尔逊张罗连任的竞选活动,罗斯福代理部长职务后,更是废寝忘食地工作。

对于欧战,罗斯福十分肯定地认为美国势必介入。他向丹尼尔斯部长建议立即采取步骤来应付任何可能发生的局面,不能因威尔逊为了政治需要采取表面中立政策而掉以轻心。

当1917年4月美国正式参战后,罗斯福更忙了,招兵、订购新的舰只和采购军用物资。

为了对付德国的潜水艇,罗斯福积极推动建造一种新型的猎潜艇——艇身是木质的,艇长110英尺,被称为"小不点舰队",但对协约国航运的安全却起了重要作用。

罗斯福还设计布置一道水雷墙——横跨北海从苏格兰到挪威,全长240英里,布雷7万枚。以防御德国潜水艇的入侵。

英国人不同意这个计划,由于罗斯福的坚持,1918年6月布下了水雷。

1918年11月11日,欧洲停战协定签订。1919年1月威尔逊亲自率领美国代表团参加巴黎和会。罗斯福也奉命前往欧洲处理转让美国在海外的海军资产。

1919年6月29日,威尔逊乘"华盛顿号"军舰回国,罗斯福同舰归来。

1919年从巴黎和会铩羽而归的威尔逊,已没有力量再来领导民主党在1920年的竞选活动了。

在竞选中,罗斯福付出了很大精力。在92天中有84个晚上是在竞选车上度过的。他作了800多次演说。尽管他演说的主题国际联盟是不受选民欢迎的,但是他的口才和风度却为他赢得了选民的好感。

时人评论说,选民不会投考克斯和国际联盟的票,但是会投罗斯福的票。

选举结果,民主党惨败。但对罗斯福来说,远不是一次失败。因为,他在全国选民面前亮了相,结识了许多重要人物,了解了普通人民的情绪和要求。

1920年后罗斯福暂时退出了政界,开始了他一生中很奇特的一个时期。

他暂时退出政坛,是想进入经济竞争领域一显身手。正好巴尔的摩金融家和报纸发行人范·李尔·布莱克的信托储蓄公司需要一个有声望的人任纽约分公司的主任,他们选中了罗斯福。罗斯福名声大、交际广,以下台官僚的身份担任此职,必有作为。

然而,正当他以巨大热情投入这家公司的证券和海外投资活动中时,不幸于1921年8月10日,在纽约小岛风地湾游泳时,突然得了小儿麻痹症。经过精心治疗,双腿仍然瘫痪,时值39岁盛年。

这是一次严酷的考验。如果不进行最艰苦的长期的锻炼,四肢可能完全瘫痪,坐都坐不起来。为了使病情不至于恶化,罗斯福以惊人的毅力和顽强精神,忍受着疼痛和摔跌,练习撑拐杖行走。下肢瘫痪了,则想尽办法保持上身健壮的外形,练吊环增加臂力,在海德公园住宅园地内修了游泳池练习游泳,增加上身的宽厚,他乐观地说:"水使我落得这般田地,水又使我恢复力量。"

1924年,他抱着试一试的心情来到佐治亚州西南部的一个温泉。此温泉年久失修,平日很少有人光顾。罗斯福来到这里,感觉到了温泉对医治小儿麻痹症的神奇作用,在短短六个星期之后,双腿增加的力量就超过了过去的三年。佐治亚温泉成了他第二个家。罗斯福萌发了把这处温泉建设成一个非营利性质的小儿麻痹症患者医疗中心的念头。

他在生病后,虽然还继续从事证券买卖活动,但投资并不顺利,经济情况不太好,1925年还向安德逊美术馆出售了一些海军藏画和舰船模型。但是他决心要把温泉医疗中心办起来。

1926年,他购买了温泉原有的旅馆、游泳池、1200英亩山地,成立起非营利性质的佐治亚温泉基金会,共花去19.5万美元,罗斯福几乎是倾囊以赴了。母亲虽然有钱,但是拒绝出钱让儿子来办这种"没有意义"的事。

幸好在1927年,罗斯福的异母兄弟去世,留赠给他一笔遗产,才使他的计划得以实现。

温泉医疗中心不仅对罗斯福的身体大有裨益,而且使他在精神上也得到很大安慰。

1927年1月1日,温泉医疗中心开始接待来自全国各地的小儿麻痹症患者,罗斯福与许多普通人同池游泳,共同活动,比之竞选时,与老百姓的接触则更真实、更亲切。

各家报纸纷纷报道罗斯福与佐治亚温泉的消息,使罗斯福仍然成为全国性新闻人物。罗斯福和其密友豪最担心被全国人民遗忘,希望罗斯福的名字不断见报,埃莉诺也持这种主张。

对于已经在全国造成深刻印象的温泉医疗中心,罗斯福倾注全力锐意经营,与其说是出于人道主义的考虑,不如说是为了让自己的印象更深地镌刻在美国人民心中。

1928年又是总统选举年。两党的政客、党阀和谋求官职者都蠢蠢欲动起来。民主党又推出史密斯来与共和党的胡佛竞选。史密斯是纽约州州长,他要参加全国性公职竞选,就得辞去州长职务,为此,必须推选一个有力的人物来竞选纽约州州长。

竞选总统

罗斯福马上在取得了州长选举的全国胜利之后,开始了争取民主党总统候选人提名的活动。

1932年民主党可能提出的候选人中除了罗斯福以外还有很多。罗斯福亲自为自己的竞选活动做出大量的战略决策,而日常工作则托付给豪和法利去办。

在民主党人于6月下旬在芝加哥开会确定候选人提名之前,罗斯福还需要面对35个州的代表大会和预选,他还需要有一个工作班子来提出主张和起草演讲稿和声明,并在思想理论方面全面地当好竞选事务的政治技术员。

53

于是,他召集一批大学教授向他献计献策,草拟有关农业救济、关税、铁路、政府债务和私人贷款这些复杂问题的备忘录。

在 1932 年春天,他的近期目标是获得提名。法利、豪等在召开代表大会时可能会争取到大多数代表的支持,但罗斯福仍然难以达到获胜所要求的那种富有魅力的三分之二多数。

1932 年 6 月的最后几天,民主党人兴高采烈地从四面八方云集芝加哥,他们确信美国的下一任总统将由他们来选定。

在同一个城市里,共和党人召开了给人以凄惨之感的全国代表大会,快快然再次提名赫伯特·胡佛为候选人,这就打消了民主党人的一切疑虑和担心,民主党人三三两两地簇集在湖滨饭店的休息室里和高级的非法酒店里,他们互相拍肩道贺,互相通报最新传闻,并且多方密谋策划。

6 月 28 日,宣布大会开始了。资格审查委员会建议给罗斯福的路易斯安那州的代表团以席位,但是由于有少数派的反对,这一问题需经大会讨论表决。在这两个代表团的席位,罗斯福的势力占了优势。下一个较量一即推选大会的常任主席——其结果是难以确定的。这个职位是很重要的,因为常任主席可以通过指定发言人、裁决议题和打断论证来左右候选人的选举。

罗斯福与其顾问们在海德公园召开的最后决策会议上确定由汤姆·沃尔什参议员担任这个职务,而"倒罗斯福"一派则推举肖斯做候选人。他们指责罗斯福狡猾,不守信用,说他在几个月前当全国委员会一致同意肖斯时并没有表示反对。

但是州长的支持者则说,他当时只是同意把肖斯"推举"给大会,并不是"推荐"他。

对立情绪如此之大,以致法利难以在怀有敌意的纽约代表团中间找到一个席位,尽管法利是一个正式委任的代表,在点名表决时,法利紧张地在几张长长的牛皮纸上做着记录,当以不到 100 票的优势获胜时,他才感到如释重负,他以后从未忘记当时的这种心情。

罗斯福喜气洋洋,当时他正在澳尔巴尔通过电话与芝加哥保持联系,抽空同萨姆·罗森曼一起草拟接受提名的讲话。

《纽约时报》的阿瑟·克罗克声称他已听到不远处罗斯福的竞选车正隆隆开动。

"在此悬疑时期,精神紧张的程度几乎达到了身体所能忍受的限度。"法利说,"我每天工作十八九个小时,与几百个人谈话,不断地同其他领导人商量,接受每个代表团送来的报告,每天至少两次接见几百名记者。我吃的是放在盘子里的便餐,内容通常是三明治加牛奶。在天亮前睡几个小时,这还要看有没有机会。人们围着我索要我所没有的大会入场券,这又增加了我的负担,还有其他几百个人也同样忙得晕头转向……"

暑热加剧了豪的气喘病。他躺在办公桌旁边的一张小床上,缩腿把膝盖顶在胸口上,大口大口地呼吸着,同时从收音机里收听大会的实况。他的一个秘书莱拉·斯泰尔斯担心他会死去。"真见鬼",一个记者说,"豪竟病得这样厉害,半死不活的。但你知道得很清楚,他不看到富兰克林·罗斯福被提名为总统候选人是不会死的。"

事情果然像预料的那样。罗斯福不但被提名为总统候选人,而且竞选成功。1933 年 3 月 4 日,富兰克林·罗斯福入主白宫,成了美国第三十二任总统。并且于 1936 年、1940 年和 1944 年连续当选美国总统。

罗斯福在 1933 年就任总统后,推行"新政",加强国家资本主义,克服经济危机,挽救资本主义制度。在外交上,反对德意法西斯集团的侵略和战争政策。

1941 年,太平洋战争爆发后,美国参加了反法西斯同盟。

"二战"中的罗斯福

1941 年 12 月 7 日(华盛顿时间),海军部长诺克斯手下的电讯部门侦获了一道令人难以置信的电文,那是美国太平洋舰队总司令金梅尔向夏威夷的全部美国舰只发出的特急通知:"珍珠港遭到空袭。"

诺克斯倒抽一口冷气。然后,他拿起了电话筒。

当电话铃响的时候,罗斯福同他的亲密顾问霍普金斯刚吃罢中午饭,在总统书房里闲聊,罗斯福拿起听筒,只听见:"总统先生,好像是日本人袭击了珍珠港。"这是诺克斯打来的。"那怎么会呢……"罗斯福也是自言自语。

霍普金斯在一旁说,可能是搞错了,日本人不会攻打檀香山。罗斯福接着说,说不定是真的,这正是日本人会干出来的那种出人意料的事。他的表情严肃,但看起来又像是如释重负一般。

他对霍普金斯说,他曾经希望使美国置身战争之外,可是如果这个消息是真的,那么就是日本人使他身不由己了。

下午 2 时刚过,罗斯福给国务院的赫尔打电话,告诉赫尔,珍珠港遭到了袭击。

2 时 21 分,两名日本使节走进赫尔办公室。递交日本与美国断绝外交关系的声明。这时,整个珍珠港已笼罩在弥漫的浓烟中了。

就在两名日本人在国务院等待接见的同时,在日本广岛湾的旗舰"长门号"收到了"虎!虎!虎!"的微弱信号,日本帝国海军联合舰队司令官山本五十六为袭击成功高兴得脸发红,同时,全身不禁战栗了一下:再也不存在孤立主义的美国了。这位日本海军大将心中十分清楚:日本在战术袭击上成功了,战略上却失败了,日本将自食其果。

白宫内外一片紧张气氛。白宫铁栏杆外面聚集着大群的人等候消息。丘吉尔从大西洋彼岸打来了电话:"总统先生,日本人是怎么回事?""他们在珍珠港揍了我们。现在我们是风雨同舟了。这条船是不会也不可能沉没的。"

此时此刻,丘吉尔也许是世界上最开心的人了。他为了把美国拖进战争,费尽心机,任凭他老谋深算,却无法让罗斯福下此决心。

现在日本帮了大忙。他兴奋得来不及等美国国会宣战,竟让英国议会抢在美国国会前几小时向日本宣了战。

在总统前往国会要求向日本宣战时,在珍珠港被击沉的军舰露出的烟囱还冒着浓烟。珍珠港事件是美国军队历史上最严重的惨案,在短短的 2 小时零 4 分钟的袭击中,总共有19艘军舰被击沉,击坏。其中包括太平洋舰队的全部作战舰只。

据估计,美国损失265架飞机,绝大部分是在整齐地排列在地面上被炸毁的。美国总共死亡2403人,受伤1187人,而日本人只损失了29架飞机和55名飞行员。

当晚8时40分,总统在他儿子詹姆斯的搀扶下走下众议院的讲台时,受到一阵又一阵鼓掌欢迎,共和党人也鼓掌欢迎,多年来这还是第一次,因为在全国出现紧急状况的时刻政治上的敌意已经消失。

珍珠港事件已经使美国人民团结一致,支持富兰克林·罗斯福。

他一手扶着讲台,一手打开一个好像小学生使用的黑色笔记本,他的眼睛在大厅里环视片刻,看看坐在前排的内阁成员,最高法院的大法官和各国外交使节,然后抬头望望座无虚席的楼厅观众席,在那里他夫人同伍德罗·威尔逊的夫人坐在一起。

在全国各地,美国人集聚在收音机前,倾听人们熟悉的声音。罗斯福以严峻的表情,饱含愤慨的声调宣布:

"昨天,1941年12月7日——这将是臭名昭著的日子,美国受到日本帝国海军和空军的突然和蓄谋的袭击。

"美国同那个国家处于和平状态,应日本的请求仍在同它的政府和天皇对话,期望维护太平洋的和平……这次袭击给美国海军和陆军造成了严重损失,许许多多的美国人丧生……

"昨天,日本已经在整个太平洋地区发动了一次突然攻势……

"作为陆军和海军的总司令,我已指示,采取一切防御措施……

"由于有对我们武装部队的信心……有对我国人民的极大决心——我们将取得最后胜利,愿上帝帮助我们。

"我请求国会宣布,既然日本在12月7日发动无端的、卑鄙的袭击,美国和日本帝国之间已处于战争状态。"

参议院以82票对0票,众议院以388票对1票通过罗斯福的宣战要求。

第二次世界大战使罗斯福变成了一位全球的领导人,原来他是"新政老博士",现在成了"赢得战争的博士",虽然许多国内问题还没有得到解决,但是他把绝大部分注意力集中到战争上,总统在紧急时期总是处于最佳状态,以开始实行新政时那种轻松愉快的心情担负起指导军事、外交和国内政策的负担,所有的权力都集中在白宫,他也喜欢他的非常扩大了的权力。

罗斯福作为战争领导人的伟大在于他能够使自由世界的人民团结起来,这是在珍珠港事件后的黑暗日子里他面临的最紧迫的任务。

罗斯福满怀信心的乐观态度就像在失败后的黑暗中的灯塔一样放射着光芒,他经常在电台上发表讲话,报告战争的进展情况,确保美国人民战斗到胜利的决心永不动摇。

罗斯福对秘密的战争工具有强烈的爱好,当他获悉丘吉尔有一个特别总部,在那里随时注视着军事行动,因此他下令为白宫设立一个类似的总部,命名为地图室。每天他都到那里听取各条战线上的每日事态发展的汇报。

在制定国家政策方面,罗斯福坚决执行文职人员控制的原则,他还对军事事务保持健全的怀疑态度,当初他曾选择一个颇有才能的军事顾问班子来制定世界性的战略。

整个战争期间他们一直都在这个班子里工作,这些军事顾问包括:陆军的马歇尔上将,海军的欧内斯特金上将和陆军航空兵的亨利·阿诺德上将,威廉·李海上将担任他的私人军事助手和同参谋长联席会议的联系人。

参谋长联席会议安排后勤工作,并制定派人员、军舰和飞机参加战争的指示,在参谋长们的帮助下,罗斯福挑选出像德怀特·艾森豪威尔将军,切斯特·尼米兹将军和道格拉斯·麦克阿瑟将军这样能干的战区司令。

罗斯福很通情达理,作为总司令,在绝大多数情况下不干涉日常军事行动,在海军和陆军之间,在各个战区司令之间,在作战的需要和国内战线的需要之间以及在美国人对紧俏的补给品的需求和俄国人对紧俏的补给品的需求之间,发挥了调停人的作用。

由于他通常看重说服而不是靠发号施令,所以对军事战略的控制不严,但对在什么问题上发挥最高权威,则是毫不含糊的。

在太平洋战争遭到失败后的黑暗日子里,他坚决主张,同德军作战是当务之急。在自己的军事顾问的反对下,他坚持认为,希特勒是最危险的人。没有日本,德国能够生存,但是如果打败德国,日本人就活不了多久,他不顾专业人员的抗议,仍然极力主张在 1942 年入侵北非。

在珍珠港事件后的头两年战争中,欧洲第二战线的问题在盟国关系中一直占主导地位。

在连续举行的十四次首脑会议上,罗斯福同丘吉尔、斯大林和蒋介石举行会晤,解决了全球战略,优先处理盟国之间的摩擦。

罗斯福确信,在这些关键的谈判中,只有总统能够代表美国,他喜欢在高级会议上施展手腕,讨价还价。在这些私人会晤中,他利用他谋求妥协和解的本领来缓和紧张关系,并协调盟国为赢得战争做出努力。

丘吉尔在华盛顿期间极力主张立即入侵北非的卡萨布兰卡地区,使德国的非洲军团陷于两只盟军中间,并使地中海重新向盟军的船只开放。

罗斯福渴望让美国部队在 1942 年同轴心国作战,因此对这个建议表示赞成。然而,史汀生和马歇尔强烈反对这项计划,他们强调船只和装备不定,总统于是改变了主意。马歇尔力主在 1943 年横渡英吉利海峡对欧洲发动大规模入侵,以便能尽早在 1942 年建立一个有限的滩头堡,这项战略终于被盟国接受。

1942 年的整个夏天和秋天,罗斯福不耐烦地等待着对北非的入侵。他渴望发动攻势,满足国内和俄国提出的采取行动的要求,对每一个有关的人都施加压力,要求尽可能早地发动进攻。他一次又一次地宣称:"时间是要素。"

随着年底即将到来,战争的趋势出现了有利于盟国的迹象。

11 月 8 日,华盛顿陆军部终于打来电话。罗斯福用颤抖的手接了话筒。他全神贯注地听着,一直听完对方报告的消息,然后大声喊起来:"谢谢上帝!谢谢上帝!听起来好极了。祝贺你!"

他放下电话,转身面向客人。"我们已在北非登陆,"他告诉他们,"伤亡低于原来的估计。我们开始反攻了。"

随着战争的继续进行,白宫成了一个缺乏欢乐的地方,罗斯福也成了一个越来越孤单的人。他总是独自吃着用托盘端来的晚餐,然后很早就睡觉。

由于这么多老朋友都不在了,总统几乎不顾一切地设法扩大他的圈子。他总是喜欢周围的女性。

两个没有结婚的表妹劳拉·德拉诺和玛格丽特·萨克利成了这里的常客。

萨克利小姐是一个温文尔雅的女子,人们叫她雏菊,她会养狗。"法拉"就是她送给罗斯福的。劳拉·德拉诺性格有点古怪,披着一头紫发,总统喜欢拿她取笑。

有一次,他告诉劳拉,全日食造成的突然黑暗预示着末日来临,她相信了,走到自己的房间,出来时握着她的珠宝盒。罗斯福狂笑起来。

1943年停战纪念日,总统悄悄溜出华盛顿,在汉普顿锚地登上新战列舰"衣阿华号"准备横渡大西洋。一直未能进行的同斯大林的会谈已经安排在伊朗境内离苏联边界不远的德黑兰举行。

罗斯福虽然对于不得不绕地球半周感到惊骇,但是他渴望抓住这个机会。这是同苏联人取得"一致意见"的时刻。

在卡萨布兰卡会议以后的10个月里,战争的趋势已经不可抗拒地朝有利于盟国的方向转变。西西里已被征服,意大利已经投降,德国一个集团军大约30万人的兵力已在斯大林格勒被消灭,大西洋战役已经获胜,日本人正被赶回到自己国内的岛屿。

美国人和英国人在战略问题上的争吵已在华盛顿等地的会议上解决。对罗斯福来说,在德黑兰会议上的艰巨任务就是同难以捉摸的斯大林建立起自己同丘吉尔保持着的那种私人关系。德黑兰会议从1943年11月28日开到12月2日。在忙碌的四天里,罗斯福同丘吉尔和斯大林在会议桌上和吃饭时都进行着磋商。

军事问题很快得到了解决。罗斯福和丘吉尔向斯大林保证横渡英吉利海峡的入侵将在1944年5月1日前后进行。斯大林告诉他们,苏联将配合这次入侵发动一场攻势。

斯大林还重申了向赫尔做出的保证,打败希特勒之后,苏联将参加对日本的战争。会谈中,政治考虑占了相当大的部分,虽然各项决定将留在以后做出。

这样一来,总统就可以有理由说自己在德黑兰并没做出任何秘密许诺。

在总统略述了未来的联合国的基本结构之后,斯大林对罗斯福提出的监视和平的"四个警察"概念表示感兴趣,斯大林还赞成他提出的不准法国人重返印度支那和他们的殖民帝国的其他地区的建议,这些地区将成为联合国托管地。

会谈中还讨论了在德国失败后肢解德国的计划,西方领导人还表示默许苏联继续占领波罗的海国家,这些国家是1939年被占领的。

德黑兰会议标志着苏联和西方合作达到顶峰。这种合作是通过走另一个极端去迁就斯大林和推迟做出艰难的决定来实现的。罗斯福胜利地返回华盛顿,确信实现持久和平的基础,已经奠定。

罗斯福在卡萨布兰卡和德黑兰使美国走上领导全球的道路之后,重新提出了新政的开明议程,要求制定一项新的经济权利法案。

总统在 1944 年 1 月 11 日发表的国情咨文中宣称:"除非国内这里有安全,否则全世界就不能实现持久和平。"这些权利将适用于所有的人——"不管是什么地位、民族和信仰"——而且权利的范围很广泛。

人们认为,《经济权利法案》是 1944 年总统竞选的前奏,除了总统本人可以表示怀疑以外,没有任何人对罗斯福会竞选第四任期表示怀疑。

最后岁月

1944 年,又是总统选举年,在 7 月民主党全国代表大会前夕,罗斯福给民主党全国主席写了一封完全不是一位垂垂老矣的病夫所能表达的请战书:"如果我们的总司令——美国人民——对他下令的话,他将继续服务下去。"决心是大的,意志是坚强的。

但是所有在总统身边的人都暗中承认,曾经奇迹般地战胜过疾病的坚强男子汉,现在在疾病折磨下,衰弱程度超过了他的实际年龄。

早在 1944 年 3 月,医生就已诊断罗斯福有高血压并患有心脏病,但罗斯福对此表现得漠不关心,因为他已决心竞选第四任总统。在此之前,罗斯福又进行了一次全面身体检查,结论是,如果他能遵医嘱行事,可以竞选。

与此同时,美国一家杂志刊出了一篇一个医生写的文章,说罗斯福入主白宫以来,发生过三次心脏病。

这显然是对罗斯福参加竞选极为不利的舆论导向,因为它暗示罗斯福的家庭成员向公众舆论隐瞒事实。罗斯福夫人对此坚决否认。

竞选对手共和党的杜威,他牢牢抓住罗斯福的健康问题不放,甚至广泛散发一幅罗斯福发表接受提名演说时的照片。

从照片上看,现任总统面容衰老,身体瘦削,与上次竞选时判若两人。

看来,罗斯福如果要扭转对他不利的舆论,必须采取更有力的措施,以实际行动来证明自己不是一个风烛残年的老翁。1944 年 7 月 15 日至 8 月 17 日,罗斯福巡视太平洋地区,从夏威夷到阿拉斯加和阿留申群岛,表面理由是要建立与太平洋战区官兵们的个人接触,鼓舞士气,实际上是向美国选民表明他的健康没有问题。

共和党没有想到射向罗斯福的这颗政治子弹,却反弹过来给共和党造成了极大损害——因为是造谣。

在投票前的几周时间内,罗斯福利用各种时机与选民们直接接触,他冒着倾盆大雨,乘敞篷汽车访问纽约的各个区,一连几个小时在大雨中与选民们讲话、握手,显示他的身体健康。

其实,罗斯福确有重病在身,在一次军队队列式检阅的仪式前,突然感到全身痉挛,疼痛难忍,他对陪伴着的儿子说:"我疼得厉害,我真不知道能不能参加阅兵式。"

但是,他咬着牙,勉强装出欣欣的神态参加了阅兵式。在火车后面的平台上,他也是勉强支撑着残废的双腿做长时间的竞选演说,一般都在半小时以上。

美国选民们也并不是不知道罗斯福是在苦撑苦熬,但是他们甘愿将国家的命运托付给已经经过 11 年考验的罗斯福,而不是在政治上还不够成熟又过分政客化的杜威。

投票结果,罗斯福战胜杜威,选举人票是 432∶99;选民票则是 2560 万对 2200 万,这是罗斯福参加总统竞选以来差距最小的一次。

在如此艰苦的身体条件下能够以"舍我其谁"的气概毅然接受美国人民的选择,首先在精神上就压倒了对手,选票差距的缩小,说明美国"喜新厌旧"的民族性在政治上的反应。同时也说明美国人民毕竟是比较成熟的政治群体,在战争尚未取得最后胜利,世界和平的新格局尚未奠定之时,他们给了罗斯福最后一次的授权。

1945 年 1 月 20 日(距离他逝世不到三个月),罗斯福冒着刺骨的寒流,在白宫南门廊宣誓就职,而以前的宣誓仪式是在国会举行的。

罗斯福刻意要使宣誓仪式简单朴实,因为对他个人来说,没有什么炫耀自己的心情,他也没有因第三次连任沾沾自喜,就职演说不到五分钟。

他在演说中讲到"我们不能单独和平生存,我们的安宁取决于远方其他国家的安宁",他心中念念不忘的是联合国组织。

过了两天,他动身前往远在克里米亚半岛上的雅尔塔。

1945 年初,三巨头举行会晤已经成了刻不容缓的事,同纳粹德国的战争已经胜利在望。

在为期 8 天的雅尔塔会议上,罗斯福的目标是使苏联加入一个维护和平的世界组织,并争取苏联,做出参加对日本作战的保证。

三巨头团结一致,决心确保德国不会重新起来折磨欧洲,战败国德国的确切边界留到将来的会议上决定。

这个国家将被分成四个占领区,美国人希望德国有法国势力,以便有助于同苏联人抗衡。

但是,人们对这个城市的西方占领区会成为苏联手中的抵押品这一点并不感到担心。

联合国的基本结构已于 1944 年秋天在华盛顿的一次会议上拟定出来。

斯大林欣然同意在打败希特勒的两三个月之内参加对日作战,作为交换条件,苏联得到了对库鱼岛南半部和千岛群岛的主权,这是 40 年前在日俄战争中失去的领土。

雅尔塔会议是罗斯福唱的一台戏,他进行斡旋、调停和妥协,运用手段图谋利益,同丘吉尔和斯大林开玩笑,并采取捷径确保会议的成功。

有时经过一轮会谈和宴会,他变得精疲力竭,面色苍白。有时他情趣横溢,非常幽默。

1945 年 2 月 11 日,罗斯福怀着对三巨头的继续团结的乐观心情离开了雅尔塔。

1945 年 3 月 2 日,罗斯福在国会两院联席会议上说:"克里米亚会议使我坚定地认为我们在实现世界和平的道路上有了一个良好的开端。"

他讲话时不是站在讲台前,而是坐在众议院讲台上的一张桌子旁边,这等于默认他的疲劳状态。

他用将近一个小时的时间描述了雅尔塔会议的成就,并提到定于 4 月 25 日在旧金山举行一次会议,起草联合国宪章。

25 年前,美国作战人员中期望全世界的政治家完成他们为之战斗和蒙受痛苦的和平工作终于实现了。

雅尔塔会议引起的争论比富兰克林·罗斯福的对外政策的任何其他方面引起的争论要多。

人们指责他把波兰和东欧"出卖"给苏联人,把中国拱手交给共产党。虽然这些指责在 20 世纪 50 年代已达到顶峰。

但直到目前仍有所闻,批评雅尔塔会议的人的共同特点是,他们有一种事后聪明的优越感,他们回过头来看雅尔塔会议,认为会议结果是苏联力量的掠夺性发展。但是,总统总算做成了在他所处情况下的最好的交易。

在总统去世前的一段时间内,全家都为总统忧愁。

总统宠爱的女儿安娜,她走到哪儿,就把欢笑声带到哪儿。她有时微笑,有时大笑,似乎总统现在的健康情况是最好不过的了。

但是实际情况并非如此,看到总统的双手颤动不止,身边人员就在总统的背后摇头叹息。

1945 年,一代伟人富兰克林·罗斯福因脑溢血离开了人世,享年 63 岁。

现实的政治家

——约翰·F·肯尼迪

人物档案

简　　历:1917年生于美国马萨诸塞州布鲁克斯村。1946年成为美国众议员。1952年成为美国参议员。1960年成为美国总统,1963年11月22日遇刺身亡。

生卒年月:1917年5月19日~1963年11月22日。

安葬之地:阿灵顿国家公墓。

性格特征:一直与疾病做斗争,性格坚强。

历史功过:肯尼迪在任期间出色地平息了古巴导弹危机,使世界避免了战争,朝着和平的方向发展。

名家点评:约翰·肯尼迪在任期间是美国历史上支持率最高的总统,他的遇刺被视为对美国历史的发展产生重大决定性影响的事件之一,因为这一事件在其后数十年中一直影响了美国政治的发展方向。

最年轻的总统

1917年5月29日,肯尼迪出生于马萨诸塞州布鲁克村。他的父亲是个有名的商人、银行家,母亲罗斯是望族之女。这样的家庭要求孩子们进行激烈的体力和智力竞赛。

1941年秋,肯尼迪参加了美国海军,两年后被派到南太平洋。他在战争中死里逃生。日本的一艘驱逐舰在所罗门群岛将他指挥的一艘鱼雷艇击沉,他严重受伤,和士兵们被困于敌后的一座荒岛上,但他仍率领着他们安全返回。因此,他被授予海军和美国海军陆战队奖章。

肯尼迪于1946年竞选美国众议员,战胜了共和党候选人,当时年仅29岁。他在众议院当了3届议员。1952年,他又在马萨诸塞州竞选美国参议员,并以70000

张选票的绝对多数击败了对手。第二年 9 月，他与杰奎琳结婚。

1956 年，肯尼迪差一点成为史蒂文森的副总统竞选伙伴。他在电视上发表的让步讲话，把他带进约 4000 万个美国家庭。一夜之间，他成为这个国家最著名的政治人物之一。1960 年 1 月，他正式宣布参加总统竞选，并最终赢得了胜利。

浪漫的风流案

肯尼迪兄弟与电影明星玛丽莲·梦露的关系，可能是美国公众传得最多的风流公案。

早在 1954 年的时候，还是参议员的肯尼迪就经总统办公室秘书劳福特的介绍，结识了当红明星梦露。

那是在一个招待会上，肯尼迪的双眼始终紧紧盯着性感美丽的梦露，令她浑身都感到不自在。杰奎琳看到丈夫的失态，感到非常不高兴。梦露的丈夫迪马吉奥也同样意识到这一点，他几次挽住梦露的胳膊，要她回家，而梦露则装出一副全然不知的样子。

玛丽莲的一举一动都已经在肯尼迪的脑海中烙下深深的印迹。从那以后，他一直都未忘记过那个充满朝气而又可爱的姑娘。1955 年初，当法院还未就梦露与迪马吉奥的离婚案做出判决的时候，梦露就已多次与肯尼迪幽会了。

肯尼迪当选总统后，梦露更是成为肯尼迪家的常客。那时她住在洛杉矶的一座西班牙风

肯尼迪与夫人杰奎琳在竞选中

格的房子里，她同肯尼迪的关系日益密切，怀着能够激起世界上最具魅力的国家元首感情的强烈自豪心，梦露在幽会之前总要特意打扮一番。她幻想着肯尼迪会和杰奎琳离婚，然后娶她为妻。她曾经问过自己的一个好朋友："你想，我会成为第一夫人吗？"朋友对此无以应答。

1962 年 6 月，梦露在度过同肯尼迪惬意交往的最初时光后，开始感到受人玩弄。她终于明白，自己和其他女孩子一样，都只是肯尼迪的"玩物"而已。在后来的一系列交往中，肯尼迪和劳福特更加肆无忌惮。一开始，只有经过精心筛选的人才能同总统一起用晚餐。后来晚餐的格调很快就变了，他们愈发"放肆无礼，无所顾忌"，有时竟然邀请高级应召女郎共进晚餐。

梦露面对肯尼迪施展的种种手段，时而多情，时而恼怒。每当肯尼迪有试图疏远梦露的表现时，她就陷于失望之中。她把电话一直打到白宫去找肯尼迪，还给他写去许多封"哀婉动人"的信件，都似石沉大海，杳无音信。最后，梦露威胁要向新闻界披露她同总统的关系。这一招还真奏效了，肯尼迪派其弟罗伯特去洛杉矶同

梦露谈话,以减轻她的忧伤。

罗伯特同梦露之间也早有暧昧关系,因此总统才委托他去向梦露传递口信。1962年7月末,肯尼迪和劳福特得到消息,罗伯特在海边的住所以及梦露在海伦那5号和多尼埃两地住所的电话被窃听了。肯尼迪兄弟俩立即意识到他们同梦露的关系已经使自己陷于一种非常窘迫的境地。

肯尼迪兄弟同梦露的关系很快就恶化了。梦露再次受到了愚弄,肯尼迪兄弟俩拿她取笑逗乐,直至他们觉得腻味为止。她向罗伯特发出了最后通牒:如果罗伯特不向她当面解释断绝他们关系的原因,她就举行记者招待会披露他们之间的关系。

8月4日,这天是星期五。晚上,劳福特带梦露去他家附近的一家餐馆与新闻专员帕特·康共进晚餐。就在这天晚上,喝得酩酊大醉的梦露回到家中,第二天便猝死了。

梦露一死,便有人立刻巧施手段以严守其死亡的秘密。首先,令人奇怪的是,警察在梦露死后几小时才得到通知。其次,精心编排了默里和梦露的医生关于梦露死因的说法,而这些说法破绽百出。梦露死后的第二天,联邦调查局搜走了窃听梦露电话的录音带。此外,劳福特竭尽全力保护肯尼迪兄弟。

古巴导弹危机

从政之路不可能总是一帆风顺的。肯尼迪上任伊始,就发觉自己面临着一场风暴。

1962年春天至夏天,苏联人悄悄在古巴境内布置了大量的导弹。这些导弹是当时世界上最厉害的杀人武器。

美国面临着核战争的威胁,赫鲁晓夫向肯尼迪做了一次大胆的挑衅。关于在古巴布置导弹一事,赫鲁晓夫是这样考虑的:古巴是一个人口和领土都有限的小岛,没有多少工业,虽说能够制造步枪,但不能生产重武器。古巴军队的武器装备是从别的国家买来的,要靠别人供应。如果希望古巴仍然是一个革命的社会主义国家的话,就必须给古巴以帮助。除了在岛上设置导弹外,没有其他方法可以帮助他们对付美国的威胁。因为,一旦美国侵犯古巴,就会使自己的城市遭到核导弹的攻击。

美国很快就知道了苏联的这一举措。1962年10月的一天早上,肯尼迪正在卧室看报。总统国家安全事务特别助理麦乔治·邦迪走进来,对他说:"总统先生,现在根据一些确凿的照片证据,我们可以确信,俄国人在古巴设置了进攻性导弹。"

肯尼迪一听,感到既震惊又愤怒。因为不久之前赫鲁晓夫还向他保证过,苏联绝对不会在古巴部署任何射程能达到美国的导弹。可是,事实却恰恰相反,苏联不仅在古巴部署了导弹,而且导弹发射场已达6个之多。这些导弹准备就绪后,可以射到美国的任何一个地方。

1.肯尼迪的强硬态度

情况看来极为不妙,敌对的苏联人已把导弹放在了美国的大门口。肯尼迪马上召开了国家安全委员会会议。他要求委员们各抒己见，尽量从各个角度考虑问题。为了使大家能畅所欲言，在举行预备会议的时候，总统干脆不出席。

会后，肯尼迪向苏联和全世界宣布：赫鲁晓夫必须拆除部署在古巴的导弹，否则美国只得派军队进入古巴摧毁它们，同时，他还宣称，美国的战略部队已处于完全的战备状态，美国军舰要检查所有向古巴运送武器的船只。赫鲁晓夫当然也不示弱，他命令苏联军队进入完全的战备状态，并扬言要击沉阻止苏联船只向古巴航行的美国军舰。

面对苏联这样的军事强国，具体应采取什么措施？一开始，肯尼迪和一些人都主张发动一次空袭，让美国的飞机用常规炸弹猛烈而迅速地炸毁苏联的导弹基地。可是，如果真的如此行动，虽然令人痛快，却有可能引发一场核战争。

后来有人提出用海军对古巴进行封锁的方案。肯尼迪通过对事态的冷静考虑和分析，觉得这种方法可以避免战争，将主动权掌握在美国手里，并使赫鲁晓夫有时间重新考虑他的行动。如果封锁起作用，苏联将撤走导弹，反之，美国仍然可以采取进一步的行动。最后，肯尼迪决定对古巴采取封锁策略。

10月22日晚7点钟，肯尼迪来到演播室，对全国公民发表电视讲话。他说："同胞们，晚上好。政府遵守自己的诺言，一直对苏联在古巴岛上的军事集结情况保持着极为严密的监视。在过去的一周内，已有确凿无疑的证据表明，在那个被禁锢的岛上，正在修建一系列的进攻性导弹的发射场。这些基地的目的，只可能是为了提供向西半球进攻的核打击能力。"他保证美国将采取措施，消除这一核威胁，并说这是他"坚定不移的目标"。

肯尼迪宣布，他已经下令对一切正在进入古巴的进攻性军事装备实行"隔离"，而隔离措施只是第一步，政府将在必要时采取更有力的措施。从古巴发射的任何导弹都将被认为是苏联对美国发动的袭击，必将遭到全面报复。企图闯越封锁线的任何船只，都将被美国海军击沉。

在肯尼迪的讲话还没有开始时，赫鲁晓夫已决定："我们不想发动战争，但如果敌人要对古巴发动进攻，我们将做出反应。"此言一出，也就是说，剩下的就是看肯尼迪如何抉择，赫鲁晓夫如何回应，从而体面地结束危机的问题了。

2.危机平息

在实行了一段时间的封锁后，肯尼迪给赫鲁晓夫写了一封信，要求赫鲁晓夫同意在联合国适当的观察和监督下把这种武器系统撤出古巴；并且在适当的保证下，同意不再进一步把这种武器系统引入古巴。在信中，肯尼迪还同意一旦通过联合国做出适当的安排后，保证继续履行以下义务：第一，迅速取消现有的封锁措施；第二，保证不入侵古巴。

肯尼迪亲自把信送往苏联大使馆。他板着脸说，除非我们在24小时内得到保证，否则美国在星期二一定会采取军事行动。信是送出了，但谁都不知道赫鲁晓夫会有什么反应。肯尼迪说，后果如何，难以预料。那时候，大家的心情真是一片灰暗。如果赫鲁晓夫拒绝了肯尼迪的条件，美国就要发动进攻，那么美国的伤亡将达到4万人以上。而肯尼迪估计，他在一场核大战中丧命的可能性是25%。

第二天阳光明媚，苏联政府宣布接受肯尼迪提出的所有条件，导弹正在撤出，并准许就地视察。肯尼迪松了一口气,他对罗伯特说:"也许今天晚上我该去看戏了。"罗伯特说:"你要是去,我陪你一道去。"

肯尼迪就这样出色地平息了古巴导弹危机。这件事为他赢得了人们广泛的赞誉和高度的评价。他的行动使世界避免了战争,使世界局势朝着和平的方向发展,他的这一贡献自然被浓墨重彩地写进了历史。

魂断达拉斯

1.凶险的得克萨斯之行

1963 年 11 月 21 日,肯尼迪乘总统座机"空军一号"从安德鲁空军基地起飞,开始了为期 3 天的得克萨斯之行。

得克萨斯州一向是美国极右分子的中心,也是犯罪率最高的一个州。因此,许多人都为肯尼迪的安全感到担忧,劝他不要去那里。

其实,肯尼迪也知道此行非常危险,但是他仍得去那里。因为那里的民主党存在严重的分歧,他必须去调和两派的分歧,从而为他连任总统铺平道路。

得州之行的第一站是圣安东尼奥。在那里,肯尼迪与副总统约翰逊会合,接着又连夜匆匆飞往沃思堡。

第二天早上,当总统看到这天的《达拉斯晨报》时,脸色顿时凝重起来。原来报纸上有一篇占据了一个整版的文章,标题是《欢迎光临达拉斯,总统先生》。文章的内容全是指责肯尼迪的,文章的周围还像讣告似的打上了黑杠。肯尼迪夫妇心里都极为不快,但他们还是决定于当天飞往达拉斯。

11 月 22 日 11 点 40 分,"空军一号"飞抵达拉斯的勒夫机场,同机到达的还有得州州长约翰·康纳利及夫人。简短的演说后,他们登上了一辆特制的林肯牌敞篷汽车。总统坐在后座的右侧,杰奎琳坐在后座的左侧。在专为总统座车特制的两侧踏板上各站着两名特工,车后还跟着一辆载有 8 名特工的敞篷车。

肯尼迪一行特意穿过市区,接受市民的欢迎。车队进入市区后放慢速度,缓缓而行。大街两旁站满了希望一睹总统尊容的市民,后来估计约有 25 万人,这对一个只有 70 万人口的城市来说,可谓是空前绝后。肯尼迪看到前来欢迎自己的市民如此之多,不禁笑逐颜开,喜形于色,不断地向两旁的人群挥手致意。车队快到市中心时,肯尼迪看到有一群天主教修女站在路旁。他让车停下来,下车同修女们一个个握手,并亲切地交谈了一会儿。肯尼迪的这个举动,倒不是对修女感兴趣,而是他本人也是天主教徒,而且是美国历史上第一个战胜选民的宗教偏见而入主白宫的天主教徒总统,因而他对天主教的善男信女怀有一种特殊的宗教感情。可是,普通公众看到的不是这一点,而是肯尼迪走近公众的民主精神,人群中立即响起一阵阵的掌声和欢呼声。

细心的州长夫人看到肯尼迪确实很高兴,忍不住说道:"瞧,总统先生!您现在已不能再说达拉斯不喜欢您了。""是的,无疑不能这么说。"兴奋的肯尼迪微笑着回答。也许这就是肯尼迪说的最后一句话,因为悲剧在几分钟之后发生了。

2.致命的枪声

当车队驶近中央大道豪斯顿大街和埃尔姆大街的交叉路口时,可以看到左交叉路口的西北角的一幢7层的办公和仓储大楼,那是得克萨斯教科书库的所在地。这时坐在副总统车上的扬布拉德看了一眼这幢大楼上的钟,正指向中午12点30分。

总统座车向西南方向来了个急转弯,驶上埃尔姆大街。汽车以每小时11英里的速度缓慢地行驶着,前面是一座铁路跨桥,总统座车将从桥下驶过。站在人行道上的市民查尔斯·布伦德怀中5岁的儿子向总统举起了小手。总统愉快地向他微笑着,也举起了手,准备向他挥手。就在这时,枪声响了。

一听到枪声,州长康纳利马上向后转过身子。他突然觉得背上像被锤子击了一下。他看到自己的膝头溅上了鲜血,以为伤口是致命的,绝望地尖叫:"啊,不!不!我的天啊!他们要杀死我们大家!"

第一夫人杰奎琳听到他的叫喊,看到肯尼迪的头猛地一晃,一下子明白了发生的事情。她见丈夫抬抬手,意欲护头,这时第二枪又响了,肯尼迪倒在杰奎琳的膝下,鲜血洒满她那玫瑰色的裙装,玫瑰花也淹没在血泊之中。

杰奎琳俯在丈夫身上,看到他的后脑勺开始分离出一块颅骨。开始时没有血,在随后的刹那间,鲜血突然像喷泉一般涌了出来。杰奎琳跪在座椅上,转身对着人行道喊道:"天哪,他们杀死了杰克!"

特工处保镖头目凯勒曼看到总统受了重伤,立即命令司机:"离开这儿,我们遭到了袭击!"经验丰富的司机格里尔加大油门,朝最近一家医院急驶而去。

12点38分,总统轿车到达门诊大楼跟前,医护人员已等在那里。在手术室里,医生佩里对肯尼迪快速进行了检查,一颗子弹穿过大脑,另一颗子弹穿过颈部,心脏已停止跳动,脉搏也摸不到。佩里明白,总统的生命已毫无希望。但医生们还是作了最大的努力,13时,佩里宣告抢救无效,詹金斯医生用白床单盖住了总统的遗体。

当天下午,肯尼迪的遗体被装上总统专机,准备空运回华盛顿。11月25日,数百万美国人悲痛地坐在电视机前,观看总统葬礼。肯尼迪被安葬在阿灵顿国家公墓。在他的墓前安装了一盏万年火炬,象征肯尼迪精神的火焰昼夜不息。

3.暗杀总统之谜

暗杀总统事件突发后,警察立即包围了那座仓库,很快逮捕了凶手并缴获了凶器。凶手叫李·哈维·奥斯瓦尔德。然而,两天后,就在警察把凶手往更安全的监狱转移时,一个名叫杰克·鲁比的夜总会老板向凶手的腹部连开了两枪。

一位在任总统被刺,接着凶手又在众目睽睽之下被人枪杀,一连串怪事使美国的舆论界一片哗然。继任总统约翰逊下令成立调查委员会,彻底查清谋杀肯尼迪事件的原委。最后,调查委员会结论认为:奥斯瓦尔德刺杀肯尼迪属于个人行为,不是国内组织或国外势力的阴谋。

肯尼迪上台之际正是国际形势风起云涌之时,他的死怎会全无背景呢?人们对调查委员会的报告相当不满。于是一时间,为肯尼迪鸣不平者、好事之徒,还有借机淘金的人,纷纷粉墨登场,执着地进行各种调查,披露历史"真相"。结果如何,人们将拭目以待。

战场"霸王"成总统

——德怀特·戴维·艾森豪威尔

人物档案

简　　历：1890 年出生于美国得克萨斯州，1915 年毕业于西点军校；二战中成功指挥了诺曼底登陆，载誉天下；1946 年 4 月 1 日晋升为永久五星上将；1953 年出任美国总统，并连任两届；1969 年 2 月 28 日因心脏病发作去世，享年 79 岁。

生卒年月：1890 年 10 月 14 日～1969 年 3 月 28 日。

安葬之地：不详。

性格特征：艾森豪威尔活泼好动，富有幽默感，善于与人交往，乐于关心、帮助别人。崇尚英雄豪杰，喜读军事书籍，对探险、狩猎、钓鱼、烹饪、玩牌很有兴趣。

历史功过：艾森豪威尔在任期间，签署了一系列所谓共同防御条约，甚至企图制造"两个中国""一中一台"；插手世界各国政府事务，积极推行对外扩张侵略政策。

名家评点：艾森豪威尔是个戎马半生，战功卓著的美国总统。现代战争需要各方面的知识和人才。要使各方面的作用充分发挥，而不互相摩擦、自我消耗，就要有人从中协调。艾森豪威尔在具体战役指挥上可能不如巴顿、蒙哥马利，但在协调各方面关系上极具才能。他以坚定、镇静而又平等待人的态度赢得了广泛的信赖和支持。他还善于发现人才，所以蒙哥马利、巴顿、范佛里特等一大批名将，都能为他所用。

家境贫穷

1890 年 10 月 14 日，德怀特·戴维·艾森豪威尔出生在得克萨斯州丹尼森一个贫寒之家。未满周岁时他的家庭就迁往堪萨斯州的阿比伦。他在那儿长大，并得到了"艾克"这个终身别名。他有着浅色的头发和鲜红的、长着一对明亮眼睛的脸庞，很逗大人们喜爱。

艾森豪威尔祖籍德国的莱茵兰地区。他的祖先是宗教异端分子,因受迫害,在"三十年战争"期间逃到了瑞士;1732年,又移居美国,最初居住在宾夕法尼亚州。南北战争后,美国向西部开拓,艾森豪威尔的祖父就率领教友到堪萨斯州的阿比伦定居下来。他是一名虔诚的传教士,除讲经传道外,就是经营管理自己的农场,并希望子辈能继承他的农场事业。

艾森豪威尔的父亲戴维却不愿意经营农场。他进大学学习工程学。大学期间,与艾达相爱并结为夫妇。后来,戴维与人合伙经商,1888年,因受人欺骗而两次破产,靠着艾森豪威尔母亲艾达努力工作,才使家庭渡过难关。此后戴维只好到得克萨斯的铁路上谋份工作,周薪10美元。德怀特·戴维·艾森豪威尔出生时,他的家里穷得除了日用品和常穿的衣服外,几乎一无所有。因收入微薄,人口又多,经济十分拮据。1891年,艾森豪威尔的父亲在友人的帮助下,在堪萨斯州的阿比伦谋得一份较好的工作,于是全家又迁回阿比伦,重新安定地生活下来。

艾森豪威尔排行老三,在阿比伦,母亲又为艾森豪威尔生下五个弟弟。这样一个大家庭,维持温饱是十分不易的。然而,人口多,力量也大,全家种地、种菜,养鸡鸭猪兔、栽培桃树和苹果树,收获品由几个弟兄出去卖掉,家庭生活有了很大改善。

艾森豪威尔的父亲和母亲都受过良好的大学教育,特别是他的母亲温良贤惠,多才多艺,精明能干。

艾森豪威尔父母对孩子们管教很严,十分注意培养他们做家务的习惯。由于家境比较贫困,小艾森豪威尔总是利用暑假到油坊去干活,有时一干就是十几个小时。

艾森豪威尔的父亲是一家之主,能干的母亲总是事事照着他的意见去办,因而父母关系极为融洽。但是父亲也是威严的人,他脾气暴躁,令人生畏,但他从不打骂孩子,尊重和相信孩子们的决定和选择。在这样的家教中,小艾森豪威尔很快便出脱成为一个意志坚强和充满活力的少年。有一次,他的膝盖受了伤,十分疼痛,以致开始发高烧,卧床不起。医生诊断是血中毒,认为必须立即截肢,催促他的父母赶快做出决定。但是得到的回答是:尊重儿子的决定。冒险终于成功了,小艾克战胜了病魔,奇迹般地保住了腿。他的意志经受住了严峻的考验。

艾森豪威尔小时候,顽皮好斗,不用功读书。他身体健康,精力充沛,曾代表阿比伦南部(平民阶级)同北部(特殊阶级)进行少年拳击比赛,最后双方筋疲力尽,以平局告终。

年轻的艾克像他的父亲一样,脾气暴躁,一发起火来,就什么都不顾。1900年圣诞节前夕,父母允许他的两位哥哥去参加野游,他苦苦哀求并找各种借口要求同去,却遭到父母的拒绝。他气极了,冲到外面,捏紧拳头猛击苹果树。他一面哭,一面打,直到手背血肉模糊。待他完全平静后,母亲为他涂上止痛膏并对他说,能控制自己感情的人比能拿下一座城市的人更伟大。还说,发怒是自我毁伤,是毫无用处的。

由于父母教导有方,所以,艾森豪威尔几兄弟后来都成为出色的实干家。老大阿瑟是银行家,老二埃德加是律师,老四罗伊是药剂师,老五早年夭折,老六厄尔是工程师,老七密尔顿是大学校长。他们把自己的成就,归功于父母亲的培育。

少年艾克崇尚英雄豪杰,喜读军事战争书籍,尤其对军事历史书籍常常手不释卷。他赞叹英雄事迹,崇拜军事统帅汉尼拔和拿破仑,钦佩华盛顿。对拿破仑和美国国内战争特别感兴趣,成年后一直对历史上的一些重大战役保持着清晰的记忆。

进入中学,艾克仍然活泼好动。在学习方面,他并不感到吃力,不用费很大的劲就能获得很好的成绩。他最喜爱英语、历史和数学。此外,他对探险、狩猎、钓鱼和烹饪、玩牌都十分喜好,这些后来成了他一生的癖好。

他还酷爱体育。他喜爱运动本身所具有的对抗性和一个人面对对手的决胜的意志。他喜欢参加橄榄球和垒球运动,并且在这方面具有优秀的组织才能。

时光如流水,少年时代很快成为过去。在自己的刻苦努力下,艾克以优异成绩结束了中学学业。

投身军旅

中学毕业后究竟怎样踏上自己的人生之路?艾森豪威尔心里是没有底的。倒是他的朋友、一位医生的儿子斯韦德·赫兹利特为他做了选择。

1909 年 5 月,艾克和二哥同时从中学毕业了。他二哥想学法律,遭到父亲的反对,拒绝负担他的学习费用。于是,兄弟二人商定,先让二哥上大学,艾克去工作,挣钱接济二哥;然后二哥去工作,挣钱供他上大学。不久,艾克到乳制品厂工作,实践对二哥的诺言。

1910 年,艾克结识了镇上医生的儿子斯韦德,二人遂成莫逆之交。斯韦德准备投考安纳波利斯的海军军官学校。在他的鼓励下,艾克也申请投考。他认为,那是穷人子弟唯一能接受高等教育的机会。母亲是一位和平主义者,内心里反对儿子的这种选择,但不便开口。像许多中西部农家子弟一样,艾森豪威尔本来是报考海军学院的,虽已考取,却因为年龄超过海军的规定(超了几个月)而未获录取。

不久,西点军校招生,艾森豪威尔决定再去报考。通过严格的考试,他被录取,成了士官生,时年 21 岁,比大多数的同班同学年长。

1911 年 6 月,艾森豪威尔告别家庭、朋友,告别养育他的阿比伦,步入西点军校,开始了他的军旅生涯。

西点军校是美国将军的摇篮。它坐落在纽约市北部 80 公里的西点镇,创建于1802 年 7 月。美国的高级将领多半在西点军校毕业。

西点军校的生活是艰苦的,住房冬天像冰窖,夏天像火炉,食物粗糙无味,平时不断地进行操练,背诵枯燥的功课。西点的首要目标是培养军人的品质,学员的一切行动都要循规蹈矩。很多青年因受不了这样严格的军事生活而离开了军校,到1915 年毕业时,同艾森豪威尔一道入学的 265 名学生只有 164 名完成了学业。艾森豪威尔有健壮的体魄,能够吃苦和勤奋工作,同时也是为了获得免费接受高等教育的机会,所以一直坚持下来了。但是,他不能算学习优秀的学生,第一学年结束时他在 212 名同级学员中名列第 57,第二学年在 177 名学生中名列第 81,第三学年在 170 名学员中名列第 64,第四学年在 164 名学员中名列第 61,4 年共得学分2084 分,而同级学员的最高学分是 2525 分。艾森豪威尔学得最好的课程是工事、军械、射击和操典。他的品行在 164 名毕业班学员中名列第 95。

西点军校是美国培养军官的著名学校,除了安排军事课程外,还学习大学的全部课程。艾森豪威尔对数学和历史特别感兴趣,他的数学解题方法有时比书本上的还灵。然而,他的倔强意志和强烈的自尊心同西点军校特有的训练方式并不合拍。他对一些问题有独立的见解,并不以军校领导的态度为转移。对此,教官指责是欺骗行为,艾森豪威尔不能容忍这种指责,而提出强烈抗议。因此,他被指控不服从领导,几乎被立即开除出校。由于另一位高级军官的庇护,才保住学籍。艾森豪威尔经常不遵守校方的严格规定,如抽烟,不出操或站岗迟到,违反条例,衣冠不整等等。他曾因此多次受到记过处分。有一次,他因无视警告携带舞伴在舞厅中乱转而被从军士降为二等兵。艾森豪威尔把自己的品行不良归咎于除运动之外对任何事情都缺乏兴趣。

为逃避军校的枯燥生活,艾森豪威尔积极参加体育运动。他把中学里擅长的橄榄球和足球活动带到了军校,在球场上纵横驰骋,被誉为东部橄榄球队中最有发展前途的后卫之一。

但是,在1912年的一场比赛中,他的膝盖严重受伤,被永远禁止打橄榄球。这是一次毁灭性打击。他变得心灰意懒,甚至考虑退学,但被留了下来担任低年级校队的教练。

艾森豪威尔相当淘气,富有幽默感,善于与人交往,特别是他与人交谈,总能认真听取别人的见解,而从不随意打断。他乐于关心别人,帮助别人;对别人的错误,只要不是犯粗暴的错误,并不追究。这些优点,使他在同学中享有很高的威望。

1915年6月12日,艾森豪威尔结束了西点军校的生活,军校考试委员会决定授予他少尉军衔。

四年严格、刻板、斯巴达式的西点军校生活,锻炼了艾森豪威尔的意志,造就了他"真正军人的品质"。

初露才华

艾森豪威尔满怀雄心壮志离开了西点军校,但是令他沮丧的是,他被分配到了一个清闲之地——休斯敦的萨姆堡第19步兵团。他在这个团里先后担任过军需官、伙食官,并兼任教练。在这里,他认识了玛丽·吉尼瓦·杜德。

1916年7月1日,25岁的德怀特·艾森豪威尔少尉与19岁的玛丽·吉尼瓦·杜德在科罗拉州丹佛新娘的父母家中结婚。1896年11月14日,玛丽出生于衣阿华州布恩,她的父亲约翰·谢尔登·杜德是一名生意兴隆的肉类罐头食品批发商。1915年10月,她在沃尔科特小姐的家事学校完成自己的学业后不久,在圣安东尼奥结识了艾森豪威尔。介绍他们认识的是萨姆豪斯顿堡一位军官同僚的妻子。艾森豪威尔觉得她活泼、迷人和漂亮。因为艾森豪威尔的薪水菲薄,他们约会的开支很节约,往往只是吃一顿墨西哥晚餐,看一场电影或杂耍表演。他们于1916年的圣瓦伦丁节(2月14日)订婚。7月1日的婚礼结束后,新婚夫妇在丹佛附近的旅游胜地埃尔多拉多温泉度过了两三天蜜月,接着,去阿比伦看望了新郎的父母。尽管玛丽已习惯于比军营更舒适的生活环境,她还是欣然作了修正,与丈夫一起生活。

这时,第一次世界大战正在欧洲肆虐。大西洋把美国和欧洲战区隔离开来,但是欧战对美国的影响无论在政治上还是在经济领域里都在逐渐增强。美国不能袖手旁观。1917年4月6日,美国对德宣战,几天后,艾森豪威尔被授予上尉军衔,在第57步兵团任职,这个步兵团正在作渡过大西洋的作战准备工作。艾森豪威尔对能上前线是满心欢喜的,因为这样既能有所作为,又能实际学习军事艺术。他运用组织才能,认真地工作,使部队一直处于高度的战备状态。然而,艾森豪威尔的愿望并没有实现。1917年9月20日,他被派往佐治亚州的一个军官训练营任教官,几个月后又到另一个教导营去训练军官。他曾多次向陆军部请求去海外服役,都没有被批准。这对于一心想到前线去直接参加战斗的艾森豪威尔来说,显然是很沮丧的,由于他经常表现出不安心工作,受到过陆军部副官署署长的责备。但在任教官期间,这位年轻上尉的才干深得上司的赏识。接着他受命组建美军第一个坦克训练营,他很有远见地认识到,坦克和飞机一样,在作战中将起重要作用。虽然已出现在战场上的坦克还处于幼年阶段,但已经大大改进了技术。他认为今后需要把动作还比较迟钝、质量拙劣的战车扔掉,而代之以快速、有效、杀伤力强的坦克。持有这种见解者在当时的美军军官中是为数不多的。由于刻苦和努力,加上具有卓越的组织领导才能,工作非常出色,艾森豪威尔受到了上级的注意。为了表彰他在坦克部队的卓越工作,1918年6月17日,最高军事当局授予他少校军衔;同年10月14日,又授予他中校军衔,并奖给他一枚中校奖章。在表彰令中,称他为具有"苦心孤诣、预见才能以及组织、教学和训练方面的行政管理能力"的军官,他率领的部队也被誉为美军中的一支最优秀的队伍。

艾森豪威尔并不满足于这些荣誉,他还是一心想上前线,他感到作为一名职业军人而没有机会去参加欧洲大战,自己的雄心壮志就难于实现。身处后方,不管工作对前方是多么重要,也常常有某种意义上的不足。为此,艾森豪威尔一次又一次地坚决要求到作战部队去。

1918年10月14日,在28岁生日的那天,艾森豪威尔终于如愿以偿,陆军部命令他于11月28日启程去法国指挥一支装甲部队。但是11月11日,德国人已经签署了停战协定。消息传来,他的情绪十分低落。他几乎不相信自己遇上了这种事——他是一个在历史上规模最大战争中失去作战机会的职业军人。这以后,他曾对自己选择的职业产生过怀疑,觉得无用武之地。与此同时,他的家庭遭到不幸,三岁的儿子戴维患病夭折,他的夫人因此患严重神经性障碍而卧床不起。此时,他与上司之间又因意见不一致产生隔阂,为此他心中郁郁寡欢。

1922年1月,艾森豪威尔被调到巴拿马,担任巴拿马运河区盖拉德兵营指挥官福克斯·康纳将军的主任参谋,成为美军中最有学问的将领之一的部下。这位将军发现他很有发展前途,于是对他悉心培养。康纳将军坚持要艾森豪威尔阅读军事文献,或训练手册,迫使他提出探索性的问题来思考所阅读的内容。他还经常和康纳探讨内战时期将军们的决策。康纳认为,由于《凡尔赛条约》的缺陷,不出20年,战争将再度爆发,这将是又一次世界大战,美国也会参加。因此,他要艾森豪威尔对此有所准备。艾森豪威尔后来说,在巴拿马的3年,"如同进了一所军事问题研究院……在一生中与许多伟大而又善良的人相处中,他(指康纳将军)是使我得益匪浅的、我最感激的一位人物"。

1925年8月，经康纳将军推荐，艾森豪威尔被派往利文沃思的指挥参谋学院深造。这所学院的宗旨是培养和发掘出不仅有头脑而且能吃苦、经得起考验的军官。学院尽一切可能创造实战条件，迫使军人在极大的压力下进行思考并做出反应，以培养战时所需的基本参谋工作人员。这次学习使艾森豪威尔充分发挥了自己的特长，结业时，他的学习成绩高居275名学员的榜首。

毕业后，艾森豪威尔又经康纳推荐，去法国长期工作。他的任务是帮助政府搜集整理美国于第一次世界大战中在欧洲作战的资料，编辑一本《战地手册》。这是由潘兴将军主持的工作，在这期间，他不仅阅读了大量的军事资料，了解了一些重大战役的具体细节，而且，在半年后汇编成功的《战地手册》受到潘兴将军的赏识。

作为为潘兴将军工作的报酬，艾森豪威尔被送进麦克奈尔堡陆军大学接受培养。这是军官进修的最高学府，它的任务是培养高级指挥人才。1928年6月，艾森豪威尔从陆军大学毕业，完成了正规教育。

陆军大学毕业后，艾森豪威尔在巴黎继续修订那本《战地手册》。1929年11月，他被派到陆军部助理部长办公室工作。他们全家回到了首都华盛顿。开始阶段，他没有机会发挥自己的才能。1930年秋季，道格拉斯·麦克阿瑟担任参谋长。艾森豪威尔在麦克阿瑟将军手下工作了9年，帮助其起草文件，撰写报告。

艾森豪威尔起草的文件受到时任美军参谋长的麦克阿瑟将军的赏识。此后，他专门为麦克阿瑟起草向国会的报告和公开讲演稿。他以自己的工作业绩、处事风格和对上司的态度博得了麦克阿瑟的欣赏，并被任用为参谋长助理。

1935年，麦克阿瑟接受菲律宾联邦政府之邀去组建一支军队，他执意要艾森豪威尔继续留任他的助理。在菲律宾，艾森豪威尔积极参加组建军事学校、组建空军和居民军训及组织岛国国防计划，以应付战争的需要。因为太平洋战争已经迫近。

在菲律宾，艾森豪威尔和麦克阿瑟在组建菲律宾军队问题上发生了分歧。根据军事需要，艾森豪威尔为菲律宾军队制定了一项计划，却没有充分考虑其财政条件。麦克阿瑟认为计划费用过高，而要大力削减。艾森豪威尔认为，这样凑合应付的部队是无法使用的，为此，他遭到了麦克阿瑟的严厉批评。此外，在是否接受菲律宾军队的军衔问题上，他们也有分歧。艾森豪威尔认为，接受一支还未组建起来的军队的高级军衔，将有损于我们的荣誉。而麦克阿瑟则欣然接受了元帅头衔。

1936年7月，艾森豪威尔被提升为中校。艾森豪威尔为人随和，常和菲律宾总统奎松玩桥牌，两人关系很密切，奎松表示愿意高薪聘他在菲律宾担任要职。但艾森豪威尔不愿久留异乡，拒绝了麦克阿瑟和菲律宾总统要他留下来的要求，于1939年12月13日离开菲律宾返回美国。

出任司令

1939年9月，希特勒入侵波兰，英法对德宣战，第二次世界大战爆发了。
艾森豪威尔的军事生涯在第二次世界大战中终于有了转机并逐步走向辉煌。

第二次世界大战爆发后,他深信美国势必卷入这场战争。1940 年 2 月,艾森豪威尔回国,任第 15 步兵团副团长。这期间,为了战争的需要,美军加紧扩充兵员,军队由 19 万增加到 500 多万。部队的扩编,需要大量的优秀军官。

艾森豪威尔年近 50 岁,从西点军校毕业 25 年,军衔还是中校,但他仍以自己良好的军人声望和才干赢得了许多高级将领的青睐,纷纷举荐他担任高级领导职务。1940 年 11 月他升任第 3 师参谋长,1941 年 3 月调任第 9 军参谋长。1941 年 6 月 13 日,应第 3 集团军克鲁格中将的请求,马歇尔总参谋长任命艾森豪威尔为该集团军上校参谋长。8~9 月间,马歇尔指令在路易斯安那举行军事演习,这是美军进入战争之前所举行的规模最大的演习。马歇尔进行这样大规模的军事演习,是想找出训练中的不足和装备上的缺陷,更主要的是要发现有才能的军官。

在这次军事演习中,艾森豪威尔制订计划,使第 3 集团军包抄了第 2 集团军,迫使其撤退。艾森豪威尔杰出的领导才能和非凡的军事素养在这次演习中得到了充分施展。不久他被晋升为准将。

1941 年 12 月 7 日,日本偷袭珍珠港,美国对日宣战。5 天后,马歇尔命令艾森豪威尔火速赶到陆军部报到,负责总参谋部作战处远东科的工作。

日本偷袭珍珠港

1942 年 2 月 19 日,艾森豪威尔被任命为美军参谋部作战计划处处长。同月,马歇尔推荐艾森豪威尔晋升为少将(临时任命)。3 月,作战计划处改称作战处,职权扩大,仍由艾森豪威尔担任处长。

珍珠港事件之后,日军横扫东南亚。美国空军损失殆尽,陆军也减员一半。艾森豪威尔对于他的国家对这场战争的毫无准备,对麦克阿瑟和海军金上将指挥这场战争的方法,对陆军部把他拴在华盛顿,感到很不安。艾森豪威尔和他的参谋人员尽管工作努力,但美军在前方作战的进展并没有得到明显的好转。在南亚,日军占领菲律宾后又侵占了荷属东印度。在爪哇投降的次日,日军夺取了仰光,切断了滇缅公路的入海通道。日本的太阳旗在南洋各地升起。当时,罗斯福做梦也想不到美国竟会面临如此严重的困境。

在大西洋战场,形势对美国也极为不妙。德国潜水艇对美国发动攻势,甚至钻到美国纽约海岸,随意击沉许多船只,使美国蒙受重大损失。

在美国,恐日病、害怕战争、机构不灵时时造成混乱。华盛顿甚至荒唐地拉响空袭警报,引起骚乱。灾难一个接着一个,不愉快的事情连续发生。这时,英国首相丘吉尔来到华盛顿,建议英美两国联手,并肩作战。在"阿卡迪亚"会议上,英美决定建立一个联合指挥体制,成立联合参谋长委员会,总部设在华盛顿。艾森豪威尔参加了这次会议,他对世界战局的分析,给罗斯福和丘吉尔留下了深刻的印象。

自 1942 年 3 月起,艾森豪威尔奉马歇尔之命拟制欧洲盟军联合作战计划。艾森豪威尔认为,美军应以欧洲与大西洋战场为主要战略方向,先将美军的主要兵力兵器向英国集中,再横渡海峡指向欧陆。这个观点与马歇尔不谋而合。

艾森豪威尔和他的参谋人员准备好一份进攻计划,代号是"围捕",计划要求有一支5800架作战飞机的空军和48个步兵师和装甲师的部队。在1943年4月1日,对法国塞纳河口东北,勒阿弗尔和布伦之间发起进攻。美英同意了这个计划。为了便于实施这一计划,决定组成欧洲战区,总部设在伦敦。关于欧洲战区司令人选问题,罗斯福总统经与马歇尔研商,选中了艾森豪威尔。他们认为,艾森豪威尔沉着、稳健,是一位令人产生好感的将军,是解决英国和美国将军之间复杂的外交问题的合适人选,英国人也认为,艾森豪威尔是很合适的人选,与他容易合作。

1942年5月,马歇尔命令艾森豪威尔前往英国做一次实地考察,提出美军驻欧部队未来编制和发展的建议。

1942年6月24日,艾森豪威尔到伦敦就职。他面临的是一项复杂而艰巨的任务。他需要把美国人、英国人和加拿大人组成一支能够完成重大战斗任务的武装集团。为此,民族的特点和传统,各国军事将领间不可避免的竞争,以及军队进行战斗训练的方法、装备和语言的不同,等等,所有这些问题都需要妥为处理,而由他管辖的366名将军,军阶都比他高。艾森豪威尔凭着为人朴实和办事民主的作风,逐渐与英国和加拿大的同事们建立起了联系,协商解决了所面临的各项问题。

1942年7月7日,美国政府授予艾森豪威尔中将军衔,成为美军16名中将之一。

1942年7月中旬,马歇尔总参谋长一行来到伦敦,商讨开辟第二战场问题。

艾森豪威尔拟定的"大锤"计划被英军总参谋长布鲁克否定。"大锤"计划是横渡英吉利海峡在勒阿弗尔登陆的一次战役,意在吸引苏德战场上的德军,证明英美坚定地站在苏联人一边。而布鲁克建议在北非对德发起进攻。

美国人与英国人争吵了5天之久,仍然没有结论。马歇尔和艾森豪威尔主张强渡英吉利海峡,向欧洲大陆进军,直接打击德国,而英国人坚持在北非登陆。到第6天,在激烈的辩论之后,美国人作了妥协。

鉴于英国不愿参加"大锤"作战,美国政府只好同意与英国人合作,在北非采取代号"火炬"的作战行动。1942年8月底,经罗斯福和丘吉尔商定,任命艾森豪威尔为盟军总司令,负责筹划和指挥"火炬"战役的工作。8月13日,英美参谋长联合委员会正式任命艾森豪威尔为北非和地中海战区盟国远征军总司令。这是他第一次得到战场指挥权。

在登陆地点上,艾森豪威尔认为大西洋海岸的卡萨布兰卡、奥兰、阿尔及尔以及地中海岸的波尼地区是最理想之地。进攻的地点确定以后,接着是确定进攻的时间。据气象部门消息,从初秋开始,天气将会恶化,因此应及早采取行动。

1942年11月5日,艾森豪威尔冒险飞抵直布罗陀,将该地作为英美首次实施大规模作战行动的临时统帅部,在这里,集中了"火炬"计划所使用的大批飞机。艾森豪威尔说:如果没有直布罗陀,就不可能进攻西北非。在飞抵直布罗陀的第二天,艾森豪威尔就向参加两栖登陆作战的部队发出命令,确定登陆日期是11月8日。作战计划要点是:盟军特遣部队在法属北非的阿尔及尔、奥兰和卡萨布兰卡实施登陆,占领沿海主要港口,然后由阿尔及尔登陆部队向东抢占突尼斯,再待机与北非英军协同作战,消灭在北非的德意军队。

参加这次作战的英美军队共 13 个师,665 艘军舰和运输舰,分别编成"西部""中部"和"东部"三个特混舰队,"东部"特混舰队由英国海军少将布罗斯指挥,"中部"特混舰队由美军弗里登少将指挥,"西部"特混舰队由美军巴顿少将指挥。

1942 年 11 月 8 日,艾森豪威尔率领美英联军 10 万人分三路在法属殖民地北非登陆。在强大的空军掩护之下,分别占领了阿尔及尔、奥兰和摩洛哥的卡萨布兰卡。接着向西挺进,对退入突尼斯的德意联军形成东西夹击之势。

1943 年 1 月,美国总统罗斯福来到北非,检阅了登陆美军,并于 14 日至 26 日与英国首相丘吉尔举行了卡萨布兰卡会议。会议决定,盟军将在北非战役之后实施西西里战役,以改善盟军的军事态势;任命艾森豪威尔为北非战区盟军最高司令,亚历山大为副司令兼地面部队司令,特德为空军司令。会后,北非盟军整编为第 18 集团军群(辖英国第 1 集团军、英国第 8 集团军、美国第 2 军和部分法军),由亚历山大任集团军群司令,在艾森豪威尔之下负责直接指挥。

指挥北非战役,对艾森豪威尔来说,不仅仅是军事的,当时,北非是法国的属地,艾森豪威尔要处理与法国复杂的政治关系,要争取法国殖民军和舰队把矛头指向德军,还要处理盟军指挥部内部的矛盾和斗争。艾森豪威尔是盟军最高司令,而配备的三位副司令亚历山大、坎宁安和特德的军衔都是比他高的英国高级将领。此时,艾森豪威尔的实际军衔仍然是中校,他佩戴的三星中将军衔是临时性的,而他的副手们却都佩戴四颗星。为了维护统一指挥,也为了帮助艾森豪威尔,马歇尔向罗斯福建议授予他上将军衔。1943 年 2 月 10 日,艾森豪威尔晋升为上将。这是美国当时最高的军衔,获此军衔的只有马歇尔和他。

1943 年 3 月,德寇正惨败于斯大林格勒,因而无力顾及突尼斯,这就为盟军肃清北非残敌创造了有利的条件。

1943 年 3 月下旬,美英联军在艾森豪威尔的指挥下,对突尼斯南部发动总攻。经过二十多天的激战,将德意志军队驱赶到了突尼斯北部。4 月 20 日决战开始,5 月 6 日和 7 日两天,美英联军就突破敌人的防御,登上海岸,占领了突尼斯市。与此同时,在北部进攻的美军占领了比塞大。德意志军队处于进退维谷的境地,他们无法撤退,5 月 13 日 25 万人全部投降。至此,在非洲的法西斯军队全部被肃清。

盟军在突尼斯大捷以后,大军指向何方,一直是美英军界激烈争论的焦点。首先是两国总参谋部之间分歧很大。1943 年 5 月,盟国参谋长联席会议在华盛顿开会决定这一问题。经过两周的争论,参谋长们最后同意在 1944 年横渡英吉利海峡进攻欧洲大陆,但是对西西里战役后盟军在地中海的行动,没有做出决定,这一问题留给艾森豪威尔去解决。马歇尔认为在进攻西西里岛战役以后,可开始在地中海减少兵力,不向意大利本土进击。

这时艾森豪威尔统率的盟军总兵力达到 47.8 万人,各种舰艇约 2600 艘,飞机 3600 架。

艾森豪威尔准备进攻西西里岛,并立即着手制定意大利战役的计划。他不顾参谋部成员的意见,认为首先必须让横在西西里和北非之间的班泰雷利亚岛上的驻军投降。6 月上旬,约有 300 吨炸弹落在这个面积约为 50 平方公里的岛屿上,揭开了西西里岛战役的序幕。参加这次战役的有 1000 艘舰艇,登陆的人数是 15 万。为了可以靠近作战地点,艾森豪威尔于 7 月 7 日抵达马耳他。登陆战役的一切都已准备就绪,但天气突变,风大浪急,对海军、空军作战极为不利,许多参谋人员要求更改登陆日期。艾森豪威尔不为所动,坚持盟军按原计划行动。

代号为"爱斯基摩人"的西西里作战计划于1943年7月10日3时45分开始实施。盟军利用夜幕和风暴作掩护,16万大军分乘大小3200艘军舰和运输船只,在1000架飞机掩护下,对西西里岛东南部发动强攻,实施两栖登陆。守岛德意27万大军,被盟军出奇制胜,势如破竹,8月17日占领全岛。

在攻占西西里岛前的7月19日,盟军曾对意大利首都罗马展开空袭,严重破坏了意大利的军事目标和铁路车站,使意大利军队士气低落,军心涣散,加之工农业生产的下降,食品匮乏,人民怨声载道。在这种情况下,意大利统治集团决定抛弃墨索里尼,让他下台。随后,艾森豪威尔大军压境,命令意大利军队停止一切抵抗行动,并调转枪口向德军开战。

7月25日,意大利发生政变,墨索里尼被赶下台。原意军总参谋长巴多里奥组织了新政府,9月3日,巴多里奥政府同英美签订了无条件投降协定。

墨索里尼的垮台和意大利的投降同盟国并对德宣战,标志着法西斯轴心国的解体和国际反法西斯联盟的又一伟大胜利。

荣任统帅

1943年是整个第二次世界大战中转折的一年。这一年,在苏德战场、北非、地中海战场和太平洋战场上,反法西斯同盟国都取得了重大的胜利。在此情况下,1943年11月28日~12月1日,斯大林、罗斯福、丘吉尔在德黑兰举行了战争期间第一次苏英美三大国首脑会议。会上美英再次明确表示,要在1944年上半年开辟欧洲第二战场。所谓第二战场即以英国为基地,横渡英吉利海峡,在欧洲西部登陆,直接对德作战。这个战场就是与苏德战场相呼应的欧洲第二战场,行动的代号叫"霸王"。

艾森豪威尔被任命为欧洲盟军远征军最高统帅。关于这个人选问题英美之间曾进行过争夺,在美国内部也有种种猜测。丘吉尔原拟任命英国总参谋长布鲁克,但鉴于整个部队中美军远远多于英军而作罢,并建议由美国的马歇尔为最高统帅,但罗斯福认为,马歇尔留在华盛顿对于全球战略的指导比较有益而没有同意,认为以任命艾森豪威尔指挥开辟第二战场为好。

罗斯福认为,"霸王"行动也是一次联合作战行动,而"火炬"行动业已证实艾森豪威尔能建立和领导统一的参谋班子,并成功地指挥英美部队联合作战。在协同作战中,艾森豪威尔能把完全不同的部队融合成一支统一的队伍,制订实战计划,发现和发挥每个指挥员的力量,使他们能和其他部队配合,为共同目标一起战斗。此外,艾森豪威尔性格开朗,态度随和,很有感染力。他对士兵和下级军官生活、训练等各方面都很关怀,也深得他们的爱戴。因此,他作为盟国远征军最高统帅的人选更合适。

曾有这么一种传闻,说马歇尔曾和艾森豪威尔争夺"霸王"行动的指挥权。对此,艾森豪威尔在回忆录中一再加以否定。他披露了1943年12月7日马歇尔寄给他的一张便条，上面写有："亲爱的艾森豪威尔，我想你也许乐意把这个便条当作一件纪念物。这个便条是我昨天最后一次会晤结束时十分匆忙地写成的，总统随即签了字。"这张便条的内容即总统签过字的任命艾森豪威尔指挥"霸王"行动命令。艾森豪威尔说："让我指挥'霸王'行动，这正是他(指马歇尔)的决定，而不是其他人的主张。"

艾森豪威尔被任命为"霸王"作战总司令的消息，使盟军总部的广大官兵和同事们大为兴奋。接着，艾森豪威尔接到马歇尔的电报：即刻启程回家，与夫人团聚，远征军总司令全部的公务暂时委托他人代理。他决定飞回美国，度假两个星期。他于1943年最后一天中午启程，1944年1月2日抵达华盛顿。

艾森豪威尔这次回国，名义上是休假，实际上是在筹划"霸王"战役。时间对他来说是珍贵的。

在陆军部，艾森豪威尔作为盟军最高统帅，电令他的参谋长史密斯将军提前去伦敦，研究摩根中将制定的计划。一个月前，艾森豪威尔曾看过摩根的计划，当时他认为攻击的正面过窄，应当加宽。史密斯得出相同的结论，并提出，"霸王"作战必须有5个师而不是3个师的突击力量。

在此期间，艾森豪威尔用几天时间与夫人到外地去度假，并看望了母亲和兄弟，然后飞回华盛顿，为"霸王"作战拜会三军高级将领。

"霸王"作战主要是在法国的领土上进行，若想取得这一战役胜利，赢得戴高乐的有力支持和法国人民的配合是必不可少的。为此，艾森豪威尔拜访了因患流感而卧病在床的罗斯福总统，令人忧虑的是，他发现白宫并不愿和戴高乐打交道。几经说服和陈述己见，罗斯福仍不为所动，罗斯福对法国抵抗运动领袖的错误政策，使艾森豪威尔大伤脑筋。

此外更令他遗憾的是，虽然到处奔波，谋求取得有关方面对"霸王"作战的协助，但有些问题并未得到妥善、满意的解决。而前线在等待着他，呼唤着他，他不得不急忙返回伦敦。

1944年1月中旬，艾森豪威尔抵达伦敦，组建盟军远征军最高司令部。经美英联合参谋长会议同意，副统帅是英国特德空军上将，地面部队司令是英国的拉姆齐海军上将，空军司令是英国的马洛里空军上将，参谋长是美国陆军上将史密斯。

照艾森豪威尔设计的体制，上述军种司令担负着双重角色：一方面，军种司令是最高司令部成员，参与最高司令部制订计划的工作；另一方面，军种司令是整个军事行动中指挥具体作战的司令，拥有各自的司令部。为了获得诺曼底地区的制空权，艾森豪威尔把英国的战术与战略空军完全置于自己的控制之下。

在欧洲盟军司令部成立之前，英美早于1943年3月就在伦敦秘密成立了一个参谋部，由英国摩根中将领导，负责研究和制定整个登陆计划。他们把登陆地点选择范围缩小到法国北部的两个地带：一个是加来海滨和格拉夫林与索姆之间的比卡尔迪海岸，一个是卡尔瓦多斯和塞纳湾，即冈城与科唐坦半岛底部之间的诺曼底的部分地区。

虽然加来海峡离英国航线最短，但因德军重点设防，不易在短期内攻下。因此，他们提出登陆地点选择在距离英国较远但德军防卫较弱的诺曼底地区。时间是黎明后不久，日期最初定在5月1日，这是根据月亮和潮汐条件确定的，因为德军在水下设置了障碍物,盟国远征军必须在潮水退尽后不久登陆,而轰炸机和空降部队则需要在前一天晚上至少有半圆的月亮才行。进攻之前,在英国的部队必须抓紧时间完成训练,使盟军在法国有4个月的时间进行作战的好天气。符合这些条件的日子,在1944年夏季只有三个:5月初和6月的第一、第三个星期。

英美计划参谋部根据上述意见确认把登陆地点选择在诺曼底,决定集中力量制定从这里进行登陆作战的计划。

艾森豪威尔来到伦敦就职以后,被"霸王"作战所出现的问题缠扰,使他很伤脑筋的是,盟国参谋长联席会议在战略问题上意见不一致。

盟军原计划以诺曼底为登陆地点,登陆正面为40公里,艾森豪威尔到任后提出了扩大登陆正面的计划,将战役第一梯队的兵力由原定3个师增为5个师,登陆正面由40公里扩大为80公里。

由于登陆规模大,需要有足够的登陆艇和轰炸机。尤其是登陆艇,不仅要把5个师的进攻部队运送登陆,还要把两个师的后续部队在预定发动进攻日运送登陆。这就需要尽可能多的登陆艇,因此艾森豪威尔决定把预定发起进攻的日子推迟一个月,即6月初。此外,他还同意把同时在法国南部登陆的"铁钻"行动也推迟一个月或一个多月,以保证"霸王"行动能得到必需的兵力。

诺曼底登陆的盟军将领们,前排中央为盟军最高统帅艾森豪威尔。

艾森豪威尔认为空权问题最重要,必须掌握指挥权。他要求不列颠的一切战术和战略空军应完全在其控制之下进行诺曼底之战。对于战术当然没有什么问题,但在哈里斯指挥下的英国战略空军(轰炸机司令部)却强烈反对,因为他们不希望艾森豪威尔干涉其每夜对德国城市的盲目轰炸。艾森豪威尔认为这个问题太重要,就于3月23日宣布:"如果这个问题不能获得满意的解决,我将呈请辞职。"这是他在整个战争期间唯一一次采取如此激烈的行动。结果英国参谋长们做出让步,同意将空军轰炸机部队交给他指挥。

于是艾森豪威尔指派他的副帅——英国空军上将特德代他协调有关空军运用的问题。

为配合登陆行动,艾森豪威尔要求每一架能起飞的轰炸机都要参加对诺曼底海岸防御工事的攻击,并明确提出要用轰炸机使法国铁路系统瘫痪的"运输计划"。

对此英国空军以英国战时内阁1940年的训令为借口表示反对,因为该训令禁止英国空军在占领欧洲时攻击任何足以使平民受到死亡的目标。艾森豪威尔征求自由法国方面的意见,后者却坦率地回答说:"战争无法避免死伤,为了打倒德国,我们愿意忍受一切牺牲。"艾森豪威尔遂请丘吉尔废除上述命令。

为了登陆战成功,艾森豪威尔组织盟军进行了长期的侦察,查明了登陆地域内的德军防御配备,掌握了比较完整的情报资料,并派战略空军和战术空军对德军的运输系统和雷达系统进行了大规模的轰炸,使它基本陷于瘫痪。

为了不让敌人发觉盟军的行动,艾森豪威尔与盟军登陆总指挥部的官员们共同制定了以假乱真、虚张声势的计划,并采取了一系列战役伪装措施,成功地迷惑了德军统帅部,他们利用电台传送消息,虚设了以巴顿为司令的美军集团军番号;在许多港口内摆置假的舰艇,并让军队频繁调动,吸引德军注意。在发动进攻的前几天,又出动飞机猛轰加来地区,摆出准备横渡加来海峡的架势,以转移德国的注意力。情报部门通过"超级"和"魔术"破译机构获取德军情报;气象部门则密切注视气候变化;开始制造人工港和防波堤,敷设通过海峡的输油管道。为了配合两栖登陆,艾森豪威尔还决定使用空降部队。但在登陆之日前一周,战术空军司令利马罗礼突然报告艾森豪威尔,说德军有严密的防御,使用空降兵将会遭受损失,力劝总司令撤销空降计划。但艾森豪威尔还是冷静地做出了决定:按原计划执行,结果空降作战进行得比较顺利,基本上达到了预定目的。事后利马罗礼立即致函艾森豪威尔,信中说,人一般都是不愿意认错的,但他再没有比这次认错更感到愉快,他向艾森豪威尔表示祝贺并对自己的过虑表示歉意。

对于盟军横渡英吉利海峡在西线开辟第二战场,德军是早有准备的。1943年希特勒就下令加强西线防御,并认为盟军行动目标是法国北部的加来地区,应加强该地区的重点防守。德军大部分将领也都同意希特勒这一判断,因而在诺曼底地段仅有9万德军防守。

1944年6月,德军西线组成了一支真正强大的防御部队。龙德施泰特指挥的战斗师从46个增加到58个,而且多数部队在俄国打过仗。在盟国登陆地域的后面,德军有两个空降师。除有大量缴获的法国和俄国坦克仍由各装甲师使用以外,1944年4月底在西线还有1608辆德国坦克。

在抵抗进攻法国的作战中,德国海军的作用主要是防御性的。德西线舰队司令是克朗克海军上将,共有36艘潜艇,负责海上防御。

在登陆行动之前,英、美两国共集中了36个地面师组成了第21集团军,辖美第10集团军、英第2集团军和加拿大第1集团军,加上13000多架飞机和6000多艘舰船,全部人员共达288万人之多。

在"霸王"作战中,盟军的数量在攻击点上要超过德国守军,最大的问题是要使从海上增兵的速度超过德军陆上增援的速度。按照标准的两栖登陆理论,进攻一方对防御一方需要拥有1~3倍的优势。由此看来,"霸王"作战的胜负,事先是无法断定的。

艾森豪威尔所面对的,就是这样一个强大的敌人。为了赢得这一战役的胜利,作为数百万大军的统帅,他必须知己知彼,必须统筹兼顾。他号召将士们加紧训练,做好准备。在预定发起进攻之前,他用了很多时间到现场视察部队。他要让尽可能多的士兵们见到他,他设法亲自和成千上万的士兵谈话。从2月1日到6月1日这4个月内,他视察了26个师、24个机场、5艘战舰和无数的仓库、工厂、医院以及其他设施。

每次巡视部队,艾森豪威尔首先检查的并不是武器和装备,而是士兵的伙食及健康状况。巡视完毕,他都力求吃与士兵一样的伙食,以此来了解供应问题解决得如何。平时，他一有空隙总要到士兵中去走走，交谈交谈，设法鼓舞士兵的斗志。有人说这是浪费时间，他却认为这是指挥官应有的素养。

1944年5月15日，艾森豪威尔召集手下司令官们在蒙哥马利指挥的第21集团军群召开动员大会。会议规模不大，但异常隆重。出席会议的有英王、首相、元帅和其他显要，这次会议进一步鼓舞了将士们的勇气，驱散了丘吉尔长期以来的疑虑。1944年，丘吉尔还怀疑横渡英吉利海峡的进攻是否明智。有一次，丘吉尔对艾森豪威尔说："当我想起诺曼底的滩头上挤满了英美两国优秀的青年时，我产生了怀疑……我产生了怀疑。"5月初，丘吉尔与艾森豪威尔共进午餐，在分手时，丘吉尔首相变得感情激动起来，他含着眼泪说："我和你一起把这件事做到底，如果失败了，我们一起下台。"

数百万盟军在艾森豪威尔的组织下，整装待发，登陆行动即将开始。就在这时，希特勒鬼使神差地给西线发电，指示一定要加强对诺曼底地区的防守。这一与德军原定要加强加来地区部署重点防守正好相反的指令，使得德军将领丈二和尚摸不着头脑，因而他们没有对此命令做出积极反应，大大减少了盟军登陆的阻力。

全歼德军

盟军已经做好了一切准备。艾森豪威尔根据三军的要求，初定突击登陆日期为6月5日。

1944年6月，是英吉利海峡20年来所遇到的风力最大、海浪最高的月份，6月5日，天气恶劣，风狂浪急，大雨倾盆。由于天气不佳，使得盟军在这个原定的登陆日期无法行动。但气象专家预报：从6月5日夜间开始，天气可能突然短暂变好，到6月6日夜间，很快又要变坏。

艾森豪威尔权衡利弊，决定利用这个"突然变好"和"变坏"的间隙时间发起进攻。

6月6日凌晨，天气阴晦，英吉利海峡狂风大作，巨浪滔天。在风浪的掩护下，盟军的运输机从英国出发，利用德军在恶劣气候下放松警惕之机，越过英吉利海峡，在诺曼底海滩着陆。3个伞兵师的兵力从天而降，迅速抢占滩头阵地，为大部队登陆做好了准备。随后，英国皇家空军的飞机将成千上万吨炸弹不断地投在德军诺曼底的炮兵阵地上。

德军没有料到盟军会在如此恶劣的气象条件下登陆。战斗刚打响时，德军还把登陆行动看成是一种佯攻，直到盟国海军、空军发起强大攻势之后，德军的西线部队才开始组织大规模反攻。但是盟军大规模的登陆行动已经开始。首批登陆部队5个师顶着狂风恶浪，分别在5个登陆地段按时登陆。9时，已基本突破德军防地，夺取了较稳固的滩头阵地。但美军第5军第1师在奥马哈海滩却遇到了"沙漠之狐"德国隆美尔部队的顽强抵抗，最后第1师师长不得不请求海军对德军阵地实施近射，美军士兵则冒着被自己海军炮火杀伤的危险冲入敌阵，才夺下滩头阵地，使后续部队安全上岸。

盟军经过一天苦战，已有10个师的兵力胜利登陆，德军把盟军赶下海的企图宣告失败。盟军登陆部队已达 17.6 万人，车辆 2 万辆，并在海军、空军支援下向纵深发展。德军防线一道道被摧毁。

6 月 12 日，盟军已在正面 80 公里、纵深 13～19 公里的区域内建立了一个连成一片的巩固登陆场所。这天，艾森豪威尔陪同前来视察的美军总参谋长马歇尔、英国国王和阿诺德将军，乘驱逐舰登上"奥马哈"滩头阵地。他们在布莱德雷指挥部同一些军长、师长们讨论最近战况。马歇尔称赞艾森豪威尔的胆略和指挥艺术，并向罗斯福总统报告说："艾森豪威尔和他手下的人冷静而自信，以非凡的效率完成了无比巨大和复杂的任务。"

诺曼底战斗进行得并不顺利。右翼的美军因地形复杂，如灌木篱笆、河岸和坍陷的公路等，使坦克部队不能展开，德军又顽强善战，因此推进非常缓慢。左翼由蒙哥马利统率的英军进展更慢。进攻初期的欢庆气氛不到两个星期就冷下来了。随之出现了英美之间，具体表现为艾森豪威尔和蒙哥马利之间的紧张关系。

他们两人在进攻的战略和战术方面存在严重分歧，艾森豪威尔主张直接进军，相信大部队的彻底毁灭性的威力。蒙哥马利总是想把敌人搞乱，而自己则保持不乱。他要在狭窄的战线上发动进攻，突破德军的防线，直插目标。此外，就两人所处的地位而论，艾森豪威尔对盟国参谋长联席会议负责，也向两国的政府负责，而蒙哥马利在名义上是对艾森豪威尔负责，实际上，他接受英国参谋长布鲁克的指示。蒙哥马利认为自己应对本国的国家利益负责。

蒙哥马利也不怎么尊重艾森豪威尔，经常要他到自己的指挥部去谈论问题，即使艾森豪威尔腿部受伤、行动不便时，也提出这种要求，而艾森豪威尔往往屈尊前去。只有在蒙哥马利公然对最高司令官的意见不予理睬时，艾森豪威尔才直率地对他说，我是您的上级，难道可以这样对待我吗？如此，情形在以后才稍有改变。

6 月 19 日，一场特大风暴席卷大地，持续了三天三夜，盟军的滩头阵地几乎毁于一旦。800 艘船只被狂风抛上岸滩，数十艘船只葬身海底。人工港也遭损毁。这个时期，联合王国和欧洲大陆之间的海上交通完全中断。在作战物资供应受阻的情况下，盟军只得推迟战斗。好在数十辆两栖装甲载重车夜以继日地工作，才把补给物资源源运送上岸。

6 月 26 日，美军第 1 集团军所辖第 7 军在柯林斯指挥下攻占了瑟堡，被围在科唐坦半岛上的德军 4 个师残部被俘。同一日，英、加军也发起了夺取冈城的攻势。冈城是德军"大西洋壁垒"防御体系的一个组成部分，易守难攻。双方浴血苦战，相持不下，持续了 5 个昼夜。在英国皇家空军"台风"战斗机巨大威力下，英军倾全力发动猛攻。7 月 18 日，盟军突入冈城，占领了奥恩河北岸部分市区，并拿下机场。至此，盟军牢固地建立了正面宽 150 公里，纵深 13～35 公里的登陆场。

7 月 24 日，地面总攻的准备工作全面完成，诺曼底登陆战胜利结束。此次战役，盟军伤亡 12.2 万人，德军伤亡、被俘 11.4 万人。盟军在诺曼底登陆作战的胜利，对于在西欧开辟第二战场，具有决定性的意义。

盟军在诺曼底登陆以后，在艾森豪威尔的统帅下，蒙哥马利指挥第 21 集团军群北进比利时，从北侧分头向德军进击；布莱德雷指挥第 12 集团军群（辖美国第 1 和第 3 集团军）向东向南伸入法国腹地。

7 月 25 日至 30 日，美军的"眼镜蛇"战役实现了对德军防线的突破。随后，美军横扫布列塔尼。盟军挫败莫尔坦反攻后,发现可在法莱斯形成对德军的包围圈,艾森豪威尔便命令实施围歼德军的作战。自8月8日起,盟军通过机动兵力从北、西、南三面对法莱斯形成包围态势。

随着盟军向内地的推进,英美两国为夺取胜利荣誉而发生争吵。美国报纸抱怨英国人统治着盟军远征军,因为英国人领导着主要的陆、海、空部队,而艾森豪威尔不过是一个傀儡。马歇尔为此很不高兴,他告诉艾森豪威尔:"陆军部长史汀生和我,以及所有美国人民,强烈地认为,你负责直接指挥美国部队的时间已经到来。"艾森豪威尔为他自己的权力辩护说:"我始终直接负责批准主要的作战方针和所有作战计划的要点。除非得到我的批准,在这个战区不能采取重大的陆、海、空行动。在盟军指挥部没有人对我的最高权力和对整个战役的责任提出疑问。"

蒙哥马利在8月23日要求艾森豪威尔停止其他方面的一切进展,而用所有的补给来支援他的第21集团军群,从北面发起单刀直入的攻击,并且还要把美国第1军也交给他指挥,结果遭到艾森豪威尔的拒绝。

8月25日,盟军攻占巴黎。

1944年8月27日,艾森豪威尔跟随法国抵抗部队将军克莱克率领的解放大军飞到巴黎,接着,他把盟军司令部从伦敦迁到巴黎附近的凡尔赛。

9月1日起,艾森豪威尔对盟军的指挥系统做了相应的调整,他自己直接指挥大陆上地面部队的作战。

蒙哥马利要求艾森豪威尔不要降格参与陆上作战,成为一名地面部队的总司令;最高统帅应高瞻远瞩,观察整个战局,由别人替他指挥陆上作战。但艾森豪威尔在指挥权问题上毫不退让。艾森豪威尔厉兵秣马,指挥蒙哥马利、布莱德雷的几路大军同时向德国边界挺进。

1944年11月,盟军逼近德国西部边境,多次进攻德国齐格菲防线受阻。希特勒错误估计形势,于12月16日向阿登地区实施反扑,企图攻取比利时的列日和安特卫普,切断美英补给线,围歼其主力,从而迫使英美与德国单独媾和。17日,美军两个师的阵地被突破;25日,德军向西突入纵深达百余公里,情况非常紧急。

为了组织反击,艾森豪威尔把阿登以北的美军两个集团军移交给蒙哥马利指挥,遭到美军高级将领的反对。从战略出发,他坚持这样做了,并开始组建战略预备队。他要求苏联配合行动,在东线发动冬季攻势,以迫使希特勒把德军从西线调到东线,减轻盟军的压力。艾森豪威尔还想一举消灭阿登凸出地区的德军,拖住投入战斗的坦克部队并消灭之,然后反攻,向莱茵河挺进。由此,他决定要蒙哥马利于1月1日向德军侧翼反击,但是蒙哥马利却一拖就是3天。

由此,当时所有的美国将领对蒙哥马利的印象坏到了极点。为鼓舞士气,艾森豪威尔曾发布告士兵令,以稳定军心,并不断到处巡视,发现问题及时解决。

艾森豪威尔指挥盟军在阿登和德国展开了殊死的阵地战。盟军在阿登南北两侧向德军展开了强大的攻势,苏军在东线也提前发动进攻配合作战,加上优势明显的盟军空军的紧密配合,1月28日,德军退回边境,阿登反攻遂告破产。阿登战役是第二次世界大战西线最大的一次攻防阵地战,此役德军损失10万人,盟军损失9.5万人。

阿登反攻破产以后,德军的最终失败已指日可待了。随着反法西斯战争胜利的即将来临,艾森豪威尔与丘吉尔及英国将领之间的矛盾与日俱增,这实质上是英美两国政府在对苏政策及是否攻占柏林问题上存在分歧的反映。1945 年 3 月 27 日,蒙哥马利向部下发出一道命令,同时报告了艾森豪威尔和英国总参谋长布鲁克。这道命令要点是,英国第 2 集团军和美国第 9 集团军(从阿登战役以来归他指挥)必须以最大的速度和干劲向易北河猛进,直指从汉堡到马格德堡一线,其目的是先于苏军攻占柏林。

攻克柏林本来是盟国远征军最高司令部的主要夺取目标。艾森豪威尔为什么要改变呢? 主要原因是:1945 年 3 月的军事形势已大大不同于 1944 年 9 月,苏联红军距柏林已仅有 35 英里,而盟军还有 200 多英里。如果蒙哥马利先于红军抵达奥得河之前到达易北河,在易北河和柏林之间还有 50 英里的湖泊密布、河流纵横的地区,攻占柏林估计要付出伤亡达 10 万人的代价。

而蒙哥马利在战争过程中又经常与艾森豪威尔发生争论,不尊重他,更主要的是蒙哥马利骄傲、自负,想抢先进入柏林。艾森豪威尔对此很反感,决定把主要突击任务交由布莱德雷领导,并以德累斯顿为目标,不让蒙哥马利继续指挥美国第 9 集团军。

更为重要的是,美国这时对苏政策的主要方针是争取苏联参加对日本的战争,以减少自己的牺牲,所以在很多地方迁就苏联,这种政治上的考虑也不能不影响到艾森豪威尔的战略决策。再则在雅尔塔会议上已就战后分区占领德国早就做出确定,柏林是在苏占区内,即使美军付出很大代价占领了柏林,正如布莱德雷所说的那样:"我们还要退出来并把地方让给人家。"

艾森豪威尔打电报把这项决定直接通知了斯大林,以便同苏军的进攻相配合。丘吉尔及其将领们对此极为恼火,纷纷指责艾森豪威尔越权与斯大林直接联系。但美军总参谋长马歇尔支持艾森豪威尔的行动,认为在纯军事问题上,盟军最高统帅有权直接与苏军最高统帅取得联系,以便东西两线互通情报,协调作战行动。

苏联军队在斯大林的指挥下,势如破竹,直逼柏林。1945 年 5 月 2 日,苏军攻占柏林。德国法西斯政府山穷水尽,只好无条件投降,5 月 8 日在柏林举行了德国无条件投降签字仪式。

纳粹德国投降后,作为统率数百万大军的盟国远征军总司令,艾森豪威尔成为战争中最著名的将军。

在纳粹德国邓尼茨政府签字投降的当天,美军总参谋长马歇尔就以国家、盟邦以及美国军队的名义,给艾森豪威尔发来了一封热情洋溢的电报。电报对艾森豪威尔在第二次世界大战中反法西斯的功绩做出最高的褒奖。电报指出:

你以战争史上最伟大的胜利完成了你的任务。你出色地指挥了从来没有这样集结起来的最强大的军队。你遇到并成功地解决了涉及各种不同的国家利益的一切可以想象得到的困难,处理了国际政治问题中前所未有的复杂问题。

自 3 年前到达英国以来,在所有这些方面,你在行动上是无私的,你的判断总是正确的和容纳各方面意见的,你在军事决策中的勇气和智慧完全令人钦佩……

退役生活

战争结束了,艾森豪威尔美名满天下。

1945 年 10 月下旬,马歇尔参谋长请求退休,杜鲁门要艾森豪威尔接替他。11 月,艾森豪威尔离开德国飞抵华盛顿。12 月,他正式接任参谋长职务。

1946 年 4 月 11 日,艾森豪威尔被晋升为永久五星上将。他的参谋长任期在 1948 年 2 月 7 日结束。同年 5 月 2 日退休。

在二战那战火纷飞的年代,艾森豪威尔在欧洲留下光辉的战绩,也留下了鲜为人知的浪漫史。1942 年 5 月,在艾森豪威尔和马克·克拉克将军对伦敦作 10 天访问期间,出生于爱尔兰、当时 24 岁的凯·萨默斯比奉命给这两位将军开车。6 月,当艾森豪威尔在伦敦承担起欧洲战区的指挥权后,他要求萨默斯比担任他的私人司机。这时她已与美国人理查德·阿诺德上校订婚,但他不久就在北非牺牲了,她加入女子军团,升至上尉,并被提升为艾森豪威尔将军的私人秘书和军事助手。在她的回忆录《艾森豪威尔是我的上司》一书中,她没有提到与这位将军有暧昧关系。但是,在《忘记过去:我与德怀特·D.艾森豪威尔的恋爱事件》一书中,她却声称,他们在战时曾堕入情网。在《直话直说:哈里·S.杜鲁门口述传记》一书中,作者默尔·米勒引用杜鲁门的话,说他曾见过并销毁了艾森豪威尔与乔治·马歇尔将军之间的来往信件,艾森豪威尔在信中宣布,他打算与妻子离婚,并与萨默斯比结婚。按照杜鲁门的说法,马歇尔以激烈的措辞回信说,作为他的上司,他将把他赶出军队,并使他此后的生活悲惨不堪。艾森豪威尔家庭否认艾克曾打算离婚。艾森豪威尔于战争结束时离开欧洲后,再也没有见到萨默斯比。萨默斯比在书中写道:至少 1942 年夏到 1945 年春他们生活在一起,他爱着她,她也感到幸福。她还写道,她感到伤心,但对这起恋爱事件并不感到悔恨。萨默斯比后来嫁给了雷金纳德·摩根。1975 年,在她去世前不久,她是影片《斯特普福特的妻子们》的时装顾问。

艾森豪威尔于 1948 年从军队退役后,一些大公司聘请他当总经理或董事长,并提供极为可观的薪金。但他说:"我决不愿意担任可能被指责为'出卖名声'来为大公司做宣传的任何职务。"1947 年 6 月,经再三斟酌,艾森豪威尔接受哥伦比亚大学的聘请,担任校长职务,年薪 25000 美元。

1948 年 2~6 月,艾森豪威尔用近半年的时间撰写二战回忆录,该书于 1948 年出版,书名《远征欧陆》。该书的出版使艾森豪威尔得到了 50 万美元的收入,也使他的声望大为提高。

1949 年初,他应杜鲁门的邀请,担任国防部长的军事顾问。以后又担任非正式的参谋长联席会议主席。

1950 年 6 月,朝鲜战争爆发,联合国通过"保卫"南朝鲜的决议,杜鲁门派出美国海军和空军,接着又派出地面部队参战。

为抵制强大的社会主义阵营的影响,1950 年 12 月,杜鲁门总统任命艾森豪威尔为北大西洋公约组织最高司令,艾森豪威尔于 1951 年 4 月承担起了北大西洋公约组织首脑的职责。于是,他再次穿上军装,成为欧洲盟军最高统帅,并一直继任到 1952 年春季。这年 5 月 30 日,他将这一职务交给李奇微将军,同时从陆军退役。

之后,艾森豪威尔凭着自己的声誉成为共和党的总统候选人,于 1953 年荣登总统宝座,他连任两届美国总统。

艾森豪威尔入主白宫后,对外继续推行侵略扩张政策。他根据 20 世纪 50 年代初社会主义阵营力量日益壮大、欧洲经济迅速恢复以及美国霸主地位不断下降的新形势,提出实行"新面貌"的外交政策。在军事上,他停止了侵朝战争,主张把军事力量集中在美国附近地区,把主要打击力量放在核武器上,当美国"遭到打击"时,能对"侵略者进行大规模报复"。这种以核武器为威慑力量,对别国进行讹诈的战略,通称为"大规模报复战略"。

在西欧,艾森豪威尔加强北大西洋公约组织的力量,主张建立强大的欧洲,联合对付苏联。

在亚洲,艾森豪威尔吸取美国人陷入朝鲜战争的教训,积极推行拼凑军事集团的政策,1954 年先后和日本签订了《共同防御互助条约》,同英、法、澳大利亚和新西兰等国签订了《东南亚集体防务条约》,还和中国台湾当局签订了《共同防御条约》。美国通过这些条约加强了对这些地区的控制。

在印度支那,越南抗法斗争胜利后,美国加紧扶植南越吴庭艳政府,插手老挝、柬埔寨的内政,企图用培植亲美势力,建立傀儡政府的办法,加强对这一地区的控制。

对中国,艾森豪威尔继续推行杜鲁门政府的敌视政策,除了和中国台湾国民党缔结《共同防御条约》外,还企图制造"两个中国","一中一台"。

艾森豪威尔最喜欢的消遣是高尔夫球。他经常在白宫南草坪练习短低击球。他还喜欢钓鱼和打猎。除了运动,

艾森豪威尔在作画

他最喜欢的消遣是画风景画,并在白宫设了一间画室。他从青年时代起就是一个玩扑克的高手。他有好几用用玩扑克赢得的钱补充军饷。但是,他在中年时就放弃了玩扑克,转为打桥牌和加纳斯塔牌。他是一个熟练的厨师,他的蔬菜汤、炭烤牛排和玉米粉烙饼脍炙人口。他在担任总统时,还以阅读西部小说和观看电视作为休息。他在西点军校时开始抽烟,逐渐养成了一天抽 4 盒纸烟的习惯。根据他的医生的劝告,他于 1949 年彻底戒了烟。他适量喝酒,通常在晚餐前喝一杯苏格兰威士忌酒、马丁尼鸡尾酒或旧式鸡尾酒。

1961 年 1 月 20 日,当新总统宣誓就任时,艾森豪威尔一家离开白宫,回到葛底斯堡农场过退休生活。他开始写回忆录,由他的儿子约翰·艾森豪威尔执笔。约翰·谢尔顿·杜德·艾森豪威尔是艾森豪威尔唯一的一个活到成年的孩子。

回忆录历时 4 年才完成,书名为《白宫岁月》,共分两卷,第一卷《受命变革》于 1963 年 11 月 9 日出版;第二卷《缔造和平》1965 年出版。此后,艾森豪威尔又写了一本非正式的自传,书名为《悠闲的话:对朋友们谈家常》。

他的后任肯尼迪和约翰逊在总统任内,曾就对外政策问题征询艾森豪威尔的意见,如入侵古巴事件、苏联在古巴设置导弹基地问题、越南战争升级问题等,艾森豪威尔的意见始终是好战的,主张要准备采取极端行动。

1969 年 3 月 28 日,艾森豪威尔因心脏病发作去世,终年 79 岁。

思维敏捷的大师

——尼克松

人物档案

简　历：1913年生于加利福尼亚州洛杉矶市的约巴达小镇；1937年毕业于
迪克大学法学院；1946年1月开始在海军服
役三年半，1968年入主白宫，成为美国总统，
1972年成功连任，但在他连任过程中，因"水
门事件"不得不于1974年宣布辞职。

生卒年月：1913年1月9日~1994年4
月22日。

性格特征：热情、真诚、很有政治头脑。

历史功过：成功使中美关系解冻，打开了
中美关系紧锁的大门。引发了著名的"水门"
事件。

名家评点：尼克松是美国历史上颇具传
奇色彩的政治家。不得不承认，尼克松集宏图大略与雕虫小技于一身，堪称玩弄政
治权术的大师。

勤奋的儒将

1913年1月9日，理查德·尼克松出生于加利福尼亚州洛杉矶市的约巴达小
镇。尼克松的父亲是爱尔兰人的后裔，曾经当过菜农、电车司机和柠檬园主，后来
开小杂货铺兼加油站。

尼克松的童年生活是充满艰辛和磨难的。他3岁时从马车上摔下来，差点儿
因流血过多而死去。4岁时又得了急性肺炎，差一点要了命。

尼克松从小就帮助父母做家务，稍大一些时，每天从洛杉矶菜市场采购新鲜水
果蔬菜，回来后再加工送进店铺。假期中，他做过游泳池的看门人等各种工作。

学生时代，尼克松始终是一个勤奋、认真和敏捷的学生。小学时期他能轻松自
如地取得优异成绩。中学时期，他曾代表西海岸参加全国演讲大赛，1930年，他以
全班第一的成绩毕业，并获得加利福尼亚校际联盟学业成绩金印奖以及最佳学生

哈佛奖。

1937 年,他从迪克大学法学院毕业。

1941 年 12 月,因一位教授的推荐,华盛顿物价管理局聘请尼克松担任助理律师。在物价管理局工作可以缓役,但当尼克松听到征募海军军官的消息后,立即申请报名并取得军官任命。

1942 年 8 月,尼克松被派到海军军官学校受训。

1944 年 1 月,尼克松被调到布干维尔,因为接近前线,时常会遭到日本轰炸机的袭击。在布干维尔工作一阵,尼克松获准到一个分遣队去担任指挥官。

1944 年 7 月,尼克松奉调回国。1945 年 1 月,他到东部去办理海军包工合同的结束工作。在战争接近尾声的最初几个月中,尼克松夫妇先后在华盛顿、费城、纽约和巴尔的摩等地住过一段时间。1945 年 10 月,尼克松成为海军少校并于 1 月复员,在海军先后服役三年半。

向政府进军

1945 年 9 月,尼克松收到赫尔曼·佩里的一封信,问他是否有兴趣参加共和党众议员的竞选。尼克松欣然同意,决定回加利福尼亚州参加竞选,并着手进行竞选准备工作。

当然,一名无名小卒与政坛宿将对抗,能否成功？尼克松心里也没有底。他的稳重老成、善工心计的性格再次帮助了他。他到国会大厦去拜访众议院少数党领袖乔·马丁,听取他们对对手沃勒斯的评价。

尼克松刚接受共和党副总统提名,来自民主党方面的猛烈攻击便接踵而至。共和党权威人物要求尼克松向全国发表电视讲话,澄清基金事件。1952 年 9 月 23 日,共和党为尼克松提供 7.5 万美元让他作了 30 分钟动人的电视演说。在演讲中他承认自己有这笔基金。为了使公众相信他没有因当官而发财,他列出了自己的财产和债务清单。在演讲快结束时,他承认接受了条矮脚长耳猎犬。他装作十分严肃地说:"现在我只想说,不管人们怎样议论,我们将留下这条狗。"观众的支持信潮水般地涌向共和党全国委员会。艾森豪威尔笑着对尼克松说:"你是我的孩子。"尼克松明白自己已获得一半以上的胜利。

1952 年 11 月 4 日,艾森豪威尔和尼克松分别当选正、副总统,从而结束了民主党对白宫的控制,共和党众议院又获得 22 席,总席位变成 221 对 213。这样,共和党控制了参众两院,尼克松本人也因在竞选中的出色表现而受到党的普遍尊敬。

1960 年尼克松获得共和党提名,同民主党总统候选人肯尼迪对阵。

肯尼迪信奉自由派政策和观点,主张政府对经济进行积极干预,缓和阶级矛盾。尼克松则以保守主义思想为依据,主张健全的私人经济和个人进取心是发展经济的前提。他们之间的分歧主要是政策方法的不同。在整个 60 年代到 70 年代,美国历届总统的基本政策仍然遵循"凯恩斯主义"。最终尼克松以微弱票差败北,但也为日后卷土重来积累了经验。

跻身总统府

尼克松 55 岁生日那天,他决定再次参加总统职位的角逐,他这次的对手是汉弗莱。

1968 年 2 月 2 日下午,尼克松在新罕布什州正式开始了竞选总统的活动。

到 1968 年 10 月 31 日,尼克松与汉弗莱的竞选已进入白热化阶段。在这一天,尼克松夫妇与他们的竞选伙伴同时登上讲台,出席一个有电视实况转播的集会。

到 11 月 4 日,尼克松与汉弗莱的竞争更为激烈。他觉得应该在选举的前夕,尽一切可能做一些对选票有影响的事。尼克松不顾他的顾问们的反对,买下了连续 4 小时的电视节目时间,进行最后的竞选演说。

经过激烈的拉锯战,尼克松终于长舒一口气,他已经赢得了总统职位。

同美国历史上的许多总统不同,尼克松是怀着一种复杂的心情走进白宫椭圆形办公室的。他在高层政界周旋了多年,又担任 8 年副总统,他太了解白宫了。他已为共和党在选举中获胜整整奔波了 22 年。

在同国会打交道时,尼克松想方设法同资深的保守民主党人结成联盟,以赢得立法所需的关键性投票。民主党众议员威尔伯·米尔斯长期任众院筹款委员会主席,他对尼克松关于税收、收入分成和福利改革的立法提案能否获得通过,起着至关重要的作用。尼克松认为,从他来到华盛顿后的 26 年中,国会已经发生剧烈的变化,它与总统的分歧进一步加深。打击国会等于击中民主党的神经中枢,所以尼克松首先把矛头对准国会。

尼克松通过改革国家预算和税收来打击国会。他知道,国会能发挥很大的政治功能,关键在于它掌握国库收支的大权,为联邦政府制定预算和管理税收。此举直接触犯了东部权势集团的利益。作为国会议员,他们已习惯于迎合本选区和本党领袖的意愿就某一拨款计划进行投票。尼克松控制预算无疑是对这项特权的挑战。对东部财团来说,尼克松的改革实际上是断其财路。多年来他们积极扶植国会中的自由派势力,通过遥控国会来达到自己的目的。

难过"水门"关

1972 年 6 月 18 日,在水门大厦民主党全国委员会总部有 5 个企图进行窃听的人被捕,这一消息被《迈阿密先驱报》披露。两天后,《华盛顿邮报》头版以醒目的标题声称:白宫顾问与窃听人物有关联,是 1972 年 3 月 29 日以前一直在白宫充当尼克松总统顾问的查克·科尔森的助手。民主党向共和党政府发起猛烈攻势,希望在大选之年将尼克松拉下马。水门事件虽然没有成为尼克松连选连任总统的障碍;但却导致他提前下台。

为平息"水门"风波,尼克松先后实施了几套策略。

尼克松对水门事件的最初反应是不以为然,但是当《华盛顿邮报》提到科尔森的名字后,尼克松承认这使他大吃一惊。如果争取总统连任委员会受牵连,问题都不大。然而科尔森是他的助手和顾问,如果他也受牵连,情况就完全不一样了。

水门案发后,尼克松的人很快达成默契,对外声称白宫与此案无关。

亨特作为案件的新线索被《华盛顿邮报》掀出来后,白宫发言人罗恩·齐格勒马上发表声明说:亨特曾任总统特别顾问科尔森的助理,他自 1972 年 3 月起,已与白宫脱离关系,不打算代表白宫就一件三流窃案发表评论。

尼克松不但指示齐格勒出面发表"极为明确有力和结构严谨的声明",而且亲自出面答记者问。亨特和利迪被捉拿归案,尼克松便与其心腹幕僚商定,采取第二套策略,将联邦调查局和公众的视线引

"水门事件"导致尼克松下台,副总统福特接任总统。

向古巴人身上。鉴于被捕者中有几个是古巴侨民,将水门事件解释成是古巴人为了自己的民族利益而进行的窃听活动。尼克松还让手下人在佛罗里达州建立一个古巴人委员会,由这个委员会出面为在水门被捕的古巴人打官司。因为谁都知道,流亡叛国的古巴侨民都担心民主党候选人麦戈文会决定恢复与卡斯特罗的外交关系。从某种意义上说,古巴人、麦科德、亨特互有牵连,正好说明水门窃听实际上是古巴人的行动。

尼克松还准备了第三套方案,就是把戈登·利迪以后的线索掐断,让他承担水门事件的主要责任。水门案发时,他跟亨特正在水门大厦的另一个房间里负责指挥,没被当场抓住。

果然不出尼克松所料,联邦调查局代理局长帕特·格雷接到了中央情报局的电话,要求他不要插手,不久,格雷被告知总统将提名他为联邦调查局局长。

尼克松积极促使中央情报局去进行干涉和限制联邦调查局的调查,任其手下人从事各种对水门事件进行掩盖的行为。米切尔等人想方设法斩断有可能牵连到白宫的线索。他们决定从利迪从事窃听活动的经费来源上入手,重新编造拨给利迪的经费数目,有人还同意出面在调查此案的大陪审团面前作伪证,他们还用大笔金钱收买被押在狱中的几名犯人,让其守口如瓶,不再提供新线索。

尼克松认定水门事件是民主党拆他的台,深信对付敌手的最好办法是以牙还

牙。联邦大陪审团在 9 月 15 日起诉亨特、利迪以及在民主党总部被捕的 5 个人，白宫安然无恙。尼克松大松了一口气。1972 年大选获胜后，尼克松无所顾忌地攻击东部权势集团，大规模削减预算计划，提倡税收分享，改组联邦政府机构。凡此种种都损害了东部集团的传统利益，从而激起国会和最高法院重新操起"水门"事件向尼克松发动反攻。

对尼克松来说，"舍卒保帅"是他唯一的选择。他把赌注押在下属对他的绝对忠诚上，这形同于高空走钢绳，稍有疏忽，就会掉下来，后来问题果然出在这里。除了用大笔钱笼络为他做出牺牲的"走卒"们外，尼克松还允诺在他就任第二任总统时，对他们实行大赦。尼克松决定从当时为抗议越南战争而举行的游行队伍中，逮捕一部分"罪犯"作陪衬，将来同"水门"事件的案犯一起大赦。没想到最知水门事件内情的迪安竟离他而去。为减轻自己的罪状，迪安主动向司法部门自首，在参议院特别委员会听证会上连续揭发了一个星期，将白宫在"水门"事件中的问题，特别是总统本人的问题和盘托出。尼克松知道他再硬挺下去只会招致更严重的后果，决定利用总统权力，为自己安排后事。尽管他辞职的目的是为了逃脱弹劾，但他尽量避免给人留下逃离现场的印象，副总统人选的更替为他提供了预备条件。副总统格纽因"故意未报收入"受到起诉，不得不宣布辞职。由谁来接替他呢？尼克松认为这是一个良机。他想方设法物色一个能够为自己开脱在水门事件中责任的继任人，首先他挑选了康纳州。几经权衡，尼克松选中了拉尔德·福特。此人是全面支持尼克松的几个共和党议员之一。

果然，福特的提名在参众两院顺利过关，他也为尼克松在"水门事件"中的表现辩护。1974 年 8 月 8 日，尼克松宣布辞职。

超级战略明星

——基辛格

人物档案

简　　历：1923 年 5 月 27 日生于德国巴伐利亚州，1938 年 8 月移民美国；从
1947 年进入哈佛大学到 1969 年入
主白宫，他在哈佛度过了 20 多个
春秋。

生卒年月：1923 年 5 月 27 日~

性格特征：聪明、睿智。

历史功过：是基辛格叩开了中
美关系紧闭多年的大门；是他协助
尼克松把美军从越南战争的泥潭中
拔出脚来，是他使中东地区避免了
一场一触即发的核战争。

名家评点：基辛格的外交业绩
足以令世人震惊，也使他成了诺贝
尔和平奖的获得者，他是 20 世纪最
出色的外交家之一。

童年身世

　　1923 年 5 月 27 日，德国南部巴伐利亚州纽伦堡附近的菲尔特镇，依然像往常
一样平静。这一天，一个犹太教师的家里诞生了一个男孩，他就是后来美国历史上
赫赫有名的"教授国务卿"——亨利·基辛格。当时，无限惊喜的父母给他取名为
海因茨·阿尔弗雷德·基辛格。亨利·阿·基辛格是他到美国后改用的名字。

　　知道菲尔特镇的人并不多，但纽伦堡则无人不晓。1945 年，盟国决定以纽伦
堡，这个本身具有一段罪恶历史的城市，作为审判纳粹战犯的地点，以昭示世人：万
恶的纳粹终于得到了应有的报应。菲尔特镇距纽伦堡只有 8 公里。

　　美丽的莱得尼兹河畔的菲尔特镇是一个有着千余年历史的古老小镇，海拔只

有 300 米。早期的封建君主曾在此修建过闻名于欧洲的菲尔特王宫,但无情的欧洲 30 年战争(1618~1648)把它毁于一旦,整个城镇也被夷为平地。早在 16 世纪 30 年代,就有不少犹太人来到纽伦堡谋生,但纽伦堡有权有势的封建贵族禁止他们在城内居住,他们中的一部分到了菲尔特镇,并定居下来,后来,聚集在这里的犹太人越来越多,菲尔特镇俨然成了一个小小的"犹太国"。1806 年拿破仑的军队横扫德意志时,它成了巴伐利亚州的一部分。到 20 世纪 30 年代,它已有 7 万人口,其中约有两三千犹太人,他们中的 90% 从事商业、手工业和机器制造业,尤其是商业,商贩们在德国和北欧的许多地方都有业务。只有少数人做医生、教师、律师等。他们笃信正统犹太教,在政治上并不活跃。19 世纪末,在瑞士巴塞尔和巴伐利亚首都都开过犹太复国主义大会,但对菲尔特镇没有太大的影响。它的犹太居民对犹太复国主义运动比较冷淡,他们内部联系紧密,有着自己的教堂、学校、图书馆、印刷厂、孤儿院和处理犹太人事务的办事机构。这里的犹太人一直都过着平静而祥和的生活,直到希特勒掌权之后,厄运才降临到他们头上。

基辛格出生在一个教师世家,爷爷和父亲都是当地的教员。后来基辛格也当上了哈佛大学的名教授,教师这一神圣职业在基辛格家已传了三代。

基辛格的父亲叫路易斯·基辛格,母亲叫保拉·司特恩·基辛格,他们是在希特勒发动啤酒馆暴动的前一年即 1922 年结婚的。当时,路易斯 35 岁,保拉才 21 岁,他们的婚姻很成功,两人感情很好,婚后 9 个月,保拉就生下了海因茨,第二年又有了他的弟弟瓦尔特。

路易斯在一所专为富裕家庭的女孩子开办的女子中学任教,专教希腊文和拉丁文。他是一名受人尊敬的班主任,一个严肃正经、循规蹈矩的人,一位平易近人、对人和气、教书认真、对人从不摆架子的文雅之士。据在菲尔特镇档案馆工作的埃米·维滕迈尔夫人回忆,海因茨的父亲"真是一位好老师,胸襟开阔,非常和气,从不粗暴惩罚学生",他总是"彬彬有礼,诲人不倦"。

保拉出生在菲尔特镇附近的一个小村庄,父亲是一个贩牛商人,多少有些教养。母亲很漂亮,但不幸很早就去世了。后来,保拉到菲尔特镇上学,就一直住在姨妈贝尔塔家里,保拉的性格与路易斯不同,她比较外向,有幽默感,爱开玩笑;善于理家,做得一手好菜;会交际,也很有主见。在他们婚后的生活中,在一些关键的事情上,往往由保拉做主,比如:1938 年,当纳粹屠杀犹太人进入高潮时,保拉竭力主张"我们最好是出去",并通过亲属关系,携全家迁往伦敦,后移居美国,从而挽救了全家的性命。否则,基辛格一家或许早已进了纳粹集中营的焚尸炉。

路易斯一家住在马蒂尔登大街一所公寓里,生活并不富裕。但由于路易斯有稳定的薪水收入,保拉又善于持家,日子过得还算舒适。海因茨就是在这样一种家境中长大的。他同镇上的孩子一块儿上学,一块儿参加足球赛。每逢激烈的比赛不分胜负时,观看比赛的他总是情绪激昂地要求上场。父亲说他算不上一个运动员,但他并不计较,照样常常去过足球瘾。

莱昂是海因茨最要好的朋友。两个人总是形影不离,都喜欢在课堂上搞点别出心裁的恶作剧来捉弄人,为此,他俩经常受到老师批评。从七八岁起,海因茨就很喜欢和女孩子一起玩,十多岁时,每到礼拜五的晚上,海因茨和莱昂就带上各自的女伴去镇上公园里散步,冬天则到结冰的湖上滑冰。在一个安息日的夜晚,两人玩得太开心,以致回家晚了。莱昂的父亲把儿子训了一顿,还责怪海因茨把他带坏了。在以后的一个星期内,他不准海因茨找莱昂玩,再后来,干脆把莱昂送到捷克的一个夏令营,让他在那里过了一个多月。

在纳粹党徒大闹菲尔特镇之前,海因茨享受着正常、平静的生活。他热爱体育运动,课余喜欢与小朋友一块儿打闹,但学习成绩平平,在学校里并没有表现出令人惊羡的才华。

小镇上了解海因茨的人都认为他童年时代的表现比较平庸。在菲尔特犹太学校教过基辛格英语的教师埃尔达德·希蒙说:

"海因茨当年并不是出色的学生,他在班上很活跃,常常参加讨论,发表意见,而且当他知道问题答案的时候,也爱踊跃回答问题。但他并不是一个优等生。我在他身上并没有发现什么特别的东西。"

曾经是路易斯的学生的波拉克夫人听说美国赫赫有名的国务卿竟是海因茨时,惊讶地说:

"海因茨吗? 他跟别的孩子有什么两样呢? 谁会想到他会这么飞黄腾达呢?"

菲尔特镇一家杂货铺的老板娘则回忆说:

"海因茨常到店里来,他每次放学回家总要路过杂货店,只见他一阵风似的闯进来,把书包往柜台上一放,就一溜烟地跑出去,头也不回地说一声'我妈妈会来拿的'就不见人影了……有时候,他在店铺里呆上一阵,悄悄地走过来要几块糖吃。"

海因茨的童年算是比较幸福的。作为一个生活在中产阶级家庭的孩子,他穿着体面,备受父母宠爱,过着无忧无虑的生活。但是,好景不长,到了1933年——海因茨10岁的时候,纳粹头子希特勒成为德国的最高统治者,这个写过"灭绝犹太人并不是一件不得已而干的事情,而是非干不可的事情!"的油漆匠(指希特勒)把犹太人当作德国一切敌人的化身:他们是奸细、间谍、叛徒、共产主义者、和平主义者,凡是希特勒所憎恶、仇恨和反对的,都加在犹太人的身上。纳粹的魔影罩上了菲尔特镇以及整个德国犹太人的头顶。

1933年4月,希特勒发出了第一道排犹命令:"凡是担任警察、军官、法官、政府公职和教师职务的犹太人,一律开除。"德国的犹太人开始在苦难岁月中煎熬。在希特勒上台后的3个月内,德国出现了第一批纳粹集中营,纳粹暴徒开始大规模洗劫犹太人的店铺。

1935年,希特勒下令捣毁全国各地所有的犹太教堂,3万多犹太人被送进了集中营。同年9月,纳粹国会又在纽伦堡开会,通过了"纽伦堡法令"。这个法令宣布把德国的所有犹太人降为"次等公民",剥夺犹太人的公民权利,禁止他们同"纯种"德国人即雅利安人结婚,并对那些所谓"杂种"德国人——雅利安人和犹太人通婚后所生的子女,强制进行绝育手术,以消灭"杂种"后代,"净化"日耳曼族的人种。一下子,德国城乡各地的许多杂货铺、面包房、牛奶站门口纷纷挂上"犹太人不得入内"的牌子,甚至连药店也不敢卖给犹太人药品,旅馆不敢接纳犹太人住宿,有的城市干脆宣布"本市严禁犹太人入境"。

更大的灾难还在后头。1938年11月9日,全国上下度过了一个"水晶之夜",

这是由希特勒的得力干将——戈培尔组织的一次有预谋的大屠杀行动。这一天，犹太人的商店遭到抢劫，几乎所有的犹太教堂被摧毁，91名（一说300多名）犹太人被杀，3万多犹太人被送进了集中营。之后，对犹太人的开业禁令扩大到行医、做律师、从事工商业。犹太人不能进入电影院、剧院、音乐厅、公共游泳池，不许参观展览会。而且纳粹政府还公开地、大规模地没收犹太人财产。从1933年到1939年，它总共没收了90亿美元的犹太人资产，掠夺了从大工厂到小商店的40万家犹太人企业。

在这股疯狂的排犹浪潮面前，海因茨一家的命运和所有犹太人的一样悲惨，他们不但丧失了基本的生活保障，而且受到了死亡的威胁。路易斯很快失去了在女子中学的教职，只得转到一所商业学校去教会计学。到1936年，路易斯再次失去工作，一家人的生活失去着落，海因茨和瓦尔特也从菲尔特普通中学中被赶了出来，不得不到一所犹太学校去念书。令兄弟俩痴迷的足球赛看不成了，而且他们再也不敢去踢足球了。放学回家的路上，他们常常遭到纳粹分子的毒打，回到家经常是鼻青脸肿的。所以兄弟俩整日里提心吊胆，生怕横祸天降。这样的生活经历给海因茨心理上留下了深深的阴影。多年后，当他全家定居纽约时，他若看到街对面有一帮年轻人走过来，就会形成"条件反射"，迅速躲到能藏身的地方。

在那段苦难的岁月里，父母为了确保兄弟俩的安全，叮嘱他们不要轻易外出，外面情况特别危险的时候，保拉干脆把他们成天关在院子里，不许他们跟外面的孩子玩。在那些黑暗而恐怖的日子里，基辛格家共有13个亲戚被纳粹分子杀害，这给小小的海因茨留下了难以磨灭的心灵创伤。

但后来功成名就的基辛格对这段身世一向讳莫如深，他曾对一名著名记者说："我的那一部分童年生活，对我的一生不起什么关键作用。当时我并不认识到什么不愉快。我并不那么敏锐地觉察到当时所发生的种种事情。对孩子们来说，这些事情不是那么严重的，现在任何事情都用心理分析来说明，这已成了一种时尚，但我对你说，我童年时代所受的政治迫害并没有决定我的生活。"

很多人不相信他的这种说法。那时候，海因茨已经10多岁了，应能记住当时所受的谩骂、侮辱和毒打。他的13个亲人被纳粹杀害，他也不可能不记得。于是人们对基辛格这样忌讳讲童年经历的态度有了各种各样的评论，有的说是"好心的遗忘"，有的说是"逃避现实的疗法"，而一些从德国逃生出来的犹太人则说这是一种欲盖弥彰的做法。

有些学者使用了心理分析法，认为基辛格对人类的认识中有较强的悲剧色彩，他的作品中有一种宿命论的阴影，他对施本格勒的《西方的没落》情有独钟，而且，惯于把纳粹一手制造的大浩劫与核战争相联系，这些思想都与他早年的经历有关。他们还认为基辛格是典型的革命时代的保守主义者。童年的动荡生活，使他对稳定和平衡有一种本能的向往，这为他以后在外交上处处寻求势力的均衡奠定了思想基础。

在失业、贫困和死亡的严重威胁下，1938年8月，在保拉的全力安排下，海因茨一家为了逃避纳粹迫害，离别了菲尔特镇的家园，辗转到了伦敦，后又越过大西洋，移民美国。

行伍生涯

在美国做难民的时期,基辛格一家在纽约"华盛顿高地"艰难度日,但基辛格学习十分勤奋,成了乔治·华盛顿中学的高才生。但此时卷入第二次世界大战的美国急需扩大兵源,基辛格也成了应征的对象。

1943年2月的一个晚上,基辛格上完会计课后,回到家里,桌子上摆着一封赫然写着"致敬"字样的信,这是一封征兵信,它改变了基辛格的一生。

……办完了入伍手续,基辛格很快坐上了开往南方训练营地的军列。当兵使20岁的基辛格兴奋不已。那种第一次离开家人的伤感转瞬即逝,他想:"我要单枪匹马闯荡世界了。"他激动的情绪无法自抑……

几天后,基辛格和战友们被送到北卡罗来纳州的克罗夫特营地,接受16周的步兵基本训练。军事训练的项目很多,除了每天早晨出操外,还要学钻铁丝网、射击、打靶、过路障、攀登很高的木梯,等等。训练的强度很大,摸爬滚打样样都练,一天下来,基辛格一躺上床就呼呼睡着了。兵营的生活节奏很紧张,并且纪律十分严格。不过,这些对吃过大苦的基辛格来说,算不了什么。

1943年6月19日,基辛格在营地加入了美国国籍,正式成为美国公民,基辛格平生第一次对美国有了认同感。

事情很凑巧。不久,克罗夫特营地的军官召见基辛格,指示他北上宾夕法尼亚州伊斯顿市的拉斐德学院,去参加为期两年的机械工程课程的学习,也就是去参加一项陆军特别训练计划。基辛格心想:自己来部队才1个月,怎么又要回去干自己的老本行——读书? 心里虽是这么想,但嘴上却坚定地回答:"是! 长官。"军队的生活已教会他无条件地服从上级的命令。

就这样,基辛格又回到了校园。在拉斐德学院学习期间,基辛格向人们证明自己有相当高的智力水平,教官们也都认为他是最有才华的学生。进入拉斐德学院学习的都是各部队的佼佼者,而在学生中,他的成绩总是名列前茅。他还初步显露了自己具有某种学术才能,通常,这是一个普通的列兵所不具有的。

然而,正当基辛格和同学们拼命地学习时,一道上级命令传到拉斐德学院:特别训练计划立即停止,所有人员马上返回部队! 大家对这个命令都感到十分意外,基辛格忿忿不平地说:"这是个朝令夕改的典型,纯粹是瞎胡闹!"

但,实际上,这是美国军方反复考虑的结果。当时,由于美军在欧洲、太平洋战场上伤亡很大,急需补充兵源,这是其一;其二,这种训练项目也招致很多人的非议:"当成千上万的士兵在战场上流血牺牲的时候,那一些家伙却在这里安静地学习,这很不合适……把那些'愚蠢'的家伙派去打仗而把'有才华'的人送入大学的做法是不公正的。"在重重压力之下,高级军官们只得中止陆军特别训练计划。

后来,基辛格加入第84步兵师,在路易斯安那州的克莱尔布兵营当一名步兵。1944年夏天,正当他对单调乏味的大兵生活感到厌倦时,一天清早,一辆半旧的军用吉普车送来了一位不速之客,这个人对他以后的人生产生了一种特殊的影响。

基辛格清楚地记得,当时,一名中尉驾驶着一辆吉普车挟带着一股灰雾急驶而来,"嘎"的一声,在士兵们面前停下。吉普车还在轰隆作响,就从上面跳下了一名列兵,他摆着一副傲慢的架势,双手抹腰,厉声吼道:"谁是你们的长官?"只见从指挥部里匆匆跑出一名中校,惊慌失措地站在列兵面前:"我是。"列兵又提高嗓门吼道:"长官,将军派我来到你的连队给大家讲讲我们为什么要参加这场战争。"

这个气势不凡的列兵叫弗里茨·克雷默尔。他出生在一个反希特勒的富有家庭,曾当过律师,获得了两个博士学位。他与基辛格一样都是从德国纳粹手中逃出的犹太人。入伍后,他受命到一个又一个兵营做形势报告。

中校弄明白了列兵的来意之后,马上命令士兵们迅速到军人电影院门前集合,并附带地问了一句:"小伙子,我可不可以也听听你的演讲?"列兵善意地笑一笑,再一次吼道:"我的中校,如果您愿意参加,我将十分荣幸。"

站在电影院门前的讲台上,这个有着雄狮般嗓门的人用带德国腔的英语向台下1200多个小伙子——其中就有基辛格——讲话。声音很刺耳,但内容却十分激动人心。他双手抹腰,情绪激昂,厉声痛斥希特勒的侵略行径,滔滔不绝地阐述美国参战的重大意义。这个列兵讲得十分起劲,台下的听众也听得入神,他煽动性的演说抓住了时局的要害,也抓住了人心。演讲过程中,台下响起一阵又一阵热烈的喝彩声、掌声。

基辛格被深深地打动了,显然,他十分敬慕克雷默尔的才华。第二天,性格内向的基辛格就忍不住内心的激动,做了一件他从未做过的事——写了一封表示钦佩的信给克雷默尔,信中说:"亲爱的克雷默尔,我昨天听了您的演讲,真是讲到我心坎里去了,我能不能帮您做点什么?"署名是"列兵基辛格"。后来,作为总统国家安全特别助理的基辛格也是以这种传纸条的方式与中国高层领导人商谈他的秘密访华事宜的。基辛格自己没有料到,这简单的几行小字深深地打动了克雷默尔的心。后来,克雷默尔向其他人解释说:"读其文如见其人,信中毫无矫揉造作,没有我所讨厌的'令人振奋'、'真了不起'之类的陈词滥调,说的都是他的想法。我感觉他是一个既守纪律又有闯劲的年轻人。"

克雷默尔马上和这个比他小十几岁的新兵见面。谈话只有20多分钟,但交谈时的情景两人多年后都记忆犹新。克雷默尔发现基辛格这个人绝非平庸之人,是个有培养前途的青年。事后,他跟人谈到这初次会见时的印象说:"我有一种十分惊奇的感觉,我遇到的这个20来岁的青年,虽然见的世面不多,却什么都懂。他的才智一望便知,是个天生的奇才,我心里想,'真了不起,这家伙绝非等闲之辈。他有第6官能——历史感的官能。'他急于要知道的并不是一些表面现象,而是产生那些事物的根本原因,他力求抓住事物的本质。"

谈到基辛格的才能时,他总不怕费口舌,对那些感到惊讶而又略带嫉妒的人,克雷默尔说得更直截了当:"亨利有急迫的愿望,他希望抓住机会,他对历史有很好的直觉,这不是你能够学到的,不管你多么有知识也不行,这是从上帝那儿学来的。"

这便是克雷默尔同这个20来岁的"小朋友"初次见面得到的印象。多年以后,人们常把克雷默尔说成是"发现"基辛格的第一人,然而这种恭维却惹恼了克雷默尔。他吼道:"不是发现,那样说未免太狂妄了。我所做的——不,我只不过使他认识了自己。我对他说，'亨利，你是别人绝对没法比的，你有一种难以想象的天赋。'我当时只不过起了思想催化剂的作用罢了。"

基辛格在克莱尔布兵营遇到克雷默尔，对他来说，这是极为幸运的，同这个人的相识将要对他的人生选择产生巨大影响。事实上，这成了他一生4次奇遇的第1次，后边3次奇遇是同埃利奥特、洛克菲勒和尼克松之间发生的。

对基辛格更有意义的是，克雷默尔的出现，使他对生活有了一种全新的理解，他从克雷默尔那儿找到了一种全新的生活方式。长期以来，父亲胆小怯懦的性格和事业上的失意，使基辛格总有一种压抑感，而克雷默尔与父亲截然相反，他敢于向军官下命令的"胆大妄为"使基辛格惊羡不已。在某种程度上，克雷默尔成了正处于青春期的基辛格崇拜得五体投地，并竭力模仿的偶像。所以在20世纪70年代他辉煌的外交生涯中，他身上就交织着腼腆和傲慢的两种气质。

基辛格认识克雷默尔以后，心里十分高兴，所在部队虽说在秋季就要开赴欧洲战场，但基辛格觉得身边有克雷默尔这个依靠，心里踏实了许多。

1944年9月，第84步兵师被调入欧洲战场，不久与兄弟部队一起攻入德国。在战斗中，基辛格勇敢无畏，在纳粹军队的大炮轰击时表现得镇静自若，还时常说些风趣幽默的话来调节沉闷的气氛。安东·穆达里是他的亲密战友，在战斗中常与基辛格并肩作战，当时正值隆冬季节，寒风凛冽，手冻得发麻。有一次，战斗间歇时，防御工事里的基辛格和穆达里聊天解闷。基辛格煞有介事地说："安东，对咱兄弟来说，要是这里有一间草屋进去暖和暖和该多好哇！我真想好好地睡上一觉。打仗嘛，我们都有可能被打死，反正怎么着都会死的。"

1945年初，84师继续向东推进，部队所到之处，都是一片废墟，战斗仍时有发生。为正常开展工作，师部需一名德语翻译，克雷默尔大力举荐基辛格。

据说，当时克雷默尔向司令部长官打包票说："我给你找来一个人，他只有高中文凭，在纽约一家制刷厂干过，要是他完不成任务，那你就叫他去捡木柴片好了！"基辛格果然不负众望，圆满完成了任务，他的聪明才智和知识能力，得到了师部长官们的赏识，军衔也从列兵升为军士。

3月，在离第三帝国覆灭只有两个月的时候，第84步兵师占领了莱茵河左岸的港口城市克雷菲尔德，这个重要城市曾是美国空军轰炸的一个主要目标，全市面目全非、一片狼藉，84师受命驻留在那里。5月，战火停息下来的时候，这个有25万人口的中等城市仍然一片混乱。秩序如何恢复？居民生活怎么安排？让谁去抓这项工作？恢复工作显然是一个重担，按照常理，一般至少要派一位校级军官担当。克雷默尔再一次举荐了基辛格。他找到负责重建该市的美国将军说："应该派基辛格中士去！"因为，"基辛格有非凡的才能和独特的见解，更不用说他的德语有多么流利了。"将军在这番鼓动下，居然同意了让基辛格去负责恢复秩序和进行城市管理的工作。

基辛格果然出手不凡。他走马上任后，马上开展工作。3天之内就凑起了一个办事有效的市政机构的班子，并在1周之内把救济难民、清理交通的事情理出了头绪，使克雷菲尔德市的秩序很快恢复了过来。克雷默尔后来回忆说：

"我也感到惊奇，只不过两三天工夫，当地政府就干起来了，而且干得不错，亨利把事情安排得很妙。那里可是本来一无所有啊,没有一架电话,没有食物,什么都没有!亨利怎么知道要干什么呢?真是一个奇才!"

基辛格那时不过20刚出头,但处事冷静。比如:有一次,他对手下的人说:"我们得先把自来水搞起来,谁是自来水厂的工程师?"手下人回答:"是个纳粹余党。""那就把纳粹之前的那个工程师找来吧!"基辛格的出色工作令占领区当局的将军们很满意。

鉴于基辛格的杰出表现,将军授予他负责管理整个贝格斯特拉斯地区的权力。他把办事处设在黑森州海德尔贝格郊外的本斯海姆,这是离老家菲尔特镇只有160公里的傍山小城,基辛格在这里呆了6个月,他拥有非常大的权力,包括随时逮捕和审问任何人。基辛格再一次证明他有管理方面的才能,同时显示他使用权力的公正。军方认为,他没有滥用职权。基辛格的一个勤务兵也说:"从一个城镇到另一个城镇,他就像国家元首或者总司令一样,他的话就是法律,但他从没有滥用职权的意思。"1969年12月美国《大西洋》月刊一篇介绍基辛格的文章里也说:基辛格当时在驻欧美军中表现出来的"充沛活力和严于律己的精神,看来给陆军留下很好的印象"。他也因此获得了一枚铜质勋章和两张奖状。

基辛格当时的一个重要任务是负责清查当地的纳粹残余,不过他对德国人民没有抱什么成见或复仇情绪。基辛格经常对周围的人说:"我们来这里可不是为了复仇的。"

克雷默尔也谈到过基辛格的这种思想,他说:"基辛格在处理纳粹分子的时候,表现了人道精神和自我克制。那真是难以想象的大公无私啊:他本人是犹太人……现在掌握着生杀大权,可是他一点也不暴虐。"

对此,1974年,基辛格曾这样解释:"就我家庭的遭遇而言,复仇的念头对我来说是不适合的。因为,假如对犹太人实行种族歧视是不好的话,那么对日耳曼人歧视也同样是不好的,我的意思是,你不能责备整个民族。"

1947年底,基辛格要回美国了,他想回国继续接受教育。临行前他把自己的想法告诉克雷默尔:"我得回国去,我要接受第一流的教育。"

他本打算回到纽约上纽约市立大学,但克雷默尔使他改变了主意,克雷默尔语重心长地对他说:"大丈夫可不能在纽约本地上学啊!"根据他自己的信念和人生体验,克雷默尔还劝他要立志过一种富有创造性的独立生活。

哈佛情结

回国后,1947年9月,基辛格进入了哈佛大学政治系,这又是他一生中的一个重大转折点。

哈佛大学位于波士顿坎布里奇的查尔斯河畔,它是美国最古老也是最著名的高等学府,在世界著名大学中也是首屈一指的。它始建于1636年,比美利坚合众国的建立还早140年,哈佛大学的前身为哈佛学院,由清教徒约翰·哈佛创立。这所校园建筑上布满常青藤的大学,一直是培养美国"精英"的摇篮。在美国历史上有6位哈佛毕业生当上了美国总统,现在活着的20余万名哈佛校友分布于政界、学术界、科技界、金融界等,许多人身居要职。可以说,谁要是能在哈佛接受教育,这是他一生中的最大幸运,而这好运偏偏又让基辛格撞上了。

当时只有二十几岁的基辛格,深知自己既非出身名门,又无多大家产,要想谋求发展,跻身上流社会,唯一的途径就是依靠个人奋斗。出于这种想法,他一踏进哈佛大门,就过起了那种教室——食堂——宿舍"三点一线"式的单调乏味的生活。正是这种生活塑造了基辛格坚强、有韧性的性格,也使他掌握了一生都受用不尽的渊博知识。

基辛格住在学校的卡尔佛莱楼,那是哈佛最破烂的宿舍。同宿舍的阿瑟·吉尔曼和爱德华·孟戴尔也都是犹太人,在他们眼里,基辛格像一个古板的条顿人教授一样,生活极有规律,衣食上毫不讲究:一套破旧的西服穿了两年多,对吃什么更是马马虎虎。另外,前些年在德国的时候,他还常常找一些姑娘们跳跳舞,玩一玩,可一进哈佛,人全变了。同学说:"看不出他对姑娘有什么兴趣,甚至他谈话中也很少提到女人。"

吉尔曼回忆说:"基辛格对于破旧的宿舍和单调的伙食,一点也不在乎。与别的同学不一样,干劲足,好学习,常常在宿舍里读书读到深夜两三点钟","他用很多时间来思考,什么都想吸收","有时候,他坐在椅子上从早到晚地看书,一边看,一边咬自己的手指头,直到咬出血为止。"

基辛格在哈佛期间,把大量时间花在学习和思考上,与人交往很少,常常是一个人独来独往,同学们给他起了个绰号"隐士"。他还经常一个人漫步在查尔斯河畔,有时面对小船穿梭其上的河面呆坐半个多小时,于是,同学们又称他为"孤独的狼"。

基辛格把主要精力都花在学习上,他的未婚妻安妮时常来看他,弟弟瓦尔特也常来。看到他们,基辛格感到由衷的欣慰。

安妮很聪明,长得也很清秀,脸型稍长一点,有一双明媚而多情的眼睛。她是基辛格所认识的德国移民中长得最漂亮的女孩子,安妮平时腼腆沉默,含蓄内向,擅长音乐和诗,但她的学习成绩不如基辛格。

1948年末,安妮向基辛格提出结婚,基辛格同意。第二年2月,基辛格25岁,安妮23岁,两人悄悄地在家里举行了简朴的婚礼。有人问安妮为什么要结婚,她说想要孩子,而基辛格对是否要孩子并没有认真想过,他的心仍主要在事业上。

婚后,他们在坎布里奇附近租了一间小小的公寓房,买了一辆半旧的汽车。这对新婚夫妇的收入不多,生活当然不很宽裕。而且,据安妮的姐姐雷诺尔说:"他们工作很辛苦,根本没有时间来享受家庭的快乐。"

后来,安妮生了两个孩子,大的是男孩,叫戴维,小的是女孩,叫伊丽莎白。两个孩子给安妮带来了不少欢乐的时光,但一心扑在事业上的基辛格,很少花时间照看孩子,他一天到晚把时间都用在读书和思考问题上,甚至,因为怕受到干扰而不许安妮与他说话。有时候从外面回来,对安妮也不怎么搭理,基辛格的邻居说:"很少看到基辛格同安妮和孩子们出去走走。"基辛格不喜欢安妮婆婆妈妈的性格和她的没有志趣的生活,他觉得同安妮在一起没有什么可以谈的。1962年,他与安妮分居,两个孩子跟着安妮生活,第二年,他们正式离婚。以后,基辛格一直过了10

年的独身生活,直到1974年,他才跟洛克菲勒手下的一个漂亮女秘书南希·麦金尼斯结婚。

基辛格在哈佛的成功,除了他的才能和勤奋外,在很大程度上不能不归功于他的老师威廉·埃利奥特。他是在基辛格一生中对其影响最大的第二个人。很多年后,基辛格向克雷默尔谈起他的哈佛恩师时,克雷默尔高兴地说:"亨利,你总是幸运的。每到人生的重要转折关头,你准能遇上引路人。"

在基辛格进入哈佛时,埃利奥特不过50岁,脾气很大,已是一位有名的很难伺候的"大老爷"。他出生于田纳西州,20世纪20年代曾在牛津大学读书,二战期间曾任职于美国战时动员署。向来野心勃勃、不可一世,人们都称他为"狂妄的比尔"。他精通国际事务,20世纪50年代担任过国会众议院外交委员会的顾问。他主张采取强硬的反共政策,并且一直认为美国在这个动荡的世界上应起一种特殊的作用。在哈佛的教授中,他自视清高,有时可能夜郎自大,但谁也不能否认他是哈佛的一个权威人物。

在哈佛,埃利奥特的教学方法与别的教授大相径庭,他总是要求学生们事先阅读他指定的一两本专著,然后写出读书心得,课堂上进行讨论,课后,他对学生进行个别辅导。基辛格对他的这种教学方法特别欣赏,他觉得自己遇到了一流的教授。而基辛格勤奋刻苦的学习精神和无尽的求知欲,也引起了埃利奥特的注意。他曾对别人说:"亨利虽不拘小节,却有着不同寻常、有独到见解的头脑。"他认为基辛格将来会大有作为,是一个值得培养的年轻人。

基辛格与他几乎每周都有一次约会,讨论别人看来是深奥难懂的问题。两人还常利用休息日到波士顿西北郊散步的机会,大谈荷马、黑格尔、康德和斯宾诺莎。基辛格后来写信给他说:"有多少个星期天,我们在康科尔德漫步和畅谈,您对我谈到爱的力量,谈到真正不能饶恕的罪过是把人当作东西那样来使用。您给我探讨'伟大'和'杰出'的含义,虽然我并不能完全领会您的话,但我知道,在我面前您是一个了不起的人。"

可见他对基辛格的影响是多么大。

埃利奥特还有意培养基辛格各方面的才能,时常让基辛格帮助自己处理一些简单的行政事务,有时忙得不可开交,不能参加会议,便派基辛格去。他常对人说:"我不能拒绝邀请,我可以派一个学生去。"那个学生往往是基辛格。

这样,基辛格在哈佛有时被人误认为青年教师。可是他的行为却遭到班上同学的非议:"他总爱同上层人物拉关系,而不同地位相似的人来往。大家都承认他是个非常能干的人,可也是个混账透顶的家伙!目空一切,自私自利,唯我独尊。"

1950年,经过3年的呕心沥血,基辛格交给埃利奥特一份长达377页的毕业论文,题目为《历史的意义——读施本格勒、汤恩比和康德著作的心得》。这篇论文结构复杂,文笔流畅,观点独特。埃利奥特看后拍案叫绝,挥笔就题了"最优"。美国《纽约时报》1973年10月28日刊登的约瑟夫·克拉夫特写的一篇文章,也认为基辛格的这篇毕业论文,"其水平之高已与这些人(施本格勒、汤恩比和康德)的著作不相上下"。正是由于这篇优秀的论文,基辛格被允许免试进入研究生阶段的学习。1952年,他获得硕士学位,两年后获得哲学博士学位,以后,"基辛格博士"的大名世人皆知。

1951 年,埃利奥特推荐他负责哈佛国际讲习班的教学活动。讲习班每期为时 8 周,共有 40 名学员,这个讲习班的经费主要由洛克菲勒基金会捐助,美国中央情报局也资助一部分,基辛格负责这个讲习班是他进入政治和外交界的开端。这个讲习班中的一些学生后来成了各国的领导人:法国总统德斯坦、比利时首相廷德曼斯、西德经济合作部长艾哈德、挪威外交部长弗莱顿伦德、日本首相中曾根康弘、以色列总理阿隆。

通过这种讲习班,基辛格结识不少各国的政界人士,从互相交流中了解了国际形势的变化,这对他后来担任美国国务卿、制定美国外交政策大有裨益。直到今天,基辛格同他的"老学生"还保持着联系,在他出访或那些位居显要的学员来美参加会议、进行访问时,基辛格常同他们见面会谈。

从 1947 年进入哈佛大学到 1969 年到白宫担任尼克松的国家安全特别助理,基辛格在哈佛度过了 20 余个春秋。这 20 余年,对基辛格来说是十分重要的。初到哈佛时,他只不过是一个衣着简朴、羞涩谦卑的学生,而当他离开哈佛、被尼克松延聘入幕时,他已是踌躇满志,名扬天下的美国外交政策的决策人之一了。

问津白宫

1968 年美国 4 年一度的总统大选拉开了帷幕,纽约州州长洛克菲勒宣布参加竞选,同他展开竞争的是共和党的总统候选人尼克松。洛克菲勒是"东部财团"的大财阀之一,有着雄厚的经济和政治实力。基辛格把实现自己权力欲的希望全部寄托在这个大富翁身上了。他深知,如果洛克菲勒当选美国总统,作为他的首席外交顾问,国家安全事务助理或国务卿这样掌握美国外交大权的职位就非他莫属了。所以,他在竞选过程中,全力以赴,不辞劳苦。

洛克菲勒的竞选总部设在纽约第 44 号街,基辛格在这里写出了大量竞选材料,特别是一些纲领性的文件。在拟定对外政策方面,基辛格可以"自由行事"。拟写文件时,他一丝不苟,推敲每一个措辞,熟悉基辛格作品的人都说:"洛克菲勒一些精彩的竞选演说,'声音是洛克菲勒的,内容却是基辛格的。'"

基辛格使出肉体与心灵的浑身解数投入了洛克菲勒的竞选运动,不仅要为洛克菲勒拟定政策纲领,起草文件讲稿,而且还要整天操劳奔波:上午同洛克菲勒讨论外交政策,下午赶回哈佛上课,晚上又搭乘末班飞机回到纽约。为使洛克菲勒当选,他极力宣扬洛克菲勒是"能使全国团结的唯一候选人",同时,大肆贬低尼克松。有人问及他对尼克松的评价时,基辛格干脆地说:"如果尼克松能当选总统,那太荒谬可笑了。"在组织竞选班子时,因之前读过基辛格著的《核武器与外交政策》,并极其赞赏他的才华,尼克松有意出高薪将基辛格拉来,基辛格断然拒绝,而且还表示"对于认为我可以被金钱收买的想法感到侮辱和气愤"。

然而,尽管基辛格精于复杂的外交问题,却不谙国内大选的门道。在竞选角逐中,尼克松出乎其预料,把洛克菲勒远远地抛在后面,在第一轮投票中,尼克松获票 692 张,洛克菲勒仅获 277 张,洛克菲勒自愧弗如,宣布退出竞选。

消息传来，基辛格伤心地哭了。他回到纽约曼哈顿 55 号街的公寓里，蒙头大睡，一直睡到第二天日上三竿。一阵电话铃声把他吵醒，在电话里，他告诉对方："尼克松这家伙根本没有资格统治美国。"

尼克松当选总统后不久，一个星期五的中午，基辛格正同洛克菲勒共进午餐，电话铃响了，打断了两个人的谈话。

"喂，我是洛克菲勒。"

"哦，洛克菲勒先生，您好，请您让基辛格接下电话好吗？"

基辛格迟疑地接过话筒："我是基辛格，您是——"

"我是怀特·查平，尼克松想在 25 日上午在皮埃尔饭店见你一面。"对方的语气急促而十分肯定。

电话挂断了，基辛格拿着听筒怔在那里：尼克松找我干什么？是不是想用我，想让我在他的内阁里担任什么角色。

1968 年 11 月 25 日上午 10 点，基辛格身穿一件普通的粗呢西服，系了一条英格兰式条纹领带，怀着忐忑不安的心情，登上皮埃尔饭店第 39 层，缓步走进一个豪华的套间，尼克松在里面等着他。

尼克松显然很客气，用苏格兰威士忌招待基辛格，自己端着一杯咖啡坐在沙发上。刚开始，房间里的气氛十分沉闷，尼克松装着轻松的样子，跷着二郎腿，悠然地喝着咖啡，心里却忐忑不安：怎么启口才不会遭到他的拒绝？基辛格神色有些紧张，坐在安乐椅上望着对方，疑惑重重地掂量尼克松的意图：他叫我来到底有什么目的？

后来，为了打破尴尬局面，尼克松有意识地把话题引到美国的外交政策上，尼克松放下了胜利者的架子，虚心向基辛格讨教：

"亨利，你如何看待美国眼下在欧洲、东南亚和中东的情况……我如何在白宫建立一个有效的国家安全委员会……美国会面临什么危机？它们将如何演变……在限制战略武器的谈判中该怎样对付苏联？"

尼克松的谦恭态度使基辛格一下子放下了戒心。他侃侃而谈，像与一位老朋友聊天一样，说出了他对这些问题的见解，以及在他看来，一个美国总统应具有的信念与魄力。气氛一下子缓和了，两个人脸上都露出了笑容，他们处理国际事务的观点越谈越接近。由于双方谈得起劲，不知不觉中，3 个小时过去了，尼克松不得不取消了其他的约会。谈话结束时，他按了一下电钮，叫来留着平头的助手霍尔德曼，让他设法接通一条直通哈佛基辛格办公室的电话专线，以便他与基辛格及时联系。但基辛格婉辞说："找我不难，通过哈佛总机转就行了。"

第二天，基辛格找到洛克菲勒，向他汇报同尼克松会见的情况。洛克菲勒心平气和地说，尼克松已给他打过电话，决定不请他担任内阁公职了。正谈着，电话响了，是查平打来的，他要基辛格星期三再到皮埃尔饭店去找尼克松的竞选总管米切尔。

基辛格预感到米切尔将有重要事情与他商量，于是 11 月 27 日一大早就来到皮埃尔饭店第 39 层。刚进竞选办公室，就撞上了叼着烟斗的米切尔，没料到，双方闹了个误会，米切尔严肃认真地问基辛格："怎么样，你同意担任总统国家安全事务

基辛格怔了一下:"可没有谁向我提起这事啊!"

米切尔猛然醒悟:"哎哟,我的上帝呀,你还不知道?"话音未落,他已走出了房门:"过一会儿总统来见你。"

在总统套间里,尼克松正式邀请他担任总统国家安全事务助理这一白宫要职,听到这样的话,基辛格心里十分感慨:自己一直寄希望于洛克菲勒身上的事情却将由这个被自己骂绝了的"混账家伙"实现。他尽力掩饰住激动的心情,装出矜持的样子:"我很乐意接受你的邀请,但我还要回去考虑考虑,征询征询意见。"

尼克松十分干脆:"那好,我给你一星期时间。"接着,两人转换话题,围绕世界形势和美国的外交方针谈了起来。

洛克菲勒对此完全赞同,这是基辛格没有料到的。哈佛的同事也极力支持他,他们认为这是哈佛精英争取政府要职的又一次胜利。他的恩师克雷默尔为他反复考虑,最后还是赞成他到白宫去一显身手:"从国家利益的角度来看,你必须接受总统的任命,没有人比你更合适担任这个白宫职务了。"

又是一个星期五,基辛格三访皮埃尔饭店。坐到尼克松面前,他用肯定的语气说:"我已经考虑好了,我准备接受,这事我不再找人商量了。"

基辛格和尼克松经过三次面谈,终于拍板成交了。1968年12月2日,多数内阁成员还未选定,尼克松就在皮埃尔饭店召开记者招待会正式宣布了对基辛格的任命。他强调:"对基辛格的任命,是要杜绝那种危机外交的做法,不要等到出了事情才去应付","不要做形势的俘虏,不要马后炮,要有战略眼光,要有前瞻性。"此外,他还对自己的这位外交政策顾问大力赞扬了一番,说基辛格"多年来通过他的著作、教学工作、在政府内的服务以及其他活动,对国家安全事务做出了重要贡献。"

1969年初,在尼克松进入白宫就任美国第37届总统的前夕,他把基辛格召到他的休假地比斯坎岛,要基辛格提出改组国家安全委员会的建议。几天后,基辛格把一份数十页的方案交给他,尼克松看了几页就笑了,大笔一挥:"同意。"他要让这位雄心勃勃的谋士自己动手干了。

且说基辛格当上了尼克松的国家安全事务助理后,就从哈佛大学搬到了华盛顿,脱掉昔日的粗呢西服,换上了高档的外交礼服。刚走马上任,他就显示出德国人的工作精神,常常一手拎着黑色公文包,一手夹着要送到洗衣房的衣服,匆匆忙忙出门,钻进那辆钟爱的白色奔驰轿车,启动马达,赶往白宫。

国家安全委员会的办公室原来设在白宫地下室,离地面有30多级梯子。基辛格在紧挨总统的椭圆形办公室的地方,找了一套宽敞明亮而豪华的房间,作为委员会的新办公室。室内一列法国式的落地长窗,墙上挂着现代派的绘画,书架上整齐地摆满了书籍,桌子上摆了不少古董和纪念品。这套办公室里有一个遥控中心,从磁带数据到直通世界各地的电话,一应俱全。办公室由海军陆战队日夜守卫,其人数超过了阿波罗登月火箭发射台的警卫。基辛格就在这个美国安全的神经中枢,指挥调度一切。

基辛格工作勤奋、精力充沛。他是当时白宫工作时间最长的人,干起工作来,就忘记了身边的一切。熬夜至两三点对他来说，是常有的事。据白宫记者布拉希尔斯回忆说，基辛格整天忙于外交事务。在任安全事务助理期间，平均每天要和总统通二三次电话，尼克松从来没有找不到他的时候。尼克松也说："他的工作，从一开始就紧张繁忙，干劲冲天，充分显示了他此后多年工作的特色。"怪不得当时有人开玩笑说："给基辛格发固定薪水，而不是计时付酬，真是政府的一大节约。"

基辛格在白宫

初显身手

20 世纪 60 年代末，越南战争逐步升级，50 多万美军和 7 万多盟国部队在越南南部的丛林中艰难作战，苦苦挣扎。已有 3.1 万名美国官兵命赴黄泉，尤其是 1968 年以后平均每周就有 200 多名美国人阵亡。大批美国兵阵亡的噩耗激起了国内一浪高过一浪的反战怒潮。被越南战争搞得疲惫不堪的约翰逊政府束手无策，在人民的一片谴责声中，退出了历史舞台。如何结束越南战争，对于新上台的尼克松说，是一场十分严峻的考验。

越南战争的形势越来越明朗了。越南民主共和国和南方民族解放阵线的力量在迅速发展，并得到南北越人民的广泛支持。美国扶植的南越阮文绍政权政治上腐败无能，不得人心；军事上节节败退，伤亡惨重，令美国大失所望。在无法赢得战争的情况下，美国只得放下架子，同南越政权、越南民主共和国、南方民族解放阵线在巴黎召开四方会谈，以期尽量减少美军伤亡，尽早脱身越南战争。然而谈判从一开始就陷入了僵局，四方仅就谈判桌的形状问题——是圆形的、正方形的还是椭圆形的、菱形的——就争论得不可开交。对美国来说，这意味着阵亡士兵数的继续增加。大选之后，要求尽快采取行动、结束越南战争的信件像雪花一样飘到白宫，人们焦急地期待着新总统能做出正确的决策，而尼克松把"如何使美国体面地从越南撤军"这一难题，交给了基辛格。

基辛格自在哈佛执教以来，就一直密切地关注越南战争局势的发展，并且对如何解决越南问题形成了自己的观点。他自觉能在别人失败的地方获得成功。他刊登在 1969 年 1 月号《外交》季刊的《论越南谈判》的文章，不仅在国内学界、政界引起了轰动，而且使陷入僵局的巴黎和谈的代表们精神为之一振。在这篇文章里，他提议采取一种新程序来打破和谈僵局，这种程序后来被称为"双轨"方式：在一条轨道上，河内和华盛顿集中解决他们冲突的"军事问题"，在另一条轨道上，西贡和民族解放阵线将集中解决越南的"政治问题"。人们因此对他抱有很大希望，当时，《华盛顿邮报》的专栏作家指出："目前对即将上台的政府来说，最大的吉兆莫

　　现在,基辛格开始着手解决这一超级难题。走马上任刚几天,就召开国家安全委员会会议,重点讨论越南问题。会议最后确定"必须体面地结束越南战争",实施"越南化"战略:即在无法赢得战争的情况下,尽早使美国摆脱越战泥潭,让越南人自个儿打内战去。当时,他和尼克松对在美越巴黎和谈上取得重大突破、迅速达成越南停战相当乐观。他们相信,只要方式用得对头,武力和外交结合得好,就可以很快创造奇迹。基辛格对前来拜访的以前的哈佛同事夸下海口:"请放心,不消几个月我们就可以摆脱出来。"对一批来访的公谊会反战分子,他拍着胸脯说:"给我们6个月时间,到时候如果我们还没有结束战争,你们回来把白宫的铁栏杆砸烂好了。"

　　后来,当发现事情并不像自己预测的那么容易解决时,他开始穿梭于华盛顿与巴黎之间,留下了一串诡秘的行踪。

　　且说1969年3月,基辛格在华盛顿见到了老朋友让·圣特尼,这是位法国银行家,曾担任法国驻越南的外交代表,与越南领袖胡志明有20多年的交情。两人都认为:应通过美越间高层秘密会晤来寻求双方的沟通。基辛格安排他拜会了总统。圣特尼同意把尼克松建议接触的信带给胡志明。信中说,要越过"四年战争的鸿沟",进行联系是不容易的,但是尼克松答应,美国准备"不带成见地,(与越共)同心协力,把和平与幸福带给勇敢的越南人民"。在信尾,他又着重强调:"等待绝无好处,拖延时间只能加剧危险。"

　　圣特尼回到巴黎后,将信交给了河内驻巴黎的和谈代表团团长春水,让他转交给胡志明。不到1周,北越同意让春水同基辛格举行秘密会晤。

　　当时,基辛格正陪同尼克松出访欧洲各国,接到圣特尼的通知后,8月4日,他离开总统一行人,在巴黎留下,名义上是向法国的高级官员介绍尼克松的出访情况,实际上是为了与春水秘密会谈。记者们闻讯后便紧紧盯梢基辛格在巴黎的行踪,但只看见他在美国大使馆里与洛奇大使闲聊,去马提翁大厦同法国总理沙邦·戴马尔会晤,在爱丽舍宫和蓬皮杜总统谈笑风生,没有发现任何的可疑迹象。

　　一天傍晚,基辛格假借外出观光,甩掉记者的跟踪,匆匆带上私人助理莱克和武官弗农·沃尔特斯将军,钻进豪华的奔驰轿车,一溜烟地直奔圣特尼的住所——沃利路的一幢公寓。

　　圣特尼的私人寓所像个古董店,摆满了各种各样的珍奇古玩。但此时,基辛格对这些旷世奇品并没有兴趣,春水已先到,圣特尼介绍两人互相认识后,便起身告辞了。

　　双方面对面地坐在沙发上,中间隔着四五米。基辛格定神看了看春水,但见他身材瘦小,慈眉善目,就是在发怒时也面带着微笑,就不由得有了好感。两人寒暄了几句,即转入了正题。

　　基辛格向春水说,他对越南人民的勇气十分敬佩,对他们的苦难非常同情,并说美国真诚希望谋求一项无损于双方自尊心的解决办法。春水先是不动声色地听基辛格讲话,等轮到他发言了,就开始了一场长篇的独白。首先,春水追述了长期以来越南人民争取民族独立的光荣历史,乍听起来这些故事很能打动人心。基辛格后来回忆说,在以后4年的会谈中,这些故事对北越人来讲,就像是谈判开场白,要经常讲起;而对于美国人来说,它就像是对克制力的磨炼,要经常忍耐。然后,春水描绘了越南人民这几年来遭受的兵燹之灾,谴责了美军的暴行。会谈持续了3个多小时,因双方的立场差距太大,没有取得突破,但毕竟,这是美越直接接触的一个起点,因而具有特殊的历史意义。

这次密谈后的第3周,胡志明去世,河内新领导人对谈判的态度一时如浓雾包裹的山巅,让人捉摸不透,这使基辛格更加担心巴黎谈判的前景。9月中旬,尼克松宣布将又从越南撤军3.5万人。巴黎的河内谈判代表对此嗤之以鼻,视为美国在要唬弄人的鬼把戏,"装装样子而已"。在越南南方,河内的部队重新集结,战场形势又起了新变化。基辛格的心情更糟了。

和平在望

1970年与前一年相比,在基辛格看来,包含着更多的机遇。随着从越南撤军的继续,反战运动开始降温,《新闻周刊》说:"理查德·尼克松使战争不再成为头版新闻。"使基辛格急于恢复谈判的另一个重要原因是,北越也表现出对和谈的热情,派出一个重量级的人物:越南共产党总书记黎德寿参加巴黎的"马拉松赛"。基辛格力图抓住机遇,从2月底到4月初,他先后4次飞赴巴黎同黎德寿在郊区的一所房子里会晤。这类会晤有时长达8小时,但基辛格不在华盛顿抛头露面的时间从不超过40个小时。

他常运用一种巧妙的办法神不知鬼不觉地离开华盛顿。临去秘密会晤前,他常常跑到好莱坞,同袒胸露背、性感十足的女影星宴饮欢谈,一点也没有躲躲闪闪的样子,并故意让记者拍照。然后就在同一天深夜,钻进高级轿车,直奔安德鲁斯空军基地,乘坐总统的"空军一号"赴巴黎同黎德寿会谈。

飞机经过十几个小时的飞行,降落在巴黎以南190公里的阿沃德老机场,而后转乘法国总统蓬皮杜的专用飞机,飞到巴黎南郊10公里处的布尔歇机场。一辆没有牌照装有防弹玻璃的雪铁龙轿车早已静候在此。小轿车很快把他送至巴黎郊区的一幢公寓,这里的男仆只知道一个名叫哈罗德·基尔希曼的美国将军将在这里住上几天。

同黎德寿秘密会谈的地点在巴黎郊外沃利路11号,那一带是一个工人聚居区,不惹眼,只是有些脏乱。1970年2月的一天,在那里,基辛格第一次与黎德寿会晤,两人相对而坐,中间隔着一条窄地毯。黎德寿头发花白,穿着一件朴素的中山装,眼睛大而明亮,看起来精神矍铄。

会谈中,黎德寿板着面孔,态度十分严肃。基辛格试图开玩笑活跃一下气氛,但黎德寿却不加理睬。轮到他发言时,他就像一个严厉的老师训斥一个不听话的学生,从越南人民争取民族独立的光荣传统讲到马克思主义的革命理论。

同时,基辛格发现黎德寿是一个睿智精明的人,当时他曾风趣地说:"战争结束后,我邀请你给哈佛大学开一门马克思主义课程。"

"那你们要保持高度警惕呀!"黎德寿马上机智地答道。

107

世界传世藏书·世界枭雄大传·政坛领袖卷·

更令基辛格感到惊讶的是,黎德寿对美国的策略理解得非常准确,一上来就告诫美国不要在战争"越南化"上耍鬼把戏。由于这一年美军入侵柬埔寨,双方的会谈未取得实质性进展。黎德寿返回河内了。

9月份,基辛格又两次飞赴巴黎会见春水,带去了新拟订的和平建议:美军将大幅度从柬撤军,河内将与西贡成立联合政府。可这一建议遭到春水的拒绝。河内要求美国在越南问题解决之前,放弃对阮文绍的支持。

和谈没有进展,尼克松决定再让南越军队在战场上试一试。1971年初,尼克松让阮文绍的军队打进老挝,以破坏北越军队的后方供应。

总统批准的这个进攻老挝的行动,越南人称之为"兰地619"战役,结果,南越军队一败涂地。不得已,40多天后,越南共和军就"匆匆忙忙把家还"。从这次战役,尼克松和基辛格彻底看到了阮文绍政权的岌岌可危和南越军队的无能,这使得他们更坚定了通过谈判解决问题的决心。

1971年5月,为了打破和谈僵局,尼克松和基辛格又拟订一个新的和平方案:美方保证在签订协议后6个月内全面撤出驻越美军,北越则应释放全部美国战俘。在这个方案中,没有强调河内"必须同时撤军",这表明美国已做出很大让步。为使北越接受这一创意,基辛格6次往返于巴黎与华盛顿。会谈一次比一次更有成效。

这一年的首次巴黎秘密会谈是在5月31日,即美国阵亡将士纪念日后的那个星期一举行的。总统先期乘直升机前往戴维营度假,以转移记者的注意力。基辛格也耍了一个花招:他先在一次招待会上露露面,陪着几位金发碧眼的性感女明星调侃了一番,他的几句新鲜的俏皮话,引起了招待会上来客们的哄堂大笑。然后,他趁人不备,带上助手和警卫偷偷地溜出来,驱车前往安德鲁斯空军基地,之后飞赴巴黎。

在谈判中,重返巴黎的黎德寿推出了一个九点和平方案,其中提出在南方建立一个"主张和平、独立、民主的新政府",河内第一次不再坚持一定要让阮文绍下台,而且第一次同意在美国撤军的同时,释放美国战俘和全部被扣押的平民。基辛格为推动和谈,接受九点方案作为谈判基础,这一点颇让北越人出乎意料。后来,基辛格自己又提出一个八点方案,很多方面类似于九点方案,但要北越保证让阮文绍加入联合政府。黎德寿拒绝:"让越南人民来决定阮文绍的命运吧!"基辛格把这一信息迅速传达给尼克松,后者强调:"不能为求和平而以搞垮阮文绍为代价。"谈判再次陷入了僵持之中。

1972年,河内发动了春季攻势,3个正规师在苏制坦克大炮的掩护下,越过了分隔南北方的非军事区,南越军队节节败退,几个星期以后,河内又在南越首都西贡西北方开辟了第二战场。面对进攻,尼克松显露出"狂人"的一面,下决心再度轰炸越南北方,实施代号为"自由门廊"的行动,这次军事行动对河内、海防等地进行了猛烈的轰炸,使北越损失巨大。

夏天,河内同意重新谈判,基辛格再次赴巴黎同黎德寿会谈,基辛格一方面利用战场优势向后者施加压力,另一方面表现出一定的灵活性,表示南北方建立联合政府也好、分治也罢,美国都可以接受。黎德寿表示:可以把军事问题与政治问题分开解决,这使基辛格感到双方的观点正在接近,他预感和谈将会有突破性进展。果然,10月,基辛格和黎德寿最后草拟了《关于越南结束战争、恢复和平的协定》文本,会后两人开起了玩笑。

基辛格说:"在法国,马在跑道上跑的方向同美国相反。"

黎德寿马上说:"但是我们呢? 我们是向着和平还是战争的方向在进行一场角逐赛呢?"

尼克松曾为谈判的艰难大发牢骚:"法国人为留在越南而战,美国却为撤出越南而战。"基辛格向他汇报这一辉煌成果之后,他为基辛格举办了庆功宴,席间,尼克松忽而想起巴黎是一个温馨浪漫的城市,就问:"巴黎的姑娘如何?"

基辛格不禁叹息:"没有时间啊!"

随后,在举行的记者招待会上,基辛格摘掉宽边玳瑁眼镜,面带微笑,用手一挥:"女士们,先生们,和平在望了!"

记者一阵欢呼,照相机的闪光次数之多让基辛格捂起了眼睛。这一新闻很快传遍了全世界。国会上下一片欢呼,华尔街股市的指数持续攀升,全国渴望结束战争的心加快了跳动。

1973年1月22日,基辛格再次光顾巴黎,蜂拥而至的记者们把基辛格围个水泄不通。记者的提问使基辛格感到有些应接不暇:"请问博士,什么时候才能实现和平?"

基辛格风趣地说:"你们每隔15分钟来量一量我的体温便知道了。"

第二天,他同黎德寿在美琪饭店举行了最后一次会谈,草签了和平协议。两个人走出饭店时,濛濛细雨下个不停,他们相互微笑,握手,让记者从多个角度拍照。

27日,国务卿罗杰斯代表美国正式签署了《关于越南结束战争,恢复和平的协定》。女记者海伦·托马斯想知道罗杰斯在巴黎落笔签字的那一刻,基辛格在搞些什么,他回答:"在搞爱情,不是搞战争。"

秘密访华

1971年基辛格秘密访问北京,参与打开中美关系的大门是他一生外交生涯中最辉煌的成就,他使中国人民领略了他卓越的外交才干。

20世纪60年代末70年代初,美国的全球霸主地位遭到挑战。日本的迅速崛起,西欧的经济复兴,加上苏联咄咄逼人的进攻态势,都使美国感到操纵世界事务已力不从心。事实证明,美国对世界的影响力在下降,要保住美国的霸权地位就需要尼克松政府重新调整战略,以适应变化中的世界。

中国,当时已拥有7亿人口,对世界的影响愈来愈大。然而自新中国成立后,美国政府一直奉行对她的隔绝政策。这对于美国来说,是外交决策的一大失误。尼克松在竞选总统时,就极为关注这一问题:"在我们这个星球上,不能让7亿有可能成为最能干的人在孤立的状态中生活。""如果没有这个拥有7亿多人民的国家出力,要建立稳定和持久的国际秩序是不可能的。"

在就职演说中,他再次谈到中国:"让一切国家都知道,在本届政府当政时期,我们的通话线路是敞开的,我们寻求一个开放的世界——对思想开放、对货物和人员的交流开放。一个民族,不管其人口多少,都不能只活在孤立的状态中。"

尼克松下决心打通对华关系,这免不了要和基辛格先商量商量。

1969年2月1日,星期六。基辛格一大早带着黑色文件包来到宽敞明亮的办公室,办公室桌上放着尼克松的一张便条:"应竭力鼓励本政府探索同中国人和解的可能性。当然,这应当私下进行,无论如何不要从我们这方面泄漏到公开的刊物中去。"在总统的指示下,基辛格开始进行一次对华政策的调查,以做好准备探讨这种"可能性"。尼克松在私下"探索同中国人和解的可能性",可在公开场合却一点也不动声色。在他举行的当选总统的第一次记者招待会上,有记者问他是否有什么计划同"红色中国改善关系"时,他认为:"在他们那边发生某种变化之前,我们的政策不会有任何改变。"然而他私下在多个场合道出了他的心愿:"我想打开通往中国大陆的大门。"

这一年,华盛顿通过多个渠道向北京抛出了示好的"红绣球"。戴高乐率先打开对华关系的大门,在西方大国中颇有影响。尼克松在巴黎会晤时,专门找到戴高乐,向他诉说心声:"无论困难再大,(我)也要去北京。"向他讨取打开对华关系的"真经"。几个星期以后,戴高乐应邀前往华盛顿参加美国前总统艾森豪威尔的葬礼,尼克松正式请他把美国新政策的精神尽快传递给中国最高层的领导人,戴高乐欣然同意了。4月23日,戴高乐召见法国驻华大使艾蒂安·马纳克,指示他按尼克松的旨意迅速去办。

马纳克果然不负使命。不久,他将来自美国最高层的意思传达给了周恩来,周恩来以惊讶的口吻说:"简直难以使人置信……我还是不太相信。"

马纳克又认真地说:"尼克松对戴高乐说的的确是真心话,尼克松不希望杜勒斯政策再现,我这可不是为美国说好话啊!"

周恩来听后,仰面大笑。

为了尽快向北京传达友好信息,尼克松又开辟了巴基斯坦和罗马尼亚两个渠道。他先后请巴基斯坦总统叶海亚和罗马尼亚总统齐奥塞斯库向北京捎去口信:"(美国)希望尽快同中国开展对话。"在国内,尼克松和基辛格开始为改善对华关系做舆论准备。

1973年11月10日,周总理在北京设宴款待基辛格。

9月,尼克松对《时代》周刊发表谈话,颇带感情地说:"在我这一生中,如果有什么要紧的事去做的话,那就是到中国去,去了解这个神秘的国度。"

基辛格在白宫东厅举行的一次盛大记者招待会上谈到中国时,意味深长地说:
"如果今后 20 年的一个重大问题是建立维护世界和平的国际秩序,单就忽视
7 亿中国人的这一做法会使这一问题成为泡影。"

　　"中国人民显然是伟大的人民。"

　　10 月初,基辛格得到总统的许可后,发急电给美驻波兰大使斯托塞尔,明确批
示他在适当场合,找到中国外交代表,建议恢复中美大使级会谈。斯托塞尔收到电
报后,认为"简直不可思议","基辛格发疯了"。指示被束之高阁了近 3 个月,直到
基辛格发来第三封电报时说:"要么你照办,要么我们就派愿意照办的人去办。"斯
托塞尔才感到大事不妙,只好硬着头皮去找中国驻华沙的代办雷阳。

　　12 月 3 日,在南斯拉夫工业展览会上,斯托塞尔一眼认出了雷阳,多次凑上前
去想和雷阳搭话,都被雷阳躲开了,斯托塞尔感到十分尴尬,但他必须完成任务。
没办法,当雷阳将要离开大厅时,他疾步奔上前去,气喘吁吁地向雷阳透露了美国
希望重开华沙大使级会谈的意向,后者当时愣住了,好久才明白过来。几年后,基
辛格在北京访问时,周恩来想起了这件事,开玩笑说:"你如果要让我们的外交官得
心脏病,在社交场合同他们接触,建议举行认真的会谈就行了。"基辛格听了,一阵
大笑。

　　12 月 11 日,雷阳和斯托塞尔在中国大使馆正式会晤,会谈的气氛十分融洽,场
内时而传出阵阵笑声。会谈约有 1 个多小时,双方同意恢复华沙会谈。1970 年 1
月 20 日,第一次会晤如期在中国大使馆举行,会后,美方发表的会议公报中第一次
使用了"中华人民共和国大使馆"一词,充分说明了美国对新中国的态度发生了根
本性改变。2 月份,中美又举行了第二次会晤。在两次会晤中,中方提出以和平共
处五项原则发展中美关系,博得了美国代表的好评。中方代表还提出可以考虑在
北京举行会谈,美国还可以派一个高级代表团来。消息传至白宫,尼克松和基辛格
既兴奋又感到有些出乎意料,尼克松指示斯托塞尔:酌情接受北京方面的建议。

　　1970 年 5 月,中美第三次会晤即将举行前的 24 小时,美军侵入了柬埔寨,又加
之美国允许蒋经国访美,为此,中国方面宣布取消会晤,中美关系的发展又迷失了
方向。好事毕竟多磨难。

　　柬埔寨风波之后,北京以微妙的方式向华盛顿传达友好信息。

　　10 月 1 日,北京,天安门广场。彩旗飞扬,晴空万里,五彩缤纷的鲜花烘托出
了浓厚的节日喜庆氛围。在红漆巨柱拱立的雄伟的天安门城楼上,曾写出风靡全
球的优秀报道《西行漫记》的美国作家埃德加·斯诺被安排站在毛泽东身边,一起
检阅游行队伍,对此,斯诺感到惊讶。他以探寻的口吻问周恩来:"我是第一个登上
天安门城楼的美国人吗?"

　　周恩来马上高兴地答道:"是毛主席让我请您来的,在中美关系长期僵化的情
况下,您三次访问中国,今天您还登上天安门参加我们的国庆盛典,对一个美国人
来说,这是独一无二的事。"

　　其实,"醉翁之意不在酒"。毛泽东和周恩来不是意在白雪(英语中,斯诺——
Snow 是"雪"的意思),而是意在白宫,加之第二天《人民日报》头版显著位置刊登
的毛泽东和斯诺并肩站在天安门城楼的彩色特写照都在向大洋彼岸传达一个明白

无误的信息:中国高层领导人愿意推动中美关系的发展。然而,尼克松和基辛格在关键时刻却粗心大意了。竟没有悟出在国庆节这个特殊的节日,毛泽东把一位美国作家请上天安门的深刻含义。

到10月下旬,尼克松借各国首脑到美国祝贺联合国成立25周年之际,找到叶海亚总统,明确地告诉他:美国已决心实现中美关系正常化。基辛格私下约见齐奥塞斯库时,拜托他向中国传达美国尽快恢复中美对话的愿望,白宫还专门宴请了齐奥塞斯库,尼克松特意在祝酒词中说,罗马尼亚同"美国……苏联……和中华人民共和国"都有着良好的关系。一位美国总统把中国大陆称为"中华人民共和国"这还是第一次,这一点引起在座的苏联驻美大使多勃雷宁的注意。

白宫宴会结束后,多勃雷宁立即打电话给基辛格,要求他解释尼克松这个用语的含义。基辛格幽默地答道:"这有什么特殊意义! 难道俄国人不是把中国叫作中华人民共和国吗?"

之后,中美双方又开始使用巴基斯坦和罗马尼亚的秘密渠道传递信息。1970年12月的一天晚上,巴基斯坦大使希拉利匆匆找到基辛格,亲手向他面交了北京传来的一封短信。这是用蓝道白纸写的,书法很漂亮,但少了抬头和署名。内容是美国通过各种渠道传达的信息已经收到,欢迎尼克松总统派一位特使到北京举行高级会谈。送走希拉利,基辛格立即向尼克松汇报情况,两人进行了仔细研究,一直谈到深夜。在尼克松的授权下,基辛格写好给周恩来的复信,表示美国准备很快派人到北京。他把信交给希拉利,要求后者一定要亲手将信递给周恩来。中美高层会晤的时机已经成熟。

在中美高层会谈之前,还有一段"乒乓外交"的小插曲。1971年4月,在日本名古屋举行的世界乒乓球锦标赛接近尾声的时候,成绩斐然的中国乒乓球队主动伸出了友谊之手,邀请美国乒乓球队访问中国,周恩来亲自为美国乒乓球队签发了入境签证。美国运动员飞抵北京后,周恩来在人民大会堂接见了他们,并发表了热情洋溢的讲话:"是你们揭开了中美人民友好关系的新篇章,我相信,我们友谊的这个新开端必将受到两国大多数人民的支持。"

他稍停了一下,对面前发呆的美国年轻人说:"难道你们不同意我的话吗?"

顿时,人民大会堂里响起一阵热烈的掌声。

这一下,美国的舆论界沸腾了。《时代》周刊说:"这'乒'的一声全世界都听到了。"有的媒体说:"这是周恩来用小球转动了大球(地球)。"尼克松听到这个消息,更是兴奋不已,在白宫记者招待会上,就"我国对华政策"问题向记者们扬扬得意地说:"我们已经打开了坚冰,现在就要测测水有多深了","我希望,其实我是期待着,有一天我将以某种身份访问中国。"很显然,这句话是说给北京方面听的。

现在该是尼克松物色去北京"合适人选"的时候了。

可派谁去呢? 尼克松对自己的助理基辛格第一次产生了一种竞争心理,他不想让基辛格出尽所有风头,他想亲自去,但基辛格竭力奉劝他打消这个念头。"您作为总统,仓促出访中国是危险的。"基辛格坚持说。尼克松提出洛克菲勒,这令基辛格坐卧不安了好一阵子,直到尼克松认为洛克菲勒太引人注目,基辛格才松了一口气。让享有较高声望的职业外交官布鲁斯或是国务卿罗杰斯去怎样呢? 尼克松犹豫了好几天,还是司法部长米切尔一语道破天机:除了基辛格还有谁更合适呢?尼克松最终一锤定音。他拍着基辛格的肩膀说:"亨利,这回就看你的了。"

基辛格如释重负,他还真担心总统派罗杰斯或别的谁去呢,他有些得意忘形地对尼克松说:"理查德,你真有胆量!派我一个人去,到时无法与国内联系,你不怕我把阿拉斯加州卖掉啊!"

随后,在棕榈泉度假胜地,基辛格和美驻巴基斯坦大使法兰一起筹划了美国外交史上最具神秘色彩的一幕:他的秘密访华,他们把其代号定为"波罗行动",中国人化名为"主人",基辛格化名为"首长",基辛格将借助前往亚洲的一次公开访问实施"波罗行动"。

1971年7月1日,基辛格乘坐"空军一号"飞离华盛顿附近的安德鲁斯空军基地,两天后到达西贡,同阮文绍和美驻南越大使邦克会谈,尾随而来的记者们紧盯着基辛格的行踪。《纽约时报》和哥伦比亚广播公司的"每晚新闻节目"中,基辛格的活动成了热点。抵达曼谷时,跟踪的记者少了,报道的热乎劲儿也消退了。7月8日,飞抵炎热的伊斯兰堡时,跟来的只有3位记者,基辛格很快把他们给打发了。

在例行的记者招待会上,法兰大使宣布:从7月8日到10日,基辛格将在巴基斯坦停留48小时。按照外交惯例,基辛格先到总统府拜会了叶海亚,随后同法兰大使会谈,最后出席了叶海亚总统举行的欢迎基辛格一行的盛大晚宴。在宴会进入高潮时,基辛格突然捂起肚子,连声叫痛,一脸难受相,叶海亚总统跑过来,扶起基辛格,大声宣布:基辛格博士尊体欠安,急需休息,伊斯兰堡天气太热,会影响客人康复,因此安排他到北部山区的蒂亚加利总统别墅休养。

7月9日上午8点,一队悬挂美巴两国国旗的车队在警车的护送下,浩浩荡荡穿过伊斯兰堡市区,驶往蒂亚加利山区。巴基斯坦各部军政要员受总统之命前往别墅探望这个泱泱大国的贵宾,却被基辛格的助手苏尔坦·穆罕默德一一挡驾,他说基辛格正在休息,不便打扰。一位名医认真地为"基辛格"看病,却不知他的病人其实是一名真是得了"德里痢疾",肚子痛得要命的美国特工。

实际上,早在凌晨3点,正当人们睡得正甜的时候,基辛格和随行7人就已悄悄坐上1971型皇冠轿车,直奔机场而去。为了确保万无一失,他装扮成一个英国商人,戴上了大檐帽和深绿色墨镜。

到达机场,只见基辛格的专机停在显眼的位置,而一架巴基斯坦国际航空公司的波音707却停在隐蔽处。基辛格一行人匆匆登上波音飞机后,发现机舱里已有4名穿着军装的中国人,他们是周恩来专程派来迎接他们的。

秘密行动几乎是天衣无缝,然而也差一点被捅出去。伦敦《每日电讯报》记者贝格当时一眼认出了戴墨镜的基辛格,他赶快向报社发一份急电,说基辛格潜往中国,当时的值班编辑看了3遍,就把它扔进了废纸篓,还连声骂道:"他妈的贝格这个糊涂蛋!这家伙准是喝昏头了,基辛格到中国去干什么?荒唐!"

后来,这件事成了伦敦新闻界的笑谈。

当飞机飞越白雪皑皑的珠穆朗玛峰时,基辛格心潮澎湃。他在后来回忆当时的感觉说:"这件事实在令我兴奋,我在飞往一个神秘的国度,并且我是头一个去,真是……有点历险的味道啊!"

9 日正午时分,飞机在静谧的北京南苑军用机场缓缓降落了。叶剑英元帅和黄华大使早在那里等候。寒暄几句后,3 人就坐上红旗牌高级轿车,经过天安门广场驶到了西郊钓鱼台国宾馆。

钓鱼台国宾馆 6 号楼宴会厅里,一桌丰盛的午餐已摆好。除基辛格用刀叉外,其他人都试着用筷子。基辛格很喜欢吃中国菜,对于中国菜的味美,他打趣道:"一定是三千年前饿死过一位国宾,中国人决心不让这件事重演,所以把菜做得那么好。"

下午 4 点,周恩来亲自来到钓鱼台探望基辛格一行人,周恩来作为国家总理来探望他这个职位低一级的国务卿,这是非同寻常的礼遇,使基辛格有些受宠若惊。看到周恩来走进来,基辛格赶忙走上前去,周恩来面带微笑地摇了两下基辛格的手:"啊,基辛格博士,一路上辛苦了。"

"没什么,一踏上你们的国度,我就激动不已。"

周恩来接着说:"这可是中美两国高层官员二十几年来第一次握手。"

基辛格说:"可惜的是,这是一次不能马上公开的握手,否则全世界都要为之震惊。"两人不约而同地笑了。

而后在钓鱼台国宾馆的会议室里,两人进行了第一次会谈。双方都认为,相互了解对方的愿望,是会谈的最主要的内容。

周恩来说:"两国之间的分歧是巨大的,例如,台湾问题就是两国关系紧张的根源。博士先生,我们终于可以坐下来了,谈谈自己的立场,让对方加以了解。"

对此,基辛格深表同意:"尽管我们之间存在严重分歧,但我们也能找到共同的利益。"

会谈结束时,基辛格欣然讲起了此次中国之行的感受:"这是我第一次踏上你们这个美丽而神秘的国度。"

"神秘?"周恩来诧异地问道,"当你熟悉她之后,你就感受不到她的神秘了。"

7 月 9 日深夜,习习凉风掠过中南海。在毛泽东的住处,周恩来正在向毛泽东汇报白天会谈的情况,谈到美国还想在台湾驻守一些军队时,毛泽东插话说:"我看台湾问题事小,世界局势事大。"他接着说,"猴子变人还没变过来,还留着尾巴,台湾问题也留着尾巴。但它已不是猴子,是猿。"

随后,就第二天将要谈到的越南问题,中美关系问题,毛泽东做了指示。

10 日下午,基辛格和周恩来在人民大会堂继续会谈,当谈到台湾、越南等问题时,双方各执己见,相持不下。最后还是周恩来恢复了和蔼的态度,提议说:"我们先去吃烤鸭吧,凉了就不好吃了。"饭后,周恩来代表中国政府向尼克松发出正式邀请,请他在适当时候访问中国。基辛格代表尼克松欣然表示接受,两人还就访问的一些细节问题交换了意见。

这次秘密访华,基辛格获得了巨大成功。他同周恩来一起为打开中美关系的大门迈出了重要的一步,周恩来也给基辛格留下了很深的印象,他认为周恩来是一位胸怀坦荡、有着大国风范的外交家。后来他在回忆录中写道:"伟大人物对重大事件的影响是很难加以确定的。中美两国在 20 世纪 70 年代初谋求和解,这是世界大势所趋。但是事情来得这样快,发展又如此顺利,则是由于中国总理的光辉品格和远见卓识起到了不小的作用。"

"失踪"了48小时的基辛格，又出现在伊斯兰堡叶海亚总统的宴会厅，不过此时的基辛格已无心再在巴基斯坦多逗留一小时，他要赶紧回到白宫向"老板"请功了。

改变世界

基辛格到了白宫后，尼克松不让他休息片刻，怀着急切的心情，立即听取了他有关秘密访华的汇报。听完汇报后，尼克松满意地笑了，他知道自己将要做出令全世界震惊的事情。根据周恩来和基辛格的约定，中美两国同时发布基辛格访华的公告。

7月15日，美国人民得知晚间总统要发布一个"事关国家大局"的公告，但不知公告的内容。晚7点，尼克松总统笑容满面地走进了全国广播公司的直播室。

只见他对着话筒踌躇满志地说道："女士们，先生们，晚上好！我要求在今晚利用这段时间，是为了宣布我们为了建立世界持久和平而做的努力中的一件大事。""正如我在过去3年中多次指出的那样，如果没有中华人民共和国和她的7亿人民的参与，就不可能有稳定和持久的和平。""为了实现这一目的，我派遣了我的国家安全事务助理基辛格博士在他最近的环球旅行中前往北京，同周恩来总理会谈。"

接着，他大声宣读了基辛格与周恩来的会谈公告："周恩来总理和尼克松总统的国家安全事务助理基辛格博士，于1971年7月9日到11日在北京进行了会谈。获悉，尼克松总统曾表示希望访问中华人民共和国，周恩来总理代表中华人民共和国政府邀请尼克松总统于1972年5月前的适当时间访问中国，尼克松总统愉快地接受了这一邀请。"

美国观众听完这一公告，都惊呆了。电视台为了让现场的评论员发表对这份公告的看法，把电视镜头转向了他们，只见这些平日喜欢评头论足、侃侃而谈的评论员们都怔住了，一个个面面相觑，面对全国的电视观众竟一句话也说不出来。

的确，全美国发愣了，全世界也为之震动了。

第二天，世界各地的贺电像雪片一样飞向白宫，各大新闻媒介也争相报道基辛格的秘密访华行动，赞美之词铺天盖地。基辛格戴着宽边玳瑁眼镜，面带微笑的头像登上了《时代》《新闻周刊》的封面，报刊纷纷赞美基辛格非凡的外交艺术，说他具有非凡的才智和惊人的腿功，擅长搞外交魔术和"特技表演"，其"神秘才能可与东方人相媲美"，是什么"超级智者"，"现代梅特涅"，"超级国务卿"。

基辛格尝到了"波罗行动"带来的甜美的滋味，他精神焕发，逢人便讲："中国人接待我们周到极了，客气极了。""给我们的待遇好的不得了。""会谈非常实在，非常明确，双方都没有说空话。"

去中国与周恩来会谈成了基辛格的"独门生意"，也不免招来白宫和国务院一些高级官员的非议："基辛格大概被周恩来的魅力和智慧所折服了……由此而来的政策将是不平衡的。"而基辛格对这些指责不屑一顾：有尼克松为他撑腰，他还怕什么？

　　基辛格没有陶醉于初次访华的成功之中,为了给尼克松访华做出细节上的安排,1971年10月他第二次来到北京。这一次,他特地带上了两位漂亮的女秘书,一位是24岁的朱莉·皮诺,一位是29岁的黛安娜·马修斯,《妇女家庭杂志》说她们俩"有着优美的大腿曲线及容光焕发的脸蛋,对男子极富有吸引力"。她们是基辛格此次行动的得力助手,同上司形影不离,在公开场合表现出同基辛格有着亲密的关系,难怪有人说美国外交上最有能力的单身汉艳福不浅。

　　10月22日,基辛格一行人到达北京。周恩来在人民大会堂设国宴招待基辛格,从接待档次的提高中,基辛格深感中美关系已经起了微妙的变化。宴会开始时,周恩来手端酒杯,即兴发表了热情洋溢的祝酒词,对尼克松和基辛格大加称赞:"中美两国在关系中断22年之后,现在两国的关系就要揭开新的一页,我们应该说这要归功于毛泽东主席和尼克松总统。当然,一定要有一个人作为先导,这个先导就是基辛格博士,他勇敢地秘密访问了中国这个所谓'神秘'的国度。这是一件了不起的事情,现在基辛格博士第二次访问这个国度,她不应该再被认为是'神秘'的了。他是作为一个朋友来的,还带来了一些新朋友。"

　　听了周恩来的祝酒词,基辛格联想到上次会谈时和周恩来有关"神秘的国度"的有趣对话,想不到相隔数月之后,又把这个话题重新搬出来,好像会谈就从没有间断过。基辛格对周恩来这种非凡的交际艺术佩服不已。

　　周恩来和基辛格谈了3天多,为尼克松访华确定了细节安排,经过两人磋商,访华日期定在1972年2月21日。尼克松访华时两国将共同发表的公报成了会谈的重点。两人经过反复磋商,决定公报在重大问题上公开表明分歧,阐明各自的立场。

　　在谈判中,最棘手的还是台湾问题,周恩来明确地表达了中国政府的立场:"台湾问题是中美两国之间的老问题了。华沙会谈15年都僵在台湾问题,我必须再次声明:中华人民共和国是代表中国唯一合法的政府;解放台湾是中国的内政;美国军队必须撤出台湾。这三条,必须坚持。"

　　基辛格强调:"可我们不能背弃老朋友呀!如果我们背弃老朋友,盟国不会相信我们,就连你们中国人也不会尊重我们。"

　　周恩来针锋相对:"这真是天方夜谭,台湾是中国的领土,这是你们历届政府都承认的。而现在,是哪国的军队占领着台湾?是你们美国!中国有句俗话,'解铃还需系铃人。'"稍停,周恩来加重了语气:"台湾问题,关系到一个国家的主权问题,在这个问题上不能含糊。朋友之间的道义问题不能代替主权国家的领土完整问题。"

　　基辛格看到这个问题没有多少讨价还价的余地,就建议休会,拉着助手洛德到另一间会议室商量对策去了。

　　过了大约半个小时,基辛格和洛德回到座位上,基辛格说:"我决定换一种方式来表达美国的观点:'美国认识到,台湾是中国的一部分,在台湾海峡两岸的所有中国人都认为只有一个中国,美国对这一立场不持异议。'"

　　周恩来对这个提法稍做思考,随后严肃的脸孔又恢复了常有的笑容,竖起大拇指对基辛格说:"这句话是一项奥妙的发明,不愧是有博士水平。"接着,周恩来又说:"这句话的基本意思我可以接受,只是个别字句还需要推敲。比如应该用'省',台湾是中国的一个省,更准确,不用'部分'。"

"'部分'比'省'通用,'部分'是对'整体'而言。"

"'省'比'部分'更准确,省是行政上对政府的归属。"

"英语里没有多大区别。"

"汉语却有质的差异。"周恩来雍容大度地说,"我们的僵局有望打破,至于尚未解决的句子和措辞,等总统访华时,还可以继续讨论,总会找到一个解决办法的。"基辛格后来认为:"我所说的和所讲的,给周恩来印象最深的莫过于这个措辞模棱两可,但双方又都可以接受的方案。"

10月26日,基辛格一行圆满完成使命,启程回国,周恩来亲自为他们送行,同基辛格亲切握手道别:"欢迎你很快回来共享会谈的愉快。"

1972年2月21日上午11点30分,北京首都机场一片灰蒙蒙的隆冬景象。

总统座机徐徐降落在宽阔的跑道上。机场上的气氛有些冷清,美国国旗星条旗和中国国旗五星红旗并列着迎风飘扬,少了群众的欢呼,只有350人的三军仪仗队在等候检阅。

待飞机停稳,周恩来率领着为数不多的陪同人员穿过停机坪,走上前去。舱门打开,尼克松和身着皮领红大衣的总统夫人帕特走下长长的舷梯,机场上响起一阵稀稀落落的掌声。周恩来的头微微仰起,给人一种坚毅刚直又潇洒自如的感觉。同周恩来沉稳的姿态相比,尼克松却显得有些急切,他记起以前杜勒斯拒绝同周恩来握手的往事,走到舷梯2/3时,他就主动伸出手来。两位领导人的手紧紧地握在一起,轻轻地摇着,足有1分多钟。

尼克松和周恩来的历史性握手,随着通讯卫星向全世界实况播出。从此刻起,尼克松开始领略到周恩来优雅而又坚韧的个性。随后,罗杰斯、基辛格、洛德等代表团成员走出机舱,走下舷梯。

基辛格走下飞机时,周恩来一眼就看到了他:"啊,老朋友。"他笑着同基辛格握了握手。这是基辛格7个月中第三次光顾北京了。

尼克松在周恩来的陪同下,检阅了三军仪仗队,坐上黑色高级红旗轿车离开机场,车上,两人在亲切交谈。

周恩来说:"你同我握手是越过世界上最辽阔的海洋的握手,这个海洋就是长达22年的互不交往。"

尼克松说:"是呀! 但是当我们的手相握时,一个时代结束了,另一个时代开始了。"

下午2点半,尼克松高级代表团刚在下榻的钓鱼台国宾馆吃完丰盛的午餐,周恩来匆匆找到基辛格,直截了当地对他说:"毛主席想尽快见见总统先生。"基辛格马上去找尼克松,向他转达了毛泽东的邀请。尽管尼克松感到有些出乎意料,但仍一口答应下来。

尼克松、基辛格在周恩来等的陪同下,驱车前往中南海毛泽东的住处,毛泽东住在中南海西南角的一所平房里。看到尼克松、基辛格,78岁高龄的毛泽东从沙发上站起来,同受宠若惊的尼克松握手时,开玩笑说:"我们共同的老朋友蒋委员长可不赞成这件事呀。"

他又用另一只手握住尼克松,足足有1分多钟,摄影记者赶忙拿起相机拍照。毛泽东似乎对上一个话题语犹未尽,又说:"实际上,我们和他的友谊比你们和他的友谊长得多。"

毛泽东听说尼克松在飞机上表示他想同中国主席讨论哲学问题,就风趣地说:"今天你在飞机上给我出了一个难题,要我吹的只限于哲学问题。"

尼克松回答说:"这是因为我读了您的一些诗词和讲话,我知道主席是一位思想深刻的哲学家。"

毛泽东摆摆手,指着基辛格说:"哲学可是个难题,他是博士,可以请他讲一讲。"

基辛格欠了欠身说:"我以前在哈佛任教时,布置学生学习过您的著作。"

毛泽东以自我解嘲的口吻说:"我那些文章一文不值,我写的文章一点教育作用都没有。"

尼克松尊敬地说道:"主席的著作起的作用可不小,推动了中国,改变了世界。"

毛泽东皱了皱眉:"我可没那么大的本事,我只改变了北京附近的几个地方。"

当尼克松列举一些具体问题向毛泽东请教时,毛泽东说:"这些问题应该找周总理谈,我只谈哲学问题。"

尼克松说他读过毛主席的著作,懂得要"只争朝夕"的深刻内涵,毛泽东指着基辛格说:"只争朝夕的就是他。"

毛泽东转向基辛格说:"你跑中国跑出名了嘛,头一次来,公告发表以后,全世界都震动了。"

基辛格说:"这是尼克松总统的大胆决策。"

针对有的报道说基辛格访华"鬼鬼祟祟",毛泽东又开玩笑说:"他可不像个特务。"

所有在场的人都笑了。接下来,基辛格的风流名声一时又成了谈话的主题。

尼克松笑着说:"只有他能够在行动不自由的情况下,去巴黎12次,来北京1次,而无人知晓——除了两三个漂亮姑娘。"毛泽东似乎对这个说法感兴趣。

基辛格忙着解释道:"她们不知道内情,我是利用她们做掩护的。"

毛泽东反问道:"是在巴黎吗?"

尼克松大加发挥:"凡是能利用漂亮姑娘做掩护的,一定是有史以来最伟大的外交家。"

毛泽东接着问:"照这样说,你们经常利用你们的姑娘啰?"

尼克松急忙申辩:"是他的姑娘,不是我的。如果我用姑娘做掩护,麻烦可就大了。"

周恩来补充道:"特别是在大选期间。"

众人大笑。尼克松的发挥也有道理:基辛格是外交上的罕世奇才,与漂亮姑娘有缘自然免不了,况且,基辛格当时还是独身呢!

谈到美国的总统大选时,毛泽东说他必须老实告诉美国客人,如果民主党人获胜,中国就会同他们打交道。

"这个我懂得。"尼克松说,"我希望我们不会使你遇到这个问题。"

"上次选举时,我投了你一票。"毛泽东爽朗地笑着说。

尼克松马上答道:"你是在两害之中取其轻。"

毛泽东开心地说:"我喜欢右派,人家说你们共和党是右派,希思首相也是右派。"

尼克松也笑着说:"美国的左派夸夸其谈的事,右派却能做到,至少目前如此。"

毛泽东思维十分活跃,话题一转,他又谈到了"乒乓外交"的往事,他意味深长地说:"中国的政策在长时间内认为中美两国的民间交往,要在主要的问题解决之后才能进行。后来,我看你们是对的,于是我们就打起了乒乓球。"

尼克松说:"让我们走到一起来的,是认识到世界上出现了新的形势。"

会谈进行了1个多小时,毛主席显然有些疲劳了,周恩来频繁地看手表,于是尼克松起身向主席告辞。在这次会谈中,毛泽东显示出非凡的幽默感,在他的引导下,这次历史性的重要会晤,是在漫不经心的一种戏谑、玩笑的气氛中进行的。轻松的俏皮话使人仿佛觉得是几个经常来往的熟人在聊天,一些十分严肃的原则性的主题在毛泽东诙谐随意的话语中谈了出来,后来基辛格把这次谈话称为"瓦格纳歌剧的序曲",需要加以发展才能显示出它们本来的含义。

几小时后,中国向外国新闻界提供了面带微笑的毛泽东和咧着嘴笑的尼克松会见的新闻照片。

晚7时,周恩来在人民大会堂设宴招待尼克松一行。待宾主落座后,他举杯发表了热情洋溢的祝酒词:"美国人民是伟大的人民,中国人民也是伟大的人民,我们两国人民一向是友好的。由于众所周知的原因,两国人民的来往中断了20余年,现在经过中美双方的共同努力,友好往来的大门终于打开了。"

尼克松的答词富有理想色彩:

"过去我们有时候曾是敌人,今天我们仍有巨大的分歧,使我们走到一起的,是我们有超越这些分歧的共同利益……虽然我们不能弥补我们之间的鸿沟,我们却能设法搭一座桥,以便我们能够越过它进行会谈。因此,让我们在今后的5天里在一起长征吧,不是齐步走,而是在不同的道路上走向同一个目标,就是建立一个和平与公正的世界结构……"

"毛主席写过:'多少事,从来急;天地转,光阴迫。一万年太久,只争朝夕。'现在是'只争朝夕'的时候了,是我们两国人民攀登伟大境界的高峰,缔造新的更美好的世界的时候了。"

随后,宴会厅里响起了热烈的掌声。

尼克松夫妇、基辛格在周恩来的陪同下,在主宾席的大圆桌前就座。桌上摆放着中国各式的美味佳肴。尼克松夫妇、基辛格都试着用筷子,周恩来对尼克松夫人帕特称赞道:"总统和你都能熟练地用筷子。"

帕特笑着说:"为了来中国,我们在白宫都学着用筷子呐。"

周恩来不时地用筷子为尼克松夫妇、基辛格夹菜,使客人们感到了中国人的殷勤好客。

席间,周恩来指着摆放在桌子上特制的印着大熊猫的香烟盒说:"我想送你们这个作为礼物。"

帕特吃了一惊:"你说……烟吗?"

周恩来笑了:"不,不是烟,我说的是熊猫,我要送给你们的是两只熊猫。"

"哦!"帕特惊喜地对尼克松说,"理查德,周恩来总理说要送给我们两只熊猫!是真的熊猫!"

这个镜头通过通讯卫星传送至美国,在早间的新闻节目中播出。这天,在美国的街头,办公室里,人们都在议论周恩来送熊猫。《纽约时报》评论说:"周恩来真是摸透了美国人的心思。"《华盛顿邮报》说:"周恩来通过可爱的熊猫把美国人的心一下子征服了。"

尼克松在北京度过了愉快的 5 天,经历了 4 次紧张的秘密谈判、游览和出席公众活动。双方就要发表公报的内容达成了一致。2 月 26 日,在飞往杭州以前,尼克松和周恩来在机场最后审阅了公报,关于台湾问题的两段文字已达成了协议。

早春的杭州,杨柳已开始吐絮,一派万物复苏的景象。大功告成之后的尼克松和基辛格兴致勃勃地在西湖上泛舟。然而好事多磨,美国方面又有人节外生枝了。

在飞往杭州的飞机上,美国国务院的专家们拿到了公报,看完后,他们一路上嘀咕这份公报不理想,到达杭州后,罗杰斯马上找到了尼克松,说他不同意公报中的几处措辞,尤其是在台湾问题上的措辞,还发了一大堆牢骚。尼克松找到基辛格,看能否再做些修改,基辛格面带难色,说在最后一刻提出这样的刁难,中国方面很难同意。尼克松铁青着脸在房里踱来踱去,发誓回去时必收拾一下国务院的这帮家伙不可,但为了顾全大局,仍让基辛格去找乔冠华商量。果然乔冠华不高兴,在征得毛泽东和周恩来的批准后,只同意美方在一些非原则性问题上做了修改。

美国高级代表团的最后一站是上海,这个城市即将与中美关系发展中的历史转折联系在一起,中美两国在上海发表了联合公报,即著名的《上海公报》。它成了指导中美关系正常发展的纲领性文件。在上海锦江饭店,尼克松和周恩来举行了最后一次会谈,基辛格和助理国务卿格林被授权与乔冠华举行公开的记者招待会。基辛格妙语连珠,对就公报中的许多敏感问题做了机智的回答。《上海公报》发表的消息,立即在国际上引起巨大震动。

2 月 27 日,星期天。周恩来为尼克松举行了最后的欢送宴会,尼克松显得兴高采烈,高度茅台酒使他脸上的笑都泛着红光,他情不自禁地举起酒杯,走到麦克风面前,作了此次访问中仅有的一次即兴讲话:"……联合公报将成为明天全世界的头条新闻。但是,我认为公报中说的话不如我们在今后的几年要做的事那么重要。我们要建造一座跨越 16 000 英里和 22 年敌对情绪的桥梁。可以说,公报是搭起了这座迈向未来的桥梁……美国人民,要和中国人民一起,将世界牢牢掌握在手中。"

接着,他晃了晃手中的酒杯,更为踌躇满志地说:"我们访问中国这 1 周,是改变世界的 1 周。"

周恩来默默地看着,当全场热烈鼓掌时,他轻轻地拍了两下。2 月 28 日,尼克松、基辛格一行从上海虹桥机场启程回国,在美国受到了英雄凯旋般的欢迎。

中东外交

1973 年 9 月,基辛格以其非凡的外交业绩,荣登国务卿的宝座。正当他春风得意之时,美国在中东地区的政策却受到了严重的挑战,就在他担任国务卿仅仅两周后,10 月 6 日,中东十月战争爆发了。

埃及、叙利亚和巴勒斯坦游击队,在其他阿拉伯国家的支援下主动出击,第一天,埃军就成功地渡过运河,突破巴列夫防线,收复了部分西奈半岛。与此同时,叙利亚军队则长驱直入,纵深打到太巴列湖,以军遭受重创。

中东地区位于欧、亚、非三大洲交汇要地,历来是兵家必争之地,其战略价值极其重要。冷战中,美苏两个超级大国为确保自己在中东的利益,排斥异己,都积极插手中东事务,力图在解决阿以冲突中扮演主要角色。十月战争后,中东的局势更加复杂化了,作为担任美国外交重任的犹太人国务卿,如何化解这场危机并借此推动中东和平进程,备受各方的关注。

10 月 6 日凌晨,正在纽约华道夫饭店酣睡的基辛格被一阵急促的敲门声惊醒了,睡眼惺忪的基辛格接过助手拿来的美驻以色列大使馆的特急电报,埃叙两国已做好准备进攻以色列。基辛格为之大吃一惊,匆匆穿好衣服。他知道自己又要忙碌一阵了。

基辛格拨通了尼克松的电话。而此时在比斯坎特休假地的尼克松被"水门事件"弄得焦头烂额,忙得顾不上外交事务了。他回电话告诉基辛格,外交上的问题你自己看着办吧。随后,基辛格找到苏联驻美大使多勃雷宁,要求美苏两国都不要介入战事,并建议苏联尽一切努力阻止埃叙的进攻,多勃雷宁同克里姆林宫联系后回答说,苏联愿意接受基辛格的要求。然而,这全是苏联的谎言。10 月 10 日凌晨,苏联的大型运输机频频飞向大马士革和开罗,运去了大量武器装备。

10 月 6 日下午,以色列总理梅厄夫人紧急召见了美驻以大使基廷,要求他敦促基辛格施加影响,呼吁埃叙停火,并要求美国尽快向以色列提供武器供应。基廷向基辛格汇报后,基辛格答应了下来,但却迟迟未采取行动。12 日晚上,以色列外长埃班、以驻美大使迪尼茨找上门来,要求基辛格尽快解决补给问题。几乎与此同时,美中央情报局把一份紧急情报交给基辛格:苏联正在从海上向埃及和叙利亚用安东诺夫—22 大型运输机运送大量武器装备,其海军在地中海集结待命,驻扎在东欧的三个苏联空降师已进入一级战备状态。

面对这种严重的状况,基辛格不再犹豫。在尼克松的亲自命令下,美国开始出动 C—5 型运输机飞赴以色列。当大批军用设备运抵特拉维夫时,梅厄夫人激动得流下了眼泪,动情地说:"美国没有扔下我们不管!"

苏联一看美国大规模地介入战争,深知事情不妙,就主动呼吁埃及、叙利亚停火。1973 年 10 月 22 日,联合国通过 338 号决议,要求三方就地停火,并划定了停火线。埃及和叙利亚分别于 22 日和 24 日宣布接受停火。以色列虽然于 22 日接受了停火,但实际上仍然继续进攻埃军,直到 24 日完成了对埃及第三军团的包围后,才善罢甘休。这样,10 月 24 日那天,埃以双方阵地上的炮声沉寂了下来,为期

3 周的赎罪日战争结束了。

然而战后的中东仍存在高度爆炸性的因素：埃及第三集团军在西奈半岛被以军包围，仍有可能战火重燃；阿拉伯石油生产国已实行石油禁运，并削减了石油产量，使石油价格扶摇直上，涨了 4 倍多。

基辛格认识到，当务之急是使阿以双方脱离接触，而最重要的是解救埃及第三集团军。10 月 28 日，经基辛格牵线，联合国紧急部队司令出面安排，埃及的军事代表贾马列斯少将与以色列的军事代表亚里夫少将，在开罗苏伊士公路 101 公里处举行了 25 年来埃以之间的首次谈判。最后达成的唯一协议是，以色列同意让一支由联合国士兵驾驶的车队穿过以军防线为埃军运送非军事补给品，然而后来以色列又制造借口撕毁了协议。

基辛格闻讯后勃然大怒，找到梅厄夫人，质问道："你是要正义？还是要俘虏？我们是不会为你们打第三次世界大战的。"而以色列和埃及似乎比美国更着急，以色列总理梅厄夫人亲自出马，埃及萨达特总统则派出新任外交部长法赫米，两人于 10 月底相继抵达华盛顿，由于同梅厄夫人有约在先，基辛格不想让两个冤家对头在华盛顿碰面，向萨达特推辞说，法赫米"此行不成熟"。萨达特的回答是，很抱歉，他已经在路上了。兵来将挡，基辛格对法赫米是有把握的，他知道此时埃及的确有求于美国，他私下曾对一众议员说："埃及人知道他们可以从苏联那里得到武器，但只有从我们这里才能得到土地。"

在此后的 3 天里，基辛格往返奔波于法赫米和梅厄夫人之间，常常为了设法缩小两方的分歧而忙到深夜。

梅厄夫人摆出一副胜利者的架势，提出以色列撤回到苏伊士运河东岸，埃及撤

1973 年获诺贝尔和平奖的犹太裔美国外交家基辛格

回到运河西岸，然后双方再从运河后撤 10 公里。显然，这是萨达特根本不可能接受的建议，在这次战争之前，埃及的军队是可以不受限制地部署在运河西岸的。基辛格显然对梅厄夫人的强硬态度很恼火，一次他竟拍案而起，愤然离去。这时，尼克松出来做"和事佬"，他拉着梅厄夫人的手笑着说："总理夫人，不要生气，您知道，我们有一个共同点，都有着一位犹太人外交部长。"

梅厄夫人反应很快，说道："是的，可我的那位外交部长说起话来可没有外国口音。"

确实，以色列人不明白为什么基辛格要偏袒埃及人，梅厄夫人曾花了不少时间

向基辛格滔滔不绝地讲起犹太人的苦难历史,试图以此感化基辛格。可基辛格心里清楚,在中东搞外交不能依靠宗教教义和感情,美国要想充当冲突双方都接受的调停角色,只能不偏不倚。

对基辛格来说,奔走于梅厄夫人和法赫米之间,是他中东外交的头一道难关。被梅厄的软缠硬磨、死不退让搞得精疲力竭的国务卿最后对记者苦笑着说:"我跟越南人谈判,我不知道我当时干得怎样。但是,那时越南人只有三方,现在阿拉伯人有四方,再加上犹太人的一方,简直跟但丁的《地狱》故事差不多。"

当11月4日梅厄夫人和法赫米离开华盛顿时,基辛格总算拟就一项考虑了埃以双方观点的非正式的6点方案。第二天,他怀揣着6点方案,踌躇满志且忐忑不安地踏上了前往阿拉伯世界的征途。

11月5日晚上,基辛格的蓝白色座机穿过云层,降落在摩洛哥拉巴特国际机场。就这样,基辛格的中东穿梭外交就拉开帷幕了。

基辛格会晤摩洛哥哈桑国王后,又继续上路了。飞机掠过地中海,在突尼斯做短暂停留后,飞机又继续恢复行程,抵达了此次中东之行中的最重要的一站——开罗。

他与萨达特在塔赫拉宫宴会厅里见面。被满屋子记者拍摄的灯光弄得眼花缭乱的基辛格打量着萨达特,只见他身穿普通卡其布军服,肩上随便披着一件大衣,高高的个子,黝黑的皮肤,器宇轩昂,看上去威严而异常镇定。基辛格笑着快步上前握手,足有1分多钟,他想尽力表现得随便一些,但也难以掩饰内心的尴尬,毕竟就在半个月前,美国帮着武装了埃及的敌人;在停火期间,又威胁要对埃及进行武装干涉……

萨达特将基辛格领进了办公室,他一面往烟斗里装烟丝,一面问道:"我一直盼望着你的来访,怎么现在才来呢?"

基辛格有些受宠若惊,没想到这位"农民总统"是这么平易相处。在随后的3个小时中,他们已像老朋友那样轻松地交谈了。基辛格终于说服萨达特暂缓要求以色列立即撤到10月22日停火线,而把这个不好解决的问题放到谋求埃以军队全面脱离接触的框架中去考虑,他劝萨达特要有耐心,夸奖埃军在十月战争中的出色表现。萨达特只是默默地抽着烟丝,时而若有所思地点点头。基辛格后来称他同萨达特的这次会晤是他外交生涯中的"一次出色的突破"。

会谈后,基辛格兴致勃勃地去开罗郊外参观金字塔,他认为表达对阿拉伯古老文明的敬仰之情,有助于他同阿拉伯人的沟通,推动自己的中东外交。他用惊奇的眼光看着狮身人面像,然后向那座最大的金字塔走去。当他顺着石阶攀到金字塔入口处,气喘吁吁的基辛格对尾随而来的记者开玩笑说:"这里做国务院新闻发布中心挺合适,但攀登到这么高的地方,对心脏病患者来说,可是一件麻烦事。"

周围的人大笑起来。这种随和的态度,博得了埃及人的好感,尤其是那种沉湎于古埃及文明的劲头,巧妙地掩盖了他犹太人的出身背景。基辛格在阿拉伯人和犹太人之间施展的这种心理平衡术,使阿拉伯人觉得基辛格做到了不偏不倚。

11月8日,基辛格继续在中东访问。他先乘"空军一号"飞到约旦首都安曼,受到侯赛因国王的热情招待;随后又继续飞抵沙特阿拉伯首都利雅得。在这片红色的土地上,他领略了真正的沙漠风光,也领教了费萨尔国王激进的反犹思想。

在以色列那边,基辛格已派助理国务卿西斯科携带着6点方案去见梅厄夫人,她权衡了利弊之后才一本正经地对西斯科说:"回去告诉你们的国务卿,我们将在明天上午召开内阁会议。我希望我不会有什么困难,如果有的话,我将设法克服。请替我向他问好,并告诉他,这是一个很了不起的成绩。"

在基辛格的斡旋下,埃以两国举行了"101公里处谈判"。1973年11月14日,埃及和以色列的代表在老地方开罗苏伊士公路101公里处的一个帐篷里签署了6点协议,从15日开始,联合国监督停火部队接管了以色列在运河西岸的检查站,接着,双方开始交换战俘。到11月22日,8300多名埃及战俘和240名以色列战俘全部遣返完毕。

基辛格11月的中东之行圆满结束了。但是6点协议仅是和谈的开端,如何把谈判从101公里处的帐篷里移到12月下旬的日内瓦和平会议上,还有一系列棘手的问题仍摆在国务卿面前:以军还未撤至10月22日停火线,叙以停火线问题尚未解决,战事仍时有发生;而最大的问题是阿拉伯国家的石油禁运尚未解除。为进一步推动和谈,基辛格再次打点行囊,开始新一轮为期43天的"穿梭外交"。

12月13日基辛格抵达埃及首都开罗,萨达特总统不仅同意出席和会,而且愿意帮助说服其他阿拉伯国家解除石油禁运。辞别萨达特后,考虑到叙利亚的强硬态度,基辛格又亲自飞赴大马士革。在他同叙利亚总统阿萨德的会晤中,出现了戏剧性的场面。

在长达6小时的会谈中,他希望阿萨德答应派代表去参加日内瓦和平会议,他把邀请书拿给叙利亚总统看,并详细地解释关于巴勒斯坦人的方案。阿萨德听着看着,一言不发,基辛格心中大喜,以为他对邀请默认了。后来,出于礼貌,他问阿萨德对邀请书有何意见。

"嗯,有点意见,邀请书写得不错,可是有一句不好。"阿萨德回答说。

"喔,哪句话不好?"基辛格反问道。

"就是各方都已同意参加日内瓦会议那句,我们没有同意。"阿萨德冷冰冰地说。

基辛格听了不禁目瞪口呆,闹了半天阿萨德根本就没有接受邀请!

但愿另外两个与会国以色列和约旦千万别发生什么变化,若都拒绝了邀请,只埃及一家,还开什么和会!基辛格不敢有丝毫怠慢。在此后的18个小时里,他赶紧访问了约旦和以色列,从约旦那里终于得到确切的口信,不管叙利亚是否出席会议,约旦一定如期前往。至于梅厄夫人,基辛格费了不少的口舌,总算说服了她。

在离开以色列首都特拉维夫时,善于在以色列人和阿拉伯人之间使用心理平衡术的基辛格,再一次展示他的外交魅力。他特意到一个犹太人的纪念碑前祷告,在那儿时他戴上了犹太人的小毡帽,手举小蜡烛。这一举动给了以色列人一种同种同教的心理感觉,多少平息了不少犹太人因他同阿拉伯人拥抱欢谈而抱有的敌意。

1973年12月21日,埃及、约旦、以色列、美国和苏联的外长齐聚于日内瓦国联大厦,在联合国秘书长瓦尔德海姆的主持下,开始了为中东谋求和平的漫长进程。

然而会议的气氛却极为紧张,阿以代表互不理睬,彼此拒绝握手。到发言时,一方不断地引用阿拉伯谚语,一方不断地谈起《犹太圣经》。会谈取得的结果不太令人满意,但对基辛格来说,能把阿以双方请到一间屋子里对话,就是一个了不起的进步了。这是基辛格历尽千辛万苦通过吃羊排和谈判两手取得的。和平的大门已经打开,能否穿越过去就是后话了。

1974年1月10日,基辛格又对中东进行了一次闪电式的访问。他在阿斯旺和耶路撒冷之间穿梭飞行数次,奔波于萨达特和梅厄夫人之间,为埃以两军脱离接触寻找双方都可接受的最佳方案。他还飞赴大马士革,为叙以脱离接触协议铺平道路,在穿梭外交期间,他成了中东事务的大忙人,新闻媒介说他已成为羽翼丰满的国际超级明星。

1月18日,尼克松出现在白宫新闻发布室,自豪地宣布:埃以将签署一项关于双方军队沿苏伊士运河前线脱离接触的协议。他说:"这是中东走向永久和平的第一个重大步骤。"

新闻媒介轰动了,说这是破天荒的事件,以色列报纸《耶路撒冷邮报》头版刊登了一巨幅漫画,穿着和平天使衣服的基辛格正乐哈哈地坐在一门沉寂的大炮上。在开罗,萨达特听到这个消息后惊喜若狂,他吻着基辛格的双颊说:"亨利,你不仅是我的朋友,也是我的兄弟。"

5月,基辛格又一次去了中东,这次基辛格身旁多了一位新人,漂亮的南希成了他的穿梭伴侣,在一次梅厄夫人举办的宴会上,基辛格带着愉快的笑容,当众吻了南希的两颊,梅厄夫人竟大惊失色:"怎么? 你也吻女人?"

基辛格哈哈大笑。

在评论他为中东和平做出的努力时,梅厄夫人说道:"除了参谋长以外,再也不可能有谁像基辛格一样,对摩奈特拉附近的每一个村庄和每一个山丘了如指掌。"

基辛格的中东穿梭外交结束了。回到美国时,他受到了史无前例的热烈欢迎。从1973年底到1974年初,他在中东频繁穿梭,全部会谈时间达180个小时,行程35 000公里,尤其为推动埃及与以色列的和解,他发挥了高超的外交技巧,做出了不懈的努力。舆论界对基辛格的赞扬有加。《时代》杂志说:"由于他旋风般地穿梭于中东国家的首都,他可与历史上最伟大的外交家如梅特涅、塔列朗等人相提并论,或许还比得上最擅长于穿梭外交的科斯特克。美国历史上还没有哪一个国务卿像他那样有这么大的权力,担任这么大的责任,同时又承受那么重的负担。"被中东问题搞得焦头烂额的外交官们也说:"基辛格是能够创造奇迹的人。"

的确,基辛格在中东事务上取得了累累硕果,这是他外交生涯中最辉煌的时刻之一。

在野舞台

1972年,尼克松再次当选美国第38届总统。然而,"福兮祸之所伏",当他和基辛格在华盛顿肖尔哈姆饭店举杯庆祝时,尼克松万万没想到1年多以后"水门事件"的丑闻一下子把他从高山之巅甩进了万丈深渊。7个月后,尼克松被迫辞职,黯然离开了白宫。尼克松因"水门事件"而身败名裂,而基辛格却未受到冲击。像卡尔布说的那样:"在那被'水门事件'搅得昏暗的天空中,这颗彗星反显得更加光彩夺目了。"

基辛格又在继任总统福特的手下当了两年零5个月的国务卿。1977年1月他结束了国务卿的任期,轰轰烈烈的外交生涯和引起人们争议的历史活动都成了往事。8年的公职使他获得了美国文职官员的最高奖赏——自由勋章,和由福特加封的"美国历史上最伟大的国务卿"称号。

卸下心爱的公职后,基辛格到乔治敦大学重新操起了教鞭,当上了国际关系客座教授,并成为该大学战略与国际关系研究中心的顾问。

但他这样的人现在已不可能再像以前那样循规蹈矩的教书了。除了在乔治敦大学任教外,他先后成为国家广播公司和大通曼哈顿银行的特别顾问,阿斯彭学会的高级研究员,同时还为各种集团出谋划策。到里根政府时期,基辛格再一次受聘出山。1983年7月,里根任命他为研究中美洲政策的两党委员会主席,负责促进两党对美国的拉美政策形成共识。

多年来,基辛格一直致力于发展中美关系。1987年4月,基辛格、万斯等人宣布成立美中协会,基辛格亲自担任协会主席。在这个协会里,有4位前总统、6位前国务卿以及一些国家安全顾问、企业界领袖和中国问题的专家学者。里根总统发来了贺词,尼克松、卡特发表了书面讲话,他们都公开支持这一新组织。这一组织层次之高,声势之大前所未有,引起了美国政界和商界的注意。基辛格卸任后多次以各种身份访华。

特别值得提起的是,在这一时期,基辛格的个人事业发展迅速,他义无反顾地"下海"了。1982年,基辛格与美国外交界、经济界的一些"超级明星"组建了"基辛格联合咨询公司",自己出任董事长,斯考克罗夫特担任总经理,公司总部设在华盛顿,人员不多,只有8个人,以前在大通曼哈顿银行工作的坎宁安担任了公司秘书,这家咨询公司主要为一些大型跨国公司制定各种国际商务决策提供专家建议。有人估计基辛格咨询公司每年要向每个客户收取25万美元的咨询费。在信息时代的社会里,智能的价值是无限的,这笔钱对于这位美国超级战略明星来说,算得了什么呢!

20世纪90年代以来,已70多岁高龄的基辛格仍没有沉寂。当海湾战争的硝烟还没有散尽,他就告诫布什:战争的目标是维持中东的稳定,削弱萨达姆政权的军事进攻能力,但不能摧毁那个国家。1994年,时任美国对外关系委员会主席的基辛格,就中美关系向克林顿总统提交重要报告:告诫克林顿美中对抗不仅会影响美国同亚洲其他国家的关系,而且还会严重损害美国的全球战略利益。主张从全球战略角度来处理美中关系,努力扩大同中国的交往。这份报告对于促使克林顿总统取消把给予中国最惠国待遇与人权问题挂钩的做法,起到了积极的推动作用……

"绥靖"翻成助恶凶

——张伯伦

人物档案

简　历：出生于英国伯明翰市,1915 年就任伯明翰市市长;1918 年成为第一届议会的下院议员;之后相继担任邮政总长,卫生大臣,财政大臣,首相。1940 年因政策失误被迫下台,同年 11 月 9 日因癌症病故于汉普郡,终年 71 岁。

生卒年月：1869 年 3 月 18 日~1940 年 11 月 9 日。

历史功过：张伯伦改革了英国的国际贸易方针,实行保护关税政策,极大地改善了英国的国际收支逆差,保护了国内市场,对缓和经济危机起到了很大的推动作用。但是二战时,对希特勒采取"绥靖"政策,导致丧失了抗敌的大好时机。

名家评点：因推行对法西斯的绥靖政策而被钉在历史耻辱柱上的人。

弃商从政

1869 年 3 月 18 日,张伯伦出生在英国伯明翰市一个殷实的家庭里,他的家族世代经商,到他父亲时规模已经很大。张伯伦的父亲后来弃商从政,先后担任过英国贸易大臣、殖民大臣等职务,同时是自由党的领袖。张伯伦的哥哥也是活跃于英国政坛的风云人物,曾在数届内阁中担任各种大臣职务。他父兄辉煌的政治生涯,为其家族赢得了显赫的名声,也为张伯伦后来从政奠定了坚实的基础。

在这样的家庭中,张伯伦自小就受到良好的教育。后来他就读于伯明翰的拉吉拜和梅森学院,获得法学博士、民法学博士和文学博士等学位,成为当时获各种学位最多的人。在 20 岁完成学业后,张伯伦先是协助父亲经商,后来开始涉足伯

127

明翰的政坛,参与政治活动。由于他具有一种天生的为政才能,再加上家族的势力和影响,张伯伦在1911年当选为市议员,1915年任伯明翰市市长。他在任市长期间设立了伯明翰市储蓄银行,这是英国第一个也是唯一的市立银行。随着张伯伦在地方政坛中崭露头角,他开始引起英国政界的注意,这为其进一步升迁打下了基础。

1918年12月,张伯伦击败竞争对手,进入一战后第一届议会的下院。由于他工作勤奋,能力突出,很快就在下院里声誉鹊起。1922年10月,劳合·乔治联合政府垮台,张伯伦所在的保守党组成了清一色的新政府内阁,于是,他也随之度过了可称飞黄腾达的一年。在12个月里,他相继担任邮政总长、主计长、卫生大臣、财政大臣。出色的多方面才能,使张伯伦很快成为政府中的重要人物。

与此同时,由于张伯伦的声望逐步提高,影响不断扩大,他在保守党内部的地位也迅速上升。1925年以后,张伯伦逐渐登上了保守党领导集团中的显赫位置。

1929年,资本主义世界爆发了严重的经济危机,英国也毫不例外受到了冲击。1931年8月,英国的资产阶级政党为了对付日益严重的经济危机和社会动荡,联合组成以麦克唐纳为首相的联合政府,史称"国民政府"。张伯伦作为保守党研究部的主任,在国民政府的组建过程中起了巨大的作用,因而被邀请入阁,担任卫生大臣。1931年10月大选之后,国民政府继续执政,张伯伦被调任财政大臣。这是张伯伦第二次出任财政大臣,时间长达五年半之久。针对英国在经济危机的打击下首次出现贸易逆差和国际收支逆差的情况,张伯伦着手改革英国的国际贸易方针,废弃传统的自由贸易政策,实行对进口商品征收高关税的保护关税政策,从而极大地改善了英国的国际收支逆差,同时还保护了国内市场。与此同时,张伯伦还致力于保护整个英帝国的市场。1932年7月至8月,张伯伦与副首相鲍尔温一起出席了英帝国会议,与各自治领签订了一系列双边贸易协定,既增加了帝国各成员国对英国的出口,又增加了英国对帝国各成员国的出口,同时筑起了一道阻止其他国家商品打入英帝国市场的关税壁垒。所有这些措施的实施,对缓和危机,复苏经济,加强英国商品在国际市场上的竞争地位,都起了一定作用。随着张伯伦声誉的不断提高,以及在保守党和政府内的实力地位的不断增强,他的活动范围也更加广泛。他积极地参与外交事务,很快接管了极为重要的制定国防和外交政策的部门,1937年5月28日鲍尔温辞去了首相职务,由张伯伦继任为首相。其后三天,他又被选为保守党领袖,终于实现了多年为之奋斗的梦想。

入主唐宁街

张伯伦任首相后,国际形势由于法西斯的战争挑衅而日益变得严峻。当时,外交事务成了政界压倒一切的议题,因此,他这个新任首相与前任截然不同,从一上任开始,就尽可能密切地关注外交事务,并不时干预外交政策的制定。

1937年,正是希特勒德国加紧扩军备战,欧洲正一步步地滑向战争的边缘之时,到1938年,欧洲已经弥漫着浓烈的火药味。3月13日,德国政府宣布把奥地利并入德国,将奥地利变成德国的一个省。法西斯德国垂涎的下一个猎物是捷克斯洛伐克,在两个月以后就开始加紧向德捷边境集结部队。纳粹德国的嚣张气焰,使英国的殖民利益和自身安全,都直接受到了严重挑战。这时,在如何对待德国法西斯的战争威胁上,英国政府上层出现了观点分歧的两派:强硬派和绥靖派,而绥靖派的主要代表人物,就是新任首相的张伯伦。为了实现其确定的避战求和、维护英同既得利益的战略目标,张伯伦一改前任首相不过多过问外交事务的做法,统揽一切外交大权,不顾强硬派的反对,强行推行绥靖政策。在他主持下,英国政府逐步形成了一整套所谓"全面解决"欧洲问题的绥靖"总计划",意图通过谈判和秘密交易,在不损害根本利益的前提下,让出自己的部分利益,出卖中东欧中小国家的利益,来满足德国法西斯的侵略要求,以确保西欧和平,维护大英帝国的地位。

正是在这种绥靖战略的指导下,张伯伦出任首相后的第一个外交行动,就是"向德国表示友好姿态"。1937 年 5 月,上台伊始的张伯伦就向德外长牛赖特发出了访英的邀请。虽然遭到德方拒绝,张伯伦却依然如故,继续向德围表示友好。7月,他对苏联大使伊凡·迈斯基说:"我们可以同德国人坐在一张桌子旁,用一支铅笔把他们所有的抱怨和要求统统记下来,这会大大缓和紧张气氛。"接着,张伯伦又在 11 月派枢密大臣访问德国,同德国沟通关系,实际上向希特勒和盘托出了英国的对德政策。

三次进谒

在捷克危机期间,张伯伦没有以强硬的态度来对待得寸进尺的希特勒,认为英、法没有这个实力。1938 年 9 月,张伯伦向议会报告时说:"在这种情况下,决定时机已到,必须将我长期考虑作为不得已行动的计划付诸实施。同极权政府打交道的主要困难之一,是无法同好些掌握该国最后决定权的人物建立联系。所以,我决意亲自去德国见希特勒,通过私人交谈摸清是否还有挽救和平的希望。"9 月 13日晚,张伯伦迫不及待地向希特勒发出特急电报:"鉴于局势日益严重,我提议立即前来见你,以寻求和平解决的办法,我提议乘飞机来,并且准备就在明天启程。"

在希特勒表示同意后,9 月 15 日,年近古稀的张伯伦生平第一次坐上飞机,赶往德国亲自拜见希特勒。不料两人一见面,希特勒就提高了此前给张伯伦电报中的要价,他提出的要求已经不是捷克苏台德区的自治,而是把它割让给德国。并且威胁说:"这件事必须立即解决,我已经准备好了,就是冒世界大战的风险,也不能让这件事拖下去。"张伯伦弄清了希特勒的要价后,表示对此不能做主,要回国与政府进行商议。

为了英国自身的利益,张伯伦决定"做主"牺牲掉捷克的国土。回到伦敦后,他立即与法国进行商谈,决定英法两国用高压手段迫使捷克接受德国的要求。他们炮制了一份联合方案,要求把苏台德区"直接转让给德意志帝国",并且警告说:"如果这些地区现在不割让给德国,捷克斯洛伐克的和平、安全和切身利益就不能达到有效保障。"也就是说,如果捷克拒绝这个建议,那就只能单独对德作战了。捷克政府"迫于形势和极紧迫的压力",于 21 日"怀着痛苦的心情"接受了英法的建议。

可是,让张伯伦没有料到的是,当他再次启程进谒希特勒时,希特勒却不讲信义,再次提出了新的要求。他不仅要占领捷克更多的地区,而且还要把捷克境内的波兰人、匈牙利人分裂出去。这种苛刻无理的要求,在张伯伦看来也是难以接受的。在几经谈判毫无结果后,张伯伦只得忍气吞声,带着沉重的心情返旧伦敦。

正当德捷双方剑拔弩张时,一直在坐山观虎斗的美国出面,倡议召开不包括苏联在内的"有关国家"的国际会议,解决德捷争端。希特勒抓住时机表示同意,并向英法意三国首脑发出了邀请。1938 年 9 月 29 日,英国首相张伯伦与法国总理达拉第、意大利总理墨索里尼、德国总理希特勒,聚集在慕尼黑举行了一次决定捷克斯洛伐克命运的会议,这就是历史上臭名昭著的慕尼黑会议。这次会议张伯伦已是第三次与希特勒会晤。

这次慕尼黑会议,实际上完全是按照希特勒的意图进行,其他三国首脑只是象征性地在协定书上签了字。可是,张伯伦却误以为,就此遏制住了德国的侵略,实现了英国的战略目标,甚至"以后整整一代人的和平有了保障",从而落入了希特勒设置的致命陷阱。

"绥靖"梦灭

1939 年 3 月,希特勒断然撕毁慕尼黑协定,给捷克斯洛伐克,也是给绥靖政策以致命的一击,从此开始了英国外交政策的新纪元,用张伯伦本人的话说,英国外交的新纪元开始于布拉格被占领以后。1939 年 3 月后,张伯伦政府开始对共外交政策做了某些调整,与法国一起与苏联谈判,但是由于双方均缺乏诚意,英、法、苏三国谈判最终破裂,导致苏德签订了互不侵犯条约,从而使希特勒得以避免两线作战。加上在绥靖政策的纵容下,德军连连得手,终于在 1939 年 9 月 1 日,突袭波兰,导致第二次世界大战的全面爆发,也使张伯伦推行的绥靖政策彻底破产。9 月 3 日,张伯伦代表英国对德国宣战。他在下院无可奈何地说:"今天是我们大家都感痛心的日子,但是没有一个人会比我更为痛心。在我担任公职的一生中,我所为之工作的一切,我所期望的一切,我所信仰的一切,都已毁于一旦。"随着战争的推进,人们对和平的美好愿望变成了泡影,而张伯伦的预言变成了历史的笑柄,张伯伦也因此被永远地钉在历史的耻辱柱上。与此同时,张伯伦对他的内阁进行了改组,将强硬派的代表丘吉尔吸收进内阁,担任海军大臣,前外长艾登担任殖民事务大臣,组成战时内阁。但是已经为时过晚,朝野内外对张伯伦的不满日益加剧,特别是希特勒对西线的进攻,法国的沦亡,犹如火上浇油,使英国国内对张伯伦的不满更是达到了极点。1940 年 5 月,张伯伦被迫下台,由丘吉尔接任首相职位,组成了联合政府。张伯伦辞职后,还是一直敏锐、热心地注视着国家大事。1940 年 9 月 30 日,他因病退出政坛和保守党的领导职位。同年 11 月 9 日,即离开政界不到一个半月,张伯伦因癌症病故于汉普郡的赫克菲尔德,终年 71 岁。

"才子"政客

——丘吉尔

人物档案

简　　历:出生于 1874 年 11 月 30 日,1940 年 5 月 10 日下午,国王授权丘吉尔组建政府,1965 年 1 月 24 日,丘吉尔因脑溢血在家中与世长辞。

生卒年月:1874 年 11 月 30 日~1965 年 1 月 24 日。

性格特征:意志坚强,宽宏大度,开朗乐观,诙谐幽默。

历史功过:作为政客,他唇枪舌剑,论辩雄健,顺风使舵,随机而变,被誉为"千面政客";作为首相,他统筹全局,内领导英国人民,外联合友邦,智胜德国法西斯,成就了一代伟业。二战后却没能观察国际大势,违背人民意愿,不得不递交了辞呈。

名家点评:英国政治家,文学演说家。20 世纪最重要的政治领袖之一。

顽劣少年

1874 年 11 月 30 日,温斯顿·丘吉尔出生在英国马尔巴罗公爵的布伦海姆宫内。

父亲伦道夫勋爵是位国会议员,成天热衷于各种政治活动,极少过问家事。母亲珍妮是位在巴黎长大的美国巨商之女,谙熟欧洲上层社会的交际方式,喜欢把时间耗费在骑马、跳舞、宴饮等寻欢作乐上,对孩子的事一直心不在焉。

珍妮这样的母亲实在也无可厚非,这在当时有头有脸的年轻母亲当中是司空见惯的。母亲们对抚育孩子的责任不以为然,仅满足于一天之中带着幼小的子女在客厅逗玩一两次,孩子无异于供她们赏玩的小狗小猫,这正是上层社会的时尚。

更何况小丘吉尔也确实并不那么招人喜欢。他生性十分固执,过分地相信自己。他说话口吃,发音不清,但却是个饶舌的孩子,从学会说话那时起就絮絮叨叨地嘀咕个没完。

还有便是他虽然长得挺结实,但小模样并不怎么漂亮。于是乎,小丘吉尔平日里很少见到父母,后来举家迁居伦敦,他跟双亲见面的机会就更加少了。

日夜守护着小丘吉尔的是保姆爱维莉丝特太太。这是一位十分难得的心地善良、性情温和的中年妇人,她倾尽心力地教养、无微不至地关怀小丘吉尔,成了丘吉尔幼年时代唯一亲近的人。

小丘吉尔给自己的保姆起了个昵称——"爱姆",这也许算得上未来的伟人平生第一项创造发明。

7岁那年,丘吉尔到詹姆斯教会学校读书。这所学校专收富家子弟,实行寄宿制,并且对学生的处罚十分严厉,自在惯了的丘吉尔顿时产生了厌恶情绪。

入学的当天黄昏,一位教师把丘吉尔领进一个空荡荡的教室,拿出一本薄薄的绿褐色的书问道:"你以前读过拉丁文吗?"

"不曾读过,先生。"丘吉尔回答说。

教师边用拇指翻开书本边说:"这是一本拉丁文法。你必须读它。半小时后我来检查你能读懂多少。"

教师走了,丘吉尔孤零零地留在陌生而阴冷的教室里,他感到有些害怕。这本书横竖是读不懂的,管它呢!他让自己一个劲地去想爱维莉丝特太太,想家里的儿童游艺室。可不是吗?那些稀奇可爱的玩具,有自动汽车,有幻灯机,还有各种各样的兵器……

半个小时过去了,教师走回了教室,以十分生硬的口气问他:"你都会读了吗?"

"我想我会了。"丘吉尔于是自作聪明地信口瞎念了一通,接着又胡乱指着书本的一处装模作样地请教道:"先生,这些字母拼在一起是什么意思?"

"它是桌子的意思。"

"为什么是桌子呢?"

"桌子就是桌子。你要是搞不懂,就去问桌子吧,问它为什么叫桌子!"教师极不耐烦了。

"问桌子?我可从来没有这样做过。"丘吉尔惊呼道,他的脾气终于露了出来。

"放肆!如果再这样无礼,你就要受罚,受非常严厉的责罚。懂吗?"

这仅仅是丘吉尔求学于此的一个前奏曲。不久,丘吉尔因没写法语遭到了校方严厉的惩罚,挨了鞭打。

"叭!叭!"校长挥动鞭子抽打着丘吉尔的手臂和肩膀,丘吉尔咬着牙始终没有哭。他噘着嘴,紧绷着那长得像英国斗犬似的脸,斜眼瞅着校长。挨打时,他把校长的草帽抢下来,踏了个稀烂。

其他学生则在一边都吓破了胆。从此,丘吉尔成了学校的英雄。但是,法语他还是连学都不学,所以成绩一直是最后一名。

詹姆斯教会学校的生活使丘吉尔的身体越来越弱,他休学回到父母家中。在这所小学校他读了两年书。

后来他转学到布赖顿小学。在这里,丘吉尔并不受体罚,不过他对纪律,对学习的态度依旧。丘吉尔在布赖顿小学读了三年书。

小学毕业后,他参加了哈罗中学的入学考试。试题是把拉丁语译成英语,丘吉尔对此一窍不通,结果吃了个"鸭蛋"。

如此糟糕的成绩,学校看在他父亲的面子上,才准许他入学。入学之后,他仍然不愿学拉丁文和希腊语,但对英语却下功夫学习。丘吉尔以后能著书立说,笔疾如飞,就是在这里打下的基础。

丘吉尔的英语、历史、诗歌的成绩很优异,在一次文艺会上,他背诵一本关于古罗马的书,背了1200行竟毫无差错。因而受到了校长的表扬。丘吉尔喜欢游泳和击剑。他的击剑曾在公立学校运动会上获得优胜。

假期回家后,丘吉尔常与弟弟一起用锡兵玩具做战争游戏。丘吉尔有1500个锡兵,可以组成一个步兵师团和一个骑兵师团,除此之外他还有18门野战炮。

父亲很快发现这个在学习上不争气的儿子,在指挥锡兵打仗上能独出心裁,颇有些军事天赋,于是他下定决心,把儿子送到了军校预备班学习。

桑赫斯特军校是英国最有名的军校,父亲多方设法,经过三次考试,丘吉尔终于考入了军校骑兵科。这时的丘吉尔已经十九岁半了。

对丘吉尔来说,陆军军官学校使他的天赋得到了充分的发挥。这里不用学那令人生厌的拉丁语、法语和数学。

这里有别处学不到的战术、筑城、地形学、军法、军政等课程。全体新生都从同一条水平线上出发。另外还学习体操、骑马,这可是丘吉尔的拿手好戏。桑赫斯特军校的生活令丘吉尔十分愉快。

另外,这期间父亲让书店给丘吉尔寄去不少参考书,这使丘吉尔的学识日趋丰富。丘吉尔对战术和筑城兴趣最浓。爆破桥梁、修筑碉堡、侦察路线、绘制地图等方面他比别人确实更胜一筹。

他非常喜欢骑马,为了驯服性情暴烈的战马,几次从马背上摔下来,但他毫不气馁。他掏尽身上最后一个铜板去马店租马,在正常训练之外参加越野赛和障碍赛。

桑赫斯特军校的生活结束时,哈罗中学的末等生这次在158名学员中名列第八名,一跃而成了优等生。他毕业成绩优异,并获得了陆军骑兵少尉的军衔。正当丘吉尔充满希望幻想未来的时刻,不幸的事情发生了。1895年1月24日,年仅46岁的父亲去世了。

因为父亲的英年早逝,丘吉尔懂事多了,他开始奋发图强,努力走自己的路了。

初涉军旅

军校毕业后,他被分配到第四骠骑兵团,成为一名骠骑兵中尉。而此时充满抱负、血气方刚的丘吉尔,渴望早日体验真正的战争。

而当时世界宁静、和平,只有古巴人民反抗西班牙殖民主义者的民族解放战争风起云涌,如火如荼。于是,丘吉尔与同样喜欢冒险的巴恩斯中尉一起来到了古巴。

在临去古巴之前，丘吉尔和伦敦的《每日写真报》约定，以随军记者身份为其撰稿。

丘吉尔来到古巴后不久就经历了第一次战斗洗礼。那天正好是他21岁生日。在西班牙殖民军的营地里，一大清早，他还躺在被窝里酣睡，突然外面枪声大作，他们遭到了古巴义军的袭击。

当丘吉尔慌忙爬起来，找安全的地方躲避时，几名西班牙殖民军士兵已经倒在了血泊中。

一整天，丘吉尔一行就像过街的老鼠，无论走到哪里，都成了众矢之的，不时地受到古巴义军的袭击。后来好不容易在一个新的宿营地落脚，丘吉尔约了几位西班牙军官刚要到河边洗澡，河对岸的古巴义军又向他们开火了，澡没洗成，他们提着裤子狼狈地逃了回来。

在古巴的一个多月里，丘吉尔虽然处境狼狈，不过收获可不小。

因为他在随军采访中表现出的"英勇"行为，回英国后，被西班牙人授予"西班牙红十字勋章"。更重要的是，他在《每日写真报》发表了5篇战地报道，大出了风头。他意识到，用记者这支笔，可以开创他通往政坛的道路。

此时，丘吉尔深感自己在写作上的不足。因此，他阅读了有关历史、哲学、宗教和经济方面的大量书籍。

他刻苦努力，每天阅读四五个小时，在短短的时间里，从这些书中汲取了大量的营养，为他后来成为著名的国务活动家和著作家打下了坚实的基础。

不久，印度东北边境马拉坎德山口附近的一个帕坦人部落起来造反了，丘吉尔以《拓荒者报》随军记者的身份参加远征，还与伦敦《每日电讯报》达成供稿协议。

不过，这次随军远征比古巴之行艰险多了，起义军拼死抵抗，英军死伤惨重。在玛芒特谷之战中，丘吉尔险些丧命。

在玛芒特谷战斗中，丘吉尔表现得非常勇敢。同时，他以"一个年轻军官"署名的有关这次战斗的报道，受到社会的广泛注意。

丘吉尔利用战时收集的材料，用两个多月的时间一鼓作气写完了他的第一部著作《1897年马拉坎德野战军的故事——边境之战插曲》。

这本书使年轻的丘吉尔得以跻身于新闻界并开始有了名气。

1881年，苏丹爆发了马赫迪领导的反抗英国侵略者的民族解放战争，起义军接连取得胜利，并打死了作恶多端的苏丹总督戈登。

英国准备了很长时间要为戈登报仇，并于1896年对苏丹发动了大规模的入侵。

为了报道此次战争的情况，丘吉尔及时赶到苏丹前线。在那里，他不但看到了英军的残忍和基奇纳将军的纵容，同时更进一步认识到新闻工作为他出名和挣钱提供了机会。新闻工作还可以成为他政治上取得成功的一种手段。

战争结束之后，丘吉尔一边等待涉足政界的机会，一边搜集资料，研究有关苏丹战争的资料，动手写《尼罗河的战斗》一书。

1899年6月，进入政界的机会意外地迅速来临。奥德姆选区的保守党议员去世了,需要补选一名下院议员,丘吉尔被推荐为候选人。

丘吉尔踌躇满志地开始了他的人生新起点。但最初的形势对他很不利。初选时他以1300票的差距落选了。

然而,丘吉尔并不灰心,他又开始认真地研究起政治。但这时的丘吉尔仍期待着冒险。不久,南非的英属殖民地发生了骚乱。就在这时,《晨邮报》要求丘吉尔作为该报特派员去南非,月薪200英镑,所需费用全部由报社负担。

到前线后不久,丘吉尔应邀与侦察队长霍尔登大尉乘装甲列车前去侦察敌情,他十分兴奋。临近前线能写出身临其境的真实报道,这是新闻记者求之不得的。

可是出师不利,他们遭到了布尔人的袭击,对方攻势越来越猛烈,他们的列车好几节车厢出了轨。丘吉尔这时非常冷静,他首先稳住了火车司机,到了这般田地能让火车开动起来的只有司机一人了,他手里握着全体英国官兵的生命。丘吉尔拼命说服了司机,在枪林弹雨中他与霍尔登去摘掉已脱轨的车辆,花费了整整一个小时。

他一边鼓励士兵,一边把脱轨的车辆搬开,然后把受伤人员搬进车头或煤水车里。

火车退回安全地带后,丘吉尔又沿着铁道返回去救霍尔登大尉和剩下的士兵。他回到原来的地方,发现什么人都没有了。

突然,两个布尔人出现在他面前,双方相距只有几十米,布尔人的枪口已经对准了他,他只好举起了双手束手就擒。

形势对丘吉尔来说很不利,虽然他是一名随军记者,但他参加了战斗,他的贵族身份更使他无望获释。

丘吉尔被监禁在战俘营里,恶劣的监禁生活使他无法忍受,何况是丘吉尔这样一个人。丘吉尔决定逃跑,整个逃亡过程充满了艰难和危险。

跃过监狱的高墙是第一道障碍。幸亏监狱管理上漏洞多,卫兵来回巡逻,总有一段时间背对东边灯光照不到的墙角,利用这段间歇,丘吉尔成功地翻越了高墙,逃离了监狱。

虽然重新获得了自由,但他要回到英国却似乎不太可能了,到处是布尔人和南非人,悬赏捉拿他的布告随处可见。丘吉尔只好顶着酷暑,忍饥挨饿地躲在山中,口渴难忍却不敢去找水喝。

直到天黑时,他实在忍受不了,才决定下山去碰碰运气,如果能碰上一个英国人或亲英分子,或许可以帮助他逃离南非。怀着忐忑不安的心情,丘吉尔敲开了山下矿区的一扇门。

也真是他命不该绝,他果真碰到了一个英国人——当时矿上仅剩的4个英国人之一。

在这个英国人的帮助下,丘吉尔装扮成搬运工人,终于安全到达英国大使馆,并返回英国。

年轻大臣

丘吉尔在逃离南非战争中的冒险经历后,他以此为资本,接连发表文章。使他成为当时英国名声极响的年轻作家,而且也给他带来了巨大的政治资本,为他在政治舞台上大显身手铺平了道路。

1905 年 12 月,在自由党支部领袖坎贝尔·班纳曼组织的政府里,丘吉尔获得殖民地事务次大臣的职位,这为他以后的升迁奠定了良好的地位。这以后十年间,丘吉尔一直官运亨通。

1908 年 2 月 12 日,坎贝尔·班纳曼首相突然中风,他的继承人阿斯奎斯开始筹划组织新内阁。

丘吉尔被任命为贸易大臣,阿斯奎斯首相特意把贸易大臣提升为内阁大臣这个等级。

1910 年 1 月,英国再次大选,阿斯奎斯首相对内阁成员进行了某些调整,由于丘吉尔在政治斗争和竞选运动中的出色表现,他在自由党以及政府中的分量更重了。

丘吉尔担任了内政大臣要职。内政大臣在英国内阁中地位较高,权力也很大。而此时的丘吉尔仅 35 岁。

丘吉尔一上任,就立即着手对监狱进行了改革。

丘吉尔要求对犯人实行较人道的待遇,他还亲自审阅被判处绞刑或长期徒刑的犯人的卷宗,十分谨慎地将结论记录在备忘录上。他发现了一些轻罪重判的案例并加以改正。

为了加强对矿山安全生产的管理,1910 年丘吉尔主持制定了《矿山法》。

1911 年 9 月,阿斯奎斯首相撤换了备战不力的海军大臣职务,请丘吉尔出任,丘吉尔立即同意了。

丘吉尔以一个工作狂的面目出现在海军部,他立即在海军部建立了参谋人员值班制度,规定值班人员在必要的情况下发紧急警报。

他极力造成一种临战气氛,促使部内各级人员相信来自德国的进攻已迫在眉睫。

1912 年 1 月,丘吉尔在海军部正式建立了作战参谋部,由第一海务大臣具体领导。丘吉尔还下令对参谋人员进行培训,并要求将英国自古以来的海战范例作为培训教育的重要组成部分。

1914 年 7 月 30 日,奥匈帝国向塞尔维亚宣战,第一次世界大战爆发。8 月 1 日,德国对俄国宣战。

8 月 4 日,英国内阁在得到德军已侵入比利时的消息时,决定向德国发出最后通牒,要求德军在当晚 11 时以前从比利时撤退。德国方面未予答复,英国对德国宣战。

8 月 20 日,比利时的首都布鲁塞尔被德军攻陷。

10 月 2 日,伦敦得到消息说,比利时政府已经决定放弃安特卫普,准备撤退到奥斯坦德。

而此时阿斯奎斯首相正在外出途中,丘吉尔、外交大臣格雷和新任陆军大臣基奇纳经过商议后决定要求比利时政府坚守安特卫普。

恰逢丘吉尔正要再次去敦刻尔克访问,于是大家一致认为丘吉尔应在去法国期间到安特卫普转达上述意见,并了解该地的军事形势。

第二天下午,丘吉尔到达安特卫普,与比利时政府进行了商谈。比利时人同意在该地坚守10天左右,以待协约国援军的到达。丘吉尔也当即命令敦刻尔克的英国海军陆战队先派两个旅来增援安特卫普。

10月4日,丘吉尔致电阿斯奎斯,请求准予辞去海军大臣职务,并授予他在安特卫普的正式军事指挥权。

基奇纳表示可以授予丘吉尔中将军衔,但首相认为这样做似乎太离谱,因而拒绝了这一考虑。

丘吉尔遭到拒绝后再次提出请求,坚持要求留在安特卫普。他实际上已将该地的领导权抓在自己手中。他任命海军情报处长奥利弗将军为他的秘书,帮他处理各种军务,并亲自冒着猛烈的炮火到各处视察。

但是,内阁则要求丘吉尔立即赶回伦敦履行自己的职务。

1915年初,英国海军取得了一连串的胜利,使海军部的威望大大加强。在胜利的鼓舞下,丘吉尔在帝国防务委员会上提出了消除敌军入侵英国威胁的最好防御手段是进攻的战略思想。

同时他还提出了在北海封锁德国各海港出口和进攻达达尼尔海峡,打开马尔马拉海的通道,进攻新近加入德奥一方作战的土耳其的最大城市君士坦丁堡,与苏联人取得联系的两种作战方案。

海军对达达尼尔海峡各要塞的炮击于2月19日开始,并用战舰运送小股部队登陆,摧毁了海峡入口处的炮台,但由于健康不佳的地中海舰队司令指挥不力,行动极为迟缓。

3月18日开始了第二次重大进攻。英法军舰受阻于敌人的布雷区,有两艘英国战列舰和一艘法国战列舰因触雷而沉没。

同时,英国军队陆、海军之间互不协调的弱点此时充分暴露了出来。

达达尼尔海峡成了英国人的葬身之地。

由于丘吉尔孤僻的性格和对政治的强烈兴趣,他在很长时间内极少与女性交往。正当他的朋友们以为他会打一辈子光棍的时候,1908年9月12日的报纸上却登载了丘吉尔与23岁的克莱门蒂娜·霍齐尔小姐结婚的消息。

克莱门蒂娜是长女,她美丽、聪明,有知识,还能说一口流利的法语和德语,还很有政治头脑。

丘吉尔很喜欢克莱门蒂娜,并以自己的勇敢赢得了克莱门蒂娜的爱慕。

1908年夏天,丘吉尔和堂兄来到一个叫鲁特佗德的小镇度假。

一天深夜,小镇起了火,丘吉尔在救火中表现得十分英勇,他不仅担负了指挥职责,还冒险冲入火海抢救财物。

克莱门蒂娜知道此事之后,关切地给丘吉尔拍了份电报,表达自己的敬仰之情。

此后不久,丘吉尔邀请了克莱门蒂娜到布伦海姆宫做客,丘吉尔很快坠入情网。从此,两人感情日深,终于结为终身伴侣。

丘吉尔对自己的妻子极为满意。他们俩终生相亲相爱,生活美满,这在英国政治家中是十分少见的。克莱门蒂娜性格外柔内刚,既有良好的教养,又有较高的审美趣味。在她的精心布置和安排下,家里被收拾得井井有条,装饰得优雅精致。尤为难得的是,克莱门蒂娜在政治上也是丘吉尔的好帮手。

她能够为丘吉尔出谋划策,提出好的建议,使丘吉尔避免因冲动或草率而采取不明智的行动。

坎坷仕途

1915 年 11 月 18 日,伦敦笼罩在浓雾之中,丘吉尔辞去了大臣的职务,作为一名普通的陆军军官去法国蹲战壕。

丘吉尔被派到了一个苏格兰的步兵营,欢迎他的是士兵的白眼和热情的虱子,还有德国人的子弹。在 1915 年寒气逼人的深秋,丘吉尔待在法国肮脏的战壕里。

为了重返政府,丘吉尔必须忍耐。他尽一切努力同自己的同事搞好关系。他的朝气蓬勃、机智和过人的精力,还有那超群的勇猛精神使他很快就与同事们建立了良好的关系。很快,军官和士兵们就对这位大名鼎鼎的政治家消除了敌意。

1916 年 3 月,丘吉尔回到伦敦参加海军拨款问题的辩论。他仿佛不是一位陆军军官,而是一个政府领导成员,他建议首相该如何改组海军部,如何进行战争。他还明确地建议政府应该把他从前线召回来担任领导战争的重要职务。

但是没有人接受他的建议,保守党更不可能让他上台。丘吉尔只好每天绘画写作,等待时机。

幸运之神又一次光顾了丘吉尔。这一年,丘吉尔的好朋友劳合·乔治当了首相。劳合·乔治非常了解也很欣赏丘吉尔。

他认为丘吉尔是当代最杰出的神秘人物。他有出众的智慧,不容怀疑的勇气,孜孜不倦地认真研究军事艺术的精神,丘吉尔应该成为战时内阁的一位重要成员。

但是,这却遭到了保守党人坚决一致的反对。

1917 年 7 月,劳合·乔治觉得自己的政权比较稳固,可以让丘吉尔参加政府了。为了减少阻力,他建议丘吉尔担任军需大臣,这个职务不是内阁成员,不能参加领导战争,也无法影响政策。

尽管如此,围绕丘吉尔任职问题还是掀起了轩然大波。好多大臣甚至以辞职相威胁,反对丘吉尔进入政府。

不过,无论赞成也罢,反对也罢,丘吉尔终于又回到了政府,当上了军需大臣。短短几天,他一扫在野时的悲观和忧郁,像打足了气似的精力充沛。

丘吉尔一上任,就组织军需部生产了大批坦克。1917 年 11 月 20 日,坦克首次在西线攻打德国阵地,战果很大。

在这以后,英国政府采取措施,扩大坦克生产并筹备组建坦克部队。后来,有人还把丘吉尔称作"坦克之父"呢!

战争结束后,丘吉尔和妻子克莱门蒂娜一起乘汽车去唐宁街向首相表示祝贺。欢呼胜利的人群蜂拥而来,聚集在大厅前的广场上举行庆祝活动。

1918年12月,英国大选,丘吉尔被任命为陆军大臣,同时兼管空军部。一旦大权在握,丘吉尔就忙着实施他的武装干涉俄国苏维埃政权的计划了。

1921年2月,丘吉尔转任殖民地事务大臣,但同时他仍兼任空军大臣。

1922年底,自由党首相劳合·乔治因为威望越来越低,被迫宣布辞职。保守党领袖博纳·劳应邀组阁,开始了由保守党一党执政的新的英国政治时期。当保守党取胜的时候,丘吉尔却因患阑尾炎而入院接受手术。10月18日他的阑尾被摘除,第二天早晨当他醒来时,才知道劳合·乔治政府已经下台。丘吉尔不仅失去了他的阑尾,同时也失去了殖民地事务大臣的职位。在此后的六个月,丘吉尔在医生和夫人的陪伴下到法国南部著名的滨海城市夏纳休养。这期间,他开始写一本关于一战的巨著——《世界危机》。

1923年,丘吉尔又参加大选,得票位居第二而再次落选。这次大选最显著的变化是工党议席持续增加,并超过了自由党。

1924年,丘吉尔在无任何党派支持的情况下参加补缺选举,但保守党的主要负责人还是给予了许多支持,这引起全国社会各界人士和舆论界的极大兴趣。

丘吉尔在演说中对工党政府大加攻击,提醒人们防范危险的社会主义,主张保守党与自由党联合起来对付工党。但是,这次选举丘吉尔以43票的劣势再度败北。1924年工党政府垮台,10月再次举行大选。

保守党获胜。鲍德温组织新政府。为了让丘吉尔的聪明才智为保守党所用,丘吉尔被任命为财政大臣。财政大臣一上任就兴致勃勃地鼓励政府反对工人运动和仇视苏联。面对工人的罢工,想尽千方百计地把罢工搞垮。丘吉尔觉得这样做很惬意,他喜欢紧张的斗争,并且舍生忘死地投入到这场斗争中去。

丘吉尔这样做,也是力图使安逸的鲍德温觉得他更重要和不可缺少。这样,他就可以指望把鲍德温从最高领导人的位置上挤走。

相反,丘吉尔的所作所为不仅惹恼了鲍德温,也使整个舆论界对他不怀好感,工人对他更是充满敌意。当时,丘吉尔在英国人民心中已是威信扫地。很自然,1912年新的议院选举中,丘吉尔丧失了大臣职位。而被他激怒的鲍德温和工党领袖麦克唐纳结成联合阵线,反对丘吉尔进入政府。

1935年6月7日,鲍德温第三次出任首相。他对内阁只做了小规模的调整,仍然没有考虑给丘吉尔安排任何职位。看来此时已满60岁的丘吉尔似乎很难指望重返政府中去了。

1936年3月7日,德国总理希特勒突然宣布重占莱茵非军事区,制造了新的国际危机。丘吉尔感觉到希特勒的扩张野心,坚决主张英国应该在军事上有所准备。这时,丘吉尔在下院的形象有所好转,各党都有人赞成丘吉尔扩军主张。

很多自由党人现在也承认扩军的必要性了。工会领袖们以及知识界的社会主义者也都先后得出了同样的结论。1939年9月1日拂晓4点45分,150多万德国大军突破波兰防线,分三路向华沙推进。1939年9月3日上午11点,对德国发出的最后通牒时限刚过,英国对德宣战并宣布全国进入战争状态。第二次世界大战终于全面爆发了。

临危受命

英法向德国宣战后,张伯伦决定邀三军各大臣都参加战时内阁,请丘吉尔任海军大臣。丘吉尔马上表示同意。于是丘吉尔又回到了他阔别了 24 年的海军部。

1940 年 4 月 8 日夜,德军从陆海空三路进攻挪威和丹麦,在挪威所有的主要港口登陆,包括最北面的纳维克港。希特勒以所谓的"闪电战",在一天之内就占领了丹麦。在挪威海岸沿线,英德海军发生了剧烈的战斗。

4 月 9 日夜,五艘英国驱逐舰驶入纳维克海湾,同德国海军展开了猛烈的轰击。英军击沉了两艘德舰,但在驶出峡湾时英舰也损失了两艘。情势对英国不利。

以后英国海军虽然又击毁了几艘德国驱逐舰,使德国的海上力量大为削弱,但是在挪威陆地上,从中部到南部都陆续被德军占领。

这次战争在英国国内引起很大反响。在议会中,对张伯伦的领导作战的能力越来越怀疑,反对张伯伦的力量日益增强。

5 月 9 日,丘吉尔从金斯利·伍德口中得知了张伯伦决定组织联合政府并准备在必要时让出首相位置。一直对张伯伦忠心耿耿的金斯利·伍德此时也意识到张伯伦及其亲信不能很好地领导国家进行战争,因此他提醒丘吉尔说,如果张伯伦问及哈利法克斯是否宜于担任首相时,丘吉尔应保持沉默,对张伯伦的想法不予鼓励。

5 月 10 日上午 11 时,丘吉尔应召来到首相官邸。应召而来的还有外交大臣哈利法克斯和马杰森。

张伯伦对他们说,鉴于工党的反应,他已不可能出面组织联合政府。现在的问题是,在他提出辞职时,应向国王推荐谁来组阁。

张伯伦问话的意图很明显,他希望由哈利法克斯出面组阁,但马杰森拒不在丘吉尔和哈利法克斯两人之间由谁继任的问题上表态。丘吉尔也长时间一言不发。在经过长时间的沉默之后,哈利法克斯终于说话了。

他已明白丘吉尔不愿由他组阁。而得不到丘吉尔的支持,组成联合政府也是不可能的。

因此这位被泰勒称为"绥靖大公"的哈利法克斯勋爵说,由于他是上院议员,不适合在目前的战争条件下出面组织政府。这样,组织联合政府的责任就落在了丘吉尔的肩上。

1940 年 5 月 10 日,对丘吉尔来说是个不同寻常的日子,他接到了要他 6 时入宫晋谒国王的通知。站在国王前,他显得平静、谦逊。甚至当国王充满希望地要求他出任首相、组织政府时,他一点儿也不显得惊喜和失态。他欣然接受了国王的命令。

一离开王宫,丘吉尔就立即召见工党领袖艾德礼和格林·伍德,在问清他们愿意参加联合政府后,建议工党应在政府中占三分之二的职位。丘吉尔请张伯伦以枢密长的身份领导下院;请哈利法克斯留任外交大臣并参加战时内阁;丘吉尔自己担任首相兼国防大臣。接着他任命了政府各主要部门的领导人。

丘吉尔留任张伯伦实际上有效地安抚了他所代表的一大批保守党人。

当丘吉尔一直忙到次日凌晨3时上床休息时,他有了一种轻松之感。

5月13日,下院召开特别会议,丘吉尔第一次作为首相出席了会议。

他在会上发表了简短的就职演讲,宣布了政府的政策。他振奋人心地宣布道:"我没有别的,我只有热血、辛劳、眼泪和汗水贡献给大家……你们问:我们的政策是什么? 我说:我们的政策就是用上帝所能给予我们的全部能力和全部力量在海上、陆地上和空中进行战争;同一个在邪恶悲惨的人类罪恶史上从未见过的穷凶极恶的暴政进行战争。这就是我们的政策。"

"你们问:我们的目的是什么? 我可以用一个词来答复:胜利——不惜一切代价去争取胜利,无论多么恐怖也要去争取胜利;无论道路多么遥远和艰难,也要去争取胜利;因为没有胜利,就不能生存。"

然而,丘吉尔此时面临的形势非常严峻。德国人在欧洲大陆的进军十分顺利,势如破竹,不仅荷兰和比利时人无法阻挡,就连一直被视为欧洲最强大的法国陆军也败下阵来。德军的装甲师团和轰炸机群蜂拥而来,从比利时境内越过阿登山脉和马斯河,于5月14日冲破了法军在色当和迪南的防守阵地,把法国第二军和第九军打得落花流水,溃不成军。

在开始正面接触的几小时内,英法空军便损失惨重,陆军也显得狼狈不堪。

5月26日晚,英国海军部根据丘吉尔的指示,发出开始执行代号为"发电机计划"的敦刻尔克大撤退的通知。

德国人原以为,只有一些小船对希望撤离的盟军作用不大。但到了5月30日,德国陆军总司令勃劳希契终于发现了这些小得可怜的船的重大作用和意义。

在拼命进攻和猛烈轰炸下,盟军袋形阵地仍岿然不动,德国人只能眼睁睁地看着盟军部队在他们的眼皮底下逃到英吉利海峡对岸去。由于敌人已经察觉而无保密的必要了,英国海军部干脆公开号召沿海居民都投入营救活动。许多有船的人纷纷自愿前来,更加快了撤退速度,使5月31目的撤退人数达到了68000人。

到6月4日,共有338226名英法官兵从敦刻尔克撤到了英国。但由于条件所限,这些部队只携带了步枪等轻武器,而大部分重武器以及大批军需品和装备都不得不丢在了敦刻尔克。

6月4日,丘吉尔在下院通报了敦刻尔克撤退取得的巨大成功,挽救了英国宝贵的军队。但他也清醒地认识到,战争不是靠撤退来赢得的,眼前的形势对英国更为严峻。

6月17日,法国投降了,英国失去了最后一个盟国,完全陷入了孤立无助的境地。

而此时的德国,希特勒对部队进行了整编,补充了兵员和装备,然后大批集结起来,准备对英国发动进攻。而当时英伦三岛的陆军,除了步枪之外,几乎没有什么重武器。

据估计,全国仅拥有各种类型的野炮不足500门,坦克450辆和25个空军

141

中队。

但是在以丘吉尔为首的英国政府领导下,全国军民团结一心,努力备战,随时准备迎击来犯之敌。丘吉尔指挥部队构筑坚固的防线,挖掘防坦克壕,修建钢筋混凝土掩体,还组建了直接打击登陆敌军机动部队。

7月,美国的罗斯福总统不顾许多人的激烈反对,给英国运来了所需物资,几乎把美国军火库的家底搬空了。

丘吉尔立即指示以"有计划的军事行动"组织分运,并立即发放给近100万国民自卫军。

7月10日,德国人开始了对英国的第一次猛烈袭击。7月16日,希特勒发出了"关于准备在英国登陆作战"的第十六号令,即所谓的"海狮计划"。

8月15日,德国把他们所有三个航空队和大部分飞机都投入了对英的空战,轰炸机出动了801架次,战斗机1149架次。

在此次空战中,在长达500英里的战线上,进行了两次大的战斗。

由于英国人民在以丘吉尔为首的政府领导下,精诚团结,英勇顽强,使希特勒的"海狮计划"破产了。不列颠之战以英国人民的彻底胜利而告终。

11月27日,德、意、日三国在柏林签署了《三国条约》。国际形势的这种变化,预示着战争冲突可能不会再局限于原有的地区范围。

德国对伦敦、考文垂等著名城市的野蛮轰炸,也激起了美国民众同情并钦佩英国人民的巨大热情。

为了坚持抗战,丘吉尔动员了国内所有的人力、物力,同时还积极争取新的盟友。

1941年3月11日,美国参议院以60票对31票最终通过了"租借法案"。从此英美之间的关系进入了一个更为密切的新阶段。

在丘吉尔的多方努力下,英国终于争取到强大的美国提供的数额巨大的援助;美国虽然成了英国的大后台,但是迄今为止,美国仍然没有直接参加战争。英国作为屹立在欧洲的唯一的反法西斯的坚强堡垒,仍处于长期孤军作战的境况中。

就是在这种形势之下,丘吉尔不仅率领全国军民进行了本土防御战。同时还指挥着海外的英联邦军队在非洲和地中海区域同德意军队进行了大规模的进攻。

1941年12月7日,震惊世界的珍珠港事件爆发了。美国被卷入了这场战争中。

1942年1月1日,罗斯福和丘吉尔俩人对《联合国宣言》草稿最后敲定。随后,由罗斯福、丘吉尔、李维诺夫和宋子文分别代表美国、英国、苏联和中国签署了这个庄严的历史性文件。

《联合国宣言》的签署,标志着世界性的反法西斯统一战线的建立。

1945年5月8日,丘吉尔正式向英国人民宣告第二次世界大战胜利结束。他跟在议长后面,由反对党代领袖格林·伍德陪同,参加了下院在圣玛格丽特教堂举行的感恩节礼拜。然后他又应邀和参谋长们一起与英王合影,并和王室成员们一起在白金汉宫的阳台上接受无数英国民众的欢呼。

战争结束之后,联合内阁的继续存在就成了问题。

政府已持续执政五年,议会自 1935 年以来也已 10 年未大选了。丘吉尔必须决定何时举行大选。保守党人希望早日选举以便利用丘吉尔个人的巨大威望,于是丘吉尔将大选日期定于 7 月 5 日。

5 月 23 日,丘吉尔正式提出辞职。随即应国王要求成立了看守政府。

7 月 26 日大选揭晓后,尽管丘吉尔本人当选,但保守党却遭到失败,只获得197 席。而工党在下院共获得了 393 个席位。这对丘吉尔来说,确实是一个沉重的意想不到的打击。

最后岁月

随后,丘吉尔正式向国王递交了辞呈,并请国王召见工党领袖艾德礼,为了安慰丘吉尔,国王提出向他颁发嘉奖勋章,但丘吉尔认为在此时接受这一荣誉不太合适而谢绝了。

丘吉尔最后在唐宁街发表了一项声明,"向在危难的岁月中我曾为之服务过的不列颠人民表达我深厚的谢意"。

他为不能完成对日本的战争而感到遗憾,但他宣称:"然而这方面的一切计划和准备都已做好,而且结果的来临可能比我们目前所预料的要快得多。"

丘吉尔在告别声明中的预言很快就兑现了。8 月 14 日,日本宣布无条件投降。第二天,丘吉尔再次走在议长身后到圣玛格丽特教堂参加战争胜利的感恩祈祷,不过这一次他是作为反对党领袖陪同新首相罢了。

1946 年初,丘吉尔应邀前往美国。3 月 4 日、5 日两天,在杜鲁门总统的亲自陪同下,丘吉尔来到了这位美国总统的家乡密苏里州,发表了一篇著名的演说。他呼吁联合国成立维护和平部队;主张西方国家保持"有关原子弹的知识和经验的秘密";并力促"保持英美国家的特殊关系"。

他对"东欧传统的暴政"进行了抨击,并提出了"铁幕"的说法:

"从波罗的海的什切青到亚得里亚海边的里雅斯特,一幅横贯欧洲大陆的铁幕已经降落下来。在这条线的背后,坐落着所有中欧和东欧古国的首都……几乎在每一处都是警察政府占了上风。到目前为止,除了捷克斯洛伐克之外,根本没有真正的民主。"

在其后的日子里,丘吉尔的许多朋友都曾劝他退出政治舞台,专心致志地撰写《第二次世界大战回忆录》。但丘吉尔没有接受劝告,他宣称,将在议会中全力以赴地研究战后所面临的所有问题,并将继续领导保守党战胜工党,重主国政。

在社会活动之余,丘吉尔除画了许多写生、养了几匹赛马之外,把主要的时间和精力都投入了撰写六卷本、长达数百万字的《第二次世界大战回忆录》。

他利用了许多官方文件和他与罗斯福、斯大林之间的私人通信及来往电报,经过思考梳理之后口述出来,由秘书整理出文字。

美国和英国的杂志竞相争取首先得到连载丘吉尔此书的权利。

这部巨著的稿费超过了丘吉尔此前得到的稿费之和。

《泰晤士报》写道:"20 世纪很少有人比丘吉尔拿的稿费还多。"在离任的这些年中,丘吉尔精力充沛、勇气十足。他终于等到了时来运转的这一天。

1950年10月25日英国大选,保守党获321票的微弱优势获胜,使他第二次也是最后一次登上首相的宝座。

1952年初,丘吉尔赴美与杜鲁门会晤,商讨加强英美合作问题。英国《泰晤士报》报道丘吉尔访美时,他仍然"反应敏捷、消息灵通、思想丰富、语言生动,而且诙谐机智一如既往。"

1953年12月10日,瑞典文学院授予丘吉尔1953年度诺贝尔文学奖。由于他必须前往百慕大参加英、美、法三国政府首脑会议,只好由他的妻子克莱门蒂娜代他领奖并致答谢辞。

1954年初,丘吉尔为了实现"和平缔造者"的理想,曾试图会见苏联领导人,但最终没有成行。

11月30日是丘吉尔的80诞辰,除了家里按惯例为他举行了庆祝聚会外,议会两院也在威斯敏斯特大厅为他举行了特别祝寿会。各党议员送给他很多礼物,还有两块直径3英尺的大蛋糕。

丘吉尔正式辞职的日子是1955年4月5日。他在唐宁街10号举行宴会,女王夫妇应邀参加,并向即将退休的首相致以良好祝愿。

5日中午,丘吉尔主持了最后一次内阁会议,下午4时半,他前往白金汉宫递交了辞呈。

1964年11月30日,丘吉尔度过了90岁华诞。女王赠送了礼物,新任工党首相威尔逊也前来祝贺。全国和世界各地雪片般地涌来6万多封贺信、贺电。许多人来到海德公园街他的住所处看望他,他穿着战时式样的古怪服装向人们致意。

1965年1月9日,他卧床不起,第二天经医生诊断为重度中风。

此后,他逐渐陷入昏迷状态,接连14天一动不动,仅有微弱的呼吸。到1月24日,即整整70年前他父亲伦道夫·丘吉尔逝世的日子,一代英国名相温斯顿·丘吉尔渐渐停止了呼吸,走到了他伟大一生的终点,享年91岁。

大英帝国的"小说家"首相

——迪斯累利

人物档案

简　　历：1804年出生于英国伦敦的一个犹太人家庭，曾三次担任内阁财政大臣，两度出任首相，1881年4月19日因病去世，终年77岁。

生卒年月：1804年12月21日~1881年4月19日。

性格特征：他是在犹太教熏陶下成长起来的，他颇为自己的犹太种族而骄傲。

历史功过：本杰明·迪斯累利是19世纪下半叶保守党领袖和政治小说家。他进行了一些积极的社会改革，对外则大肆进行殖民扩张，是19世纪英国政治天幕上的一颗璀璨的明星。

名家评点：本杰明·迪斯累利是英国殖民帝国主义的积极鼓吹者，他还是一个小说家。

立志成为伟人

1804年12月21日晚，英国伦敦，一个男孩伴着悠扬的大本钟的钟声降生在一个犹太家庭。他，就是后来赫赫有名的大英帝国首相——本杰明·迪斯累利。

迪斯累利的祖先是西班牙犹太人。在15世纪以前，西班牙的犹太人还过着一种比较稳定的生活，但1479年天主教被定为西班牙的国教后，犹太人的命运发生了急剧的变化。由于受到残酷的宗教歧视和迫害，大约有20多万犹太人不得不背井离乡，逃离西班牙。迪斯累利的祖先先是辗转来到意大利，但犹太人在意大利的境遇并不比西班牙好多少。18世纪，迪斯累利父母一家又移居英国。

小迪斯累利的父亲伊萨克·迪斯累利，是一个颇有成就的作家，著作甚丰。他对法国著名启蒙思想家伏尔泰和卢梭崇拜得五体投地，又与国内浪漫主义诗人拜伦、骚塞，历史小说家司各特等有着密切的交往，因而他深受自由主义思想的影响，思想较为开放。为了融入不列颠的主流社会，老迪斯累利于1817年皈依了基督教，同时也让自己的孩子改宗。按照父亲的意愿，13岁的小迪斯累利也由信奉犹

145

太教改信基督教,接受了基督教的洗礼。这对小迪斯累利的一生都产生了重大影响。

然而,在此之前,小迪斯累利在很大程度上已受到了犹太教的熏陶。他幼年时学习过希伯来文,经常随父母出入犹太教堂,参加唱诗班。后他虽改信了基督教,但父亲又送他到一个由不信教的伊利科博士创办的学校读书。与众不同的教育经历,培养了迪斯累利独特的个性。他喜欢天马行空独来独往,常常自己一个人在幽静处静坐沉思,小小年纪就显示出几分成熟。

老迪斯累利在伦敦出了名,不少出版商慕名前来,向他征稿。这样老迪斯累利一部部小说付印了,优厚的稿酬和版权所得的收入,使得迪斯累利一家生活得相当宽裕,又加之小迪斯累利的母亲贤惠又善于操持家务,对小迪斯累利关爱有加。他就是在这种舒适的环境中长大的。

家庭的舒适使得小迪斯累利有着一种无形的优越感。"犹太人是世界上最突出的民族,是'上帝的选民'"这句话深深地印在他的脑海里。他衣着华丽,不屑于与同伴为伍。他这种心高气傲的架势,使得班上的同学对他敬而远之,称他为"孤独的隐士"。而小迪斯累利并不在乎这些,"冒险事业是为冒险人安排的",他立志要干一番惊人的大事业。

按部就班的学校生活使小迪斯累利深感压抑。在 15 岁时的一天,他自作主张,收拾起在学校的书本、行李、扬长而去,辍学回家了。在家里,他阅读了大部头的《荷马史诗》《罗马史》《日耳曼尼亚志》《拿破仑传》等历史著作,边读边思考,并认真地做笔记。有时他甚至读书读到深夜两三点钟。他暗自下决心,今生今世无论干什么,都要成为一个伟人,至少要像荷马、恺撒、莎士比亚或拿破仑那样彪炳千古。

一晃两年过去了,父亲决定送他到一家律师事务所,去熟悉法律业务。那家律师事务所设在伦敦的弗里德利克区,是一个犹太人聚居的地方。迪斯累利懂希伯来文,所以律师事务所的大律师们都非常器重他。然而,迪斯累利没干多久就对成天查卷宗、搞取证厌烦了,"这搞到什么时候才能出人头地呢?"他反复问自己。这期间,在父亲的影响下,他开始了文学创作,并很快就在文学圈里结识了一些朋友。

1824 年春天刚过,老迪斯累利准备到欧洲大陆畅游。此时迪斯累利早已厌烦了律师事务所枯燥乏味的工作,便央求父亲带上自己。父亲再三考虑之下,答应了他的要求。

初夏,欧洲大陆百花争艳,生机益然。莱茵河波光粼粼,河水清澈见底,两岸绿树成荫的堤坝和码头,美丽的景色使迪斯累利陶醉其中。途中,迪斯累利看到不少工厂的烟囱已在河两岸矗立起来,缕缕青烟冉冉升上天空。显然,一场工业化运动在欧洲大陆已初露端倪。这次旅行,时间虽短,却使迪斯累利眼界大开,也更加坚定了他想干一番轰轰烈烈大事业的决心。他在给伦敦友人的信中写道:"当沿着这条美丽动人的河流顺流而下时,我就下定决心不当律师了。"

果然,回到伦敦后,迪斯累利毅然辞去了律师事务所琐碎、乏味的工作。

这时候,许多英国商人纷纷向拉美投资开矿山和收购农场。迪斯累利也为这一形势所动,认为那是一条生财之道。他拉了几个年轻的伙伴,筹足了一笔钱,也开了一家拉美矿业公司。为了吸引更多的人投资入股,迪斯累利亲自动手撰写介绍公司的宣传单,依靠自己的生花妙笔,他给人们描绘了一种强烈的感觉:只要把资金一注入他的公司,大把大把的钞票就会像滚雪球一样,源源不断。经过迪斯累利这么一宣传,不少人信以为真,购买了他的公司的股票。

1824年下半年,一个名叫约翰·马雷的出版商,看了迪斯累利的宣传单后,颇为欣赏他的文采,于是约他合办一家报馆,迪斯累利觉得这是发挥自己文学才能的好机会,就一口答应了下来。很快,两人合办的《代言报》出版了,被摆到了报摊显眼的位置。

除了做《代言报》的编辑工作外,迪斯累利又把创办矿业公司弄来的钱投到了伦敦股市上。炒买炒卖了几回后,也赚了不少钱。而此时生性风流的他,没有忘记忙碌之余去寻欢作乐。一次偶然的机会,他认识了一个身材娇小、颇有姿色的20岁的苏格兰女人,很快她就成了他的情妇。自此,他白天跑股市,收盘后到情人家中,灌几杯葡萄酒后即兴给报馆写稿件,深夜时分再与情妇寻欢作乐。此时的他,衣着华丽,谈吐文雅,挽着情妇,出入各种集会,一副英国贵族绅士的派头。

然而,"人无千日好,花无百日红",幸运之神并不是一直钟情于迪斯累利。1825年刚开始,他手中的股票就狂跌不起,过去所赚的钱不仅都赔进去了,还有2万多英镑的亏空。迪斯累利焦急万分,夜不能寐。情急之下,他未与马雷商量就从报馆拿出2万6千英镑补缺。这下子,《代言报》经营不下去了。马雷得知他从报馆抽走资金后,勃然大怒:"迪斯累利不是个东西!跟朋友一点也不讲交情!"除了要他退回巨款外,还要他赔偿损失。

投机的失败,报馆的倒闭,使得迪斯累利债台高筑。生活的没落与曾有过的风光形成鲜明的对比,使迪斯累利深受打击。无奈之下,他只好拿起笔,靠给报社写些名人的风流韵事挣钱度日。

1826年,迪斯累利以"时髦者"为笔名出版了一部中篇小说《维安·格雷》。在这篇小说里,主人公格雷叙述了自己怎样诱奸美丽的妻子,又是怎样因坑蒙拐骗,把自己弄得倾家荡产,锒铛入狱。该书的扉页上印有主人公一幅痛苦的画像,许多对迪斯累利与马雷的关系略知一二的人一眼就看出来,这是马雷的画像。

本来因报馆倒闭而气恼万分的马雷这一下子被激怒了。一天晚上,趁迪斯累利正邀请一些朋友吃饭,马雷突然闯进来,指着迪斯累利的鼻子,揭出他不讲情义致使报馆倒闭的事,并当众把迪斯累利臭骂了一顿。在场的人也觉得迪斯累利做得太过分,纷纷说他不该赖账不还,更不该写小说含沙射影地讽刺马雷。这一下,迪斯累利在朋友面前的面子丢尽了。当晚,他醉醺醺地回到家,越想越觉得以后没脸见人,只觉得天昏地暗,头痛欲裂。他试图从椅子上站起来,却一下子跌倒在地板上……

迪斯累利得了精神分裂症。看着儿子落到这种地步,老迪斯累利禁不住流下了眼泪:"他还是一个刚20岁出头的孩子啊!"他决定马上送儿子到意大利去疗养。

美丽的第勒尼安海,风景如画的那不勒斯风光使游人流连忘返。在这里,迪斯累利的精神状态得到了恢复。"我要尽快回伦敦去,继续我的事业!"每当夕阳西下,独自一人漫步海滩时,他常这样对自己说。

夏季,他来到了瑞士,在阿尔卑斯山脚下的马提尼避暑。随着病情的减轻,他又重新拿起笔进行文学创作,写出了《波帕尼拉上尉旅行记》和《年轻的伯爵》两部

两部小说的情节有些雷同。一部写的是一个风流倜傥、出身贫寒的青年如何吸引情窦初开的少女和风流贵妇人的一片痴情,又经过多少次艳遇,最后走上了锦绣前程;另一部写是一个名门闺秀,爱情一直不如意,但在一个偶然的机会,认识了风度翩翩的英俊青年,经历了许多挫折后,最终两人终成眷属。然而,这两部小说适合当时欧洲国家女士们的普遍的心理:上流社会的淑女梦想能按小说中的情节遇上自己心爱的"白马王子",而身处社会下层的女性则幻想有朝一日成为"灰姑娘",出入于豪华府邸。

很快,迪斯累利的这两部小说销售一空,不少书商看他的小说走俏了,纷纷来到他的住处,出高价预订他今后所写小说的出版权。

这一次,他又神气了。为了开阔眼界,1830 年春天,他开始了长达 16 个月,沿地中海岸的长途旅行。在西班牙,他凭吊了祖先的墓地,参观了当年把他的家族驱逐出西班牙的宗教法庭,这也更加坚定了他要出人头地,有朝一日为犹太人争口气的决心。在阿尔巴尼亚、希腊和土耳其,他饶有兴致地查阅历史卷宗,了解奥斯曼帝国与各附属国的关系,这引起了他对政治、外交的兴趣。他还到了埃及,参观了金字塔,并沿远古时期摩西率犹太人出走埃及的路线,不辞辛苦地来到巴勒斯坦。这时,传来他心爱的姐姐去世的消息,迪斯累利心急如焚,急匆匆赶回了英国。

这次旅行改变了迪斯累利的一生。尽管回国后他的新作《康塔里尼·弗莱明》再一次受到了人们的欢迎,约稿的出版商几乎踏破了门槛,但他认为,自己的兴趣在政治和外交方面。为激励自己,他在日记中写道:"想成为伟人吗? 那你就得去干政治和外交。"

奋然投身政界

从国外旅行回来后,迪斯累利决心通过竞选议员投身政界。很快,他搬进了上流社会聚居的伦敦西区,频繁出入各种社交场合,力图引起政界的注意。

当时英国存在着两大政党——辉格党和托利党。到 19 世纪 30 年代,代表工业资产阶级利益的辉格党,及时适应了工业革命后英国形势的发展,积极主张进行改革,所以深得民心,在英国政治中的影响蒸蒸日上;而代表土地贵族利益的托利党,由于坚持保守的主张,政治地位却江河日下。

思想上倾向托利党的迪斯累利颇费脑筋。他深知,自己如果以托利党人的身份参加竞选,肯定选不上。一次,他对朋友表达了他的为难之处:"保守主义已经死亡,而我又不能屈尊做一名辉格党人。"经过再三考虑,他决心以独立的激进派面目出现,竞选海威克姆选区的议员。

1832 年的全国大选开始了,托利党和辉格党展开了激烈的角逐。迪斯累利为了让民众投他的票,也使出了吃奶的力气。

为了引起选民注意,他非常注意自己的形象,经常身着绿色天鹅绒裤子,鲜黄色的马甲,腕部系着饰带,鞋上缀着银扣,谈吐生动,风度文雅,俨然一副英国绅士的派头。

他常常在群众的簇拥下,登上演讲台,摘下灰色礼帽,整整衣服,对着话筒夸夸其谈:"我不管什么党不党,我是独立站在这里参加竞选的,我的政治生活可以用一个词来描述——英国……我既是保守党,保留我们制度中一切好的;我又是激进党,革除制度中一切坏的……"精彩的演说,博得了听众的阵阵掌声。

但正因为迪斯累利没有明确的党派背景,所以在第一次竞选时竟落得个得票倒数第一。他的如意算盘落空了。

出师不利,为排遣自己的郁闷情绪,他又投身到纸醉金迷的风月场中寻求刺激去了。这次他找到了一个叫亨里埃塔的风骚女人做情妇,一有时间就跑去与她约会。两人偷偷相好了4年多。迪斯累利把一部分精力花在情妇身上,所以在接下来的两次议会竞选又连遭败北。"这样下去什么时候才有出头之日啊?"他只得放下架子,去投靠托利党。

一天,通过林德赫斯特勋爵,他拜会了托利党资深领袖梅尔本勋爵。刚刚落座,梅尔本就单刀直入,问道:"小伙子,是什么原因促使你加入托利党?"

"为了当首相。"迪斯累利毫无掩饰。

"当首相?!"梅尔本吃了一惊,他以为迪斯累利要说一些为托利党效忠之类的套话。梅尔本顿了顿,清了清嗓子,用半带嘲弄的口吻,苦笑着说:"小伙子,别做梦了,根本没有那个可能。想一想,你有当今首相斯坦利那份才气吗?还是趁年轻去干点别的事情吧!"

而迪斯累利却执意要加入托利党,梅尔本拗不过他,只好答应了。仅过了几年,当目睹迪斯累利在托利党内的地位青云直上时,正是这位梅尔本惊呼:"上帝作证,这家伙准能当上首相!"

迪斯累利虽然加入了托利党,但由于缺少党内势力集团的支持,在第四次全国大选中又遭到失败。

这回给迪斯累利的打击太大了,默默无语代替了往日的口若悬河,也很少再穿着华丽的服装出入以往的豪华府邸,而是整天泡在酒吧里,借酒浇愁。更雪上加霜的是,亨里埃塔也不理他了。然而,政治厄运却似乎厌倦了对他的纠缠,当他认识了一位名叫列维斯的肯特郡梅德斯通地区的议员之后,他的政治生涯便出现了转机。给他带来机会的是一次意外的艳遇。

那是一个深秋的夜晚,刚刚在酒吧喝得醉醺醺的迪斯累利晃晃悠悠地走在马路边的人行道上。远处的大本钟敲响了,迪斯累利恍恍惚惚地觉得此时正值午夜。他揉了揉迷蒙的眼睛,想辨别一下方向,只听一阵马蹄声由远而近,驶来了一辆敞篷马车。车上坐着一位女子,头戴一顶深色的帽子,遮着面纱。迪斯累利仿佛见到了昔日的情人,禁不住跑上前去高喊:"亨里埃塔,我亲爱的……"

车上的女人摆了摆手,车夫勒紧缰绳,马车停了下来。迪斯累利翘翘地爬上车,很快马车消失在茫茫夜色中……

第二天早上,当迪斯累利睁开朦胧的双眼时,才发现自己躺在某个豪华旅馆的松软大床上,身边是一位40出头的女人,她正用妩媚的眼光盯着自己。迪斯累利认得出这个女人并不是亨里埃塔,一下子想起了昨天晚上发生了什么。他虽多年来沉浸在温柔乡里,但这种艳遇还是头一次碰到。他坐起来,吞吞吐吐地问道:"这是哪里?你是……"

女人不慌不忙,娓娓道来。她叫玛利安娜·伊万斯,她丈夫温德汉·列维斯是托利党从肯特郡梅德斯通选出的议员,在家乡有一处很大的庄园,有着万贯的家产。玛利安娜在听完迪斯累利断断续续讲完自己4次竞选惨败后,邀请他几天后拜访她丈夫列维斯。"我丈夫会使你如愿以偿的。"她嫣然一笑,轻声对他说。

回家后,迪斯累利躺在床上,眼盯着天花板,脑袋里却思考着:"列维斯是个什么样的人?如果他知道了我和他夫人的事,会如何对付我?"思前想后,最后他决定前往。"列维斯好歹也是一名议员,会对自己有好处的。至于我和他夫人的事……唉,管他呢,只要能达到目的,手段可以任意选择……"

3天后,他终于鼓足勇气,走进了列维斯庄园,拜会了男主人列维斯。只见他坐在轮椅上,头发花白,有点驼背,说起话来咳嗽不断,显然有些衰老了。"小伙子,我想我夫人没有看走眼,你会有一番作为的。"列维斯咳嗽了两声,接着说:"先当议员吧,两年后就可以在内阁中干事了。"

列维斯的确不是夸海口。肯特郡梅德斯通地区可选出两名议员,1837年大选时,经列维斯的大力推荐,迪斯累利几乎毫不费力,与列维斯一起当选,进入了英国议会下院。

刚入议会时,迪斯累利还只是一个"无名鼠辈",在列维斯的指点下,渐渐在下院里有了点名气。1838年冬天一个寒冷的晚上,列维斯高烧不退,溘然离开了人世。迪斯累利痛苦万分,为列维斯的丧礼跑前跑后,着实费尽了心血。然而1839年元旦刚过,迪斯累利就与列维斯的遗孀玛利安娜举行了盛大的婚礼,他们的结合,一时成了伦敦上流社会茶余饭后的笑柄。

有人说迪斯累利下流无耻,为了得到人家的万贯家产,去勾引比他大12岁的玛利安娜;也有人说年轻漂亮的玛利安娜过去没有在列维斯那里得到爱情的享乐,现在需要补偿。更有好事者写了一首打油诗,贴在议会大厦的显眼处:

> 列维斯呈言上帝,
> 对朋友我讲义气,
> 亲手拉他入议会,
> 还送他我的爱妻。

但是,这对在外人看来极不般配的夫妻,却非常美满地共同生活到白头偕老。迪斯累利曾对朋友说:"她是一个非常好的人,虽然智力平平,从来就记不住是先有了希腊人还是先有了罗马人,但对我却一往情深。"

的确,玛利安娜给他带来的不仅是炽烈的爱情与丰厚的家产,更重要的是,她给予一位雄心勃勃的男子汉最需要的东西:"在人们看不起我的时候她信任我。"迪斯累利后来回忆说。

攀到油滑竿顶端

现在需要迪斯累利自己去努力了。他因其雄辩的言辞赢得选民们的信任,在1841年的大选中再次当选议员,此时踌躇满志的迪斯累利不再满足于仅仅当个议员,他想到内阁中一展宏图。但事与愿违,他的美好愿望没有马上实现。

来自兰开夏郡的托利党人罗伯特·皮尔在组阁时,有意将深负众望的迪斯累利甩在一边。这回,迪斯累利丝毫没有心灰意冷,而是暗下决心,要与皮尔争个高低。

皮尔上台后,执行的政策有利于资产阶级,损害了托利党贵族的利益,因而受到了托利党成员的反对。为了打击皮尔,迪斯累利借机在下院组成了反皮尔内阁的小派别,取名为"青年英国"。在迪斯累利的领导下,"青年英国"竭力美化中世纪的封建社会,把那个时代描绘成是贵族和庄户和谐相处的田园时代。从1844年到1847年,迪斯累利连续出版了3部政治小说,并把它们连成一体,构成三部曲,这些小说用文学的语言从侧面反映了"青年英国"的观点。

第一部小说《科宁西比》刚一出版,就在读者中引起了很大的轰动,很快就再版了3次,光在大洋彼岸的美国就卖了5万册。在书中,迪斯累利写道:"什么是一个完美的托利党政府? 我的理解是:托利党加辉格党的办法。"在第二部取名为《西比尔——两个国家》的书中,迪斯累利对大城市的状况表示非常焦虑和关切,试图将这方面的问题拟人化,并使之与个人的道德观念相调和。书中,他直言不讳地写道:"我的愿望是能亲眼看到重新拥有自由的君王……'青年英国'认为工业化、城市、矿山……给人们带来了苦恼、贫困。"那么,怎样克服这种苦难呢? 他在第3部小说《坦克雷德》中提出了回到中世纪的设想。他甚至还说,耶稣是个犹太人,这个犹太人当初并不想创立一种新宗教,而只是想完善一种旧有的宗教。

在这里,迪斯累利所宣扬的不过是一种"封建社会主义"思想的大杂烩,自然不会得到英国公众的真心支持。不久后,"青年英国"也在组织上瓦解了。

19世纪40年代中期,围绕着是否废除《谷物法》,英国政坛上,尤其是托利党内部出现了一场激烈的斗争。当时英国已完成了工业革命,经济迅速发展,势力日益强大的工业资产阶级要求降低关税,实行自由贸易。皮尔首相本人是纺织业的资本家,他遂在自由资产阶级的推动下,不顾多数托利党人的反对,与辉格党合作,放弃保护关税政策,在1846年6月,废除了《谷物法》,实行粮食的自由贸易。

这下子,英国沸腾了。《谷物法》的废除受到了各阶层人士的热烈欢迎,成千上万的人走上街头,高举皮尔首相的画像,集会庆祝。各地报纸纷纷发表评论,赞扬政府的英明决策,把皮尔称为领导改革的楷模。的确,进入19世纪以来,英国还没有哪一位政治家能因奉行改革政策而获得这样高的荣誉。

然而,皮尔在议会下院里却不那么走运。就在废除《谷物法》的当天,即6月25日,威斯敏斯特宫进行了一场激烈的辩论。皮尔成了众矢之的。迪斯累利抓住了报复的机会,首先站出来攻击皮尔:"皮尔真是昏了头! 竟然不顾我们党内大多人的强烈反对,一意孤行废除了《谷物法》,他没有资格当托利党的领袖……领导人有意摧毁自己的政党,这是一大不可饶恕的政治罪行! 他没有对本党负责,应该立即辞职……"

顿时,下院里响起了一阵附和声:"打倒皮尔!""我们不需要执行自由党政策的领袖!"托利党众议员群情激愤,大多数倒向了迪斯累利。

墙倒众人推。在野5年的德比勋爵认为上台的机会已到,立即撕下所谓"皮尔派同盟者"的面具,准备联合多数托利党议员,将皮尔赶下台。皮尔内阁彻底孤立了,皮尔终于在下院遭到弹劾。当有人悄悄将投票结果告诉他时,迪斯累利幸灾乐祸地望着他,在一边窃喜不已。

皮尔对于自己的失败表现得非常平静,但是对迪斯累利如此猛烈的抨击他感到十分恼怒:"这个令人讨厌的家伙,真的会跳出来攻击我!"

1848年皮尔内阁倒台后,皮尔及其同僚愤愤不平,退出了托利党,迪斯累利则"闹而优则仕",在托利党内威望抬升,很快成了已更名为"保守党"的托利党的新领袖。

迪斯累利登上保守党领袖宝座后,便开始对保守党进行大刀阔斧的改革:加强中央领导机构,在地方则大力提拔律师和知识分子,改变过去单纯依靠乡绅地主的做法,同时在工业资产阶级中发展自己的势力。经过这些改革后,保守党在公众中的影响逐渐增强了。1852年,老资格的保守党政治家德比勋爵在大选中获胜,迪斯累利总算有了进入内阁的机会,当上了财政大臣。这在内阁中是仅次于首相的职务。

迪斯累利决心做一名出色的财政大臣。为了弥补有关财政方面的知识,他刻苦自学,下功夫读了大学财政教程,又拜访了一些专家。上台不到两个月,他就搞出了一个洋洋万言、附有几十张分析图表的财政预算报告。

在接下来的议会辩论中,迪斯累利极力鼓吹这份"献给维多利亚女王的礼物",大讲如果执行这个报告,王权就可以得到加强。尽管迪斯累利讲得头头是道,措辞严谨,但这个有利于大地主的财政预算方案,遭到了自由党(此时辉格党改用此名)、皮尔派和独立激进派的强烈反对。

自由党领袖格拉斯顿身材高大,鹰眼明亮,说起话来声如洪钟,颇有感染力。他对迪斯累利的预算报告提出了尖刻的抨击。他说,迪斯累利的原则是"虚伪的,但此人比他的原则更加虚伪……他腐蚀人们的思想,讨价还价时贪得无厌,为了保持自己的影响而挑动人们的感情、偏见和自私心理……他赞成王权可有不符合宪法的倾向,从而削弱王权;同时,他不惜任何代价去博得民主的美名,从而削弱宪法"。格拉斯顿的精彩演说增强了下院反对迪斯累利的势力,预算方案被否决,德比内阁也随之垮台。

格拉斯顿在议会上对迪斯累利的尖锐攻击,造成了两个人之间的终生仇恨。后来,迪斯累利在日记中愤愤地写道:"后人将对格拉斯顿这个寡廉鲜耻的疯子做出公断。他明显地集嫉妒、记仇、虚伪和迷信于一身;他无论是在说教和祈祷,还是在夸夸其谈或舞文弄墨,都有一个显著的特点——全然不是一个绅士!"

1858年德比再次组阁,迪斯累利也顺理成章地再度担任财政大臣。这一次,他吸取了上次失败的教训,明确提出了改造保守党的纲领,主张对内大力推进社会改革,对外则进行殖民扩张。

1859年一开始,迪斯累利就向议会推出一个关于选举改革的方案,要求把农村选举人资格从年收入50英镑降低到10英镑,这显然是为了扩大保守党在农村的影响。但法案在辩论后的表决中却没有通过,德比内阁再次倒台。

两次受挫的迪斯累利并没有气馁。1867年2月,迪斯累利竭尽全力说服了再一次上台的德比首相,向议会提出了选举改革法案。"功夫不负有心人",这一次保守党内意见比较一致,法案终于获得通过,全国选民增加了100万。这下,迪斯累利在党内和议会里的声望一下子提高了。

1868年2月,德比首相因病向女王递交了辞呈。此时威望达到高峰的迪斯累利顺理成章地接任首相职务。当听到女王将宣布对他的任命时，他有一种从未有过的冲动，禁不住自言自语地说道："我终于攀到了油滑竿的顶端。"

但是，迪斯累利的首相日子并不好过。由于政府在爱尔兰和其他一些问题上的政策不得人心，再加上他的死敌格拉斯顿蛊惑人心的宣传，1868 年大选时迪斯累利领导的保守党失利，他只好灰溜溜地下了台。

迪斯累利刚刚"拉开弓"，又不得不"松开弦"，他为此懊恼不已。而不久另一场灾难又接踵而至，给他以沉重的打击。1872 年，与他一起生活了 34 年，对他关怀备至的玛利安娜离他而去了。她在临终前留下一封遗书，劝他"千万别一个人生活"。但是，夫人的去世使迪斯累利长时间不能从悲伤的感情中摆脱出来，他说："我根本无法应付这场灾难。"为了能够摆脱痛苦，有段时间他住在伦敦的一家旅馆里，形影相吊，甚为凄惨。后来他回忆说："尤其到了晚上，我简直不能忍受旅馆的生活。"

惠顾太晚的权力

丧偶之痛稍减之后，迪斯累利这位天才的政治家，又在同政敌的斗争中重新找回了生活的乐趣。

"新官上任三把火"，格拉斯顿上台后不久，就大刀阔斧地进行改革，取得了一些暂时的成功。但过了几年，他的改革就陷入了进退两难的境地。迪斯累利又有了报仇的机会。一次，他不辞辛苦地跑到曼彻斯特，在有着近万人参加的集会上，用辛辣尖刻的语调对格拉斯顿内阁进行无情的抨击和嘲讽：

"他们……攻击每一项制度，每一个利益集团和每一个阶级，向全国挑战……随着时间的流逝，我们不难看出，政府不是在励精图治，而是在肆意胡来。这种人为的刺激消失了，病态的发作也结束了，他们瘫软下来。有些人陷入悲怆之中，他们的魁首则时而发出威胁，时而唉声叹气……这使我联想到南美洲海岸的一处并非十分美丽的景色，在那里可以看到一些已经喷发的火山。那些山顶上毫无生气，没有一丛火焰，但那里仍然很危险，时常发生地震，大海也时时发出可怕的怒吼。"

1874 年 2 月，新一轮的大选又开始了。英国选民们看到德意志帝国的迅速崛起，美国在海外的大肆扩张，而英国对外却无所作为，都觉得格拉斯顿政绩平平。而此时的迪斯累利通过其新著《洛萨尔》颂扬维多利亚女王，已取得女王的好感。他又巧妙地利用格拉斯顿在改革中的失误，把贵族阶级拉到了自己的阵线上。因此，迪斯累利在大选中轻而易举地获胜了，他第二次组阁。

知道选举结果后，迪斯累利从议会大厦里走出来，内心有一种说不出口的激动。虽然已是 70 多岁的人了，但他仍不能掩饰住内心的兴奋，像一个受到老师表扬的孩子，站在议会大厦的台阶上，偷偷地笑了。他看看对面的白金汉宫，回想起刚才格拉斯顿垂头丧气，就像一只斗败的公鸡的模样，心中不免有一种胜利者的自豪。

此时的迪斯累利已不再是第一次组阁时那支凋零部队的统帅，而是一位擂鼓张旗的凯旋英雄。维多利亚女王也以极大的热情欢迎了她的新首相。然而已逾古

153

稀的他流露出几丝无奈："权力,它对我惠顾得太晚了。有时清晨醒来,感到自己能够改朝换代,可是这一切已经过去了。"

然而,雄心勃勃的迪斯累利仍然抖擞精神,决心为加强英帝国对殖民地的控制而鞠躬尽瘁。在宣誓就任首相的隆重仪式上,他慷慨陈词:"我认为,英国的大臣如果放弃尽力振兴大英帝国的机会,那他就未尽职守!"

迪斯累利是怎样抓住振兴这个"日不落"帝国的机会呢?他首先把眼光转向大英帝国通向印度的大动脉——苏伊士运河。

1854 年,伊斯梅尔·赛义德执掌埃及政权,法国势力乘虚而入,加紧在埃及扩张势力。法驻开罗总领事斐迪南·勒塞普乘机建议伊斯梅尔开凿苏伊士运河,伊斯梅尔接受了建议。勒塞普组织了"国际苏伊士运河公司",负责开凿和经营运河。

从 1859 年起,埃及人用锄头、铁锹等原始的工具,经过近 10 年的艰辛劳动,以丧失 10 多万人生命的代价,凿通了这个连接印度洋和大西洋的便捷通道。

然而,埃及却为开凿运河背上了沉重的包袱。埃及为开凿运河担负了 1600 万英镑的债务,不得已只有向法国举借外债。1875 年,埃及遇到了严重的财政危机,埃及政府打算卖掉手中的 44% 的苏伊士运河公司的股票以摆脱困境。

苏伊士运河是英国通往"女王王冠上的宝石——印度"的必经之地,早在格拉斯顿当政时期,迪斯累利就对法国独揽开凿运河的权力牢骚满腹,现在他一听说埃及政府要卖公司的股票,就再也坐不住了,急匆匆到白金汉宫拜见女王。

白金汉宫内,灯火辉煌,庄严气派。迪斯累利半屈右腿,吻过女王的手后说:"陛下,臣有一要事向您禀报。"

维多利亚女王对这位忠心的老臣早有好感,她欠了欠身,微笑着说:

"哦,您有什么要事?"

"陛下,您可能还不知道,法国人太贪心了,一心想控制苏伊士运河。他们放高利贷,埃及政府只有卖掉手中拥有的公司股票,才能偿还债务。埃及人现在要价 400 万英镑。您只要同意,苏伊士运河就可归我们了。"

"可国库里一下子拿不出这么多钱呀!"

"国库是一下子拿不出这么多钱的。陛下,您放心,我有一个办法,去找罗斯柴尔德银行伦敦分行。"

在当时的欧洲,罗斯柴尔德银行几乎是家喻户晓。老罗斯柴尔德,一个精明的犹太人,靠在德意志给王宫贵族发高利贷发了横财。靠这笔钱,他先后在维也纳、苏黎世、巴黎和伦敦开了分行,让他的 4 个儿子负责。老二负责伦敦分行,他头脑灵敏,胆大心细,到伦敦没几年,罗斯柴尔德伦敦分行就成了英国金融界的大户。

得到女王的允诺后,迪斯累利辞别女王,径直去找罗斯柴尔德。见到仰慕已久的英国首相大驾光临,罗斯柴尔德有点受宠若惊。知道了迪斯累利的打算后,罗斯柴尔德问道:

"尊敬的首相,钱倒没问题。问题是——谁来做担保?"

"英国政府。"迪斯累利斩钉截铁地说道。

"那国会会不会给您添麻烦?"罗斯柴尔德心头掠过一丝疑虑。

迪斯累利站起来,走到罗斯柴尔德面前,拍拍他的肩膀,语重心长地说:"年轻人,你和我同属一个种族——犹太人,这个种族能够做到一切,就是不能失败。"

果然，迪斯累利绕过议会，用从罗斯柴尔德伦敦分行借来的钱，买下了埃及政府出卖的股票，一举控制了这个东西方的交通要道。

当他在议会宣布这个重要消息时，议会大厅中的议员们都惊呆了，继而爆发出热烈的欢呼声。在一片赞扬声中，迪斯累利昂首挺胸，阔步走出了议会大厦，他的心情从未有今天这样愉快舒畅。

当举国上下沉浸在迪斯累利带来的兴奋之中时，他的眼光却又投向了更遥远的印度……

印度，土地肥沃，物产丰富。意大利著名旅行家马可·波罗在其《马可·波罗游记》中，将其称为"遍地黄金的东方之国"，引得西方殖民者们垂涎欲滴，大英帝国早就想独吞这块肥肉了。

早在18世纪殖民主义扩张早期，羽翼未丰的英国决心与法国在印度一决雌雄。在7年战争中打败了法国后，英国在对印度的殖民侵略中开始占据优势。到19世纪40年代后期，整个印度已沦为英国的殖民地。自由党支持的英属东印度公司成了实际的统治机构，而女王在殖民地的影响可有可无。

1858年，保守党德比勋爵组阁后，时任财政大臣的迪斯累利经过精心策划，解散了东印度公司，由政府直接对印度进行管辖。他还建议对印度实行"分而治之"，保留那些顺从英国统治的土邦。为提高女王的影响，他还亲自起草《维多利亚女王诏书》，宣布保护忠于英国的王公的财产不受侵犯。然而，还未等到颁布诏书，1859年，自由党便取代保守党上台执政了。当时迪斯累利气急败坏，破口大骂自由党："我们为英国人民谋利益，而他们却趁机占便宜。"在印度问题上没能施展才华始终是迪斯累利的一块心病。

而现在，机会来了。

1876年，迪斯累利经过深思熟虑，未与女王商量，就在议会提议授予女王"印度女皇"的称号。议案刚一提出，议员们就一片哗然，不少议员站出来公开抨击迪斯累利"为巴结女王到了厚颜无耻的地步"。

迪斯累利并不示弱，拼命为其提案辩护："这将是我们大英帝国的荣耀……"

终于，在迪斯累利的百般努力下，议案得以通过。维多利亚女王终于如愿以偿地圆了她的"女皇梦"。1877年元旦，在印度首都德里举行了隆重的加冕仪式。女王深深感激迪斯累利这位"善良、友好、贴心的朋友"为她付出的一切，加封他为比肯斯菲尔德勋爵。迪斯累利与女王的关系更加亲密了。

而这却引起了许多谣言，甚至公开的非议。自由党领袖格拉斯顿指责迪斯累利建议授予女王"印度女皇"的尊号是居心叵测，是为了讨女王的欢心。这样一来，小报上的"桃色新闻"就多了起来。有人说，一次首相偶感伤寒，女王竟屈尊前往探望。还有人无中生有，说，"温莎的寡妇"（女王的丈夫早已去世）与"唐宁街的鳏夫"一日不见就如隔三秋，两人的关系已到了"如胶似漆的地步"。

对于这些流言，迪斯累利没有给予有力的反击，的确，在一个已70多岁的老人看来，这一切都是那么地可笑，而且他的确也有些力不从心了。

然而，当1877年"东方问题"再次爆发出来时，他又精神抖擞地忙碌了起来。

带回体面的和平

19世纪70年代中期,巴尔干半岛上的各族人民,不堪忍受土耳其奥斯曼帝国的奴役,发动了声势浩大的起义。保加利亚的民族独立运动也趋于高涨。土耳其人则全力进行镇压,近东的形势开始紧张。

英国在土耳其拥有巨大的经济利益,因而竭力支持土耳其苏丹政府,反对巴尔干的民族起义。沙俄则想利用这次起义达到自己的目的:占领土耳其黑海海峡,从而把舰队派往地中海,以削弱英国在近东的势力。因此,沙俄积极支持巴尔干人民起义,派遣志愿军,提供金钱和武器。这样一来,英俄双方互不相让,矛盾斗争愈演愈烈,"东方问题"一触即发。

迪斯累利担心沙俄一旦占领黑海海峡甚至占领土耳其,就会危及苏伊士运河的安全,对大英帝国的利益构成潜在威胁。这更加坚定了他反对沙俄势力渗入巴尔干半岛,防止奥斯曼帝国解体的决心。为此,他在议会的辩论中大讲:"打开印度的钥匙是君士坦丁堡和黑海海峡,而不仅仅是埃及和苏伊士运河。一旦奥斯曼帝国解体,我们将面临拿破仑战争以来最大的威胁。"然而,他的演讲没得到大多数议员的支持,迪斯累利决心一意孤行,下令一支舰队开往达达尼尔海峡,以示对土耳其的支持。

保加利亚人民起义后,土耳其人用极其残酷的手段进行镇压,90多个村庄被夷为平地,11万人惨遭杀害。这一惨案传至英国,公众为之哗然,纷纷谴责土耳其的暴行。然而,迪斯累利为了支持土耳其政府,竟在国会公开为其辩护:"我怀疑这个文明的东方民族是否大规模地使用酷刑。我相信,他们很少使用酷刑,他们处理罪犯往往采取更为简单迅速的办法。"

"好一个简单迅速的办法!"他的死对头格拉斯顿又找到了有力的攻击迪斯累利的把柄。在公开发行的《保加利亚暴行与东方问题》的小册子中,他猛烈攻击土耳其人和迪斯累利政府:

"让土耳其人以唯一可能的方式带走他们的祸害吧,就是说让他们撤走吧!我希望,他们的警官、村长、指挥官、副总督和总督等军政人员统统从他们践踏和玷污的省份扫地出门。只有彻底清除他们,只有这种最幸福的解放,才能告慰无数亡灵,才能拯救被蹂躏的妇女、少女和儿童的贞洁……欧洲监狱里的每一个罪犯听到这些暴行都会怒发冲冠的。这些暴行很晚才引起人们的注意,而且尚未受到惩罚。造成这些暴行的邪恶而强烈的情绪仍然存在,这些暴行可能在浸透鲜血并充满血腥味的土地上,在被各种罪行和可耻的行为所污染的空气中,结出更残暴的果实。没有哪届政府犯下这样的罪行,也没有哪届政府这样难以改正罪过,这样难以悔过自新。"

在这次抨击后,迪斯累利和格拉斯顿两人的关系变得更加紧张。迪斯累利不堪忍受他的抨击,竟破口大骂:"格拉斯顿这个混账!他比保加利亚暴行更为可恶!"

1877年4月,俄土战争爆发。俄军所向披靡,而土耳其则恰恰相反,军队士气低落,一上战场就溃不成军。到1878年1月,俄军突破普利弗那,兵临君士坦丁堡城下,土耳其处在风雨飘摇之中。

迪斯累利见势不妙,命令英国舰队开进黑海海峡,穿梭游弋,威慑俄军。

俄军围攻君士坦丁堡,使英国的社会舆论达到了沸点。迪斯累利一宣布出动海军,新闻界立即情绪高昂地给予支持,称"这是个为大英帝国的利益而做出的英明的举动"。而且,公众也支持政府的对外行动,当时流行的一支歌曲唱道:

我们不想打仗,

啊! 若需上阵,

我们有军舰、士兵,还有金钱!

以前曾同俄国熊较量,

我们是真正的英国人,

决不让俄国人占领君士坦丁堡。

迪斯累利本意不想与俄国较量,但他深知,如果俄军攻陷君士坦丁堡,就会对苏伊士运河的安全造成威胁。为了寻求一个既避免与俄冲突,又让沙俄撤军的办法,他求助于德国首相俾斯麦,希望他来出面调解。

在俾斯麦的召集下,1878年6月13日,处理俄土战后事务的柏林会议开幕。保加利亚问题成了会议争论的焦点。迪斯累利先发制人,一发言就要求俄国立即撤出保加利亚,而俄国首相戈尔恰科夫却寸步不让。双方僵持不下。

一次,在谈判陷入僵局后,迪斯累利突然站起来,带上黑色的礼帽说:"我要回伦敦休息了。"说罢便快步走向会议室的大门。

英国人走了,还开什么和会! 俾斯麦不敢怠慢,急步上前去拉迪斯累利:"比肯斯菲尔德勋爵,请留步。鲸鱼与大象一个在海里,一个在岸上怒目相视总不是个事儿,还是让我们想办法化解吧!"

果然,这一招非常奏效! 俄国首相见状,知道与英国已没有了讨价还价的余地,只好做出妥协。英俄最后达成了协议:将保加利亚分成三块,一个自治的保加利亚王国、一个半自治的东鲁美尼亚省,一个仍旧归土耳其管辖的马其顿。俄国占领比巴萨拉比亚和巴统,但必须把军队撤出保加利亚和土耳其,今后英国舰队可以"应土耳其的邀请",进入黑海。

这个"犹太老头"像一个凯旋归来的英雄,回到伦敦时,受到大批群众的热烈欢迎。他十分得意于自己的外交佳作,对前来欢迎的人得意扬扬地说:"我带回了体面的和平!"

此时的迪斯累利在政治生涯上达到了顶峰。他笑容可掬,举着礼帽向群众示意的大幅照片登上了《泰晤士报》的头版。女王也为他举行盛大的庆功宴会,并授予他英国的最高荣誉——嘉德勋章。就连他的老对头格拉斯顿也敬他三分:"比肯斯菲尔德伯爵的仕途生涯在许多方面都是议会史上最值得称颂的。"然而,没过多久,幸运女神就对他收敛了笑容。

沙俄从土耳其退出后,心有不甘,开始向阿富汗扩张。迪斯累利深知,一旦俄国人占领阿富汗,印度殖民地就岌岌可危。于是,他横下心来,在1878年发动了第二次侵阿战争。英军一开始进展顺利,攻占了阿富汗的首都喀布尔。但是英国的胜利没保持多久,阿富汗爆发了全民的反英起义,夺回了首都并杀死了英国驻喀布尔殖民当局的官员。英国只得灰溜溜地退出了阿富汗。

在阿富汗的失利使迪斯累利深受打击,而继之而来的在南非的失败则最终导致迪斯累利内阁的倒台。

南非的两个布尔人建立的国家——奥兰治和德兰士瓦,有着丰富的矿产资源,尤其是钻石蕴藏量丰富,英国早就对这两个国家垂涎三尺。1878 年底,迪斯累利听说布尔人正同当地的土著居民祖鲁人作战,认为有机可乘,遂派军队去南非帮助布尔人,企图借此机会占领整个南非。但出乎意料的是,手持棍棒、弓箭的祖鲁人一度把用洋枪洋炮装备的英国军队打得落花流水,落荒而逃。

这种情况使迪斯累利内阁威信扫地,人们已开始厌倦迪斯累利的做法。派军到国外打仗不但没有捞到多少好处,却使不少英国人在异国他乡的战场上当了炮灰。在 1880 年的大选中,保守党败给了自由党,执政长达 6 年的迪斯累利内阁宣布解散。

1881 年 4 月 19 日,迪斯累利这位老态龙钟的保守党领袖因病撒手西去了,终年 77 岁。噩耗传来,维多利亚女王禁不住泪流满面,对身边的侍卫说:"我失去了一位知心朋友,在这个可怕的时刻,我是无法抑制自己悲痛情绪的……"

1881 年 4 月 26 日,议会为他举行了隆重的葬礼,维多利亚女王亲自在他的墓前献上花圈。后来英国政府又为他建了一个纪念碑。人们没有忘记他为英国建立的丰功伟绩,每年 4 月 19 日,即迪斯累利去世的那天,许多英国人在胸前佩戴迪斯累利所喜欢的一种花——福寿草,以此来表达对他的纪念。

寒门通向唐宁街

——梅杰

人物档案

简   历：约翰·梅杰，英国政治家，于1990年至1997年出任英国首相。他曾于撒切尔夫人的内阁出任财政部秘书长、外相及财相。在2001年英国下议院大选后，他淡出了英国政坛。由于梅杰的前任撒切尔夫人和继任者布莱尔拥有很高的知名度，夹在他们中间的梅杰故显得有些黯然失色，然而就整体表现而言，梅杰并不比他们逊色多少。

生卒年月：1943年3月29日~

性格特征：低调。

历史功过：梅杰领导保守党的时候，给人一种诚实的印象，所以常被称呼为"诚实的约翰"（Honest John），但同时也予人乏味愚笨的印象，而且在党内丑闻频生的时候，又显得束手无策。

在英国伦敦市中心一条不大显眼的胡同里，有一幢古老的三层灰砖楼房，周围岗哨林立，戒备森严，绿树掩映中不时闪动着便衣保镖警惕的眼睛，这就是大名鼎鼎的操纵着英伦三岛风雨的唐宁街10号。

公元1990年11月28日上午，在国际、国内舞台上纵横捭阖达11年之久，身穿绛紫色套裙的"铁娘子"撒切尔夫人在这里洒下了一行告别的热泪。一小时后，这座自17世纪乔治时代起就成为首相府的官邸，迎来了它的又一位主人——约翰·梅杰。

如果要评选世界政坛彗星，满头银发、戴着眼镜的高个子约翰梅杰可谓当之无愧。若在数年前，无论伦敦金融城，抑或西敏寺政治圈，要问梅杰是谁，未必个个认识他，而且摇头的人肯定不少。但自从1987年他出任财政部首席大臣搬进唐宁街11号财臣府宅后，幸运之神便频频地为这位马戏班杂耍艺人的儿子送上秋波，3年后，终于一夜之间摇身一变，走进了唐宁街10号的大门。47岁的梅杰春风得意，在

159

"黑马"跃出

1990 年 11 月,正当举世瞩目的海湾危机日益加剧,英国首相"铁娘子"撒切尔夫人频频用警告敲打海湾强人萨达姆·侯赛因之时,一向平静的英国政坛却发生了一场强烈的大地震。

"地震"来源于后院起火,老成持重的副首相杰弗里·豪因不满撒切尔夫人奉行的欧洲政策,于 1990 年 11 月 1 日晚 6 点向"铁娘子"递交了长达 4 页的辞呈,尽管毫无心理准备的撒切尔夫人执意挽留,这位被称为撒切尔内阁经济战略早期设计师的重臣,还是抱着愤懑和绝望之情挂冠而去了。这还不算完,一直被认为对"铁娘子"忠心耿耿,且言行谨慎、没有脾气、有"死绵羊"称号的杰弗里·豪又投放了一枚政治炸弹:他于 1990 年 11 月 13 日在下院解释他的辞职原因时,公然指责撒切尔夫人破坏内阁的安定,呼吁政府大臣和议员把国家的利益摆在对首相的忠诚之上。此番激烈的言辞一出,使议员们倍感惊愕,在执政的保守党内引起了对"铁娘子"的信任危机,很快形成了一股倒撒切尔夫人的浪潮。

立志在 55 岁(现 57 岁)当上首相的百万富翁、前国防大臣赫塞尔廷认为时机已到,开始了向他的雄心勃勃的政治抱负冲击。1990 年 11 月 14 日,他向撒切尔夫人下表挑战,角逐保守党领袖宝座。"铁娘子"岂能服软?她唯一的选择是"决斗",可万万没有料到,首轮选举竟成了"铁娘子"的"滑铁卢",她未能获得法定多数,卫冕失败了。1990 年 11 月 21 日上午 10 点,参加巴黎欧安会首脑会议的撒切尔夫人匆匆飞回伦敦,满怀信心地准备第二轮角逐,可是"宫廷政变"开始了,许多内阁大臣都劝她退出竞选。面对众臣"逼宫","铁娘子"经过一个夜晚的痛苦思索之后,无可奈何地于 11 月 22 日上午宣布辞职。

保守党政客们的"逼宫"成功,使得 47 岁的政坛"黑马"——已被撒切尔夫人内定为接班人的财政大臣梅杰一跃而出,他和外交大臣赫德联手向赫塞尔廷挑战。于是,惊心动魄且短兵相接的"三马竞雄"的场面出现了。

看到撒切尔夫人终于倒台,赫塞尔廷一方士气更加高涨。这位满头长发、人送绰号"泰山"的赫塞尔廷,是位颇有声望的政治家,曾多次出任政府要职,1986 年因反对撒切尔夫人在同欧洲合作问题上的做法而辞去国防大臣之职,成为党内大名鼎鼎的不同政见者。他知道人们厌恶"人头税",于是高举反"人头税"的旗帜。民意测验表明他处于比较领先的地位。

然而保守党主流派不能容忍这位有"背叛领袖"之嫌的人唾手而得党魁。他们在幕后进行了周密的策划,梅杰和赫德心领神会,发表了简短的联合声明:"我们决定参加友好竞争,以使我们党的同僚们可以在我们之间选择能更好地使党团结起来的人。"将共同对付赫塞尔廷的重大战略决策公布于众。因为他们二人虽然都是威信较高的大臣,但其中一人出来挑战风险太大,而两人一同挑战,可分散选票,在第二轮选举中很有可能是他们其中的一个获胜。政客们的手腕真是高明,他们借赫塞尔廷之手扳倒了"铁娘子",然后再挤掉"恶名声"的赫塞尔廷,推出他们理想的"黑马"。

竞选中真是风云变幻。到了11月23日,风向开始改变,新闻界看好赫德,权威的观察家们也断言是"二赫之争"。这位毕业于剑桥大学的外交大臣,温文尔雅,人缘颇好,可他毕竟60岁了,魅力有限,加之不懂经济,而当今英国的内政外交都与经济密切相关,所以他不是理想的人选。

正当高个子梅杰出了一身冷汗时,11月24日的风势又变,他的满头银发已感觉到徐徐吹向自己的风了。在人们心目中,他是年轻一代保守党人的代表。他的平民出身以及自学成才的经历,此时派上了用场,为他赢得了不少党徒们投来的媚眼儿,加之他任职期间,一贯秉承撒切尔夫人旨意行事,更使那些抱着"撒切尔主义"不放的信徒们充满信任感了。聪明的梅杰看到了这一点,便频频地向对手们做出高姿态以拉选票。他许诺,如自己获胜,赫德和赫塞尔廷均可在他的内阁任职。

然而风云莫测,瞬息万变。赫德和赫塞尔廷也在拼命拉选票,到11月25日竞选达到高潮时,也只有内政大臣沃丁顿、首席财政大臣拉蒙特、前保守党主席特比特等一批大臣表示支持梅杰。扑朔迷离的英国政坛把精明透彻的分析家们弄糊涂了。赫德乎? 赫塞尔廷乎? 梅杰乎?"权威"观察家们莫衷一是。

11月27日,"三马竞雄"的第二轮角逐开始了。英国保守党的372名议员纷纷来到下院的12号房间,进行领袖选举的第二轮投票。选举工作由后座议员1922委员会主持,该委员会主席翁斯洛和3个选定的监票人端坐在投票箱后,监督投票和点票。上午10点投票开始,议员们一个个排队入场。梅杰拿着的选票自然是划着自己的名字,当他走近投票箱时,一阵冲动后竟产生了一种美妙的预感:我将成为领袖。不过这种感觉很快消失了,因为后面的投票人接踵而至,不容他留步细细品味这种美妙的感觉。

投票下午6点结束,议员们全部退场,会议室双门紧闭。翁斯洛及监票人开始了紧张的计票。约30分钟后,议员们又都进入会议室。翁斯洛高声宣布3名候选人得票结果:梅杰得185票,赫塞尔廷得131票,赫德得56票。

没有人超过半数。议员们一阵议论。梅杰的心头一凉:又要进行第三轮选举了。

在此紧要关头,戏剧性的一幕出现了。赫德见大势已去,拿出了政治家的风度,高声宣布:"我退出竞选,如举行第三轮投票,我支持梅杰。"

赫塞尔廷犹豫良久:看来当首相的愿望破灭了。他捋了一下满头长发,出人意料地说:"我希望我的支持者投梅杰的票。"

此音一出,人群中响起了稀稀拉拉的掌声。等梅杰反应过来时,会议室已是掌声一片了,说不清这掌声是对赫塞尔廷的高姿态的赞许,还是对政客们遂了心愿后的得意之情。掌声过后,翁斯洛定了定神,宣布委员会紧急磋商裁定的结果:"第三轮投票已不必要,梅杰当选保守党新领袖。"

这不啻是一个福音。梅杰高兴得真想跳起来。然而他没法跳起来,他要接受同僚们的祝贺。他激动地同他的竞选班子的人马拥抱在一起,以酬谢他们几天来的劳心。这匹幸运的"黑马"镜片后的眼眶里浸满了热泪。也许是他本人也未曾料到自己果然会以 47 岁之英年出任党魁,面对一片祝贺,他不知如何是好,结结巴巴地说不出话来。

由于保守党在执政,新领袖梅杰自然而然地成了英国的第 50 任首相。1990 年 11 月 28 日上午,撒切尔夫人向女王伊丽莎白二世提交辞呈,交出首相官印不久,被激情折磨了一夜的梅杰便乘坐首相专车,奉命来到白金汉宫谒见女王。

女王望着这位高个子的年轻人,流露出欣赏的眼神:"你是否愿意组阁?"

"愿意。"梅杰单膝跪地,吻了下女王带着洁白手套的手背,表示受命组阁。

从白金汉宫出来,梅杰在台阶上抬头望了望天空的太阳,若有所思地走向首相专车,直接驶往唐宁街 10 号。英国历史上出身最寒微的首相、读书最少的首相、近百年来最年轻的首相走马上任了。

随着相印易主,震撼大不列颠的政坛风暴渐渐平息了。

出身寒门

1943 年 3 月的一天傍晚,刚刚结束巡回演出的杂技艺人汤姆斯·梅杰风尘仆仆地赶回伦敦市郊默登区自己的家。未进家门,他便听到了一阵婴儿的啼哭,不禁心里咯噔了一下,他知道自己的妻子生产了,一种没有照顾好妻子的内疚袭上心头。

"是个男孩。"66 岁的老梅杰老年得子,不禁喜出望外。他激动地抱起襁褓中的儿子,唖了唖儿子红扑扑的脸蛋,儿子蹬蹬腿哭了起来。

老梅杰笑了,他望着床上的妻子,轻轻地拍着儿子说:"亲爱的,快长大吧,爸爸教你几手绝招儿。"

然而,长大了的儿子并没有子承父业,却于 47 年后戏剧性地入主唐宁街 10 号,成为权倾朝野的一代相卿。他,就是约翰·梅杰。

迎接梅杰出生的是一个贫困窘迫的家庭。老梅杰从小跟着马戏团浪迹四方,凭着聪明的天赋和刻苦磨炼,既表演杂耍,又演空中飞人,并且会唱歌跳舞,经常坐在乐谱前充当乐队伴奏,微薄的收入得以勉强地维持着这个家。梅杰的出生给老头子带来了欣喜,而欣喜过后便有忧愁爬上了老梅杰的额头,家庭的负担加重了,而自己的身体也每况愈下,只好另谋出路了。几经周折,老梅杰终于借到了一些本钱,用来开设了一个山寨工场,制造上漆橡胶,供英格兰家庭花园摆设之用。然而,精于杂技的老梅杰没有经商的技巧,不久,这桩生意便告失败,赔掉了借来的本钱,整个家庭濒临绝境,为了节省房租还债,全家只好搬迁到伦敦南郊的贫民区,租了一套狭窄而又简陋的鸽子楼住。

梅杰的童年如同他居住的斗室光线一样黯淡,尽管他对多才多艺的父亲崇拜得五体投地,他最终还是辜负了父亲对他的期望。他讨厌读书,尤其是上数学课时,他心不在焉,脑子里不断地闪现出的是父亲在演杂技、踩钢丝,以至于数学教师看着他懵懵的样子只好连连摇头。老梅杰煞费苦心地劝儿子用心读书,以期有朝一日能穿上昂贵的燕尾服,摆脱掉笼罩在家庭的穷酸气,可这种努力终归失败,年仅 16 岁的梅杰未读完中学便辍学了,老师给他的评语是"太顽皮,读书不用功"。

梅杰开始了像父亲年轻时那样在大社会中闯荡的生活。

因为没有文凭、没有技术，加之出身于贫困潦倒之家，梅杰无法跻身于"白领阶层"，只好出卖苦力，做了劳工。他的力气太单薄了，特别是那副高耸着的瘦削的肩膀，干起活来左摆右晃的，仿佛一阵风吹来就能把他整个人吹倒，无论如何都不能令工头满意。几个月后，瘦弱的梅杰也体味到自己不是端这饭碗的人，于是，当他从工头手里接过结算出的几十个英镑后，把那件脏兮兮的工装往肩头一披，毫无留恋地走出了工地。

力气活儿干不了，梅杰只好到处打听消息，谋了一份秘书的差事，帮人抄抄写写，跑跑腿，收入自然十分低微。他无法接济自己的家庭，只能勉强维持住自己的温饱生活。即便如此，几年后，梅杰又一次卷了铺盖卷儿，成了失业者。

这天，百无聊赖的梅杰在街头逛游，发现脚下一张破报纸，他捡起来翻了翻，发现了报上载着一个招收公共汽车售票员的启事，这无疑是给求业无望、到处碰壁的梅杰带来了一线希望，他决定去试一试。然而他的数学成绩害苦了他，一周后他得到的是落榜的消息和考官先生那冷冷的眼神。

梅杰绝望了，他心灰意冷地品尝着失业的味道，靠领福利救济金度日，这时日是多么漫长啊！梅杰在逆境中学会了等待，学会了忍受痛苦。每当夜深人静的时候，躺在狭长阴暗的鸽子楼里的梅杰都在祈祷这贫困潦倒的日子快快结束，他把希望寄托在明天。

机遇终于向贫困中苦苦挣扎的约翰·梅杰招手了。1965 年，他受到标准渣打银行的聘用，从而结束了度日如年的贫苦生活。当他第一次迈进渣打银行的大门时，他暗暗发誓：再不能失去这个机遇了。他要用自己的勤奋工作赢得这个稳定的职业。由于他的业务能力提高很快，且他和蔼可亲，待人热情，人缘颇好，他很快地受到上司的赏识和重用，并被任命为银行董事，此后达 14 年之久。梅杰开始把他在困境中学到的生活运用到他的职业中去，用坚定不移的意志迎接生活的每一次挑战，他深信：只要全力以赴，就一定能赢得胜利。

尼日利亚爆发比夫拉战争后，银行家们瞄准了这个可以发战争财的良机。于是，踌躇满志的约翰·梅杰被派往渣打银行尼日利亚分行工作，升任经理。这位所有驻非洲国家分行的最年轻的驻外经理，此时已成为深谙银根业务的行家里手，他可以在处理银行繁杂的业务之余，尽情地浏览非洲风光了。不过，天有不测风云，命运又一次在异国他乡同梅杰开了玩笑。一场车祸几乎使他命丧黄泉，医生将他的一个膝盖里的碎骨取出，才使他免于在手推车上度过余生，手术的成功，使他又顽强地站立起来。生活的磨炼，使梅杰充满了自信。他很推崇自己的多才多艺的父亲，如今他从自己的身上看到了这些遗传基因：自己绝不是平庸之辈。他曾对别人不无幽默地说："像我父亲这样一个多姿多彩的人怎么可能会有一个平平庸庸的儿子呢？"

"铁娘子"的栽培

约翰·梅杰自 16 岁辍学后，就再没有机会进入大学接受高等教育，多年后他对此"一点也不遗憾"。他意味深长地说："在栅栏的另一边是具有很大价值的,可以知道面对一些困难时是怎么回事。"

正是不屈服于任何困难,才使这位杂技艺人的儿子成为不平凡的人。当他入主唐宁街 10 号时,他没有忘记自己曾经是个普通的人,因此他公然宣称他是为普通人说话的,他的目标是"建立一个无阶级社会。在这个社会中人们无论出身什么阶层都能靠他们自己的才能和运气上升到任何阶层。"

自力更生、勤奋努力造就了梅杰的才能,然而他的"运气"则多是他的恩师、"铁娘子"撒切尔夫人赐予的。

尽管梅杰出身贫寒却有志于政治,16 岁的他没有领到中学毕业证书,却弄到了一张英国青年保守党组织发给的身份证。他在银行界站住脚后,便开始竞选议员。1979 年,当他成为一名颇有名气的银行家时,随着"铁娘子"执掌相印,他真的在下院议会那些经常打瞌睡的议员身边找到了自己的座位。

20 世纪 80 年代初,梅杰担任了议会中的保守党组织秘书,负责和撒切尔夫人的官员同下院保守党后排议员们沟通情况,于是他有更多的机会领略"铁娘子"的政治风格。撒切尔夫人办事明快、果断、大胆,使梅杰由衷地感到折服,而撒切尔夫人看到这个年轻人腼腆、不苟言笑,头脑敏捷,办事干练,也对他留下了很深的印象。

然而伴君如伴虎,给"铁娘子"当差绝不是件痛快淋漓的美事。这一天,撒切尔夫人同组织秘书们交谈,撒切尔夫人的某个观点同梅杰有着深刻的分歧。梅杰和撒切尔夫人唇枪舌剑地进行了激烈交锋,各不相让。当撒切尔夫人在助手的相劝下恼羞成怒地离去后,秘书们都为梅杰暗暗地捏了一把汗:梅杰的饭碗怕是要被"铁娘子"踢烂了。

出乎人们的意料,撒切尔夫人却于第二天宣布同意梅杰的观点。真是不打不相识。通过这次交锋,撒切尔夫人发现,梅杰辞锋锐利、条理清晰,他不卑不亢,不是唯唯诺诺的平庸之辈,而是主张务实的政治家。尤其是当她了解到梅杰出身寒门、少年坎坷时,一贯倡导凭个人奋斗努力踏上成功阶梯的杂货店老板的女儿玛格丽特·撒切尔,更加欣赏梅杰了。"铁娘子"认为梅杰是一位"奇才",因而十分器重他。从此,在"伯乐"娘子的着意培养下,"千里马"可谓"春风得意马蹄疾"了。

1987 年英国大选,第三次获胜的撒切尔夫人在组阁时没有忘记自己所"相"中的"千里马",她把梅杰提到财政部当第二把手,协助财政大臣劳森理持财务。44岁的梅杰果然不负所望,理财有方,能够把钱用到刀刃上,深得撒切尔夫人的赏识,便有心培养他当接班人。梅杰迅速地接近了权力中心。

1989 年 7 月,撒切尔夫人改组后的内阁名单在大不列颠、在世界引起了不小的轰动:在外交大臣位子上呆了 6 年的内阁老臣杰弗里·豪被明升暗降,任命为副首相,而他留下的肥缺则由名不见经传的约翰·梅杰接任。同年 10 月,为"铁娘子"三连任而立下汗马功劳的财政大臣劳森,因在经济政策上特别是欧共体政策方面与首相长期龃龉,终于愤而辞职,给"铁娘子"撂了挑子。为了挽救政府危机和正在走下坡路的英国经济,撒切尔夫人急忙调用梅杰补劳森留下的空缺,这样,梅杰交出握了 94 天的外交大臣的大印,去料理自己熟悉的"银根"去了。"铁娘子"的接班人当属谁人,由此已经大白于天下了。

此令一出,记者们趋之若鹜。"你对自己被誉为撒切尔夫人的明星接班人,是否感到洋洋得意?"一位记者提问道。梅杰推了推眼镜框,反问道:"我像那种对任何事情都会洋洋得意的人吗?"

梅杰来不及洋洋得意,他必须立即着手处理陷入困境的经济。这也许具有戏剧性的意味,这位数学成绩差到连当公共汽车售票员都不合格的梅杰,却登上了与数学密切相关的财政大臣的宝座。英国经济正在滑坡,他必须天天与通货膨胀率、利率等一系列数字打交道,出色地完成这道令人头疼的难题。

梅杰用自己的才智和勤奋工作回报了"铁娘子"的苦心和期望。他上任不到一年,便快刀斩乱麻地整肃财政,使财政状况有了明显的改善,最为突出的业绩是说服撒切尔夫人加入欧洲货币联盟,使英国回到欧洲经济社会大家庭中来。劳森和杰弗里·豪久经努力都没有打动撒切尔夫人的心,只得挂冠而去,而梅杰却说服了这位相当固执、专断的首相,无论政界还是金融界都大为叹服,连老政客劳森和杰弗里·豪也自叹不如。

对梅杰这位得意门生的政绩,"铁娘子"看在眼里,喜在心上,她更加相信自己的选择没有错,决心把自己执政以来积累的治国之术传授给梅杰。然而由于保守党内后院起火,使得撒切尔夫人没有更多的时间居高临下地点拨大弟子了。在迎战赫塞尔廷的第一轮投票中,撒切尔夫人以4票之差未能达到"超过半数,并另加15%票数才算获胜"的标准,与赫塞尔廷打了个"平手","铁娘子"紧锣密鼓,本欲再战,可内阁大臣们"逼宫"吃紧,加之自己的接班人梅杰也将为党徒们所拥戴,参加角逐,她只好"将党的团结放在她个人坚持战斗的强烈欲念之上",以自己的退位促使接班人早日即位。接下来她又为梅杰大拉选票,在第二轮选举中,她带头投了梅杰的票,用自己的影响力拉了接班人最后一把,使资历尚嫩的政坛彗星梅杰夺得了执掌英伦三岛的大权。

这是最令撒切尔夫人痛心而又欣慰的时刻:1990年11月28日上午,她乘坐首相专车来到白金汉宫向女王提交辞呈,可她再也不能坐首相专车回去了,首相专车此时正载着新首相梅杰驰来,请命组阁。

"千里马"是不会忘记发现自己的"伯乐"的,梅杰作为首相首次在唐宁街10号门前亮相时,对他的恩师大加赞词,说撒切尔夫人11年半之久执政的政绩"斐然"。撒切尔夫人是英国历史上的"伟大首相"。从小小组织秘书到权倾朝野的首相,梅杰回顾这短短的近10年的历程,对刻意栽培自己的撒切尔夫人感激涕零、溢于言表。

诺尔玛的烦恼

当伦敦教堂的唱诗班例行公事为披着婚纱的诺尔玛祝福时,站在她身边的新郎、打着蝴蝶结领带的约翰·梅杰只是一个出身寒微但提升有望的渣打银行的职员。那时她认为尽管她的郎君有意于政治,但充其量可能当上保守党的议员,她做梦也没想到,梅杰竟然官拜首相,自己会摇身一变为第一夫人。还在几年前,有人问诺尔玛,她丈夫会不会成为英国的第 50 任首相,她不假思索地断言:"噢,不,这种事情不会发生在我们这种人身上。"

是啊,英国的内阁历来是剑桥大学和牛津大学毕业的才子们弄权斗法的舞台,怎么可能会给杂技艺人的儿子提供立锥之地呢?然而这种好事偏偏让梅杰撞上了,诺尔玛也就跟着共享荣耀了。

诺尔玛出身于萧罗普郡一个普通人家庭,父亲于第二次世界大战后期在比利时的一次作战中阵亡。她 4 岁便脱离家庭到寄宿学校读书。当她出落成一个亭亭玉立的少女后,曾做过教师,也受聘干过时装师,有一段时间还为别人家当过保姆。说来奇怪,她对政治的兴趣竟是由于给一位保守党女候选人缝制衣服引起的,接着她便开始为保守党竞选运动工作。老天作美,1970 年的一天,27 岁的梅杰在伦敦兰贝斯地区保守党市议会议员选举时与比他小两岁的诺尔玛相识了。

虽然是偶然邂逅,但二人一见钟情,接下来便是频频约会,沉醉于爱海之中。诺尔玛酷爱歌剧,梅杰自然是爱屋及乌,两人谈得很投机。于是诺尔玛几乎天天邀请梅杰一同欣赏歌剧,剧中爱的故事久久地回荡在一对恋人的心底。然而有一次麻烦来了,当歌剧开场不久,诺尔玛已进入角色,看得津津有味,不料身边的情郎梅杰却因白天的竞选游说太劳累而进入梦乡,鼾声如雷。面对邻座观众投来的嘲讽的眼光,诺尔玛真是又恼又羞,无地自容,她粗暴地推醒了梅杰自己却扬长而去。梅杰只好弯下那瘦高的身躯,向心上人再三请罪,几番殷勤,终使诺尔玛的脸上绽开笑蕾。二人的爱情戏中加进这一小插曲,竟越来越有滋有味了。他们恨分离的时间太久,渴望永远厮守在一起共筑爱巢,于是三个星期后如胶似漆的一对儿幸福地走进教堂,交换戒指,遂结秦晋之好。

诺尔玛性情温柔,脾气好,一向为人忠厚、朴实。结婚后,她十分关心体贴自己的丈夫,并把主要精力放在哺养女儿伊丽莎白和儿子詹姆斯上,可谓相夫教子的贤内助。诺尔玛精通烹调,每当梅杰周末从伦敦回到 100 多公里外亨廷顿自己的家,她都要亲自下厨,用烹饪学校老师传授的手艺做几样菜好生款待,一家 4 口人围坐一起,边吃边交换一周的新闻,聊起身边发生的事,真有享不尽的天伦之乐。诺尔玛会缝纫的手艺,使两个孩子从小到大的衣服多姿多彩,引起同学们的注目。

尽管诺尔玛经常对人说,她把很多精力都放在了做家务上,她是心甘情愿这么做的,完全没有低人一等的感觉,但她并非普通人想象那样仅是一个家庭主妇。作为歌剧迷的她常常从烦琐的家务中挤出时间进行写作,澳大利亚著名的女歌剧演员琼·萨瑟兰是她倾心的明星,她用 10 年的时间悉心搜集了有关琼·萨瑟兰的资料,并写成了一本传记,此书于 1987 年出版后,颇受读者的好评。

1989 年 7 月的一天,诺尔玛正在家中翻阅歌唱家杰西·诺曼的资料,她在考虑是否接受出版商的邀请为杰西·诺曼写传记。这时,电话铃响了,是梅杰从伦敦打来的。"亲爱的,告诉你一个好消息,我已被撒切尔夫人任命为外交大臣。"梅杰的声调很是激动,可以感受到他的兴奋之情。

诺尔玛被震惊了。她拿着话筒说不出话来。良久,在梅杰的催问下,她才结结巴巴地说了一句话:"你使我太紧张了。"

震惊足足持续了 10 天。丈夫事业有成,仕途得志,身为妻子,诺尔玛当然感到脸上有光。然而丈夫的升迁,也使她感到不舒服,她觉得丈夫的政治生涯,打乱了他们平静温馨的生活,给家庭带来了沉重的压力。但既然丈夫乐于宦海游弋,她不得不尽心协助。于是她婉言拒绝了出版商邀她写歌唱家杰西·诺曼传记的好意,全身心地做起外相夫人来。然而这个角色对她的压力太大了,在梅杰掌管外交大权的短短 94 天期间,虽然她迫不得已陪丈夫参加繁忙的应酬,出入于宾馆机场,周旋于杯觥交错之中,品尝到各种珍馐美食,但她的体重还是整整掉了 6 公斤。她对那些费尽心机钻营独家新闻的记者坦率地说:"我常流下眼泪,经常不能平静地入睡。"

梅杰调任财政大臣后,工作更加繁忙,经常夜以继日地为整肃财政而劳作。诺尔玛感到丈夫越来越远,即使丈夫人在身边,他的心却在那令人挠头的预算案上。她对朋友说:"我有时真希望梅杰放弃从政,过普通人的生活。"

作为贤妻良母,她着实在为丈夫的健康与安全、为家庭的宁静而担心。在丈夫向首相宝座挑战的一个星期间,面对着风云变幻的官场角逐,诺尔玛更是紧张异常,她每晚都翻来覆去地睡不着觉,"像等待圣诞大餐到来时却必须去看牙医一样紧张"。1990 年 11 月 27 日,梅杰当选为首相的消息一传出,夫妇俩满面笑容地手拉手步出住宅门口,向前来祝贺的民众致意。此时,诺尔玛的心情十分复杂,说不清是为丈夫的获胜而感到激动,抑或是对担任第一夫人角色的担心。人们看到的首相夫妇眼里都噙着泪花。

在英国这个注重身份的社会,夫贵妇荣是在情理之中的事,可对于视家庭生活高于一切的梅杰夫人来说,她更愿意维护家庭原来的宁静,过普通人的生活。在梅杰升迁的每一阶段,她都试图使家庭结构及原有的生活方式保持不变,梅杰任外交大臣和财政大臣时,为了不愿让公共事务打扰家庭生活,她拒绝迁入外相官邸和财臣府。成为第一夫人后,她又谢绝了白厅官员们的相劝,暂时不搬进唐宁街 10 号的首相府,而把大斯蒂克利有 4 个卧室的住宅作为主要的家。19 岁的长女伊丽莎白和 15 岁的儿子詹姆斯继续在那儿上学;热衷于慈善事业的诺尔玛继续为弱智者服务,经常拿自己的钱买食品看望残疾人,给坐轮椅者喂饭,除非有必要的官方活动时才去首相官邸应酬一番。梅杰首相只好"单身赴任",平日住在唐宁街 10 号,周末再驱车回到郊外自己的家,同妻子儿女们共享天伦之乐。当然,他在繁忙的工作中,是不会忘记每天同家里通一次电话的。她让妻儿们感到他的爱心。

这下子让警卫当局的头儿们感到头痛了,因为首相在伦敦郊外的住宅很可能会成为恐怖分子活动的对象。为了对梅杰首相一家进行特别警戒,警卫当局只好申请增加警察和特别经费。梅杰夫人外出购物逛商场,必有便衣警卫跟随左右,儿女们上学读书,也有警车护卫,夫人感到颇不自在,有时不免抱怨几句,但又有什么办法呢?看来梅杰夫人想重温以往普通家庭生活的梦,恐怕难以如愿了。她承认:"经过过去 10 多个月的艰难挣扎生活,我想继续保持原来的生活方式,我敢肯定,我未免太天真了。"

出身于普通之家的梅杰夫妇已经不复普通了,他们的行踪成为抢手的新闻。梅杰尽管已在内阁中工作 3 年,但面对记者的话筒、摄像机和长镜头,仍然表现得很不自然;而不喜欢出风头的诺尔玛更是在照相时显得"不知所措",她觉得,她被一下子提到令人注目的地位，"是一种可怕的经历"，她甚至还没有完全接受丈夫贵为首相的事实。她在接受英国《每日快报》记者的采访时说："你们提到首相时，我还以为是在谈论撒切尔夫人呢！"她在设计着自己的角色，打定主意仿效撒切尔夫人的丈夫丹尼斯，尽可能地隐身帷后，少抛头露面。

拒绝"整容"

当梅杰这位 47 岁的政坛彗星入主唐宁街 10 号时，他一点也没有感到轻松。虽然他对着全世界声称 20 世纪 90 年代是一个充满"良好机遇的时代"，他将致力于使英国在欧洲事务中发挥"全局和主导的作用"，然而他不得不承认，他面临的任务十分艰巨。欧洲政策问题、国内经济问题和恶名在外的"人头税"问题使得"铁娘子"宦海翻船，这份遗憾的遗产留给了梅杰，无疑是对他能否坐稳首相宝座的严峻考验。

这个外表羞赧、举止说不上潇洒的年轻首相，给一度死气沉沉的英国政坛带来了一阵清新的空气。但上任伊始，大家也向他投去了不信任的眼光，因为他同撒切尔夫人的关系太密切了。正因为他能对"铁娘子"的言行心领神会，才得以成为接班人，他会不会抱着"撒切尔主义"的衣钵不放？他本人也曾强调，必须保持撒切尔夫人政策的连续性。因而反对党认为，这次梅杰上台是换汤不换药，难有建树。

他是这样回答人们的疑虑的："我不是撒切尔夫人的儿子，我就是我。"撒切尔夫人曾接受专家们的劝告，训练改变她讲话的声音和发型以便她给人比较庄严而不太严厉的形象，可梅杰却拒绝政治"造型师"为其"整容"。"'造型师'将会发现，我不受他们的监护。"他用通俗的话说："我原来多丑就多丑。"

他掌印以来的作为的确令人刮目相看。

为了维护保守党内的团结，他同被击败的对手赫塞尔廷握手言和，并把赫塞尔廷请回内阁担任环境事务大臣，着重负责调整众口难调的"人头税"问题；道格拉斯·赫德仍任外交大臣；国防大臣汤姆·金也留任原职，意味着在海湾危机中英国对外政策的连续性。这样赢得了党内各派的支持，避免了可能发生的分裂。

此时为世界瞩目的海湾危机帮了梅杰的大忙：一方面转移了国内公众的注意力，掩盖了众多足以给梅杰政府造成麻烦的难题；另一方面又为梅杰提供了一个舞台，他在战争中所表现出的果断奠定了他作为一国领袖的地位。他迅速结交了布什、科尔、密特朗、戈尔巴乔夫等国家领导人的政要。他先是首访美国，就海湾的军事行动同布什在白宫"对表"，不失时机地借海湾战争全面恢复了德国统一后曾一度受冷落的"英美特殊关系"；对欧共体也一改"铁娘子"的僵硬做法，避免同欧共体伙伴闹翻，尽管他对欧共体在海湾战争中软弱无力的表现颇有微词，但仍希望加强同其的伙伴关系；他还飞往莫斯科，踏上了克里姆林宫的红地毯，同戈尔巴乔夫会谈，表示愿意改善同苏联的关系。此外，他出访中东也提高了英国在这一地区的地位，使同叙利亚长期僵硬的关系有所解冻。

"铁娘子"独断专行的作风很令人反感，梅杰决心摒弃"恩师"的这种恶劣作风。他经常征询同僚们的意见，使内阁会议的时间比撒切尔夫人在任时平均延长了 15 分钟。在海湾战争期间,这位决策者还翻开祖师爷丘吉尔的老皇历,邀请工党领袖金诺克和自民党领袖阿什当参加有关讨论海湾动武的会议,给在野党以参政议政的机会,从而赢得了在野党对政府海湾政策的支持,巧妙地堵住了他们的嘴巴。

在出手的几招连连获胜后,梅杰舒了口气,但"人头税"这块心病还没有放下。这项由"铁娘子"签署出台的政策,主要目的是打击老对手工党财政开支过大的地方政府,减轻中央对地方拨款,使每一个年满 18 岁、有收入的公民都要向地方政府缴税,从而迫使地方政府向公民负责。保守党本想借此拉选票,不料却遭到了公众的强烈反对,因为它向富人和穷人按人头计算征收相同幅度的税额。许多地方多次爆发了示威游行,并一度演变为抗议的风暴。但取消不取消"人头税"呢?梅杰进退维谷。如果取消,势必否定了"铁娘子"的 10 年之功,背上一个叛离恩师的罪名;如果不取消,恐难服众,并有可能发生丢掉首相宝座的危险。梅杰痛苦地思索着,他陷入了政治家做出重大决策前所特有的孤独之中。是高举反"人头税"大旗而入阁的赫塞尔廷相机多次吹风、敲边鼓,才使梅杰最后下了决心。

1991 年 3 月 21 日下午,环境事务大臣赫塞尔廷趾高气扬地走进议会大厅,向喜欢打瞌睡的议员们宣布了一个惊人消息:根据政府"人头税"检讨委员会讨论的结果,政府认为,由于"人头税"被公众认为是一种不公平的税收制度,故决定予以撤销。此令一出,英国朝野上下扬眉吐气,一片欢呼,伦敦市有近万人走上街头,举行"胜利示威"。有人称,这是梅杰"勇敢的举动",梅杰又在公众中夺得了重要的一分。

挂印后爆绯闻

梅杰把自己匆匆登上最高权力宝座看作是时来运转的结果,他说:"世事像洪水,你是不能阻拦和策划这种事情的。我玩足球和橄榄球时学的第一招儿,是当球朝着你方向滚过来,必须接球。"他接过了英伦三岛的执政大权,并于 1992 年率保守党夺得了议会选举的胜利,坐稳了唐宁街 10 号的交椅。

但是,梅杰执政以来麻烦不断。首先是保守党内部分歧日趋严重,派系林立,在若干内政外交问题上争吵不休;其次是保守党在近年来的各种选举中屡遭失败,党内士气低落;再次是政府决策失误,失信于民,声望江河日下,引起公众不满。于是,在 1997 年 5 月的大选中,统治 17 年之久的保守党被英国公众无情地抛弃了。梅杰不得不向工党领导人布莱尔交出首相大印,搬出唐宁街 10 号。

随后,梅杰引咎辞去保守党领袖之职,开始了他的平民生活。前一段,他再度成为人们关注的焦点时,不是因为政治,而是由于他那被小报爆炒得纷纷扬扬的婚外恋丑闻。这桩绯闻,当年做首相时不但蒙混住了妻子诺尔玛,还一直捂得严严实实,密不透风,现在当了平头老百姓,却放松了警惕,让爱窥探隐私的西方媒体翻了个底儿朝天。毕竟是前首相啊,这类丑闻还是可以卖个好价钱的。

铁血铸功亦铸怨

——俾斯麦

人物档案

简　历:德国普鲁士首相,是德国近代史上杰出的政治家和外交家,被称为"铁血宰相"。

生卒年月:1815 年 4 月 1 日~1898 年 7 月 30 日。

安葬之地:不详。

历史功过:他发动领导王朝战争,统一德国,同时镇压德国工人运动,对外组织军事集团,巩固德国在欧洲大地的霸权地位。

钻营投机成特使

1815 年 4 月 1 日,俾斯麦出生在柏林以西申豪森的一个普鲁士容克地主家庭。年少时进了柏林的普拉曼学校,在这里俾斯麦学习很用心,并学习了游泳和击剑。中学毕业后,进入了当时德国最先进的大学——汉诺威的格廷根大学。

1844 年夏,一直精心经营庄园的俾斯麦结识了约翰娜·冯·普特卡默尔小姐,经过三年恋爱,于 1847 年 7 月底举行了婚礼。新婚旅行对俾斯麦来说具有重大意义,他们在威尼斯遇见了普鲁士国王,而且国王还请他们吃了饭。虽然国王对俾斯麦谈不上热情,但是却对他留下了很深的印象。

俾斯麦出生和成长时期的德意志是一个奇特的国家。根据 1815 年维也纳会议所成立的德意志邦联,是一个非常松散的联合体,内部分为大小不等的 34 个邦国和 4 个自由市,形成国中有国的局面。每个邦国都是独立主权国家,有自己的政府、军队和外交代表。因此,德国国家政治的主要问题就是国家的统一;而普鲁士国王也梦想成为统一的德意志帝国的皇帝。

1848 年 12 月 5 日,普鲁士国王公布了新宪法。宪法确认了君权神授的原则后,规定设立一个由两院组成的议会。俾斯麦抓住这个机会四处活动,最后,被勃兰登堡市提名为候选人,并最终竞选成功。

这时的普鲁士和奥地利是联邦中两个实力最强的国家,两国的国王也都想成为德意志统一事业的主宰,两国为此而发生了激烈的矛盾,关系日益紧张。1850年5月,奥地利人的代表和德意志各邦的代表们在法兰克福召开会议,恢复了原有的邦联议会,想通过这个议会来控制整个德意志。腓特烈·威廉国王把这看作是对普鲁士的挑战,两个德意志强国剑拔弩张,战争一触即发。这时,俄同沙皇尼古拉一世装出一副公正面孔,要做普鲁士和奥地利之间的裁决者。在沙皇的压力下,威廉四世只好向奥地利表示和解,承认奥地利在法兰克福议会的地位。

俾斯麦是个强硬派人物,对这种所谓的和解自然心里持反对态度。但是为了取悦国王,他不断在议会上发表演讲,对国王的行为大唱赞歌。俾斯麦的这种言论最终还是赢得了国王的好感,于是,在1851年4月,他被国王任命为普鲁士驻法兰克福议会的特使。

铁血政策闯生涯

1858年3月,俾斯麦又被任命为驻沙俄公使,1862年5月22日,又改派巴黎任驻法大使。9月24日,俾斯麦被任命为普鲁士王国首相兼外交大臣,从此开始了他那令人惊叹的,在政治、外交、军事等方面施展才干和阴谋的非凡生涯。

在任首相的第6天,俾斯麦就在下院发表了一个著名的讲话,强调了迅速采取措施改革军队的必要性,并且声称:"维也纳条约所规定的普鲁士的国界是不利于健全的国家生活的,当代的重大问题不能用演说和多数决议来解决,而是要用铁和血来解决。"显示了他的铁腕强硬策略。不久这句名言便被叫作"铁和血"在民间流传开来。

俾斯麦面临的是当时处于四分五裂的德国,于是作为铁腕人物的他在上台伊始,便开始了着手统一德国的伟大使命。

当时石勒苏益格和荷尔斯泰因这两个公国,几百年来一直受丹麦统治。俾斯麦首先联合奥地利,一起攻占了这两个同家。但是,他的最终目标是普鲁士独自兼并这两个公国,对此奥地利自然不会允许。于是,这两个德意志大国之间的关系又剑拔弩张起来。

为了使普鲁士能达到独占两个公国的目的,这个时候俾斯麦又大展拳脚,巧妙地实施起外交手腕来。他先促成了法国和俄国不与奥地利结盟,而后又通过这两国,对奥地利多方施加压力。最终,奥地利妥协屈从了,普鲁士达到了自己的目的。对此威廉国王感到很满意,可是俾斯麦却认为所签的协定还不完善,还需要进行补充。

由于俾斯麦具有极强的扩张野心,在此后一年的时间里,他不断寻找各种借口煽动国王对奥地利开战,以从其手里获取更大的利益。终于,威廉国王在1866年7月正式宣布对奥地利开战,7月3日,普奥两军在今捷克境内的柯尼希格雷茨摆开战场。这次参加战役的人数超过了44万,其规模在欧洲历史上是空前的,直到第一次世界大战,还没有一次武装冲突的规模超过这次战役。普奥两军在柯尼希格雷茨附近的萨多瓦展开激战,大战持续了8个小时,最后以奥军的失败而结束。战后两国在布拉格签订条约,普鲁士由此吞并了汉诺威、拿骚、石勒苏益格—荷尔斯泰因、法兰克福;奥地利退出德意志联盟,并宣布解散德意志邦联。1866年8月,24个北德意志国家,包括3个帝国自由市在内,共同缔结了一个联邦条约。1867年4月通过德意志联邦宪法。普鲁士国王是联邦主席,俾斯麦任联邦首相。从此,在北德联邦内部取消了各种关税限制和交通限制,统一邮电管理、币制;各邦对外贸易由联邦统一主持安排。这一切大大促进了北德意志资本主义的发展。

1870年7月19日,普法战争爆发。战争一开始,德军就取得了一系列胜利。把麦克马洪的军队打败在巴伐利亚,并乘胜追击,8月底把其包围在色当。9月2日法国色当要塞陷落,法军损失12万人,拿破仑三世被俘。当这位法国皇帝的马车离开前线驶向囚禁地时,俾斯麦站在路旁,目送着马车无限感慨地说:"一个王朝在那儿消逝了。"

在攻陷巴黎以后,俾斯麦邀请巴伐利亚、乌滕堡、黑森等派代表团来到凡尔赛,开始进行关于成立一个新的德意志联盟的谈判。

当然,最终谈判的结果是,在俾斯麦的压制下,各公国同意由普鲁士的威廉国王重建德意志帝国。

新的德意志帝国在1871年1月18日,由俾斯麦宣告正式成立,威廉一世就任帝国皇帝。俾斯麦终于用"铁和血"完成了对德国的统一。

"败也萧何"失宠去职

南于俾斯麦坚持现实主义的外交政策,并且把握调整与列强相互关系的分寸,在诸大国中巧妙周旋,冷静应付,从而为德国赢得了20年的和平发展时间,使德国的经济实力大大地增强了。

德国统一后,经济发展速度很快。在19世纪最后的30年里,德国完成了英国用一百多年才做完的事情——把一个落后的农业国转变为具有现代高效率的工业技术国家。这里面的原因主要有三个方面:一是英、法、美等发达资本主义国家的影响,先进技术、投资、管理体制和方法的引进;二是德国统一后的各种有利因素的推动;第三,也是最重要的一点,就是不断成长壮大的德国工人阶级通过自己的辛勤劳动对社会做出的贡献。

1888年3月9日,91岁的德皇威廉一世在柏林逝世,帝位由他的儿子弗里德里希三世继承。可是这位57岁的新皇帝患有喉癌,只在位99天就与世长辞了,于是帝位又传给了他的儿子威廉二世。这个29岁的年轻皇帝野心勃勃,刚愎自用。俾斯麦对这个新君在政治上缺乏经验但又异常自负非常反感,曾公开表示反对。这样一来就触犯了骄横的新皇帝,由此这两个意志坚强、独裁成性的人物发生冲突也就势所难免。双方经常在"政策谁做主"的问题上发生摩擦。威廉二世不能容忍权力过大的首相对自己的掣肘,他公开对其亲信说:"我只想让这个爱唠叨的老头子再喘6个月的气,然后我自己亲政。"

威廉二世登基后,反俾斯麦集团也开始在皇帝面前群起攻击俾斯麦。于是,这个年轻的皇帝准备向老首相的权威挑战了。

1889年10月，俾斯麦提出一个反社会主义者的法令草案，想使过去每隔三年更新一次的《非常法》成为永久性的制度。而威廉二世在从土耳其访问回国后，也提出了一项有关工矿企业劳动时间和劳动条件的法案，其主要内容是保护妇女和儿童。劳工法一类的法案向来是由首相负责提出的，威廉正是在向首要进行挑战。

他已经做好了准备，必须让俾斯麦"听话"，不然就让他辞去首相职务。

过了几天，威廉皇帝派人给俾斯麦传话：要么取消反社会主义法，同意他有关劳工问题的提案，要么就递交辞呈。到了这一步，俾斯麦心里非常清楚，他与威廉二世的矛盾已经无法化解。为了最后维护住自己的权威，俾斯麦仍表示不能同意威廉的提案，并被迫在第二天向皇帝递交了辞呈。时间是1890年3月18日。

离职以后，俾斯麦的生活主要是在乡间庄园和到处旅游中度过的。另外，他还专心致志地撰写自己的回忆录。

1898年夏天，俾斯麦患上了肺炎。经过治疗逐渐康复以后，在7月30日病又复发，当晚11点刚过就病逝于家中，享年83岁。

无产阶级领袖

——列宁

人物档案

  简　历：生于伏尔加河畔辛新比尔斯克城,23 岁时列宁来到彼得堡,将马克思主义与工人运动相结合,这之后,长期的监狱和流放给了他进行革命理论研究、筹划新兴政党的机会; 1905 年,列宁清楚地认识到斗争发展的必经之路,迅速地准备起义。经过艰难的筹划准备,1917 年 11 月 7 日起义成功,成立了工农苏维埃政府,列宁被选为主席;1924 年 1 月 21 日,列宁因脑溢血停止了呼吸。

  生卒年月：1870 年 4 月 22 日～1924 年 1 月 21 日。

  安葬之地：克里姆林宫旁红场。

  性格特征：热情、诚信、意志坚强。

  历史功过：列宁领导的武装起义,改变了整个世界历史的方向,开创了人类社会由资本主义向社会主义过渡的新时代。他是无产阶级革命的创始人。

  名家评点：伟大的社会主义革命领袖。

青少年时代

  1870 年 4 月 22 日,伟大的无产阶级领袖——列宁出生于伏尔加河边乌里杨诺夫斯克城。

  列宁的父亲伊里亚·尼古拉也维奇·乌里扬诺夫,是一个国家教育视察员,出生在一个贫苦的小市民家庭,靠半工半读求学。父亲是一个 19 世纪 60 年代俄国民主主义知识分子,这些知识分子虽然本身并不是革命者,但却是对反对沙皇专制制度的人,尤其是对车尔尼雪夫斯基,非常尊敬。他们认为帮助人民,教人民读书写字,使人民受到教育,是他们的责任。

  不论冬夏,不论什么天气,父亲总是在省内奔走,进行筹建学校的工作。

  母亲是一位内科医生的女儿。她精通外国语和音乐,读书很多,待人周到、亲切，并以刚毅过人著称。

列宁在一个幸福、和睦的家庭里慢慢长大。

列宁是一个健壮而勇敢的孩子，喜欢热闹的游戏，喜欢乱蹦乱跳。5 岁时，母亲就教他读书，而他也很喜欢读书。他每次到了农村就全身心地投入到各种儿童游戏中。就在这里，他第一次接触到了贫困的俄国农村。他 9 岁那一年便上了中学，而且学习非常好，年年都被评为优秀生。

他中学毕业的那一年还曾经得过一枚金质奖章，这让同学和弟弟都羡慕不已。

在学生时代，列宁就以能够系统而周密地工作见长，拿他在学校作文的方法为例。

首先，他要写一个简明的大纲，包括引言和结论；然后，他拿一张纸一折为二，左面打草稿，有配合写作计划的各种数字和文字。以后的几天里，他在纸的右面写上补充、改正和添改的文字以及从书上得来的东西等等。

最后，他根据这个草稿写出文章。

这种对一切工作细心准备的作风成了列宁终生的工作特征。

列宁还在上小学时就受到了哥哥的影响，哥哥亚历山大是一个意志坚强、坚定冷静而又善于思考的青年。亚历山大是一个优等生，他正在准备从事科学研究工作。他是一个革命小团体的成员并属于"民意党"这个组织。他也在工人中间进行宣传。

他读过马克思的《资本论》，但却站在"民意党"和马克思主义之间的立场。

1886 年，列宁正是上中学的最后一年。然而不幸却降临在他身上，他的父亲因病去世了，这对于 16 岁的列宁来说无疑是一个沉重的打击，可是事隔一年以后，列宁碰到了更大的打击。

哥哥亚历山大因参与刺杀沙皇亚历山大三世案被捕并处死刑。哥哥的悲惨遭遇使列宁终生难忘。

1887 年秋，列宁进了喀山大学。

这所学校一向具有革命传统，大部分学生对沙皇政府非常不满。列宁一进入这所学校，就受到了这些学生的影响。

有一次，进步学生举行了一次大规模的反对沙皇制度的抗议，列宁也参加了，结果不仅被开除了学籍，而且还被流放到喀山附近的柯库基什诺村。

一年以后，当局准许列宁回喀山，可是不准他回大学读书。回到喀山的列宁便参加了一个马克思主义小组，开始学习和研究马克思和恩格斯的著作。

又过了一年，列宁移居萨马拉。他在那里住了四年半，这正是他埋头读书的时候。列宁学了几种外国语，特别是德语，为的是能读懂马克思和恩格斯的著作。

同时，他还仔细阅读了秘密出版的俄国革命书籍，这些书对马克思主义进行了广泛的宣传。

在萨马拉，列宁开始准备国立大学的考试。1891 年，他第一次去首都圣彼得堡。他考得很出色，得到文凭，因此可以注册为律师助手。他的职业虽然收入微薄，但却使他可以独立生活了。

列宁是一个很懂得工作和休息的人，在紧张的工作之余，除了长路途的散步以外,他还做其他运动。在院子里的一角靠近桌子的地方,他立了一个杠子,在两根柱子上搭一根横木,有七英尺高。他按时在这里运动。他的另一个爱好是下棋。他下棋很认真,要求严格遵守规则,不准悔棋,下一个子就算数。他对赢棋兴趣不大,他更感兴趣的是斗争的紧张和摆脱困境的能力。

住在喀山和萨马拉的时候,列宁对马克思的著作做了全面的研究,马克思的著作是列宁正准备在理论上和实践中进行革命工作的基石。

在萨马拉,他不仅仔细观察各阶层农民的生活状况,还常与农民朋友们促膝长谈,在仔细研究统计材料的基础上,写了他的第一篇论述俄国农民生活状况的科学著作。

在当时,列宁已经成为一个马克思主义革命家了。他已经找到了他一生的目标。

但是,在萨马拉没有进行革命工作的机会。那里几乎没有无产阶级革命活动,也没有大学。

列宁渴望到革命中心去,到大工业中心去。他决定移居圣彼得堡。

他本想在 1892 年到那里去。

但是为了他的母亲,又在萨马拉留了一年。那时,列宁的妹妹奥里珈——一个有杰出才能的优秀女孩子害伤寒病死了。

到圣彼得堡去

1893 年秋,列宁到了圣彼得堡。这年他 23 岁。沙皇通过他的省长、警察和宪兵,从圣彼得堡统治着整个俄国。许多大工厂集中在那里。那时,圣彼得堡工人的阶级觉悟和文化水平比俄国其他地区的无产者要高。那里有秘密的革命工人小组,大小工厂的罢工和工人骚动经常发生。

列宁一到圣彼得堡,就同当地在工人中进行宣传的一些秘密马克思主义小组取得了联系。首先是同所谓"老头子"小组取得了联系。小组中有斯·拉德琴柯、格·克拉辛、格·克尔日札诺夫斯基等人。

在 1893 年至 1894 年的冬天,列宁为了建立一个马克思主义者的基本核心团体,开始发表演讲。

这些演讲之后的讨论,很快就暴露出哪些人是动摇的,哪些人想驳倒马克思或者想把他们的"修正主义"引进马克思的学说。在围绕这些演讲展开的理论斗争中,列宁识别了他的朋友和敌人,开始团结了一批同志。

列宁有一个计划:首先在理论和实践上考验圣彼得堡革命小组的成员,然后建立一个领导小组,通过它在群众中间组织广泛的革命工作。

由于列宁的提议,成立了一个中心领导小组,一切工作都以更有组织的方式进行。这个小组的成员分派在一定的地区。除列宁外,这个小组还有格·克尔日札诺夫斯基、马尔托夫、瓦涅也夫等。

格·克尔日札诺夫斯基和列·克拉辛、格·克拉辛两兄弟一样,当时都是工艺学院的学生。

死在流放中的瓦涅也夫是一个经过考验的真正革命家,他全心全意地献身于无产阶级解放事业。

克拉辛两兄弟之一的列奥尼德,后来是布尔什维克党的中央委员。他在1905年供给工人武器和组织秘密工作的技术工作上做了大量工作。在后来的苏维埃政府中,他担任过铁道人民委员、驻英大使、外贸人民委员。工人巴布什金和舍尔古诺夫后来都是党的前卫战士。巴布什金在1905年革命时被沙皇枪杀。

列宁不仅仅局限在工人中进行口头宣传,他还想向更广大的人民群众宣传。警署条例禁止举行集会或群众大会,列宁就采用了秘密出版书报的方式。

列宁和他领导的小组在圣彼得堡的无产阶级中进行了革命工作,秘密工人小组的数量增加了。圣彼得堡当时叫作"社会民主主义小组"的团体不久就成了"工人阶级解放斗争协会"。

这是列宁第一次试图建立的一个无产阶级的政党,它的基本任务是用革命手段推翻现存的社会制度。

列宁慎重挑选和团结圣彼得堡的革命者,同时跟一切机会主义错误进行顽强的斗争。

1895年春,列宁患了肺炎。病好后他第一次出国,目的是同那里的革命者建立联系,研究国内得不到的马克思主义文献,亲自了解国外的工人阶级运动及其领导人。他在瑞士、巴黎和柏林待了将近四个月。

列宁在国外结识了法国和德国工人运动的领导人,参加了工人集会,去了工人俱乐部,还在图书馆做了研究工作。

同年秋,列宁回到了圣彼得堡。

回到俄国以后,列宁去了莫斯科、维尔那、奥列哈沃——祖也沃等城市,同当地的革命者取得了联系。他的目的是要更好地了解其他城市的马克思主义革命家,把最优秀的选拔出来,亲自考验他们并把他们争取到他自己这边来。

他集合俄国革命者中的领导力量,准备出版一个报纸,把分散的马克思主义小组统一成为一个工人政党。

1895年秋,圣彼得堡开始出现工人运动的高潮。工人中间发生了一种不安的浪潮,普梯洛夫工厂、桑顿和拉斐尔姆工厂、一个鞋厂以及其他企业都爆发了罢工。

以列宁为首的"工人阶级解放斗争协会"积极地领导工人斗争。尽力想把这些分散的罢工转变为整个工人阶级反对剥削者的有组织的斗争。

他还筹备出版了一个秘密的社会民主主义报纸《工人事业报》,并给创刊号撰写了主要文章。

但是,他的活动早就引起了沙皇政府的注意,沙皇警察早已准备逮捕列宁和"协会"的其他领导人,他们经常被密探盯梢。

1895年12月20日晚上,列宁和他的好些同志都被捕了。圣彼得堡社会民主主义者领导小组工作陷入了瘫痪状态。

在一个月之内,这个"斗争协会"的其他会员也被捕了。但是圣彼得堡的斗争还是在前进。"协会"的工作已经深深地扎下了根。

然而,列宁在监狱里继续做他的革命工作。他一被捕,立即做出一个计划,利用他在监禁期间从事研究工作,并指挥无产阶级斗争。

在监狱里有一个由革命囚犯建立起来的图书馆。

除此以外,囚犯们还获准从"外面"得到书刊。因此列宁可以利用圣彼得堡所有的重要图书馆,大堆的书给他送到监牢里来。

从早到晚,他在那里研究统计的书籍和经济著作;他开始准备他的著作《俄国资本主义的发展》。在这一时期,他写了第一个党纲草案。这党纲后来补充和重新起草过多次,此后成为布尔什维克党纲的主要文件。他还写了一个小册子《论罢工》和很多秘密印刷的传单。

除此之外,他和狱中以及外面的同志进行频繁的通信。

囚犯们要通信不得不用各种巧妙的办法。列宁通常把他的信用牛奶写在要归还的书籍上。用火一烘,字就黑,就能看出来。

为了避免写的时候被人发现,列宁用面包做成小"墨水瓶",里面灌上牛奶。当看守刚一开门,列宁立刻就把"墨水瓶"吃下去。

列宁在监牢里严格遵守他的时间表。他用冷水擦身,按时锻炼身体,并按照严格的程序阅读各种书籍,继续为革命事业不屈不挠地工作。他依然精力充沛,兴致勃勃。

他坚信革命一定能够取得胜利。他知道在狱墙之外,在圣彼得堡郊区,无产阶级正进行着波澜壮阔的罢工。

流放西伯利亚

1897年2月,列宁在沙皇的监牢里待了14个月之后,被判流放西伯利亚东部三年、受警察监视。他设法在去流放地以前在圣彼得堡和莫斯科停留了几天。

他会见了革命社会民主主义小组的成员,参加了一次国内政治形势的讨论,激烈地抨击了某些同志想放弃革命政治斗争的意图。

列宁被流放到米努辛斯克县的舒申斯克村。

1898年春天,娜捷施达·康斯坦丁诺夫娜·克鲁普斯卡娅到了舒申斯克村。她被送到那里交警察监视。后来她做了列宁的妻子,成了列宁终身最亲密的朋友和忠实的助手。列宁虽然被流放到偏远的西伯利亚,几千公里的密林区把他同无产阶级的中心城市隔开了。但他决定利用他三年流放的时间完成一本关于俄国经济状况的重要著作,深入钻研哲学,积极进行秘密出版物的工作,以及进一步准备建立政党。

在那里,列宁以善于支配时间的特殊能力,从事他已经着手要做的工作。列宁的整个工作时间分配得精确仔细。他过着勤劳的有规律的生活。他总是早晨散步以后,就坐下来工作。他按规定的时间读书、翻译、准备统计材料等等。

在流放的头两年,他用大部分精力写他的《俄国资本主义的发展》一书。1899年,他不仅出版了经济论文集,而且还出版了他的《俄国资本主义的发展》一书。1900年2月,三年的流放期满。列宁从西伯利亚到了俄罗斯。他想侨居国外,因为那里远离沙皇警察,可以出版报纸,并以它为中心,建立无产阶级政党。列宁越过大雪纷飞的西伯利亚时,心里首先想的是这一计划。

《火星报》与社会民主工党

列宁流放归来后精神焕发,准备实现他出版全俄党报和建党的计划。他被禁止在圣彼得堡和其他大城市居住,因此,他只好到普斯可夫城去。

列宁在普斯可夫同各社会民主党小组恢复了联系,并召开了一次会议,讨论了出版报纸的计划。列宁开始在俄国给这个未来的报纸选择协助者,并筹集办报资金。

这时,列宁得到了一张出国的护照。1900年7月17日,列宁动身前往德国。开始了一次长达五年半的政治侨居者生活。

经过多方协商,列宁的主张最终实现了,《火星报》开始在德国出版——最初在莱比锡,后来移至慕尼黑和斯图加特。

不久,又拟定了关于出版《火星报》和《曙光》杂志的声明。当时决定报纸在慕尼黑出版,而以列宁为首的负责出版这张报纸的主要编辑人员都迁到了那里。

1900年12月底,《火星报》的创刊号出版了。第二年春,《曙光》杂志的创刊号也出版了。列宁是《火星报》的组织者和实际的编辑。

《火星报》开始出版时,正是工业危机时期。俄国的工业繁荣之后,大规模的罢工和严重的危机接踵而至,生产萎缩,失业增加。

列宁准备出版《怎么办?》一书,这本书是他在1901至1902年冬写成的。列宁在这本书中揭露了经济派,主要是"工人事业"派的观点,并提出了革命工人阶级运动的任务。

1902年春,列宁移居伦敦。路上,他在布鲁塞尔停留了几天。当时那里正发生罢工,同时街上有示威游行,当列宁看到这些情景时,异常兴奋。

在伦敦,列宁过着一种可以说是与世隔绝的生活。他把全部时间,都用于《火星报》和《曙光》的编辑工作、党的工作和科学研究工作。

妻子克鲁普斯卡娅除了同俄国通信这个日常的任务及工作之外,还自己照管家务、做饭、擦地板,等等。

一有空闲时间,列宁就去了解伦敦。他去工人俱乐部,参加工人集会,去一切能够直接和工人群众的生活接触的地方。

有了全俄政治报纸,召开期待已久的党代表大会就方便多了。

第一次党代表大会在1898年召开,当时只有9个代表出席,因为大会选出的中央委员会成员不久就被捕了,因而大会对党的活动影响很小。

为了建党,为了通过党纲和巩固无产阶级的革命力量,必须召开第二次代表大会。加上俄国革命运动的迅猛发展,召开第二次代表大会就更为迫切了。

1903年7月30日,第二次代表大会在布鲁塞尔开幕。到会代表43人,代表着26个社会民主党组织。在几次会议以后,由于警察的迫害,大会移到伦敦召开。

出席此次代表大会的除了坚强的火星派,列宁的拥护者以外,还有小资产阶级分子、经济派的代表,另外还有所谓"泥潭派"的代表。

列宁在第二次代表大会期间,以他的工作为一个党员应有的态度做出了光辉的典范。他为此次大会做了周密的准备,写了几乎所有的决议案的草案。他出席代表大会的每一次会议,积极参加会议的工作,做报告,参加讨论,主持会议,会议休会期间同各代表谈话,起草决议案。

后来,他写了《进一步,退两步》这部著作,说明大会上各种对立倾向的特点。列宁在大会上贯彻了坚定的路线,不屈不挠地捍卫革命立场。

1905年1月,布尔什维克的报纸《前进报》创刊号出版。同年秋天,举行了三个不同地区的布尔什维克党委会的代表会议。南高加索委员会代表会议特别重要。这些代表会议的成果是成立了多数派委员会常务局,由古谢夫、捷姆里雅奇卡、李维诺夫、利亚多夫等组成。这个局,在列宁指导下立即开始为召开第三次党代表大会而工作。

按照列宁的直接指示,许多城市举行了党的会议。在这些会议上,大家谴责了孟什维克和搞调和的中央委员会的破坏活动,采取了准备召开代表大会的步骤。在准备期间,斯大林在维护布尔什维克党的斗争中做了大量工作。他写的一本小册子《略论党内意见分歧》,叙述了分裂的历史,宣传列宁关于无产阶级政党的重要意义的观点。斯大林领导南高加索布尔什维克和全高加索党委会。

他指导党报工作,巡视南高加索各地区,并对孟什维克、社会革命党以及民族主义者进行了有力的斗争。

1905年革命与武装起义

1904年,迫在眉睫的革命震撼了整个俄国。

列宁当时一再指出革命即将来临,无产阶级政党要有所准备。

1904年爆发的日俄战争,实际上是沙皇俄国和地主资产阶级日本为了瓜分中国、朝鲜和满洲而激起的帝国主义侵略战争。

沙皇政府指望依靠军事上的成功来巩固它在国内的威信,以激起爱国思想的浪潮,并阻止日益逼近的革命。

然而,战争一开始,沙皇政府就遭到惨败,节节溃退。1905年1月初,日本占领了旅顺口。这就预示了沙皇军队的全盘溃败。

这一时期,国内爆发了波澜壮阔的罢工。1904年12月,巴库发生总罢工。

1905年1月初,圣彼得堡的普梯洛夫工厂发生罢工,这次罢工很快就扩大到首都所有大小工厂。

1905年1月9日,工人群众在加邦牧师的鼓动下,列队到冬宫呈递请愿书。工人向沙皇呈递的请愿书里,包含党的纲领中所载的若干政治和经济要求。这都是针对圣彼得堡革命工人的要求而写进请愿书的。沙皇军队用子弹迎接和平工人的代表团,几千工人死伤。俄国无产阶级得到了难忘的血的教训。

1905年4月,第三次代表大会终于在伦敦召开,出席此次代表大会的有25个委员会的代表,即俄国大多数党组织的代表。

代表大会团结了布尔什维克,选出了布尔什维克党的中央委员会。

第三次代表大会后,列宁立刻在他的著作《社会民主党在民主革命中的两种策略》中,指出了无产阶级取得对沙皇制度和资产阶级胜利的措施。

列宁详细说明了孟什维克和布尔什维克意见分歧的实质,论证了他自己的革命理论的正确性。

1905 年,全国掀起了持续不断的工人起义浪潮,起义在各地发展成同军警的冲突。沙皇舰队在对马海峡覆灭,这对革命斗争更是火上浇油。

陆、海军已开始传播革命思想,一部分已转到革命一边来。

10 月 20 日,在莫斯科——喀山铁路上发生了罢工。第二天罢工就已扩大到莫斯科的全部铁路线并且还在继续蔓延着。

到 10 月 25 日,俄罗斯帝国所有的铁路,除了芬兰以外都罢了工。总罢工席卷人莫斯科、圣彼得堡、波尔塔瓦、库尔斯克、萨拉托夫、萨马拉及其他城市。10 月 26 日,在圣彼得堡的所有工厂和作坊里举行了工人代表苏维埃的选举,当夜举行了苏维埃的第一次会议。这时,甚至资产阶级知识分子也开始参加工人的罢工。律师、公务人员、国家机关中的雇员、药剂师等都动起来了。

至此,专制政府开始让步了。10 月 30 日(俄历 17 日)沙皇发表了一个宣言,答应给人民以“自由”。革命获得了第一次胜利。

第二天,沙皇的宪兵司令,以残酷迫害革命者而臭名昭著的特列波夫下了“不要吝惜子弹”的命令。在圣彼得堡工艺学院向群众密集射击。为执行政府的命令,黑帮分子在全国各地开始大肆屠杀。

关于沙皇让步这个问题,列宁写道:“我们要争取的不是自由的诺言,不是关于自由的一纸空文,而是真正的自由。我们要争取的不是贬低沙皇政权,不是要它承认人民的权利,而是消灭这个政权,因为沙皇政权是黑帮统治俄国的政权。”

因此,自由的唯一保证是武装民众的力量。布尔什维克动员群众,以推动武装推翻沙皇政府的斗争。布尔什维克党从秘密走向公开。

党的报纸与宣言开始在合法的印刷所里印刷。党的会议开始公开地举行。工人们没有被沙皇的诺言所欺骗:他们知道沙皇的许诺都是空话。斗争继续下去。工人阶级在俄共“布”领导下,为彻底推翻专制制度而斗争。

1905 年 11 月,列宁回到俄国,立即召集了中央委员会的一次全体会议。布尔什维克在列宁的领导下,不倦地组织群众,发展他们的战斗组织,积极领导国内的革命斗争。

由于列宁的发起,12 月在芬兰的塔墨尔福斯举行了布尔什维克第一次代表会议。预定的党代表大会未能举行。因为有许多代表正在领导发展迅速的革命斗争,不能离开工作地点,所以只开了代表会议以代替大会。在 1905 年的最后三个月里,差不多有 150 万人起来罢工。农民反对地主的剥削,是在工人阶级革命斗争的直接影响下发生的。

然而,孟什维克始终拒绝武装起义。他们宣称不需要为它做有组织的准备,而只有当起义自发地发生时,他们才同意承认这个起义。

沙皇政府于 1905 年 12 月对革命进行了一次坚决的进攻,圣彼得堡工人苏维埃的代表被捕了。

革命在继续,它对政府的反击没有停止。根据俄共"布"的决议,在莫斯科开始了一个总罢工。发生了示威运动并且和军队发生了冲突。由布尔什维克莫斯科委员会领导的罢工,发展成了武装起义。全城到处都建起了街垒。沙皇从圣彼得堡调来了炮兵与近卫兵团镇压工人。

不久,政府的炮兵摧毁了街垒,工人大批被捕,遭到枪杀。莫斯科的起义经过长期的浴血战斗后被镇压下去了。其他城市里的起义也都被镇压下去了。

列宁总结了当时的形势,指出十二月起义是无产阶级斗争向前迈进的新的一步。他提议党应该学习这次起义的经验,更有组织地准备对沙皇进行一次新的进攻。

革命在向前发展

莫斯科十二月起义虽然失败了,但这并不意味着革命的失败。

在1906年有1108万人起来参加罢工。农民暴动以及海陆军中的革命起义在继续发生,内战还在继续。

1906年初,列宁做了召开第四次统一代表大会的准备。这次大会于1906年4月召开。46个布尔什维克和62个孟什维克代表出席了大会。在这次大会上,俄国社会民主工党和各民族的社会民主党合并了。

1906年7月,在斯维阿波尔格发生了海陆军士兵的一次起义,在喀琅施塔得与勒瓦尔爆发了海军士兵的起义,在其他许多城市也都发生了罢工以及同警察的流血冲突。

1907年秋,列宁出国出席了在斯图加特召开的国际社会党代表大会。在争取工人群众到自己这一边来的斗争中,列宁积极参加了第二国际会议。在斯图加特大会召开以后,列宁代表布尔什维克党成了国际社会党执行局的一员。1908年12月,在巴黎召开的布尔什维克党代表会议拥护了列宁的立场。会议指出,工厂与作坊中的党小组应该成为党组织的基础。

1910年春,列宁积极地参加了哥本哈根的国际社会党大会。他在那里把第二国际的左派团结起来并做了坚决的斗争,使大会的决议都带有革命性。在大会上他对机会主义分子、妥协分子和各种调和分子展开了进攻。1910年年底,在圣彼得堡又举行了街头示威,有1万人示威反对沙皇制度。一个新的罢工浪潮正在兴起。同年夏天,列宁在巴黎郊外的龙寿姆成立了一个学校,接纳从俄国来的工人布尔什维克。这个学校是布尔什维克党校。

列宁决定再度召集一次党代表会议。这次会议于1912年年初在布拉格召开,它团结了布尔什维克的力量。这次会议是准备得很周密的。在开会之前,俄国组织委员会在俄国各工业中心进行了很多组织活动。由于列宁的坚持,只有俄国秘密的布尔什维克组织的代表才可以被选为出席会议的代表。由于俄国组织委员会进行了工作,有20人代表20个秘密党委会出席了会议。

随着革命浪潮的不断推进,一种新的革命报纸《真理报》诞生了。斯大林是这个报纸的创办人和领导人之一。1916年4月,由列宁倡议,布尔什维克在昆塔尔召集了第二次国际会议。列宁在这次会议上得以团结了更多的拥护者。这样,列宁渐渐为第三国际的建立铺平了道路。

准备夺取胜利

至1917年,俄国的无产阶级和农民已被长期的战争拖得精疲力竭。

2月,彼得格勒开始了一次罢工,同时还发生了一些激烈的示威运动。政府和资产阶级企图压制这次初起的革命,但是没有得逞。

革命运动很快地在首都和别的城市里开展起来了。

不到几天,沙皇政府就被推翻了。代之而起的是工兵代表苏维埃。但它的执行委员会却被一些妥协政党的代表——孟什维克和社会革命党人领导着。借助苏维埃中孟什维克和社会革命党领导人的力量,资产阶级抢得了政权。临时政府成立了,这是一个地主和资产阶级的政府。

它企图扼杀革命者,维护君主专政和罗曼诺夫王朝的统治,继续战争。

列宁听到革命爆发的消息,他精确地表述了布尔什维克的立场,号召人民不要信任临时政府,不要给它任何支持。他指出,这一政府不能给人民以和平、面包或自由。它在帮助帝国主义者并且会继续进行掠夺战争。布尔什维克是在斗争中起决定作用的主要力量。无产阶级的党必须保持独立性,不和其他政党订立任何协定。

因此,沙皇制度受到了致命的打击。沙皇政府被推翻了,政权落到资产阶级手里。但和资产阶级的临时政府同时存在的是一个新的,然而还不成熟的工人政府——工人代表苏维埃。同年5月,列宁草拟了关于4月代表会议的报告提纲。

他号召即刻夺取土地。他讲到雇农和贫农成立独立组织的必要。他指出建立示范国营农场的必要。

农民代表们不顾孟什维克和社会革命党人的反对,注意倾听布尔什维克领袖的演说。

6月,全俄工人、士兵、农民苏维埃第一次代表大会举行会议。布尔什维克只占少数。

列宁在会议上做了两个报告。他严厉地批评帮助资产阶级的妥协派和护国主义者。

7月16~17日,彼得格勒全城举行示威游行,有50多万名工人和士兵参加。列宁亲自领导了这一运动。

工人群众已经起来了,无产阶级的党必须站在他们前面,领导运动沿着应走的道路前进。夺取政权的时候还没有来到。布尔什维克党提出了和平示威的口号。

7月19日,临时政府颁布了通缉和审讯列宁及其他布尔什维克的命令。许多工人被捕了。当时列宁正隐匿在工人当中。

中央委员会决定列宁不要出席法庭,并且必须离开彼得格勒。斯大林布置了列宁出走的准备。

列宁在斯大林的帮助下乘车到了拉兹里夫。起初他住在一个老革命工人的干草棚子里,后来又决定搬到湖对面的草地上去。从隐匿的地方指挥党的工作,并指挥当时正在举行的第六次党代表大会。

列宁在他隐匿的地方细心注视着事变的过程,考虑无产阶级夺取政权所必须采取的一切途径。

他还进行了一次周密分析:无产阶级胜利后,工人的国家应当怎样组织,以及无产阶级专政应采取的形式。为此他写了《国家与革命》。

他在这本书中指出,无产阶级不能利用资产阶级的国家机器来完成无产阶级的任务。它必须摧毁资产阶级的国家机器。

无产阶级在取得政权以后,应当建立一个专政:它是一个不和任何人分享,而是直接建立在群众武装力量上的政权。

无产阶级专政将帮助无产阶级去粉碎剥削者的抵抗,并引导人民大众,首先是农民,来建设社会主义社会。列宁指出:"无产阶级专政是马克思学说的精髓。"

俄国国内的形势日益恶化。铁路运输已经停顿,许多城市发生了严重的粮荒,失业的人数日益增加,临时政府愈加公开地倾向于反革命。列宁当时在芬兰,他没有办法直接参与中央委员会的工作。

10月23日,在长时期的不得已的缺席之后,列宁出席了中央委员会的一次会议。

他的到会引起了全场的欢跃,大家都从座位上跳了起来,围着他,欢呼着迎接他。

大会上,列宁做了一个关于武装起义的演说,指出当时做技术上的准备是必要的。

中央委员会通过决议,指出武装起义已经提上日程,并主张一切组织的实际活动,必须服从这一口号。

10月29日,中央委员会和党的负责人举行了一个扩大会议。列宁在会上慷慨陈词,主张立刻发动起义。

11月6日,列宁迁到斯莫尔尼宫。晚上,赤卫军的部队依照列宁的计划,开始占领火车站、电报局、电话局以及别的一些据点。

11月7日,列宁写了第一篇宣言《告俄国公民书》。这是以军事革命委员会的名义发表的,里面说,临时政府已被推翻,而人民为之奋斗的事业已经有了保证。

当天下午,列宁在彼得格勒士兵代表苏维埃会议上发表演说。他受到了暴风雨般的欢迎。

那时城里战斗还正在进行。临时政府所在地的冬宫还没有被攻下,但城里的主要战略据点已经在无产阶级手里。

列宁在一个简短而激动人心的演说中说:革命已经完成了,这个革命将建立苏维埃政府,建立无产阶级专政。

苏维埃的大会于11月7日晚上11点钟开幕,这时彼得格勒的斗争正在进入最后阶段:炮轰冬宫。

当天深夜,攻击冬宫,逮捕了临时政府人员的消息传到了大会。士兵的代表跑来报告说,克伦斯基调来镇压彼得格勒的军队,已经转到革命方面。

革命胜利了。1917年11月7日(俄历10月25日)夜里,列宁通宵紧张工作,指挥战斗,听取城市各区的报告,发布指示。他规划了要在第二天实行的紧急措施。他起草了土地法令。

无产阶级政府第一批法令的最后定稿已审订完了。

11月8日晚上9点,苏维埃大会的具有历史意义的晚间会议开始举行。大会以长时间的欢呼迎接列宁。列宁的演说首先谈到的就是和平问题。

他建议向所有同盟国人民和政府发出呼吁,建议立即举行和议,谈判"公正的民主和约",不要割地,也不要赔款。这个呼吁还建议各战线立即休战。

同时,列宁还颁布了土地法令,包括根据240份地方农民委托书而拟定的农民委托书。

土地法令在热烈的欢呼声中通过。大会批准了新政府——以列宁为首的人民委员会。斯大林被任命为民族人民委员。

1918年1月末,全俄苏维埃第三次代表大会召开。召开这次大会的目的在于巩固苏维埃,指示地方组织如何进行斗争。

为了解决一些异常重大的政治问题,包括"和、战"问题,党纲问题等。中央委员会在列宁的建议下,召开了非常会议,即党的第七次代表大会。

大会后,苏维埃政府迁到了莫斯科。在莫斯科召开了全俄苏维埃非常代表大会,批准了同德国的和约。

列宁开始组织制订经济计划,指出了提高生产率的主要先决条件。第一个先决条件是发展大工业、增加燃料、钢铁以及机器制造业和化学工业的生产。第二个先决条件是改进劳动纪律以及提出劳动和组织劳动的能力。

但在这时,内战在急速扩大,反革命在急速推进。在这一危急时刻,列宁专心致力于组织一支强大的红军。

5月和6月间,在列宁的批示下,第一次征募红军,征募不剥削别人劳动的那些工人和农民。列宁细心地选择了应该开始实行征募的地区,并且规定了征募的程序。

这样,红军就在列宁领导下,开始从一支志愿军转变为一支正规军,组成了足以对抗反革命势力的红军。

1918年7月初,苏维埃第五次代表大会召开,根据列宁的提议在粮食政策和组织正规红军方面采取了措施,并且批准宪法。

同年6月,社会革命党人在彼得格勒暗杀了著名的布尔什维克沃洛达尔斯基。俄共"布"动员全体工人同反革命势力做斗争。

8月30日,列宁原定在以前的米赫里逊工厂演说。当莫斯科委员会接到乌里茨基被暗杀的消息时,列宁已经到工厂去了。同志们决定劝列宁不要去演说了,因为工人阶级的敌人又采用了恐怖的策略,但是警告发得太迟了。

列宁已经离开克里姆林宫正在会上做演说了。资产阶级派来的社会革命党人卡普兰暗中窥伺着列宁,想在列宁出来时暗杀他。他的手枪的子弹上了膛,里面填满了一种厉害的毒药。当列宁走出工厂时,一个假扮水兵的恐怖分子,伸开双臂,把群众拦住。在门口,又故意装着跌了一跤,挡住了过来的工人。列宁走进场院时,几乎只剩下他一个人。

几个女人跑过来同他谈论粮食供应的问题。列宁回答她们时,一只脚正踏在汽车的踏板上。

窥伺了好久的卡普兰向列宁身上直射了好几枪。列宁倒了,伤势很重。

列宁被搀扶着上了车。他的面色惨白,侧身半坐半躺着。但他不呻吟也不作声。在车子里,列宁的外套和上衣脱去了,他的袖子上都是血。左右的人想停车找个医院先把伤口包扎了,但是列宁不肯。

他说:"我不要在任何地方停留,我要直接到克里姆林宫。"当车子到了克里姆林宫他的住所时,列宁由伴随他的几个工人扶着,困难地从车子里出来。他穿着衬衣。工人们要把他抬进去,但是他坚决不肯。

他生怕如果抬进去,克鲁普斯卡娅和他的妹妹玛丽亚会大吃一惊。他由人两面搀扶着,从陡峭的楼梯走上三楼。莫斯科最好的专家都请来了。

列宁的伤势很严重。两颗子弹射进身体,流了很多血。

开始了令人心焦的一夜。列宁脸色惨白地躺着,微弱地呻吟着。但是当有他的什么朋友进来时,他总是要露出笑容来。他不愿他们为他担忧。

几位中央委员在屋子里彻夜守护。

第二天早上,列宁总算好了些,但是他的伤势还是很严重,因为有血液中毒的危险。有几天,伤势如何发展还没有把握。

9月7日,列宁还没有完全复原,但出席了全俄中央执行委员会,并且主持了人民委员会。列宁重新直接掌管红军的组织和它的军事行动。

在11月17日的革命周年纪念会上,他总结了苏维埃共和国第一个年头的经验。在这一年,苏维埃政府已经从工人监督工业进入了工人管理工业,已经从农民要求土地的一般斗争转入了组织贫农反对富农的斗争。赤卫军的分散的队伍已为强大的红军所代替。

最后岁月

1919年3月2日,列宁在克里姆林宫的一间小厅里主持了共产国际的第一次大会。出席的代表一共有51位。德国、奥地利、美国、法国、匈牙利、瑞典、巴尔干联邦、挪威、波兰、芬兰、中国、朝鲜、波斯、土耳其和其他一些国家的共产党和共产主义组织都派有代表出席。

俄罗斯共产党的代表团以及乌克兰、拉维亚、立陶宛、白俄罗斯及阿尔明尼亚的共产党代表在会上起了积极的作用。

大会推选了以列宁为首的三人主席团。列宁主持了大会的每一次会议;领导了大会的全部活动。

第一次代表大会宣告了第三国际的成立。第三国际的成立是列宁和他的战略胜利。

在重重的困难中,列宁成功地把国家建立在一个新的经济基础之上。工业和农业逐渐开始恢复了。

1921—1922 年冬天，列宁的重病出现了初期的征兆。在他过去几年中极度紧张的工作开始发生影响。列宁在医生的坚持下不得不几次停止工作。

在十一大以后，列宁建议选举斯大林为中央委员会的总书记。

在斯大林的领导下，俄共"布"以成功的工业化与农业集体化为基础，十分成功地进行了反对国内资本主义分子的坚决斗争。

5 月 26 日，列宁动脉硬化症第一次严重发作。

他的右臂与右腿部分地失去了作用，说话也受到了阻碍。据医生说，列宁的病是他用脑过度所致。在三星期内，他的健康略有起色，但是在夏天他的病又几次复发。在患病期间，列宁作为党的领袖的工作由中央委员会总书记斯大林执行。

8 月，列宁通过斯大林向全党会议致敬，并且希望他不久能重新工作。10 月，列宁的确恢复工作。

他主持人民中央委员会，出席了中央委员会的会议并且在全俄中央执行委员会的一次会议上讲了话。

11 月，他在共产国际第四次代表大会上做了关于俄国革命五周年纪念的演说。

列宁费了极大的力气做完这次演说，演说做完就筋疲力尽了。他的病症已经对他有了严重的影响。

11 月 20 日，列宁在莫斯科苏维埃全会上做了最后一次公开演说。

12 月 16 日列宁的右半身瘫痪了。

1923 年 3 月 9 日，列宁的病又发作，他被送到了哥尔克。他右半身完全麻痹并且失去了说话的能力。他的病情极端严重。他痛苦地感到病在加重。他受到精神兴奋与失眠的折磨。学员、工人阶级和农民焦急地关注着他的病情的发展。1924 年 1 月 21 日下午 6 时，列宁的病势突然转重。列宁失去了知觉。他的呼吸愈来愈坏。

他的脸变得死一般苍白。他的体温迅速增高……在 50 分钟之后，列宁因脑溢血引起呼吸器官的麻痹而去世了。

这个悲痛的消息传到了全国与全世界。工人与农民听到了列宁逝世的消息都痛哭起来。1 月 23 日，灵车到了莫斯科。

载着列宁遗体的灵柩运到了工会大厦。沿途站满了成千上万的工人、红军战士兵与农民。全国到处都在举行追悼会。

工人与农民都誓言他们要继续列宁的事业。外国的工人，东方与各国的被压迫民族都有同样的反响。

1 月 27 日是一个晴朗而寒冷的日子，火燃烧着，烟气在街头弥漫，全城都动了起来。

载着列宁遗体的灵柩从工会大厦移到了红场，成千上万的人民拥挤在附近的街上，红旗飘扬着。

乐队奏着葬礼进行曲。接着开始了最后的告别仪式，最后一次哀悼在 4 点钟，礼炮齐鸣，莫斯科各工厂成千上万的汽笛以及全国成千上万的工厂和火车头的汽笛都响了起来。

曾经"光芒万丈的太阳"

——约瑟夫·斯大林

人物档案

简　历:1879 年 12 月 21 日出生于格鲁吉亚哥里镇一个鞋匠家庭。1894 年进入第比利斯神学院;1917 年 4 月当选为全俄布尔什维克党中央委员;成为列宁最坚强的支持者;1922 年 4 月被选为苏共中央总书记;1953 年 3 月 5 日,因脑溢血逝世。

生卒年月:1879 年 12 月 21 日~1953 年 3 月 5 日。

性格特征:他在国家大事上既有深谋远虑、谨小慎微一面,而在涉及数百万人的命运上又采取比较简单粗鲁的方式,以至事后不得不长时间地、痛苦地纠正其错误。这就是斯大林。

历史功过:二战中指挥苏军从防守转为进攻,大败德军,迫使德国在 1945 年 5 月投降;斯大林在任时进行过两次残酷的"大清洗"运动,这是他为了自己权利犯下的不可饶恕的错误。

名家评点:对俄罗斯万幸的是,在她经受艰难考验的年代里,领导她的是天才而且坚韧不拔的统帅约瑟夫·斯大林。他是一位杰出的人物,赢得了他所生活的我们这个残酷时代的敬仰。

穷鞋匠的儿子

约瑟夫·斯大林生于 1879 年 12 月 21 日,父亲是格鲁吉亚哥里镇的一个鞋匠,母亲是农奴的女儿,双亲都是目不识丁的下层劳动者。父亲对斯大林的愿望是长大以后做个鞋匠,母亲则梦想她的儿子成为一个传教士。但是约瑟夫·斯大林的长相很凶暴,无论如何不像一个传教士。他身材不高但很健壮,一条手臂长,一条手臂短,黝黑的脸上有天花留下的斑痕,而且时常目露凶光。

1894 年夏,斯大林由校方推荐进入了第比利斯神学院的这所神学院,学生思想很活跃,是反对沙俄封建势力的中心,斯大林在此读了大量的进步书籍。1898

年秋,斯大林参加了社会民主党组织的"麦撒墨达西社"。在宣传马克思主义和反对沙皇的斗争中,斯大林先后7次被捕入狱,6次被流放。1917年4月,在全俄布尔什维克党代会上,斯大林当选为中央委员。5月,斯大林当选为政治局委员。10月,俄共中央决定由斯大林领导武装起义。在列宁领导的十月社会主义革命中,斯大林一直是最坚强的支持者。哪里有危机,哪里最困难,斯大林就被派到哪里。1922年4月3日,苏共中央根据列宁的建议,选举斯大林为苏共中央总书记,从此奠定了斯大林在苏共中央和苏维埃共和国的统治地位,也使他具备了入主克里姆林宫的资格。

也就在此时,斯大林阴谋家的本性开始显露出来。他暗地里策划并挫败了有才能的对手,手段极不光彩。此时,病中的列宁也觉察到了这一点,为此,他在去世前一年写了一份政治"遗嘱"。这份"遗嘱"广为流传,要求撤免斯大林的总书记职务。来自列宁的这一文件可能毁灭斯大林的一生,但是斯大林惯有的好运和善于玩弄手段,使得这一文件在他一生中都未受到别人重视。

1924年1月21日,列宁逝世,斯大林发起了对这位死去的领袖过度的、类似拜占庭式的崇拜。第二年,他通过把察里津改名为斯大林格勒,激发人们对自己的崇拜。从此,斯大林成为名副其实的苏联共产党和苏维埃共和国的最高领导。在此后将近30年的岁月中,斯大林一直牢牢地控制着最高领导权,占据着克里姆林宫。

残酷的"大清洗"

俄罗斯民族曾经有过漫长的封建专制主义政治历史,广大的农民阶级对无限皇权的天然的崇拜之情弥漫于十月革命以后的各个阶层,而辽阔的土地又使臣民的绝对忠诚成了社会通讯的捷径。于是,苏联的领导者阶层除了列宁等极少数人以外,都对个人崇拜的政治遗产爱不释手。在这种环境下,个性刚烈的斯大林被推到无限权力的顶峰。他已容不得任何不同的意见,而且他固执地相信随着革命的不断胜利,绝望的敌人会越来越多地跳出来反扑。因此,必须用监禁、流放、处决来回应敌人的挑战。

1934年末,斯大林发动了一场政治恐怖运动,肃清"令他不悦"的共产党人,受迫害和受牵连的人遍及社会各个阶层,数以万计。在这场"大清洗"中,"滥捕无辜"的行动大都在夜间进行,人人自危,风声鹤唳,神经高度紧张,生怕深夜有人敲自己的门。

斯大林在基洛夫的葬礼上

一天晚上,莫洛托夫和卡冈诺维奇在斯大林别墅的花园中夜宴闲谈时,为天上一个星座的名称争论起来。莫洛托夫说是猎户座,卡冈诺维奇说是仙后座。由于二人争执不下,在一旁笑听争论的斯大林认为此事容易,给天文馆打个电话就可以搞清,便吩咐秘书给天文馆打个电话。谁知原天文馆馆长、一位天文学家已与其他几位著名的天文学家一起被"清洗",而新上任的天文馆馆长并非天文学家,而是内务人民委员部的军官,也回答不了这个问题。对斯大林秘书的电话,这位新馆长当然不敢怠慢,急忙派车去找一位尚未被"清洗"的天文学家。而这位天文学家与新近被"清洗"的那些天文学家亦是好友,因此惴惴不安。他家住楼上,在夜里两点半突然被急促的门铃声和敲门声惊醒,见一辆小汽车停在楼下,以为自己的大限已到。这位年届花甲的老人不愿再受凌辱,便纵身从窗口跃向夜空,结束了自己的生命。几经周折后,这位天文馆馆长终于在凌晨5点钟打听清楚了星座的名称,急忙给斯大林的别墅挂电话:"请转告莫洛托夫同志和卡冈诺维奇同志,那个星座是……"但值班人员回答说:"没人可以转告,他们早就睡觉去了。"

希特勒的克星

第二次世界大战期间,在经过了胜利希望渺茫的开始阶段后,斯大林逐渐成为交战国中所产生的最为成功的最高领导人。

1939年8月,斯大林试图与西方强国结成反希特勒同盟,但没有成功。随后,他同希特勒签订条约,这项条约怂恿这个德国法西斯独裁者进攻波兰,于是第二次世界大战爆发了。

但是,斯大林的德国盟友背信弃义,仍忙于东线战事。斯大林不得不加强其西部边境防务,德国吞并了波兰东部、爱沙尼亚、拉脱维亚、立陶宛和罗马尼亚的一些地区后又进攻芬兰,强行租借芬兰领土。1941年5月,鉴于德国进攻苏联日益增长的危险性,斯大林任命自己为人民委员会主席(政府首脑),这是自1923年以来他所担任的第一个政府职务。

1941年6月22日,希特勒向苏联发动突然袭击,德国的闪电战突破了苏联的国防线,暴露了斯大林战前国防措施的软弱无力,而后德军深入苏联腹地。赫鲁晓夫后来回忆说,斯大林当时被这场猛烈的进攻震惊得不知所措。但即使如此,斯大林仍很快重新振作起来,任命自己为最高统帅。当德军于1941年冬逼近莫斯科时,斯大林留在危急中的首都,督促组织大规模反攻。在斯大林的英明指挥下,1942年冬,苏军在斯大林格勒战役中获胜,并于1943年夏在库尔斯克战役中大败德军。德军开始撤退,苏军转入反攻,迫使德国在1945年5月投降。

作为战时统帅,斯大林始终对各条战线、军队后勤和战时经济实施他个人的严密控制。像希特勒一样,这位苏联大元帅起初多通过电话下达不适当的命令,后来才渐渐学会通过做出军事决定的办法来进行。但即使如此,斯大林仍不失为一名杰出的军事统帅,并在二战中发挥了重要的作用,连他的敌人希特勒都认为他是一个"了不起的人"。

宿敌赫鲁晓夫

众所周知,赫鲁晓夫上台后,将已经去世的斯大林开棺移尸,两人之间似乎结了很深的仇怨。

这件事得从赫鲁晓夫的儿子说起。卫国战争期间,赫鲁晓夫的儿子列昂尼德在古比雪夫市的部队中服役。有一次他酗酒闹事,开枪杀死了一名红军指挥员,因此被逮捕入狱,等待审判。这已是他第二次被捕入狱了。古比雪夫市的事件发生后,赫鲁晓夫为了救儿子一命,便向斯大林求情,让他饶恕自己的儿子。斯大林同意了赫鲁晓夫的请求,让列昂尼德上前线立功赎罪。于是,再一次逃脱惩处的列昂尼德被送到了前线。不过由于赫鲁晓夫的影响,他没有被送到惩戒连作战,而是按他的专业分配到了空军做歼击机驾驶员。可就在第一次战斗中,列昂尼德驾驶的飞机却突然调转了航向,飞到了德军的阵地上,从此便销声匿迹了。

当得知赫鲁晓夫的儿子落入德军之手后,几乎所有的人都认为,列昂尼德飞到德军阵地上无非有两种可能:要么是他自愿投敌,要么是因机械故障迫降。事实证明是前者。列昂尼德是第二名落入敌手的苏共政治局委员的儿子,另一名是斯大林的儿子雅可夫·朱加施维里。凑巧的是,两人分别都是斯大林和赫鲁晓夫第一次婚姻所生的儿子。弄清列昂尼德的身份后,大喜过望的德军决定利用他搞一场宣传战,以瓦解苏军的斗志。众所周知,德军同样的企图在雅可夫身上遭到了失败,雅可夫宁死不屈,坚决拒绝与德军合作,可赫鲁晓夫的儿子列昂尼德却卑躬屈膝地投降了敌人,成了法西斯德国宣传战中的王牌。

斯大林得知这一情况后异常震怒,他下令要不惜一切代价把赫鲁晓夫的儿子从德军手里绑架出来并送到莫斯科审判。斯大林的命令得到了不折不扣的贯彻。赫鲁晓夫的儿子被绑架出来送到了莫斯科,搜集到的有关列昂尼德变节投敌的材料也一并被送到了莫斯科。莫斯科军区军事法庭据此判处列昂尼德死刑,定于几日后执行枪决。

得知儿子被押回莫斯科后,赫鲁晓夫急得像热锅上的蚂蚁。短短几天里,他几次三番地向斯大林求情。当得知军事法庭的判决后,赫鲁晓夫不顾一切地要求召开政治局全会,想撤销军事法庭的判决。斯大林出人意料地同意了赫鲁晓夫的请求,召开了苏共历史上这次最荒诞不经的政治局会议。与会的许多人都纷纷表示维持原判。最后发言的是斯大林,他以严峻的语调说:"尼基塔·谢尔盖耶维奇(注:这是赫鲁晓夫的名及父名,俄国人这样称呼别人时表示尊敬或庄重),你应当站稳立场,如果这样的事发生在我儿子身上,作为父亲,我会怀着深深的痛苦接受这一公共的判决!"斯大林一锤定音,赫鲁晓夫的儿子这次终究没能保住性命。赫鲁晓夫对斯大林等人的怨恨也由此而生。

斯大林逝世后不久,赫鲁晓夫掌握了大权,凡是参与处死他儿子的人都遭到了厄运。斯大林本人则在苏共二十大上被赫鲁晓夫宣布为暴君和人民的奴役者。

孤独的晚年

在妻子自杀、儿子牺牲、所有亲戚都离开之后,斯大林的晚年过得十分孤独,而且神秘。也许是他自己愿意这样,也许是他不得不这样,站在权力顶峰上的人物也许不可能是别样。

一切都是秘密。全国都以为他住在克里姆林宫。克里姆林宫内高于宫墙的一个窗子特意彻夜亮着灯光。而实际上,每到深夜,几辆吉斯牌大型轿车便驶出克里姆林宫的博罗维茨基大门。这些车开得飞快,装甲汽车的深色防弹玻璃令人无法看清里面坐的是谁,所有汽车都是一个样子,没人知道斯大林究竟坐在哪一辆车里。只有在驶进别墅前,他的汽车才开到车队的前头,其余的汽车跟在后面。他住在离莫斯科不远的孔策沃别墅里,这栋砖结构别墅是 1931 年建成的,妻子死后他就搬到这里住了。别墅四周是 5 米高的围墙,1938 年又建了带监视孔的第二道围墙。别墅内有休息室和一个大餐厅,内务人民委员部的军官和女仆在别墅中服务。

在别墅的众多房间里,斯大林选用一间,实际上他只住在这一间房子里,睡在这里的沙发上。他的桌子上堆满了书籍和文件,吃饭就在这张桌子的边缘上,把书往里面推一推就行了。

斯大林很愿意和保卫人员谈话。那些文化程度不太高的警卫员现在成了他的主要朋友。他同他们聊天,给他们讲当年他怎样过流放生活,像一般老头子那样给故事添枝加叶。他越来越喜欢讲过去的故事了。"他很孤独,怪可怜的,他老了。"一位警卫员这样说。

斯大林计划的又一场大"清洗"已经开始了,到处都在进行。就像 1937 年一样,他私人卫队中的人开始失踪。关于每一个失踪的人,斯大林都会悲痛地说:"老头儿没能证明自己无罪。"他的确可怜他们,不过他必须这样做。所有的老工作人员都应该消失,因为他们知道的秘密太多了。在"静静的 1950 年",许多人被秘密杀害。按照斯大林的命令,几十个军事将领在 1950 年 8 月的某个夜晚被枪杀,其中包括戈尔多夫、雷巴利琴科、基里洛夫、克鲁佩尼科夫将军,以及空军元帅胡佳科夫等。这又是一场血雨腥风。

该死的都死尽了,终于轮到斯大林自己了。他躺在孔策沃别墅餐厅的地板上,已经没有力气爬起来了。中风发生以后,已经过去了几个小时,但斯大林身边一个人都没有。最后,他的警卫们,由于长久未见他在别墅窗外活动而感到不安,就胆怯地进了房间。但是,他们却没有权力立即召唤医生。斯大林,这位人类历史上最强有力的人物之一,此时却不能指望得到及时的帮助。只是在过了 10~12 小时以后,惊慌失措的医生们才被带到垂死的领袖身边。但一切都太晚了,这轮曾经"光芒万丈的太阳"终究落山了。

世界传世藏书·世界枭雄大传·政坛领袖卷·

苏共名人
——赫鲁晓夫

人物档案

简　　历：1894年4月17日出生于俄乌边境的一个贫穷村庄，1953年起任苏共第一书记，1964年迫于其他领导人的压力，提出辞职，1971年9月11日病逝，享年78岁。

生卒年月：1894年4月17日～1971年9月11日。

性格特征：严肃起来，脸上绝对见不到笑容；开起玩笑来，能让人笑破肚皮；倔劲上来，十头驴都拉不回来……

历史功过：赫鲁晓夫生性好动，他频繁地在全国、全世界奔走，开启了东西方交流的大门。

名家评点：赫鲁晓夫的新政策猛烈抨击了"神圣不可侵犯"的斯大林模式，打开了苏联社会主义改革的闸门，具有探索性和开创性。但是，由于缺乏正确的理论指导和总体的规划和科学的实验，他未能从根本上打破斯大林模式。也有史学家认为，是赫鲁晓夫的改革使得苏联社会重新焕发了活力才有了后来勃列日涅夫时代的短暂繁荣。

三次访华

从1953年9月召开的苏共中央全会上当选为苏共第一书记到1964年10月16日下台，赫鲁晓夫作为苏共的最高领导人有十余年的时间。在这期间，赫鲁晓夫曾经三度访华，其中既有对华友好的一面，也有与新中国结怨的一面，总起来说过程既复杂而又曲折。

赫鲁晓夫的第一次访华是在1954年中华人民共和国成立五周年之际。起初，苏共中央决定由米高扬率团来华，但是后来，赫鲁晓夫决定亲自前往中国。由于这是赫鲁晓夫上任后的第一次访华,因此,中国方面予以高度的重视。赫鲁晓夫一行人抵达北京以后,受到了首都各界群众的热烈欢迎。当所有的苏联客人都安排好后,周恩来在赫鲁晓夫住的那所住宅旁边的一个小广场上接见了苏联代表团的全体成员,周恩来问苏联客人们比较喜欢什么饭菜时,赫鲁晓夫出人意料地答道他比较喜欢中国菜。于是,周恩来就只把做中国饭菜的厨师留下来了。

9月30日,毛泽东与赫鲁晓夫共同出席了在怀仁堂举行的中华人民共和国成立五周年庆祝大会。周恩来和赫鲁晓夫分别代表中国和苏联致辞。轮到赫鲁晓夫讲话时,整个大厅的人都站了起来,以暴风雨般的掌声欢迎苏联党政代表团的这位领导人出现在讲坛上,他也向与会的人们发表了长篇的欢迎词。会后,大厅里响起了庄严的"莫斯科——北京"歌声。

10月3日,在中南海颐年堂举行了中苏两国最高级别会谈。中方参加会谈的有:毛泽东、朱德、刘少奇、周恩来及陈云、彭德怀、邓小平、邓子恢、李富春。苏方有赫鲁晓夫、布尔加宁和米高扬。这次的谈判是在真诚友好和相互理解的气氛中进行的。毛泽东首先发言,在谈到国际形势问题时,他说,今天我们可以谈谈,交流一下意见。一般地说,我们之间的问题或意见都是随时提出,随时解决,没有积累下什么问题。今天我们有这个极好的机会,再交换点意见。国际形势总的说来对我们是有利的。首先是各国人民积极地行动起来了,抬起头来了,帝国主义的威风被煞下去了好多,不再像以前那样嚣张、盛气凌人、轻举妄动。实际上,他们的日子越来越不好过了。赫鲁晓夫接着说,帝国主义却没有睡大觉,而是天天在蠢蠢欲动,在图谋不轨,想达到他们的罪恶目的。诚然,他们的气焰的确没有以往那么嚣张,但他们确实还在活动着。毛泽东说,十根指头被切去了一两根,而且切去的是大拇指,手力毕竟不如从前了,大大削弱了,甚至是减去了一半的力量。总之,形势是好了,对我们是有利的。自然,我们在任何时候也不应放松自己的警惕性。我们现在有一个和平建设时期,应充分利用它。

紧接着赫鲁晓夫主动问道,你们对我方还有什么要求?毛泽东答道:我们对原子能、核武器感兴趣。今天想同你们商量,希望你们在这方面对我们有所帮助,使我们有所建树。总之,我们也想搞这项工业。赫鲁晓夫听到这里愣住了,因为他不曾考虑过这个问题,思想毫无准备。他稍停了一下说,搞那个东西太费钱了,我们这个大家庭有了核保护伞就行了,无须大家都来搞它。须知那东西既费钱费力,又不能吃,不能用,生产出来后还得储存起来,不久又过时了,还得重造,太浪费了。我们的想法是,目前你们不必搞这些东西,还是集中力量搞经济建设,改善人民的福利。毛泽东说:我们之间在对外方面和国际活动中,多进行磋商,协调步调,一致对外;在对内方面和生产建设上,则互相帮助,互通有无,互相协作,这不很好么!

会谈结束时,毛泽东问道:你们是否准备到我国某些地方,特别是南方去看看?赫鲁晓夫答道:一定要出去走一走,看一看。你们这里的一切对我们都是生疏的、新鲜的。我们想去的地方很多,但看来只能在沿海的南北方走走。毛泽东高兴地说:那你们就到各地去走走看看,随你们的便,愿意去哪儿都可以,就像在你们自己家里一样。我们也不准备做什么特殊安排。我喜欢自由自在、随心所欲地去活动,不喜欢被别人牵着鼻子走。毛泽东决定对赫鲁晓夫的参观游览不做规定和安排,由他随意与我方干部往来。

10 月 11 日，赫鲁晓夫结束了在各地的参观考察后返回北京。10 月 12 日，中苏会谈结束，签署了七个文件，主要内容包括：苏军从旅顺口海军基地撤退，1955 年 5 月 31 日之前将该基地交由中国完全支配；将 1950 年、1951 年创办的四个中苏股份公司中的苏联股份自 1955 年 1 月 1 日起完全交给中国；苏方修建兰州—乌鲁木齐—阿拉木图铁路并组织联运的协定；苏联为中国提供五亿二千万卢布长期贷款的协定；帮助中国新建 15 个工业企业和扩大原有的 141 项企业的供应范围的议定书等等。这些文件的签署，使赫鲁晓夫的这次访华之行取得了丰硕的成果，同时也表明了此时的中苏两国进入了友好合作的崭新阶段。

赫鲁晓夫的第二次访华是在 1958 年秘密进行的。1958 年 7 月 21 日，苏联驻华大使尤金向毛泽东转达了苏联领导的一个要求，就是希望在中国沿海建立长波电台和两国建立共同核潜艇舰队，毛泽东听后极为愤怒，指责苏联的这种要求是对中华民族尊严和主权的侮辱。尤金立即向苏联中央委员会发去电报，表明了毛泽东愤怒的态度。赫鲁晓夫意识到了事态的严重性，并根据苏共中央主席团的指示，决定秘密访华向毛泽东解释。7 月 31 日，在马利诺夫斯基和库兹涅佐夫的陪同下，赫鲁晓夫一行抵达北京机场。

当赫鲁晓夫再次踏上中国的土地时，他感受到了与首次来华时完全不一样的状况。没有人致欢迎词，也没有人高喊欢迎口号，没有数米长的标语牌，也没有用斗大的字写上牢不可破的友谊和永远感谢一类话的红布布幛，没有熊一般的拥抱，也没有亲密的接吻。

1958 年 7 月 31 日，毛泽东在机场迎接来访的赫鲁晓夫。

赫鲁晓夫到北京以后，就直接到中南海颐年堂同毛泽东会谈，向毛泽东解释相关情况。在毛泽东那宽敞的接待室里，参加会见的人分别坐在欧洲式的大圈椅里，接待室里笼罩着一种矜持和互相戒备的气氛。为了缓和紧张的气氛，赫鲁晓夫向毛泽东谈了一些他取消斯大林时期对中国的错误举措，毛泽东对此表示赞同，态度也较为和气。正式会谈开始以后，赫鲁晓夫和毛泽东首先谈到了关于建立联合舰队的问题。毛泽东问，什么是联合舰队？赫鲁晓夫就海军建设的问题谈了有半个多钟头，毛泽东对赫鲁晓夫遮遮掩掩的解释显得十分不耐烦，打断赫鲁晓夫不着边际的解释，断然地说：我不能听你说。你当时在莫斯科。只有一个俄国人同我谈，那就是尤金。赫鲁晓夫进一步解释道：我的确同尤金说过，毛泽东同志欢迎在战争的情况下我们共同努力合作。在 1954 年我们访问期间和您 1957 年在莫斯科期间，您都谈过这件事。不幸的是，直到现在，我们还没有在这件事上采取过任何行动。因此，我指示尤金说明情况。毛泽东说：尤金不止一次地讲到要建立联合舰队,我问尤金,谁将拥有这支舰队,中国人,苏联人,或者是共同拥有?比如,如果在一支舰队中有100名海军,你我各自拥有的比例是多少?赫鲁晓夫回答:舰队不能两个国家所有。舰队要有人指挥。当两个国家指挥时,就不可能进行战争。如果你们向我们提出这样的建议,我们同样会反对的。毛泽东稍稍松了一口气说:假如是这样的话,那么所有的乌云都散去了。赫鲁晓夫笑着回答:本来一开始就没有乌云。我们不会侵犯中国的主权,这是我们党的一个基本态度。毛泽东说:但是我们一晚上都没有睡觉。结果,想睡觉也是徒劳的。在这个问题上我不再担心了。

在解决了联合舰队的问题以后,双方紧接着又对建立长波电台的问题展开了谈判。赫鲁晓夫解释道:关于电台的事,我认为尤金对指示的这一部分做了不正确的说明。毛泽东回答:但是当时有七八个人在场。我当时说那不是一种合作。赫鲁晓夫说:尤金是个诚实的人,他非常崇敬中国和您本人。他是苏共中央里的老实人,做了许多事情来加深我们两国的友谊。所有这一切,都是由于他错误地理解指示而产生误会的结果。我也给您带来了难以处理的问题。如果您发现问题已经超出了共产主义观点的界限,那么您就应该睡个好觉,告诉自己这是个误会,并试图重新澄清一下。您看,我在催促您了。毛泽东回答:我说过,这也许是一场误会,我希望是误会。赫鲁晓夫开玩笑地说:您可以去睡觉了。毛泽东回答:现在我不激动了。我们应该就会谈发表一个公报。也许我们可以吓唬一下帝国主义者。他们会被吓着。赫鲁晓夫马上附和道:这是个好主意。让他们猜一猜赫鲁晓夫和毛泽东究竟谈了些什么。

8月3日,赫鲁晓夫离京返回莫斯科,临行前,毛泽东到机场为赫鲁晓夫送行。以后的事态发展证明,赫鲁晓夫此行并未能消除中苏之间业已形成的裂痕。相反,从那时起,可以明显地觉察出两国之间的分歧进一步尖锐化了。于是,两国兄弟般的团结渐渐疏远,甚至是敌对。在中苏两国之间犹如在前线形成了一个"地雷地带"。

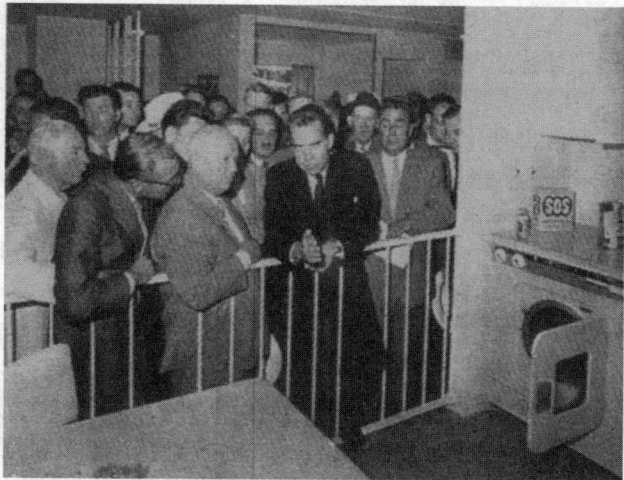

赫鲁晓夫访美期间与尼克松之间闻名的"厨房对话"

赫鲁晓夫的第三次访华是在1959年中华人民共和国成立十周年之际,他是应邀参加国庆活动而来的,这次访华也是赫鲁晓夫的最后一次访华。在此次访华之前,赫鲁晓夫刚刚与美国总统艾森豪威尔举行完戴维营会谈,然后才赶往北京,参加新中国成立十周年庆典。

1959年9月30日下午,一架银白色的"图—114"巨型涡轮飞机徐徐地降落在北京南苑机场的停机坪上。飞机停稳,赫鲁晓夫在机舱门稍停顿一下后,就一边挥手,一边走下扶梯。早已等候在机场的中国共产党和国家领导人毛泽东、刘少奇、周恩来、朱德等人迎向前去,同他握手致意。欢迎仪式完毕以后,由周恩来总理陪同,前往刚刚落成的钓鱼台国宾馆下榻,赫鲁晓夫有幸成为住进钓鱼台国宾馆的首位客人。车队缓缓驶入城区,沿途洋溢着节日的景象。宽大的轿车由木樨地向北转驰三里河路,再向西缓缓驶进一个并不十分起眼的园门,映入眼帘的便是矗立于门道正中的一座假山,山上嵌刻着"钓鱼台"三个字。随同人员分别被安排在其他豪华套间里。18号楼是钓鱼台众多的馆楼中最为突出的一座。赫鲁晓夫在这豪华的宾馆住下,得到的是超一流的服务,但他似乎还觉得不满意。离开北京时,他向彭真提出国宾馆里的浴盆太小了。按说赫鲁晓夫1.68米左右的个子,而国宾馆那六英尺的浴盆对于他来说是足够大的了。

10月2日,毛泽东与赫鲁晓夫在中南海颐年堂举行正式会谈,这次参加会谈的人比较多,中方有政治局常委们及外交部长陈毅元帅。苏方参加的有赫鲁晓夫、苏斯洛夫、波诺马廖夫和葛罗米柯。赫鲁晓夫介绍他访美的情况,他晶亮的眼睛带着发现新大陆的神情和语气说:这次我到美国去亲眼看了,他们真富,确实富。毛泽东对他的谈话没有任何表情,只是从容地说:去看一看我们还是赞成的,我们不反对。赫鲁晓夫兴致很高地介绍了戴维营会谈的情况。他用肯定的口气说:现在资本主义国家的领导人已经表现出一些以现实主义态度来了解世界上的既成形势的倾向。赫鲁晓夫按照他的思路往下说:许多资本主义国家的领导人不得不考虑现实,重新建立国际关系,我们以为,除了和平共处的原则,是无法成功地解决两个制度之间关系问题的。赫鲁晓夫在这次访华期间,口气已经同前两次访华大不一样了,他用一种居高临下的口气指责毛泽东和中国共产党的一些政策,并提出了一些要求。他首先提出的是,应该放了两名美国飞行员的问题。这两名美国人,是当时的美国高空侦察机入侵中国领空被击落时俘获的。毛泽东立即表现出明显的不高兴,他生气地回答:当然,放是可以的,我们就是现在不放美国人,要到一个适当的时间再放。

接着,赫鲁晓夫又提出了中印边境问题。赫鲁晓夫指责中国说:你们真的想要我们支持你们同印度的冲突吗?就我们来说,那是愚蠢的。西藏事件是你们的错。你们控制着西藏,你们应该在那里有情报,应该知道达赖喇嘛的计划和企图。如果我们处在你们的位置,我们就不会让他跑掉。如果他在棺材里就更好了,可是他现在在印度,也许会到美国去。这难道对社会主义国家有利吗?毛泽东回答:这是不可能的,我们当时不能逮捕他。我们不能禁止他离开,同印度的边界线那么长,他可以从任何一个地方跑走。赫鲁晓夫继续问:为什么在同印度的边界上你们杀了人?毛泽东回答:他们首先攻击我们,越过边界,持续开火12个小时。赫鲁晓夫说:尽管印度首先进攻,但是,中国没有死人,而印度却死了人。毛泽东气愤地回答:你们给我们扣了两顶帽子:中印边界冲突我们犯了错误,达赖喇嘛逃跑犯了错,我们给你们扣一顶帽子,叫机会主义。请接受吧。

临近结束,毛泽东缓和一下紧张气氛说:声明已经发表了,不谈了,算了吧!我、刘少奇同志和周恩来同志,都说过你们的问题,但这是一小部分的问题,是九个指头和一个指头之比。我们的基本路线是一致的,只是在个别问题上有分歧。现在可否这样认为?赫鲁晓夫说:我们一直是这样认为的。毛泽东说:在原则问题上、个别问题上的分歧,不应该影响我们的团结。赫鲁晓夫回答:在我们最困难的时候,中国支持了我们,而我们也支持了你们。今后还是这样的。

10月4日,赫鲁晓夫一行乘坐飞机离开北京。临行前,赫鲁晓夫和毛泽东各自再次表达了团结的愿望,但是应该说这都是出于礼节上的需要了。此后,随着苏联撤回援华专家、撕毁援建合同,中苏两党开始了大论战,最终导致了两党两国关系的彻底破裂。

走下政坛

时间走入 1964 年,苏联的政坛看似波澜不惊,实则已经是暗潮汹涌,由勃列日涅夫、波德戈尔内和谢列平等筹划的推翻赫鲁晓夫的政变正在暗地里紧锣密鼓地进行之中。而赫鲁晓夫常年在外,又为他的对手们在莫斯科密谋提供了更多的便利条件。赫鲁晓夫生性好动,加之他又开启了东西方交流的大门,因此他总是在全国各地跑来跑去,差不多每年还要有几次出访计划。有位美国记者曾做过这样一个粗略的统计:在赫鲁晓夫任职期间,离开莫斯科有 88 次,时间总共长达 2 年零 9 个月之久,其中到外国出访有 55 次之多,花费时间 1 年零 9 个月。

4月17日,赫鲁晓夫70寿辰之际,苏共所有的领导人都前往赫鲁晓夫在莫斯科郊外列宁山的别墅祝寿,宴会的气氛欢快而热烈。勃列日涅夫向赫鲁晓夫的祝词中充满了溢美之词:称他们都是赫鲁晓夫的亲密战友,而赫鲁晓夫则是"杰出的马克思列宁主义者,共产党和苏维埃国家、国际共产主义和工人运动的著名活动家,反对帝国主义和殖民主义,争取和平、民主和社会主义的英勇战士"。随后他又依照传统习惯,三次拥抱了赫鲁晓夫,三次吻了赫鲁晓夫的脸颊。

表面的热情掩盖不了内心的阴谋与不安,勃列日涅夫本就是缺乏主见之人,在得知戈柳科夫向谢尔盖告密,而赫鲁晓夫可能已经知道他们的阴谋后,他吓坏了,脸色苍白,双手发抖,食不甘味,寝不安席,内心处于极端的惊恐状态。

赫鲁晓夫呢,他并没有深入地调查此事,而是继续在黑海之滨的皮聪达享受自己的假期。再后来赫鲁晓夫也明白了问题的严重性,但是他做出的反应却是"我不准备反抗",不做斗争,自行引退。他一再重复这样的意思:我的同志们无论做得对不对,他们能够要求我下台,要求中央第一书记和部长会议主席下台,这就是我全部工作的主要成就所在。这说明列宁的党内生活准则已经得到恢复。我已经老了,也累了。让他们自己去干吧。我完成了主要的任务。我们之间的关系、领导作风都发生了根本的变化。难道谁会异想天开地认为我们可以对斯大林说我们觉得他不合适,建议他退休吗?那样一来,我们就得彻底完蛋。现在一切都不同了。恐惧心理没有了,讲话都是以平等的身份,这是我的功劳。我不会去斗争的。

一切按计划进行,先是赫鲁晓夫在皮聪达的电话被切断,10月13日,勃列日涅夫打电话将赫鲁晓夫紧急召回莫斯科并召开中央主席团会议,批评赫鲁晓夫在经济和外交工作中的失误,并提议解除赫鲁晓夫的一切职务。赫鲁晓夫没有做任何抗争,他随后写了辞职报告。第二天,10月14日上午,苏共中央委员会全体会议做出了解除赫鲁晓夫所有职务的决议。赫鲁晓夫也出席了会议,但他一言未发,只是紧紧地捏住拳头。

10月16日,《真理报》公布了苏共中央全会的公报:苏共中央全会满足了尼·谢·赫鲁晓夫同志鉴于年迈和健康状况解除他苏共中央第一书记、苏共中央主席团委员和苏联部长会议主席的职务的请求。就这样,赫鲁晓夫走完了他的政治生涯。领导人尚健在就被免除领导职务,这也在苏联历史上开了先河。

赫鲁晓夫的"仁政"和改革,使他没有对政敌采取极端的措施,同样,他的政敌对他也没有采取极端的措施。下台后,赫鲁晓夫被允许对一所莫斯科市内住宅和一栋郊区别墅拥有终身使用权,每月领取退休金500卢布,由国家安全委员会的一个卫队24小时负责警卫工作,配给一辆"伏尔加"牌小汽车。

晚年生活

离开政坛的赫鲁晓夫开始了平民生活。最初的转变是痛苦的,从每天辛苦的工作生活中突然停下来,这使得赫鲁晓夫觉得自己已经毫无用处了,在他的脑子里不断地重复着一个念头:没用了,没用了,没用了。他时常一连数小时呆坐在椅子上,眼眶里充满了酸楚的泪水。当时赫鲁晓夫的外孙在莫斯科一所学校学习,校长出于好奇问道:"最近尼基塔·谢尔盖耶维奇在干什么?"他回答说:"爷爷在哭。"

一年以后,他终于习惯了一个退休老人的生活,读读书,看看报,然后又想起了摆弄菜园、搞水栽法试验和摄影。最能引起赫鲁晓夫兴趣的要数篝火,他经常穿着法国专营纺织品的大企业家布萨克送给他的驼色斗篷,走进树林,点起一堆篝火,坐在一旁,看着噼啪跳跃的火花,回想起家乡卡利诺夫卡村,顿巴斯艰辛的矿工生活,伟大的卫国战争,铲除贝利亚的斗争,1957年的"六月政变"以及令他伤心的勃列日涅夫……由于儿女并不时常在身边,因此每每这样的情景,赫鲁晓夫总是伤心的时候居多,眼眶里时常闪动着泪花……

每天,赫鲁晓夫总喜欢在彼得罗沃达利涅耶别墅旁的树林里散步:一个戴着礼帽的老人在前面走着,身后紧跟的是一条名叫阿尔巴特的德国牧羊犬,嘴里衔着一把花条坐垫的折叠式的铝制小椅子;同行的还有一只白嘴鸦,这是赫鲁晓夫捡来的,将它养大以后,它就很知情地留在了主人的身边,和赫鲁晓夫几乎形影不离。赫鲁晓夫也很喜欢它,看到它在自己的手心里啄食,就会忘掉心中的不快,开心地笑起来。这个时候,他就会拿起胸前德国总理阿登纳送给他的小望远镜,向远处瞭望,心境自然也就随着视野的开阔而舒展开来。

闲适和散淡的生活过了两年,此间苏联兴起了一股写回忆录的热潮,赫鲁晓夫的妻子列娜和儿子谢尔盖建议他写本回忆录,将他的工作经历、对政治的认识以及对历史的感悟写出来。然而赫鲁晓夫不喜欢动笔,他更擅长的是面对听众展现其超凡的演说才能。于是,1966年8月开始,他的女婿廖瓦·彼得罗夫拿来一台录音机,赫鲁晓夫开始了他的口授回忆录时期。赫鲁晓夫坚持认为,他的口授记录是供苏共中央、苏联和全体苏联人民使用的,他写的东西能够对苏联人民、苏共领导层和整个国家有借鉴意义。然而当时的苏共和克格勃害怕赫鲁晓夫的回忆录中会有对他们不利的描述,并有可能成为西方国家指责苏联的工具,因而千方百计干扰赫鲁晓夫回忆录的写作。起初,赫鲁晓夫要求给他配一名速记打字员,被中央委员会拒绝了;1968年和1970年苏共中央又两次对赫鲁晓夫施压要求他停止回忆录的写作。所有这些都没有达到目的,反而使赫鲁晓夫更加坚信不疑:为了子孙后代的利益,他应该写出自己的回忆录。

为了防止克格勃采取突然行动,使花费大量心血的回忆录能够安全完整的保存下来,并有机会公之于众,赫鲁晓夫父子将所有口授磁带和文字打印稿复制了一份,并在1968年赫鲁晓夫和基里连科不愉快的会面后不久将副本辗转运往国外。这年年底,他们和美国利特尔·布劳恩出版公司达成了出版回忆录的初步协议。对于在国外出版回忆录的问题,赫鲁晓夫认为:作为苏共中央第一书记的回忆录,它是一个毕生致力于争取建立苏维埃政权、争取建立共产主义社会的斗争的人的自白。其中有生活的真理,有警告,有事实。回忆录应当让人们读到。就算最先在那边(国外)问世吧,总有一天这边(苏联国内)也能看到。当然顺序颠倒过来更好。

果不出所料,1970年7月,苏共中央和克格勃趁一次赫鲁晓夫住院之机采取行动,谢尔盖被迫交出回忆录。从当时谢尔盖所写的上交收据中,我们可以看到这是一项多么大的工作:赫鲁晓夫回忆材料的录音带和文字材料包括,直径13厘米的录音带18个,直径18厘米的录音带10个,录音总长近200个小时。打印材料16卷宗,总计2810页。此外,应谢尔盖要求为回忆录打字的尼基福罗芙还交出6大盘录音材料和929页打印材料等。

就在苏共中央和克格勃为了结赫鲁晓夫回忆录事件欢欣跳跃的时候,11月《赫鲁晓夫回忆录》一书由利特尔·布劳恩公司出版,该书出版后,在苏联和世界上引起强烈反响,人们争相购买。1971年1月谢尔盖收到了已出版的回忆录的样书:黑色的封皮上用黄红色的字母写着赫鲁晓夫回忆录几个字,并配有赫鲁晓夫一幅面带笑容的照片。赫鲁晓夫此时已是心力交瘁,大病初愈,短时间内很难恢复元气。而对他一向忠实的阿尔巴特和白嘴鸦也都不在了,坐在椅子上,翻看这并不认识的文字,赫鲁晓夫难掩自己的愁容:这本书对他说来毕竟不像自己的东西,要是在国内出就好了……同年,苏联进步出版社从英文本转译出回忆录的俄文文本,并贴上"内部使用"的标签,在苏联国内供有限的读者阅读,尽管这并不是赫鲁晓夫回忆录的全部,而是删去了军事、农业以及可能引起巨大争议的部分。

1970年11月赫鲁晓夫和佩尔谢关于回忆录的争吵使得他的冠心病加重,并因此而住院达半年之久,此后赫鲁晓夫的健康状况总是时好时坏,但总的来说是每况愈下。他自己也认识到来日不多,身体已经到了所有器官全都开始出毛病的时刻,愈来愈多的忧郁积在心头,他的精神十分萎靡。他多次伤心地说:"已经到了我对谁都毫无用处的时候。我只是白白地活在世上,不如一死了之。"

1971年4月17日,人们在别墅给赫鲁晓夫庆祝了他人生中最后一个生日。亲朋好友的到来使他感到高兴,春日里暖融融的阳光和万物复苏、生机勃发的景象使得他的忧郁情绪一扫而光,赫鲁晓夫还兴致勃勃地带着客人到他心爱的菜园走了一圈,并亲自指导儿孙们怎样操作农具,怎样操持菜园。

1971年9月11日,赫鲁晓夫终于没能战胜病魔,在莫斯科孔策沃医院与世长辞,享年78岁。

苏共中央极力想削弱赫鲁晓夫去世带来的影响,因此,赫鲁晓夫的葬礼被规定为非官方、家庭性质,他被看作是一个"普通公民",不能进列宁的陵园——红场,也不能葬于克里姆林宫的墙脚下,葬礼被安排在莫斯科新圣母公墓举行。对他的死,苏共中央没有发讣告,也没有向公众告知安葬死者的地点和时间。葬礼当天9月13日,《真理报》才在第一版下方用小号字登了一则带黑框的消息:"苏共中央委员会和苏联部长会议沉痛宣告,原苏共中央第一书记、苏联部长会议

赫鲁晓夫的墓碑

主席、退休金领取者尼基塔·谢尔盖耶维奇·赫鲁晓夫因患重病医治无效,于1971年9月11日逝世,终年78岁。"而且据说这也是《真理报》总编辑以辞职相威胁才被允许刊登的,这也是苏共中央决定对赫鲁晓夫逝世采取沉默手段的表现。

葬礼那天,天公也不作美,细雨蒙蒙的下着。仍然有不计其数的人得到了消息,并冒雨前来向赫鲁晓夫告别:

赫鲁晓夫的墓之所以出名,不仅因为墓的主人是个著名的历史人物,还在于其独特的墓碑。墓碑的设计者是苏联著名的雕塑家恩斯特·涅伊兹韦斯特内,他和赫鲁晓夫曾有过有趣的关于艺术的争论。那是1962年12月,赫鲁晓夫参观一个现代艺术展览,在他看到涅伊兹韦斯特内的抽象艺术作品时说:"一头驴用尾巴也能涂得比这好。"并指责他挥霍的是人民的金钱,而制造的却是粪便。

涅伊兹韦斯特内并没有计较赫鲁晓夫对他的不敬,他对谢尔盖讲道:"由于我同尼基塔·谢尔盖耶维奇的争论,我经历了一段相当困难的时期,不过如今这已成为过去。我很敬重他,而且说来叫人感到奇怪:我想起他时有一种亲切感。"他爽快地答应了为赫鲁晓夫设计墓碑的请求,并很快搞出了图案,墓碑的基本设计为:青铜的底座,上面立着长方形的石块半黑半白,黑与白相互镶嵌在一起,旧金子色的头像放在白色托架上,后面保留黑色的背景。涅伊兹韦斯特内解释说,这一构思包含了永恒的矛盾,用白与黑的相互咬合来代表光明的进步的因素同反动的因素之间的斗争。

墓碑于1975年9月11日——赫鲁晓夫的祭日——之前安放完成,它独树一帜,十分醒目,称得上是独具匠心之作。任由人们去评说,评说艺术本身以及由它所代表的一个历史人物——赫鲁晓夫。

苏共最后一任总书记

——戈尔巴乔夫

人物档案

简　　历:1931年3月2日诞生于北高加索。大学毕业后回到家乡入区团委宣传鼓动部副部长;1971年当选为苏共中央委员,步入中央领导层;1985年3月接任苏共总书记;1990年3月,戈尔巴乔夫取消了苏共的领导地位,确立了总统制,当选为第一任总统,但随后被迫辞职。

生卒年月:1931年3月2日~

性格特征:性情开朗,聪明过人,诚恳正直,有很强的组织能力和艺术修养。

历史功过:他的活动与苏联历史及世界历史有着紧密的联系,并深刻影响着世界格局的发展。任苏共总书记期间对苏联进行了经济、政治改革,向社会主义倾斜,并改善了与中国的关系。

名家评点:西方一般对戈尔巴乔夫有很高的评价,戈氏在1990年获得诺贝尔和平奖,欧洲大部分居民认为戈尔巴乔夫是比普京优秀的国家领导人。

平步青云

1931年3月2日,戈尔巴乔夫诞生于北高加索斯塔夫罗波尔市西北赤卫队区普里沃尔诺耶村,其祖父和父亲都是农民。1941年夏天,希特勒出动装甲部队入侵苏联,1942年德军打到斯塔夫罗波尔,戈尔巴乔夫的父亲在战争中死亡,年仅11岁的戈尔巴乔夫成了孤儿,与祖父、祖母相依为命。在战乱中,他不可能获得读书的机会,战后,由于家庭贫困,他一半时间下田,一半时间上学念书。当时的生活很是艰苦,他家的状况就是按当地的标准衡量也算是贫困的。在他15岁念中学期间,每逢暑假,他就到农田里开收割机,1949年,他获得了"劳动红旗手"的称号和勋章。少年时期这段艰苦的生活,练就了戈尔巴乔夫同逆境做斗争的韧力和决心,这对他后来的平步青云是大有裨益的。到了1950年,中学毕业的戈尔巴乔夫已成为一名模范拖拉机工人,而且加入了共青团,因为表现突出,斯塔夫罗波尔地区的党组织保送他进入了苏联最有名的莫斯科国立大学,在该校法学院学习法律,从此,戈尔巴乔夫掀开了人生中的崭新一页。戈尔巴乔夫性情开朗,聪明过人,诚恳正直(根据曾任捷共中央书记姆利纳日的评价,他在"布拉格之春"事件中倒台),有很强的组织能力和艺术素养。他积极地参加大学的共青团工作,后来当上了法学院共青团的书记。1952 年,正式加入了苏联共产党。这是很重要的一步,因为他从事过共青团的工作,攻读的又是法律,加入共产党几乎肯定使他能到党的机关里工作。戈尔巴乔夫在大学中最幸运和成功的事情当属他的初恋的成功。这个曾立志要刻苦学习不在大学期间谈恋爱的年轻人,在一次例行的周末舞会中见到莫斯科大学哲学系四年级学生赖莎·马克西莫夫娜时,他的想法被彻底地改变。经过一年的追求和热恋,戈尔巴乔夫打败了众多对手,于 1953 年 9 月与莫斯科大学男生们普遍认为高不可攀的美丽公主赖莎结婚。1955 年毕业后,戈尔巴乔夫回到自己的家乡斯塔夫罗波尔,在塔斯夫罗波尔边疆区团委宣传鼓动部担任副部长。那时,戈尔巴乔夫家乡的省城一片破败,没有三层以上的楼房,几乎所有的两层小破楼的顶部都被住户加盖了一个木房来解决住房的紧张。戈尔巴乔夫费尽九牛二虎之力找到了一间 11 平方米的出租小屋,小屋内唯一的家具是个锈迹斑斑、破旧不堪、中心已快塌到地面的铁床。戈尔巴乔夫买了两把椅子,这个家就算安置停当。赖莎停止了快要完成的莫斯科大学硕士学业,也来到边疆斯塔夫罗波尔落户,两人的财产则是十几大箱书。戈尔巴乔夫大部分工作时间是下乡,他常年住在乡下很少回家,每天都要在泥泞的乡路上奔波。而赖莎则多年承受着一人在家带孩子操持家务的辛苦。1956 年春天,苏共二十大时,赫鲁晓夫秘密会议报告公布,戈尔巴乔夫在边疆区党委看到了中央的通报信和赫鲁晓夫的报告。戈尔巴乔夫毫不隐瞒自己的观点,当众表示赞同赫鲁晓夫的报告和他的勇气。同时,他发现机关中对于报告的反应相当混乱,甚至可以说是张皇失措。许多人不露声色,静观事情的进一步发展,等待下一步的指示。

戈尔巴乔夫后来在回忆录中写道:"一些人根本不相信报告中列举的事实,绝对接受不了对斯大林的评价。还有一些人(这种人还不少)并不怀疑事实的真实性……他们坚持说斯大林在 30 年代清洗的,是那些骑在人民头上作威作福的人,那些人是罪有应得。这个说法居然出现在一个曾在 30 年代经历过血腥大屠杀大清洗的边疆区!"1956 年,他升任斯塔夫罗波尔市团委第一书记。以后戈尔巴乔夫一直上升为边疆区共青团第一书记,并一直干到 1962 年 4 月。

这段时间戈尔巴乔夫不但对边疆建设贡献巨大,而且对赫鲁晓夫发动的反对斯大林个人崇拜运动进行了深刻的反思。戈尔巴乔夫认为,极权主义的问题不是独裁者的坏性格的问题,而是制度的问题,没有最起码的法制制度,单纯的反"个人崇拜"只能使国家用一种崇拜代替另一种崇拜。

1962 年,戈尔巴乔夫调任更加重要的职务——边疆区集体农庄和国营农场生产管理部门的党组织负责人。他大搞调查研究,针对农村的问题进行了改革。赖莎是他的得力助手和调查员,向他提供了农村管理弊端的许多情况。戈尔巴乔夫大力改革农业管理,工作很出色。1963 年,戈尔巴乔夫被调到新成立的农业边疆区党委去当组织部长,戈尔巴乔夫深知,要在农业工作上做出一番漂亮的业绩来,单靠法学院的文凭是不行的。于是,戈尔巴乔夫白天当干部,晚上到斯塔夫罗波尔农学院读夜校.一读就是五年,到 1967 年才考得农艺学文凭。经过多年的努力,戈尔巴乔夫与当地人民一起改变了一个最贫穷农庄的面貌,使得这个农庄成为边疆区的先进农庄。原先随处可见的不透光的破败茅草房不见了,到处是质量良好、设备齐全的房屋。街道铺上了沥青路面,有了学校、图书馆、医院、漂亮的文化宫。前些年逃往四面八方的人们纷纷返回家园。后来,申请加入这个著名农庄的人排起了长队。由于他的农业工作干得非常出色,1966 年,他再次得到提升,担任了斯塔夫罗波尔市委第一书记的重要职务。1967 年举行的苏共二十一大时,36 岁的戈尔巴乔夫作为党代表大会的代表参加了会议。当时赫鲁晓夫为了推进现代化建设,推行了"专家治国"的路线。戈尔巴乔夫生逢其时,他是正规大学的毕业生,在知识化上占了很大的优势,为他的脱颖而出奠定了基础。1968 年,他被任命为斯塔夫罗波尔边疆区党委第二书记。1970 年,39 岁的戈尔巴乔夫被任命为斯塔夫罗波尔边疆区委第一书记。在担任斯塔夫罗波尔边疆区委第一书记期间,戈尔巴乔夫博得了革新者的美名。他在离皮亚季戈尔斯克不远的一个小集体农庄里进行了试验:他增加了农庄庄员的自留地面积,规定种出的庄稼归庄员自己所有,剩余的允许拿到城镇去出售。结果,这个农庄很快富有起来,成了一个模范集体农庄。在当时这样做是要冒很大风险的,要顶住反对改革者的压力,但戈尔巴乔夫坚定不移地努力保证他的试验成功,实践证明,他的这个试验是成功的。在 20 世纪 70 年代,苏联农民的自留地只占苏联全部可耕面积的 3%,私养牲畜占苏联牲口总头数的 25%,但是,这种个体经济却生产了苏联 60% 的土豆和鸡蛋,供应了全国 40% 的水果、蔬菜、肉类和奶制品,30% 的羊毛。

1971 年,戈尔巴乔夫当选为苏共中央委员,跻身于真正的执政集团。次年 10 月,他率领代表团到布鲁塞尔去同比利时共产党举行会谈,那次会谈对苏联具有重要意义,因为比利时当时对于是否忠于北大西洋公约组织举棋不定。戈尔巴乔夫的访问坚定了比利时对北大西洋公约组织的信心。1974 年戈尔巴乔夫当选为最高苏维埃青年事务委员会主席。1975 年 5 月,他再次率领苏联代表团出国访问,到西德去参加德国共产党庆祝希特勒垮台三十周年集会。1976 年 11 月,应法国共产党的邀请,他率领苏联州委市委书记代表团访问巴黎。一个比较偏僻地区的区委书记在这么短的时间内三次出国访问,而且是担任代表团团长,这已经明显地说明,戈尔巴乔夫在党内的地位已经越来越重要了。

在戈尔巴乔夫平步青云的同时,他的家庭生活也和谐美满。1970 年,戈尔巴乔夫夫妇得了一个女儿,取名为伊琳娜,后来在音乐学校读书。他的妻子赖莎在斯塔夫罗波尔的一所小学当教师,他们找了一个女管家来帮助他们照管孩子和家务,他们同社会地位不断上升的所有青年夫妇没有什么两样。

进入莫斯科

1978 年 7 月 18 日,戈尔巴乔夫的恩师和老上级——中央书记处负责农业的书记库拉科夫因突发心脏病猝然逝世,戈尔巴乔夫作为治丧委员会的成员出席了在红场举行的葬礼,并发表了讲话。在库拉科夫去世后不久,47 岁的戈尔巴乔夫接替他担任中央书记处农业书记,新官上任就旗开得胜,第一年就是苏联历史上最好的年景,全国粮食总产量达到二亿三千七百四十万吨,超额完成了国家指标。鉴于所辖部门成绩辉煌,1979 年戈尔巴乔夫荣升为中央政治局候补委员,成了政坛上升起的一颗新星。在政治局里,有两个同斯塔夫罗波尔有重要渊源的人,苏斯洛夫和安德罗波夫,他们正逐渐成为真正的实权人物,同样来自斯塔夫罗波尔的戈尔巴乔夫受到他们的青睐,这为他逐渐走近政权核心创造了十分有利的条件。在短暂的一年之后,1980 年 10 月 20 日,正是得益于苏斯洛夫和安德罗波夫的大力提携,49 岁的戈尔巴乔夫成为政治局正式委员,成为勃列日涅夫的最高领导班子中最年轻的成员。

1982 年 11 月,安德罗波夫接替勃列日涅夫担任总书记,他支持戈尔巴乔夫推行的一些农业改革措施,比如在 1983 年 3 月政治局批准了集体农庄和国营农场实行集体承包,而这在勃列日涅夫时期是不可能得到批准的。

进入苏共中央后,戈尔巴乔夫对底层人民的关心和对农业发展的热情仍然不减当年,屡屡碰壁和挫折后,他失望地看到,他身历其中的是一个矛盾丛生、严重僵化的政治体制,要改革,任务艰巨,道路漫长。

20 世纪 70 至 80 年代,戈尔巴乔夫的地位使他能够经常出国访问,他先后访问了意大利、比利时、法国等一些西方国家,这些旅行很深地影响了他的政见和对社会的认识。他在回忆录中写道:"我对罗马的法律尤其入迷。令人叹为观止的是,人们在很久很久以前就能够制定出这样清楚的法律准则,它为后来的欧洲文明缔造者们提供了无法估量的帮助,又成了对市场和平民社会进行调节的基本原理。而我们苏联到了改革期间,到了 20 世纪末,却还在证明这二者的必要性。"

1983 年,戈尔巴乔夫向中央请求去加拿大访问,他说,我必须去看看加拿大的农业,我一直想弄清,促使获得如此高效益的那根发条究竟隐藏在什么地方。5 月中旬戈尔巴乔夫赴加拿大进行 7 天访问。在温哥华郊区,他参观了国立畜牧研究中心、温室种植园、农场、农产品加工企业和温莎区大载重量飞机制造厂。随后又前往多伦多,去加拿大最大的畜牧和粮食产区艾伯特省,参观了卡尔加里近郊的几个大型畜牧场,那里有长年在草场上露天饲养的肉用牲畜。戈尔巴乔夫还访问了艾伯特一家规模相当大的农场,戈尔巴乔夫临离开前问农场主去年一年经营结果如何。农场主为难地看着陪同的加拿大农业部长,部长笑着说:"你就实说吧。"农场主答道:"如果说实话,我只能说,没有政府的津贴和贷款,我就没法过日子。"戈尔巴乔夫意识到,一个国家农业的发展和发达,离不开农民个体的自由经营,更离不开政府的实际有效的财政支持。

在安德罗波夫执政时期,戈尔巴乔夫在苏联政权中的地位越加显赫。他在中央书记处担负的责任从主管农业扩大为主管整个经济,并且兼任负责党的人事工作的中央委员会书记处书记。在安德罗波夫当政后提拔到中央书记处的两个新书记雷日科夫和利加乔夫(他们分别担任中央经济部长和组织党务工作部部长)都属戈尔巴乔夫领导,渐渐地,他以党的意识形态工作负责人的身份出现了。

安德罗波夫在担任总书记的十五个月里,苏共最高领导层进行的人事调整,有助于加强戈尔巴乔夫在领导层里的权力基础。在安德罗波夫去世之后,契尔年科继任为总书记。1984年4月11日,在新的最高苏维埃的第一次会议上,在戈尔巴乔夫等的支持下,契尔年科担任苏联最高苏维埃主席团主席,而契尔年科则让戈尔巴乔夫主持书记处的工作。这明显表明,他已经是党内第二号人物。实际上这是契尔年科同他做的一笔交易:他让戈尔巴乔夫执掌书记处大权,从而换取戈尔巴乔夫支持他担任最高苏维埃主席团主席这个国家元首的职务。

　　1984年12月,戈尔巴乔夫率领代表团访问英国,他同英国首相玛格丽特·撒切尔夫人的会晤成为西方大众媒介瞩目的中心。戈尔巴乔夫此次英国之行给西方留下了良好的印象,他的这次访问进一步加强了他在莫斯科的地位,为他担任领袖产生了重要的影响。

　　1985年3月11日,苏联总书记契尔年科病逝,在政治局中元老、外长葛罗米柯(据称赖莎是葛罗米柯的外甥女)等人的大力支持下,戈尔巴乔夫在契尔年科

戈尔巴乔夫会见撒切尔夫人

逝世的当天就举行的中央全会上接任苏共总书记,成为苏联的最高统治者。

着手改革

　　戈尔巴乔夫接任苏共总书记时所面临的形势是非常严峻的:政治极端腐败,经济大幅滑坡,民族矛盾公开尖锐化……戈尔巴乔夫认为社会发展已经到了不改革就难以为继的历史关头了。戈尔巴乔夫借鉴和吸取赫鲁晓夫时期的改革经验和教训,以列宁时期的新经济政策为蓝本,加快步伐开始对苏联社会进行了一场艰难而又雄心勃勃的改革。

　　1985年4月24日,苏共中央召开全会,会议认为"国家已经处于濒临危机状态","必须进行根本性的变革和改造",会议提出了"加速国家社会经济发展的战略方针"。四月全会的召开,标志着戈尔巴乔夫的改革拉开了序幕。

　　戈尔巴乔夫认为,改革的成败在很大程度上取决于干部对改革必要性的认识,因此,他根据对改革的态度,大力调整和整顿干部队伍。在上任的半年里,便免去了吉洪诺夫、罗曼诺夫、格里申等人的政治局委员职务,提升了利加乔夫、雷日科夫、谢瓦尔德纳泽等四人为政治局委员,完成了对政治局的改组。他更换了部长会议主席和六位副主席,撤换了四十多名党中央和政府的部长,撤换了近五十名共和国州委第一书记,中下层干部也进行了大范围的调整和整顿。如此大规模的人事调整,把拥护自己的改革者推上了领导岗位,为推行改革创造了条件。

　　1986年2月,苏共召开了第二十七次代表大会,这是苏联发生转折的一次重要会议。戈尔巴乔夫在大会上的报告以及大会通过的新党章和决议中,提出了不少新观点,对苏共传统的社会主义理论与实践提出了挑战。这些新的理论观点,为苏

联的社会经济改革提供了理论依据。在社会主义发展阶段理论上，新党章中以"有计划和全面地完善社会主义"的提法取代了建设"发达社会主义""成熟社会主义"等提法。这种改变表明了他对过去那种急于向共产主义过渡的不切实际的理论的否定。在生产力与生产关系两者的关系上，戈尔巴乔夫在报告中对那种认为社会主义条件下，生产关系与生产力发展的性质会"自动相适应"的传统理论进行了批评，他认为，在社会主义条件下，生产关系与生产力之间存在着"非对抗性的矛盾"，随着生产力的发展，生产关系应当经常加以调整和完善，无疑这一理论为苏共的经济体制改革提供了理论基础。戈尔巴乔夫在报告中还首次提出了社会主义所有制不单纯是一种归属问题，而是"具有丰富的内容"，它包含着"人与人之间，集体与集体之间，部门与部门之间，地区与地区之间在利用生产资料和生产成果分配的一整套多方面的关系和一整套经济利益"，他明确提出要不断调整这种关系，并把这种调整与"社会经济自治"联系起来。戈尔巴乔夫的上述观点，无疑是对苏共传统理论的重大突破。大会还提出了对外政策的"新思维"，认为世界大家庭中的成员之间是相互联系、相互依存的，世界在很大程度上是一个整体；强调苏联的外交战略任务是为国内建设创造和平的国际环境。戈尔巴乔夫在政治报告中进一步阐述了"加速国家社会经济发展是战略方针"，同时指出必须对苏联经济机制进行根本"改革"。大会还更新了党的领导机构，二十七大的召开，最终确立了戈尔巴乔夫的领导地位，并确立了戈尔巴乔夫的改革路线。

苏共二十七大以后，戈尔巴乔夫在实践上加快了改革的步伐。1987年1月全会上，提出了必须重新审视关于社会主义过时了的观念，并建议采纳一系列社会和国家民主化的激进措施。同年，苏共六月全会制定了"改革的完整构想"，指出"加快社会经济发展的最主要条件是根本改革经济管理"。在戈尔巴乔夫主持下，苏共中央六月全会制定了一整套经济管理体制，基本内容是：从行政的领导方法向经济领导方法过渡；从过分集中的指令性管理体制向民主化体制和调动个人积极性的体制过渡；企业和联合公司向完全经济核算、自负盈亏和自筹资金的经营机制过渡；企业自主解决从内部生产组织直到选举企业领导人的自治过渡。这套管理体制的核心，是"将企业改成完全经济核算制，同对国民经济的集中领导进行重大改革结合，自下而上地形成一个统一的整体"，同时辅以一系列配套措施。制定了《关于根本改革经济管理的基本原则》和《企业法》，其基本思路就是给企业放权，使企业实现"三自一全"，就是完全自主经营，扩大企业自主权。戈尔巴乔夫的"加速战略"仓促上马，阻力很大，同时，对长期形成的畸形经济结构的调整和对农业体制的深入改革未予重视，对企业改革的宏观决策缺乏具体可行的配套措施，以致各项改革都没有取得很好的效果。例如，企业自主权扩大以后，企业滥发工资和奖金，造成职工收入的增加速度大大超过劳动生产率的增长速度，同时，苏联财政失控，通货膨胀加剧，市场供应紧张，生产和人民生活水平进一步下降。在经济改革出师不利的情况下，戈尔巴乔夫等人的思想又发生了重要变化，将重点转向政治改革，政治思想向民主社会主义倾斜。

1987年11月，戈尔巴乔夫发表《改革与新思维》一书，该书强调"改革的最终目标"就是要"最充分地展现出我们制度的人道主义性质"，并说"新思维的核心就是承认全人类的价值观的优先地位,即承认人类的生存"。1987 年 12 月,戈尔巴乔夫访问华盛顿,与美国总统签署了历史上第一个《核裁军条约》,标志着新思维外交政策的启动与走出"冷战"的开端。1988 年他宣布从阿富汗撤军。戈尔巴乔夫于 1989 年 5 月 15—18 日对中国进行了正式访问,中苏两国领导人举行高级会晤,实现了中苏两国、两党关系正常化。

戈尔巴乔夫的政治改革是以公开性拉开帷幕的。他强调,政治改革就是全面发扬民主,扩大社会生活各个领域的公开性,充分揭示社会制度各方面的人道主义性质。戈尔巴乔夫说:"苏联社会的进一步民主化,是党在政治体制改革中的中心任务";"苏联共产党坚决让党和人民知道一切,公开性原则是社会主义民主的实质所决定的";苏联社会主义的本质就是"一切为了人,为了人的幸福"。戈尔巴乔夫大声疾呼:人们有权"了解有关过去的全部真相。必须废除关于档案的禁令,使任何文献都成为公开性的财富,如实地恢复我们所经历过的一切的本来面目"。

公开性像一阵狂飙首先在思想文化界刮起。"原来被出版检查打入冷宫的作品纷纷出笼",一批揭露斯大林体制给苏联人民造成灾难的影视作品、文学作品、历史著作以及一大批遭到迫害流亡国外的思想家的著作得到开禁。在面对这些被强行尘封的思想与智慧时,戈尔巴乔夫回忆录写道:"当时我脑子里首先想到的是:真可惜,大学时代竟然没能读到这一切! 是的,我们这一代人缺少精神营养,只准许吃一份单纯意识形态的可怜口粮,却被剥夺了亲自去比较、对照不同流派的哲学思想并作出自己选择的机会。"到 1988 年底,数千部以前被称为特殊作品的著作(包括托洛茨基、李可夫、克伦斯基、邓尼金等的著作)同读者见面。

戈尔巴乔夫进而提出"取消意识形态垄断"。他认为,把马克思主义作为指导思想是"精神垄断"。他强调意识形态要多元化,他甚至公开说:共产主义并不理想,一个多世纪以来,国际共产主义运动的"主航道"是错误的。

1988 年 6 月,苏共中央第十九次代表大会召开,戈尔巴乔夫在会议上指出:十月革命后建立的政治体制不久就发生了"严重的变形",从而导致斯大林独裁,形成了高度集中的行政命令体制,"我们现在所遇到的许多困难,其根源也都在这一体制",他指出,现行的政治体制,口头上宣布实行民主原则,行动上搞的却是独裁专行;在讲坛上颂扬人民政权,而在实践中搞的却是唯意志论和主观主义。他强调解决苏联问题的关键是改革体制。会议决定,把政治体制改革放在首位。

在这次会议上,戈尔巴乔夫首次提出了"人道的民主的社会主义"的概念,实质内容是建立"真正的人民政权制度"。进而戈尔巴乔夫提出"党的地位不应当依靠宪法来强行合法化","苏共要严格限制在民主程序范围内"去争取执政地位。主张把权力从独家控制的共产党手中交到按宪法本应属于通过自由选举产生的人民代表的苏维埃手里。会议还决定首先是向实施 1917 年之后的第一次自由选举议会过渡。

他在会议上还说:"法治国家的主要标志是要切实保证法律的至高无上的地位。无论是国家机关公职人员、劳动集体、党组织或社会组织,还是个人,都必须服从法律。公民对自己的全民国家负责,同样,国家政权也要对公民负责。公民的权力应当得到切实的保护,不受政权及其代表的专横行为的侵犯。"他还提出司法工作要严格遵守"当事人的辩论原则和平等原则、公开性、排除成见和起诉的倾向性、坚决实行无罪推定的原则"。在法制和无罪推定原则指导下,1987 年 9 月苏共中央政治局建立了一个委员会重审历史案件。在一年半的时间里,委员会为约 100 万公民平反。其中意义深远的是,斯大林的政治反对派(布哈林、季诺维也夫、加米涅夫和托洛茨基等人)的几十年沉冤得到了平反昭雪。赫鲁晓夫也得到了部分平反,1989 年首次发表了赫鲁晓夫在二十大上所做的"秘密报告"。一些在勃列日涅夫时期被剥夺了苏联国籍的持不同政见者和人权活动分子被恢复了国籍,著名物理学家萨哈罗夫从流放地回到了莫斯科。

在紧接着的七月全会和九月全会上,戈尔巴乔夫完成了对党的领导机构的改革:调整了政治局成员,削弱了中央书记处的职能。这说明戈尔巴乔夫已经在将他的思想逐步地付诸实践。

1989 年 1 月,中央委员会核准了苏共参与选举的政治纲领。戈尔巴乔夫主持进行了政权机构的改革,首先建立了一个新的国家最高权力机构——人民代表大会,人民代表大会的常设机构是最高苏维埃。

3 月,苏联举行了第一次全国人民代表大会代表的选举,通过民主选举,20%的非党人士获得了胜利,引人注目的是代表民主激进派的叶利钦和著名的持不同政见者萨哈罗夫都成功当选,而苏共的一些领导人则纷纷落选。1989 年 5 至 6 月,苏联第一届全国人民代表大会召开,大会选出新的最高苏维埃,戈尔巴乔夫当选为苏联最高苏维埃主席。此后,政权便开始转交到苏维埃手里。

戈尔巴乔夫对中苏关系十分重视,早在 1985 年春、冬,就在莫斯科两次会见中国副总理李鹏,1988 年 12 月,又会见了中国外长钱其琛,并就中苏关系问题达成了一些共识。

1989 年 5 月 15 日,戈尔巴乔夫访问中国,这是继赫鲁晓夫 1959 年 9 月 30 日到北京参加中国国庆十周年活动后,苏联最高领导人首次踏上中国的领土。戈尔巴乔夫在首都机场发表了一篇颇有亲和力的讲话,他说,苏中两国有个一样的民谚,叫作"百闻不如一见",对中国的改革,真可谓是百闻了,我们今天来,是为了一见,我将和中国的领导人谈谈,与老百姓聊聊,尽可能多看看。

5 月 16 日上午 10 日寸,戈尔巴乔夫会见了中国领导人邓小平,双方进行了友好会谈,坐在邓小平这位曾震撼过世界的"传奇人物"身边,戈尔巴乔夫的崇敬之情显而易见,似乎有些紧张,他打开随身带的手提箱,一支笔突然从箱内掉落在地,发出小小的响声,戈尔巴乔夫对这个小小的"闪失"有些尴尬,邓小平以长者的大度,为戈尔巴乔夫掩饰尴尬,他笑着进入会谈,开门见山地说:"我们这次会见的目的是八个字:结束过去,开辟未来。当然,对过去的事完全不讲恐怕也不好,总得有个交代。"邓小平指出:沙俄"侵占"了 150 多平方公里的中国领土,从中国得利最大,以后延续到苏联,"真正的实质问题是不平等,中国人感到受屈辱。"在谈到 20 世纪 60 年代的中苏论战时,邓小平指出,经过 20 多年的实践,回过头来看,"双方都讲了许多空话,现在我们也不认为自己当时说的都是对的"。见戈尔巴乔夫有些紧张,邓小平话锋一转,说,历史账讲了,这些问题就一风吹,把重点放在未来。接着邓小平花了 20 多分钟时间谈发展马克思主义和建设社会主义两大问题,强调各国必须根据自己的条件建设社会主义,固定的模式是没有的,墨守成规只能导致落后,甚至失败。

对邓小平的讲话,戈尔巴乔夫一直聚精会神地听,不时边听边记、边点头,连连说:"对""是的""同意""完全赞同",对中苏关系的风风雨雨和恩恩怨怨,戈尔巴乔夫也做了回应,他说,(1)对俄中、苏中关系的某些问题,苏方有自己的看法;(2)对两国在不太久远的过去所产生的问题,苏方也感到有一定的过错和责任;(3)同意过去的问题就讲到此为止。

1989 年 11 月 26 日,戈尔巴乔夫在《真理报》上发表长篇文章,他说:"如果前几年苏联的改革只是完善过去的制度的话",那么现在"必须改建我们(苏联)整个的社会大厦——从经济基础到上层建筑"。他还力主"促进多元化",提倡议会民主和三权分立。苏共党内随即形成了以叶利钦为代表的"激进派",以利加乔夫为代表的"传统派"和以戈尔巴乔夫为代表的"主流派"。

1990 年 3 月,苏联第二次人民代表大会召开,戈尔巴乔夫主持对宪法进行了重大修改,取消了苏共的领导地位,允许多党制和政治多元化,实行三权分立的政体和议会民主,确立了总统制,提出了向可调节的市场经济过渡。戈尔巴乔夫当选为苏联的第一任总统。

7 月,苏共二十八大召开,通过《走向人道的民主的社会主义》的决议,提出修改苏联宪法中关于"苏联共产党是苏联社会的领导力量,是苏联政治体系、国家单位和社会团体的核心"的条文,修改这一条文的目的是向政治多元化、多党制过渡。

1990 年 12 月,第三次人民代表大会召开,决定实行总统直接领导下的内阁制,并设立副总统职务。亚纳耶夫在这次人代会上当选为苏联副总统。至此,戈尔巴乔夫的政治改革的设想已基本完成。

戈尔巴乔夫的改革措施,终于撬动了苏维埃联盟这块巨大的顽石,各加盟国家纷纷掀起了民主的浪潮。1989 年和 1990 年春天,先后有立陶宛等 11 个共和国发表主权宣言,宣布独立,联盟形势岌岌可危。为了挽救联盟,戈尔巴乔夫决定让苏联全体人民来决定联盟的命运,1 月 15 日,他签署总统令,决定全民公决,3 月 17 日,苏联全民公决,结果大多数公民主张保留联盟。

但在 1991 年 5 月选举上台的俄罗斯总统叶利钦显然不满意这一结果,他代表的"激进派"鼓动矿工罢工和在一些城市组织游行集会,要求改组政府和最高苏维埃,实行军队"非党化"和没收苏共财产,并明确要求戈尔巴乔夫辞职。

而此时的戈尔巴乔夫显然还在幻想通过改革来挽救国家命运。1991 年苏共中央七月全会,戈尔巴乔夫提出"对党进行脱胎换骨的改造",通过了一个"新党纲"决议案,"允许党员自由地选择自己的信仰","全面实行私有化和市场化"。面对即将分崩离析的联盟,戈尔巴乔夫作了最后的努力,他想通过妥协与退让来换取国家形式上的完整,因此,在 8 月,他颁布了新联盟条约,规定各共和国拥有本领土内的全部主权,并改国名为"主权苏维埃共和国联盟",想把苏联变为一个松散的联邦,该条约定于 20 日举行签字仪式,但在 8 月 19 日,副总统亚纳耶夫等 8 位苏共中的保守派发动政变,他们组成了"国家紧急状态委员会",宣布解除正在克里米亚度假的戈尔巴乔夫的总统职权,并软禁了戈尔巴乔夫一家,在莫斯科实行紧急状态,试图保住苏联帝国,但是没有得到人民、军队和大多数苏共党员的支持,政变仅仅维持了三天便宣告失败。但是,获释后的戈尔巴乔夫声望大跌,而俄罗斯总统叶利钦则声望大增,他加紧了对权力的争夺。8月23日,叶利钦发出限期解散机关、企业和军队中的苏共组织的命令,查封了苏共中央和苏共莫斯科市委等5000多个各级领导机关。面对步步进逼的叶利钦,权力已经被架空的戈尔巴乔夫毫无办法,迫于形势,8月24日,戈尔巴乔夫宣布辞去苏共中央总书记职务,并建议苏联共产党中央自行解散。29日,苏联最高苏维埃通过决议,"暂停苏共在苏联全境的活动",而此时,戈尔巴乔夫只能发出软弱无力的抗议。11月5日,叶利钦下令停止苏共和俄共在俄罗斯联邦境内的活动,并解散其组织机构,苏联共产党从此解体。

在这种形势下,各加盟共和国纷纷宣告独立,1991年9月,戈尔巴乔夫被迫承认波罗的海三国的独立。9月到10月实际上所有的共和国都宣布了独立。戈尔巴乔夫再想用"主权国家联盟"把这些国家维系在一起已经不可能了。12月8日,俄罗斯、白俄罗斯和乌克兰三国领导人在白俄罗斯首都明斯克签署了一个关于成立独立国家联合体的协定,要求苏联停止存在。21日,俄罗斯等11个苏联前加盟共和国作为独立国家在哈萨克斯坦共和国首都阿拉木图举行了独立国家联合体首脑会议,25日,戈尔巴乔夫宣布辞去苏联总统和武装力量最高统帅的职务,并将核按钮交给叶利钦。当晚,克里姆林宫降下苏联国旗,俄罗斯联邦的三色旗升起。第二天,苏联最高苏维埃联盟院宣布苏联停止存在,苏联正式解体,戈尔巴乔夫也从此从政治中心消失了。戈尔巴乔夫的改革失败了,其原因是多方面的,它给真正坚持马克思主义、走社会主义道路的人们留下了深刻的教训与思考。

凄惨晚年

戈尔巴乔夫并不甘心寂寞地了此残生。1992年初,他刚从权力中心退下来,就创立了"戈尔巴乔夫基金会",致力于政治、经济、社会问题研究。他经常以基金会主席的身份发表观点,参与社会活动。女儿伊丽娜是基金会的副主席。

起初,戈尔巴乔夫也不甘心被历史推出政治舞台,频有"主动出击"之举。1996年,他出马竞选俄总统,却只获得了0.5%的选票。1999年,俄罗斯社会舆论基金会就"20世纪的俄罗斯领导人谁对国家发展给予最坏的影响"题目对俄罗斯民众问卷显示,戈尔巴乔夫的得票率以占被调查者34%高居榜首,叶利钦以30%居第二位。2001年的民意调查显示,高达66.1%的俄罗斯人认为戈尔巴乔夫、叶利钦应对当前国家的困境负责。

2000年,戈尔巴乔夫成立"统一社会民主党",并出任党主席,但在政党林立的俄罗斯,这个小党至今未在俄议会大选中取得过任何席位。他不知疲倦地发表演说,针砭时弊,从"普京的政策""俄乌天然气争端",到"哈马斯获胜",所有热点问题他都要评论一番。戈尔巴乔夫仍然希望对政治发挥一些影响,他曾说:"我曾是一国元首,万人簇拥。如今我虽然只能从侧面观望,但仍然能够发挥影响,阐明观点。"

2005 年,当普京大刀阔斧地试行社会福利改革的时候,戈尔巴乔夫跳了出来,他指出,普京推行的社会福利改革导致人民的生活更加贫困,并不无讽刺地说:"人民的工资应增加 4 倍,才能跟得上改革的速度。"

对环保和儿童事业的关心,倒为戈尔巴乔夫赚了些名声。因为领导、创建全球性环保公益组织"国际绿十字会",安南曾向他致电表示赞扬;2004 年,他同美国前总统克林顿、意大利影星索菲亚·罗兰为俄罗斯音乐剧《彼得和狼》一起配音,令他意外地获得了格莱美奖。这年年底,由他的基金会筹建的儿童血液及器官移植中心在圣彼得堡竣工。

2006 年 3 月 2 日是戈尔巴乔夫 75 岁生日。按照常理,75 岁该是一个老人颐养天年、含饴弄孙的年纪,然而,戈尔巴乔夫的晚年生活可谓多姿多彩:出回忆录、拍广告、评论时政、热心公益与慈善事业……可以说,戈尔巴乔夫从来没有在人们的视线中消失过。

此前一个月,与他同岁的俄罗斯前总统叶利钦刚刚庆祝完生日。不过,戈尔巴乔夫的境遇可比不上叶利钦。每月 4 万卢布(约合 1400 美元)退休金,住在普通的公寓,与俄政府给叶利钦的待遇相差甚远。

尽管都曾占据过苏俄政坛第一把交椅,戈尔巴乔夫过生日的排场却比不上叶利钦。眼看着叶利钦在克里姆林宫大宴宾客,他只能动用自己的基金会,于 2 月 28 日在莫斯科国际音乐厅举办慈善音乐会,为自己庆祝生日。

戈尔巴乔夫恐怕无法抱怨生日的冷清,因为从 1991 年苏联解体后,他的地位就一落千丈。75 岁生日前一周,俄社会舆论基金会公布了一项民意测验结果:超过半数的俄民众认为,戈尔巴乔夫作为苏联领导人"过大于功",持相反观点的受访者不过 11%,仅有 14% 的人对他表示好感,反感的人则为 28%,大多数民众对他"漠不关心"。

苏联解体后几年,俄国经济陷入历史上最困难的时期。通货膨胀使戈尔巴乔夫的退休金大为贬值,仅有的 8 万美元存款也因银行破产付之东流。不过,可别小看戈尔巴乔夫赚钱的能耐。1997 年,他带着外孙女一起上镜,为一家快餐店拍广告一下就赚了 16 万美元。

写书是戈尔巴乔夫收入的一个重要来源。从苏联解体至今,戈尔巴乔夫至少已经出版了 10 本回忆录形式的书籍,其中既包括反思苏联解体的《八月事变的原因与后果》《不幸的改革者》,也有洞察当今俄罗斯社会的《新思路? 全球化时代的政治》《关于过去与将来》等等。他的书以大胆新锐的观点而著称,有些内容直指当今俄罗斯政府的弊端和不足。因此,每本新书的面世,都会带来不小的影响。

从 1992 年到 2006 年,他的作品多达 80 部,多数是对改革时期的回忆与反思,其中最畅销的《真相与自白:戈尔巴乔夫回忆录》已成为世界各国研究冷战历史的宝贵资料。这本书还让他赚到了数百万美元的版权费。2006 年 2 月,他将新作《理解改革》作为献给自己 75 岁生日的礼物。此外,到大学演讲也是他最热衷的事,以"现身说法"讲述十几年苏联解体惊心动魄的一幕幕,是他永恒的话题。刚退位的几年,他的演讲费可达到每场 2 万~10 万美元,现在有些缩水,基本上是 1 万美元一场。

作为冷战末期的重要人物,西方世界一直将戈尔巴乔夫列为座上宾。他的书在欧美十分畅销,西方各国的政府、大学及民间机构还纷纷颁发给他形形色色的奖项和荣誉称号,1990 年他甚至被授予诺贝尔和平奖。

所谓"树大招风",戈尔巴乔夫名声在外,自然也带来不少烦恼。其中最让他厌烦的就是自己的名字和肖像频频出现在伏特加酒瓶和通心粉的外包装上。2003 年,戈尔巴乔夫索性宣布,将自己的名字和昵称统统登记注册成商标。第一家被授权使用"戈尔巴乔夫"商标的,是俄罗斯一家小有名气的伏特加酒厂。

戈尔巴乔夫的商业头脑还不仅限于此。20 世纪 90 年代初,他决定筹建"戈尔巴乔夫国际社会经济政治理论研究基金会"。为了解决资金不足的问题,他接拍了包括必胜客比萨饼连锁店、美国苹果电脑在内的一系列电视广告,并获得了相当高的商业酬劳。

面对有些人说他"掉进钱眼里"的批评,戈尔巴乔夫毫不在意地说:"我从来都是靠自己的劳动养活自己!"

自从 1999 年痛失爱妻赖莎后,戈尔巴乔夫一直无法从巨大的痛苦中解脱出来。每当谈及妻子,他都无法抑制悲哀。在 46 年婚姻生活中,他们始终深爱着对方。

如今,唯一的女儿伊丽娜成了他的生活支柱。他们几乎天天见面,伊丽娜卖掉位于市区的大房子,用卖房的钱在郊外买了所小房子,为的是离父亲近些。伊丽娜对父亲的饮食起居关怀备至,戈尔巴乔夫和女儿一家经常在一起过节假日,他们喜欢找偏僻的地方休假,譬如希腊的克里特岛、多米尼加的乡村。

戈尔巴乔夫在莫斯科还有一套三居室的房子,那是他和赖莎一起住过的地方,室内布置保持原样。戈尔巴乔夫经常去那儿坐坐。在午后和煦的阳光下,在黄昏夕阳的余晖中,回忆与赖莎共同走过的日子……

俄罗斯首任总统

——叶利钦

人物档案

简历: 叶利钦,前俄罗斯总统。曾历任苏共中央政治局委员、莫斯科市市长、苏联俄罗斯联邦最高苏维埃主席、俄罗斯首任民选总统。

生卒年月: 1931 年 2 月 1 日～2007 年 4 月 23 日。

安葬之地: 莫斯科三里外的新处女墓园。

性格特征: 倔强好斗、灵活大胆。

历史功过: 叶利钦是位充满争议的政治人物,作为总统他政绩平平,执政时推动市场经济和民主制,采取"休克疗法"以令俄罗斯尽快走上资本主义,却让俄罗斯经济濒临崩溃。尽管如此,叶利钦对华态度友好,并推举了一位卓越的接班人——普京。

名家点评: 在叶利钦逝世一周年时,普京还是对叶利钦做出了相对中肯的评价。他在叶利钦墓碑揭幕式上说:"我们失去鲍里斯·叶利钦已经一年了。作为俄罗斯首任总统,20 世纪最卓越的政治家之一,他不仅从根本上影响了我们国家的发展,也影响了世界历史的发展,这样说毫不夸张。上个世纪汹涌澎湃的 90 年代是剧烈变革的时代,是属于勇敢、不平凡的人的时代,属于擅于逆流而上、引领大众奔向新目标的人的时代,鲍里斯·叶利钦当之无愧地为一代杰出人物。"

我国著名学者秦晖和金雁曾经对叶利钦这样评价道:"叶利钦时代是个有成有败的时代,对叶个人而言,是失败大于成功,但对于俄罗斯的转轨而言,则成功大于失败。"

被革出戈氏阵营的激进派

鲍里斯·尼古拉耶维奇·叶利钦,1931 年 2 月 1 日出生在俄罗斯联邦斯维尔德洛夫斯克州达里茨基区布特卡村的一个普通农民家庭里。他是这个家庭的长子。为纪念儿子在出生后受洗时所经历的生死考验,父亲给他取名鲍里斯(意为斗志)。叶利钦贫寒的家境,艰苦的童年生活,培养了他倔强好斗的性格。中学毕业后,他选择了建筑专业,考入了乌拉尔基洛夫工学院建筑系。1955 年毕业后,开始在建筑行业工作。他从基层工作干起,一年内竟掌握了 12 门专业技术。他的实干精冲和工作魄力使他步步荣升,从工长到工段长,又任总工程师,建筑局局长。1961 年,他加入了苏联共产党。1968 年任斯维尔德洛夫斯克州建设部部长,后升为州委第一书记、苏共中央建设部部长。1981 年当选为苏共中央委员。

1985 年 3 月,戈尔巴乔夫入主克里姆林宫后,推行以“人道的、民主的社会主义”为中心内容的改革,给具有激进思想的叶利钦以扶摇直上的机会,戈氏对叶利钦的青睐,使他很快担任了苏共中央书记,莫斯科市委第一书记,1986 年 2 月成为苏共中央政治局候补委员。

1987 年 10 月,叶利钦在苏共中央全会上即席发言,向戈尔巴乔夫和苏联的改革政策公开发难,对改革的进程、对党的组织,尤其是党的最高领导层的工作作风,其中包括对苏共中央总书记戈尔巴乔夫提出了批评。他说:“目前改革遇到了很大的困难,我们当中的每一个人都负有极大的责任。”他的发言破坏了几十年来在权力堡垒中形成的行事规则,引起了轩然大波。27 名与会者纷纷起来反驳,认为叶利钦的发言本身和发言中所做的种种评价,其动机并非是对现状的担忧,而是与他个人品格中的某些缺点有关。傲慢、自负、好斗、左倾如此等等。他们还谴责叶利钦的立场在政治上是错误的,在道义上是站不住脚的,并认为叶利钦所批评的一切是在社会革新的重要时刻分裂党,企图破坏最高领导层的团结。1987 年 11 月 11日戈尔巴乔夫代表苏共中央解除了叶利钦莫斯科市委第一书记职务,改任建委第一副主席。戈氏把这个决定通知叶利钦时,特意强调:“叶利钦你要记住:我决不会再让你搞政治。”

就这样,叶利钦政治上一度失宠,跌了下去,从戈尔巴乔夫改革的阵营中消失。然而,叶利钦所坚持的激进的改革思路和不同于戈尔巴乔夫的价值观念,代表了相当一部分苏联人的政治要求。叶利钦敢于向苏联党内的权势人物发难,敢于用最激烈的言语在最高领导层的会议上及其他场合抨击苏联的改革,直至丢官。这也引起了许许多多苏联人的同情。他被视为许多人心目中的英雄,受到了人们的尊敬和拥护。他被戈尔巴乔夫的黜贬,反而成为其难得的政治资本,他成为戈氏改革路线对立面的头面人物。这些不仅为其以后的东山再起奠定了基础,而且也为以后俄罗斯政坛的诸多事变埋下了种子。

叶利钦的性格决定了他绝不甘心做一个政治弃儿,决不甘心在苏——俄政坛上销声匿迹。他心里清楚,戈氏制造和启动的民主化进程的机制迟早会给他重返政坛的良机,他需要等待。

在竞选中卷土重来

1988 年 12 月,苏联人民代表的选举给了叶利钦重返政坛的良机。他决定参加竞选人民代表。可是,根据当时的选举制度,部长没有权利当选人民代表,为此,他毅然辞去了部长职务,全力以赴投入竞选。在竞选期间,他几乎每天都要与选民见面,并多次参加大规模的群众集会,出席电视辩论会。他要抓住一切机会来宣传自己的施政纲领,抨击时政,揭露政府官员们的官僚主义作风和腐败行为,充分展示自己廉洁奉公、从政为民的形象和深入基层、密切联系群众的作风。1989 年 3 月,他终于如愿以偿,当选为苏联人民代表。在谈及这次胜利时,叶利钦说:"被选为人民代表,获得胜利的这一天,是我第三阶段生活(我的第三次诞生)的开始。"

1990 年 1 月,在他的积极活动下,苏联共产党内形成了以他为代表的"民主纲领派"。这年 7 月,在苏共第二十八次代表大会上,"民主纲领派"公开提出苏共放弃马列主义作为党的指导思想,放弃共产主义的奋斗目标,放弃民主集中制,要把苏共建设成社会党的思想主张。他们还极力主张,取消军队、政治部门和国家机关中的基层党组织。叶利钦及其"民主纲领派"的这些主张没有被大会全部接受,于是,叶利钦在大会结束时当众宣布退出苏联共产党。

与此同时,叶利钦决定竞选俄罗斯最高苏维埃主席职务。在竞选演说中,他提出必须真正放弃苏共对权力的垄断,将权力转交给苏维埃,扩大企业的自主权,在农村实行多种形式的所有制。经过三轮角逐,1990 年 5 月 29 日,叶利钦以微弱多数险胜俄共推荐的候选人,当选为俄罗斯联邦最高苏维埃主席。

这次竞选的胜利,使戈尔巴乔夫改革道路上多了一个强有力的反对者,他有着自身显明的特点:与苏联共产党格格不入,反对戈尔巴乔夫以"人道、民主的社会主义"整治苏联的道路,他脱掉共产党人的外衣,强烈地向苏联向世界表明自身"激进反对派"形象,利用一切手段在群众中寻求支持,集聚着另一股政治力量。

他要为苏联划上句号

走出政治低谷的叶利钦,终于登上了推行其决意为苏联动大手术的政治舞台,他要在苏联政坛上充当举足轻重的角色,他不再需要苏联、苏共和苏联原有的国家机器、思想文化,甚至原有的版图。他要达到权力的顶峰,树立起一面新的国旗。

1991 年的苏联政坛波涛翻滚、风云变幻。经济危机、政治危机、苏共危机、民族危机、大国地位危机混杂交织在一起,这一切为叶利钦在政坛上大显身手、攀上顶峰创造了极好的机会。

当叶利钦在政坛上刚站住脚,便向戈尔巴乔夫为首的联盟中央发起了咄咄逼人的攻势。1991 年 1 月,叶利钦搞了个另立中央的计划。1 月 14 日,叶利钦在记者招待会上宣布,俄罗斯、乌克兰、白俄罗斯、哈萨克四个共和国的总统或主席,决定签订一个涉及政治、经济、民族、文化各个领域的"四方条约"。这一计划如果得以实现,苏联总统将被架空,中央政府形同虚设,戈尔巴乔夫加紧拟定中的联盟条约也将失去意义。可是,这个"四方条约"还未出笼便遭到了哈萨克总统和哈萨克苏维埃的严正谴责。俄罗斯议会的共产党议员坚决抵制这个条约。白俄罗斯议会的多数议员不仅反对搞"四方条约",而且反对同其他加盟共和国签订"双边条约"。结果,叶利钦等人另立中央的计划便胎死腹中了。

一计不成,又生一计。1991 年 2 月 19 日,叶利钦发表电视讲话,指责戈尔巴乔夫"使这个国家成为独裁国家",号召不要同中央合作,并要戈氏立即辞职,公开宣布与戈氏决裂。此举遭到"传统派"和"主流派"的反击。2月13日,莫斯科数十万人举行群众性集会,表示支持改革,支持国家统一和军队统一,支持戈尔巴乔夫,反对叶利钦。与此同时,在"民主俄罗斯"的号召下,数万莫斯科人参加了"保卫叶利钦"的群众集会。叶利钦还在随后的莫斯科民主力量代表会议上公开号召人们支持矿工罢工,向国家领导人宣战。

就在叶利钦与戈尔巴乔夫在维护联盟还是分裂联盟的激烈较量中,3月17日,苏联就是否赞成保留联盟问题举行历史上首次全民公决。在全苏登记的1.85亿选民中,80%的人参加了投票,其中76.4%的公民赞成保留联盟。这无疑是对叶利钦为首的民族分裂主义势力的一个沉重打击。然而,叶利钦也另有所得,他在俄罗斯联邦的全民投票中附带着就该共和国是否设立总统职位进行了投票。在参加投票的百分之75.31%的选民中,69.85%的人赞成设总统职位。这一结果为叶利钦登上总统宝座铺平了道路。

在随后召开的俄罗斯联邦人民代表大会非常会议上,两派力量进行了更加激烈的较量。俄共议员们向叶利钦发起攻势。意在逼迫叶利钦下台。同时,"激进派"则在会内会外加紧活动,转守为攻。会内,他们要求戈氏下台,要联盟政府辞职,要解散苏联人民代表大会和最高苏维埃;会外,他们不顾政府的禁令,组织了10万人的游行示威,支持叶利钦。最后,鲁茨科伊发起成立。民主共产党人议员团,宣布与俄共议员团决裂,支持叶利钦。此举使会议发生了有利于叶利钦的急剧变化。最终,俄罗斯人代会授予叶利钦类似总统的权力,并决定于1991年6月12日举行俄罗斯总统选举。叶利钦获得了重大胜利。'

借此东风,叶利钦组织"激进派"向戈尔巴乔夫为首的"主流派"发起强大的攻势,迫使戈氏妥协,接受了叶利钦一直主张召开的"圆桌会议"——"9+1会议"。这个会议,撇开了合法的国家最高权力机关,发表了"9+1"声明,决定通过新宪法,重新选举苏联人民代表、最高苏维埃和总统,建立新的中央政府,并将国名改为"主权共和国联盟"。

6月12日,叶利钦以57.3%的得票率荣登俄罗斯联邦首任总统宝座。这时的总统尽管还不是真正国家意义上的总统,但是这件事本身表明了维系着苏联和俄罗斯的国家纽带,已经变得越来越脆弱。乘此胜机,叶利钦对苏共和俄共进行了坚决的打击,签署了"非党化"总统令,禁止共产党在俄罗斯联邦的政府机关和企业中进行活动。他要清除权力道路上的最大障碍。

从"8·19"事件中走出的俄罗斯总统

正当叶利钦准备大刀阔斧地施展总统威力之时,1991年8月19日,苏联副总统亚纳耶夫突然宣布成立紧急状态委员会,对苏联部分地区实施为期6个月的紧急状态,在此期间,国家全部权力交给国家紧急状态委员会行使。紧急状态委员会发表的《告苏联人民书》中指出戈尔巴乔夫领导的改革已经走入"死胡同","苏联国家和人民的命运处在极其危险的严重时刻"。这就是"传统派"为挽救国家命运,维护国家统一、维护共产党地位、维护社会主义制度而采取的轰动一时的行动,即"8·19事件"。

事发之时,刚从哈萨克回到莫斯科的叶利钦毫无思想准备。闻讯后,一时不知所措。但他很快便明白过来,这次事变,在很大意义上是针对他而来的,他的政治生涯已经到了最关键最险峻的时刻,他要面对挑战。他先是和前去他别墅的哈斯布拉托夫等人准备了致俄罗斯公民的呼吁书。随后,驱车前往议会大厦——白宫,开始组织反击。据叶利钦事后回忆说,当时,他深知在白宫坚持得越久,取胜的可能性越大。他还意识到必须到民众中去,得到群众的支持。于是,他走出白宫,冒着危险爬上了一辆包围白宫的坦克,挺直身子,掏出事先已准备好的呼吁书,大声宣读起来。随后,他还发表了演讲。此时,叶利钦看到了人们期待的目光,听到了群众支持的呼声,他感到自己正在走向胜利。当他完成这一壮举跳下坦克回到自己的办公室时,觉得精力充沛,格外轻松。紧接着,他举行了记者招待会,呼吁举行总罢工;派代表前往克里米亚半岛,与被困在那里的戈氏弃嫌联手;用电话与西方大国领导人联系,寻求他们的支持;组织支持者去劝说包围白宫的军人倒戈;……如此等等,从而使"8·19事件"以紧急状态委员会的失败而告终。叶利钦也因此成为平息"8·19事件"的英雄。

叶利钦在"8·19事件"中的胜利成为苏联历史的一个转折点,它不仅使叶利钦为首的"民主派"彻底战胜了以亚纳耶夫为首的"传统派",而且也从根本上削弱了以戈尔巴乔夫为首的"主流派",为其搞垮联盟,将苏联的一切实权转移到俄罗斯联邦手中奠定了基础。

"8·19事件"后。叶利钦利用自己作为苏联最大的加盟共和国总统的地位,发布了一系列命令将苏联的权力、财产和机构划归俄罗斯联邦所有,使俄罗斯联邦的权力迅速膨胀。1991年11月16日,叶利钦发布了10项总统令,接管了联盟中央一系列财政金融部门,剥夺了中央的重要财源,控制了能源的生产和出口,限令约80个联盟中央的部委解散,并停止向它们提供资金。一周后,他又宣布由俄罗斯中央银行接管苏联的国家银行和对外经济事务银行。同时,他下令停止苏共的活动,撤销在俄罗斯境内的苏军、克格勃、内务部以及军事机构中的政治机构。他还下令暂停《真理报》《苏维埃俄罗斯报》等共产党报刊的出版,将苏联中央电视台收归俄罗斯所有,并解除了全苏国家广播电视公司、塔斯社和苏联新闻社领导人的职务。尔后,查封了苏共中央办公大楼,扯下了挂在大楼顶上的苏共党旗,拆除了十月革命50周年纪念碑。这样,叶利钦的地位又有了进一步巩固。

凭借着这种地位和节节胜利,叶利钦进一步加紧了搞垮联盟的活动。12月7日,叶利钦与乌克兰总统克拉夫丘克、白俄罗斯领导人舒什克维奇在布列斯特城秘密会晤后,宣布建立由斯拉夫三国组成的"独立国家联合体"。三国发表的协议声称:"制定新联盟条约的谈判陷入死胡同,共和国脱离苏联和建立独立国家的进程已成为现实","苏联作为国际法的一个主体和一种地缘政治现实已不复存在",苏联的法律和其他一切准则在这三个共和国境内已不再适用。并表示,新的大家庭对苏联其他共和国及一切赞成它的国家开放。这个被西方称为"三人帮政变"的协议宣告了苏联的实际解体。在随后的几天里,叶利钦利用掌握在手中的财政金融大权,以满足苏联军队提出的一些要求和保证向军队提供物资、财政方面的支持的许诺,取得了军队的支持。至此,戈尔巴乔夫已丧失了党政军大权,不得不在与叶利钦举行会谈后宣布苏联将于1991年年底停止存在,苏联全联盟机构在这年年底前停止一切活动。12月21日,苏联11个加盟共和国首脑发表了《阿拉木图宣言》,宣告了苏联的彻底瓦解。圣诞节之夜,叶利钦从戈尔巴乔夫手中接过了苏联的最后一项权力——核按钮控制权。叶利钦终于登上了俄罗斯政坛之巅。

在新权力斗争的漩涡中

1992年新年伊始,独立后的俄罗斯政府将"休克疗法"付诸实施。放开物价后,俄罗斯市场并没有出现总统向人们许诺的货架充实、物价稳定的结果。俄罗斯人看到的仍然是通货膨胀、物价上涨、失业增加、犯罪上升、社会动乱的局面。人们不仅未能从民主中得到幸福,也未能从市场经济中获得实惠。于是,他们走上街头,向叶利钦及其他们支持的盖达尔政府表示抗议。这些人中有前共产党人,苏联军人,还有新兴的民族主义分子,甚至还有昔日叶利钦的忠实拥护者。此时,在最高权力机关内,围绕着经济改革的方针和谁拥有至高无上的权力这两大问题的争论,使叶利钦与昔日的盟友开始出现分化。这种分化,导致了以总统和政府为一方,以议会为另一方,即权力机关与立法权力机关的两权之争。

两权之争的第一个回合始于"休克疗法"孕育时期,在第六次人代会上达到高潮,以双方的妥协,结束内阁危机而告终。

还在"休克疗法"政策的讨论时期,为叶利钦当选总统立下汗马功劳的副总统鲁茨科伊就提出了异议。"休克疗法"实施后不久,副总统便公开宣布与总统决裂,主张实行经济紧急状态,以抑制物价的不断上涨。曾与总统有过患难之交的议长哈斯布拉托夫,为维护和争取议会的权力,不断抨击受到总统支持的政府削弱了议会,要求把政府置于议会的监督之下。同时,作为经济学家的议长在经过大量的调查研究的基础上,要求政府的改革计划刹车。

此时,叶利钦还不能置昔日拥护者的指责而不顾,更不能对最高领导层中的昔日盟友的批评等闲视之。因为,无论是在振兴国家经济,走向以私有制为基础的市场经济方面,还是在稳定社会,确立资本主义政治体制方面,总统都需要他们与自己同舟共济。

为平息盟友之间的不和,叶利钦采取了恩威并施的方法。他在分别与鲁茨科伊和哈斯布拉托夫进行了会谈后,宣布让副总统主管农业和更多地参与外事活动。随后,将议长强有力的支持音调往美国任大使,并会见议会各派代表,以削弱分化哈斯布拉托夫的力量。

为稳定社会政治局势,抑制民族分离主义的泛滥,1992年3月,叶利钦在盟友们的合作下,主持签署了《俄罗斯联邦条约》,确定了俄罗斯不可分割的原则。这是叶利钦为防止俄罗斯重蹈苏联覆辙的重大举措。

为缓和议会与政府的矛盾,保证俄罗斯第六次人代会的顺利召开,总统在会前对政府的几根支柱进行了调整。他免去了第一副总理盖达尔兼任的财政部长职务;解除了副总理绍辛兼任的劳动就业部长职务;接受了密友国务秘书布尔布利斯辞去第一副总理职务的请求。此举虽是对议会的妥协让步,但其高明之处则在于可以保住盖达尔政府所推行的激进改革,使自己的得力助手们不至于在人代会上遭到猛烈抨击,同时,还可以平息议员们的不满。

然而,第六次人代会并没有因会前总统的高姿态而进展顺利。相反,会议一开始,总统就被议长将了一军,随后在议程问题的激烈争论中,议会否决了总统的提议。总统只得接受议会的提议做关于经济改革的报告。第二天总统的报告多次被鼓倒掌和嘲笑声打断。报告后的提问,更使总统尴尬。一些代表故意用专业性的经济问题为难他,使他无言以对。更有甚者,当第三天总统要求暂离会场去出席宪法委员会的会议时,则被压倒多数的表决限制在会场上。会议还出现了两个对立的宪法草案,使修改宪法的讨论毫无结果。此后,会议好不容易通过了《关于俄罗斯改革进程的决议》,但政府则以不能执行代表大会的决议为由向总统提出辞职。最后,总统经过多方调解,才使会议通过了《支持俄罗斯联邦宣言》明确表示支持政府的改革方针,从而平息了这场内阁危机,草草结束了人代会。

两权之争的第二次交锋,是在 1992 年 12 月第七次人代会上进行的。以盖达尔政府的下台,议会取得初步胜利而结束。

第六次人代会后,两大权力机构以各自的支持者为后盾,进行角逐。随着第七次人代会召开时间的接近,各派力量的活动更加频繁。双方势均力敌,在谁也无法取胜的情况下,各方做出了一些策略性的妥协。

在议会和政府都做出姿态之后,叶利钦重演丢车保帅的故伎。11 月 24 日,叶利钦解除了雅夫列夫奥斯坦基诺广播电视公司总经理的职务;免去了波尔托宁政府副总理和新闻出版部部长职务;解除了布尔布利斯国务秘书的职务。叶利钦以牺牲自己的忠实朋友和支持者为代价,企图在人代会上保住盖达尔政府及其既定的改革方针。

可是,第七次人代会并没有给总统一种轻松的气氛。整个会场被支持议长的代表们主导着。会议上,不仅总统的报告遭冷落,代总理的报告受批评,而且,在讨论宪法修正案的表决方式时,出现了双方支持者在主席台上短兵相接、激烈争吵的混乱局面。虽然,在激烈的争斗中,叶利钦保住了任免政府成员和组建、废除和改组重要部委的权力,但是,总统却失去了自己力图死保的代总理盖达尔。

两权之争第三个回合的较量,在 1993 年 4 月的全民公决中达到顶峰,总统和议会斗得难解难分,但总统略占上风。

在痛失左膀右臂之后,叶利钦在第八次人代会上再次与议会交锋。经过一场恶战,大会否决了叶利钦就宪法修正案进行全民公决的要求,收回了第五次人代会赋予总统的特别权力,重新确定了宪法中限制总统权力的条款。面对强大的攻势和指责,叶利钦曾两次愤然离开会场。

对此,总统决不会善罢甘休,特别是面对反对派势力的增长,他更加忧心忡忡。议会已成为总统的心头之患,必以除之而后快。为此,叶利钦苦思冥想,找到了三件铲除议会的利器:其一,实行总统治理;其二,提前选举立法机关;其三,通过总统制新宪法。

1993 年 3 月 20 日晚,叶利钦向议会投掷了第一把利器。他通过电视台向全国宣布实行总统特别治理。谁知,宪法法院裁决他此举是违反宪法,最高苏维埃则决定举行第九次非常人代会来对总统实行弹劾。虽然叶利钦在人代会上最终免遭弹劾,但他的总统特别治理却被否决了。经过双方妥协,大会决定在 4 月 25 日举行全民公决。

全民公决的结果,尽管否决了提前选举议会的可能性,使总统的第二件利器难以使用,但是,总统本人及其总统推行的经济政策却得到了参加投票的多数公民的认可,使俄罗斯的政治形势发生了有利于叶利钦总统的变化。

全民公决之后,围绕制宪问题,总统与议会展开了第四个回合的斗争。叶利钦乘全民公决略胜一筹的优势,准备投掷第三把利器——通过新宪法,结束"双重政权"并存的局面。为此,总统步步紧逼,使议会只有招架之势,无回手之力。他撇开议会,另开制宪会议,试图在制宪会议上,一举取得通过总统制宪法的胜利。

但在 6 月 5 日开始的制宪会议却不尽人意,断断续续进行了 37 天,才在 7 月 13 日通过了一部兼顾各方意见的新宪法草案。该草案虽在原则上肯定了两院制议会,但毕竟只是"半成品",总统制宪法依旧是遥遥无期。总统的第三件利器仍然不灵。

他下达了炮击"白宫"的命令

7 月底,总统决定三件利器并用,与议会进行决战。他准备好了解散议会的命令后,便紧锣密鼓地行动起来。7 月 27 日,叶利钦解除了得到议会支持的巴兰尼科夫的联邦安全委员会部长职务,发出了决战的信号。随后,他发表了要向议会开刀的激烈言辞。紧接着他又举行了大型记者招待会,历数议会罪状,宣布将在两个半月内结束两个政权并存的局面,为决战做了舆论准备。其后,叶利钦以鲁茨科伊有营私舞弊之嫌为由命令暂停其副总统职务,还颁布了《关于俄联邦副总统代理俄联邦总统某些职权的命令》,规定没有总统的命令,副总统无权得到总统的权力。同时,任命被议会否定的盖达尔为第一副总理,任命戈卢什科上将为俄安全部长,任命洛博夫为安全委员会秘书,从而为决战做好了组织准备。最后,叶利钦还视察了捷尔任斯基师等两支部队,取得了军队指挥官对其效忠的保证。9 月 20 日晚,叶利钦以"协助警方搜查毒品和非法武器"为掩护,调动内务部到莫斯科市,进行了临战前的预演,从而为决战做好了军事上的准备。

"白宫"曾经是叶利钦击败"8·19"事件的地方,他正是从这里走出,接管了戈尔巴乔夫的一切权力。然而在以后的权力斗争漩涡中,"白宫"已变得越来越难以驾驭,白宫里的议会官员已由昔日的盟友变成今日的对手。他决心再一次地清除自己政治道路上的障碍,甚至不惜流血、动武,尽管这要冒极大的风险,其中也包括他的政治声誉。

当这一切准备就绪之后,9 月 21 日,叶利钦在签署了《关于俄联邦宪法改革命令》之后,于当晚 8 时发表了电视讲话,宣布解散议会,开始了铲除议会的最后决战。针对总统的行动,议会立即给予了反击。对此,总统采取了一系列措施:剥夺议会财产;封锁通往议会大厦——白宫的道路,向白宫周围增派军警;切断"白宫"的供电、供水、供暖以及电话;并发出了最后通牒。但议会并没有因此而屈服,双方处于尖锐的对峙状态。在此期间,叶利钦拒绝了宪法法院院长佐尔金和全俄大牧首阿列克西二者的调停方案。两个星期后,10 月 2 日,议会的支持者与包围"白宫"的军警发生武装冲突。10 月 3 日,上万名议会支持者冲破防线,聚集在斯摩棱斯克广场。哈斯布拉托夫和鲁茨科伊在白宫露台上发表了《告全国人民书》。随后,支持议会的群众和军人冲击了"奥斯坦基诺"电视台和莫斯科市府大楼,两名警察死于开道的汽车轮下。一时间,局势陡然又趋紧张,难以控制。

这时,在莫斯科乡村别墅渡周末的叶利钦闻讯后立即返回市内,宣布莫斯科市实行紧急状态,解除鲁茨科伊副总统职务,并开除其军籍。随即调政府军于 4 日晨 7 时包围议会大厦。8 时,叶利钦终于下令:政府军发起炮火进攻。重型炮弹在议会大楼里频频爆炸,这座白色的大楼四处起火,黑烟冲天。700 名特种兵在 T—80 重型坦克和 3 架武装直升机的火力攻击下,攻下了"白宫",迫使哈斯布拉托夫、鲁茨科伊等人向政府军投降。持续了一年多的两权之争,终于在叶利钦的重炮之下以议会的失败而告终。

在叶利钦签署了停止俄罗斯立法和司法机构工作的命令之后,俄选举委员会宣布将于 12 月 12 日举行新议会选举和对新宪法进行全民公决。11 月 9 日,叶利钦颁布了新宪法草案。这是一部总统制共和国的宪法草案,它赋予了总统至高无上的权力。12 月 12 日,新宪法草案获得通过,总统制国家政治体制为叶利钦控制局势提供了宪法保证,尽管叶利钦仍然面临着诸多的难题,但根据这一宪法,叶利钦至少将在总统位置任期至 1996 年。

俄罗斯这艘船……

苏联解体使国际政治格局发生了根本性的变化。在国际政治舞台上,叶利钦一直以亲西方的面孔出现。他宣传西方的民主价值观念,主张实行西方式的政治经济制度,推行以西方模式为样板的经济政治体制改革。在许多重大的历史关头,如在苏联时期的"8·19 事件"和 1993 年的俄罗斯"十月事件"中,叶利钦都得到了西方的支持和帮助。

在独立后的一年多时间里,叶利钦采取了一边倒的亲西方政策。他先后出访了美、英、德、法、意、加等发达资本主义国家。与美国的关系上,他与布什签署了《戴维营宣言》,发表了《华盛顿宪章》,制定了《美俄第二阶段削减进攻性战略核武器条约》,确定了两国和平伙伴关系,双方保证今后不再把对方作为潜在敌人。在俄英关系上,叶利钦在 1992 年一年内二访不列颠。年初,与梅杰签署了 15 点联合声明,宣布双方关系开始了"一个新时代";年末,又同梅杰制定了英俄两国自 1966 年以来第一个友好条约——《英俄关系原则条约》。在德国,发布了《俄罗斯德国政治关系基本原则的共同声明》。在法国,用《法兰西与俄罗斯条约》取代了《法苏谅解与合作条约》。在意大利,发表了《俄罗斯意大利关系原则声明》。在加拿大,公布了《加拿大和俄罗斯联邦友好与合作宣言》。

叶利钦采取一边倒的亲西方外交,是由俄罗斯的安全和经济利益决定的。叶利钦希望与美国顺利裁军,发展与西欧国家在安全领域的合作,尽快卸下沉重的军事包袱,集中精力复兴俄国经济。叶利钦更指望西方提供经济援助,尽快取消对俄的一切贸易和技术交流障碍,使俄罗斯迅速摆脱严重经济困境。叶利钦还期望在西方的帮助下,早日加入欧洲委员会、国际货币基金组织和世界银行等国际组织。叶利钦甚至盼望"回到天然伙伴和盟友的行列中"去,把俄罗斯的国家体制和经济与西方融为一体。

叶利钦的外交政策受到西方国家的热烈欢迎。然而,这种亲西方的外交并未达到他预想的结果。西方国家援俄多口惠而实不至,离叶利钦的期望较远,国内民族主义情绪上升,不满增加。叶利钦开始向独立自主的全方位外交转变。

1993年4月,叶利钦批准了《俄罗斯对外政策构想基本条例》。这年11月,他又主持通过了《俄罗斯军事学说基本原则》,对俄罗斯的外交战略和政策进行了调整。调整的核心是维护俄罗斯的民族利益,为国内经济发展创造良好的外部条件,恢复和巩固俄罗斯在国际上的大国地位。

以上述思想为指导,叶利钦把发展与独联体国家的关系放在首位,他采取加强与独联体各国经济与军事联系的方法,来实现俄罗斯在这一地区的主导地位和最大的国家利益。在经济上,俄罗斯已转向向独联体各国提供优惠条件,并拨款4000亿卢布,供各国向俄罗斯购买能源,并同白俄罗斯签订了给予种种优惠的经济联盟协议。在军事上,俄罗斯决定在各国长期保存一定的军事存在,将在这一地区建立30个军事基地,并与6个独联体国家签署了集体安全条约,开始了以6国为主组建联合部队的行动。

在继续加强与西方大国的伙伴关系的同时,他开始强调西方国家应重视俄罗斯的利益。在许多重大的国际问题上,他开始表现出自己的自主性,甚至是强硬性。如在波黑问题上,俄罗斯反对美国动武和取消对穆斯林的制裁;在安理会表决对前南斯拉夫联盟的进一步制裁问题上投了否决票;提出解决波黑问题的四点和平计划,促使联合国通过在波黑建立安全区计划的836号决议。

叶利钦还坚决地反对中欧东欧国家加入北约,以防止北约的防线移至俄边界。叶利钦在1994年2月的国情咨文中说"北约排除俄罗斯要扩大成员,就意味着走上对欧洲和世界新威胁的道路。"

叶利钦在把外交重点从西方转向全方位之后,更加重视与亚太国家特别是亚太邻国的关系。俄罗斯与韩国、中国、日本、印度等国保持友好合作关系。

为显示其大国地位,叶利钦及其政府还积极参与国际事务。除上述波黑问题外,俄罗斯还积极参与朝鲜半岛核问题的解决。在中东希布伦惨案发生后,俄罗斯迅速做出反应,派出第一副外长、总统特使、外长接连前往中东进行穿梭访问,分别同巴勒斯坦解放组织和以色列领导人会谈,希望在中东和解问题上留下俄罗斯的印迹。

善弈者无极

——普京

人物档案

简历:普京,俄罗斯总统。出生于列宁格勒(现俄罗斯圣彼得堡)。他的传记《第一人称》,在普京的竞选团队支持下于 2000 年出版,描述了他卑微的出身。根据这本传记,普京早年生活在社团公寓中,不断学习以期拥有像苏联电影中的官员们一样的智慧。

生卒年月: 1952 年 10 月 7 日~

性格特征:阳刚之气十足,强硬。

历史功过:2000 年至 2008 年任总统期间,使俄罗斯在军事与政治实力上均有相当的提升,在民主方面遭到很多争议,是一位名副其实的"铁腕总统"。然而,普京在俄罗斯国内获得了极高的支持率。2008 年普京卸任总统后马上被继任总统梅德韦杰夫提名,第二度出任总理。2011 年 11 月 27 日,普京作为统俄党候选人参加 2012 年俄联邦总统大选的提名获得全票通过,正式宣布 2012 年参选总统。2012 年 3 月,普京含泪宣布赢得总统选举,得票率 64.99%。2012 年 5 月 7 日举行总统就职典礼,普京宣誓就职俄罗斯总统。

名家点评:2007 年普京被美国《时代》周刊选为当年的年度风云人物。2011 年普京获得德国"胜利女神四马战车奖"。

在最需要的时候出现

俄罗斯著名学者麦德维杰夫指出:普京是在最需要的时候、出现在最需要的位置上的有用之人。普京上任后俄罗斯的经济复苏、政治稳定以及国际形象的改善,从不同角度印证了麦德维杰夫的观点。

在叶利钦执政时代,竞选总统和议员等西方议会民主形式被一次又一次的东方式的政治危机搅得支离破碎;只有"休克"而无"疗法"的激进经济改革造就极少数暴富的寡头,而老百姓陷入更加贫困的境地;曾全面倒向西方的外交换来的是北约和欧盟的双双东扩。

1999 年 12 月 31 日,叶利钦就是将"正处于其数百年来最困难时期的俄罗斯"交给了普京。

普京没有辜负叶利钦的重托,用政绩证明了自己是一个"有用之人"。经济上,普京以"强国富民"为目标实施了一系列稳定和促进经济发展的改革政策,俄罗斯经济不仅止住了下滑,而且开始全面复兴。政治上,普京以民主的形式实现集权,通过一系改革措施理顺了各种重大的政治关系,如总统与国家杜马、总统与总理、中央与地方的关系,彻底改变了叶利钦执政时代以"乱"为特征的政治局面。外交上,普京以重振俄罗斯的大国雄风为目标,采取多边务实的外交政策,以俄罗斯的利益筹码平衡与各大国的关系。

总之,普京将俄罗斯带入了新的历史时期。

19 世纪诗人费奥德尔·丘特切夫在谈到俄罗斯的特征时曾做过这样的概括:"单凭才智不能理解俄国,对它不能用常理推测,它有独特的性格。"

叶利钦是深谋远虑的权谋家、政治家。他不仅要在当政时驾驭着国家的方向,而且还要让俄罗斯在他下台后,也能按照他制定的建国方针发展。他不愿看到政权落入反对派手中,更不能容忍俄国的 10 年改革发生逆转。可以说,叶利钦做出辞职和任命普京为总统的重大决策,正是出于这个战略考虑。正如他所说:"俄罗斯必须由新的领导人带领跨入新千年,他们必须是新面孔,有新思维,而且精力充沛。"

叶利钦辞职的更深层原因实际上是对俄罗斯未来发展道路的考虑。自 1996年成功连任总统以后,叶利钦事实上已开始寻求能使他所开创的事业继续下去的政治继承人。因为他清楚地知道,从年龄、知识和世界观来看,他都同过去的世纪完全连在一起。因此,在新的千年、在非常有利的时机把权力移交给新一代领导人,是叶利钦深思熟虑的结果。正如叶利钦在辞职声明中所言:"我不应当阻挡自然的历史进程"。

普京对于俄罗斯和世界来说,始终是一个"谜"。在《权力的公式》这本畅销书里,普京被称为"没有过去的人"。然而,事实证明,正是这个"没有过去的人"扭转了乾坤,使俄罗斯摆脱了叶利钦时代的停滞和倒退,出现了曙光和转机。

普京得到了俄罗斯人民越来越深的理解和越来越多的支持。普京是一个精力充沛、意志坚定、稳健务实的人,他在走路时总是摆动手臂,给人以强健的军人的印象。

普京在外交活动中展现出十足的个人魅力,既可以和英国首相到小酒馆去喝酒,也可以同日本小姑娘较量柔道。普京使世界感到患病的俄罗斯在康复,也使俄罗斯民众在长期的压抑之后舒了口气。

人们看到新总统对前总统采取了"一分为二"的做法:既要报答叶利钦的知遇之恩,保护叶利钦这个"自然人"及其一家,并在公开的场合对叶利钦倍加尊敬并给予隆重赞扬;又要努力摆脱束缚,开创自行决策的普京新时代。普京的做法既有人情味又有原则性,得到了人民的理解和宽容。

普京明白,要使俄罗斯这只生病的骆驼能够重新站起来并和世界强国一道奔向绿洲,只有另选良方。

2004年3月14日,普京以71.2%的高得票率成功蝉联俄罗斯总统。

2008年,普京连任8年俄罗斯总统届满,但是,"普京主义""普京路线""普京情结"已然充满俄罗斯。普京已成为俄罗斯新精神领袖。

克格勃生涯

普京成长于列宁格勒的一个平民住宅区,从小就梦想着能做一名间谍。他曾说,自己对克格勃的认识全部来自有关间谍的传奇小说。早在十几岁时他就要求加入克格勃,可是因为年纪太小而被拒之门外。克格勃圈内人士告诉他,想加入克格勃,最佳途径就是先上法律学院。从那以后,他就立志要进列宁格勒国立大学法律系。

中学毕业后,普京终于如愿以偿,考入国立列宁格勒大学法律系。他在大学5年的时间(1970～1975年),正是世界观开始形成的时期。这个时期是勃列日涅夫主政下苏联的停滞时期,僵化的体制、四处对外扩张和同美国的军备竞赛,制约了苏联本来就没有弹性、忽视农业和轻工业的经济,苏共党内缺乏民主,在社会上又压制不同声音,苏联社会的许多矛盾虽然还潜伏在水下,但正在逐渐消耗这个社会,危机的因素已经开始积累。不过,苏联政治社会还是稳定的。像普京这样工人家庭出身又能认真读书的学生,不会受到当时社会上持不同政见者的影响。

当时在法律系主讲经济学的是索布恰克教授,普京从三年级开始听他的课。普京的毕业论文《论国际法中的最惠国原则》也是由索布恰克主持论文审查的,这篇论文得了"优"。这一关系,后来对普京的从政产生了决定性影响。

索布恰克1937年出生于西伯利亚的赤塔市,那里距离中国的满洲里只有200多公里。索布恰克和普京有某些相似之处:同样出生于工人家庭,索父是火车司机,家境并不宽裕,靠努力学习,进入名牌大学而改变了命运。索布恰克在列宁格勒大学法律系毕业后即被分配到斯塔夫罗波尔边疆区工作,那里是安德罗波夫和戈尔巴乔夫的故乡,索布恰克在当地工作的时候,戈尔巴乔夫正担任边疆区共青团的书记。索布恰克在工作之余以函授的方式读完列宁格勒大学的法律研究生,此后终于回到了列宁格勒的母校,担任了法律教授。索布恰克是一个有独立思想的知识分子,对当时苏共的统治方式持批判态度,不过在讲台上他不会公开挑战当局,因为那样做的结果,将是被捕和流放国外。因此,索布恰克和普京的关系只是普通的师生关系,这种关系只有在大环境改变的特定条件下,才会形成政治上的共同利益。

索布恰克不仅是普京在法学上的导师,也是将普京带进政治领域的导师。可惜的是,2000年1月19日,索布恰克在加里宁格勒为普京的总统竞选奔走之际,却不幸死于心脏病猝发,时年63岁,没有成为"帝师"。

1975年大学毕业后,普京被分配到国家安全委员会(克格勃)工作。起初只是级别较低的侦缉人员,之后经过莫斯科克格勃高等学校的培训,普京来到第一总局

（对外情报总局）从事谍报工作，此后的 10 年里，他在列宁格勒从事过各种工作。1985 年，普京被派往民主德国莱比锡，以苏德友谊宫主任的身份从事了 5 年的秘密活动。

1989 年 11 月，柏林墙倒了，东德也垮台了，普京成了这一历史事件的见证人。他觉得再在克格勃混下去已经没有意义，于 1990 年年初，主动要求转入预备役，调回列宁格勒。他在列宁格勒大学找了一份差事，任分管涉外事务的校长助理，管理学校开办的一些合资企业，让他在现实的市场经济环境中经受了锻炼。

圣彼得堡的"灰衣主教"

1990 年春末，索布恰克摇身一变，成为列宁格勒市苏维埃主席，成了该市的一把手。于是，索布恰克便请普京到市苏维埃当国际问题顾问。1991 年 6 月 12 日，索布恰克当选列宁格勒市长后，普京当上了该市对外关系委员会主席。

1991 年"8·19"事件期间，普京不顾当时情况复杂，坚持到列宁格勒机场迎接索布恰克。那几天，虽然人们看不见普京的影子，但在索布恰克同列宁格勒国家安全委员会和列宁格勒军区领导人谈判时，普京却起了极为重要的作用。正是由于索布恰克和普京等人做工作，当地驻军才没有执行紧急状态委员会的命令，保持了中立。

从 1991 年 6 月到 1996 年 6 月，普京成了圣彼得堡（原列宁格勒）市炙手可热的人物。熟悉的人当着他的面都叫他"灰衣主教"，没有他的吩咐，市政府几乎什么事都办不成。索布恰克对普京极为信任，他到国内外旅行时，其职务不是由副市长代理，而是由普京代理。而普京也非常注意摆正自己的位置，一些完全可以独自决定的事也要同索布恰克商量后再定，尽力扮演"辅助角色"。

1994 年，普京兼任圣彼得堡市第一副市长，负责管理外国代表机构、旅馆、赌场、社会团体以及强力部门，同时还负责大型投资项目。这时，普京对索布恰克的影响已相当深。索布恰克经常派普京参加各种谈判和活动。一些记者问索布恰克："你为什么重用一个克格勃？"每当这时索布恰克总是回答："他不是克格勃，他是我的学生。"

1996 年 6 月，索布恰克在圣彼得堡市长选举中落败后，普京断然拒绝与新市长雅科夫列夫共事，声称这样做就意味着背叛。当索布恰克被指控涉嫌腐败，逃往法国避难后，普京还同他保持着良好的关系。

最强硬也最稳定，最可靠也最忠诚

没有了索布恰克这棵大树，普京在圣彼得堡便没了根基。1996 年 6 月，在副总理丘拜斯的推荐下，普京调到莫斯科工作，起初任总统事务局副局长，分管法律和外贸事务。1997 年 3 月，普京调到总统办公厅工作，任总统办公厅副主任兼监察局局长。1998 年 5 月，普京担任总统办公厅第一副主任，开始受到叶利钦的器重。同年 7 月，普京被任命为联邦安全总局局长。当时普京的军衔只是预备役中校，因此,安全总局工作人员对此任命极为不满。但这些人很快发现,普京是个精通业务、善于管理的领导。在任期间,他对安全总局机关进行了大改组,将中央机关从6000人精简到4000人,同时加强了该机构在俄各地的力量。

1998年9月,普里马科夫出任总理后,叶利钦的权力和地位受到严重挑战。而这个时候,普京没有离开"大势已去"的叶利钦,表现出了对叶利钦的忠心。1999年3月,叶利钦曾企图罢免总检察长斯库拉托夫的职务,却遭到了联邦委员会的强烈反对。为扳倒斯库拉托夫,普京披挂上阵。在他的亲自参与下,终于搜集到了罢免斯库拉托夫所必需的罪证。同年4月,普京接替博尔久扎任联邦安全会议秘书,并保留了联邦安全总局局长职务。这时他实际上已成为叶利钦总统的"主要盾牌"。

1999年5月,叶利钦解散普里马科夫政府,任命斯捷帕申为总理。7月中旬,叶利钦及其"家族成员"一致认为,斯捷帕申优柔寡断,不堪重任,必须换马。虽然斯捷帕申央求叶利钦再给他一次机会,但叶利钦还是果断地解散了斯捷帕申政府,任命普京为代总理。8月16日,俄国家杜马通过了叶利钦对普京的总理提名。于是,普京成了1999年俄罗斯的第三任总理,也是叶利钦在任期间的最后一任总理。

起初,人们还以为叶利钦任命普京为总理是在耍性子,但人们很快发现,叶利钦这回是动真格的了。而恰在此时,车臣匪徒在塔吉克斯坦和莫斯科、伏尔加顿斯克以及布伊纳克斯克等地制造了一系列恐怖事件,为普京大显身手创造了条件。他毫不犹豫地承担起了再次发动车臣战争的责任,命令俄军重拳打击车臣叛匪。这一招果然奏效,俄罗斯公众舆论为之一变,普京的威望也因此不断攀升。一些选民开始将未来的希望寄托在这位年轻的政治家身上。

1999年9月23日,在普京总理的支持下,俄紧急情况部部长绍伊古出面组建了亲政府政党——"团结"(也称"熊")运动。这只刚刚出生的"北极熊",在12月19日举行的第三届国家杜马选举中一鸣惊人,成为国家杜马中仅次于俄共的第二大党。而由前总理基里延科和丘拜斯领导的亲政府"右翼力量联盟"也突破5%大关,昂首进入国家杜马。可以说,这次杜马选举成了俄罗斯选民对普京政府的一次信任投票。叶利钦总统对此次选举表示满意,普京的脸上也终于露出了一丝笑容。于是,在2000年到来之际,叶利钦总统痛下决心,将总统权力移交给普京。就这样,普京伴随着新千年到来的钟声攀上了俄罗斯的权力巅峰。

叶利钦在总统第二任期内,就开始考虑自己的继承人问题了。1997年春,叶利钦将这一问题正式提上了议事日程。起初,他任命丘拜斯和涅姆佐夫为政府第一副总理,并认为这两个年轻人是最佳搭档。但由于政见不合,丘、涅两人无法共事。切尔诺梅尔金政府垮台后,这两人都离开了克里姆林宫。1998年3月,叶利钦又选择了基里延科,但基里延科也辜负了叶利钦的期望,在8月的金融危机中败下阵来。后来,叶利钦又开始在戴肩章的将军中寻找自己的希望,但博尔久扎、斯捷帕申的表现都不合他的胃口。

1999年年初,叶利钦已感到国内政局动荡不可避免。他开始起用亲信来巩固阵地。正是在这种情况下,叶利钦开始注意其貌不扬,但办事干练、头脑机灵的普京。据说,叶利钦仔细研究了普京的个人档案,从而得出结论,此人可委以重任。

于是叶利钦下定决心，挑选最强硬也最稳定、最可靠也最忠诚的普京做自己的接班人。

1999年7月，叶利钦在回答《消息报》记者提问时首次对外披露，他已经找到了继承人，但他现在不能说出这个人的名字。一时间，各方人士都在绞尽脑汁猜想这个秘密继承人是谁。人们列举了许多人的名字，但谁也没有想到普京。普京此时已集两个重要职务于一身，初露锋芒。但他善于韬光养晦，没有成为公众舆论的焦点。当叶利钦任命普京为总理后，俄罗斯人这才恍然大悟，原来他才是叶利钦所说的"继承人"！叶利钦在回忆录中说："我当时必须找到能够解决最棘手问题的人，而不是顾及这会对他们的政治前途有什么影响。应当让那些能够舍生取义、名留青史的人来掌权。"

叶利钦于是在大选前半年突然宣布辞职。叶利钦的解释是："应当给普京一些时间，让人们习惯他，开始理解他，对他进行评价。在此之前，人们知之甚少。而他应当审时度势，充分利用这段时间大胆表现自己。"

普京的民主派身份、克格勃出身，加上其在内政外交方面表现出来的强硬的"铁腕"政策，决定他不能走回头路。作为"继承人"，他能保障俄罗斯继续沿着叶利钦开创的既定道路走下去。俄罗斯局势需要一个"民主派"+"铁腕"的领袖。普京没有历史包袱，与苏联政权没有多大的瓜葛，反对派几乎难以找到对他下手的地方。

更为重要的是普京上台以后的表现，消除了叶利钦的心病。一是坚决打击车臣恐怖分子的行动取得了全国各界的支持，并取得了节节胜利；二是俄国经济开始有所好转，虽然得益于国际石油价格的提升，但毕竟扭转了国内生产总值多年负增长的局面；三是国家杜马选举顺利完成，并在两个半月内使"团结"选举联盟"从无到有"，一举夺得杜马第二大党团的地位，改变了反对派在议会占主流的局面；四是普京人气上升，国内的支持率节节上升。因此，叶利钦趁普京走红、反对派士气低沉之时，将普京推出。促使叶利钦做出这一重大决策的直接动因是"团结"联盟在杜马选举中获得的出人意料的胜利。正是在这一胜利的鼓舞下，叶利钦在1999年12月21日下决心提前辞职，并把这一决定直接告诉普京。

俄罗斯媒体曾称普京为"黑盒子"，认为他总是予人高深莫测之感。普京的神秘感，很大程度上是他的职业特点造成的。在情报部门长期工作的人，必然会给自己披上一层神秘的面纱。特工经历也的确练就了普京的沉稳和深藏不露，练就了坚韧的性格和极强的耐力，喜怒不形于色。

普京从22岁开始进入克格勃成为职业情报军官，他成年后的大部分时间是为克格勃工作的，西方媒体甚至直称普京是"克格勃之子"。

克格勃是苏联部长会议国家安全委员会的俄文简称，成立于1954年，但是其历史应该追溯到1917年成立的"契卡"。苏联十月革命胜利后，立宪民主党人、右翼社会党人和沙皇政府的残余势力联合反对苏维埃政权，西方的情报机构积极参与了反苏维埃活动，各种暴乱此起彼伏，"契卡"的成立正是为了肃清形形色色的反对势力和破坏活动。1917年12月21日苏维埃政府就发布法令，授予"契卡"特别司法权和执法权。"契卡"为保卫新生的苏维埃政权，其作用是不可或缺的，是一种必要的"恶"。但是,特别司法权和执法权,也使"契卡"处于超越于法律和司法执法机构之上的地位,它只对布尔什维克中央负责,这就为后来的苏联安全情报系统的恶性膨胀和无法无天创造了条件。

1922年2月,"契卡"改组为国家政治保卫局。这是根据斯大林的提议设立的,直接向中央委员会负责。除了反间谍和肃反以外,还监视苏联公民的日常生活,审查新闻、电影和文化出版物。1930年苏联政府明确规定保卫总局有驱逐、强制劳动和判处死刑的权力。1933年又规定它有权"采取一切必要手段镇压一切破坏活动"。1934年苏联进入国际联盟,建立了内务人民委员部,国家政治保卫局改组为国家安全总局,属内务人民委员部管辖,开始从事国外的间谍活动。

1954年3月13日,苏共中央总书记赫鲁晓夫决定将国家安全部门从内务部划出,组建国家安全委员会,直属部长会议,一直到1978年,克格勃成为国家级机构,正式的名称是苏联国家安全委员会。

普京在选举前夕谈到自己在德国的工作,当然是抽象的,不可能透露具体内容。他说,"我是政治间谍,获取政治家的信息,敌人(北约)的计划等等。""工作包括发展线人、获取信息、加工信息并发到中心。信息包括政党的动态,内部的趋势,他们现在的和潜在的领导人。重要的是掌握谁在做什么、怎样做,还有就是我们的谈判对手的立场等。"

普京在德国5年,工作和生活本身使他得以就近观察联邦德国社会和经济的运作。列宁之后的苏联领导人,没有一个曾经长期在一个发达的西方国家生活过。普京虽然是常驻民主德国,但也经常前往联邦德国和奥地利、瑞士,他对欧洲发达国家的社会经济形态,有着切身的体验,特别是对市场经济的直观了解和法律与经济的关系。事实证明,有这样的经验,是非常重要的。可以说,外派的经历使普京这样的克格勃官员眼界比较开阔,思想比较开放,也因而比较务实。普京在担任俄国总理和代总统之后,曾经多次表示过对德国式"社会–市场经济体制"的好感,特别是对德国总理路德维希·艾哈德推动德国经济发展和社会稳定的做法,深表钦佩。欧洲的舆论评价说,普京的工作作风很像德国人,井井有条,一丝不苟,在克格勃特工中与众不同。

一位曾和普京合作的军官说:"克格勃的整个行动计划都在普京的血液中流动。他有高度的自制能力,行动十分小心谨慎,不苟言笑。他很聪明,从不夸耀自己,从来不引人注意,但是成效不凡。"

"照看好俄罗斯"

叶利钦在权力交接时叮嘱普京"照看好俄罗斯",他的内心是非常复杂的。因为俄罗斯正处于其数百年来最困难的一个历史时期,寡头左右政局,失业率直线上升,社会动荡不安,人民生活极其困苦。大概这是俄罗斯近200~300年来首次真正面临沦为世界二流国家,抑或三流国家的危险。

衰弱的经济遗产。正如普京所言:苏联曾是世界第二经济大国,而俄罗斯1998年总量下降到世界第16位,落后于西班牙、荷兰,甚至被巴西、印度、韩国等发展中国家超过。

自 1992 年开始的"休克疗法",没有给俄罗斯带来更多的生机,从实行紧缩性财政政策引发的经济萧条到 1998 年的金融危机,使俄罗斯陷入了空前的动荡。卢布不断贬值,国内生产总值大幅度下降,工厂倒闭,物价飞涨,一些地方的失业率高达 50%~60%,贫富差距拉大,除了一部分新兴财阀之外,大多数俄罗斯人的生活陷入了凄惨的境地,人口的出生率降到全世界最低水平,种群退化现象十分严重。

由于盲目实行"私有化"进程,一些大财阀肆意掠夺国家资产,寡头们全面操纵了政府的财政金融政策,直接掠夺国库、银行谋取暴利。特别是金融寡头勾结政府官员,将原来效益良好的大型国有企业窃为己有,导致了税收大幅减少、财政赤字剧增;操纵财政发行利率 200% 的债券,以高利贷形式直接掠夺国库资源;当财政陷入越来越深的危机时,又发明了所谓"抵押贷款私有化",将储藏丰厚的大油田、矿山廉价抵押拍卖。而备受指责的是,叶利钦政府为了保证寡头的利息收入,宁愿拖欠巨额的工资和养老金。

著名经济学家萨缪尔森将俄罗斯的这段改革称为"一种罪恶的资本主义"。

20 世纪 90 年代整个 10 年中,俄国内生产总值几乎下降了 50%,其总量只分别相当于美国的 1/10 和中国的 1/5。俄在 1998 年的经济危机后,其人均国内生产总值降到 3500 美元,仅为原"西方七国集团"平均水平的 1/5。其国内居民收入在 1998 年危机之后大幅度减少,目前仍无法恢复到危机前的水平,俄目前人均年收入只有 2200 美元(世界平均水平是 5000 美元),这还不到美国人的 10%。

由于俄政局动荡,再加上打击"车匪"遭到西方的猛烈批评等各种因素,外国对俄的投资规模非常有限,对其经济产业部门的投资就更少了。当时,外国在俄直接投资总额为 115 亿美元左右,而同期外国对中国的投资则是 430 亿美元。在整个 90 年代,外国对俄经济产业部门的投资减少了 80%,其中对固定资产的投资减少了 70%,而且,俄经济的物质基础仍在遭受破坏。

在俄产业部门中,种种原因造成劳动生产率极其低下。据普京自己说,俄罗斯除原料动力外,其他行业的劳动生产力要比世界平均水平低许多,至少比美国低 20%~24%。此外,科研经费也非常缺乏。1997 年,世界上最大的 300 家跨国公司曾为科研投入 2160 亿美元,1998 年增加到 2400 亿美元,而俄只有 5% 的企业在投资科研。俄出口的高科技含量的商品所占比例尚不足 1%,而美国占了 36%,日本为 30%。

俄经济遗产衰弱的问题还在于:苏联原有的、"笨重和畸形"的计划经济体制是造成俄罗斯经济现状的根本因素;经济的意识形态化导致其经济远远落后于西方国家,也落后于新兴的发展中国家;俄独立后对其经济采取的"休克疗法"造成经济突然跌入谷底而不能自拔,直到 1994 年以后才开始寻找真正适合自己的道路,但元气大伤的俄罗斯无法快速从精疲力竭的状态中恢复。

据俄罗斯高层战略专家预测,俄罗斯为避免坠入"二流",保持一级地位,俄罗斯 GDP 要达到占世界总量的 4%~5% 左右,才能超过世界平均水平,接近最发达国家。然而要实现此目标,俄罗斯需要追赶 40~50 年,而且俄罗斯必须保持 5%~6% 的增长速度,即使是 8%~10% 的高速度发展,俄罗斯实现自己的抱负也是 2030 年

多数俄罗斯人生活水平一落千丈,社会两极悬殊,贫富分化严重。多年来俄罗斯社会10%的最高收入阶层与10%的最低收入阶层的收入相差为14倍。自1992年起,俄罗斯人口逐年开始减少,死亡率高于出生率1.8倍,人口自然增长出现负数,若不是从原苏联加盟共和国移民补充,俄罗斯人口形势会更为严峻。普京总统在2000年的国情咨文中表示,俄罗斯人口每年减少75万人,专家预计15年后将减少2200万,这相当于俄罗斯居民人数的1/7。

可怕的政治遗产。比起经济和社会遗产来,普京继承的政治遗产更为可怕。叶利钦在位近十年,并没有进行政权建设和社会改革,国家大权旁落,寡头通过"家族"操纵政局,地方势力乘机"做大",车臣公开独立,并武装"拒和",一些民族共和国几乎成为独立王国。

俄罗斯政治经济生活中的另一个"怪胎"是寡头参政。一些财团通过私有化暴富以后,变本加厉,极力控制新闻媒体,操纵政治,进而将政府权力"私有化"。原"俄罗斯电视台"台长波普佐夫描述道:在俄罗斯金钱可以购买言论,舆论成为商品,媒体成为娼妓。

"政治上抢、经济上夺"是普京上台前俄罗斯社会近十年的主题。政局动荡不稳、官场腐败丛生、社会停滞不前、经济陷入危机是其表现。2000年7月8日,当时的俄议会上院主席斯特罗耶夫形容说:"普京总统就像是一位外科医生,开刀后发现病人肌体已经千疮百孔,几乎各个器官都有问题。"

僵硬的外交遗产。由于科索沃战争、车臣问题、北约东扩等,俄罗斯的外交关系很僵。俄提出了核威胁战略:"不要忘记我们是一个核大国",对此,西方国家无可奈何,只有采取措施在经济上施压。

普京上台前后,俄罗斯以及西方的媒体纷纷对普京及其思想进行猜测。实际上,普京执政体现出最大的特点就是务实精神,以解决问题为目的,以俄罗斯现实为坐标,对各种思想兼收并蓄。因此,普京的治国思想呈现出一幅多彩的、融合的画面。

普京上任之初,俄罗斯评论家总结出普京执政的"一个目标和三大任务":即以"振兴俄罗斯为最高目标",首要解决的"三大任务"是"横向摆脱财团寡头影响、纵向理顺中央地方关系、全面建立正常市场经济秩序"。

普京首先从恢复宪法秩序、整顿联邦体制入手,拉开了"新政"的大幕。

2000年7月,刚刚就任4个月总统的普京在国情咨文中说:"俄罗斯唯一现实的选择是做强国,做强大而自信的国家,做一个不反对国际社会,不反对别的强国,而是与其共存的强国。"

出任俄罗斯总统后的半年时间内,他先后批准了《俄罗斯联邦国家安全构想》《俄罗斯联邦军事学说》和《俄罗斯联邦外交政策构想》三个纲领性文件,全面阐述了俄罗斯在新的历史环境下国家安全所面临的威胁和挑战,确定了全面均衡的大国外交方针,显示出一副"大国"和"强国"的姿态。

改造和更新政权机器。普京上任做的第一件事,就是完善"中枢神经系统"——总统办公厅。2000年元旦刚过,普京签署命令,解除舍甫琴科、谢缅琴柯、马卡罗夫和亚库什金等4人的总统办公厅副主任职务;亚库什金同时还被免去总统新闻秘书的职务。叶利钦的女儿季亚琴柯也被免去总统顾问职务。同时,增加了新的总统助理。

普京急于抓的又一件事是调整政府班子。2000年1月10日,普京下令大幅度改组政府,以便"集中精力履行代总统职权"。仅设一位第一副总理,由年仅42岁的普京的亲密同事卡西亚诺夫担任,仍兼财政部长,卡随后还被选为俄白联盟部长会议主席。重用卡,意在准备普京当选总统后的政府总理人选,以便于同西方打交道(卡被西方债权国认为是可以合作的人物)。普京还提拔在国家杜马选举中发挥重要作用的"团结"联盟领导人、又在车臣问题上立下汗马功劳的紧急情况部部长绍伊古为副总理,仍兼紧急情况部部长。这次调整政府成员的特点,一是重用亲信,二是着眼于经济与安全。

第三件事是善待叶利钦,但并非"叶规普随"。普京在叶辞职当日,即签署《关于对停止行使全权的俄联邦总统及其家人提供法律保障的命令》。普京还为叶做出特殊安排,让他以总统待遇出国访问;叶还可以同外国元首通话,议论世界大事。普京善解叶的失落感,但终究要在实际工作中调整叶的政策并纠正其错误。

坚决清剿车臣非法武装。车臣问题的结局会直接影响普京的威信。普京吸取了1994~1996年车臣战争功败垂成的教训,在两难中显出魄力。

为维护俄罗斯的统一,恢复中央的权威,普京首先发兵车臣,打击恐怖主义、分离势力和极端分子,从而拉开了一系列政治战役的序幕。对于车臣叛乱分子的独立要求和各种恐怖主义袭击威胁,普京强硬地表示,"俄罗斯决不会与恐怖分子做什么交易,也决不会屈服于任何敲诈勒索"。他在2002年10月28日的内阁会议上重申,俄政府绝不向车臣武装分裂分子做任何让步,坚持不与其进行任何和平谈判。

普京下令俄罗斯军队加紧制定新的作战策略,在车臣共和国境内对残余的武装叛乱分子进行全面的军事清剿行动。与此同时,莫斯科也开始将矛头直指车臣叛乱势力的"国际恐怖主义"背景,向有关国家加大施压力度,要求协助俄罗斯打击车臣叛乱分子。车臣首府格罗兹尼2001年2月6日解放,车臣副总统阿尔萨诺夫亦被打死,一些城市和要塞相继被攻克,非法武装分子纷纷投诚,部分俄军开始撤离车臣回到原驻防地。总的来看,解决车臣的任务虽属艰巨,普京的得分却甚高。

果断反省过去筹划未来。普京在1999年12月发表了《千年之交的俄罗斯》,类似一篇国情咨文和竞选宣言。他比较冷静地估量俄的形势,坦诚指出,俄民族的忍耐力、生存能力和建设能力,都已处于枯竭的边缘,俄社会几乎要崩溃,从经济上、政治上、心理上和精神上崩溃。

普京谈到俄实行改革以来的教训:一是这些年俄在政治和社会经济动荡、剧变和激进改革中已精疲力竭;二是为照搬"外国课本上抽象模式和公式"付出太大代价,而"机械照抄别国的经验是没有用的"。他强调俄不能成为西方式的国家,不能成为美国或英国的翻版。他还指出俄改革积累的大量棘手问题:没有明确的全国性目标、在经济和社会领域没有建立完整的国家调控体系、缺乏适合俄条件的最

233

合理的改革战略。

普京提出了一系列治国主张。第一,弘扬俄罗斯思想、俄罗斯价值观,包括爱国主义、强国意识、国家作用和社会团结。第二,创造有效的经济、多种所有制基础上的市场经济,加强国家的宏观调控,政策重点在于要使经济发展速度"快"些,说"这不仅是经济问题,也是政治问题"。"快"的意思是要设法超过专家们的计算。专家们认为,如果俄国内生产总值年增长速度不低于8%,那么20年可以达到葡萄牙或西班牙现在的水平;如果保持10%的增长速度,则20年内可以达到英国或法国现在的水平。"我们没有落后那么远,我们可以更快地追上去。"第三,建立强有力的国家,有一个强有力的国家政权体系。第四,有一个长期发展战略,以便在相当短的时间内消除持续已久的危机,为经济和社会快速和稳定发展创造条件,因为"俄罗斯已经没有时间晃来晃去了"。第五,强调"团结俄罗斯社会"具有特殊意义。"现在一切都取决于我们能否认清危险程度,能否团结起来,能否承担起长期而又艰巨的工作"。

普京在纲领性文章中巧妙地吸收其他政治组织的合理主张,既充实了自己的政见,又博得社会各界的好评。

"强国富民"赢得民众。普京把振兴俄罗斯、恢复俄罗斯的强国地位作为长远战略目标,受到了普遍的认同与欢迎。苏联的解体和俄罗斯的衰落,使俄罗斯人心理失衡,他们希望有一个强有力的领袖人物带领俄罗斯摆脱困境,重振俄罗斯大国的雄风。

普京是个强国主义者,他比其前任更了解俄罗斯,也更了解俄罗斯在国际上的地位。普京认识到,"政治和社会动荡、剧变和激进改革已使俄罗斯精疲力竭",因此,制定使俄罗斯复兴和繁荣的战略,"应依据市场和民主改革过程中所创造的一切好的经验,并且只能用渐进的、逐步的和审慎的方法实施;实施时既要保证政治稳定,又不能使俄罗斯人民的各个阶层和群体生活水平下降"。

经济问题是摆在普京面前最棘手的问题。他首先搁置了俄罗斯前第一副总理丘拜斯制定的一系列私有化计划,特别是能源、通信等战略行业的私有化。他动用铁腕手段,狠狠打击了私有化中崛起的金融寡头,阻止他们勾结腐败官员掠夺社会财富,将巨额掠夺资金转移到海外。

普京对以前的经济体制做了大规模调整:"让国家对经济和社会进程发挥更大的影响力","建立完整的国家调控体系",使俄罗斯经济成为"可控制的市场经济"。政府制定并出台了一系列旨在复兴经济的积极政策,诸如实行市场机制与国家刺激相结合的投资政策、推行积极的工业政策、实行合理的经济结构政策、建立有效的金融体系、取缔影子经济、推行现代化的农业政策、成立联邦出口支持署、通过俄罗斯反倾销法、积极争取加入世界贸易组织、逐步实现同世界经济的接轨等。

2001年,在普京的大力支持下,俄政府经济部部长格列夫提出"经济活动非官僚化"的主张,旨在大大缩减各部门的审批权力,减少审批或登记的经营项目,为企业经营创造自由宽松的行政环境。

2001年上半年,由俄罗斯政府经济部向国家杜马提出14项法律修正案,目的是防止官员干涉企业活动,简化手续,减少各种检查和批复。结果,俄罗斯需要审批的经营项目由原来的 500 多减少为 102 个。与此同时,俄罗斯新《税法典》获得通过,俄罗斯实行统一 13% 的所得税。普京坚持把俄罗斯企业的利润税下降为 24%,取消或合并过多的税种。在普京总统的敦促下,俄罗斯政府和有关方面开始对自然垄断部门进行改组。自然垄断行业是俄罗斯的老大难问题,天然气、电力、铁路运输等传统垄断部门的改组涉及方方面面的利益,常常伴随着激烈的政治较量和利益斗争。在这些复杂的过程中,普京表现得十分稳重,强调"行业改组要以社会利益为主,而不是以公司或公司领导人的意愿为主"。2001 年夏天,俄罗斯宣布成立国家统一的价格和收费委员会,防止垄断部门自行定价。

普京把提高人民生活水平放在了重要地位,强调要与贫困做斗争。根据俄罗斯总统竞选网站公布的材料,在普京第一任内俄罗斯穷人的比重从 35% 减少到 23.3%。平均月收入为 5524 卢布,从 1999 至 2002 年的 4 年里增加了 1 倍,居民的实际收入增长 58.5%,在 2003 年居民的实际收入增长了 13.55%。1999 年退休金的平均数额只相当于最低生活费的 70%,而在 2003 年平均退休金首次超过了退休者的最低生活费。从 1999 到 2003 年,在预算中实际工资增长超过了 1 倍,最低工资额差不多增加了 6 倍。民众从普京的政策中得到了实惠,自然拥护他,许多原俄罗斯共产党的支持者转而支持了普京。

普京从竞争对手中争取了民众,改变了俄罗斯政治舞台上的力量对比。总统竞选候选人都失去了竞争的实力与勇气,没有一个人来参选总统。在 2003 年 12 月举行的杜马选举中,俄共出人意料地遭遇严重挫折,只获得了 760 万张选票,得票率仅为 12.61%,与上届杜马选举相比,其支持率下降了一半。而支持普京的"统一俄罗斯"党获得了 2280 万张选票,得票率为 37.57%,远远高于俄共。亚夫林斯基领导的"亚博卢"党惨遭淘汰。这种政治格局说明俄罗斯的政坛发生了重大变化,反对派衰落了,总统的支持者在增加,其执政的基础在扩大。

在俄罗斯新政治格局中,自由民主党的力量有所发展,获得了杜马选举 11.45% 的得票率,新组建的"祖国"竞选联盟也获得了 9.02% 的得票率,它们的支持率与俄共不相上下,但远远低于支持普京的"统一俄罗斯"。这两个政党的代表显然也无法与普京相比,无法动摇普京重新当选的结果。可以说,普京已高踞于其他所有政治领袖之上,成为俄罗斯民众崇拜的领袖。

普京还着手社会事业改革。多年来,俄罗斯在搞政治运动方面轰轰烈烈,但社会领域的改革却一直未动。俄罗斯居民的房屋修缮、水、电、煤气等仍基本沿袭着苏联时期的管理体制和方法。普京出任总统的第二年便开始对土地、税收、海关、预算体制、劳动领域、公用事业、教育、养老金等领域进行改革。俄罗斯分析家指出,虽然社会领域的改革困难重重,但普京能着手改革就已经难能可贵。

普京以"干练""精力充沛"和"敢作敢为"著称,同时也以"平易近人""善于交流"而赢得俄国内好评。人们记得,在 1999 年车臣剿匪行动刚打响时,他以国家领导人的"尊口"说过"即使恐怖分子钻到茅坑中也要把他们揪出来"的话,人们将其理解为普京要坚决打垮车臣恐怖分子的决心。为了鼓舞军队的士气,他曾出其不意坐上战斗机副驾驶舱,"亲驾"车臣视察;还与水兵一起乘核潜艇到水下数百米"体验生活"。为了与百姓交流,他将自己的电子信箱地址公布在互联网上,并且上网,亲自回答数十万群众提出的问题,树立了新时代领袖的"风范"。到日本访问时,这位爱好柔道并且获得圣彼得堡市冠军的总统与不到 14 岁的柔道小选手比赛,被后者摔倒后也不失体面地表示认输。他在决策和政策实施中的坚毅和果断,待人接物中的平民风格等个性特征,使他成为俄社会最受欢迎的政治家和公众人物,得到人们的推崇。当年,他的民意调查支持率基本稳定在 75%左右,这在俄罗斯这样的国家是相当高的。

普京非常善于利用现代化的科技手段拉近自己与百姓的距离。2000 年 3 月,普京在互联网上和全世界网民进行了一次别开生面的在线交流。这一"在线"记者招待会持续一个多小时,对普京提出的问题达到 15000 多个。圣诞节前夕,普京又走上电视屏幕直接回答民众提问。普京通过电视台的直播与来自全国 10 个城市的居民连线直接交流,并借机向国民解释政府的内外政策。

此后每年的新年前夕,普京都要举办这样的公开交流活动,坐到话筒前,认认真真地戴好耳机,然后一板一眼地回答起全国各地听众打进的热线电话。通过俄罗斯电视台、"ORT"电视台等几家电视台和"马雅克"、俄罗斯电台的直播,他的音容笑貌一次又   次传到了俄罗斯的每 个角落。

俄罗斯心理学家季塔耶夫斯迈克说,这个节目既会为克里姆林宫捞取政治得分,也会对民众产生巨大的治疗效果。他说:"对于多数民众来说,这场秀会产生积极效果,因为这使他们相信,总统就在他们身边,了解他们每一个人。"普京的成功使俄罗斯人自尊心得到极大的满足,因而获得人民的广泛尊重和拥护,支持率一直居高不下,始终保持在 70%以上。

告别"虚幻大国"地位。在对外政策上,普京改变了叶利钦不切实际地追求大国目标的战略方针,强调外交要为国内的经济发展创造良好的外部环境,要努力使俄罗斯融入世界,量力而行地参与世界事务。

普京外交的重要特点是将维护国家利益放在核心位置上,包括安全、经济、文化等各个方面。2000 年 6 月 30 日,普京批准《俄联邦外交政策构想》,强调俄外交的基本宗旨是"捍卫俄的国家利益,恢复俄在全球范围内的影响力,为俄经济发展创造良好外部环境"。

与这种"利益至上"外交相一致的是普京的"现实主义"理念,即现实地评估俄自身的实力、地位和需要,并采取切实的外交政策和策略,以最大限度地维护和扩大俄的国家利益。普京指出,俄已"不属于代表当代世界最高经济和社会发展水平的国家",应当奉行与国家实力和需要相适应的外交政策。

首先,与美寻求建立"稳定和可预见性"的新型伙伴关系。在美发生恐怖袭击后,俄及时转变传统立场,普京不仅在第一时间给布什打电话表示同情,而且在美对阿富汗塔利班和"基地"组织动武时,也及时给以道义、情报等多方面支持。此后,俄对美势力进入中亚和高加索也加以容忍,对美退出反导条约和将俄列入核打击国家名单作低调反应,在削减进攻性战略武器谈判中也一再让步。俄美首脑会晤及签署了《美俄削减战略力量条约》和《美俄新战略关系联合宣言》等文件,在建立相互信任的漫长道路上迈出重要一步。

其次,与北约建立合作新起点。长期以来,北约东扩如芒刺在背,令俄不安。

过去建立的"俄罗斯—北约常设联合理事会"只起到联络和对话作用,无法消除相互"敌对"。"9·11"后的国际反恐合作为双方改善关系提供了契机。2000年5月14日,俄与北约成员国外长会议达成建立"新型合作形式"协议;5月28日,俄与北约峰会正式签署《罗马宣言》,确定俄与北约共同组成的"20国机制"。这些符合俄创造有利于国内建设的国际环境,提高综合国力和国际地位的外交总目标。

其三,与欧盟合作不断加深。俄将欧盟视为"文明标杆""合作典范"和"真诚对话者",那里有俄所需要的资金、技术、管理经验,更是俄能源产品的最重要市场。普京提出俄应"回归欧洲",与欧洲实现政治、经济和安全空间"一体化",注重与欧盟发展实质性合作关系,形成一种"与其大声说,不如悄悄做"的趋势。2000年5月29日,俄与欧盟在莫斯科召开峰会,通过建立"欧洲统一空间"的文件,签署"俄与欧盟能源和安全合作"文件,使俄欧关系进一步接近。这样的峰会每年都举行,而且始终保持低调而富有成果的特点。

从国家利益出发,普京顶住美国压力,不失时机地发展与朝鲜、古巴、伊朗、伊拉克等美国所谓的"无赖"和"支持恐怖主义"国家的关系,在不违背国际法和联合国决议的前提下,与这些国家保持政治、经济和其他领域的合作。俄也根据自身利益所需,适时从越南和古巴军事基地撤回。

普京任俄罗斯代总统后,很快成为世界瞩目的焦点人物。

《纽约时报》报道指出,普京是一个非常能干、谨慎而又高明的人,没有人料到他具有如此出色的政治潜质。他坚定不移地在车臣作战,树立起说一不二的领导人形象,而这正是俄罗斯人当前梦寐以求的铁腕人物。普京是美国在未来几年里必须与之打交道的世界最重要的领导人之一。普京任代总统的第一次精彩行动是访问正在车臣作战的俄罗斯士兵,而当时俄罗斯的其他人正在沉睡。普京没有进行惯常的视察,他选择了一个更加有象征意义的做法——在猎刀上签名。

日本《每日新闻》报道说,普京有才干,充满幽默感,人缘好,喜欢理性的讨论,行事果断却绝不草率。他对组织和上下级关系方面显示出绝对的忠诚,将国家利益置于个人利益之上,并把为国献身当作信条。

美国《洛杉矶时报》评论说,叶利钦到处寻找可能的继承人,最后选定普京,是因为他比别人更强硬、决心更坚定。普京在车臣采取的强硬行动使俄罗斯感到振奋,他重新点燃了民族主义之火,重新确立了俄罗斯人的信念:他们的国家是一个世界强国。

一生独特的"角斗士"

——戴高乐

人物档案

简　　历:1890 年 11 月 22 日出生于法国里尔市小贵族家庭。1912 年毕业于圣西尔军事学院。1943 年 6 月 3 日成为法兰西民族解放委员会主席,战后,一度离职,1968 年 5 月戴高乐重新组阁,成立了法兰西第五共和国。1970 年 11 月 9 日戴高乐永远地离开了法国人民。

生卒年月:1890 年 11 月 22 日~1970 年 11 月 9 日。

性格特征:性格刚强,有惊人的意志力。在原则面前毫不退让,让部属敬畏有加。

历史功过:他具有独特的品质,特别是在战后西方唯美国马首是瞻的年代,成就了法国的独立自由之路。正是他的刚正,让戴高乐缺乏相应的灵活性。以至于在战后丧失了民众的信任,不可避免地走到了政治生涯的尽头。

名家评点:法国将军、政治家。

青少年时代

1890 年 11 月 22 日,夏尔·戴高乐诞生在法国里尔市公主街 9 号一个世代笃信天主教的小贵族家庭。

他的父亲亨利·戴高乐在北方当教员,和敦刻尔克一家烟厂老板的女儿约瑟芬·马约结了婚。

戴高乐的母亲是一位相当有才华的妇女,既聪明又有个性,颇有造诣,还是一位"多产作家",在《家庭通信》杂志社担任编辑。

这在保守的戴高乐家族中称得上不同凡响了。她是一名虔诚的天主教教徒,她的大部分作品都有浓郁的宗教色彩。

亨利夫妇生了四儿一女。夏尔·戴高乐在家排行第二。

孩提时代的夏尔·戴高乐身体瘦弱,平日里总是垂着双眼,但却十分自信。跟许多男孩一样,他喜欢把楼梯的扶手当作滑梯,经常趴着身子从那上面滑下来。

10岁那年,有一次他从"滑梯"上重重地摔了一跤。可当大人们把他搀扶起来,问他是否害怕时,他却大声反问道:"怕,难道我丧失了火花?"难怪人们都说,他是个眼睛里显露出勇敢精神的瘦弱儿童。

戴高乐从小爱玩打仗游戏,玩起来比谁都认真。一次他在游戏中把小弟弟打哭了。妈妈前来查问根由,弟弟说:"我们玩打仗游戏,我装特务,送情报时被抓住了。我没有执行司令官的命令……""谁是司令官?"妈妈追问。

"就是戴高乐!"弟弟说,"我没有把情报吞掉,我把情报交给敌人了。戴高乐他就把我痛打了一顿。"

又有一次做游戏时,戴高乐跟哥哥吵了一架。那是因为哥哥不愿意老是装扮普鲁士皇帝,想让戴高乐换着当一回法国国王。不料戴高乐死活不肯答应,怒气冲冲地一个劲儿大声吼叫:"不行!不行!法国国王是我的!"

戴高乐进的第一所学校是圣玛利亚学校。这所学校有非常严格的教会传统和纪律,教学要求也很严。

戴高乐虽然不如大哥格札维埃那样勤奋,但天赋却略胜一筹。过目成诵,所以学习成绩是相当出色的。

戴高乐最喜欢的功课是文学和历史,他阅读了大量的文学巨作,在他15岁时就写过一篇题为《德国的战役》的小说。在这本小说中显露出戴高乐的军事天赋。

1906年,戴高乐又写了一个短诗剧,题目叫《苦相逢》。主要情节是:一个羁旅异乡的游客深夜在森林里碰上了强盗,强盗把他身上的全部财物都抢走了,强盗每抢走一件东西,就说:这是最后一件拿走的东西。

但总说个没完,一直把异乡人抢个精光。

最后,强盗向这个倒霉的游客"热情"道别,扬长而去。戴高乐给家人表演过这个诗剧,他扮演了那个贪婪而又彬彬有礼的强盗。

戴高乐这一代人是在怀着对普鲁士"复仇"的情绪中长大起来的。

1871年3月,梯也尔屈辱地扯起白旗,法国根据"和约",被迫把阿尔萨斯全省和洛林的一部分割给德国,还缴付50亿法郎的赔款,赔款付清以前必须接受普鲁士军队的占领。

从此,法国没有一天放松过紧张的神经。

随着自由竞争的资本主义向垄断资本主义的发展,阶级矛盾陡然尖锐起来,工人运动不断高涨,1911年平均每天发生四起罢工,1905~1911年,参加罢工的人平均每年达13万人之多。

到19世纪90年代末,法国统治阶级更加紧张地参加帝国主义争夺世界势力范围的角逐和斗争,积极扩军备战,军队增加到60万人。殖民地马上就要分割完毕,一场重新瓜分世界的世界战争酝酿成熟了,战争的阴霾在欧洲上空徘徊。

在戴高乐十多岁时,他就下决心进圣西尔军事学院,梦寐以求地要当军人。

1907年,圣玛利亚学校由于激进党政府反教权政策而关闭,戴高乐的父亲便把他送到以成绩闻名的比利时安托万中学就读,一年后,他又转学进入巴黎的斯塔尼拉斯学校。

1909年8月,戴高乐通过了圣西尔军事学院的入学考试。他的分数不算高,在212名考生当中是第111名,但总算考取了。同年10月,19岁的戴高乐成了圣西尔军事学院的学员。

进入圣西尔就等于跨进了陆军的大门。根据新规定,新生入校前要先当一年兵。戴高乐被安排在驻阿拉斯城的陆军第三十三步兵团第九连当见习军官。

他很不喜欢这一年的生活,认为整天干许多烦琐的力气活对于培养军事人才来说简直就是浪费时间。

1910年10月,见习期满,戴高乐正式进入圣西尔。在学校,他是个很有个性的学生,他坚毅果敢,但孤高自傲,让人觉得他落落寡合,同他的高身材、大鼻子恰好互为表里。

职业军人

经过两年的勤奋学习,戴高乐于1912年10月1日从圣西尔毕业,在毕业考试中取得第13名,军衔是少尉。填写分配志愿时,戴高乐仍然选择了第三十三步兵团,回到了阿拉斯。

在当时,这个兵团的团长是菲利普·贝当上校。他在法国现代史中曾赢得很高的荣誉,在有名的凡尔登战役中,贝当率领法国军队重创德军,因而被赞为"英雄"。

但他在垂暮之年却招来唾骂,第二次世界大战开始后充当了维希傀儡政府的首脑。胜利后以民族叛逆罪被判处死刑。

在第三十三步兵团,贝当很赏识戴高乐的才干。

1913年10月1日,戴高乐晋升为陆军中尉。贝当写下的评语是:"异常聪颖,忠于职守……极堪嘉许。"

早在1910年就爆发了第二次摩洛哥危机。法国于5月占领摩洛哥首都菲斯,7月德国"豹号"炮舰开进摩洛哥的阿格的尔港,"柏林号"巡洋舰也出现在摩洛哥海面。德法冲突一触即发。

英国支持法国,德国被迫与法国谈判,最后,德国承认法国在摩洛哥的势力范围,法国则把法属刚果的一部分割让给德国。

紧接着,意大利和土耳其为争夺的黎波里于1911年发生战争。意土战争加速了巴尔干危机,诱发了1912年和1913年的两次巴尔干战争。各帝国主义摩拳擦掌加紧备战。

到1913年,德国的现役兵为76万人,英国的现役兵为41万人,法国的现役兵增至77万人,沙皇俄国的现役兵为130万人。

1914年6月,第一次世界大战爆发了。对法国来说,这显然是一个从德国手中夺取阿尔联斯和洛林失地、取得萨尔煤矿区权益、恢复在欧洲的霸权地位的大好时机。

法国的军事行动开始了,他的第一个目标是进攻比利时。第三十三步兵团受命于1914年8月5日从阿拉斯启程,开赴比利时。

第三十三步兵团奉命守住莫斯河大桥,阻止德军过河。

8月15日,与德军交火,戴高乐在他参加的第一次实战时大腿负伤,先后被送到阿拉斯、里昂和巴黎治疗,年底又重返前线。

此时,他所属的步兵团已开往捍巴尼,贝当已经调离第三十三步兵团并提升为旅长。新团长是克罗戴尔上校。在此后的战斗中,戴高乐执行了许多次很危险的侦察任务,表现出色。

1915年1月20日,戴高乐受到表彰。后来在另一位新团长布多尔上校任期时,他被提升为上尉。

1915年年底,德国军开始向凡尔登大举进攻。法国军队面临严峻考验。

第二年2月,戴高乐所在部队向凡尔登集结,3月1日与德军在都蒙堡一带遭遇。遭遇战打得十分激烈,德军猛烈炮击法军阵地,第三十三步兵团的大部分阵地损失严重,当时传说戴高乐已经阵亡。

其实,戴高乐并没有死,只是受了重伤,在昏迷中被德军俘虏了。他曾经设法越狱,没有成功,被送到巴伐利亚的因戈尔施塔特惩罚营。在那儿过了两年零八个月的俘虏生活。

然而,他并没有虚度在俘虏营的时间,他做了大量的笔记,把对战略方面的心得体会记了下来。为他的第一部政治、军事著作《敌人内部的倾轧》积累了基础材料。

1918年11月3日,奥匈帝国宣布投降,11日,德国军队也宣布投降。第一次世界大战宣告结束,戴高乐也从德国的俘虏营获释回国。

在这四年对德战争中,戴高乐有一半以上的时间是在俘虏营中度过的,对于这个血气方刚的爱国青年来说未免是件憾事。不过他在都奥蒙堡战役当中确曾表现得十分出色,布多尔上校竭力为他请功,于是1919年7月他获得了一枚最高荣誉骑士勋章。

1919年春天,戴高乐随法国军事代表团到了波兰。早在1917年11月,俄国爆发了十月社会主义革命,建立了苏维埃政权,有史以来第一个社会主义国家诞生了。为了把这个新生的苏维埃政权扼杀在摇篮中,英、法、日、美等帝国主义国家未经宣战即对苏维埃俄国开始了武装干涉。波兰同俄国也处于交战状态。

1919年4月,波兰军队开进白俄罗斯。

不久德国驻波军事代表团也卷进了俄波战争,戴高乐和波兰第五轻步兵团一起参加了反对苏维埃俄国的战争。

1921年3月,俄波战争结束了,戴高乐奉调回国。同年4月7日,戴高乐和伊冯娜·旺德鲁在中莱地区圣母院举行了结婚仪式。婚后,他们生了三个孩子:儿子菲利普,女儿伊丽莎白和安娜。

1921年10月1日,戴高乐接到调令,到圣西尔军事学院担任战争史教员。然而,戴高乐并不满足于此,他的心愿是进入高等军事学院深造,将来成为一名在战争中运筹帷幄的高级将领。

果然,第二年 11 月,他考入了高等军事学院。在高等军事学院进修的两年间,戴高乐根据他在第一次世界大战中的实战经验,越来越明了一种战术思想。他认为未来的战争必定是机械化的战争,特点将是倚靠高度机动的地面部队主动进攻,而不是消极防御。所以,应该发展坦克部队,提高部队的机械化程度和素质。

戴高乐在 1924 年 6 月作为结业考核的实地演习中,实践了他的以主动进攻为基点的战术理论。戴高乐的战术思想与院长穆瓦朗和副院长迪菲厄传统的消极防御理论是针锋相对的,所以虽然迪菲厄主持下的考试委员会的委员们对戴高乐的评价不低,但是毕业考试的评定却是"良好",由院长签署的成绩单所附的评语中,虽然肯定了戴高乐的成绩和长处,但也指出他过于自信,好作犯上之举,俨然是个"国王"。

戴高乐从高等军事学院毕业后,他首先在总参谋部所属的运输供给局工作了几个月,随后被调任美因兹的莱因区法军司令部。

1925 年 10 月,法军总监和最高军事会议副主席的贝当元帅委任戴高乐为他的幕僚。戴高乐时来运转的时机到了。他的才干和主张得到了贝当的赞许和赏识。

1927 年,当了 12 年上尉的戴高乐被提升为少校,受令统率第十九轻步兵营,在摩泽尔河畔的特里尔驻防。同年 4 月,戴高乐在贝当的亲自陪同下在高等军事学院做了三次演讲,已届中年的戴高乐第一次享受到这种殊荣。

1929 年,戴高乐奉调到贝鲁特,在驻在这个地区的法国部队里供职。随后,他又到过开罗、巴格达、大巴士革和耶路撒冷。

1931 年年底,戴高乐从中东回国后,到贝当主持的最高国防委员会秘书处工作。两年后提升为中校。1933 年,戴高乐又被晋升为上校,同时被任命为驻麦茨的第五〇七坦克团团长,他又回到了军事指挥的职能岗位。

戴高乐来到最高国防委员会秘书处接受的第一个任务,就是根据战时的需要对建立防务体系的有关问题进行研究。他的研究成果之一是发表在 1934 年 1 月 1 日的《法兰西军事评论》上的论文《海外的经济动员》。更重要的要数四个月后发表的专著《关于职业军》。

在这本书中,戴高乐认为法国必须建立一支可以立即调遣的机动力量,也就是说,"一批常备的、团结的和能够熟练地使用武器的队伍"。而且必须在陆地、海上和空中都有一批"精选的人员"。他认为,全部现役人员应当在 10 万人左右,由常备军组成,他们应在精锐部队中服役六年,掌握专门技术,培养进取精神和集体精神,并且在指挥艺术方面也要有相应的变化,以适应机械化战争的瞬息万变的局势,所以必须发展无线电通信系统。

戴高乐这些主张在当时,是积极主动的进攻战略思想。但在当时法国的军界、政界中认识并不一致。马其诺的神话还有市场。

戴高乐军衔不算高,人微言轻,支持者不多,执政者当中支持他的就更少了。

正当戴高乐在进行军事理论的探讨和争论时,欧洲局势正酝酿着危机。

1933 年 1 月 30 日,希特勒出任总理。他一上任,就摆脱种种条约的束缚,积极扩充军备。同年 10 月,德国宣布退出裁军大会,随后宣布退出国际联盟。

1935 年 3 月 16 日,德国正式废除《凡尔赛和约》中关于德国军备的条款,重新实行"征兵制",宣布德国陆军将增至 36 个师。

一年后,德国废除了《洛迦诺公约》,重新占领莱茵区。希特勒紧锣密鼓地在战争的道路上疾驰。

这几年,戴高乐为建立机械化常备军大声疾呼。他在《巴黎日报》《时代报》等发表了不少文章,宣传建立机械化特种兵团的迫切性和必要性,提醒人们:德国的主要军备力量是为了进攻。但是,这类纸上谈兵,不足以影响当局的决策。

1934 年 12 月 5 日,戴高乐经人介绍,认识了前财政部部长、当时是国民议会议员的保罗·雷诺。他向雷诺介绍了他关于建立机械化常备军的观点。虽然雷诺完全赞同他的看法,然而,他也是心有余而力不足。

1938 年 3 月,希特勒兼并了奥地利,为德国向多瑙河流域扩张铺平了道路。

9 月 29 日,希特勒、里宾特罗甫、墨索里尼、齐亚诺、张伯伦、达拉第举行会谈,签订了出卖捷克斯洛伐克和通向战争的《慕尼黑协定》。希特勒的要求全部得到了满足:捷克军队撤离苏台德区。捷克政府被迫默认这项规定。

于是,德国确立了在中欧的霸权,德军先占领苏台德区,几个月后兼并了整个捷克斯洛伐克。接着,又把矛头指向了波兰。

9 月 1 日。德国从陆地和空中进攻波兰,装甲部队跨过波兰边界。

9 月 3 日,英国和法国向德国宣战,第二次世界大战爆发了。

临危受命

1940 年 9 月 2 日,戴高乐受命赴任第五军团装甲兵司令,赶到阿尔萨斯指挥驻扎在那里的装甲部队。此时,时局正急转直下。

德国军队于 9 月 29 日兼并了但泽自由市和东普鲁士与西里西亚之间的大片波兰领土。

1940 年 4 月,德军登陆挪威,迅速进入奥斯陆等重要城市,开进丹麦。5 月 10 日,德军入侵荷兰、比利时、卢森堡。

比利时和荷兰的失陷使大约二三十万英国远征军暴露在敌人面前,被压迫在海峡一带,英国政府为了保存实力,组织了举世闻名的"敦刻尔克大撤退"。

敦刻尔克大撤退后,德军放手进攻法国,6 月 5 日开始向色当到阿尔维尔这条弧形线上的法国军队猛攻。

10 日,意大利法西斯军队从南方入侵法国。

15 日,要塞凡尔登失陷。

17 日,法国政府要求停战。

22 日,法国在停战协定上签字。根据协定,法军解除武装,五分之三的国土沦于敌手。法国旋即组成了维希傀儡政府,曾经与戴高乐有过师友之谊的第一次世界大战的"凡尔登英雄"——贝当,以耄耋之年当了通敌的汉奸。

在短短的几个月内,法国政局发生了急剧而富有戏剧性的变化。在《慕尼黑规定》上签字的达拉第无法控制局面,早于 1940 年 3 月 20 日辞职。

随后,财政部部长保罗·雷诺出场组织政府。在这个紧要关头这是一种变通之计。因为雷诺是一个"主战派",换上一个对德持强硬态度的政治家,也许可以收到稳定人心的效果。戴高乐立即写信给雷诺,希望他能把机械化特种部队加速组织起来。雷诺也没有忘记戴高乐。他打算任命戴高乐担任军事方面的副国防秘书。

然而,雷诺把事情想得太简单了,他虽然当了总理,但国防部部长仍是达拉第,后者坚决反对起用戴高乐,而且政府内外绥靖势力还占着优势,消极防御派还在军队里占着上风,前任和现任总参谋长甘末林、魏刚都是戴高乐的反对者。

在这种情况下,雷诺只得收回了未正式颁布的任命。戴高乐只好暂不离开他的阿尔萨斯装甲阵地前线。

雷诺政府的情况实在不妙。与达拉第、魏刚等纠合为一股绥靖势力的贝当,从驻西班牙大使调任内阁副总理。此时的贝当,已堕落为彻底的失败主义者、十足的投降派。

雷诺在 6 月 4 日德国法西斯军队已开始大举向法国进攻时,终于任命 50 岁的戴高乐为国防部次长,这是他首次担任政府职务。

危急之秋受命的戴高乐认为,必须寻求通过抵抗挽救危亡的道路。在争取英国和美国的支持和声援的同时,制订在北非进行反法西斯战争的长期计划。为了争取英国的支持,戴高乐决定带着雷诺的指示,亲自去伦敦会见丘吉尔。

6 月 9 日,戴高乐飞往伦敦。丘吉尔很快在唐宁街 10 号接见了戴高乐。戴高乐对丘吉尔的"第一个印象"是好的。但是在涉及问题本身时,丘吉尔并没有满足法国的要求,因为丘吉尔断定法国是输定了,法国本土不可能重建防线,所以他断然拒绝派空军支援,只同意把曾在比利时作战残存下来的部队留下来。

戴高乐从英国回来后不久,政府已不能在首都视事了,先迁往图尔,然后又迁往波尔多。

时局进一步恶化,投降派更加紧锣密鼓地活动着。巴黎失陷的前一天,丘吉尔来到图尔,他希望法国倚靠海军力量坚持在南方作战,甚至在北非作战,不赞成法国与德国单独签订和约。

英国方面则坚决为粉碎希特勒主义而奋战,英国可以坚持到底;当英国赢得战争的时候,法国也将恢复其尊严和伟大。

为了稳住雷诺政府,戴高乐和英国外交部常务次官罗伯特·凡希塔想出了一个给雷诺注射强心剂的办法:由英国政府出面提议,实行英法两国更广泛的联盟,组成一个相当于政府的联合机构共同管理资源。

但是不久后,雷诺政府辞职,菲利普·贝当受命组织政府,第二天即向德国乞和。

戴高乐看到大势已去,决定马上离开法国。他决心战斗下去,但是法国本土根本无法立足了。戴高乐两天前在伦敦时已经为救国图存的大业做了一件大事:以国防部次长的名义命令预定驶向波尔多的"巴士德号"轮船,改变航向,驶向英国港口。这是他最后一次行使国防部次长的职权。

船上载有 1000 门 75 毫米的美国大炮、数千挺机枪和大量弹药。

戴高乐到达伦敦后立即同丘吉尔会晤,戴高乐提出:只要贝当一公开宣布投降,他就通过英国广播电台向全世界宣告:自由的法兰西将继续战斗。于是,6月18日下午6时戴高乐坐在英国广播电台的播音室里,向全世界,也向沦亡的法国,发表了有历史意义的"六·一八"演说。戴高乐宣告:

"法国并非孤军作战。它有一个庞大的帝国做后盾……

"我,戴高乐将军,我现在在伦敦。我向目前正在英国领土上和将来可能来到英国领土上持有武器或没有武器的法国官兵发出号召,向目前正在英国领土上和将来可能来到英国领土上的一切军火工厂的工程师和技术工人发出号召,请你们和我取得联系……"

就这样,戴高乐在伦敦树起了第一面法国反抗德国法西斯的旗帜。

在当时,戴高乐的名声并不显赫,他无非是一名任职不足 20 天的国防部次长而已。但他决心在海外把所有和他一起战斗的人团聚在一个以他为首的法兰西民族委员会里。

戴高乐首先把目光转向法国在亚非殖民地的总督。

戴高乐选择的第一站是北非,但是总督诺盖斯支持了贝当政府。

于是决定先从西非入手,西非的情况对戴高乐要有利得多,到 8 月底,乍得、喀麦隆、刚果、乌班吉先后通电支持戴高乐。

11 月 17 日,戴高乐离开非洲回伦敦。他不虚此行,成绩昭著:几个月前还只是处于胚胎状态的自由法国,已经建立起行使政府职能的、初具规模的权力机构——防务委员会。

1941 年 9 月 21 日,戴高乐所领导的第一任自由法国全国委员会成立了。委员会主席戴高乐是政府首脑,各个委员则相当于各个部的部长。

1941 年 3 月 14 日,戴高乐到达开罗,他决定在这里指挥自由法国军队在中东地区的行动。在这里,自由法军以很有力的攻势打击了德军。

自从美国参战以来,美国政府一直顽固地拒绝承认戴高乐的全国委员会。由于戴高乐的影响力不断扩大。1942 年 7 月 9 日,美国发表公报,承认自由法国是法国抗战力量的象征,美英两国政府认为,法国政治前途答案将在自由和没有强制的条件下决定。

7 月中旬,戴高乐决定把自由法国改名为"战斗法国"。这时,法国国内的抵抗运动已开始承认戴高乐,愿意接受他的领导。

4 月 15 日,战斗法国全国委员会通过决议,一致拥护戴高乐提出的成立一个拥有实权的执行委员会的主张,由戴高乐出任主席。

同时,全国委员会宣布,戴高乐将以全国委员会主席的名义前往阿尔及尔视事。这就意味着,戴高乐的总指挥部从伦敦转到阿尔及尔。

至此,戴高乐的实力和影响有了实在性的发展,他已成为海内外公认的抵抗运动的领袖和旗帜。北非各地都通电支持战斗法国。

战斗法国在国内的影响也迅速扩大,戴高乐派往国内的抵抗运动的代表让·穆兰到 5 月中旬已组成了包括各种派别的全国性抗战运动委员会,委员会表示拥护戴高乐,要求迅速在阿尔及尔成立以戴高乐为主席的临时政府。

1943 年 5 月 27 日,让·穆兰主持召开了全国性抗战运动委员会第一次全体会议,以正式声明的形式宣告一个以戴高乐为主席的临时政府将在北非成立。

7月,法属西印度诸岛归附了戴高乐,法属海外殖民地都在"洛林十字"的标记下成为戴高乐领导法国反法西斯战争的广泛基地。

反法西斯盟军在各个战线上的胜利,特别是苏联红军在斯大林格勒保卫战所取得的伟大胜利,改变了欧洲战场的面貌,盟军由防御变为反攻。

7月26日,墨索里尼垮台,德意法西斯联盟宣告断裂。

戴高乐决心由他领导的武装力量在解放法国的战役下,发挥最大的威力。

9月18日,分别给美、英、苏三大国各发了一项备忘录,坚持法国军队一定要参加在地中海沿岸以及未来的横渡英吉利海峡的战役。

然而,美国和英国依然忽视戴高乐。关于意大利的停战谈判,戴高乐几乎一无所知。9月9日,戴高乐发表声明,指出法国必须参加一切对意条约的制定,并且对于没有被邀请参加对意停战协议表示不满。10日,法国的武装力量在科西嘉登陆。戴高乐于24日发表声明,说科西嘉战役表明法国有能力在解放欧洲的共同战斗中做出贡献。

11月底,战斗法国终于成为意大利咨询委员会成员。同时,德黑兰会议对于1944年战局做出了重要决定,盟军将举行以"霸王"为代号的横渡英吉利海峡的战役,在欧洲开辟第二战场。1944年7月底,解放法国的战斗进入了新阶段。盟军诺曼底登陆迅速使德国法西斯军队溃退,通向巴黎的通道打开了。

8月15日,法美联军进行了另一次两栖作战,在马赛和尼斯之间的普罗旺斯登陆成功。

勒克莱尔将军率领的战斗法国第二装甲师于8月初在诺曼底登陆,参加解放巴黎的战斗。

在法国本地坚持游击战争的武装力量奋起响应,有力地打击了溃退中的敌人。

解放巴黎的时机成熟了。18日,戴高乐从阿尔及尔经直布罗陀回国,这时,解放巴黎的战斗正在展开。

24日夜晚,勒克莱尔部队的前锋深入巴黎心脏,巴黎市区此时已经结束了战斗,德国侵略军已同法国共产党领导的武装力量达成停火协议。

当选总统

当戴高乐回到巴黎时,法国满目疮痍。昔日的繁荣变成一片废墟:约200万建筑物毁于战火,600万人无家可归,在战争中死亡的人数达八十多万人,还有五六十万人由于战争而成为残疾。

为了摆脱法国的困境,治好长期战争给全民族的创伤,戴高乐制订了一系列发展工农业生产的计划。另外,他还制定了社会福利政策,如为工资获得者提供社会保险,实行家庭补贴,等等。

同时,为了缓和劳资矛盾,鼓吹在企业内部实行"劳资合作",成立"企业委员会",提倡资本、劳动和技术的"联合"。

面对国内紧张的政治局势,10月21日,法国就未来宪法问题和选举一个代替咨询会议的新的立宪议会举行了公民投票。

结果96%主张选举立宪议会,制定一个取代第三共和国宪法的新宪法。在新的议会中,法国共产党取得的席位最多,其次是社会党,最后是人民共和运动。

11月13日,立宪议会一致选举戴高乐为临时政府总理。戴高乐虽然取得了一致的拥护,但那只是因为他在当时是唯一能够支撑法国政局的人,他没有一个有组织的力量做他的坚强后盾。这自然不是戴高乐所喜欢的政府组成。然而,由于形势所迫,实际被迫如此,戴高乐于11月21日组成政府。

在以后的工作中,戴高乐深深感受到"我道不行",不由自主地堕入政党政治的漩涡中而不能自拔,竟然无能为力了。

1946年1月14日,戴高乐向几位部长透露,他准备辞职。1月20日,部长们应召而来,戴高乐跟每个人握手致意后,宣读了他准备好的辞职声明。

在差不多13年的第四共和国期间,戴高乐一直是冷峻地观察着,他断定第四共和国必将在政党的纷争中垮台。的确,第四共和国自诞生之日起就没有一天安定。内阁总理的职位马不停蹄地从一个政党的手里转到另一个政党的手里。

法国政府的处境日益困难,长期的殖民战争使国库枯竭、国内反战之声迭起、国际谴责之声日盛。继印度支那战争之后的阿尔及利亚战争,威胁着第四共和国的生命。

自从1956年10月苏伊士运河战争以来,很明显地有两种政治力量反对第四共和国的政体。

第一种政治力量主要是在阿尔及利亚有直接殖民利益的殖民者及其政治代表,殖民军队的头子也属于这一类。第二种政治力量就是以法国人民联盟为代表的戴高乐主义者。这两种政治力量的共同点是:第四共和国没有能力解决阿尔及利亚问题,需要有一个铁腕人物扭转和掌握法国的政局。第一种政治力量的声势很大,但是没有有威望的领导人。于是,反对第四共和国政体的力量便都属于戴高乐。

在戴高乐辞退后,他一直过着退隐生活。但戴高乐派的头面人物在政坛上却是十分活跃。

人民共和党的费利克斯·加亚尔组阁,国防部部长就是著名的戴派政治家雅克·沙邦·戴尔玛。沙邦·戴尔玛曾经委派前抵抗运动成员雷翁·德尔贝克作为他的特使,到阿尔及尔活动,为戴高乐再次出山作舆论准备。

1958年6月1日,戴高乐在向议会提出施政纲领时,要求给予他解决阿尔及利亚时局的特别权力,并授权他起草交全民讨论的新宪法。

戴高乐获得了329张赞成票,224张反对票,32张弃权票。终于,戴高乐以合法手段取得了解决阿尔及利亚问题的特别权力,而新宪法一旦为国人所接受,第五共和国便将应运而生。

重返政坛后,戴高乐立即着手三件大事:第一,起草一个加强总统职权的新宪法,以取代第四共和国宪法;第二,解决阿尔及利亚问题以及其他殖民地问题;第三,振兴法国经济。

起草关于第五共和国宪法的工作,戴高乐指定坚决拥护自己的德勃雷主持。

德勃雷组织了一个精干的起草小组,动手草拟新宪法草案,准备在四个月内提交公民投票。9月28日,新宪法草案交付公民投票,取得了占选票数79.2%的多数票。

新宪法通过后的议会选举于1958年11月举行,戴高乐的新共和联盟在536席中赢得了206席。

12月1日,由参众两院议员、省市议员、市长等组成的总统选举团选举第五共和国总统。戴高乐以多数票当选。1959年1月8日,戴高乐驱车前往总统府就职。就这样,法兰西第五共和国诞生了。

第五共和国的诞生,在法国战后历史上翻开了新的一页,结束了动荡近13年的第四共和国。虽然,戴高乐于此时受命,但并不轻松。

戴高乐迫在眉睫的事就是为枯竭的国库找到财源。

6月13日,戴高乐在电视广播中宣布发行国内公债,同时冻结工资12个月。这个紧急措施很快使国库状况有所缓和。

到7月12日为止已回收了3240亿旧法郎和相当于1.7亿美元的黄金。戴高乐政府还决定大力发展对外贸易,从1959年1月起,90%的产品将用于国际交换。

然而,此时的阿尔及利亚战争仍是法国的一块心病,戴高乐决心要割掉这颗毒瘤。

1959年9月16日,戴高乐在电视广播演说中第一次提出了在阿尔及利亚实行"自决"的问题。

他说,"通过阿尔及利亚人自己的自由选择来决定他们的前途"是"唯一应当采取的办法"。

1960年9月5日,戴高乐在记者招待会上进一步说:"阿尔及利亚人的阿尔及利亚在发展中,它在前进着,这就是说,这是一个靠阿尔及利亚居民决定其命运的阿尔及利亚,一个由阿尔及利亚人管理自己事务的阿尔及利亚。"1961年3月30日,法国政府和阿尔及利亚共和国临时政府同时宣布,双方将在瑞士埃维昂举行停战谈判。

1962年3月18日,双方达成停火协议。同年7月1日,阿尔及利亚在公民投票中以99.7%的绝对多数宣告独立。随后,法国政府承认阿尔及利亚共和国,两国建立了大使级外交关系。

至此,阿尔及利亚通过不懈的斗争结束了一百多年的殖民地地位,走上了独立发展的道路。

在解决了阿尔及利亚问题之后,戴高乐犹如卸掉了背上一只沉重的包袱,接下来的工作就是要恢复法国在战争中失去的世界大国地位,进一步使法兰西民族重放历史上的光辉。

戴高乐自创建第五共和国以来,一直把主要精力集中用于法国的外交事务中,他不仅是杰出的外交家,而且是外交战略家。

他为了维护法兰西的民族独立而表现出的不妥协精神,为法国赢得了国际声誉和地位,并为它在东西方关系中争得较大的活动余地。

暮年生活

以奉行独立政策为基本特性的戴高乐主义,不仅在法国延续下去,而且越过边界,对西欧产生强大影响。

戴高乐在国际舞台上维护了法国的独立和主权,提高了法国的国际地位,而且对西欧其他国家如何在国际事务中发挥自己的独立作用也产生了不容忽视的影响。

戴高乐虽然在国际上取得了很高的地位,但在国内,他的声望逐渐下降。经济情况尚可差强人意。

但这并没有给戴高乐在国内政治斗争中增加多少政治资本。戴高乐一生中最讨厌的是所谓"政党政治",总想方设法限制政党在决定国家重大事务中的作用。

然而,这并不是一件容易的事。在国内,政党依然林立,每当选举或公民投票时,总有一些新名目的政治组织出现。在法国,任何一个政治家,离开了某个政党,就很难在议会政治中活动。

在1967年的议会选举中,戴高乐派仍然稳拿了多数。不过,这既不能保证戴高乐的政权不受冲击,也不意味着社会的稳定。在法国的政治中心巴黎,一大片包蕴着疾风骤雨的阴云正浓浓地低垂着。

随后的1968年是戴高乐厄运交接的一年。由农泰尔文学院的青年学生掀起的一场席卷全国的风暴,造成了戴高乐政权的危机。农泰尔文学院本来是平静的,后来由于新生增多,出现了许多问题。

学生们首先提出了履行传统教育体制的要求。他们认为:法国传统的教育制度限制了学生学习的积极性和生活的自由,主张取消严格的考试制度;学生应该参与学校的管理。

1967年12月以来,学生们开始了抵制考试的运动。运动迅速带有政治色彩,从反对校规到反对越南战争,从要求绝对自由到抨击资本主义制度。

运动的口号五花八门,出现了名目繁多的以"新左派"自诩的群众组织……学生中出现了一些颇有些号召力的带头人,其中最著名的是社会学系的德籍学生丹尼尔·科恩—邦迪。

1968年3月22日,科恩—邦迪领导的"三月二十二日运动"小组诞生了。

这一天,在科恩—邦迪的号召下,七百多名学生占领了农泰尔的行政大楼,"三月二十二日运动"便因此得名。学校当局请求警察干预,矛盾陡然激化。

运动很快传播到了巴黎大学所在的著名的拉丁区,传播到了全国各地大学。警察逮捕科恩—邦迪以后,对立情绪一下子发展到了白热化的程度。被激怒了的学生同荷枪实弹的警察发生了直接冲突。在蓬皮杜总理的过问下,关了12小时后的科恩—邦迪被释放。

但是,局势并没有因此而平息,示威行动继续发展,各派学生组织、各种倾向的社团多如牛毛,就政治、经济、社会、制度、革命等各种问题,展开了空前狂热的大辩论。

戴高乐丝毫不想让步,他决心把学生运动镇压下去,他指示代总理若克斯、内政部部长伏歇和教育部部长佩雷菲特绝对不对学生让步,巴黎大学进驻了武装警察,学生则用石块和街垒占领了拉丁区。

10日夜晚,棍棒、防毒面具、催泪弹、铺路石块交织飞舞……拉丁区成了警察和学生的战场。学生们决定在13日举行更大规模的示威行动。

这时,法国总工会和民主工人联合会决定打破沉寂,也宣布将于13日举行总罢工,学生将和工人会合在一起了。

戴高乐一直处在愤怒之中,他决定:绝不让步,被捕的学生不能释放,警察不能离开巴黎大学。

戴高乐决定以不妥协的姿态恢复社会秩序。几个月来闹得天翻地覆的学生运动,已是强弩之末了,这场把整个法国都卷进去的风暴,毕竟是自发而分散的,注定是不可能持久的。

国民议会改选以后不久,占领巴黎大学主要建筑物的警察们撤出来了,在运动中最活跃的组织被政府宣布为非法,"五月风暴"终于平息下来。

戴高乐念念不忘通过一次公民投票来挽回"五月风暴"造成的损失,并巩固改选议会取得的成果。

于是,他指定了一个小组起草改革方案,准备在适当时机交全民表决。

历史注定不让戴高乐有片刻的安宁,戴高乐方案小组正进行工作,国际事务又吸引了戴高乐的注意力。

8月21日,苏联军队占领捷克斯洛伐克。

9月9日,戴高乐在记者招待会上谴责了苏联的霸权主义政策和行径,指出苏联此举影响了欧洲缓和的前景。

戴高乐说,"缓和、谅解、合作"政策首先是一项和平政策,捷克斯洛伐克事件等于给缓和势头泼了一盆冷水。同时,这给法国改善同美国和英国的关系提供了契机,因为苏联出兵捷克,在西方引起了一致的谴责。

1969年2月4日,戴高乐接见了英国新任驻法大使克里斯多芬·索姆斯。索姆斯是他在第二次世界大战期间的老搭档、老对手丘吉尔的女婿。

会见表面上是亲切的,戴高乐照例表示希望看到英国和西欧其他国家发展经济合作关系,西欧大国——法国、英国、联邦德国和意大利应该在政治上和防务上加强合作。

戴高乐告诉索姆斯,法国认为,西欧应该有自己的独立于北大西洋公约的防务。索姆斯表示英国一向重视欧洲的合作,但同时也表示英国一向重视北约的作用。

会见后,索姆斯把谈话记录的全文寄回英国外交部。不料英国外交部竟把这场谈话记录全文公开发表了,一时在西欧——特别是在欧洲共同体其他几个成员国当中引起了强烈反应,似乎戴高乐已经改变了一直否决英国加入共同体的政策,准备把共同体的大门向英国敞开。

几天后,法国外交部照会英国,批评英方把一份未经法方同意的记录稿公之于世。

英国则说,谈话的记录稿曾经交给法国总统府秘书贝尔纳·特里科,转请戴高乐审阅和修改。两天后,法国外交部部长米歇尔·德勃雷向索姆斯确认记录稿是准确的,并且把稿子退给英方了。

于是,刚刚有些转机的英法关系又紧张起来。报界耸人听闻地称为"索姆斯事件"。戴高乐十分恼火,说英国公然违反外交上保守秘密的惯例。

英国人则说是上了戴高乐设的"圈套"。当然也有人推测,戴高乐确实想把同英国的紧张关系悄悄地缓和一下,不料英国把谈话记录稿公布了,这很有损于将军的尊严,英国人干了一件失之鲁莽的事。

总之,戴高乐自从北约军事组织撤出以后,在外交上就不再有什么大的动作了。

经过 1968 年的"五月风暴",他意识到自己在国内的根基并不如想象的那样稳固,必须把主要精力转向国内问题。经过几个月的筹备,改革方案就绪。方案全文共 68 条,4000 多字,内容十分琐细。

2 月 2 日,戴高乐在布列塔尼视察中发表演说,宣布:在当年春天把全国区域化和改造参议院两项方案提交全国选民。

所谓全国区域化,说得简单些,就是恢复 1789 年革命前那样的行政区划,每个地区的议会部分选举、部分由政府任命。

而参议院的改革则涉及参议院的性质问题,改革以后的参议院不再是由 95 个省议会选举产生的立法机构,而是一个包括各地区代表的咨询性机构,它将研究和审议各项有关政策草案,然后再提交国民议会。

这两项改革方案,本质上都是开倒车的,一个意味着对 1789 年成果的否定,另一个则削弱了参议院的权力和议会民主。因此对于有民主传统的法国选民来说,是不可能受欢迎的。

有人说,如果在公民投票时直截了当地提出是否拥护戴高乐总统本人,他获得多数支持的可能性也许要大些。但现在他提出的问题却会使本来支持他的人投了反对票。

问题有其复杂之处。传记作者之一贝尔纳·路德维支说,戴高乐所做的是要以"保守的姿态"去实现"根本的改革",同时又提出,选民应在"进步和动乱"之间做出选择。

这时,蓬皮杜已经透露,如果总统职务空缺,他将参加新总统的竞选。于是,人们便感到,公民投票说到底是在"戴高乐或蓬皮杜"之间选择一个,改革内容如何倒在其次了。

2 月 19 日,内阁会议宣布,公民投票将在 4 月 27 日举行。戴高乐在回答电视台记者米歇尔·德鲁瓦时说,两种改革方案是紧密相连的,选民们在投票中只能回答赞成或反对。如果多数选民投反对票,他将立即辞职。

此外,戴高乐还一直幻想推行劳资"合作"的方案。他在回答德鲁瓦的提问时曾解释说,"合作"的目的是使工人参与企业的管理,分享企业的利润。

这样的解释对于一般选民来说似乎语焉不详,但却增加了企业家们的狐疑和不满,因为这就是说戴高乐将要求企业家们交出一部分利润,以缓和各种社会矛盾。

于是,相当一部分拥护戴高乐的中产阶级在公民投票中将改变态度。

当时,一些相当有影响的政界人物,如吉斯卡尔·德斯坦等都先后声明,对改革方案投不信任票。

各个政党(除戴高乐派)和工会也都动员它们所能影响的选民投反对票。将军感到局势已对他十分不利了,但他仍要背水一战。

在总统竞选期间,戴高乐夫妇乘专机离开法国前往爱尔兰度假。

79岁高龄的戴高乐将军,在离开政坛之后选择爱尔兰西南角濒海地区,去洗掉半个多世纪长途跋涉在他身上留下的风尘,也许是有特殊意义的。因为戴高乐的家族,严格地讲,有着爱尔兰的传统,他祖母就有爱尔兰的血统。

6月15日,总统第二轮选举结果揭晓,蓬皮杜以58.21%的多数票当选为共和国总统。

第二天,戴高乐从爱尔兰休养胜地给蓬皮杜发来了电报,对他的当选表示衷心祝贺。

1970年6月,戴高乐夫妇曾去过一趟西班牙,这是他一生中最后一次出国访问。

戴高乐宣布辞职以后,佛朗哥邀请他在方便的时候到西班牙去休息一下。在马德里,戴高乐会晤了佛朗哥。

戴高乐虽然同德国法西斯进行过殊死的斗争,对西班牙的独裁者却怀有敬意。在风光绮丽的别墅,他住了二十几天,和助手们整理撰写回忆录的资料。

戴高乐还收到过毛泽东主席的邀请信,并决定在1971年合适的时候访问中国。但是很遗憾,他没能等到这一天。

1970年11月9日,戴高乐照常工作了一整天,当晚,因心脏病突发猝然逝世。再过13天,他就整整80岁了。

夏尔·戴高乐逝世,长眠在橡木做的棺木里。科龙贝教堂上空回荡着悼念的钟声。

自负终酿苦酒盏

——尼赫鲁

人物档案

简　历：1889 年 11 月 14 日生于印度安拉阿巴德市一个富有的律师家庭。1912 年到美国学习,拿到了律师证书,1914 年因参加"不与英国合作"运动两次入狱。1929 年当选为国大党主席。1947 年 8 月 15 日,印度宣布独立,尼赫鲁成为首任总理。以他为主,建立了资产阶级议会民主制。1950 年挑起了中印边界武装冲突,这次失败使他一落千丈。1964 年 5 月 27 日因肠癌去世。

生卒年月：1889 年 11 月 14 日~1964 年 5 月 27 日。

性格特征：才华出众,目空一切,贵族气息重,脾气暴躁,高傲自负。

历史功过：尼赫鲁运用高超的政治手腕,成功地把一个人口众多、种族复杂、宗教矛盾尖锐、支离破碎的印度统一为一个国家;同时,作为一个自负者,他把出众的才能用在了穷兵黩武上。

名家点评：一个勇敢的革命者、天才、政治家,同时也是一个狂傲的自负者。

投身不合作运动

1889 年 11 月 14 日,贾瓦哈拉尔·尼赫鲁出生在印度的安拉阿巴德市,其父莫蒂拉尔·尼赫鲁是克什米尔富有的婆罗门,也是当时印度最有名的律师之一。

自英国统治印度起,印度就产生了全国性的民族解放运动。到 1905 年,民族运动发生了重大的转折,12 月国大党召开年会,第一次提出了"印度必须获得自治、独立"的口号。这场轰轰烈烈的全民反英运动,对尼赫鲁的思想产生了深刻的影响。他从中看到了人民政治上的觉醒,民族团结的力量。

1905 年 3 月，尼赫鲁来到英国留学。他先在剑桥大学三一学院学习 5 年，而后进入伦敦内宫法学院学习法律。1912 年夏，尼赫鲁拿到了律师证书，结束了在英国 7 年的留学生活，返回印度。这一年，他正好 23 岁。

1914 年，酝酿已久的第一次世界大战爆发了。印度作为英国的殖民地，被拖入了战争。121 万余人被派往海外作战，10 万余人死伤，大量物资被英国掠去充当军用，连英国驻印总督哈定都承认，整个印度被英国"榨取一空"。由此，印度爆发了更大规模的全民反英运动。在这场称为"不与英国合作"的运动中，尼赫鲁也积极参加，并且两次被捕入狱。

第二次出狱后，他向国大党工作委员会提出了一批决议案——关于独立、战争危机、与反帝大同盟建立联系等问题的决议。国大党工作委员会接受了这些议案，并作为正式决议提交国大党代表大会讨论。由于顺乎民意，国大党的代表们几乎是全体一致通过了给印度以完全的独立的决议。会上还通过了国大党与反帝大同盟建立联系的决议，支持中国人民的解放斗争的决议，国大党与其他政治组织共同制定印度自己的宪法草案的决议。

1929 年底，国大党在印度拉合尔召开年会。在这次会议上，尼赫鲁成为中心人物，发挥了重要的领导作用。在他的积极参与下，大会几乎一致通过了关于独立问题的决议案，决定把争取"完全的独立"作为当前和今后斗争的目标。会议还决定开展第二次非暴力不合作运动，甘地被指派为这个运动的领导者。为了推动独立运动的发展，会议还把 1 月 26 日定为独立日，决定全国人民在这一天宣誓进行争取独立的斗争。

尼赫鲁在这一次代表大会上，当选为国大党主席，这一年他年仅 40 岁。

1930 年 3 月，印度爆发了第二次不合作运动。这次运动开始后，尼赫鲁的家人也都投入到斗争中。后来随着英国当局残暴的镇压和搜捕，先后有 6 万多工农群众和国大党人被投入监狱，尼赫鲁夫妇以及他的父亲也相继被捕。

印巴分治止干戈

在反对英国殖民者、争取民族独立的斗争中，越来越多的穆斯林开始担心，一旦印度获得独立，他们将在一个由印度教徒占统治地位的国度里成为被统治者，沦入社会的最底层。于是，一个独立建立巴基斯坦国的思想逐渐产生了。1933 年，一个印度穆斯林大学生阿里起草了一份建立穆斯林自治国的方案。方案主张"在世俗民族主义的基础上，在穆斯林人口占 80% 多的西北印度建立巴基斯坦国"。此时，穆斯林联盟便成为推进建立巴基斯坦国的中坚力量，而那个留学英国、律师出身的穆盟主席穆罕默德·阿里·真纳则成为这一事业的著名领导人。

1947 年 3 月 22 日，新任印度总督蒙巴顿到达新德里。为了避免引起印度内战，不利英国统治，蒙巴顿同意印巴分治的方案。这样，在他刚一到任，就开始做起印度国内最大党国大党主席尼赫鲁的说服工作。

此时的尼赫鲁内心也正经历着感情和理智的激烈冲突。从情感和本能来说，他憎恨分治，希望国家统一强大。但是理智又告诉他，在目前的局势下分治却是唯一的解决办法。首先,尼赫鲁非常清楚,不让穆斯林独立,很可能引起无产阶级革命;不分治,必然会引起大规模的教派内战。这两种前景都是即将执政的印度资产阶级不能接受的。而实行分治,既可以摆脱大规模教派冲突,又可以使国大党迅速掌权。两害相权取其轻、同意独立是个明智的做法。

其次,尼赫鲁从印巴之间的深刻矛盾,从国大党与穆斯林联盟之间的长期争斗中意识到:"如果穆斯林联盟被迫留在联邦,国家有计划地发展是不可能的。"分治不仅能在政治上摆脱麻烦,而且在经济上,也可以使独立的印度甩掉一个人口众多、经济发展十分落后的地区,这无疑有利于印度今后的发展。

出于这样的战略考虑,尼赫鲁决定同意对印巴实行分治。他的这一决定得到了国大党内多数人的支持,只有圣雄甘地坚决反对。这样,在世界上就诞生了一个新的巴基斯坦国,而在 1947 年的 8 月 15 日,印度也正式宣布独立。对尼赫鲁的这一重大举措,是非自有历史做出公正的评判。

谋求治国"中间路"

印度独立后,尼赫鲁成为首任总理。如何治理这个地广人多而又贫穷的国家呢?

尼赫鲁审时度势,殚精竭虑,从"寻求创造某种适合于本国历史和哲学的东西"这一原则出发,走上了"从一切现存制度(俄国的、美国的以及其他的)中吸取精华的第三条道路"。这就是在政治上实行西方式的议会民主制,在经济上建立在混合所有制基础上实行计划经济的"社会主义类型社会"。

集中反映了尼赫鲁资产阶级自由民主思想的便是独立以后印度制定的新宪法。这部由他亲自起草的宪法规定,印度总统是国家元首、三军统帅和对外关系的最高代表,总理由总统任命。但实际上,总理是议会多数党领袖,宪法授予总统的权力都是由总理通过其内阁行使的,实际权力掌握在以总理为首的内阁手里。

这样,尼赫鲁把印度按照西方模式建立资产阶级议会民主制,以宪法形式确立下来。

梦断喜马拉雅山

1914 年,英国侵略者的一个代表,狂傲地用手杖在地图上画了一条弧线,将中国西藏约 9 万平方公里的版图划归其殖民国印度。这个帝国主义代表就是享有英国"爵士"头衔的麦克马洪,他所画的弧线就是臭名昭著的"麦克马洪线"。

1950 年,中央人民政府恢复了在西藏的权力。面对这个既成事实,尼赫鲁政府的反应是实用主义的。他们一方面继续执行对中国的友好政策,承认西藏是中国的一部分;另一方面却在地图上以及官方声明中,都把麦克马洪线定为边界线。对于这种阳奉阴违的伎俩,起初中国政府为了顾全大局,没有提出抗议。然而,尼赫鲁却得寸进尺,尽其可能地把边境哨所推进到有争议的地方。

1962 年 10 月 17 日,印度军队在边界东西段同时向中国阵地展开猛烈炮击,20

日,开始向中国军队发动全面进攻。印度当局终于一手挑起了大规模边界武装冲突。

10 月 20 日,中国边防部队在忍无可忍、退无可退的情况下,不得不实行坚决的反击。经过两个阶段的战斗,最后以中国军队大获全胜而结束。中国军队在边界东段清除了传统习惯线以北印占区的全部印军。在边界西段,中国军队收复了印军设在实际控制线以北的最后三个据点,把印军全部赶出了中国领土。

中印边界战争之后,印度国防部长梅农被迫辞职。这个"印度的拿破仑"在中印边界打了败仗,却使尼赫鲁经历了他政治生涯中的"滑铁卢"。可以说,这场战争对任何人的影响都不能和尼赫鲁比肩相齐,尼赫鲁的个人影响和政治地位一落千丈。从此,他的政治生涯开始走下坡路,他的健康状况也每况愈下,1964 年 5 月 27 日,尼赫鲁肠破裂大量溢血,于下午 1 时 20 分去世,终年 75 岁。

创造奇迹的"铁娘子"

——撒切尔夫人

人物档案

简　　历:原名为玛格丽特·罗伯特斯,出生在伦敦西部的格林瑟姆市。1947年毕业于牛津大学化学系,在校期间当上牛津大学保守党俱乐部主席,1961年第一次进入政府部门工作,1970年保守党获胜,她出任教官大臣,1975年,击败对手,成为保守党女党魁。

生卒年月:1925年10月13日~

性格特征:自信、果断、勇敢、聪慧、理智、干脆强硬、孤僻、高傲。

历史功过:她把"撒切尔式的革命"由财经和工业扩展到新的政策领域,将英国经济带出低谷,进入了一个高速发展的时代,出现了"中兴"的局面,与中国签订《中英关于香港问题的联合声明》为香港回归奠定了坚实的政治基础。

名家评点:欧洲历史上第一位女首相,也是20世纪英国唯一连任了三届的首相。

被称为"铁娘子",也是英国保守党里的第一位女领袖。

她是英国历史上第一个以其所推行的一套政策而被冠以"主义"和"革命"的首相,是20世纪最优秀的首相。

被誉为"战后英国最伟大的首相"。

学生时代

1925年10月13日,玛格丽特·罗伯特斯(即后来的撒切尔夫人)出生在英国伦敦西部的格兰瑟姆市一家杂货店主的家中。格兰瑟姆位于英格兰东部的林肯郡,形成于撒克逊时代,中世纪时因羊毛贸易而繁荣起来,是个历史悠久、充满人文

那里的居民闲暇时会自豪地谈起两个世界级名人:一个是伟大的物理学家和数学家艾撒克·牛顿,另外一位则是英国历史上的第一位女首相——玛格丽特·撒切尔。

罗伯特斯一家过着简朴的生活:没有花园,没有浴室,也没有室内卫生间。玛格丽特的父亲阿尔弗雷德是个商人,通过刻苦的自学改变了自身的命运,担任过一届格兰瑟姆市长。她母亲是做裁缝的。

小时候,玛格丽特深受父亲宠爱,他试图通过女儿的卓越成就实现自己的雄心。玛格丽特很像她父亲,因而商人兼州议员和兼职卫理公会传教士的阿尔弗雷德宠爱玛格丽特,决心将她塑造成能使自己理想得以实现的人物,他让她明白她能做到自己所希望的一切,从不以性别因素对她加以约束限制。

父母为玛格丽特树立了最初的人生路标。玛格丽特曾经说过:"在我的一生中,父母对我的影响最大,影响了包括政治态度在内的我的全部生活态度。"

玛格丽特5岁时进入了离家一英里远的小学。1936年,她就读于凯斯蒂文和格兰瑟姆女子文法学校。该学校按学生成绩分为甲、乙两班,玛格丽特一开始被分到了乙班,她是要强的女孩,学习很刻苦,两年后便升入甲班。

女子文法学校校长吉丽斯后来曾经这样评价玛格丽特:"她无疑是我们最出色的学生之一,她几乎每年都是第一名。她总是雄心勃勃、如饥似渴地学习。""很小时,她便口才出众。"

不过,在学生眼里,玛格丽特是个孤僻、高傲的女孩,在学校里她几乎没有朋友。她的一位同学说:"她聪明、刻苦,在5岁时便庄重得像个大人。"许多母亲在批评自己的子女的时候都喜欢以玛格丽特为榜样:"你为什么不能学学玛格丽特·罗伯特斯呢?"这使同龄女孩因为嫉妒而疏远她。玛格丽特只好把更多的精力投入学习。

玛格丽特5岁时开始学钢琴,9岁赢得诗歌朗诵赛,在赛后校长表扬她:"玛格丽特,你真幸运。"玛格丽特直言不讳:"我不是幸运,我应该赢得。"作为一个好辩手,玛格丽特是高中辩论队成员,她也是学校里最年轻的曲棍球队队长。据她的老朋友玛格丽特·戈德维奇说,她是个好学生:"在很小的时候,她便能准确应用词汇。"

玛格丽特在父亲的影响下,很早就表现出了对政治的热情。1935年英国大选时,10岁的小玛格丽特就热心地帮助保守党候选人折叠竞选讲稿,并参与核对投票人数登记表。她还在父亲的引领下常常参加一些政治集会。学校的演讲会几乎是她的天堂,往往当演讲结束时,玛格丽特都会一马当先提出严谨、恰当、逻辑性很强的问题,这使老师学生都对她刮目相看。她还是学校辩论俱乐部的成员,学校每年一次的辩论活动是她施展才能的舞台。在这方面,玛格丽特表现得很出色,她总是充满信心、滔滔不绝,毫不怯场!

少年时代最让她记忆犹新的是买了收音机。几十年后,她依然充满深情地回忆起往事:"那是一件了不起的事情。有一天晚上,当我知道我们将有一台收音机的时候,我兴奋极了……它给我们打开了一个崭新的世界。"至今,她还记得当时的许多节目。

在父亲当市长后，由于兼任地方治安官，她有机会旁听各种案件的审理，使她对法律产生了兴趣。15 岁时，玛格丽特中断了钢琴学习，专心学业。

1941 年，玛格丽特进入六年级学习。这时，她已经给自己制定了一个高远的目标：考取牛津大学的索姆维尔学院。这是牛津大学最早的一个女子学院，声名显赫。牛津大学是世界名牌学府，也是政治家的摇篮，有着参与政治的传统，许多英国政界要员、首相都是这所大学毕业的。

1943 年 9 月，玛格丽特如愿以偿。

立志远大

玛格丽特是个庄重而宁静孤独的女孩，她从不去看电影、跳舞，因为这些享受在罗伯特斯家庭中是不允许的，这是她父亲教条式的宗教虔诚性所决定的。她早年努力和坚持不懈的事例，是她必须有 4 年拉丁语课程知识，才能获得牛津最好的女子学院萨默维尔的奖学金。她将 4 年课程用 1 年学完，获得萨默维尔的半奖资助。到了牛津以后，她从不跳舞，仍然过着追求卓越成就的自律简朴的生活，以符合宠爱她的父亲的期望。她父亲从小就教她不要迎合别人，常对他说："千万不要人云亦云，你自己要有主见，而且还要设法让别人跟着你干。"父亲的话在撒切尔夫人的幼小心灵里深深扎下了根。

不过，在初中时候的坏毛病并没有改变多少，她依然滔滔不绝地炫耀自己的父亲，依然很势利地结交对自己有帮助的人，依然固执己见。这使她的同学很反

玛格丽特迷人的微笑

感，因此玛格丽特的牛津生活依然缺少朋友。这使她常常感到孤独："我总是想家，当你在家的时候绝对不会体会到孤独的滋味。"她在回忆起这段生活的时候说："起初我是自我封闭的。"

玛格丽特在学习上非常努力，常常一天只睡三四个小时，然后又精神抖擞地开始新一天的学习。不过她的专业成绩并不完全令人满意，有些老师认为那是她缺乏必要的才智，但也有人认为玛格丽特过于醉心政治活动，这分散了她的精力。

牛津大学的政治氛围相当浓厚，许多英国的政治家们都出身于此。玛格丽特积极参加了学校的各项活动。她是牛津大学保守党俱乐部最积极的成员，她用于俱乐部的活动时间甚至比她待在化学实验室的时间多。正因为这样，玛格丽特入学不久，就被选进牛津大学保守党委员会；三年级时当上牛津大学保守党俱乐部主席。她是第一个担当这一职务的女生。这样的努力与成绩在牛津大学都鲜有匹敌者。

她深受保守党的政治熏陶，十分崇拜丘吉尔首相，立志要做丘吉尔这样的人。但她也知道，在英国这样一个传统观念浓厚的国度里，一个女人跻身政界，在一个男人一统天下的领域获得一席之地是困难的。但这对于她来说，挑战既是刺激，也是一种激励。

1945 年又是大选年，玛格丽特为保守党候选人四处奔走拉选票，但这次保守党最终以失败告终，丘吉尔首相黯然辞职，这对玛格丽特产生了极大的触动："对我来说简直难以置信，温斯顿·丘吉尔做了那么多事，国家竟然抛弃了他……"

1946 年，玛格丽特作为牛津大学保守党俱乐部的主席和代表，第一次出席了在布莱克普尔召开的保守党年会。通过这次会议，玛格丽特对保守党好感倍增："这个组织人人都有共同的思想和目标，我知道成为这样一个组织的成员意味着什么。"

在大学生活即将结束之前，她回到距格兰瑟姆约 10 英里的小村考比格伦参加了一场舞会。她所谈的某些内容以及谈论时的方式，引起了一位男士的好奇："你真正希望做的是成为一名议员，不是吗？""对，那正是我想要做的！"玛格丽特几乎不假思索就做出了回答。

在牛津大学求学期间，玛格丽特谈过几次恋爱，但都以失败告终。她的初恋对象是一个伯爵的儿子，也是牛津大学保守党俱乐部成员。玛格丽特像所有初恋的女孩一样，毫不掩饰自己对意中人的感情，经常在别人面前过于热情地谈论。但在见过伯爵夫人后，他们就分手了。玛格丽特痛苦地进行了分析，认为自己的家庭背景和社会地位让伯爵夫人认为不般配。

当他找到第 2 位男友时，家中的经济条件改善了不少，她鼓足勇气把男友带回家。这位男友对她家的印象很不错，玛格丽特感到几许安慰。

不久，她有了第 3 位男友。她曾很珍惜这段感情，当这个男友送一株石竹花给她的时候，她非常激动，为了不让花枯萎，她甚至听从别人的建议用阿司匹林来延长花期。不过，这段感情还是以失败结束。

操持家务

1947 年，玛格丽特从牛津大学获化学学士学毕业，在本迪克斯航空公司谋得一份工作。同事们认为她过于高傲，严肃而且不苟言笑，因此称她为"女公爵"或者"玛格丽特大婶"。

这对才 20 多岁的玛格丽特来说是非常残酷的，她只好在她热爱的政治活动中寻找解脱。她加入了当地的保守党组织，并经常在周末到伦敦或者更远的地方参加保守党会议和政治聚会。

1948 年秋天，玛格丽特以牛津大学毕业生俱乐部代表的身份出席保守党年会。在这次聚会中，玛格丽特结识了达特福市保守党协会主席，并在他的鼓励与帮助下，玛格丽特申请成为达特福选区保守党议员候选人的努力获得成功。

为通过玛格丽特为达特福选区保守党候选人，该市保守党协会举行了一次集会，会后又为玛格丽特举办了晚宴。由于当时缺少一位男宾，组织者邀请一个叫丹尼斯的保守党成员客串。宴会结束后，丹尼斯用车送了玛格丽特一程，两人开始了交往。

这就是玛格丽特的终身伴侣丹尼斯·撒切尔。

丹尼斯比玛格丽特年长10岁，二战时曾经服过兵役，战后从事实业，20世纪40年代末成为一家油漆公司的常务董事，收入不菲。丹尼斯是个性格外向、脾气温和的人，而且富有幽默感。两人有不少共同语言，他们都是保守党协会的活跃分子，都喜欢音乐和开车度假。这些都是让玛格丽特动心的，但她也曾举棋不定过，因为丹尼斯有过一次失败的婚姻。玛格丽特的父母都是虔诚的卫斯理宗教徒，玛格丽特从小就深受影响，而卫斯理宗教是强烈反对离婚的。

经过激烈的思想斗争，玛格丽特决定摆脱宗教教义的束缚，保持并发展与丹尼斯的关系。

在此期间，玛格丽特开始了人生的第一次选举，虽然最后无缘下院，但她赢得了婚姻。在1951年12月13日，玛格丽特和丹尼斯走进教堂，交换了戒指。根据西方的习俗，婚后的玛格丽特·罗伯特斯称为玛格丽特·撒切尔。

结婚后，家庭成为撒切尔夫人生活中最重要的内容之一，她曾坦率地表示："家庭非常重要！绝对重要！家庭生活幸福与否，会对一个人产生巨大的影响。"只要时间允许，撒切尔夫人总是尽心尽职地履行一个家庭主妇的职责。读书的时候，玛格丽特远离厨房；但结婚后，她把进厨房视为一种义务，并乐此不疲。即使后来入阁担任教育大臣，她依然不忘为家人采购食物。一次会议将结束的时候，她看了看手表说："我还来得及赶到街口的食品店给丹尼斯买点熏肉。"她拒绝别人代买，因为"只有我知道他爱吃哪种肉。"在采购物品时，撒切尔夫人和一般的家庭主妇没有什么两样，也喜欢比较价格，她自诩是个讨价还价的能手。

撒切尔夫人喜欢装饰房间，她经常亲自上商店挑选油漆，购买墙纸，回家后换上宽大的工作服，按照自己的设想把房屋装点得焕然一新。撒切尔夫人还经常干一些修理搁板和调换保险丝之类的杂活，并把这视为一种很好的休息方式。

1953年8月，撒切尔夫人生了对双胞胎，一男一女，男孩叫马克，女孩叫卡洛尔。撒切尔夫人很重视孩子的启蒙教育："我对孩子并不十分严厉，但我会告诉孩子什么是正确的，什么是错误的。"

正式步入政界后，由于工作关系，撒切尔夫人回家时，孩子们往往都已经上床睡觉了，为此，她定了一条严格的规矩，即每晚6点钟打电话给孩子们道晚安。

教育大臣

撒切尔夫人在享受家庭生活的同时，一刻也没有忘记政治。

她早在牛津读书的时候就已经认识到了司法和政治之间的关系，因此，她曾对一位朋友说："我不应该读化学的，而应该去读法律。"为了政治，撒切尔开始利用业余时间攻读法律课程，结婚后也没有间断。在当时，读法律是需要一大笔钱的，但是丹尼斯的收入解决了这个问题，撒切尔也常常感激地说："丹尼斯的钱为我的成名帮了大忙。"

1953年12月,撒切尔夫人顺利通过考试,并获得了律师资格。其后,她在多个律师事务所实习,并开始专攻税务法。当时的税务法领域基本是男性的天下,撒切尔的涉足使许多律师以为她根本就是走错了方向。面对种种挑战,撒切尔用努力和冷静沉着应对。

1959年,撒切尔夫人如愿以偿,从芬奇莱选区进入威斯敏斯特宫,成为保守党下院议员,撒切尔夫人朝着自己的政治理想向前迈进了一大步。来下院工作不久,玛格丽特就以她出众的演讲才华震惊四座。英国《每日电讯报》评价她具有"前座议员的水平"。

1961年,撒切尔夫人第一次进入政府部门工作,担任年金和国民保险部财务副大臣。撒切尔夫人正规教育经历中一个有趣现象是,从幼儿园到萨默维尔学院都是妇女学院,从不需要为引起男生注意而竞争。更有趣的是,她以后还要从男人手中攫取权力,去国会和政府部门其他职位中与他们针锋相对。

很显然,她在学校中的女榜样鼓舞她与男子竞争,而不去寻求他们的认可,这也可能与她所处的"男盛女衰"的世界政坛中的形象有关。撒切尔夫人后来自己认为她的精神气质形成来源于自己所接受的多方面教育,她描述自己先是一位科学家,"你要观察事实,然后推出结论",然后又做律师,"你学习法律,了解了上层建筑……你判断证据,而当法律在今日社会力不从心时,你创造制定新法律"。她成为税法专家,这在她那个时代的妇女中是少见的,但撒切尔并没被男子权力统治堡垒的偏见所吓倒,撒切尔解释她对税法的选择说:"我对政治中的经济问题极感兴趣,因而我进入了法律的税收领域"。所有这些都为她打下了从政的基础,因为现在她已熟悉商业、法律、税收和科学领域的各自过程。

1964年工党上台,保守党成了反对党,撒切尔夫人随之进入影子内阁,曾在多个部门工作过。1970年,保守党在大选中战胜了工党,爱德华·希思受命组阁,撒切尔夫人出任教育大臣,她是保守党历史上第二位进入内阁的女性大臣。

撒切尔夫人就任教育大臣后,针对教育中的某些弊端提出了自己的看法和改进意见。但她的一些保守观点也不为人们所欢迎。而她的两项经济政策,更是犯了众怒。这两项政策分别是:一、停止免费向小学生供应牛奶;二、不再给大学生贷款。前一项措施招致了学生家长的强烈不满,而后一项措施则造成了保守党和大学生之间的冲突,一个学生组织扬言要绑架她。然而,撒切尔夫人并没有因为社会各界的压力和舆论改变初衷,用她自己的话说:"我照旧做下去。"自幼养成的这种不回头、不怕别人议论、不为他人左右的性格,在初登政坛的撒切尔夫人身上突出地表现出来,构成了"铁娘子"性格的重要组成部分。她从来没有公开承认过错误,即使她后半生的主张与前半生相矛盾的时候,她也不做任何解释。

撒切尔夫人全身心地投入了工作,她要求她的下属像她一样敬业,如果发现有人工作出了差错或者投机取巧,她就会大发雷霆,甚至挖苦讽刺那些人。因此,在教育科学部工作人员眼中,撒切尔夫人俨然是个严肃的教母,人人望而生畏。只要她在场,所有的人都会感到很大压力,一旦撒切尔外出休假,员工都会如释重负。

在希思内阁中,虽然教育大臣处于权力金字塔的底层,但撒切尔夫人在内阁会议上的发言,往往超越了教育的话题,由于准备充分、论证严密,她发言的质量也超越了其他的议员。虽然希思不喜欢不同意见者和女人,但撒切尔夫人以她出色的才华让人不得不对她刮目相看!

女流党魁

1974年,工党在大选中获胜,希思政府倒台,保守党内部人心浮动。为了稳定士气,重整旗鼓,不少保守党人开始考虑更换党魁。最初,撒切尔夫人是拒绝参加竞选的,"一个女人成为英国保守党的领袖或者首相,那将是很多年以后的事情,在我的有生之年绝不会出现这样的可能性。"

然而到了1974年末,鉴于竞选人出现重大变化,撒切尔夫人改变主意,决定挑战希思的保守党领袖位置。她说:"因为我是个真正的保守党人,我坚信保守党人能比其他任何人都出色地管理这个国家。然而我发现保守党正在急剧地向左转,没有一个人能代表我的主张和思想,所以我认为我参加竞选对国家是极其重要的。"

撒切尔夫人树立了必胜的信念。投身政界是她终身为之奋斗的目标,为了达到这一目标,撒切尔夫人对自己进行了相应的"外包装"。比如说,人们只知道她是一位一本正经的女人,但在公众的心目中女性的温柔形象无疑会增加她在大选中的成功率。她开始对自己进行一次"再改造",以期给公众一个温柔的形象。她重新整理了自己的头发,因为有时她的头发实在蓬乱。

关于外表与竞选之间的关系,撒切尔夫人本人也曾经说过:"我确实相信,如果你看上去端庄动人,人们对你就热情。"竞选需要演讲,以阐述自己的施政纲领。但撒切尔夫人的口音和演讲都有需要改进的地方。她在牛津大学读书时,她的地方口音得到了矫正,可是她讲话的语言尖刻傲慢,这对她竞选也是不利的。为了纠正这些对自己不利的因素,撒切尔夫人进行了耐心细致的练习,讲话低调,并以一种让人感到亲切的声音表达自己的主张。

经过一系列的刻苦训练,撒切尔夫人以一个崭新的形象出现在广大公众面前。需要说明的是,撒切尔夫人这样做不是出卖自己的个性,博得公众青睐,而是为了自己的理想和政治上的需要。从表面上看,她似乎是压抑了自己的性格,但实际上她能够在短时间内克服自己的不足,对自己进行"再改造",这件事本身足以说明她性格的坚强和超人的自我克制力。

1975年1月,撒切尔夫人在《每日电讯报》上阐述了自己的竞选纲领:"我们使人民失望了,否认这一点没有好处……然而我们从经验中得到了两个教训:第一是从长远看,直线上升的通货膨胀是最可怕的敌人;第二,我们再也不能让宏观经济学的偏见和工业的增长蒙骗我们……"

撒切尔夫人和她的追随者对未来都充满了信心,虽然有人批评她和希思一样冷漠无情,"在他们两人之间变换党内领导权,就像从爱斯基摩人的圆屋顶跳出来,再跳进冰川一样,毫无意义。"

在人们议论纷纷的时候,撒切尔夫人用有力地举动证明了自己。1975年元月,她在下院辩论中,对工党财政大臣发动了全方位的攻击。撒切尔夫人的伶牙俐齿获得了如潮好评。1975 年 2 月 4 日,撒切尔夫人在第一轮投票中,以 11 票的优势击败了主要竞争对手希思,在不久的第二轮投票中战胜其他竞争对手,成为保守党历史上第一位女党魁。

当有记者采访她时,她踌躇满志地说:"我当之无愧!"

1975 年 10 月,撒切尔夫人第一次以保守党领袖的身份出席保守党年会,这使她感到前所未有的紧张。在登上主席台时,一个老年妇女送给她一把蓝色的羽毛掸子,她拿在手上先是迅速地掸了掸放讲稿的小台架四周,接着又在会议主席的鼻子前挥了一下,这番轻松幽默的表演征服了全体与会代表,大厅里笑声一片。撒切尔的紧张情绪也随之倏忽而去,她充满信心,神采飞扬。演讲结束后,会场一片欢腾,喝彩声此起彼伏。

当天晚上,撒切尔夫人得意地声称:"现在,我是名副其实的领袖了!"

1976 年 1 月,撒切尔夫人在肯辛顿市政府厅发表了一次措辞严厉的演讲,她不但尖锐批评了工党政府,还谴责了苏联政府,说苏联是个独裁国家,统治者思想顽固,一心想统治世界,应该被"扔进历史的垃圾堆"。

苏联的反应十分强烈,苏联官方新闻机构塔斯社将撒切尔夫人称为"铁娘子""冷战分子"。撒切尔夫人听到这个绰号后不但没有生气,反而引以为荣,"那是他们对我最好的赞扬"。

3 年后,在一次竞选演说中,她豪气干云地宣称:"俄国人说我是个铁娘子,他们说对了,英国就是需要一个铁娘子!"

当选首相

成为保守党第一号人物之后,撒切尔夫人很自然地将目光盯住了唐宁街 10号,她决心要在英国政治史上留下浓重的一笔。

1979 年 3 月 28 日,撒切尔夫人在争夺唐宁街的斗争中赢得了一次关键性的胜利。这天,议会下院就保守党对工党政府提出的不信任案进行辩论、表决,撒切尔夫人强调了必须解散议会,举行大选,让选民来决定下一届议会的人选。经过 7 个小时的激烈争论,保守党最终以一票的微弱优势获胜,而前两年的提案都是工党获胜。这是 1924 年以来,反对党第一次成功地迫使执政党进行大选,意义非同寻常!

当晚,撒切尔夫人按捺不住激动的心情:"真是太高兴了,这样的夜晚一生中恐怕只有一次!"

大选定在 5 月 3 日进行。紧张的竞选活动随之展开,撒切尔夫人及其助手通常早晨 7 点起床,然后一直忙到凌晨三四点就寝。为了尽可能地争取各阶层选民,保守党竞选班子煞费苦心,尽量淡化撒切尔夫人"铁"的色彩,增加"柔"的成分。出现在竞选海报上的撒切尔夫人多是手提菜篮的形象,或者在行人如织的路边采购,一幅贤妻良母的样子。

5 月 4 日凌晨,撒切尔夫人在丹尼斯的陪伴下,来到唐宁街保守党中央党部,各地传来的消息表明保守党已经胜券在握,人们纷纷上前祝贺撒切尔夫人。

当助手将一篇准备好的演讲稿读给她听时,一段话让她热泪盈眶:"哪里有矛盾,我们就在那里倡导和谐;哪里有谬误,我们就要在那里宣扬真理;哪里有疑虑,我们就要在那里鼓舞信心;哪里有悲观,我们就要在那里传播希望!"

无论对于撒切尔夫人还是英国王室,1979年5月4日都是个历史性的一天,他们迎来了英国的第一位女首相!在英国历史上,前后共有6位女王入主英国王室,而上下两院、政府清一色是男人的天下,女首相并且是以"铁娘子"闻名的女首相,在历史上是第一次,因此,撒切尔夫人成为唐宁街10号首相府的主人,不仅是她本人的一件大事,而且也是英国政治史上的一件大事。

这一天,伊丽莎白二世召见撒切尔夫人,授命她组建新一届政府。在接下来的24小时里,撒切尔全力以赴,组织新内阁。

撒切尔夫人的到来,完全改变了唐宁街10号的工作、生活节奏。她仍然和以前一样,将睡觉视为"奢侈",每天早晨6点半就早早起床了,8点半就开始办公,经过繁忙的会议和公务之后,她往往要忙到深夜。撒切尔夫人很少有娱乐时间,即使儿女想和她去趟剧院,得到的回答是:"3个月之内压根就甭想。"

撒切尔夫人还经常在晚上召集会议,同僚们都疲惫不堪了,她还一边喝着饮料一边热烈地讨论着,这个时候她的思维往往特别敏捷,许多精明的决策就是这样产生的。当美国《时代》周刊杂志的记者采访她时,她的回答让人吃惊:"我觉得这很好,我没有感到疲劳过度。虽然生活总是那样的紧张,但我乐此不疲!"

撒切尔夫人一般不拒绝求见者,但她说话很尖锐,往往会毫不客气地指出别人的错误。尽管人们对她有各种各样的看法,但在一些服务人员的眼里,她是个体贴的领导。有一次,撒切尔夫人在首相别墅宴请内阁成员,一个年轻的女服务员不小心弄翻了盘子,汤汁泼到了一位大臣的裤子上。撒切尔夫人见状,拥住这个服务员轻声进行安慰,后来又把她拉进厨房,说什么事情都不用害怕。有人认为,这可能与撒切尔夫人出身平民有关。

重建英国

撒切尔夫人执政之初,英国经济形势很恶劣,失业人数一度突破300万,创英国20世纪失业人口之最。为了快速扭转这一局面,撒切尔夫人及其新政府顶着一片反对之声,采取了一系列较为激烈的经济措施。

两年后,撒切尔夫人终于看到了曙光。英国经济形式开始逐步好转,1981年的工业产值攀上了二战后的最高点,关键的通货膨胀率也大幅下降至4%。这不仅巩固了撒切尔夫人的首相地位,而且为她以后的连任打下了基础。

北爱尔兰问题是历史遗留问题,撒切尔夫人对之一向持强硬态度。1981年3月,贝尔法斯特一所监狱的几十名爱尔兰共和军囚犯举行绝食斗争,以争取政治犯的待遇。到十月份的时候,已经有10人死去。这一事件导致北爱尔兰局势迅速恶化,敌对情绪高涨,但撒切尔夫人拒绝让步,最后,爱尔兰共和军自己取消了这场绝食斗争。

撒切尔夫人在外交上特别注重发展英美关系。撒切尔夫人一直强调,英美关系不是一般的外交关系,美国是英国"最主要的盟国"。对待当时另一超级大国苏联,撒切尔夫人一贯持强硬态度,甫一上台就宣称西方与苏联的矛盾是两种社会制度的生死之争。

"重建英国的自信及世界地位"是撒切尔夫人在外交活动中追求的主要目标之一。英国在与阿根廷争夺马岛的冲突中表现得淋漓尽致。马岛全称马尔维纳斯群岛,英国和阿根廷在 19 世纪就开始争夺此岛,一直难有定论。1982 年初,在一次谈判破裂后,阿根廷派军占领了马岛。

英国反应强烈。撒切尔夫人紧急召集全体下院议员开会,她在会上发表了咄咄逼人的演说:"福克兰群岛及其属地依然是英国的领土,任何侵略行为都不能改变这个单纯的事实。"撒切尔夫人决意利用这一机会重振大英帝国的军威。

1982 年 4 月 5 日,英国派兵向马岛逼近。在随后的两个多月里,撒切尔夫人密切关注着马岛的形式发展,有时整夜整夜地待在办公室里,就为等待前方传来的情报。由于综合国力的悬殊,阿根廷输掉了这场战争。

当捷报传到伦敦,整个英国陷入狂欢时,撒切尔夫人显得很平静,只说了声:"太好了!"在撒切尔夫人的心目中,马岛战争是英国历史上具有转折意义的辉煌篇章,她在 7 月 3 日的民众集会上慷慨激昂:"我们不再是个日薄西山的国家,我们已经寻回了信心……我们感到高兴的是,英国已经和过去的世世代代一样重新闪耀出夺目的光芒,而且今日的光荣绝不逊色于以往!"

随着 1997 的临近,中英香港问题被提上议事日程。在最初的一段时间里,撒切尔夫人不愿意正视香港问题,她坚持认为香港是英国的主权领土。1982 年 9 月 22 日,撒切尔夫人首次访华,中国政府拒绝在主权问题上做任何让步。此后,邓小平多次与她会面,明确表示主权问题是不能谈判的,中国将于 1997 年对香港恢复行使主权。

经过一系列艰苦的谈判,1983 年 3 月,英方态度有所松动,6 月,中英关于香港问题的谈判第一阶段告一段落。1984 年 12 月 19 日,邓小平和撒切尔夫人在人民大会堂签署了中英关于香港问题的《联合声明》。根据这份声明,中国政府将于 1997 年 7 月 1 日恢复对香港行使主权,这是中英两国历时两年 22 轮会谈所取得的成果。

蝉联首相

马岛战争的胜利和经济形势的好转,促使撒切尔夫人决定在 1983 年提前举行大选,经过大张旗鼓地竞选宣传,1983 年 6 月 10 日,保守党再次取得了胜利,并且是压倒性的胜利,撒切尔夫人成为 20 世纪英国唯一一位蝉联的保守党首相!

在第二个首相任期内,撒切尔夫人继续紧缩开支,1983 年至 1984 年度的公共开支被压缩了 5 亿英镑,其中国防开支被砍掉一半,公共卫生开支则减少四分之一。

撒切尔夫人对待工会的态度很明确:必须削弱工会的作用。因此,撒切尔夫人和工会之间出现了激烈的冲突。1984 年 3 月,英国爆发了煤矿工人大罢工,在撒切尔夫人及其政府的高压下,罢工无奈结束。

就在罢工运动风起云涌的时候,撒切尔夫人差点进了鬼门关。1984 年 10 月 12 日凌晨,撒切尔夫人和其他内阁成员下榻于英格兰南部海滨城市布莱顿,到了凌晨 3 点左右,发生了爆炸事件,整个宾馆都在晃动,撒切尔夫人房间的浴室受到了严重的破坏,她本人却毫发未损。事后,爱尔兰共和军宣称对这一事件负责。撒切尔夫人在后来的会议上说:"我们虽然感到震惊,但依然镇定,这足以显示这次攻击已经失败,恐怖主义摧毁民主的所有企图都将失败!"

撒切尔夫人的第二任首相任期内并不是所有事情都一帆风顺,她曾差点半路下台。1986 年初的威斯特兰德危机,就几乎断送了撒切尔夫人的政治生命。威斯特兰德是英国唯一一家直升机制造公司,由于经营不善,导致亏损。在救援方案中,有两个值得考虑,一是美国方案,二是欧洲方案。这两个方案分别得到了贸易工业大臣布里顿和国防大臣赫塞尔廷的支持。两位大臣及其支持者各执己见,互不相让。撒切尔夫人虽然表面上持中立态度,实际上却偏袒美国方案,排斥欧洲方案,同时还对内阁施加影响。赫塞尔廷一怒辞职,此举使威斯特兰德危机成为轰动一时的新闻,不少人批评撒切尔夫人飞扬跋扈、作风专断。接着,布里顿被指责涉嫌泄密,迫于巨大压力也提交了辞呈。下院就此危机进行辩论,有些议员要求撒切尔夫人引咎辞职,撒切尔夫人坚决回绝。岌岌可危之际,形势突然发生了逆转,保守党内部持不同意见的议员为了本党的利益纷纷改变立场,就连赫塞尔廷也表现出了顾全大局的姿态,撒切尔夫人在最后关头化险为夷。

1987 年 5 月,经过一年多的酝酿,撒切尔夫人决定将 1988 年的大选提前到 1987 年 6 月 11 日举行。在这次竞选活动中,撒切尔夫人着重强调了英国经济在她主政下的持续稳定增长,以及英国在国际事务中的地位也得到了提高。她的独立核防务理论也是她得分的重要砝码之一。

这次大选不出人们的预料,保守党再次获得了胜利,撒切尔夫人第二次连任首相。在新的首相任期内,内政方面除了继续推行国有企业私有化政策外,撒切尔夫人还在教育、住房、福利制度和地方税制等方面实施了一系列改革。

在外交方面,撒切尔夫人一如既往奉行亲美政策,对欧洲一体化毫无兴趣。基于这样的执政思路,撒切尔夫人一度对欧洲货币联盟持强硬的不合作态度,致使英镑长时间地游离于欧洲货币体系之外,直到 1989 年 6 月,她才勉强承诺英镑将加入欧洲货币汇率机制。

自 1989 年夏末开始,东欧各国政局急剧动荡,撒切尔夫人对此表示了谨慎的乐观,她后来写道:"这些事件是我有生以来最欢迎的改变……现在要精确地预测将会出现什么样的政府还为时过早。"

泪别首相

1990 年 8 月 2 日,伊拉克悍然入侵科威特,由此引发了震惊全球的海湾危机。正在美国访问的撒切尔夫人迅速做出强硬反应,一个小时之后,便下令英国海军的两艘舰艇驶往波斯湾。

就在海湾危机闹得沸沸扬扬的时候,英国保守党内部也上演了一出逼宫大戏,撒切尔夫人在竞选党魁过程中受到了前所未有的挑战。

从1989年下半年开始,英国民众对撒切尔夫人及其政府的不满情绪日益滋长,原因是多方面的,但经济因素起了决定性作用。80年代末、90年代初,由于政府开支增加和货币发行量上升,一度好转的英国经济再度低迷,1990年通货膨胀率达到了11%,是西欧各国平均数的两倍。撒切尔夫人后来采取的措施都让民众不满,保守党的支持率一路下滑。在这种情况下,保守党宁肯更换党魁,实际上也就是更换首相,来化解危机,保住执政党地位。

此外,人际关系紧张也动摇了撒切尔夫人在党内的地位。撒切尔夫人向来以精明、自信、顽强闻名于政界,而她的弱点也相当明显——固执、傲慢、好斗,有时简直到了令人难以容忍的地步,在她执政后期更为严重。在她执政的最后一年,先后有6位大臣挂冠而去,到1990年11月,1979年时的内阁成员已经无一在位!

对此,撒切尔夫人仍然没有意识到问题的严重性。她固执地声称:"我只要10秒钟就能判断一个人,而且以后也很少改变看法。"

长期积累的不满终于爆发。1990年11月初,曾任外交大臣的副首相杰弗里·豪由于"不敢恭维首相在欧洲问题上的观点"愤而辞职。他在辞职演说中公开号召保守党议员"在对领袖的忠诚和对党及国家的忠诚之间做出抉择"。此举揭开了逼宫的序幕。

威斯特兰德危机的主角之一、前国防大臣赫塞尔廷随即决定竞选保守党党魁,这其实是向撒切尔夫人的相位发起挑战。

11月20日,撒切尔夫人在巴黎获悉了大选第一轮的投票结果,虽然她以204票对152票战胜了赫塞尔廷,另有16票弃权,但由于多数票尚未超过总票数的15%,按照规定,必须进行第二轮投票,以决定最后的赢家。

11月21日回到伦敦后,撒切尔夫人找内阁大臣和各部要员谈话,他们虽然大多表示了支持,但众口一词地认为,她在这次竞选中绝无胜算,这其实是在暗示她放弃唐宁街10号。撒切尔夫人当然不会听不出弦外之音,她彻底绝望了。

11月22日,经过仔细地权衡利弊,撒切尔夫人决定退出保守党党魁的第二轮竞选,一旦新领袖选举产生,立即辞去首相职位。

1990年11月28日上午,面对生活了11年之久的首相府,即将乘车离去的撒切尔夫人再也控制不住自己的感情,潸然泪下!

离开唐宁街后,撒切尔夫人的生活骤然清闲了许多,不再门庭若市,也不再有人前呼后拥。撒切尔夫人偶尔会到美国等地做些演讲以赚取收入。丈夫丹尼斯以前收入不错,但绝对算不上很富有。在她离开唐宁街时,她的账户已经严重透支了。

撒切尔夫人自2002年起不再发表公开演说。她在2002年10月过77岁生日时,壁炉架上只有4张贺卡。一个采访她的电视制片人写道:"我本以为会看到几十张,曾经的玛格丽特·撒切尔每天都值得报纸一提。她作为一个偶像活着,这个昔日的女强人已被人遗忘了!"2003年6月26日,与撒切尔夫人相濡以沫半个多世纪的夫君丹尼斯也因身患癌症不幸辞世。80岁的撒切尔夫人如今已是名副其实的"孤寡老人"。

英国《星期日泰晤士报》这样形容她的晚年生活:孤单落寞、没有朋友、体弱多病、记性也越来越差……现在的撒切尔夫人经常独处一隅,几乎没有朋友来看望暮年的她,而她却需要安慰和鼓励。她身体状况非常不好,几次轻微中风让她行动感到不便,精神也时常恍恍惚惚,特别爱重复自己的话,总是一遍又一遍地问同样的问题,而转眼又忘记别人的回答。

撒切尔夫人在 2003 年接受采访时,曾经轻声对记者说:"有时我会忘记一些事情。"

但她"决不会忘记、也决不原谅"让她下野的人。

爱恨交加

当年意气风发的"铁娘子"也许不会想到,2004 年 5 月在英国人纪念撒切尔夫人上台 25 周年之时,英国《卫报》在回忆那历史性的一刻中用嘲讽的语气写道:"即使是她最坚定的支持者恐怕也很难举出一个例子,可以证实她执政 11 年中给我们带来的'和谐'。"

虽然布莱尔在 2000 年 11 月 22 日,也就是撒切尔夫人下台 10 周年之际就宣布"撒切尔夫人时代已经结束。"但他同时也不得不承认:"我们今天是在一个新的时代……但是我们必须要对付从过去那个时代延续下来的问题。"时至今日,不少英国人仍然感到,他们的生活和这个现在常年深居简出的老妇人息息相关——她仍然影响着这个国家。

"布莱尔的新工党和撒切尔夫人的遗产——好的方面和坏的方面,塑造了今日的英国。"一家英国媒体这样写道,"尽管撒切尔夫人执政只有 11 年,但她的影响会一直持续数十年的时间。"把"撒切尔夫人的遗产"归为英国发展中的负面因素源于她保守主义的经济思想,这也是撒切尔夫人最受争议的政策。撒切尔上台前,英国在工党卡拉汉政府领导下,很多地区不断出现罢工而瘫痪。

25 年前,当"铁娘子"面对这样的一个英国时,她开出的药方是:限制工会力量、推行私有化。之后英国经济果然有了起色,但是用英国《独立报》撰稿人约翰·雷图的话说:"在那些年里,英国的贫富差距急剧加大。有些人生活的确得到很大改善,但英国社会为此付出了很大的代价,犯罪率上升,社区破裂和分化。"

撒切尔夫人带来的不仅是英国人社会的分裂,还有英国人思想的分裂。她离开唐宁街 10 号时的眼泪在英国民众中掀起一场轩然大波:支持者认为她带领英国走出了经济困境、提高了英国的国际地位;反对者认为她就是一个不折不扣的独裁者、自大狂、几乎毁掉了英国的福利制度。演员、社会活动家 Ricky Tomlinson 至今仍然记得那一刻"那是我一生中最幸福的时刻之一。"

十几年过去了,撒切尔夫人在普通民众中的分裂形象依然存在。2002 年,在BBC 举办"100 名最伟大的英国人"评选中,她名列第 16 位——排在她前面的包括丘吉尔、黛安娜和莎士比亚。

仅仅一年后,英国电视台 Channel 4 举办了一场"你最痛恨的 100 个最坏的英国人"的民意调查。参选条件是"目前还活着而且没有关在监狱中或者正被起诉的人"。撒切尔夫人荣登探花,排在她前面的是现任首相布莱尔和以胸大出名的艳星乔丹。直到现在还有很多人记得这个"判决"——"她辜负了英国人"。

英国人对撒切尔夫人爱恨交加,但世界上其他国家的人大部分对撒切尔夫人都非常尊重,尤其是在不少国家的女性心中,撒切尔夫人是 20 世纪最杰出的女性,她证明了女人不但可以做到男人做的事,而且可以完成男人无法做到的事。所有人印象中的撒切尔夫人都是一身职业套装,她女儿曾经回忆说,母亲根本没有休闲衣服,因为她从来没有"闲"过。

当年撒切尔夫人当政时,英国曾经流行这样一个笑话:一个女孩问男孩:"你长大以后想做什么?"男孩说:"当首相。"女孩很吃惊:"男人也能当首相吗?"

撒切尔夫人自己的看法是"如果你想让什么东西被说出来,去找个男人;如果你想让它实现,去找个女人。"她首先是位女首相,其次才是首相。很多媒体都喜欢用撒切尔夫人给丈夫做早饭的一张照片来证明:女强人也必须兼顾家庭。但实际上,撒切尔夫人从来都是个不折不扣的女权主义者。大学时代,年轻的撒切尔夫人就曾经写道:"假如伊丽莎白女王即位,真能消除反对有抱负的妇女登上最高权位的最后一丝偏见的话,那么一个妇女解放的新时代,就真的即将来临了。"当她当选首相后觐见英国女王时,感到非常紧张"我知道,我作为一名女性首相,要是干得不好的话,英国就将不可能再有另外一名女首相了。"

但是,保守的英国人并不喜欢一个女人在政治舞台上指手画脚,女人的强硬总是比男人刺目。当年,就有人批评她漠视失业劳工的状况,"作为一个女人,你应该具有同情心",而对此撒切尔夫人的丈夫丹尼斯的反应是"同情这个词从来就没有出现在她的字典里"。直到现在,当英国论坛上讨论撒切尔夫人的功过得失时,仍有人明褒暗贬"有得就有失,有功就会有过。作为一个女领导人,还是非常值得钦佩的。"更有人分析撒切尔夫人当初在香港问题上最终向邓小平让步的原因时说"与邓相比,她只是一个女人。"

专栏作家帕迪·申南在纪念撒切尔夫人上台 25 周年时写道:"25 年前,她是英国最有权势的女人,而现在,这个光荣已经属于同样有'恶魔'称号的安妮·罗宾森(英国著名电视节目主持人,以一袭黑衣和冷硬的表情闻名于世)。"

2005 年 10 月 13 日,撒切尔夫人 80 大寿,不管是多年的朋友还是曾经的政敌,很多人专门发来生日祝福,高度评价她,英国女王和布莱尔首相等嘉宾都出席她的生日庆祝会。

2009 年 3 月,撒切尔夫人已过 83 岁高龄,虽然"铁娘子"健康状况良好,但英国当局已为她准备身后事,一旦她百年归老,英国将为她举行国葬。英国首相中,迄今只有丘吉尔受此殊荣。

古典淑女成长为铁腕式亚洲首位女总统

——阿基诺夫人

人物档案

简　　历：出生于菲律宾打拉省。13 岁迁往美国，1953 年毕业于圣文森特学院，1984 获名誉博士学位，其夫是前总统马科斯的政敌，被暗杀后，阿基诺夫人登上政治舞台，1986 年成为总统。1992 年卸任。

生卒年月：1933 年 1 月 23 日~2009 年 8 月 1 日。

安葬之地：不详。

性格特征：文静、柔和、勇敢、朴实无华、随和亲切、聪慧、坚韧、自信独立、正直。

历史功过：拨乱反正，组建一个文官政府，挽救菲律宾政府。对外劳务输出有了较大提高，并成为菲律宾的一大支柱产业。制造品和纺织品也有所复苏。大力改革菲律宾政治陋习，极大改善了国家面临的严峻局面。

名家评点：她是菲律宾和亚洲首位女总统。

华人后裔

1933 年 1 月 23 日，科拉松·阿基诺出生于菲律宾打拉省一个名门望族，她的闺名叫"科拉松·许寰哥"，昵称"科丽"，婚后随夫婿姓氏加上阿基诺，全名为"科拉松·许寰哥·阿基诺"。

"科拉松"实际上是西班牙语，意思是"心"。虔诚信仰天主教的父辈给她起名"科拉松"，是希望她将来成人后有一颗爱国家、爱人类的心。科丽兄弟姐妹 6 人，她是老四，上有一个哥哥、两个姐姐，还有一个弟弟、一个妹妹，他们都学有所成，事业兴旺。

271

　　科丽的曾祖父是华人,名叫许尚志,又名许玉寰,菲律宾华人尊敬地称他为许寰哥。久而久之,许寰哥成了许家的姓氏。许家祖籍是中国福建省龙海市角美镇鸿渐村。阿基诺夫人卸任后,曾经到这里访祖寻根。1861年,年仅20岁的许寰哥,因生活所迫,漂洋过海,历尽险阻,到达当时还在西班牙殖民主义统治下的菲律宾。他最初在马尼拉落脚,1865年辗转到布拉干省马洛洛斯镇,在当地租赁小片土地耕作兼顾承包一些建筑工程,后来种植与建筑业规模日益做大。

　　许寰哥勤劳精明,善于经营,后又到打拉省发展,渐渐地成为该省首富。到科丽的父亲何塞·许寰哥二世这一代,许家已是菲岛有名的望族。菲律宾人民普遍信任天主教,其东西合璧的文化更具备融合性,华裔在这里更容易融入当地文化,参政的热情也比较高。许氏在菲律宾发展到3代后,不仅拥有上万亩甘蔗地,还投资银行业。

　　此外,科丽的外祖父是参议员,曾竞选菲律宾副总统。她的父亲和哥哥都担任过国会议员,她的叔叔和堂兄当过参议员,这个家族可称得上是政治世家。

　　科丽的母亲出身于菲律宾黎刹省赫赫有名的"苏慕隆家族",但仍勤劳节俭,恭亲家务,相夫教子,与人友善。她的美德对科拉松影响很大。科丽很幸运地出生和成长于这样优越而温馨的家庭中。

　　科丽从小就按照一个大家闺秀的标准被培养,她在一所天主教会的贵族女校——马尼拉女子学校接受教育,这所学校以保守而闻名,许多大家闺秀从小被送到这里,接受传统的修道院式的教育,以便养成各种传统的美德。科丽为人随和,在学校养成羞涩、不与人争辩的气质和习惯。1946年科丽13岁时,随父母去美国,继续念书,并于1953年毕业于纽约的圣文森特山学院。

　　16岁那年的夏天,科丽回国度假,并见到了有"神童"之称的贝尼格诺·阿基诺。当时正值二战的尾声,贝尼格诺·阿基诺是《马尼拉时报》最年轻的战地记者,只有17岁,他们在舞会上再次邂逅。

　　贝尼格诺于1932年11月27日在菲律宾北部打拉省出生,其家族的历史可以追溯到菲律宾独立战争以前。他的祖父塞维拉诺·阿基诺是菲律宾反抗西班牙殖民主义者时期的一位将军,他的父亲曾是菲律宾国会议员,母亲当过菲律宾女子大学校长,做过30多年的教会工作。

　　这并不是他们的初次相见。早在他们的孩童时期,他们在双方家长举行的各种宴庆场合就见过面了。她记得清楚的一次是在阿基诺家给阿基诺的父亲过生日,当时的贝尼格诺似乎给科丽留下了不好的印象:"我当时只有9岁,我记得贝尼格诺吹嘘他在学校里比我高一年级,所以我根本不屑于同他讲话。"

1954年,阿基诺夫妇结婚照。

　　但17岁的贝尼格诺已经变得成熟和聪明,他见到科丽后,开始追求科丽,并不停地给她写信,用他优美的文笔打动了科丽。科丽后来回忆说:"他比过去聪明多

了,成了我遇到过的最能说会道的家伙。我在纽约的最后一整年中,我们情书往来,鱼雁不断。他的情书打动了我。那些情书并不是卿卿我我那一套。作为恋人,他并不感情冲动。"

但科丽的稳重在恋爱中也体现了出来,尽管她认为自己已经爱上了贝尼格诺,但他们终究是用书信联系在一起的。科丽因此认为,他们的感情还属于不确定的阶段,始终没有把尼诺介绍给父母。后来发生了一件意外,促成了科丽和贝尼格诺的结合。

有一次,贝尼格诺开了一辆很拉风的白色敞篷车,约科丽去看电影,一同去的还有大姐何塞芬。在看完电影回家的时候,突然后面一辆吉普车撞在贝尼格诺的车上,当场把科丽姐妹撞飞出去。科丽本来已经和母亲说好要到碧瑶去会合,出了这样的事情,贝尼格诺只好陪着她去。科丽的父母见到女儿们的样子担心地说:"你可别再坐他的车了。"

1954年10月11日,科丽和贝尼格诺在帕隆伊城圣母教区的教堂结成夫妻,从此,科丽成为阿基诺夫人。科丽是一个传统的家庭女性,她在婚后把全部精力用来操持家务、照料丈夫,他们一共有4个女儿和一个儿子。同时,她还继续修习了另一个学位。

毅然回国

贝尼格诺·阿基诺先生是一位活跃的政治家,在菲律宾政坛上,他素有"神童"的美誉,因为他曾是菲律宾最年轻的市长、省长和参议员。他长相英俊、善于演讲、思想激进而且洞察敏锐,其他的候选人与他相比,无论才华还是表现力都相差一大截。

1955年,他23岁时,便在家乡当选为康塞普西翁市长。1959年,当选为打拉省副省长;1963年,年仅31岁的阿基诺当选为省长。他的才华,受到了菲律宾总统马科斯的妒忌,想尽一切办法排挤这位冉冉升起的政坛新星。1967年,阿基诺参加参议员竞选,并成为自由党竞选人中唯一获胜者。但因为还差几天才到35岁,不够法定岁数,马科斯集团为此对阿基诺当选提出非议,参议院选举法官团不得不进行表决,以证实他的当选是合法的。

在20世纪60年代末,菲律宾与世界上其他地方一样,经历着反战思潮的兴起,学生在国会前集会,抗议菲律宾卷入越南战争。阿基诺支持学生运动。此外,人们对马科斯经济政策的批评越来越多,对马科斯政府成员贪污腐化更为不满,阿基诺打出了反腐败的旗帜,正是与马科斯集团针锋相对。

但当时正是马科斯权力欲望膨胀的时代,专制即将到来。1973年,马科斯连任两届总统期满,根据菲律宾宪法,他不能参加下一届总统选举。因此,许多人预料反对党领袖阿基诺将登上总统宝座。1972年9月23日,马科斯采取了铁腕统治,宣布在全国实行军管。军管后,议会被解散,电视台和报刊被接管,游行抗议被禁止,成千上万的人被拘留,这其中首当其冲的就是阿基诺。马科斯自己清楚,他的最大威胁来自阿基诺。

　　为了达到致阿基诺于死地的目的，当局给他安的罪名是"策划谋杀、颠覆以及非法拥有武器"。按照军管法，这些罪名，只要有一项成立，就足以被判死刑。

　　对阿基诺的审讯前后持续了4年之久。阿基诺坚决否认军事法庭的合法地位，拒绝抗辩。1977年11月，军事法庭宣判阿基诺死刑，阿基诺对此毫无畏惧，他写了一封信给最高法院的法官。他在信中形容军事法庭的行动是"下流而又不道德的"。他说："我宁可被枪手处决，也不在这个军事法庭中为自己辩护。"

　　菲律宾民众对给予阿基诺的判决的反应极其强烈，马科斯不得不再次审度阿基诺的地位。他并不想处死阿基诺，这样会造成国内形势恶化，而且还会使阿基诺成为国民心目中的英雄。他曾经私下找人去说服阿基诺自愿流亡，但被阿基诺拒绝。

　　1980年初，阿基诺在狱中心脏病发作，提出到美国接受心脏手术，马科斯不仅同意，而且主动提出让自己的夫人伊梅尔达出面担任保释人，条件是到美国后不从事反马科斯的政治活动，手术后仍然回狱中。这样，阿基诺实际上踏上了流亡的旅途。在美国达拉斯的贝勒大学医疗中心进行心脏旁道手术后，阿基诺通知马科斯他准备回国，但得到的答复是他可以留在国外，想留多久就多久。马科斯的意愿很明白，希望他的老对手永远不要再出现。

　　1981年1月，马科斯总统宣布结束军事管制。4月7日，又通过公民投票再次修改宪法，决定采取法国式议会制，总统由选民直接选出，任期6年。阿基诺当时是反对党的实际领袖，闻讯后非常高兴，他在一次公开发言时说："我必须做出抉择，是做美国人，还是做菲律宾人。"阿基诺说，如果他返回菲律宾，将采取甘地式的"非暴力斗争，把民主带回菲律宾"。

　　在菲律宾，政治总是带着血腥气，无论地方选举还是全国大选，呼声较高的候选人突然死在竞选前夜是经常发生的事情。一些与阿基诺暗中交好的人士警告阿基诺说，菲律宾军警正在收集阿基诺的资料，目的很明显，就是为了暗杀。

　　在这样不利的条件下，阿基诺仍然决定于1983年8月返回祖国。7月30日，阿基诺接受了法新社记者蒂奥多罗·贝尼诺的采访，说："假如你问我，菲律宾人对智力和勇气的评价哪个更高？答案当然是：勇气！我知道，回国就可能牺牲自己的生命，但不管发生什么事情，我绝不是失败者！"

　　当时，菲律宾国会选举已定于1984年5月举行，阿基诺认为，如果他不能够返回国内，将不能利用这有限的机会重建国家的民主与和平。8月13日早晨，阿基诺去教堂做完弥撒后，告别妻子和孩子们，义无反顾地踏上了回国之路。

　　8月18日，阿基诺由吉隆坡南下，经柔佛回到新加坡，然后取道台北。当日，华航驻马尼拉分公司电告总公司说，按菲政府通知，已不让反对党领袖阿基诺登机回国，并说他目前大概仍在波士顿，很可能将经由旧金山、东京、台北返回菲律宾。

　　8月21日上午7时，阿基诺给妻子科拉松打电话，科拉松给他念了一段圣经。他又同孩子们通了话，他哭泣起来。并给妻子写了一封诀别信：

　　最爱的科丽：

　　数小时后，我就要踏上没有保障、仅凭信念的险阻归途。也许，这就是我一生从事战斗的终幕。从窗口下望那条不知名的小河，微弱月光反射着水面的涟漪，往事如烟，让我想起我们生活在一起的时光。这一生，每当我忧患时，你总在我的身边为我分担苦难。

抱歉的是，当你遭遇到伤心事，我已无法在你身边。我只求你原谅我的自私，因我确信你会宽恕我，所以我才会有信心踏上这条路。我这一辈子，从来不懂如何去聚财，因此，未能给孩子们留下什么，我只做了一些我应该做的事，那就是把我自己奉献给国家和国民大众。总有一天，人们对我的牺牲会有评价，那就是我留给你们的唯一遗产。我虽然不能留给你们有形的财产，但我为你们留下了用钱买不到的荣誉！

想对你说很多话，可是千头万绪，不知从何说起才好，也没有太多的时间了……现在，我只是急着说一句话："我爱你！"你对我终生不渝的爱与奉献，我能回报的竟是那么微少。虽然，我从未说出口，你的存在，对我而言是珍贵而不可缺少和替代的，因为有你，我才会有今天。明天，如果获得允许，我会在晚上以前打电话给你，如果不能，就请在梦中与我相会。

我会特地祈求万能的主，赐给我恩宠，因神从未抛弃我，希望这次也如此。

你的丈夫尼诺伊

尽管阿基诺已经知道会有暗杀，并因此穿上了防弹背心，但他还是没有想到，当权者会这样肆无忌惮。8月21日下午1点12分，当阿基诺乘坐的飞机降落后，他立刻被几名全副武装的男子抓走，和他同机而来的记者和朋友被挡在飞机上。一两分钟后，传来一声枪响。阿基诺被枪杀的地方距离飞机是如此之近，有多名乘客目睹了全过程——这是明火执仗的谋杀！

22日凌晨，科拉松被电话吵醒了，实际上她根本没有入睡。按照她和丈夫的约定，他应当在晚上和她通话。打电话的是一名记者，他告诉阿基诺夫人，美联社和合众社都发消息说她的丈夫遇刺。

科拉松毅然决定飞到她的丈夫身边，她带着5个孩子于8月24日晚回到马尼拉，此时这里已经是一片黄色的海洋。

当选总统

阿基诺的死唤起了菲律宾人民的革命斗志，敲响了独裁者的丧钟。他的葬礼成为人民表达意志的聚会。当他的遗体被送往马尼拉最大的教堂圣多明戈教堂，许多人走很远的路，守在大路边，就是为了看一眼他的灵柩。8月31日上午10时，马尼拉大主教辛海绵在圣多明戈教堂为阿基诺主持了弥撒。在从圣多明戈教堂通往马尼拉公墓的30公里路途上，挤满了送葬的人群，他们挥舞着象征人民力量的黄色彩带和旗帜，呼喊着阿基诺的名字和反独裁的口号，媒体估计那天起码有两三百万人参加了葬礼！

此时，在马拉卡南宫的马科斯也听到了人民的呼喊。自从阿基诺遇害后，马科斯就卷入了巨大的漩涡中，他第一次感觉到这次风暴不比寻常。马科斯已经老迈，他的经济政策正在把菲律宾引入歧途，而他的独裁统治正在被人们所反对。阿基诺遇刺的第二天，菲律宾就陷入混乱之中，马尼拉市学校停课，政府机关停止办公，全市停电,银行出现了挤兑,超市出现了抢购现象。马科斯感觉到,所有的这一切,都是对他的背叛,他用 20 年时间组成特权阶层,正在摇摇欲坠。

马科斯在菲律宾执政达 20 年,他的贪婪和他的夫人伊梅尔达的奢侈都是举世闻名的。他的势力形成了一个被称为"亲友资产阶级"的特富阶层,这个阶层掌握着全国 80% 的资产。他们控制了军队和中央到地方的各级政权机构。马科斯明白,要维持他的腐朽统治,就要求得到美国人的支持,所以他一直采取亲美的姿态,换得美国人对他的支持。

科拉松·阿基诺就这样被推上了历史舞台。

作为阿基诺先生的遗孀,她具有其他人无可比拟的号召力,她把失去丈夫的悲愤转化为工作的力量。她克服羞怯,在公众场合发表演说,号召人民为阿基诺未完成的事业而奋斗。她在丈夫的葬礼上说:"贝尼格诺一直都深爱菲律宾,爱菲律宾人民,现在,轮到菲律宾人民爱他,实现他生前的理想,那就是反对独裁,实现自由民主!"

在国内外强大的舆论压力下,马科斯政府不得不作了一些表面文章,逮捕了一些谋杀阿基诺的嫌疑犯,包括一些被目击者指认出来的军人,并于 1984 年开始审判。可以预想的是,这些审判不会有任何结局。

1984 年,菲律宾国会选举举行。在这次选举中,反对党再一次掀起浪潮,获得了三分之一的席位,这让马科斯感觉到这个国家不再由他一手掌控。同时,这个国家的情况再糟糕不过了,1984 年,菲律宾的经济下降 5.5%,通货膨胀高达 63.8%,全国有一半的工厂处在半停工状态,有上千万人失业。由于外债累计,菲律宾政府已经走到破产的边缘。

1985 年,马科斯预感到反对力量随时都可能爆发,为了缓和社会矛盾,他宣布于 1986 年 2 月 7 日举行总统选举,"以便国民选择他们认为合适的领导人。"

马科斯自有他的如意算盘。在菲律宾,他的统治已经受到了人民的唾弃,再坚持下去有可能会爆发内乱。而且,他有信心通过玩弄权术操纵选举,最终以民选的名义坐稳宝座。

而这个时候阿基诺夫人,还没有做好竞选总统的打算,她始终认为,适合做总统的应当是像她丈夫那样的男子汉。但是她无畏的热情最终爆发了出来,她说:"为了翻过 20 年独裁统治后新的一页,我愿意作为候选人参加竞选!"

马科斯根本没有把这个瘦弱的女人放在眼里,他一再在许多公开场合贬低阿基诺夫人,宣扬自己的"强有力"。阿基诺夫人为了巩固自己的形象,跑遍了全国各地,征集到 150 万个支持者的签名,这一举动大大增加了各反对派对她的信心。1985 年底,13 个反对派宣布推举阿基诺夫人为唯一的总统候选人。马科斯此时已经后悔,但太晚了。阿基诺夫人看上去脆弱憔悴,根本不是一个强有力的竞争者的形象,但是,正是她的这种形象,唤起了人民的同情,所有反对马科斯的人,都会把票投给阿基诺夫人,这其中也包括教会。菲律宾大主教辛海绵在选举的最后关头拒绝马科斯的恩请,声明支持阿基诺夫人。

为了赢得大选的胜利,马科斯在全国采取了金钱利诱与威胁并行的方法。在许多投票站,马科斯的竞选人员站在选举站门口,他们给每个前来投票的人递上一个信封,信封里装着一张大钞和一张已经签上选举马科斯记号的选票。如此明目张胆地贿赂,也算是世界一绝。

同时,马科斯还直接收买计票人员,涂改和替换选票。结果,到了2月8日晚,第一轮投票结果刚刚计算出来时,菲律宾出现了奇怪的现象,马科斯和阿基诺夫人都宣告自己在选举中的得票数遥遥领先。

关于政府在选举中的各种丑闻源源不断地披露出来,在计票过程中,许多计票点竟然发生了停电。有的计票点人员宣布罢工,他们揭发说,马科斯的竞选人员竟然直接进入计票站替换封存的票箱。2月15日,受操纵的菲律宾议会宣布马科斯在竞选中获胜。消息传出后,阿基诺夫人宣布不承认这一结果,并号召人民抵制这一结果。当日,马尼拉再次爆发了数十万人的游行。

在菲律宾,除了人民以外,能够主宰国家方向的还有两股力量,那就是教会和军队。2月16日,菲律宾大主教辛海绵公开发布谴责马科斯政府的言论,他说,政府采取了各种不正当的手段以获得大选胜利,这给了马科斯当头一棒。在天主教徒占居人口的85%的菲律宾,教会弃他而去,等于道义也离他而去。然而,更大的打击还在后面。

2月22日,菲律宾军方发生兵变,宣布脱离马科斯,支持阿基诺夫人,带头人赫然是马科斯的表弟、国防部长恩里莱和武装部队代参谋长拉莫斯。马科斯得知这一消息后惊呆了,在他20年的统治中,这是军队第一次对他表示不忠。要知道,为了拉拢军队,他多次动用总统的权力,扩张军队的权限,加大军费开支。他先是大怒,然后他发现,所有的军队实际上都已经不再听从他的命令,他发布的平叛命令无人执行,他终于意识到自己走到了穷途末路。

2月25日,阿基诺夫人宣布她将在这一天宣誓就任菲律宾总统。马科斯闻讯后,也匆匆忙忙地在这天中午举办了"就职仪式"。在庆典中,他听到了围在总统府外的群众的口号。最后的几个小时,他拨通了美国特使的电话。晚上8点30分,4架美国提供的"愉快的绿色巨人"式直升机在马拉卡南宫降落,马科斯一家及其随从匆匆忙忙地飞向美国空军基地,再从那里转机前往美国檀香山。

马科斯一行逃离马卡南宫后不到一小时,菲律宾电台和电视台就播放了这一消息,人们从四面八方像潮水般地涌进马拉卡南宫,在这里欢庆胜利,并高呼口号:"科丽万岁!"

"铁腕"改革

马科斯逃走了,但他遗留下来的,完全是一个烂摊子。菲律宾的经济已经连续倒退,外债高达250亿美元,国家甚至不能支付外债的利息。

没有任何从政经验的阿基诺夫人面临着严峻的考验。

阿基诺夫人上台后所做的第一件事,就是组成审判团,对她的丈夫阿基诺先生之死展开调查和审判。1986年6月6日,菲律宾成立了一个以最高法院前法官康拉多·瓦斯克斯为首的3人特别委员会,重新审理阿基诺谋杀案,并推翻了菲律宾反贪法院过去对涉嫌的前武装部队参谋长贝尔和其他25名嫌疑犯做出无罪的

277

判决。

1987年8月19日,菲律宾反贪污法院重新开庭审理阿基诺被杀案这个案件的审判从1985年开始,到1989年仍未完全结束,被称为菲律宾的"世纪审判"。到底谁才是真正元凶,最后也没有结论,被法庭传唤的证人,前后超过100人。在法庭上,菲律宾职业摄影师亚历山大·洛伊纳斯出示了39张大照片和40张幻灯片。这些照片显示,枪杀阿基诺的子弹是从阿基诺背后射入的,子弹穿过他的头部后从下巴出来。这些证据表明,阿基诺是在走下飞机时被人从他身后高处开枪击毙的。而当时站在阿基诺身后的都是士兵。

尽管有现场目击者,甚至还有记者的现场录音,但是,关于政治谋杀,真正的主使永远无法查清,只有一些直接参与的人被判处漫长的有期徒刑。

虽然丈夫的遇害难给阿基诺夫人留下了无法弥补的损失,但美满愉快的家庭使她得到了一些补偿。她有四女一子,大女儿作他的秘书,是政务上的得力助手,二女儿从不出头露面,鲜为人知,三女儿在银行工作;小女儿则喜欢交际,长大后想当电影明星,唯一的儿子对政治不感兴趣,现在一家建筑公司工作。尽管儿女们兴趣不同,但对母亲关怀备至。每到周末,他们谢绝一切外出活动,携带子女团聚在母亲周围,一家三代人同享天伦之乐。

阿基诺夫人担任菲律宾总统时期,主要的任务还在于拨乱反正,将菲律宾从政治和军变的漩涡中解救出来。从1987年到1990年,阿基诺夫人经历了6次政变。这些政变中的活跃分子,包括在1986年宣布支持她的恩里莱,此公堪称菲律宾军界的变色龙,在历史上多次改变阵营,以为自己谋得利益。他的身上可以看出菲律宾军界普遍存在的问题,即对政府的不信任和干政的随意性,把军队的利益置于国家利益之上。独裁者马科斯能够维持20年的统治,和他纵容收买军队高层领导有着重要关系。除了这些腐败分子外,一些有改革思想的军官由于看到了军队现状的种种弊端,又发现在这样的环境里根本无从改革,认为只有通过政变才能把自己的思想迅速传播。加之阿基诺夫人只是一介女子,在军队中并无势力,政变这一严肃严重的事件在菲律宾就演变成了寻常事。有时候,政变者甚至宣称他们只是为了改善军队的福利待遇而发动政变。

尽管在阿基诺夫人的任期内,这些政变都被强力支持阿基诺夫人的军队强人拉莫斯平息下去,但这对阿基诺夫人施展政治抱负起到了迟滞的作用。更多的政变,只能使阿基诺夫人越来越依赖于军队。她原先有很大的抱负,企图一改菲律宾政治顽疾,最后却不得不与现实妥协。在她之后的几位总统,更加缺乏她的声望和勇气,到现在,军变仍然是困扰菲律宾政坛的一大要素。

在她就任期间,有一件事情可以看出阿基诺夫人面临的挑战以及她的勇气。1987年发生政变后,有媒体报道说,政变的时候,阿基诺夫人吓得躲到了床底下。后来,阿基诺夫人看了报道,亲自把记者领到她的卧室,参观了她的床——床底根本就是密封的,并说:"我根本没有打算躲到床底下去!"

在政坛上,阿基诺夫人继续保存了她作为一个家庭主妇朴实无华的风范。她在执政头一年,常穿黄色的衣服,这倒不是她喜欢黄颜色,而是为了纪念"菲律宾革命"和向"人民力量"致敬。她着装有一个标准,贵于200美元的衣服从来不买。

与她形成鲜明对比的是前第一夫人伊梅尔达,当她和丈夫马科斯乘直升机逃往后,人们在她的宫殿里发现了 3000 多双鞋、2000 多副手套、1000 多个手袋。后来,根据阿基诺政府的估计,马科斯贪污了大约 250 亿美元的国有资产,相当于菲律宾外债的总和!马科斯于 1989 年病重时,曾经希望与阿基诺夫人和解,自愿拿出 90% 的资产捐献给菲律宾,阿基诺夫人志在伸张正义,最终没有与马科斯达成金钱换自由的协议。

在推动菲律宾经济方面,阿基诺夫人也做出了巨大努力,她组建了一个文官政府,力图挽救菲律宾经济。在她的鼓励下,菲律宾的对外劳务输出有了较大的提高,并发展成为菲律宾的一大支柱产业。此外,制造业和纺织品业也有所复苏。但总的来说,她的政治成就高于经济成就,她改革菲律宾政治陋习的勇气,远远高于后来的历届菲律宾总统。

阿基诺夫人是一位深谋远虑的政治家,她意识到,如果目光只局限于为夫报仇,将会损害到这个国家的长远利益。从上任伊始,她就在筹谋出台一部新的宪法,以取代旧宪法。这一决定在 1986 年 6 月通过电视台向全国直播,此举直接架空了副总统劳雷尔和其他旧政客的权力,也是导致她执政期间兵变不断的一个重要原因。在她的推动下,1987 年,国会讨论和通过了新的宪法,其中有很重要的几条,包括总统任期为 6 年,军人不得干预政治,以及废除死刑等等。新的宪法结束了菲律宾的专制时代,在阿基诺夫人之后,菲律宾各届总统尽管都想重新修改宪法,但最后,这些提议总会被否决,因为阿基诺夫人的典范在前。

其他的总统在离开马拉卡南宫时或许会恋恋不舍,但阿基诺夫人于 1992 年卸任由菲德尔·拉莫斯接任时,却觉得卸下了一副重担。她在告别演讲时说,她终于完成了历史赋予她的重要责任。

不过,阿基诺夫人卸任后仍然不断参加一些重要的政治活动。1997 年,阿基诺夫人获得拉蒙·麦格赛国际谅解奖,这是对她广阔胸襟的隆重表彰!1997 年,拉莫斯支持者企图修宪将国家改为议会制,阿基诺夫人与辛海棉于 9 月 21 日发动 60 万人反修宪游行,最后拉莫斯表态不会竞选连任。在 1998 年总统大选中,阿基诺夫人与辛海棉支持华裔候选人林雯洛,结果落选。2001 年 1 月,阿基诺夫人参与了"二次人民力量革命",总统艾斯特拉达被迫下台,她所支持的阿罗约夫人接任菲律宾总统。

法兰西的"铁娘子"

——克勒松夫人

人物档案

简　　历：生于法国巴黎西郊的布洛涅-比昂古尔市。毕业于女子高等商业学校，获博士学位，1965 年开始介入政党，加入了共和制度大会党，1981 年出任农业部长，1991 年被任命为总理。

生卒年月：1934 年 1 月 27 日~

性格特征：直率、坦诚、果敢、雷厉风行、聪慧、勇敢、干练、不屈不挠。

历史功过：极力削减日本货物的进口，全力推动欧洲一体化的进程，采取了一系列振兴工业的措施，但是效果不好。经济增长缓慢。财政赤字居高不下，农民收入大幅度下降，使她威信扫地。

名家评点：被称为"铁娘子"，是法兰西首位女总理。

密特朗的"小战士"

克勒松夫人在接受法国一家妇女杂志采访时，曾忿忿不平地说："妇女在军事、宗教和政治这三个领域里总是无立足之地，而其中政治是最难涉足的。"这话说出没多久，她就被密特朗总统突然召进爱丽舍宫，受命替代当了 3 年政府首脑的罗卡尔而重新组阁。此举破了天荒，使这位面带微笑的法兰西首位女总理旋即成为世界级明星，在电视屏幕上、在无线话筒前出尽风头。

然而，75 岁的密特朗总统早已过了爱冲动的年龄，他对克勒松夫人的任命绝非一时心血来潮。他深深地了解这位被他亲昵地称为"我的小战士"的褐发女人。

20 世纪 60 年代初，已是两个孩子妈妈的克勒松夫人开始涉足政界。她的父亲康皮翁曾加入过工人国际法国支部（即社会党），但女儿并没有从父亲那里继承政治观点。阿尔及利亚战争期间，克勒松夫人甚至同当时被认为是右翼的党派合作过，不过时间很短暂，因为她从大学挚友波莱特·莫罗口中，第一次听到了弗朗索瓦·密特朗的名字。

波莱特·莫罗是密特朗的崇拜者,她向克勒松夫人讲述了密特朗在反法西斯战争中3次越狱,组织法国地下抵抗运动,在动荡不定的第四共和国政府中11次出任部长的传奇般经历,并灌输了密特朗的政治主张。克勒松夫人深受感动,便和波莱特·莫罗一起加入了密特朗领导的共和制度大会党。

于是,历史把克勒松夫人和密特朗先生连结起来了。20多年后,克勒松夫人成了密特朗总统的女总理,而莫罗则早已成了总统府具有通天本领、说话很顶数的女秘书了。

1965年,密特朗率领共和制度大会党与社会党和激进党结成了社会民主左翼联盟,作为主席,密特朗参加了总统竞选,急欲问鼎总统宝座。在第一轮选举中,他所得的选票不仅压倒了戴高乐派的其他对手,并造成了与戴高乐并肩进入第二轮选举的局面。最后,密特朗虽只获得45%的选票,未能战胜戴高乐而被拒于爱丽舍宫之外,但其在全国的声望却大为提高,成为左派的主要代表人物。

密特朗在仕途受挫的抱憾之余,深深地感谢紧跟自己左右、亦步亦趋的克勒松夫人。这位有着苗条身材的年轻母亲,把两个年幼的孩子扔在家里,以火一样的热情帮助密特朗打印、寄送竞选文件,通知召开竞选班子会议,为密特朗开车到各地发表竞选演说,在竞选最紧张的时刻,她常常夜以继日、通宵达旦,真可谓披肝沥胆、矢志不移。她的思维敏捷、精力充沛,给密特朗这位未来的法兰西共和国总统留下了难以磨灭的印象,每当吻别时,他总爱抚着她的肩说:"晚安,我的小战士。"

"小战士"克勒松夫人的确对密特朗忠心耿耿。在1968年新的国民议会选举中,由于密特朗的失算,社会民主左翼联盟发生内讧,密特朗在一片怨骂声中被迫辞去社会民主左翼联盟主席的职务。密特朗的政治生涯跌入低潮,许多盟友和追随者远他而去,使他尝够了被背叛的滋味。而克勒松夫人不改初衷,仍一如既往地帮助他处理文件,出色地完成他交付的各项任务,这个坚定而充满活力的女性,给了宦海翻船的密特朗以很大的安慰和激励。患难识真交,她成了密特朗的心腹和密友。经过两年多的努力,密特朗终于把"共和制度大会党""俱乐部派"和"学习、研究和社会主义教育中心"联合组成新社会党,并当选为第一书记。克勒松夫人当然紧随其后,为密特朗的东山再起立下了汗马功劳。

密特朗的政治实力日益雄厚,他可以重重地喘口气酬谢他的"小战士"了。1975年2月的一天晚上,密特朗在开完社会党领导成员会议后,叫住了收拾完文件欲回家去的克勒松夫人:"埃迪特,喝一杯去吧。"

在酒吧里,密特朗为克勒松夫人倒上一杯白兰地,接着笑容可掬地问他的"小战士":"埃迪特,你能当书记吗?"

"当然能!"克勒松夫人爽快地同上司碰了碰杯。

于是,在同年举行的法国社会党代表大会上,克勒松夫人当选为社会党青年全国书记。从此,克勒松夫人进入了社会党的领导层,紧紧追随密特朗,为社会党的事业冲锋陷阵。在密特朗的刻意提携和栽培下,她先后担任了社会党负责工业的全国书记、社会党执行局委员等多种职务。

1975年秋天,法国举行部分立法选举,克勒松夫人在夏特勒罗选区首次参加议员竞选,因准备不足而败北。但是,从不服输的克勒松夫人并没有气馁,她决心做宦海的弄潮儿。从 1977 年起,她先后当选为维恩省蒂勒市市长、夏特勒罗市市长、欧洲议会社会党议员、法国国民议会议员等。1981 年,社会党在全国选举中大获全胜,密特朗在总统宝座上还未坐定,便迫不及待地任命他的"小战士"克勒松夫人为农业部长。

时光荏苒。到了 1991 年,密特朗总统开始为他的罗卡尔政府感到头疼了。3年前希拉克政府倒台后,迫于形势,密特朗不得不授命米歇尔·罗卡尔组阁,但罗卡尔是密特朗潜在的政治对手,在 1981 年和 1988 年两次总统选举前,他都曾同密特朗在党内竞争过总统候选人。二人貌合神离,明争暗斗,凑合着往前走,可最近的民意测验表明,罗卡尔的支持率有时超过密特朗,自然使密特朗的心口隐隐作痛。

同西方一些国家一样,法国的经济增长速度明显出现了滑坡,社会问题中失业问题最为严重,到 4 月份已高达 260 万人,民众罢工、示威活动频繁,社会不安定因素增加,反映出罗卡尔政府运营不力,这等于是嘲讽了密特朗当年竞选时许下的发展经济、解决失业问题等诺言。罗卡尔被称为社会党中的"中间派",执政 3 年来在政府中推行具有"中间色彩"的政策,为此得罪了不少议员,造成政府和议会关系紧张。4 月中旬,因"无法得到多数议员的支持",罗卡尔不得不从议会撤销欲出台的"地方选举改革法案"和"银行储蓄改革法案"。祸不单行,前些日子,反对党利用 1988 年一家大公司资助社会党竞选搞假发票丑闻,在国民议会再次弹劾政府。如此看来,不改组政府,就不可能息事宁人,更有可能危及 1993 年社会党在议会选举中获得多数席位,而这对于密特朗来说,无异于政治上的溃败,也是他最不愿意看到的。

密特朗一直在为法国进入 1993 年欧洲统一大市场做准备,力求保护法国的经济利益,并保住法国未来"政治大国"的地位。但作为欧共体经济龙头的德国国民生产总值占欧共体生产总值的 40%,而法国只占 23%,能否继续保住法、德轴心?法国会否沦为德国的"小弟弟"?这着实令密特朗忧心忡忡。一向喜欢带着来访者沿着爱丽舍宫的走廊边走边谈的密特朗甚至在办公室也不安地踱起步来,他在考虑让谁当马提翁宫的新主人。

他选定了他的"小战士"克勒松夫人。他确信:跟随自己南征北战达 25 年之久、曾担任欧洲事务部长的克勒松夫人是位强硬的"欧洲派",由她率领这次"十字远征军"为法国打天下,是再合适不过的了。

5 月 15 日晚,密特朗总统对全国发表了简短的电视讲话,他说:他决定由克勒松夫人代替罗卡尔,是为了给社会党政府注入"新的推动力"。他强调:要贯彻好为对付 1993 年后的挑战而制定的新政策,必须要有"一个与此目标协调一致的政府",以进行"新的冲刺"。他称赞克勒松夫人"在各个岗位上表现出了杰出的才能和毅力",并认为"她是领导政府的最合适的人选"。可以看出,密特朗对克勒松夫人寄予无限的期望。

克勒松夫人早在从政之初,就信誓旦旦地说:"我没有野心,我不会竞选总统。永远是党指向哪儿,我就奔向哪儿。"她把密特朗视作党的化身,因此她这个敢说敢做、勇于拼杀的"小战士"也就永远听从密特朗的调遣了。

"我喜欢挑战"

　　1981 年 5 月 21 日，坐落在巴黎市中心的爱丽舍宫热闹起来了。这座法国著名的古建筑内金碧辉煌，宛如一座博物馆。它始建于 1718 年，1793 年在法国大革命中被没收为公产，取名为爱丽舍，意思是"天国乐土"。这块 1874 年起成为总统府的"乐土"，今天迎来了它的第 21 位主人——法兰西第五共和国的首任社会党总统弗朗索瓦-密特朗。

　　这位法国有史以来通过普选产生的第一位社会党总统，1965 年首次参加总统竞选败在了戴高乐将军手下，1974 年又输给了德斯坦，可他从不气馁，孜孜以求，终于拿到了象征着至高无上权力的法国核密码，踌躇满志地坐在了爱丽舍宫雕花饰金的总统办公桌前。现在他正忙于召见自己的心腹和助手们组阁。他的面前坐着一位气质非凡、颇具魅力的褐发女人，这就是他的"小战士"克勒松夫人。

　　"埃迪特，摆在你面前有家庭事务部长、能源部长和农业部长几个职位，你挑选吧！"密特朗慷慨地向他的信徒亮出了一国之君的"寡人"气度。

　　克勒松夫人沉思片刻后，用坚定的语气说："我希望能担任农业部长！"

　　密特朗瞪大了眼睛："埃迪特，你知道吗？在我们国家的历史上，还从未有过女人担任农业部长，你要冒风险的！"

　　"没有什么大事使我感到害怕，我喜欢挑战！""小战士"的回答斩钉截铁，掷地有声。她脱口而出的这句话日后成了她著名的口头禅。

　　密特朗同意了她的选择。然而内阁名单一公布，却引起了不小的争议。在全国有很大影响力的农业劳动者工会联合会，不相信这个衣着时髦、47 岁的褐发女人能拨弄好农业这本经，尽管她宣称："我将是农业经营者的部长，同时也将是一名农业经营者。"但他们还是对这位新部长采取抵制态度，甚至上书要求她让位，同时通过召开会议、发表演说和在自己操纵的报纸上百般嘲讽女部长。

　　克勒松夫人对此极为恼火。她非但不退却，更以粗话做出强硬的反击："认为女人当不了农业部长的都是些史前动物！"她昂首挺胸地迈进了农业部大门。从此在法兰西朝野上下，农业部的招牌和"铁娘子"的绰号同日而语。

　　然而坐农业部长的交椅的确是一件苦差事。一个女人，特别是一个社会党女人担任农业部长，对于厌恶女性和顽固保守的法国农民来说无疑是一种挑衅。上任后，克勒松夫人果然遇到了意想不到的挫折和麻烦。她多次被示威的农民夹在中间，遭受围攻，几次人身安全受到威胁。这天，克勒松夫人驱车到巴黎郊外的乡下视察农业情况，当地的农民联合会闻知，组织一些农民将她围在农田里，抗议她制定的政策，并谩骂着往她身上甩泥巴，弄得她崭新的褐色衣裙上到处污迹斑斑。随行的保安人员制止不了，不得不用毯子将可怜的女部长护住。农民们还是不肯散去，攻势越来越猛烈，保安人员只好向巴黎呼救，紧急调来一架直升机将女部长空运走，当然飞机的两翼上也沾了不少的泥巴。

　　回忆起这段经历，克勒松夫人说："我领教了各种恶毒攻击，意识到了一个女人成为农业部长给一些人精神上带来的剧烈震荡。在这些人眼中，妇女当农业部长简直是不可想象的事情。"

生性倔强的她并不因为出现这类尴尬事而灰心丧气,她决心"以自己的工作成绩打破人们的世俗偏见"。1982 年,法国农业收入增长了近 10%,法国上下特别是农民不得不对他们的第一位女部长刮目相看。

由于政绩突出,精明强干的克勒松夫人于 1983 年荣任政府中很重要的外贸部长一职。克勒松夫人终于可以畅快地呼吸一下空气了,她仿佛从一个空气污浊的地方进入了一个清新的世界,她对前来采访的记者坦率吐真言:"走出农业部,所有的人都显得聪明而有魅力,有丰富的想象力。"

克勒松夫人从政前是位颇有名气的工业经济学家,新的任命无疑是为她提供了一个施展自己才能的广阔天地。刚一走马上任,她便大刀阔斧地进行改革,提出要树立四大商业观念,即成本、质量、培训、市场。她不主张只同小国穷国做生意,很刻薄地说:"如果法国不想在国际上成为一个可笑的角色,它就必须显示出它有能力向除好说话的买主以外的买主出售产品。好说话的买主之所以在购买东西时好说话,是因为他们穷。"

这个"喜欢挑战"的"铁娘子"瞄准的市场是美国和日本等大市场,在 3 年的任职期间,她不知疲倦地为了法国的利益,在世界经济和贸易大战中赤手空拳地同美国、日本搏斗。她多次出访美国、日本等工业化国家,率领法国的企业家和工商界人士去争夺外国市场。在同国内企业家打交道时,她总是鼓励他们多出口产品。在谈判桌上,"铁娘子"虽然脸上挂着微笑,不时地打着优雅的手势,但她的强硬和不妥协却表现得淋漓尽致,令对手们咋舌。这自然迎合了法国老板们的口味,他们尤其支持她提出的加强法国工业的主张,因为这可以使他们的腰袋里更加鼓囊。

密特朗 1988 年再次当选为总统后,又点了"小战士"的将,安排她担任欧洲事务部长,并面授机宜,命她准备并确保 1989 年下半年法国担任欧共体主席时,处理 1993 年建立欧洲统一大市场问题圆满成功。于是,"铁娘子"又开始了南征北战。在艰巨的谈判辩论中,克勒松夫人又拿出了她那股不屈不挠、不达目的不罢休的劲头,同各国部长们轮番舌战,她的雷厉风行、坚韧不拔的工作作风,令外国伙伴们深表钦佩。她的活力,使欧共体在法国担任主席期间,通过了一些经过激烈争论的政策指令,如企业集中、开放公共市场、大学生在整个欧共体内就学权等。

然而,"喜欢挑战"的克勒松夫人火气太大了,她在经济政策方面同走"中间路线"的罗卡尔政府产生了严重分歧,特别是她同欧共体工业部门主任马丹·本格曼在巴黎共进午餐时,因为在汽车进口政策上发生争执,二人不欢而散,这更使我行我素的"铁娘子"感到憋气,于是愤而辞职,挂冠而去。她在辞呈中指责罗卡尔政府缺乏魄力,没有"充分地动员法国的工业实力,参加世界经济大战"。她愤愤地抱怨说:"满口空话,遭人指责,这种日子我已过够了。"并且直爽地表示,"走一步看一步,只想今日,不思明日,我对这种办事方式不感兴趣。"

老天有眼,罗卡尔的辞职终于使"铁娘子"得到了一人之下、万人之上的总理宝座,她可以随心所欲地按自己的意志行事了。

面对法国的政治和经济危机,她勇敢地接受了新的挑战。5 月 16 日,即担任总理的第二天,她便在法国电视二台抛出施政纲领。她称法国现在的任务是建设一个平衡的欧洲,在这个欧洲中法国必须同德国一样强大。并强调政府内部要合作,"部长们必须用一个声音说话";政府首先要解决的问题是预算和社会保险,而其中失业是最大的问题。她还公开表示,无论是在工业方面还是防务方面,我们不应该"越来越依靠日本和美国",我们应该向那些代表着真正挑战的方面发动"猛攻","我们不能认输"。

女总理语出惊人,"喜欢挑战"的性格抖露无遗。

"请叫我埃迪特"

当上了权倾朝野的总理,克勒松夫人并没有沾沾自喜。当各种新闻媒介的记者们趋之若鹜地包围住她,争着呼叫总理夫人时,她春风满面地予以纠正:"请叫我的小名埃迪特好了!"由此反映了这位法国政坛的女强人除了"铁"的一面,更有"绒"的一面。

克勒松夫人原名埃迪特·康皮翁,于 1934 年 1 月 27 日生于法国中北部上塞纳省布洛涅比良库镇的一个富裕家庭,父亲康皮翁为长期在外交界服务的财政督察,母亲出身豪门,家资的殷实,使埃迪特自小过着养尊处优的阔小姐生活。

6 岁时,康皮翁出任法国驻南斯拉夫大使馆的外交官,埃迪特随父亲饱览了贝尔格莱德的优美风光。不久,因德国法西斯军队侵入巴尔干半岛而返回法国,在都农一所小学读书。后因其身体虚弱,父母一度将她寄养在乡村一户阿尔萨斯人家中以恢复健康。从小照顾埃迪特的是一位英国保姆,刻板的保姆和家庭中的贵族习气,使小埃迪特并不感到快乐。她在后来写的回忆录中还埋怨家规对她活泼天性的束缚。她说,时至今日,每当处在充满矫揉造作、装腔作势的贵族气场合,"我仍会像童年时一样感到压抑,庆幸的是这种场合已经越来越少。"但英国保姆也给了她得天独厚的语言环境,使这位聪明活泼、勤奋好学的女孩子讲英语同法语一样流畅。

10 岁的埃迪特在父亲的安排下来到巴黎,进入有名的圣心寄宿学校读书。这是一所培养贵族子弟的教会学校,严格的校规,没有任何波澜的生活,把埃迪特呼吸新鲜空气的憧憬打破了,她的生活被笼罩在难以排除的郁闷、寂寞之中。唯有课余时间,她独自一人躲在树荫下或躺在床上,如饥似渴地读左拉、陀思妥耶夫斯基等作家的小说时,她的心底才拥有一片晴朗而多彩的天空。

埃迪特到了 17 岁时,已是个满头褐发、亭亭玉立的少女了。她听从父母的劝告,以优异的成绩考入法国著名学府——法国高等商业学校,主修商业。在校 3 年的苦读时光,除获人口统计学博士学位以外,她的最大收获莫过于同波莱特·莫罗结为挚友。波莱特·莫罗热衷政治,后来成为密特朗两个重要的秘书之一。当莫罗在 20 世纪 60 年代的一次聚餐会上把埃迪特引荐给密特朗时,在工业经济界已小有名气的埃迪特便从此矢志宦海游弋了。

1958 年的一个阳光明媚的日子,埃迪特应经济圈的朋友们之邀,参加在巴黎十六区的聚会,邂逅了在法国标致汽车公司工作的雅克·克勒松,这个比埃迪特大9 岁的俄罗斯后裔,深为埃迪特迷人的微笑所吸引,而埃迪特也在交谈中发现面前这位高个子职员除了经营发财之外,还有很多有趣的话题,当聚会结束时,两人礼仪性的吻别中,已掺入了恋恋不舍地味道。一年后,青春韶华的埃迪特披上了幸福的婚纱,和打着黑色蝴蝶结的雅克·克勒松携手走进教堂,结为百年之好。接踵而来的便是收获爱神赐给了他们两个可爱的女儿娜塔丽和亚历山德位。

成了克勒松夫人后,埃迪特是个温柔体贴的好妻子。她对丈夫一往情深,颈上那条项链从不卸下,那上面以斜体字刻着她的小名 Edith(埃迪特),是雅克·克勒松送给她的定情礼物。她习惯早起,起床后便为丈夫准备早餐,多年来从不假手于人,也从来不以为苦,即使是她出任政府要职后也是如此。为了投合俄裔丈夫的口味,她练就了一手烹调俄式菜肴的厨艺。而克勒松先生也教会了妻子如何欣赏莫扎特的音乐和挑选时尚服装。克勒松夫人喜欢宽松鲜艳的服装,尤其爱以红褐色来衬托自己头发的褐色,无论何时,她裙子的长度总保留于膝部,这样设计,加上她那具有魅力的一脸笑意,使得她充满活力、风度翩翩。巴黎是闻名世界的时装设计大师皮尔·卡丹的天下,却有不少同克勒松夫人接触的女流很注意她的服装款式,可是又有多少人知道,克勒松夫人如此高的服装品位,是得益于她的这位丈夫兼启蒙老师的悉心调教呢?

工作中的克勒松夫人不仅自己全力以赴,而且要求下属办事要"清楚、简要、明了",这使得早已习惯按部就班和文牍主义的官员们见了她就"头疼",觉得伴君如伴虎,恨不得退避三舍。然而离开办公室后,克勒松夫人同普通妇女没有什么两样。每逢周末和节日,她都不忘与丈夫、女儿和外孙们在泰特尔别墅共聚一堂,享受远离权力的天伦之乐,当家人们亮出节日的礼物后,她还会乘兴走向厨房,做些拿手的糕点来让大家品尝。有时候,细心的人们会发现,他们在电视屏幕上熟悉的"铁娘子"正洋溢着微笑,温柔地挽着丈夫走向剧院,陶醉在她所酷爱的莫扎特乐曲或威尔第的歌剧中。克勒松夫人挺害怕自己发胖,喜欢在游泳池消磨时光,或者同弟弟、弟媳一起骑车郊游,以消除掉那影响她顾长体型的脂肪,而骑车时,她很随便地把上衣系在脖子上,恰似青春少女般的浪漫。

这个从中学时代起就以读小说解闷的夫人养成了博览群书的习惯,她在睡觉前总是要翻上几本书或杂志。她的善于辞令使得她的手痒痒的很想写作,她在1976 年写成自传体的回忆录《与太阳一同升起》,此书颇受读者欢迎,热情的读者甚至把书放在背上请她签名留念。然而坦诚的克勒松夫人也承认自己非常懒惰,"每天至少要睡眠 8 个小时",她半开玩笑自嘲地说:"我知道伟人大都睡眠很少,因此,我也成不了伟人。"

克勒松夫人是位脚踏实地的女性,从不追寻个人名利。她多次公开嘲笑那些"沽名钓誉的显要人物",她的行动也阐明了她的观点。1990 年 10 月,她愤而辞去了欧洲事务部长后,又一头扎进了她所喜欢的企业家的圈子,到法国一家私营公司——施奈德工业集团国际开发部当了顾问,利用她当政时结识的老关系,去东欧几国做生意。一个辞职部长下台后屈就到私营公司效力,这在美国司空见惯,而在虚荣心很强的法国却很新鲜,开发部的同事们表面上对这位火气很大的前部长毕恭毕敬,而在背后却时常嘟哝她过分看重"孔方兄",为了几个法郎不惜丢掉政治家的尊严。面对世人的非议,克勒松夫人依然故我,死心塌地地为公司跑生意。

"最不受日本欢迎的法国人"

1991 年 7 月 14 日,是克勒松夫人上任后迎来的第一个法国国庆日。按照外交惯例,法国驻日大使举行了庆祝酒会,邀请日本外务省官员参加。当大使正彬彬有礼地祝酒时,使馆外面却喧闹起来,在一片唾骂声中,几个日本极右派组织把克勒松夫人的模拟像送上了"断头台",而且举行了示威游行。法国电视台在报道这一事件时惊呼:新任总理克勒松夫人成了"最不受日本欢迎的法国人"。

日本人对法国"铁娘子"的仇视,是由于克勒松夫人一上台,就对日本的经济政策进行了公开的抨击。她将日本人喻为"把法国人变成卷毛狗的殖民者",批评日本实行"狂妄的贸易保护主义",并且声色俱厉地警告说,面对日本的"毁灭性"的经济入侵,"欧洲应该做出回答",如果法国毫无动作的话,"我们将日益贫困,并将被日本占领"。心直口快的克勒松夫人越说越激动,把这些不适宜在外交场合说出的话一股脑儿全抛出来,可谓痛快淋漓,在法国报界得到了良好的呼应,赢得了拯救法国工业的"圣女贞德"的美誉。

然而,"铁娘子"的话却惹恼了近年来致力于树立大国形象的日本政府和敢说"不"的东洋人。5 月 29 日,日本外务省召见法国驻日本大使表示正式抗议,要求法国就克勒松夫人的反日言论做出解释,并保证不再进行类似的攻击。此后,虽然两国政府努力缩小危机,平息事态,但日本报界还是咽不下这口窝囊气,对"铁娘子"进行了毫不客气的回敬。《日本经济新闻》在醒目位置上,刊登了克勒松夫人身着全套西服、手拿"铁娘子"名片的漫画,评论文章把她称作"手持铁棒的女人";而发行量达 800 万份的《朝日新闻》,则满怀激愤地把她描绘成抱着酒瓶、口吐反日狂言的醉鬼,并在社论中说:"一位总理无故的攻击别国,是不负责任的诬蔑。"

这些还远未使日本人消气,法国一些大公司驻日本办事处不停地接到"愤怒的顾客打来的电话",设施接连遭破坏,一些民族主义团体在法国驻东京使馆前示威,用高音喇叭要求"道歉"。日本警方着了慌,不得不加强了法国驻日本机构周围的安全保护措施,以防止暗杀活动发生。

克勒松夫人缘何对日本不满呢? 这可以追溯到 1984 年 10 月,她作为外贸部长率团首次访问日本的时候,当时的主要目的是为了考察日本市场。在飞机上,一位同行的法国律师趁空向女部长申诉了一件事:在日本办企业的少数法国人中有一名叫艾特里的,他经营着法国诺曼底公司,由于产品在日本市场看好,引起了一家日本公司的嫉妒,该公司千方百计地排挤诺曼底公司,甚至不惜采取降低价格、盗窃情报等"不光明正大"的手段。火气很冲的克勒松夫人听后,很是不平,特意在访问间隙乘直升机到艾特里的工厂去考察、了解情况,并在与日本首相会谈时特意提及了此事,请日本政府出面纠正这种对法国企业不公平的做法。但日方很冷淡,此后亦未有任何表示。几年后,克勒松夫人再问起艾特里在日本的经营,方知该厂不堪重压,已被迫关门。

此事给极力拓展外国市场的克勒松夫人留下了深刻印象,从此,她便对日本的经济政策抱有很重的戒心,而且时刻提防日本的"经济入侵",极力消减日本货物的进口。她在同企业家们见面时，总爱告诫他们："日本是一个不参加竞争游戏、却一心征服世界的对手。要不明白这一点，除非天真幼稚，除非完全瞎了眼，或者视而不见。"当日本的"松下""丰田"等驰名商标出击巴黎成为抢手货时，不信邪的克勒松夫人亲自骑着法国制造的摩托车穿过巴黎街头，为法国企业撑腰打气，以证明国货是可以同日本货相媲美的。

罗卡尔政府为改善与日本的经济伙伴关系曾做了大量的努力。这些努力在克勒松夫人看来，都是对日本怯懦的表现，以至于她在辞去欧洲事务部长时，曾不满地说道："在外贸方面，没有必要去指责日本或害怕德国，问题在我们这里。"尽管密特朗总统一再为国际社会打"预防针"，表示任命克勒松夫人为总理并不意味着法国将奉行贸易保护主义政策，但是，美、英、日等国仍表示"不安"。日本外务省一位官员曾私下悲观地说，任命克勒松夫人为总理，对日本不啻是"一个惊人的坏消息"和"一次沉重的打击"。

坐言起行的马提翁宫新主人果然已开始动作：对内冻结了一批正在与日本洽谈的项目，如她宣布政府将不批准布尔电子公司接受日本的巨额投资，拒绝日本的日立公司在奥尔良设厂等；对外则在会见德国总理科尔等欧洲领导人时，大放厥词，强调欧洲共同体各国要联手抗击日本的经济侵略。也许是其丈夫雅克·克勒松吹了"枕头风"的缘故，她特别强调不能让日本汽车挤垮法国的汽车工业，因为克勒松先生已是法国著名的标致汽车公司的高级职员了。事实上，当克勒松夫人被任命为总理的消息一传出，巴黎交易所唯有标致汽车公司的股票大幅度上涨，这是不是妻贵夫荣乃至夫之业荣呢？

然而克勒松夫人并不是盲目地排斥日本。还在当外贸部长时，她就特别欣赏日本将外贸、工业、科研集成一个超级大部的模式，这次她一拿到马提翁宫的金钥匙，就组建了一个以财政部长皮埃尔·贝雷戈瓦（社会党第一书记）为首的"超级经济部"，负责协调经济、财政、工业等部门的关系，了却了几年前的夙愿。她在私下会见日本记者和实业家时总是赞扬日本，说法国企业家应向日本学习。而且这位精明的经济学家出身的总理不会不明白，日本在国际舞台上日趋扮演经济大国的角色，到处争夺发言权，没有这个贸易伙伴，恐怕法国经济这台戏也不大好唱。

"雌豹"风波

风度迷人、气质非凡的克勒松夫人掌管政府大权，赢得了喜欢追逐浪漫的法国人的一片掌声，密特朗总统也正是冀望以此改善社会党在法国民众中萎靡不振的形象。尽管这种女性入主马提翁大厦具有象征意义和宣传作用，但它不能掩盖这样一个连法新社都承认的事实：在大男子主义盛行的法国，妇女只享有少得不能再少的政治权利。

这只要看一下密特朗总统的"女部下"就知道了，爱丽舍宫现今两个妇女知名度最高：一个是握着欧洲事务部长大印的伊里莎白·吉古，一年前她还是爱丽舍宫的顾问；第二个是新近加入人数很少的总统顾问班子的安娜·洛韦尔戎，这位32岁的年轻妇女手里揣着一大把烫金文凭，因而谋得了最令人垂涎的职位之一。接

下来能提到的只有 1989 年当选斯特拉斯堡市长的卡特琳·特罗曼了,她是领导这

"铁娘子"风度迷人

样重要城市的第一位妇女。法国妇女在获得投票权 45 年后,在法国政治生活中占的比例仍然很小,577 个国民议员中只有 31 个妇女,321 位参议员中只有 11 位妇女,制宪议会里没有一位妇女。在罗卡尔的辞职内阁中,只有 6 名妇女,但职位都未高出部长级代表,可见法国妇女参政屈指可数。

因此,当掌声过后,克勒松夫人这位一上台就被冠以"铁娘子"、与英国前首相撒切尔夫人相提并论的总理,不可避免地面临苛刻的挑剔了。她上任后第一次在国民议会那些充满揶揄眼光的政客面前讲话,便招致了严厉的批评,他们纷纷指责女总理声音缺乏"和谐",显得"粗野",逼得总理府不得不在《费加罗报》上放出风来:克勒松夫人的一位新闻助手已建议女总理,今后在国民议会上发表讲话时将使用电声设备,以使她的声音经过"电子均衡"作用变得"悦耳"些。

江山易改,禀性难移。克勒松夫人尽管官拜相位,言谈已相当收敛,但性格直爽的她仍时常言出伤人,麻烦事也就接连不断了。她上任后不久,在接受美国广播公司记者采访时,兴致所至,肆无忌惮地称日本人过的是"蚂蚁生活",并大谈英国的盎格鲁——撒克逊人的同性恋传统,还对法国社会盛行的婚外恋表示同情和宽容。这些言谈不仅激怒了推崇大男子主义的日本人,惹恼了追求"绅士风度"、死要面子的大不列颠人,也得罪了不少法国男子,因为喜好虚荣的法国女人时常会冷不防地给丈夫戴上"绿帽子"的。一些人批评克勒松夫人无休止地与内阁部长们争吵,言辞激烈、刻薄、粗俗,说一些与总理职务不相称的话,没有政治家的气度。于是女总理的"雌豹"形象应运而生,并由此而在法国引发了一场轩然大波。

"野生动物表演乐园"是法国电视台的政治讽刺幽默小品节目,富有想象力而且天性嗜好喜剧的法国佬在这个节目里,采用动画艺术,依照法国政界名人的性格和作风,将他们比喻成各类动物。如法国总统密特朗是一只青蛙,前总理罗卡尔是一只乌鸦,财政部长贝雷戈瓦则是一只大海象。8 月,"野生动物表演乐园"将女总理克勒松夫人的形象搬上电视屏幕,这出幽默小品剧演的是一个缠绵多情、自寻烦恼的雌豹总爱追逐着一只大青蛙。"雌豹"是克勒松夫人的漫画像,"大青蛙"则是密特朗总统的漫画像。

小品剧在新闻节目后的黄金时间里播出。一石激起千重浪,引得全法国上下

有关女总理的传闻纷起，很快散播到大街小巷。坐在电视机前的克勒松夫人看到这个小品后，愤怒至极，她摔下手中的报纸，"啪"的一声关了电视机。第二天，她怒气冲冲地走进马提翁宫的办公室，未等新闻秘书报告新闻，就挥挥手，下令："给我找几个记者来，我要见他们。"

挖空心思钻营"独家新闻"的记者们当然不会放过这个采访机会，他们蜂拥而入，争着把无线话筒、录音机伸到女总理面前。"这个小品应当受到谴责。"克勒松夫人开门见山，定下了谈话的基调。

"我想提醒总理，不，是埃迪特，这是一个讽刺幽默小品。"一位法国电视台的记者幸灾乐祸地说。

"铁娘子"脸上已没有笑容，她正视着那位记者愤怒地说："这纯粹是性别歧视。这个剧目把法国男人对女人的种种偏见，诸如愚蠢、笨拙、怪诞、荒唐集于那个雌豹一身，已经远远超出了讽刺幽默的界限。"

约见结束时，克勒松夫人气犹未消："我是我们国家盛行的大男子主义的受害者，但我不是唯一的受害者，我相信，所有担任领导职务的妇女都会理解我指出的这一点。因为他们也正遭受到各种程度不同的肆意诋毁。""希望新闻界的朋友们为我、为法国妇女伸张正义。"由于克勒松夫人为人坦诚，这个请记者叫她小名埃迪特的女总理在新闻界人缘颇好，她同记者们握手告别时，脸上开始浮出不算勉强的微笑。

克勒松夫人约见记者的谈话一发表，得到了拥护者的积极响应。他们开始组织对"野生动物表演乐园"发起攻势，进行反击。他们认为"野生动物表演乐园"如此影射他人的私生活，真是可鄙之至，应该向女总理公开道歉。前卫生部女部长巴哲克对记者发表谈话时说："我从未见过这么可怕的人身攻击。"

法国的许多社会学家对"雌豹"风波予以了密切关注。他们认为，法国电视台如此对待法国的第一位女政治家是不公正的，透过文艺作品，不难看出法国社会歧视妇女的毛病已经根深蒂固。法国社会学家、著名女权运动领袖富克撰文惊呼："法国社会在可怕的堕落，女人被当成了男人的附属品。"

迫于克勒松夫人的不满情绪和舆论压力，"野生动物表演乐园"的编剧琼·鲁卡斯解释说："因为是政治讽刺幽默，反映克勒松夫人的小品不是基于她是一个女人，而是基于她是密特朗的政治密友这样一个事实。"而制片人科勒罗也声明说，在今年的秋季再演这个小品时，我们将对克勒松夫人在小品剧中的漫画形象做出适当的修改，"当然"，这位躲在屏幕后面的天才意味深长地说，"这种改动不会让克勒松夫人感觉到我们在刻意奉承她。"

透过"雌豹"风波可以看出，一个充满活力、风韵犹存、面带微笑的女总理，一个喜欢直抒胸臆、毫不妥协的"铁娘子"，在一个追逐浪漫而又歧视女性的法兰西国度里，在充满挑战的漫漫征途上，生发出的风波自然不少。

短命的"保险丝"

1992年3月，面对内外的强大压力，埃迪特·克勒松夫人招架不住了。

10个半月来的政府运营情况表明,面对危机四伏的国内经济及社会形势,这位巾帼总理并无回天之力。经济增长缓慢,复苏前景渺茫,国家财政赤字居高不下,年度预算赤字将突破1310亿法郎。由于受欧洲共同体统一农业政策的影响,法国农牧产品出口受阻,农民收入大幅度下降,从1991年9月底20万农民聚会巴黎埃菲尔铁塔下抗议示威之后,全国各地不断发生农民拦截进口农产品运输车辆、捣毁粮仓酒库和冲击地方政府等暴力事件。克勒松夫人曾采取一系列振兴工业的措施,但其结果是,工业生产投资越发锐减,企业竞相裁员,失业队伍急剧膨胀,全国失业人口已从原来的260万向300万突破,失业率高达10.1%。失去就业保障和社会安全感的各行各业职工成千上万地走上街头,罢工示威浪潮方兴未艾。同时,"假发票案""输血感染案""社会党经费案"等一桩桩政治丑闻接连曝光,更使她所领导的社会党政府威信扫地。

　　在这样的情况下,遇上1992年3月下旬的两次地方选举,社会党自然是遭到了"空前的惨败"。其中在5个大区议会的选举中,社会党得票率仅为18.2%,创下了这个党在地方选举中得票率最低的历史纪录。社会党内怨声载道,也开始向克勒松夫人施加压力。

　　按照法兰西第五共和国的宪法规定,总统独揽乾纲,总理只是个俯首听命、御前效劳的角色,被称为总统的"政治保险丝",一旦发生政治危机,总理宝座便岌岌可危。密特朗1981年入主总统府爱丽舍宫以来,面对巴黎上空的风云变幻,也无例外地被迫频繁更换"保险丝",此前已报废了四个:莫鲁瓦、法比尤斯、希拉克、罗卡尔。现在,克勒松夫人这根"保险丝"又一次面临烧断的危险。

　　然而这根"保险丝"还想延长寿命。4月1日上午9时30分,一辆棕色雷诺25型防弹汽车驶入总统府,稍稍振作了精神的克勒松夫人跨出车门,快速地登上了爱丽舍宫的台阶,去见密特朗总统。她刚一坐下,就以通常的坦率方式直言不讳地诉说"他"的不是。"他"是指"贝尔希街的那个身体臃肿笨拙的家伙"。克勒松夫人就是这样称呼经济、财政与预算部部长皮埃尔·贝雷戈瓦的。"贝雷戈瓦一直给我制造麻烦,因为他对自己没能当上总理感到气恼。"

　　为了使自己的指控更具有分量,克勒松夫人向总统举了贝雷戈瓦背着她搞小动作的例子:那是在去年6月14日中午,刚任总理一个月的她正在与欧共体委员会负责贸易事务的专员、英国人布里坦勋爵会晤,她的联络顾问菲利普·阿特热突然走进她的办公室,附在她的耳边小声报告:"有急事。贝雷戈瓦又在搞小动作……我刚才接到了好几个记者打来的电话,要求澄清贝雷戈瓦辞职的消息。他们说,在出现辞职的谣传后,巴黎证券交易所的行情大幅度下跌。"

　　克勒松夫人一听大为光火,立即拿起电话,要通了贝尔希街财政部的电话,劈头就问:"喂!皮埃尔,辞职这事是怎么回事?"

　　话筒里传来贝雷戈瓦那慢条斯理的声音:"我跟你一样吃惊。我是在看了今天上午的报刊摘要后,才获悉那些有关我辞职的传闻的。我无法告诉你更多的东西。"

　　克勒松夫人当即厉声反驳这个企图倒戈的内阁重臣:"皮埃尔,你撒谎!你不可能通过你的报刊摘要获悉此事,因为今天上午没有报纸……"实际上,由于前一天出版业工人罢工,冻结了所有报纸的出版发行。

克勒松夫人用纤细的手抻了抻她喜欢穿的西服裙,继续数落贝雷戈瓦如何拆她的台,并再次表示,她希望领导一个更加紧密团结并摆脱了这个"身体臃肿笨拙的家伙"的政府。

尽管"铁娘子"在爱丽舍宫告了贝雷戈瓦一状,还是没有能阻挡住这个"身体臃肿笨拙的家伙"走向马提翁大厦的步伐。24小时后,密特朗总统经过反复思考,决定丢车保帅,正式接受克勒松夫人的辞呈,并立即任命经济、财政与预算部长皮埃尔·贝雷戈瓦出任新总理,组织新政府。

4月4日,备感沮丧的克勒松夫人向贝雷戈瓦移交了权力,恋恋不舍地告别了马提翁宫。于是,她又创下了一项纪录,她是第五共和国执政期最短的总理,仅有323天。

后来,克勒松夫人由法国政府推荐,到总部设在比利时首都布鲁塞尔的欧洲联盟委员会工作,在这个堪称"欧洲的超级政府"里担任主管科技和教育的委员。1999年3月,由于克勒松夫人的"裙带风"丑闻,更由于欧委会中被揭发存在腐败和"管理不善"等问题,以雅克·桑特为主席的欧盟委员会委员集体辞职。

此后,法国的这位"铁娘子"开始淡出政坛,但她的官司并未完。2006年7月11日,设在卢森堡的欧洲法院认定,克勒松夫人在1995年至1999年担任欧盟委员会委员期间,尽管她的工作班子齐全,但仍执意安插一个朋友作为自己的"私人助手"。该朋友是一位牙医,1995年时已经66岁,超过了在欧盟委员会任普通职务的年龄,但克勒松夫人仍让欧盟委员会任命他为"访问科学家",实际工作上此人是她的私人助手。欧洲法院认定,克勒松夫人滥用职权罪名成立。

不过,欧洲法院还是放了她一马。法院认为,被认定有罪本身就是一项惩罚,因此未采纳一位法官剥夺克勒松夫人一半退休金的意见。此项判决可谓罕见,立即招致一些欧洲议会议员的"炮轰",认为对欧盟纳税人不公。看来,"铁娘子"以后的日子不好过了。

敢于反腐败的韩国总统

——金泳三

人物档案

简　历：金泳三，韩国庆尚南道人，第14任韩国总统。生于庆尚南道巨济岛，毕业于汉城大学文理学院哲学系，1951年从政，曾历任第六、七、八、九、十和十三届国会议员，1992年12月当选为韩国第十四届总统。

生卒年月：1927年12月20日~

性格特征：廉政。

历史功过：上任后，采取了比较严厉的廉政措施。金泳三政府自称为"文民政府"，虽试图进行许多民主化改革，但因其任期即将结束之际未能妥善处理亚洲金融危机而不得不请求国际货币基金组织（IMF）提供援助，被视为接受屈辱援助，在国民一片谴责声中于1998年2月卸任。

"我要当未来的总统"

政治这东西，人们常说它神秘，部分原因或许在于同某些自然现象有着偶然巧合，不可捉摸。而此恰恰影响着某些人的人生安排，金泳三就是典型的一位。

在庆尚南道与釜山市隔海相对的巨济岛，是韩国较偏远的地方，岛上居民多以打鱼为生。该岛长木面外浦里住着一户虔诚的基督教徒，主人金洪祚是一个渔场主。其妻朴富连，是一位贤惠朴实的母亲。1927年12月20日，金泳三就诞生在这个家庭。

金泳三少时家里虽然比较富裕，但这里地处偏僻，没有学校。从6岁开始，金泳三每天都得爬过两座小山，到两公里外的小学读书。放学后还得跟他祖父学习汉语。升入高小后，因学校又在离家更远的长木面，他每天往返须走五六个小时的路程。为了获取知识，少年的他，不顾山路崎岖，不怕路程遥远，坚持不懈，从而磨炼了这个少年吃苦耐劳的坚强意志。尽管在报考釜山东莱中学时落榜，以致第二年才考入统营中学,但这并未影响金泳三的鸿鹄之志。1941 年,金泳三进入庆南中学,他更加刻苦用功。在读高中时。这位青午人在相同学畅谈未来的志向时,他挥毫写了一幅,"金泳三——未来的总统"的大条幅,贴在宿舍的墙壁上以铭心志。他的这,一惊人之举,令学校的师生们为之震惊。正是这种远大志向,驱使他在日后的征途中,无论是处于顺境还是逆境,他总是为实现这一宏伟志向,不屈不挠、矢志不渝地去奋争。

1947 年,20 岁的金泳三考入汉城大学哲学系,孜孜地求学,以求得自己成大器所需的满腹经纶。1950 年,朝鲜战争爆发,金泳三作为学生兵一度在国防部政宣局工作,对政治的认识有了从理论到实践的体验,为跨入社会大门练就了一番文笔与口才功夫。翌年,风华正茂的金泳三手拿哲学学士文凭,步入政治大殿堂——李承晚政府总理张泽相的总理办公室,当上了令同学们羡慕不已的总理秘书之职。随后加入了当时的执政党——自由党。1954 年,27 岁的金泳三参加议会选举,一举中榜,成为全国最年轻的国会议员,被舆论界誉为"政坛王子",跨进了他神往已久的政界,为攀登仕途的最高峰踏上了一级坚实的台阶。看来摆在金泳三面前的将是一条平坦的康庄大道。哪知天有不测风云,更何况政治风云的变幻也是莫测的,这岂能是初涉宦海、年纪较轻的金泳三所能驾驭的。

1954 年,当时的总统李承晚谋求第三次连任,全国哗然。毕竟初生牛犊不怕虎。金泳三对 80 岁的老头子李承晚还如此恋权,非常气愤,直言劝谏,坚决反对。这当然为擅权独断的李承晚所不容,结果只当了半年议员的金泳三就被排除出政治圈子。血气方刚的金泳三也不甘受辱,一怒之下,愤然退出自由党。但是金泳三当时绝没有想到:从此他将作为政治的反对派,漂泊他人生的三十六年。

仕途坎坷,誓不低头

李承晚的这一"课"改变了金泳三后来的政治历程。

也许是旁观者清,离开国会大厦后反倒使金泳三蓦然醒悟:在别人的卵翼下是造就不出总统的"材料"的;要想获得问鼎总统宝座的资格,必须靠自己一步一个脚印去奋斗,首先成为一个政党的负责人。为此,金泳三设计了自己未来政治活动的蓝图:参加一个有希望的党派──成为该党的主要领导人──获得参加总统竞选者的资格一入主青瓦台。

蓝图已定,金泳三开始为未来的大厦烧砖铺路,他选择了新民党作为自己未来的起点,参与了该党的创建,1961 年升任新民党青年部长,两年后成为釜山市市长。1967 年韩国一些在野党合并组成新民党,力量大增,并在 1971 年 5 月的国会选举中获 89 个议席,成为第一大在野党,金泳三也梅开二度,为新民党的候选人第二次当选国会议员。在党内,金泳三又接连提升,成为新民党政务会副议长,副总裁。1974 年,金泳三的政治生涯又出现新的飞跃,当上了该党政务会议长、总裁的职务,成功地跻身于党的最高领导集团之列,成了韩国政坛上冉冉升起的一颗明星,被称之为"在野党的旗手"。1979 年 5 月,借着又一次当选新民党总裁的东风,金泳三这时已在精心准备,企望通过第一大在野党的政治基础,通过文明的政治方式,实现他少时的"总统梦"。遗憾的是,上天并没有对金泳三那样宽厚,韩国的军人独裁政府却把他炽烈的"总统梦"撕成了碎片。

从 60 年代到 80 年代的二十几年里,金泳三一直都作为反对党的著名代表人物,以"民主斗士"的姿态,同几届军人政府针锋相对,倍受磨难,多次被软禁、停止议员职务和禁止进行政治活动,并为情报人员盯梢和监视,历尽坎坷,甚至亲人亦受牵连,1960 年 9 月,金泳三的母亲被间谍打死。1961 年,朴正熙发动军事政变夺取政权,翌年颁发"净化政治活动法",将反对党及政界知名人士 4400 多人列为审查对象,剥夺参与政治活动的自由。金泳三作为反对派的中坚,自然难逃此劫,罹遭"党锢之祸"。1970 年金泳三作为在野党总统候选人第一次参加竞选失败,他的政治理想又一次遭到打击。1979 年 10 月,青瓦台一声枪响,军事独裁头子朴正熙被刺命归黄泉,随之而来的"汉城之春"又让金泳三跃跃欲试,以为在野党的政治春天就要来临。他不失时机地利用集会、演讲等场合,频频在民众面前亮相,为竞选总统而四处奔忙,执政党与在野党尖锐对立。哪知,"汉城之春"很快成为过眼烟云,新的一轮政治运动又把金泳三的总统梦卷得无影无踪。1980 年 5 月,通过军事政变上台的全斗焕发布"第 10 号非常戒严令",取缔一切政党,严禁任何政治活动。枪打出头鸟,出尽风头的金泳三再次被剥夺政治权利软禁在家。三个月后,这位反对党领袖被迫辞去新民党总裁职务,退出政界,以躲避独裁政权的无情迫害。

金泳三决不甘心就此结束他的政治生涯,过一种与世无争的"田园生活",他时刻也不能忘却他那未了的心愿——我要做未来的总统。1983 年,金泳三打出争取"政治民主化""社会自由化"的旗帜,进行了长达 23 天的绝食斗争,震动整个韩国。作为反对党领袖,金泳三与流亡美国的另一著名政治家金大中遥相呼应,在韩国各地纷纷开展了要求民主、反对独裁的大规模示威游行和抗议活动,摇撼着军人政权的统治基础。铁腕人物全斗焕在内外交困之下,被迫同意于 1987 年实行总统直接选举。

为了争夺下届总统,金泳三及时同金大中携手联合,共同组建统一民主党,与执政党候选人卢泰愚决一高低。本来,这次总统大选输赢该是很明显的,军人出身的卢泰愚无论从资历、从政经验,知名度等各方面远不是"二金"的对手,何况这次并没有半路杀出的"程咬金"。但事情就坏在自己人"窝里斗",金泳三和金大中这两位政坛巨星互不相让,都想当总统,结果两人为此分道扬镳,彻底决裂,各自重新组建新的政党出马竞选。"鹬蚌相争,渔翁得利",二金都犯了这致命的错误。而退役上将卢泰愚乘虚而入,在这次大选中轻轻松松地拿到了打开青瓦台的金钥匙,登上了总统宝座。金泳三的总统梦再次成为泡影,更令他痛心的是:1988 年第十三届国会大选,金泳三领导的统一民主党只得 59 席,比金大中的平民民主党少获 11 席,而屈居第二在野党的地位,历史又出现一次面I临把金泳三排斥在政治中心外的严峻考验。

拼死一搏,志在必得

总统选举的失败和国会选举后的劣势地位,是金泳三政治生涯最低潮的日子。

心甘情愿地屈从第二在野党的地位,最终以反对党领袖的身份了此一生,金泳三一百个不甘心,这位政治家面临他一生中或许是最大的政治选择。

为了扭转不利局面,金泳三决定改旗易帜。1990年2月,他领导的统一民主党与老牌政界人物金钟泌领导的共和党以及执政的民主正义党合并成为民主自由党,改变了韩国"朝小野大"的政治格局。金泳三本人也从第二在野党的首领变成为仅次于总裁卢泰愚的执政党代表最高委员。为了政治,他也不在乎在野党人士给他戴的"叛徒","机会主义者"的帽子。

执政的民主自由党,拥有200多万党员,貌似强大,实则各自为战,派系头面人物面和心不和。一些头头不愿听命于金泳三。想方设法给他出难题,进行刁难。为此,金泳三在民主自由党内,一方面极力培植自己的势力,扩大自己的影响;一方面,对于挑战的对手予以反击,甚至以退出执政党来警告对方。经过多次较量,金泳三均一次次击败了向他挑战的各派系头面人物,包括金钟泌、李钟赞等,在党内斗争中逐渐占了上风。1992年5月民主自由党内举行总统候选人的选举。金泳三的主要对手李钟赞在选举的前两天,宣布退出与金的竞争,使金泳三不战而胜,获得执政党总统候选人资格。同年8月,他又荣登执政党总裁的宝座。看来金泳三对于下届总统的选举是志在必得。

事实上,金泳三进军总统宝座的道路并非平坦无阻。别说反对党,单就执政党党魁卢泰愚而言,就给金泳三出了不少难题。人们都清楚,卢泰愚和金泳三并不是同路人,只是各有所需双方才于1990年缔结"联姻"的,两人毕竟是同床异梦,龙首卢泰愚并不愿意让金泳三做其接班人。金泳三则频频催逼卢泰愚尽早确定继承人,以免情况变化。卢泰愚对此颇为不满,声称1991年结束之前禁止谈论此事。金泳三毫不相让,扬言如果在1992年3月前不确定本党总统候选人,他就要退出执政党。卢泰愚经过慎重考虑,权衡利弊,最后只好让步。同意金泳三为民主自由党的总统候选人,参加年底的总统竞选。卢泰愚为了打破自1992年3月以来韩国政局面临的朝野严重对立的局面,平息在野党的指责,纠正过去人们对总统选举是"不公正选举"的认识,创造新的"选举文化",保证年底进行公正的总统选举。他于同年8月,辞去民主自由党总裁职务,将党内大权交给金泳三,自己担任名誉总裁职务。接着,卢泰愚又于同年9月宣布退出执政的民主自由党,辞去名誉总裁职务,成立中立内阁,以保证年底总统选举的"公正性"。金泳三对卢泰愚的这一举动,认为是"树立公正选举风气的革命性措施",卢泰愚决定退出民主自由党后,虽然党内一些人发生了动摇,民主自由党也从执政党的地位上降了格,成了"亲政府的第一大党",但它也能使民主自由党"转祸为福",自己站起来去争取总统选举的胜利。

1992年10月,韩国总统竞选进入决定性阶段。金泳三以竞选下届总统事务繁忙、无力顾及国会议员工作为由,于10月13日宣布辞去国会议员之职,结束了他长达30年的国会议员生涯,金泳三以破釜沉舟之势,准备与另两位强有力的总统候选人——民主党总裁金大中,统一国民党领导人、"现代集团"创建人郑周永一决雌雄。在激烈的竞选活动中,三方实力不相上下,加上各派宣传,拉票活动热火朝天,报刊上各方互相攻击,候选人在电视荧屏上频频亮相,你争我辩,这一切令选民们眼花缭乱。金泳三高明于另两位对手之处在于,他善于抓住选民心理,根据韩国现实,提出了"新韩国论"和"稳定中进行改革"的口号,主张建立"清廉的政治、强有力的政府","整治贪污腐败,实行改革"等政策,为大多数人所接受。竞选进入冲刺阶段,距离渐渐拉开,金泳三逐渐占据上风。1992 年 12 月 19 日,选举结果揭晓,民主自由党总统候选人金泳三以 42%的得票率当选为韩国历史上第一位民族的文人总统。经过 46 年的艰苦努力,直到 65 岁生日前一天,他才实实在在地圆了少年时的政治梦。

昔日笼中囚,今朝一国主

对于青瓦台的这位新贵,韩国百姓并不陌生。

金泳三从政近五十年,九次当选为国会议员,曾三次担任过在野党的领导人。他创造了不少惊人之举:1983 年 20 多天的绝食行动牵动了全国人民的心。1990年的突然"跳槽",也使全国哗然。

公众比较一致的印象是:金泳三是一位精明的政治家,为人和蔼谦虚,善于听取不同意见,信守诺言。为政清廉,这是公认的看法,连他的总统竞争对手郑周永也钦佩地说:"金泳三在金钱问题上可谓两袖清风"。他家住在汉城市铜雀区上道洞,据说自从他搬进这所住宅后,24 年来从未修过一次,甩手摸墙时沙子直往下掉。金泳三喜欢体育运动,经常从事赛跑、游泳,足球和摔跤运动,几十年来,他几乎每天坚持早上五点起床,跑步半个多小时。读书是他一生的嗜好。特别是对文学和历史著作尤感兴趣。他曾著有《我们没有靠山》《40 多岁的旗手》《我和祖国的真相》等。这位总统的口头禅不少,诸如"鸡不叫也照样出太阳""会叫的狗不一定是好狗,会说的人不一定就是好人""不抓老鼠的猫不算猫"等等。

总统是金泳三一生谈论不断的话题。他想象中的总统形象是"总统是很重要的人物,掌握着国家的命运,为国民指出前进的方向,同时总统又应是国民的奴仆,视国民为上帝。"对自己是否适合当总统",他毫不隐讳地说:"我最适合当总统"。"有人说我缺少总统的素质,但是,我虽然不是什么突出的人物,但还不是素质差的人。如果素质差,就不能当最年轻的国会议员和最年轻的国会党团领袖,也不能当第一在野党的总裁"。

为了实现总统梦,金泳三所以能几十年如一日,奋斗不息。在于有一个好的家庭。作为二子三女之父,金泳三不但享受着家庭的天伦之乐,而且还得益于家人对他政治活动的鼎力支持,尤其是贤妻孙命顺。这位比金泳三小一岁的犁花女子大学药学系的优秀生,1951 年嫁给金泳三后,她不仅替金泳三服侍父母,抚养弟妹,而且在丈夫的政治生涯中全力相助。金泳三几次竞选总统时,她每天都去几个会场为丈夫游说竞选。一天最多的一次连去 15 个地方演讲助战,为表示对选民虔诚的谢意,她常常鞠躬 90 度,被誉为"90 度老太太"的美名。难怪有人说:如果金泳三是"政治九段",孙命顺则是"内助九段"。在 92 年总统大选时,金泳三全家总动员,包括年迈的堂兄,均披挂上阵,为金泳三助威呐喊的直系亲属达二十多人。从一定程度上讲,金泳三的能圆总统之梦,同这些后盾的上乘表现是分不开的。

净化自身，肃贪廉政

金泳三有句名言："短暂两廉洁的一生，好过屈辱而漫长的一生。"所以，他上台伊始，就提出"消除腐败，振兴经济，完善纲纪法规"是韩国当前的三大课题，并将消除腐败当作新政府的首要任务。在他的领导下，韩国掀起了一场声势浩大的政改运动和廉政风暴。

金泳三就任总统的当天，便宣布废除长达25年之久的不许百姓接近青瓦台地区的禁令，开放总统府后的风景点仁旺山和附近的高尔夫球场。随后宣布实行建国以来规模最大的一次大赦，释放了包括牧师文益焕在内的政治犯，创造了一种清新的政治空气。上任的第二天，金泳三就公布了本人及其直系亲属的232万美元的全部财产，并让其内阁成员、国会议员等400多名高级官员纷纷仿效，总统还促使国会通过了公职人员财产登记制度法案，便于公民监督。他坚持"清政"才能"立国"的信条，认为"改革不从自己开始，就难以让国民参与"。他宣布：在五年的任期内决不接受任何企业和个人提供的一分钱的政治资金，决不打高尔夫球。并告之下属："如果想发财。就去做商人，而不是成为政治家或者国家官员"。他上任后主动减少总统办公费，精简总统秘书和其他工作人员。在与各部处长官进行的第一次午餐会上，只以几碟小菜和面条待客，并借机表示：青瓦台今后招待客人，除外宾外，一律是面条与牛杂汤，不得浪费，此举已作为佳话在国民中传颂。

金泳三不仅率先"净化自身"，树立廉洁的总统形象，而且在国家公职人员中开展反腐败斗争，进行"净化活动"。新内阁刚组成不久，包括法务部长官朴焙太在内的三名部长因涉嫌经济和道德丑闻被金泳三解职。由总统直接领导的监察院一马当先，利箭伸向上至总统府秘书室、警察署、税务署、银行，下至地方政府等各部门。追踪到不少线索，各种丑闻频频曝光，许多政界高官中箭落马。前国会议长、70岁高龄的金在淳是韩国政界的元老之一，因违法占用汉城市内绿地保护区，不得不告别长达40多年的政治生活。金泳三上任时在位的国会议长朴浚圭，亦因故意隐藏财产细目、虚报财产总额遭到舆论界的挞伐，最后黯然下台。

金泳三甚至冒着很大的风险，把廉政和改革的锋芒伸向在韩国一直占有特殊地位的军方。1993年3月8日，金泳三以闪电般的速度解除了两名主要将军的职务，任命韩美联合副总司令金车镇取代金振永的陆军参谋长职务；任命国防安全指挥部总参谋长金度主接替徐完秀任国防安全指挥部司令官之职，明白无误地向军方发出了他要控制军队的信号和逐步改造军队的决心，为他的改革提供坚实保障。同年7月1日，韩国警方以"以权谋私和受贿罪"逮捕了前国防部长李钟九、李相薰、前空军参谋长韩周奭、前海军参谋长金铁宇等四员四星上将，指控他们在军火交易中受贿。如此举动，在以前是不可想象的。

一向被韩国国民所崇敬的教育界也受到了反腐倡廉旋风的"洗礼"。据统计，自1988年以来的非法入学者就达1000多人。金泳三当政后，毫不留情地把那些走歪门邪道者赶出了学校大门。

为了打击非法所得，做到财产来之有道，8月21日金泳三宣布，在金融机关实用真实姓名的制度。以前用假名进行的交易要在两个月之内改成真名实姓,违者给予一定罚款,从而在交易活动中斩断了那些不正当的财路,让每一个国民堂堂正正地拥有自己的财富,干干净净的财产成为一种自豪。

反腐倡廉之风已涤荡韩国的大小角落,正在深入地进行着,但金泳三觉得离他的要求差距不小。在 1993 年底,这位总统乘西方要求韩国开放大米市场之机,又断然对内阁进行了大幅度调整,撤换了 26 个内阁成员中的 13 位,把改革的先锋人物李会昌推上总理的位置,以加大打击腐败的力度,从根本上医治症状为"政经勾结、官员腐败、拜金主义、经济和社会秩序混乱"的"韩国病"。

金泳三发动的这场"不流血的革命",由于决心大,行动快,措施果断,仅半年多的时间,反腐败斗争已取得不小成果。据韩国官方 1993 年底的统计,自 1993 年 2 月金泳三上台以来,因滥用职权行贿受贿、侵吞国家财产而受到降职、降薪、革职或被判刑的大小官员达 4000 多人,其中 120 多名军方高级人士也受到不同程度的惩治。反腐倡廉运动使韩国举国上下受到强烈的震撼。肃贪运动使酒店生意一落千丈,高尔夫球场冷冷清清,社会风气为之一新。公众对金泳三的支持率直线上升,已超过 90%。

总的来讲,金泳三是一位不寻常的政治家。从政是他毕生的心愿。他了解广大选民的意愿,也知道如何感谢他们。正是他们的选择圆了金泳三多年的总统之梦,给了他一次实现其政治主张的难得的机会。

从邮相到首相

——田中角荣

人物档案

简　历:1918年5月4日生于日本新潟县二田村农民之家,1938年12月入伍,不久因病回到东京。开办了建筑事务所。日本战败中变成拥有庞大财产的暴发户。1947年4月25日田中在竞选中顺利成为众议院议员,从而进入政界。1957年年仅39岁的田中出任邮政大臣。1972年2月6日田中当选为战后第十一位内阁总理大臣。1983年10月12日长达七年之久的洛克希德案结束,田中被判四年徒刑。1993年12月16日,田中溘然长逝,终年75岁。

生卒年月:1918年5月4日~1993年12月16日。

性格特征:开明、有才华。

历史功过:田中在任期间,对外实现中日邦交正常化,解决了日本外交的一大悬案;对内提倡"日本列岛改造论",试图启动内需,寻求经济繁荣的新增长点。其整治国土,形成四通八达的交通网络的构想,至今已经成为现实。

名家点评:日本自民党第一大派田中派领袖。

青少年时代

1918年5月4日,田中生于日本新潟县二田村,有姐妹六人,田中是独子。田中家的远祖是四五百年前开辟这个偏僻山村的18户老农之一。田中角荣的祖父田中舍吉是修造寺院的木匠,祖母是村长的女儿。其父田中角次为一介牛马商贩,看到好马就买,又卖马换酒喝,能喝就喝,得醉就醉。其母任劳任怨,一人耕种家中的11亩地。操持家务,教养孩子,自然更是她的事情。村里人一致夸她是"一个好女人,一个了不起的母亲"。

有这样一位母亲,对田中来说,实在值得庆幸。田中两岁时,因患白喉发高烧,落下了口吃的后遗症。上学后,调皮的同学总喜欢嘲弄他,让他很苦恼。母亲知道后,鼓励田中下定决心克服口吃,"只要努力,口吃是一定能够矫正的。说话要沉着,不要着急。到底怎样才能治好口吃,你自己好好琢磨琢磨。"田中慢慢发现大声唱歌有利于矫正口吃,就经常一个人跑到深山里练唱。学校举行文艺演出,田中主动跑到老师那里,哭着请求出演主角,并保证"绝对不口吃"。老师感动地答应了他的请求。演出那天,田中按着节拍用各种音调说唱,台词像流水一般脱口而出,台下响起了热烈的掌声。关于这段经历,田中成年以后还引以为豪。他在《我的履历书》中写道:"演出的成功,不知道给了我多大的信心去克服口吃。"

田中小学毕业时,家道已彻底败落。想到父母亲的劳苦,田中放弃了上学的念头,按照自己的意愿,进了柏崎的土木工程临时办事处。

七个月后,田中离开这里,去东京谋生。初来乍到,人生地不熟,旅费被人骗光,想托人找工作,又被面孔冷冰冰的女仆拒之门外。走投无路的田中,只好在一家小建筑公司做学徒。

当学徒非常辛苦,田中每天5点起床打扫公司,然后去工程现场帮忙,当时公司承包的三项工程不在一处,田中每天骑着自行车,来回奔波,疲劳不堪,但午后5点,一到下班时间,田中立即骑上自行车,直奔夜校。为了听课不打瞌睡,田中把手掌心轻轻的放在一柄小刀上,只要瞌睡,锋利的刀尖就会刺痛掌心,田中就可以惊醒过来,继续学习。9点下课后,已筋疲力尽的田中,还得赶回公司,为第二天的工作做准备。忙完了这一切,已是午夜12点,街道上静静的,大部分人已进入梦乡。田中还得就着昏黄的路灯,在下水道洗衣服。一天算下来,睡眠时间只有三四个小时。

工作是那么的累,每月工资却只有5日元。其中,扣去3.5日元的学费,再加上测量实验费和买书的钱,就剩不下什么了。可是劳动所得越少,田中这样的感觉就越强烈:"我如果不用功读书,就只能一辈子过这种生活。"通过发奋而出人头地,这是田中人生的一个梦。他相信读书是走出困境的捷径。虽打过多份零工,做过商行的送货员,还在一家杂志社当过实习记者,但不管工作怎么辛苦,田中始终没有放弃读书。1936年,田中以优异的成绩毕业于中央工业学校土木科专业。

从夜校毕业后,田中在中村勇吉开办的建筑所中,找到了一份不错的工作。田中终于走出了谋生的困境,工作专业对口,能够学以致用。但是,田中最初的梦想并不是要当建筑大王,而是成为一名海军。

在广阔无垠的大海上,搏击风浪,威风飒爽、壮志凌云,这就是田中在幻想中描绘的图景。为了通过报考海军的英语考试,田中把整本《简明英日辞典》和日文辞典《广辞林》一页一页地背下来,而且背一页撕一页,直到全部记熟。之所以要这么做,是怕马马虎虎地学,养成一种"忘记了,以后再查"的想法,就会偷懒,什么也记不住。

田中记忆力惊人,在日本政界赫赫有名。出任大藏大臣时,不管在预算委员会里,在野党议员提出什么样的质询,田中都可以自信地随口答出具体的数字,且鲜有差错,弄得提问的人耳瞪口呆。这种惊人的记忆力,多得益于年轻时背字典。"很多人认为死记硬背是无益的,但我却觉得,牢牢记住的方法才是最重要的。我不喜欢那种半生不熟、不彻底的记忆方法。只要你这么想,现在不记住,以后就再也不可能看到,你就会把它牢牢记住。"田中如是说。

在报考海军的体格检查中,身高 164 公分,体重 61 公斤的田中,在一万三千余名考生中名列第十三名。接下来只要通过学科考试,田中就可以如愿以偿,实现其海军梦了。

恰在这时,田中收到了母亲病危的通知,不得不对前途重新选择。"不错,成为一名海军,的确是我长期梦寐以求的理想,但现在还是干脆死了这条心吧!我应该分担一些薄命的母亲身上的重担,多少让母亲的日子过得好一些,才是自己作为家中唯一的儿子应有的责任啊!"经过一番痛苦的思考,田中决定放弃报考海军。

田中还梦想过当一名作家。田中在担任大藏大臣时,为《朝日文艺》写文章,谈到了他的作家梦:"青年时代,在东京小石川的烤白薯店的楼上住宿,我暗中立志做一个作家,即使不能成为一名小说家,也许可以成为一个文艺杂志的编辑。直到今天,成为一名大藏大臣,文学的梦还缠绕着我。我写东西很快,至今请人代笔的事,可以说是几乎没有。因此,虽然因别人代笔而被开除公职的政治家是有的,但恐怕这样的事不会发生在我身上。凡是我所写的东西,都完全代表了我个人的思想。即使政治是欺骗,文学也绝不是骗人的东西。"

当海军也好,当作家也罢,都是青春时代与田中交臂而过的梦,最终他还是选择了土木建筑业作为职业。在中村建筑事务所,田中有幸结识了大河内正敏子爵。大河内当时是理化研究所的所长兼理化工业公司的董事长。理研所那时是非常有名的,它承担了国内新技术的开发任务,一大批各个领域的知识分子精英汇聚在这里。抚今追昔,田中对理研所充满了感激之情,称它为"我的私人大学"。他回忆说,在理研所,茶前饭后便可听到日本最杰出的科学家谈论尖端科学,虽然我是生吞活剥,一知半解,但耳濡目染总能学到不少东西。我今天的知识基础大都是理研所教给我的,比如日本实现工业化、现代化需要做些什么? 如何发展第二产业,为此要做哪些研究? 以及将来的日本应有的形象等等。

结识大河内后,田中离开中村建筑事务所,自立门户,建立"共荣建筑事务所",自任经理,开始了艰苦的创业。大河内把理化公司的许多工程转包给田中,对 19 岁的田中来说,这是难得的机遇。为了不辜负大河内的厚爱,田中拼命干活,测量、计算、设计、施工纲要以及与各厂的联系、工事的监督等等,样样亲自动手,苦干巧干,务求用户满意。共荣建筑事务所日渐兴隆,田中的收入也丰厚起来。在一般人的眼里,他算是发迹了。但战争打破了田中的发财梦。

1938 年 12 月,田中接到入伍通知书,被编在盛冈骑兵第三旅团。田中被迫关闭事务所,穿上了军装。次年 3 月,第三旅团入伍新兵在广岛集合,出濑户内海,在朝鲜的罗津港登陆。田中所在第二十四联队又从这里出发,前往吉林省中苏边境附近驻扎。5 月,日苏军队在诺蒙坎激烈交战,日军惨败。田中并未直接参加战斗,被分配在后勤部门。长期高强度的工作,加上精神十分紧张,到 1940 年 11 月底,田中得了纤维性肺炎,终于昏倒在值勤现场,被人用担架抬进野战医院。经诊断,田中还患有右胸部干性肋膜炎并发症,因此送回日本治病。

在大阪的红十字会医院疗养时,田中得知妹妹敏江患了肺病,生命垂危,就急忙赶回家探望。与奄奄一息的妹妹诀别,极度悲伤的田中在返回大阪的当夜就发起了高烧,两三天后,病情恶化,被特别列车送至仙台医院,分配在重病人专用的单人病房。两星期后,田中的病情加重,处于危险状态。军医带着卫生兵把他的钞票和手表号码记录下来,预备后事。一天晚上,护士来到田中房间,用手电筒照他的脸,看人死了没有。只见田中目光炯炯,两眼大睁,护士吓得尖叫起来。护士的一声尖叫似乎唤回了田中的生命力,此后田中的病竟然奇迹般地好转竟至痊愈。田中总算从战场和病床上捡回一条命。

1941 年 10 月,大病初愈的田中回到东京。经人介绍,田中租了一间房子,重操旧业,开起了建筑事务所。和理化公司联系上后,田中又开始忙碌起来。

田中的房东是个将近 60 岁的老太太,其亡夫过去也经营土木建筑。女儿花子离异后,带着孩子住在娘家。花子比田中大八岁,虽然长相一般,但手脚勤快,为人和善。她见田中工作繁忙,衣着邋遢,总是主动照顾他。田中心里很感动,越来越觉得离不开温柔善良的花子。1942 年 3 月 3 日,田中与花子喜结良缘。时值战争期间,婚礼一切从简。新婚之夜,花子要求田中立下三条誓言:不许赶她出门;不许用脚踢她;若将来出人头地,要相伴偕老,并保证只要田中信守这三条誓言,她可以忍受其他一切痛苦。一向沉默寡言、胆小谨慎的花子提出这样的要求,使田中大为诧异,只好苦笑着点头答应。此后,田中果然信守诺言,没有嫌弃长他八岁的糟糠之妻。两人育有一子一女,儿子六岁时夭折,女儿田中真纪子成了田中的掌上明珠。田中还有两个儿子田中京和田中祐,是情人辻和子所生。不过,在家庭和社会上的地位,毕竟不能与真纪子相比。他们虽是同父异母的姐弟,但彼此很少来往。

贤惠的花子嫁给田中后,承担了所有的家务,让田中放开手脚,埋头事业经营。1943 年,田中为扩大经营,把买进的一个仓库改建成建筑事务所,取名田中土木建筑工业股份有限公司。当时的日本正在一步步走向失败,物资供应十分紧张。田中循着"工期短,收费低"的经营理念,到处承包工程。公司以惊人的速度发展,一年时间跻身全国头 50 家土木建筑公司的行列。田中成功还有一个秘诀,就是善于调动员工积极性。他后来回忆说:"事业能否发展,关键在于能不能推动别人来为你工作。我虽然是总经理,但每天很早上班,扫地抹桌子,和职员们一起劳动,一起游玩,苦乐与共。职员们明白了我的心意,工作也就认真勤快。"

1944 年,第二次世界大战的形势发生重大变化。欧洲战场,意大利无条件投降,纳粹德国已成笼中困兽。亚洲战场,侵华日军陷入泥潭难以自拔,东南亚各国抗日斗争日益高涨。美军握有太平洋的制海权、制空权,1944 年 6 月攻占塞班岛,开始实施猛烈空袭,日本战败只是时间问题了。

为了保存实力,日本军部命令本土上的一些工厂向中国东北和朝鲜转移。田中乘机承包了一项转移工程,把一个活塞环工厂全部迁往朝鲜的大田。这项工程前后共耗费 37.5 万人力和 6000 万日元。田中本人也亲自出马,漂洋过海来到朝鲜。

1945 年 8 月 15 日,日本无线电台广播了天皇的《终战诏书》,日本战败投降。

田中丢弃了在朝鲜的全部财产,坐船逃回日本。

战后初期的日本一片混乱,物资极度匮乏,粮食奇缺,物价暴涨,黑市猖獗,失业严重。但田中个人却十分幸运:新潟乡间的 40 幢出租房屋完好无损;在东京的家,损失也不大;战时花 10000 日元买下的店铺,在来势凶猛的通货膨胀狂潮中,一下子增值百万,田中突然变成拥有庞大财产的暴发户。

1945 年日本战败投降

雄厚的经济实力为田中走向政界奠定了坚实的基础,战后初期政局纷乱又使田中有涉足政坛的可能,不甘心每天数钞票的大老板田中,开始把目光转向政坛。

向政界挺进

日本政治评论家户川猪佐武认为,如果没有大麻唯男这个人,如果没有战败这个现实,日本政治舞台上,或许就不会有田中这个人。从田中迈入政坛的历程来看,此言不谬。

大麻唯男在战前是民政党总裁町田忠治的亲信,战争期间投靠军部,担任过东条英机内阁的国务大臣。战后被解除公职,离开了政界,但仍保持影响。大麻有个绰号叫"隐拳手",是说他老谋深算,乐于在幕后摇羽毛扇。

战后初期,各政党如雨后春笋般纷纷建立。进步党建党却进展缓慢,原因是町田忠治和原陆军大臣宇垣一成争夺党首之位,僵持不下。大麻心里发急,建议说谁先搞到 300 万日元政治资金,谁就当总裁。町田和宇垣表示同意。大麻马上找到田中,希望他能出钱帮助町田当上总裁。田中慷慨解囊,他说:"为了重建战败后一无所有的日本,当务之急是确立民主政治。政治不搞好,什么经济复兴、重建生产都谈不上,所以我愿意把我从事土木建筑工作所得提供出来。"

町田在田中的财力支持下,顺利当上了进步党总裁。不料至 1946 年 2 月,盟军总司令部发布解除公职令,凡是在战争期间身居要职的政党、官僚、实业界和舆论界人士,皆因协助战争,负有战争责任,必须解除公职。此令既出,二十多万人被褫夺公职,进步党总裁町田忠治以下 260 名党员干部也只好卷铺盖回家,其中也包括大麻唯男。

政坛突然出现大量空余位置,受挫的保守党四处物色人选填补空位,为卷土重来准备骨干力量。于是,大麻把田中请到自己的办公室,煽动他出马参加众议院议员竞选:"我喜欢你这样有魄力的年轻人。日本需要头脑敏锐,有实干能力的青年。青年不登上政治舞台,重建日本,那是不行的。在你的家乡新潟县,我们进步党没有合适的候选人,你与其帮助别人,不如自己参加竞选。"大麻的建议虽然让田中怦然心动,但竞选费要出多少,心里没底,一时拿不定主意。几天后,大麻又来找他商量,并通过田中的两位亲信动员他出来竞选。最后,田中问道:"竞选要出多少钱?"回答说:"拿出15万日元,就可稳坐钓鱼台,一个月后保你当选!"一席话说得田中心花怒放,一拍大腿道:"好,那就干吧!"是年,田中27岁。

说干就干,田中马上着手准备起来。他首先请来恩师草间道之辅为他出谋划策。草间最初不赞成田中参加竞选,觉得他过于年轻,没有政治经验。田中一脸慷慨之色,说人不能仅仅满足于个人舒适的生活,战争让几百万人受伤、丧命,现在仍有许多人日夜陷于不幸、困苦和窘迫之中,如果对此视而不见,自己的良心过不去。田中表示,他是为了倾尽全力救助这些不幸的人,才立志加入政界。田中的话深深地打动了草间,转而积极协助田中参加竞选。

竞选是个无底洞,不把大量的金钱、时间、精力投入其中,就很难有当选机会。经过一番幕后策划,田中虽然被提名为进步党候选人,但那时在新潟县,他还不为人知,很少有选民注意到他。为了让选民尽快了解、熟悉和支持自己,田中在新潟各地四处奔走,发表演说。

一次,田中和草间骑着自行车,赶往新潟寺泊的学校去发表竞选演说。谁知到了会场,一个听众也没有。据说海报上写的时间弄错一个小时,来了五六个人又回去了。田中和草间茫然地站在会场里,不知所措。等了半天,总算有一位老太太和一位年轻的妇女结伴而至。田中精神一振,道谢过后请她们坐下休息。一会儿又陆续来了两个青年。就在这四人前,田中发表了热情洋溢的演说。演说结束后,田中向听众致谢,并请教他们的姓名。原来,那位年轻妇女是另一位候选人的妻子,而青年则是业余帮助田中张贴传单的学生。尽管如此,田中还得强打精神,赶往下一个会场。

回顾初涉政坛的这段日子,田中感慨万分地回忆说:"大约有整整一个月,天天都是暴风雪的日子,眼睛和嘴根本无法张开。但是,除了在积着厚雪的道路上,默不作声地一个劲儿往前走之外,没有别的办法。"田中最小的妹妹幸子,至今还记得哥哥参加竞选那年的情景。她说:"是乘着马拉的雪橇,在下雪天里进行选举的。"

田中参加的一场规模最大的竞选演说,是在柏崎市的一所小学校举行的。出发前,田中竞选班子的久保田提醒说:"你在当地人的眼里是个青年,所以首先要做自我介绍。""是,是。"田中老老实实地点头道。久保田还自作聪明地指点说,应该穿上大礼服,带上白手套,衣冠楚楚地向当地的选民表示敬意。演说那天,田中果真理了发,换了内衣,穿着大礼服登上了讲台。出场的其他候选人却是一身工人打扮,脚上穿着沾满了雪和污泥的长筒靴。会场上的大多数听众是身穿满是皱褶衣服的复员兵和劳动裤上溅满了污泥的女人。相形之下,盛装打扮的田中显得十分扎眼,与听众的距离太远。轮到田中演说时,还未等他张口,台下先响起一片斥责声:"把大礼服脱下来!""这么年轻,为什么参加保守党?"田中紧张得有点头晕,强作镇静地开始自我介绍。话未说完,台下立刻又传来一片喝倒彩的声音:"我们可不是来听你的经历的!"田中的脸一下子变得苍白,不知如何是好。

竞选班子缺乏经验、不得力,田中又是个初出茅庐的毛头小伙,知名度不高,也不懂得把钱花在刀刃上,相当多的竞选经费打了水漂,结果田中落选了。

初试锋芒,未能如愿,对田中无疑是个不小的打击。不过田中也并非一无所获,在这次竞选中,结识了许多朋友,有些甚至成为他一生的知己,这为以后竞选打下了良好的基础。

1947 年 4 月 25 日,战后第二次众议院大选拉开帷幕。田中吸取前次落选的教训,一洗前耻,顺利当选为众议院议员。初航政海的田中,很快就崭露头角,成为政坛一颗令人瞩目的新星。

同年 10 月,在围绕《临时煤矿管理法》的纷争中,田中所属的民主党(1947 年 3 月由进步党改组而成)因党内意见不一而分裂。田中紧跟前首相币原喜重郎,猛烈攻击该法案,以不能否定自由资本主义为由,反对煤矿国有和国营。11 月,田中脱离民主党,参加了由币原喜重郎等二十几名议员组成的同志俱乐部。1948 年 3 月,同志俱乐部更名为民主俱乐部。同月,民主俱乐部与日本自由党合并,组成民主自由党,简称民自党(1950 年 3 月改组成自由党。1955 年 11 月自由党与日本民主党合并成自民党)。田中任选举部长,因其长于分析和推算选票得数,被同伙誉为"选举之神"。民自党总裁吉田茂一身官僚贵族习气,以独断专行出名,颐指气使,很少征求党内议员的意见,经常连本党议员的姓名和面孔都对不上号。但吉田对新当选议员的田中却另眼相看。早在反对《临时煤矿管理法》的斗争中,年轻的田中即以精悍的作风,对政敌言辞富于攻击力给吉田茂留下深刻的印象。其后,田中为吉田内阁成立又立下汗马功劳。1948 年 10 月 7 日,芦田均内阁总辞职,宣告社会、民主、协同三党联合执政破产。按照宪政常规,政权应转交给在野第一大党民自党总裁吉田茂。这时,从美国占领军总司令部传来指示,希望以民自党干事长山崎猛为首,组成全国各政党的联合内阁。消息一经公布,顿时在政界引起轩然大波。民主党、社会党、民自党反主流派联合起来,推举山崎为首相。部分民自党干部甚至蜂拥闯进吉田住宅,逼迫其辞去总裁职务让位与山崎。吉田势单力薄,被迫答应召开党总务会发表辞职声明。第二天上午 10 时总务会上,吉田按事先商定正准备发言,位居总务末席的田中突然站起来说道:"日本虽是战败国,但美国要干涉日本的内政是绝对不行的。我首先要质问吉田先生,您作为外交官是一位元老,所以我请教您,您认为美国指示我们让哪一位可以当首相,哪一位不可以当首相,是不是干涉内政?"一番话说得铿锵有力,理直气壮,一下子震住了会场。吉田见形势有转机,一改阴郁沉痛之色,立即大声回答说:"说得好!美国绝对不能干涉内政!"接着民自党主流派人士纷纷表示拥护吉田做首相。主持人民自党总务会长斋藤隆夫见机马上追问:"对刚才吉田总裁、田中总务以及其他各位发言,有没有不同意见?"善于领会意图的山崎派的广川弘禅见风使舵,首先站起来喊道:"没有不同意见!"至此,吉田派占了上风。田中成为吉田的亲信,受到其重用。1948 年 10

月,吉田第二次组阁,亲自提拔田中出任法务省次官,年仅 30 就担任政务次官是没有先例的。田中何其幸运又何其不幸,40 天后,他因涉嫌受贿,被迫辞去政务次官之职。检察厅以田中在反对《临时煤矿管理法》的活动中,接受煤矿主 100 万日元贿赂为由逮捕了他。

这是田中政治生涯的第一次危机。但是,问题解决得很顺利:东京地方法院一审判决田中有罪,东京高等法院二审则判决田中无罪。审判期间,正赶上 1949 年的大选,田中在小菅的拘留所里出马竞选,并在投票前一星期获得保释出狱,直接赶回新潟。结果第二次当选为众议院议员,且得票比上一次还多 3500 张。不久,一副题为《你当选了!》的漫画出现在报端,画上吉田茂把田中头朝下、脚朝天地倒背着,田中两手捧着"煤矿事件"。田中看到后,表面上搔头苦笑,内心里实有几分得意,背着他的可是吉田——当今的日本首相啊!

1949 年 9 月,众议院建设委员会设立地方综合开发委员会,田中任委员长。该委员会立足于国家综合发展战略,制订综合开发地方的报告书,第一次提出"国土开发的综合性"概念。在此报告基础上制定的《国土综合开发法》于 1950 年 5 月先后在众参两院通过。该法是战后日本最基本的开发立法,它促进了日本各地区、各领域的综合发展,成为实现经济增长的政策性支柱。

1950 年 11 月,田中出任长冈铁道公司总经理,着手改建长冈铁路。该铁路自 1915 年创建以来,连年亏损,特别是战后初期恶劣的经济环境下大幅度亏损,负债额甚至超过原有资本总额。田中接手这副烂摊子后,当机立断申请投资 1 亿元,欲先将西长冈至寺泊的一段长达 31.8 公里路段的火车运行电气化。此举颇有远见,但在当时大多数人不理解,许多朋友劝田中慎重考虑。田中回答说,无论是国家铁路,还是私人铁路,实现电气化是大势所趋。我现在虽然还没能赚钱,但几年以后长冈铁路一定可以成为全国私人铁路第一位。果不其然,数年后长冈铁路赢利上升至全行业首位。

1953 年 8 月,田中就任理研化学公司董事长。1954 年,田中先后出任中央工学校校长、第五次吉田内阁自由党副干事长和众议院商工委员会委员长。

从 1949 年至 1957 年,田中始终未能入阁而徘徊于幕后。其间,他结识了吉田学校的两个核心人物——池田勇人和佐藤荣作,并与他们建立起密切的关系。在任命池田为藏相和选举佐藤为干事长两件事上,田中作为吉田的亲信贡献不薄。对此,池田和佐藤深表领情。池田曾对朋友说:"在政界里,最先帮助我的是田中角荣。"佐藤更是公开表明:"田中是我的左右手。"因此,田中在协调池田、佐藤两大派系矛盾上举足轻重,其稳定保守党权力机制的价值无人可及,这也是田中从一介"头排议员"直至成为执掌大权的总理大臣的奥妙之一。

从邮相到首相

1957 年 7 月 10 日,岸信介改组内阁,田中出任邮政大臣,时年 39 岁,是 1885 年日本实施内阁制以来最年轻的阁僚。田中终于走到台前来展露其政治才能。

就任次日,田中召开邮政省全体成员大会,发表训词:"我是新潟县柏崎人,今年39岁,不言而喻还很不成熟。接替这个职务,我有点担心,不知究竟能否干好。但是我还年轻,来日方长,希望大家不要将我与前任大臣比较,说长道短,要向前看,把我当成一个还有点使用价值的人。"当年的建筑公司小老板摆出颇有些自知之明的低姿态,但随后就开始使用其"价值"了。

1958年邮电工人发起要求提高工资的春季斗争。邮相田中对此的回答是大批处分,处分人数相当于工会会员的十分之一,勒令297人停职,其中包括解雇"全国递信员"工会的委员长等领导干部七人,降低两百多人的工资等等。然而如此大规模的处分,只遇到失去领导人的工会方面的微弱抗击。"春斗"受挫,田中在自民党内的声望陡然增高,也使同僚对他的"使用价值"刮目相看。

任职期间,田中还果断地处理了一个久议不决的难题。在86个公司153个电视站的申请中,经过一番筛选,批准其中43家电视站开播。此举加速了日本电视时代的到来,对日本社会的经济、文化发展产生了积极的影响。邮相田中的长相和名字频繁出现在媒体中,逐渐成为全国知名人物。

1960年,岸信介强行修改日美安全条约,日本爆发大规模群众反抗运动。6月23日,岸内阁被迫辞职。为争夺自民党总裁的宝座,政坛出现池田勇人、石井光次郎、藤山爱一郎、大野伴睦四雄逐鹿的局面。为使池田上台,田中在幕后进行了一系列的活动。他认为日本保守派的主流应继续掌握权力,只有让池田—佐藤接班,日本的政治方向才不至于偏离。正是在田中的努力下,佐藤退让一步,让池田先登总裁宝座。

1961年,田中回到自民党党内工作,担任池田内阁政务调查会会长。任职期间,在处理医疗费问题上,田中再一次显示出解决难题的能力。医疗费问题久拖不决,田中之前三任干部益谷秀次、福田赳夫、保利茂都未能解决,等接力棒传到田中手上时,当事者的一方——保险业方面的医生宣布若再不解决,将全部辞职。田中匆忙拜见医师会会长武见太郎,但首次谈判失败。之后,田中毅然抛掉厚生省所拟之旧方案,亲自拟订具有谈判可行性之新方案,再次拜访武见。同时田中采取软硬兼施的两手政策,一见面就单刀直入地说:"如果连这个方案您也拒绝接受,那么无论是政府还是自民党,都只好把医师会抛开不管了。请您慎重考虑一下吧!"武见是个善于估量形势的人,知道这是自民党所能承诺的最后底线,便爽快地回答说:"行!"就此两人商定了所谓四原则,即"彻底修改医疗保险制度""与国民福利相结合,提高医学研究和医学教育水平""确立和保持医生与患者之间的自由的人际关系"和"建立自由经济社会的诊疗报酬制度"。这些原则为医师会和厚生省继续谈判打下了良好的基础。

继政调会会长之后,田中连任池田内阁三任大藏大臣,为池田谋求的经济高速增长目标,发挥了尖兵作用。三年大藏大臣的工作经历也使田中本人从财政金融领域的门外汉成长为精通业务的行家。

1964年11月,池田勇人因病辞去首相职务,佐藤荣作继任首相。佐藤声称要继承池田路线,内阁成员除更换官房长官外,其余成员全部保留,田中当然留任其藏相职务,直到1965年6月如愿以偿出任佐藤新内阁的自民党干事长。自民党干事长是执政党自民党的总管家,一手掌握党的财政大权,其在自民党"三常委"即干事长、总务会长、政务调查会长中发挥核心作用,地位和实权仅次于首相,在众人之上。此职位是竞选总裁的一块跳板,可以利用分配议员选举资金之特权,在选举中招兵买马,增强自己的实力。田中在佐藤内阁中共担任五届自民党干事长,长达四年零一个月,呼风唤雨,距离权力顶点只一步之遥。

田中权力日益膨胀,逐渐引起了佐藤派另一位实力人物福田赳夫的强烈不安,两人同时觊觎着首相宝座,并为此明争暗斗。福田 1905 年生于群马县,自幼有围棋神童之称。1929 年以优异成绩毕业于东京帝国大学法学部,长期在大藏省任职,是一名资深的经济官僚。1952 年投入岸信介门下,成为岸信介的心腹人物。由于这层关系,福田与岸的胞弟佐藤也走得很近。在佐藤内阁时期,与田中一起被公认为佐藤内阁的台柱。其在担任大藏大臣时推行的以大量发行国家公债为中心的刺激经济景气的财政金融政策,对日本经济的再度高涨起到了明显效果。岸信介曾经说过,福田是岸——佐藤阵线的太子,佐藤之后担任首相的必是福田。佐藤本人也不乐见田中权力过分扩张,希望福田与田中能够相互制约、相互平衡,以谋求佐藤体制的安定。

进入 1971 年,佐藤政权的"末期症状"已经显露。物价问题、公害问题、人口向大城市过度集中和农村荒废等问题日益严重,人们的不满情绪越来越大。据 1971 年 6 月 8 日《朝日新闻》的调查,佐藤内阁的不支持率超过支持率,上升至 46%。在这种形势下,自民党在统一地方选举和参议院通常选举中,均没有达到预期目标。田中身为自民党干事长,深感责任重大,参议院选举一揭晓,便拜访佐藤首相,递上辞职书。

佐藤接受了田中辞呈,在 1971 年 7 月 5 日内阁改组中,撤除田中自民党干事长职位,任命他为通商产业大臣。田中心里明白,佐藤此举是有意识地让他远离政权,为福田接班铺路。但他毫不气馁,决心在通产相的岗位上,大显身手,漂漂亮亮地干一场。时值日美纺织品贸易摩擦急剧升温,田中在一番细致调查和慎重考虑之后,拍板决定日本非让步不能解决问题,并马上付诸行动,与美谈判。田中巧妙地在对美让步的同时,逼迫美方同意日本的出口有一定的增长,最大限度减少国内纺织业的损失。此举得到政界人士的肯定,对田中做事的决断力和行动力表示心服。当时任田中秘书的小长启一发表感想说:"我非常佩服田中作为政治家的魄力,该做的事挨骂也能做到底。当时如果没有赴汤蹈火的决心,问题非但不会解决,而且会越来越恶化。"田中用三个月时间解决了困扰政府三年的难题,为日后出马竞选总裁赢得了一分。

1971 年 7 月的"尼克松冲击"和同年 10 月中国加入联合国,宣告佐藤一厢情愿的亲美反华外交路线走进死胡同,佐藤下台已无可避免,自民党内争夺下届总裁的角逐白炽化。最有资格竞选总裁的候选人是长期支撑佐藤政权的两根支柱——田中和福田,此外,已经两次参加竞选的三木武夫和池田派系的大平正芳,也先后宣布加入总裁候选人的竞争行列。三木自知此次竞选的胜数微乎其微,但若能在竞选中获得较好的声望,将有利于日后的总裁竞选。而对于新当选为池田派宏池会会长的大平来说,出马竞选的目的在于拉拢会员,巩固人心。前任会长前尾繁三郎下台的原因便在于关键时刻放弃竞选总裁,从而引发了会员的强烈不满。另一小派系领袖中曾根康弘则自知实力不够,按兵不动,静观事态发展。一时间,媒体的兴趣全部聚焦到总裁竞选上,并把四人之间的角逐称为"三角大福战争"。据舆论分析,福田暂时领先,田中在后以猛烈的势头奋起直追,大平和三木当选的可能性不大。但不管情况如何,从当时每人所拥有的自民党全国议员和地方议员的情况来看,任何单独一派都难以夺取总裁宝座,而必须采取联合对手的政策。

这次总裁选举与以往相比,明显不同之处在于:现职总裁退出竞选,完全是新人之间的竞争,而且候选人竟达四人之多,超过历史最高纪录三人。现任总裁佐藤的安排是先让对佐藤政权贡献较大、又有管理财政能力的福田当总裁,然后再由福田让位给田中。羽翼已丰满的田中不甘心居福田之后,鼓足劲儿发起冲刺,就在佐藤的眼皮底下,为迎接最后的决战扎扎实实地做了一番准备。

对田中来说,胜负的关键在于他能否汇聚足够压倒福田的人力。为此田中抓紧时间,积极在佐藤派内扩大旧势力、培植新势力,努力创造变佐藤派为田中派的条件。经过几个月的周密策划和紧张活动,1972年5月9日夜,佐藤派内以木村武雄为首拥立田中的集团,在东京一家日本餐厅聚会,正式亮出了支持田中竞选自民党总裁的旗号。这批人由地下活动转为公开活动,意味着田中策略的基本实现。佐藤派事实上已分裂为田中派和支持福田的保利派,前者为82人,后者仅为21人。以众参两院八十多名议员为基础的田中派,包括大家所熟悉的竹下登、羽田孜和小渊惠三,因其"行动迅猛,团结一致",被誉为"田中军团",为田中竞选成功立下了汗马功劳。田中之所以能建立起枝茂叶盛的"田中人脉",一方面是田中本人具有向心力:决断力、领导力和亲合力,更重要的是他善于巧妙地利用"情和利"来笼络人心,这也是田中后来者居上超过福田的重要原因。

接着,田中又在自民党各派领袖中间展开了合纵连横活动。6月2日,田中与盟友大平正芳达成协议,商定在总裁选举的决选投票时联合。在此基础上,努力争取自民党内中曾根派、三木派和各中间派的支持,以求彻底孤立福田。

与此同时,田中还推出了自己的政治主张。6月11日,田中发表著作《日本列岛改造论》,作为其对内政策的支柱。书中不仅勾勒了一些颇具诱惑力的构想,如继续推进经济高速增长,建设"新干线"等现代化交通网络等,还针对佐藤内阁出现的"末期症状",提出一些解决办法,包括调整工业布局,为扭转人口过分集中于城市的倾向,"把民族的有生力量和雄厚的经济余力引向整个日本列岛",要在全国各地建立一批25万人规模的城市,并通过工业税收政策,鼓励大城市的工厂向外地转移等。这些设想既迎合了一般民众希望经济继续增长、生活更加改善的要求,也迎合了垄断资本的投机心理和投机行为,他们都梦想日本经济再来一个大飞跃。因此,该书一发行,立即引起轰动,一再重印,创发行88万册的记录。田中的声望进一步提高。

6月17日召开的自民党议员大会上,佐藤正式表示辞职意向,总裁选举战在即。6月19日,佐藤召见田中和福田,建议在总裁选举的第一轮投票中,得票居第二位的人退出决选投票,无条件地让位于得票居第一位的人。福田自觉稳操胜券,当即表示同意。田中的回答非常暧昧,他清楚即使在第一轮投票中不能获最高票数,但在决选投票时,若拉上大平和三木派的票,一定可以超过福田。

同日，素有"风向标"之称的中曾根康弘见大势已定，宣布不参加总裁竞选，转而支持田中。中曾根派虽是自民党内一小派别，但当其他各派实力对比形成均势时，中曾根派何去何从，就具有举足轻重的作用。

消息传出，待价而沽的中间派纷纷倒向田中，田中派士气大涨，福田派则忧心忡忡。到6月30日，离总裁选举还差五天，日本各大报刊，无一例外地宣称田中已处于优势。

1972年6月21日，田中出席成立总裁选举办事处的仪式，正式宣布出马竞选自民党总裁，并按照惯例发表了题为《争取实现新政》的竞选声明，概述他对国内外形势的看法，表明自己的政治抱负，提出"决断与实行"的口号。声明受到广泛好评，人们对他上台执政后解决日本面临的内外课题抱有期待。

7月2日，田中与大平、三木举行三派首脑会谈，一致商定谁在第一轮投票中得票最多就支持谁，并就日后实现中日邦交正常化达成政策性协议。三派首脑会谈意味着田中在与大平结盟的基础上，最终取得三木派的支持。由于中曾根目前表示支持田中，实际上形成了四派联合对付福田派的局面，福田陷入孤立之中。四派能够联合起来对抗福田，是因为具有共同的政治目标——尽快实现中日邦交正常化。大平、三木和中曾根都认为福田一旦上台，将继续奉行佐藤路线，成为"佐藤亚流政权"，在外交上不可能迅速实现中日邦交正常化。

1972年7月5日上午10时，自民党在日比谷召开继任总裁选举大会。佐藤发表退职讲话后开始投票，投票结果是：田中角荣156票，福田赳夫150票，大平正芳101票，三木武夫69票。因四位候选人均未达到超过半数的239票，按有关规定，在得票第一位和第二位之间进行决选投票。12时34分，投票揭晓：田中282票，福田190票，4票无效。

田中击败福田，赢得了自民党总裁竞选的胜利。顿时，田中阵营爆发出热烈的掌声，坐在前面第二排的田中激动地站起身来，深深地鞠了一躬，举了一下右手，又转身向后施礼，场内再一次响起祝贺的掌声。接着，田中来到讲台前发表简短讲话，表示："我决心全力以赴为国家、为党增添光辉的一页。"

7月6日，第六十九届临时国会召开。由于自民党在国会占有过半数议席，田中自然当选为战后第十一位内阁总理大臣。政治评论家伊藤昌哉评称，田中这个人是一手拎着《日本列岛改造论》，一手拎着"承认中国"这样两项积极政策登上首相宝座的。田中内阁上台伊始，《朝日新闻》8月进行的舆论调查表明，其支持率高达68%，超过当年吉田茂内阁的支持率，创历史最高纪录。这反映了国民对田中内阁的期望，希望他能实现竞选时许下的诺言：外交上实现中日邦交正常化，推行和平外交；内政上消除经济高速发展带来的种种弊端，改变生产与生活的失衡局面，提高国民的生活福利水准。

回顾战后的历届总理大臣或自民党总裁，无不是出身显赫，学历傲人。因此出身、学历都十分普通的田中被舆论涂抹上平民色彩，称其为"庶民宰相"。

中日邦交正常化

　　田中在任职首相期间,主要做了两件事,一是实现中日邦交正常化,二是推行"日本列岛改造计划",其结果截然不同,前者作为田中内阁的突出政绩而载入史册,后者最终成为众矢之的而偃旗息鼓。

　　1972年7月7日,刚刚出任首相的田中在首次内阁会议上畅谈其外交抱负说:"我要加紧实现和中华人民共和国的邦交正常化,要在动荡的世界形势中,强有力的推行和平外交。"7月19日,田中举行记者招待会,再次就举世瞩目的日中邦交正常化问题直抒胸臆,"我认为中国问题是最大的外交问题","两国邦交正常化时机也已成熟,我要认真地处理这一历史性课题"。无线电波把田中的表态传向四面八方。田中说这番话绝非讨好媒体的宣传性辞令,是体察形势的明智判断。20年前由吉田茂设置的障碍,已到该消除的时候了。

　　1952年4月,采取对美一边倒政策的吉田茂,为使日本国会批准《旧金山和约》,恢复日本独立,屈从于美国的要求,与台湾蒋帮建立"外交关系",签订"日台条约",制造邦交正常化的假象,设置了中日关系正常化的障碍。与此相反,日本有识人士克服各种险阻,为恢复中日关系顽强抗争。1952年6月至1958年3月,中日先后订立四次民间贸易协定。两国贸易关系一路领先,文化交流推波助澜,形成逐渐积累、民促官的大格局。各界友好人士为两国邦交正常化做出不懈努力,然而要打破两国关系的坚冰并非易事。1957年2月以岸信介组阁为标志,日本政府采取了诸如公开支持蒋帮反攻大陆、包庇在长崎撕毁中国国旗的暴徒等一系列恶化中日关系的行动,两国民间贸易中断。

　　1960年7月,池田勇人上台执政后,双向渠道重新开通。1962年11月,订立"中日长期综合贸易备忘录"。1963年8月,池田内阁准许日本对华贸易商社使用日本输出入银行的资金。1964年4月,双方互设贸易办事处,并互换长驻记者,两国关系升至半官方水平。但到1964年11月,佐藤入阁执政后,中日关系又进入不稳定的曲折、恶化状态。

　　佐藤荣作乃岸信介的同胞兄弟,两人对华问题的立场也如出一辙。佐藤上台后做的第一件事,就是拒绝彭真率领的中共代表团入境。之后公然支持美国侵略越南,攻击中国"威胁亚洲和平",推行"美日韩台联合遏制中国"的战略。1967年9月,佐藤仿效岸信介访问台湾,中日关系全面恶化。1971年7月,基辛格访华,中美双方发表尼克松将访华的公告,佐藤政权备受冲击。同年10月,佐藤政权又在联合国第二十六届大会上,追随美国,充当臭名昭著的"逆重要事项和双重代表制"的提案国,极力反对"接纳中国,驱逐台湾"的阿尔巴尼亚提案,结果再遭挫败,中国恢复在联合国的合法地位。佐藤反华外交走入死胡同,舆论界纷纷指责其僵硬、笨拙的外交政策,要求佐藤内阁辞职,期待尽早实现中日邦交正常化。

　　至田中执政,中日邦交正常化的时机已经成熟。1972年2月尼克松访华及中美《上海公报》的发表,标志着美国对华政策发生大转变,停止对抗、遏止方针,加强对话、扩大交往,从而为田中实现其外交抱负创造了有利的外部环境;与此同时,随着美国国力的削弱,对日本外交的制约也在松弛,田中内阁自主外交的空间因而扩大,用新任外相大平正芳的话来说,就是"美国顾不上日本了。日本也要提高自主性,这是必要的"。

中国的积极反应更为田中内阁解决战后最大的外交悬案敞开了对话途径。佐藤内阁末期,外相福田曾指示日本驻尼泊尔、缅甸、罗马尼亚的大使与中国大使接触,然而均未有实质性进展,无果而终。田中内阁成立后,中国政府对田中的对华讲话反应迅捷且积极。7月9日,周总理在欢迎也门民主人民共和国民族阵线总书记伊斯梅尔的招待会上发表讲话,首次正式表态,欢迎两天前田中关于加紧实现中日两国邦交正常化的声明。11日,中日友协副秘书长孙平化以上海舞剧团团长的名义在东京记者招待会上讲话,强调复交是两国人民的共同愿望,"在恢复日中邦交上,中国方面是没有障碍的"。13日,中国驻日内瓦联合国经济及社会理事会代表卜明大使应邀出席日本代表举行的招待会,与小木曾本雄、北原秀雄等使节进行大使级接触。16日,周总理会见访华的社会党前委员长佐佐木更三,发出"欢迎田中首相访华"的口头邀请。19日,中日备忘录贸易办事处驻东京联络处首席代表萧向前在欢迎宴会上讲话,表达了中方愿为早日实现邦交正常化而努力的积极态度。20日,孙平化、萧向前出席藤山爱一郎主持的酒会,并与外相大平正芳谈话,事实上打开了政府间接触的渠道。22日,双方再次就尽快恢复邦交进行长时间的会谈,加深彼此理解。8月12日,外交部长姬鹏飞受权宣布:周总理欢迎并邀请田中首相访华,谈判并解决中日邦交正常化问题。至此,中国政府正式向日本政府敞开谈判复交的大门。中国政府一系列的积极反响,促使田中内阁下定决心,加快复交步伐。7月10日,田中、大平和内阁官房长官二阶堂进分别发表谈话,对周总理9日的讲话感到放心,一致认为两国政府级接触的时机已经成熟。17日周总理发出口头邀请后的第二天,田中表示充分理解"中日复交三原则",19日会见记者,表示"抱有诚意来解决日中邦交正常化这样一个大问题",并相应采取了协调党内意见等步骤。8月12日,周总理发出正式邀请后,15日,田中会见孙平化等,表示接受访华邀请,下定决心于9月下旬前往北京,与周总理举行富有成果的会谈。

财界积极支持田中尽快实现日中邦交的决断,是促使新内阁采取行动的首要内部因素。时值田中内阁成立前夕,中国政府派遣萧向前于7月3日抵达东京,出任中日备忘录贸易办事处首席代表。自孙平化1967年回国述职,中国在相隔五年之后重派首席代表的举动,立即引起日本财界的注意。7月4日,《产经新闻》透露说:财界认为萧氏赴任是"中日邦交正常化朝向早日实现的方向行动起来的一种具体表现","经团联""同友会"等财界巨头主张应"理所当然地""向前看地对待中国问题"。《每日新闻》则报道财界"打算主动地同萧氏接触","并同我国新政权的领导一起,使政府的对中国政策来个大转变",推动政府间谈判,促进两国邦交正常化。7月9日周总理发表欢迎田中执政并恢复邦交的讲话后,财界进一步要求田中直接访华,早日恢复邦交,并提出迅速废除对华贸易限制、放宽巴黎统筹委员会禁运名单、实现日元与人民币结账、开辟定期航线等具体要求,敦促田中内阁采取积极行动。7月19日,日本方面宴请萧向前等中国贸易代表,财界、政界七百余人出席,富士银行董事长岩佐凯实、新日本制铁公司董事长永野重雄与总经理稻山嘉宽、伊藤忠商事公司总经理越后正一等财界人士纷纷赶来,场面极其热烈。孙平化率芭蕾舞团赴日后,三菱、三井、住友、三和等大企业集团相继与其会晤,对中日邦交正常化表示积极态度。8月3日,三菱银行董事长田实涉和三菱商事、三菱重工业公司两位总经理藤野忠次郎、古贺繁一等三菱元老率团联袂访华。23日,周总理与田实等会谈,对三元老的积极态度和决心表示赞赏。从此奠定三菱财团对华展开大规模经济往来的基础。以田实等访华为龙头,财界掀起加大中日贸易力度的热潮。商工会议所首脑人物永野重雄建议成立中日经济联席委员会。8月22日,以新日本制铁公司总经理稻山嘉宽为团长的中国亚洲贸易经济研究中心访华团从东京启程,前往北京。财界对华的积极姿态,有力地支持了田中内阁。

自民党多数派系和在野党对田中恢复中日关系给予支持,形成超党派的政治合力。在争夺佐藤之后总裁宝座的较量中,以恢复日中邦交为最大政治使命的田中迅速赢得自民党多数派系的支持。社会党、公明党等主要在野党在田中内阁成立后不久即纷纷表态,宣布在对华政策方面给予合作。7月10日社会党委员长成田知巳对记者发表谈话,指出:若田中内阁接受"中日复交三原则",社会党愿意在两国邦交正常化方面与政府合作。7月12日民社党委员长春日一幸发表谈话,表示愿意同田中会见,促其访华并在接受"中日复交三原则"的前提下与政府合作;7月13日公明党委员长竹入义胜也表示了与社会、民社两党同样的态度。在野党明确而热烈的表态,愈加坚定了田中实现其抱负的决心。

舆论界和广大日本国民也一致支持田中内阁在邦交正常化方面的自主行动。7月11日,《朝日新闻》《读卖新闻》《日本经济新闻》和《每日新闻》等四大报刊分别发表社论,认为田中内阁的成立促使中日两国间的政府会谈时机成熟,中国政府的积极反应更敞开了对话的渠道;敦促田中内阁下决心与台湾当局断交废约,勿失良机;强调新内阁的对华方针是战后首次向国外表明恢复外交主体性的出发点,其意义不仅在于中日关系本身,而在于执政者反省追随美国政策和决心实行自主独立外交。田中组阁后,欢迎学历不过是中央工学校土木科的"庶民首相"执政的"田中热"随之掀起,显示了民心所向。

恢复中日邦交已是大势所趋,但田中内阁仍面临着来自内外的压力。在自民党内部,佐藤、石井、园田、福田等派系反对同台湾断交废约,阻挠田中内阁采取相应行动。在国外,美国虽不反对日本和中国接触,却无意赞同田中内阁快速实现日中邦交正常化。与中国处于对峙状态的苏联,一面公开反对日中接近,一面以开发秋明油田、租借国后与择捉两岛为诱饵,向田中内阁施加影响,干扰其决策。田中实现其复交抱负,必须讲究策略,排除阻力。

为此,田中采取了先党内、后党外,先国内、后国外的逐步争取说服策略,小心翼翼地扩大赞成中日复交的阵营。1972年4月21日,田中首先与大平、古井夜谈,表明当选总裁、总理后,立即着手实现中日邦交,说服大平出任外相,形成田中、大平派的合作基础。7月2日进而与三木派联合,举行三派会谈,达成"实现中日邦交正常化是我们当前的国策"之共同认识和通过政府间谈判缔结中日和约的协议。接着又争取到中曾根派的支持,确定了田中、大平、三木、中曾根四派联合组阁的权力框架。7月7日组阁时,将反对派排除在内阁之外,组成合力推进邦交正常化的行动型内阁。7月11日,撤销党内的中国问题调查会,13日,新设直属总裁的机构中日邦交正常化协议会,任命前首相小坂为会长,吸收各派代表人物为协议会成员,使之成为党内的论坛,以集思广益并有利于统一党内思想。

对党外的工作也几乎同时展开。7月11日,田中会见即将访华的佐佐木,表示对中日复交有"绝对信心",嘱托将此消息转达给中国政府;7月18日,会见公明、民社两党的委员长竹入义胜和春日一幸,表示"充分理解""中日复交三原则",并准备派政府代表团访华,谈判复交。田中会见在野党首脑人物的用意,不仅在于巩固超党派合作的政治基础,也在于通过在野党的渠道与中国政府保持联系。这条渠道也的确发挥了加快中日复交进程的重要作用。通过佐佐木访华,田中得悉周总理欢迎其访华。7月25日竹入启程访华,其滞留北京期间与周总理举行三次会谈,亲自听取并逐句不漏地笔录了中国政府关于签订中日复交联合声明的基本要点,即日本政府应充分理解"中日复交三原则",承认中华人民共和国政府是代表中国的唯一合法政府,台湾是中国领土的一部分,日台断交废约,保护在台日本资产,发表联合声明,结束两国战争状态等。这份笔记被政界称为"竹入备忘录"。8月4日,竹入将备忘录面交田中、大平。田中阅后认为中方的基本要点可以接受,下决心9月访华谈判复交。大平则以此备忘录为依据,指示外务省拟订日方草案,复交的准备进入实质性阶段。

对国外的工作,主要集中在与美国磋商、协调对华政策方面。7月20日,大平指示驻美大使牛场信彦就日本政府首脑访华问题会见国务卿罗杰斯,设法取得美国谅解。8月19日,田中、大平分别与前来访问的美国国务卿基辛格会谈。双方在中日复交时机已成熟、中日关系改善不会影响日美关系等方面取得一致意见。8月31日至9月1日,田中与尼克松在夏威夷举行会谈,着重解决日美贸易间不平衡问题,也讨论了中日邦交正常化问题。日方在坚持日美安全体制的前提下,恢复中日邦交的立场得到美方的理解。乘此时机,9月8日,田中召集自民党大会,确定中日复交谈判的基本方针,主要包括:遵循《联合国宪章》和"万隆十项原则";相互尊重各自不同的社会制度,互不干涉内政,尊重各自同友好国家的关系;互不使用武力和武力威胁;增进相互间平等的经济文化关系,互不歧视;为亚洲的和平与繁荣而合作等"五项原则"。尽管上述原则比较抽象,但自民党内的亲台派仍加以阻挠。为此,田中加紧对台湾的安抚工作。

早在7月25日,田中已指示回国述职的驻台"大使"宇山厚设法开展说服工作。同日,大平会见台驻日"大使"彭孟缉,强调日本决心与中国复交,要求给予理解。26日,中曾根授权日本输出入银行资助仓敷人造丝公司对华出口维尼纶成套设备,实际上撤销了"吉田书简"。9月17日,田中派出特使自民党副总裁椎名前往台湾,与张群、蒋经国会谈,告知:日本鉴于国际形势的变化和国内改善中日关系的舆论高涨,只得恢复中日邦交。蒋氏父子虽强烈不满,却也无可奈何。

另外,田中内阁还通过各种外交途径,向英、法、苏及东南亚国家通报日中复交并非针对特定的第三国等等,求得各国的理解。9月14日至20日以小坂为团长的自民党首次访华团来北京的访问,以及与周总理、廖承志等本着求大同存小异原则的会谈,完成了田中访华前的最后准备工作。9 月 21 日,中日两国政府同时发表田中访华公告。

1972 年 9 月 25 日上午 8 时 10 分,田中率大平、官房长官二阶堂进及外务省亚洲局局长吉田健三、条约局局长高岛益郎等政府官员,在参众两院副议长、副总理三木及自民、社会、公明、民社等诸党负责人的欢送下,毅然登上飞机,自羽田机场起

1972 年 9 月 25 日,周恩来总理会见田中角荣首相。

飞,经由上海,直赴北京。11 时 30 分,田中访华的专机在秋高气爽的北京机场徐徐降落,稳稳地停在开阔的停机坪上。劲头十足的田中快步走下飞机,把手伸向周总理。在经历了硝烟弥漫和长期对峙之后,两国总理的手终于紧紧地握在一起,这是多么有意义的历史瞬间啊!互致问候以后,田中在周总理陪同下检阅了中国人民解放军三军仪仗队,并接受众多各界人士的热烈欢迎。

按事先商定,当天下午 3 点,在人民大会堂安徽厅举行首轮首脑会谈。周总理和田中首相分别代表本国政府,强调中日复交时机已经成熟,应本着求大同存小异的精神,一气呵成地实现邦交正常化。周总理还指出,为了两国人民的友好,使日本人民免受赔偿之苦,中国政府放弃战争赔偿的要求。首轮会谈后,田中感慨不已,就接触周总理的感受,在题词用的纸笺上写下两句汉诗,"躯如杨柳摇微风,心似巨岩碎大涛。"

当天晚上,总理设宴欢迎田中一行。周总理在祝酒词中指出,田中首相访华,揭开了中日关系史上新的一页;中日复交是中日两国人民的共同愿望,现在是完成这一历史任务的时候了。他深信经过双方努力,充分协商,求大同、存小异,中日邦交正常化一定能够实现。周总理还总结了近代以来中日关系的历史教训,强调中国人民遵照毛主席的教导,严格区分极少数军国主义分子和广大的日本人民,重申两国人民的友好往来和贸易关系的不断发展,为邦交正常化创造了有利条件。田中首相致辞感谢周总理的邀请和款待,当他表示:"我国给中国人民添了很多麻烦,我对此再次表示深切的反省之意"时,在场的中方人士收起笑容,表情顿时严峻起来。

26 日上午举行的两国外长会谈中,出现了不和谐的调门。日本外务省条约局局长高岛益郎详细介绍外务省关于中日声明要点时,提出中国政府无法接受的两点主张,即其一,反对废除《日台和约》,理由是废约"违背国际惯例","等于是承认日本过去在外交上犯了错误",并坚持说由于签订"日台条约",中日两国间的战争状态业已结束;其二,借口台湾问题是中国内部问题,拒绝对台湾是中国领土不可分割的一部分这一重大史实明确表态。否认中日之间的战争状态尚未结束和回避台湾的归属,实质上涉及是否承认中华人民共和国是代表中国的唯一合法政府的

原则问题。在这方面,中方毫无妥协的余地。高岛的发言,使首轮外长会谈陷入僵局。

在当天下午举行的第二轮首脑会谈上,周总理对田中在欢迎宴会上致辞中"添了很多麻烦"的说法提出批评,指出日本军国主义侵略战争给中国人民带来深重灾难,日本人民也深受其苦,用"添了很多麻烦"来表达,在中国人民中是行不通的。周总理还针对高岛的发言发表看法说:"我不认为高岛局长的话反映了田中和大平两位领导人的真意。如果是那样的话,我就不懂得你们是为吵架而来的,还是为恢复邦交正常化而来的。"随后,姬鹏飞外长和大平外相之间举行了原定日程中未安排的第二轮外长会谈,协商解决关于结束战争状态和台湾地位的分歧。当天夜里,外交部顾问张香山、亚洲司司长陆维钊与吉田、高岛、外务省中国课课长桥本恕、条约课课长栗山尚一等事务当局官员彻夜工作,围绕《联合声明》字句的提法,相互磋商。

27 日,田中首相一行趁会谈间隙,游览了长城。对田中来说,万里长城和金字塔一样,"都是进小学之后最先学到的外国事物",久已心向往之。显得很轻松的田中,沿着将近 30 度的陡坡,快步向上攀登。他打破了只登到第三个烽火台的计划,一直登上第四个烽火台。所以日本和外国记者报道说,"田中远远超过了尼克松",因为尼克松同年 2 月游览长城时只走到第二个烽火台。有人说这象征性地暗示田中发展日中关系的决心。与田中比较而言,大平显得脚步沉重,神色严肃,他只登上第一个烽火台就停住脚步。此时此刻,他满脑海只有两个字"谈判"。为寄托恢复邦交的一腔热情,大平曾赋诗道:"长城蜿蜒六千里,汲尽苍生苦汗泉。始皇坚信城内泰,不知抵抗在民心。山容城壁默不语,荣枯盛衰几如梦。"

游览长城后的当天下午,举行了第三轮首脑会谈。在两国事务性当局官员通宵达旦协商的基础上,周总理和田中首相采用在《联合声明》的前言和正文中弥合双方分歧的解决办法,确定了关于结束两国战争状态和台湾归属的基本文字表达形式。前者表述为"结束两国间迄今存在的不正常状态",关于后者的表述,双方同意在联合声明中写进中国方面的主张,同时写上日本"充分理解和尊重中国政府的这一立场"的意向。至于终止"日台条约",双方约定虽不正式写进联合声明中,但由大平正芳本人宣布废除。随后,双方按照谈判程序,举行姬鹏飞与大平的第三轮会谈,对实质性问题及其措辞进行最后的研究。

晚上 8 时半,毛泽东主席在周总理、姬鹏飞、廖承志等陪同下,在中南海的私邸会见了田中、大平和二阶堂。双方进行了一小时亲切友好的谈话。毛主席一开口就风趣地说:"怎么样,已经吵完了吧!不打不成交啊!"毛主席用"吵完了"这个词实际上暗示中日谈判已大体完成。聊天中,毛主席时而用英语,时而用日语,谈到了饮食、文化、历史和日本的竞选,思路广阔,挥洒奔放。他还对田中说:"一些年轻人认为添了麻烦这样的措辞是不够的,因为在中国把水溅到女人裙子上时才用这个词。"临别前,毛主席送给田中《楚辞集注》六卷。田中紧握毛主席的手,不住地点头说:"多谢多谢!毛主席您知识渊博还这样用功,我不能再喊忙了,要更多地学习。祝您健康长寿!"

28 日下午,第四轮首脑会谈对联合声明的内容最后达成协议,并一致同意于 9

月 29 日建立两国间的外交关系。为昭示信义,周总理书赠田中、大平"言必行,行必果"六字,田中首相回赠"信为万事之本"六字。在同日举行的第四轮外长级会谈中,姬鹏飞和大平再次就《联合声明》的内容,进行最后的具体协商,并磋商田中致辞中"添了很大麻烦"的说法,大平建议将其改为"痛感责任,深刻反省",双方遂达成一致意见。

当天晚上,田中在人民大会堂举行答谢宴会。在致辞中,田中表示:"两国间不正常状态宣告结束,两国国民多年所期望的邦交正常化得以实现,不仅会在两国历史上掀开新的篇章,而且也是对亚洲乃至世界和平的贡献。"周总理在致辞中宣布,双方已在有关恢复邦交的一系列重要问题上达成协议,为此高度评价田中、大平所做出的贡献,并将这历史性成就归功于两国人民。周总理还代表中国人民向那些为促进中日友好和实现邦交正常化而做出贡献甚至牺牲生命的日本各界朋友,表示衷心的感谢和敬意。席间,乐队演奏了田中、大平、二阶堂的家乡乐曲,宴会气氛高潮迭起。

9 月 29 日上午 10 时,在人民大会堂举行了庄严而隆重的签字仪式。周总理、田中首相、姬外长和大平外相一一在联合声明正式文本上签字,然后周总理和田中首相互换签字文本并热烈握手祝贺。历史在这一刻定格,留下永不磨灭的回忆。中日两国睦邻友好关系自此进入新的阶段。

中日邦交正常化的实现,经历了漫长而曲折的过程,是多种因素发展变化的必然结果,是中日双方朝野人士多年来努力奋斗的结晶。所以从某种意义上说,中日恢复邦交是在瓜熟蒂落、水到渠成的形势下实现的。但田中本人及其内阁所起的作用是决不容忽视的。在外交上,最重要的是不贻误时机。田中政权刚成立之时,自民党内以岸信介、贺屋兴宣、滩尾弘吉为代表的亲台派势力明里暗里牵制、阻挠正常化的实现。田中在组阁后仅 84 天时间内,能够排除各种干扰,抓住有利时机,实现中日邦交正常化,迈出自主外交新步伐,也需要足够的勇气和决断。田中言必行的实干精神使之成为有功于中日关系发展的日本首相。

在贪污案中倒台

田中一上台执政,立即着手实施作为其对内政策支柱的列岛改造计划。然而事与愿违,该计划实施不久,意料之外的各种矛盾接踵而至,地价飞涨,物价哄抬,田中政权深受打击。1973 年 10 月,第四次中东战争爆发,世界石油价格飙涨。石油危机诱发了战后日本最严重的经济危机,全国很快陷入"狂乱物价"的漩涡之中,使田中内阁及其列岛改造计划受了致命伤。1973 年 11 月,田中的支持率下降至 22%,不支持率上升到 60%,到 1974 年 3 月,支持率更降至 16.7%。与此同时,群众运动此起彼长。1973 年 11 月 11 日,日本工会总评议会、中立劳联举行"物价斗争日"活动,呼吁在石油危机、通货膨胀和物价飞涨中保卫生活。1974 年 3 月 1 日爆发的春季斗争中,55 万人举行统一罢工,使日本太平洋沿岸的主要干线、东京和近畿地区的交通陷于瘫痪。就在政局动荡不安的情况下,1974 年 7 月 7 日举行了第十届参议院议员选举。自民党接受了财界的大量政治捐款,并从银行借得百亿日元"选举资金",全力以赴投入选举。部分企业家甚至动员本企业职工投票给自民党,因而引起社会舆论的广泛批判,斥之为"金权选举"。选举揭晓,自民党议员数比选举前减少八名,勉强避免保守政党与革新政党力量对比发生逆转局面。选举结果的不如人意,加剧了自民党的内讧和权力之争。1973 年 7 月 12 日,田中内阁副总理兼环境厅长官三木武夫宣布辞职,随后 7 月 16 日,大藏大臣福田赳夫和行政管理厅长官保利茂也提出辞呈。田中政权摇摇欲坠。

　　1974 年 10 月 10 日,综合杂志《文艺春秋》提前刊行的 11 月号里,登载评论家立花隆撰写的《田中角荣研究——他的财源和人际关系》一文,揭露田中金钱来路可疑及男女关系不正。此文在全国引起强烈反响,田中的金钱来源及其与选举后援团负责人"越山会女王"佐藤昭的艳闻,成了街谈巷议的热门话题。10 月 22 日,社会党议员寺田熊雄拿着一本 11 月号的《文艺春秋》,在参议院大藏委员会上叫板,要求追究田中的个人收入问题,会场上一片混乱。自民党内反田中派也要求召开临时党代会,让田中解释。当天田中在国际记者俱乐部发表谈话,涨红着脸谈论他最不愿谈的金脉(财源)问题,昔日的风采一扫而光。在野党不依不饶,展开攻势,穷追猛打。11 月 12 日大藏相大平正芳出马为田中救驾,在参议院大藏委员会上答称国税局正在调查田中纳税情况,请少安毋躁。但社会党和共产党在工会"总评"的支持下,发动 19 团体全国联合行动,要求田中下台。十一万九千余人走上街头,再现群众斗争的盛大场面。在强大的压力下,11 月 26 日,田中决定辞职,由担任内阁官房长官的竹下登在记者招待会上代读田中的声明:"最近政局混乱,不少是启端于我个人有关的问题。我作为国政的最高责任者,痛感政治上和道义上的责任。""我个人的问题一时为社会所误解,完全是我作为公务人员不明不德所致,感到痛苦万分。"自民党各派系立即展开总裁宝座的争夺。大平与福田互不相让,结果力量不大的三木派讨了个便宜,喜获渔翁之利,当上总裁。12 月 9 日三木武夫内阁宣告成立。至此两年零五个月的田中内阁寿终正寝。田中十分不甘心地离开首相官邸,搬到目白台公馆居住,心里总盘算着推翻三木现政权东山再起。他依旧每天早晨 5 点 30 分起床,6 点看电视新闻,并把报纸浏览一遍,7 点开始办公,频繁会见各路来客。目白台公馆前车水马龙,每天上午 10 点以前总有数十名来客需要应酬。大门里的过道上摆满鞋子,简直连下脚的地方也没有。下午,田中大多是去设在砂防会馆内的越山会办事处会见其亲信,彼此打打气。

　　1975 年 6 月 6 日,养精蓄锐的田中借为原总理佐藤荣作举行葬礼之机,从容露面,正式恢复其官场活动。1976 年新年伊始,田中派头十足,扬言"我若不同意,党内就一事无成"。此前一个月,在日本官厅公务人员要求恢复罢工权的斗争中,田中派的强硬主张取得胜利。元旦那天,七百多位来自政界、财界、官界以及他家乡的客人纷至沓来,涌进田中公馆,给田中拜年。1 月 7 日,田中派的核心团体"七日会"在砂防会馆举行新年庆祝会。田中在会上做了抨击三木现政权的发言。田中军团的成员们也摆出不服输的架势,发誓倾全力批倒三木政权。他们昏昏然丝毫未察觉洛克希德一案的阴影已日趋逼近。

　　就在这个时候,震惊日本国内外的洛克希德案被捅了出来。

　　2 月 4 日,在美国参议院的外交委员会跨国公司小组委员会上,美国洛克希德公司董事长柯钦证实,该公司为向全日本航空公司("全日空")出售三星飞机,曾行贿日本政界的幕后人物儿玉誉士夫和丸红、国际兴业等公司多达三十多亿美元。

第二天,日本报纸即在显著位置上沸沸扬扬地报道了这一消息,并说"日本政府的高层官僚中也有一二个人得到了钱"。由于"全日空"公司决定引进三星客机的时期,正好是在1972年田中、尼克松会谈之后不久,于是怀疑的眼光立即转向田中。6日,与洛案有关的小佐野贤治被曝光。小佐野曾被田中公开称作是"刎颈之交",从而进一步

1976年2月6日,日本前首相田中角荣被判刑。

引起了在野党和新闻界的怀疑,认为这"又是田中的财源之一"。一再受到田中复出压力的三木首相十分兴奋,立即下令彻底调查。

田中强作镇定,决心死不认账,甚至对其亲信也丝毫不露口风。元老二阶堂进问他:"您没有卷进去吧?"田中干脆利落地回答说:"我从来没有干过给你们添麻烦的事。"在田中授意下,3月中旬越山会机关报《越山》头版刊登田中的大幅照片,附有"过着光明正大生活的前首相田中"的说明词。田中秘书早坂茂三也发表所谓的"辩解书",大意是:我们根本没有做过于心有愧的事,我们受到右翼暴力组织的威胁!

为了稳住阵脚,4月初,田中择机要在"七日会"上公开"说几句"。为此他亲自撰写了一本11页的小册子,并在会上花了十多分钟时间,郑重其事地宣读了一遍。他念道:"现在围绕洛克希德问题,到处乱传各种揣摩臆测,令人感到极其遗憾。但真相一定会大白,我对我自己,从内心里感到自豪。"田中在表白中,谈到夏威夷会谈,购进三星客机和反潜巡逻机事件,以及与小佐野的关系和个人财产问题,发誓说他在这些问题上都是清白的;最后,又大谈出任首相的自豪感,流露出卷土重来的急切心情,等于向三木公开宣战。手握权力的三木断然应战,洛克希德案的调查工作更加紧锣密鼓地进行。

2月23日,日本众参两院全体会议决定要求美国政府提供洛案事件的全部资料。三木首相也亲自出马,写信给美国总统福特,要求予以协助。4月10日,东京地方检察厅和外务省的三个密使悄悄地从华盛顿飞回东京。他们从美国带来通过外交途径获得的材料,其中包含针对田中的致命证据。4月11日是个星期天,检察当局仍然召开了紧急首脑会议。会议持续了十多个小时,根据新的资料,重新布置调查方案。随着调查进入新的阶段,洛案真相大白的气氛陡然升温。记者们一致估计调查工作"在蝉鸣之前将会突破"。他们包围了儿玉誉士夫的住宅,并派人守候在丸红公司与"全日空"公司的干部门前。

6月22日,逮捕行动终于开始。上午,东京地方检察厅与警视厅以违反外汇法的嫌疑,联合逮捕了"全日空"公司常务董事泽雄次等三人。下午,又逮捕了丸

红公司的前常务董事伊藤宏、"全日空"公司董事藤原亨一等人。谁都看得很清楚,事件的核心人物只剩下儿玉誉士夫和田中了,问题是在什么时候逮捕谁。

1976年7月27日,这一天,盛夏的阳光从早晨起就很强烈。上午7点刚过,清早就守候在东京霞光检察厅联合办公楼门前的摄影师和记者中间发出一阵阵喧哗声。检察厅的工作人员拦起绳子,保证车道畅通。自洛案爆发以来,已经过去174天。在这期间,接二连三地逮捕"全日空"公司和丸红公司的干部,但拦起绳子维持秩序,还是第一次。记者们凭直觉感到这次逮捕的肯定是个大人物。"今天是谁?"他们问道。检察厅的工作人员故弄玄虚地答道:"是一个大家都非常熟悉的人。"

上午7点27分,一辆黑色的塞德里克牌小轿车飞快地行驶过来。车上的人一露面,摄影师和记者们立刻一脸惊讶,随即兴奋地大声叫喊起来:"是田中角荣!是田中角荣!"拦人的绳子被拥来的记者踩在脚下,全都乱套了。

走下汽车的田中身着黑色西服,衣领上佩戴着国会议员的徽章,白衬衫上打着淡青色带横纹的领带。他在照相机的镁光中,向记者们轻轻地举了两三次右手,但紧绷着脸,显露出内心的紧张。约两个小时后,田中被移交到东京小菅拘留所。

前一天夜里,田中少有地突然失眠。凌晨2点钟突然惊醒后,就怎么睡都睡不着。上午6点半,特搜部的松田检察官与资料课田山课长出现在目白台的田中公馆时,田中非常吃惊。后来他跟亲友说:"那天上午6点半,松田检察官是突然出现在我面前的。"田中受到突袭。检察机关在对田中采取行动的同时,也逮捕了其秘书夏本敏夫。田中的罪名是:1973年8月至1974年2月担任首相期间,从丸红公司手中四次接受洛克希德公司的贿款共5亿日元,并违反《外汇管理法》。

小菅拘留所的生活是田中时隔28年之后的第二次体验。第一次是在1948年因牵涉《临时煤矿管理法》事件的受贿嫌疑而被捕,两年后宣判无罪。两次被捕的情况不尽相同。第一次被捕时,田中是当选议员刚满一年的新人,而这次是在爬上首相宝座,并在历届首相中一度史无前例地获得将近70%的国民支持率之后的大跌跤。

田中的单人监房不足五平米,和一般的尚未判决的普通犯人完全一样。入监心安,在押中的田中表面上显得挺自在,每次早晚叫号点名的时候,他总是脆脆的回答一声:"有!"拘留所上下都觉得他服从管教,态度挺好。其实内心里还是有些七上八下,只好用战国时期武将山中鹿之助的名言来鼓励自己:"让我经历七灾八难吧!"他最担心的是田中军团可别树倒猢狲散,所以在见到顾问律师原场荣时,说的第一句话是:"我很好,希望大家坚持下去!"在田中看来,只要军团尚在尚稳,就总有出头的那一天。

恰好在两年前的7月27日,美国众议院司法委员会对水门事件东窗事发的尼克松总统提出弹劾,迫使其辞职下野。但由于国情不同,在美国,政治家一旦失足,不论其罪行如何,都不可能重返政治舞台,日本则不同。回顾日本近百年来的政治史,重返政界、官复原职的传统一脉相承,失足政治家卷土重来可以反复多次。正因为如此,田中虽身陷图圄,却始终期待着重返政坛,再展雄姿的那一天。

对于受贿5亿日元的询问,田中总是那句话"本人一无所知"。这倒未必是田中抵赖,而是日本竞选体制使其不认为自己犯了罪。议员竞选从某种意义上说是竞选费的较量,花钱拉选票是议员席位角逐的通则。身为自民党首领,其"义不容辞"的"责任"就是为本派捞取政治资金。5亿日元之于田中,不是"私财",而是用于竞选战的"政治资金"。田中派内人士认为,如果5亿日元是当作具有政治资金性质的经费,田中就不会有刑事犯罪意义上的犯罪感。自民党政权与各路财团互相利用,权钱交易向来有之,田中并非始作俑者,不过是更加露骨而已。金权政治是田中政权的基础,对他来说,金钱在任何场合下都是十分必要的"润滑剂"。田中派核心团体"七日会"会长西村英一曾经坦率地问田中:"您为什么把赚钱看得这么重呀?"田中也十分认真地回答说:"我既无学历,也无显赫出身,可以依靠的只有企业和金钱。"

不管田中内心有无犯罪意识,触犯了法律就要受惩罚。特别是当权首相三木必欲置田中于死地而后快时,田中可就在劫难逃了。8月16日,东京地方检察厅以受托受贿罪和违反外汇法为由起诉田中。起诉书称:田中角荣在任职首相期间,洛克希德公司和丸红公司希望让"全日空"公司进口三星客机,田中接受了这一请求和委托,利用总理大臣的职权,指挥运输大臣引进三星客机,以后根据事前的商定,接受了5亿日元的现金。

担任过首相的人因涉嫌任职期间受贿而被起诉,而且把总理大臣的职权提到法庭上来辩论,这在日本的政治史和法制史上均无先例。但是,田中究竟具体进行了什么活动,其对起诉事实做了哪些供述,检察当局认为"有碍于公审",一概未加公布。

8月17日下午,田中交了2亿日元保释金,保释回家。这时,离他被捕之日已经是第二十一天了。下午5点,田中乘坐黑色道奇车回到目白台的家中。他一下车,就向迎接他的家属、越山会会员和朋友们举起右手,面带微笑地连声说:"你好!你好!"花子和真纪子泪流满面。进屋后,田中立即给住在新潟的母亲打电话,"我很好,您不用担心。"才搁下电话,就急忙走进公馆内的办事室,和等候在那儿的西村等"七日会"会员谈笑起来。"给自民党的同志们,特别是给'七日会'的同志们添麻烦了,实在对不起!"田中的精神看上去很好。当天,田中还给自民党副总裁椎名悦三郎和中曾根干事长打电话,表示了歉意。

田中出狱回来后不能随便外出,因为他到哪里,都会成为媒介追踪的热点人物。不过来慰问他的客人络绎不断。不管来客是谁,田中都热情地欢迎。

然而,目标指向田中的那张大网在继续收紧。8月20日,前运输省政务次官佐藤孝行以从"全日空"受贿200万日元的犯罪嫌疑被捕,8月21日原运输相桥本登美三郎以同样的罪名被捕,只是受贿数目比佐藤多出300万日元。10月18日,法相稻叶在众议院洛案调查特别委员会发表报告,称涉及此案的"灰色高官"计有议员18名。在野党不满足只发表一个笼统的数字,强烈要求公布其姓名。11月2日,稻叶在在野党一再追问下,公布了其中五人:田中角荣、二阶堂进、佐佐木秀世、福永一臣、家藤六月。田中军团的核心人物被再次曝光,难保军心动摇,要求田中离开"七日会"的内部呼声越来越强烈。竹下登等人请求田中说:"我们感到很对不起您,希望您能离开七日会。"田中无奈地表示:"明白了,那我就离开吧!"后来竹下登公开闹独立,建立"创政会"而自成派系,田中派里只剩下二阶堂进等人,昔日人多势众的田中军团土崩瓦解。然而,执意结束田中政治生命的三木武夫也未能长期执政。在福田、大平、中曾根等派系的冲击下,只当了一届首相,就离开了首相官邸。

1983年10月12日,长达七年之久的洛克希德案宣布一审结案。东京地方法院判决田中有期徒刑四年,并追缴5亿日元罚款。法院鉴于田中在担任内阁成员和首相期间的建树,特准予缓刑。秘书夏本被判徒刑一年,主仆两人均受处分。田中对此判决"极为遗憾",表示:"在有生之年,还要履行好作为国会议员的职责"。"极为遗憾"是真心话,但"履行职责"等语,只是说给人听的外交辞令罢了。因为在野党不想给田中任何喘息的机会,10月19日,联名提出决议,要求田中辞掉议员职务。10月28日,首相中曾根找田中谈话,向他说明时局的严重性,田中表示今后一定"自重自戒",退隐政坛。

十年以后,田中患脑血栓倒下并失去语言能力。在严酷的社会悲喜剧中,曾干劲十足、快言快语的田中,成了瘫坐在轮椅里,有话说不出的老人,默默地体味着夕阳人生的苦楚。当然,对田中来说,也有灿烂的一瞬,1992年8月27日,在中日邦交正常化20周年的日子里,他应邀访华。当他看到当年的中国朋友,看到天安门、中南海和人民大会堂时,百感交集,泣不成声。不管日本国内舆论如何责骂田中,中国人民对这位当年有功于邦交正常化的前首相给予了温暖和应有的评价。

1993年12月16日,田中溘然长逝,终年75岁。盖棺论定,就任首相期间的田中功大于过。就其功而言,最辉煌的一页,莫过其作为日本首相能审时度势,一举实现中日邦交正常化,为发展中日关系做出了贡献。即使下野后,田中仍关注中日关系的进展,信守他曾经署过名的《联合公报》各原则,并因而赢得人们的尊重。其次,他所提出的"日本列岛改造论",虽被突如其来的"石油冲击"冲得七零八落,但整治国土,形成四通八达的交通网络的构想,被此后历届内阁逐步实行,至今已成为现实。换句话说,那些抨击或警惕田中的后任们,成了田中构想的执行者。另外,出身新潟的田中不忘造福乡梓,在他的策划和支持下,高速公路伸向地处偏僻的新潟海边,仍为家乡人所感念。就其过而言,1972~1974年正值日本由经济高速增长到低速稳定增长的转折时期,身为首相的田中也被骄人的经济成就所迷惑,未能觉察"风起于青萍之末",缺乏前瞻性。人无远虑,必有近忧。石油危机一爆发,田中被弄得手足无措,威信大跌。至于田中搞权钱交易,栽进洛案泥潭不能自拔,以至锒铛入狱,对簿公堂,被追罚巨款,固然是田中一生中的不光彩且为当权者戒。但平心而论,洛案之骤发,不仅仅只是个贪污腐败的问题,其背景极为复杂。议会民主体制下长期存在的痼疾、议员竞选过程中的倾轧、自民党派系政治的残酷等因素,无一不在洛案中发挥作用。此外,还应看到洛案的国际背景,即美国人在关键时刻,向田中背后猛挥一刀。美国人何以如此作为?论者见仁见智,各执一词,如美国政府对田中抢在前面实现对中国的邦交正常化心怀不满,伺机报复;再如,分属不同利益集团的美国财界、企业界对田中偏向洛克希德公司很不高兴,乐得把田中赶下台,等等。但不管怎么说,美国政界、财界的一些人介入其中,总不是空穴来风。肆意干涉他国内政,推行霸权主义早已成了美国的"国粹"。

总理出身的欧盟主席

——普罗迪

人物档案

简　历:罗马诺·普罗迪,意大利政治家,曾于 1996 年~1998 年和 2006 年~2008 年两度出任意大利总理,也曾担任欧洲委员会主席(1999 年~2004 年)。

生卒年月:1939 年 8 月 9 日~

性格特征:喜欢阅读、善于研究。

历史功过:普罗迪是西方国家普遍公认的经济专家。他任意大利总理期间,实行财政紧缩政策,成功地使意大利进入首批欧元国之列,并为此赢得广泛赞誉。他在欧盟委员会主席任期内,积极推动欧盟一体化建设,主张欧盟不仅在经济上联合,也应建立独立的安全防务体系。成功地推动了实施欧洲货币-欧元的巨大工程,促成了欧盟吸收中、东欧国家入盟的第五次组织扩大,并全力支持推动欧盟宪法的起草工作。

　　总部设在比利时首都布鲁塞尔的欧洲联盟(简称欧盟),自 1957 年横空出世以来,已由当初的 6 个西欧成员国发展到至今的 25 个欧洲国家,尚在紧锣密鼓地向东欧扩大,以实现一个"自古罗马以来强大而统一的欧洲"。然而,如果有人问,欧盟的性质是什么,它是一个区域性合作组织,还是一个具有国家性质的政治组织,恐怕难有统一答案。因此有人形象地比喻说,欧盟就像姜太公胯下的"四不像",25 个国家一起骑着它在欧洲和国际舞台上纵横驰骋,不时发出"要当世界强大一极"的呼喊。

　　欧盟委员会既是欧洲联盟各项条约的监护人、多项法规的提议人,也是欧洲政策的执行人,它负责处理欧盟日常事务,并代表欧盟参与国际贸易谈判,其权力和影响不断增大,堪称"欧洲的超级政府"。1999 年 7 月至 2004 年 10 月出任欧盟委员会主席的是罗马诺·普罗迪。这位曾当过意大利总理的欧盟"大管家"个头不高,头发油黑发亮,一副和善的面孔,浓密的眉毛下是一双充满智慧的眼眸,其所作所为颇为引人注目。

游刃于教坛商海之间

　　罗马诺·普罗迪 1939 年 8 月 9 日出生在意大利雷焦·艾米利亚市的一个小镇,既没有贵族身份又无万贯家财。父亲是一名普通的工程师,母亲曾做过教师,后来放弃教书回家料理家务。普罗迪兄弟姐妹共 9 个,他排行第八。可以想象,这样的家庭生活是颇为艰难的,普罗迪的姐姐玛丽亚回忆说,"那时候家里根本余不下钱,以至于父亲经常要预支下个月的部分工资。"幸运的是父母含辛茹苦将他们都培养上了大学。

　　受家庭的影响,普罗迪从小就是一个虔诚的天主教徒,高中时期就加入了天主教行动组织。在老师眼中,他"成绩拔尖,是个好学生"。他的同学则知道他的老底儿,说他"好学,求上进,但并不刻苦,偶尔还抄别人的作业"。普罗迪 1961 年毕业于米兰圣心天主教大学法律系,获法学博士学位。当时正值意大利改造和起飞的时期,普罗迪毅然决定放弃工作,先后去米兰大学、伦敦大学改修经济学。从此,他与经济结下了不解之缘,也为他日后的政坛起飞插上了翅膀。

　　普罗迪在经济学上颇有建树,32 岁时就被聘为教授,长期在波洛尼亚大学教授经济学,后又专程赴美国斯坦福大学研究工业政策。1974 年作为客座教授走上哈佛大学的讲坛,讲授了一年的意大利经济体制问题的课程。此外,他还出版了一些著作,如《意大利工业的广泛改革》《有力的竞争和市场的能力》《能源和工业》等等,其理论很有功力,受到许多同行的推崇。经济学上的成就还使他获过国际经济学奖。因此,在许多人眼里他是一个温文尔雅的经济学教授,脸上常挂着微笑,讲课时,他允许学生提出不同的看法,有时甚至把课停下来,与大家一道认真探讨,直到问题得到解决。意大利新闻媒体在提到他时,至今还尊称他为"教授"。

　　普罗迪并不仅仅埋头于书斋。他在政治上倾向于意大利战后第一大执政党天主教民主党,早在 1964 年就当选为其家乡的市镇议员。1975 年他担任了穆利诺出版公司的董事长,后来还兼职领导由该出版公司主办的《工业》期刊,并亲自捉刀,为该刊撰写了多篇富有见地的论文。1978 年 11 月,应当时的安德烈奥蒂总理的邀请,39 岁的普罗迪首次以专家身份进入内阁,担任工、商、手工业部长,时间虽不足半年,但也在政坛上小试牛刀,受到砥砺。

　　1982 年,在意大利天主教民主党左翼的提携下,受斯帕多利尼政府的委任,普罗迪担任意大利最大的国有企业——伊利集团的董事长。伊利是意大利"工业复兴公司"之缩写的音译,它是在 20 世纪 30 年代初发生世界性经济大萧条时组建的,专门收购和接管濒于破产的银行和企业,至二战结束后,建立了 600 多家控股公司,涉足冶金、造船、航运、电讯、建筑、机械等各个领域,还拥有几家银行,员工达到 50 多万,对于资本主义发展先天不足、私人资本薄弱的意大利实现"经济奇迹"起到了重要的推动作用。然而,受 20 世纪 70 年代两次石油危机的影响,伊利集团陷入危机之中,普罗迪接手时,伊利集团亏损 360 亿里拉,负债 36.5 万亿里拉,被称为"泥足巨人",濒临破产的边缘。早就对伊利集团有所研究的普罗迪并未被这严峻的挑战所吓倒,相反却认为找到了一个检验自己所学知识、展示才华、积累经验的机会。在长达8年的任期内,他以一个工业经济学家的卓越见识,打破了旧观念的束缚,认为国有企业应该是盈利的、具有竞争力的现代化企业。他大刀阔斧地进行改革,调整了企业的产权结构,在下属企业充实了一批年富力强的高级企业管理人员,为企业经理们制定了"平衡企业预算、推行生产结构改革、重新占领市场"的发展战略目标。他还打破了公司企业只能多创造就业机会,不得解雇职工的做法,从而有效地改善了公司的经营状况。到1989年普罗迪离职时,伊利集团的经营状况大有改善,产值提高了57%,而债务只增加了13%,基本扭转了亏损局面。

在伊利集团工作时,普罗迪始终给人以谦逊、平易近人的印象。有位年轻技工因与其顶头上司有矛盾闹到了普罗迪那里。他明知同自己谈话的是董事长,也不管三七二十一,对着普罗迪一通大骂。对此,普罗迪显示了自己的涵养,丝毫未予计较,反而态度平和地开导他,认真地对这位年轻技工说,以后对公司的任何领导有意见有看法都可以直接向董事长提。

普罗迪认为自己在这段时间没有虚度,"我为我所做的一切而感到自豪"。他由此积累了丰富的行政管理经验,同政界要人、工会领袖、工商界头面人物建立了广泛的联系,为他日后从政打下了坚实的基础。他后来也感慨地说:"领导伊利集团是最好不过的锻炼。"

1989年,普罗迪因与政府领导人关系紧张而辞职,回到波洛尼亚大学重执教鞭,并任美国哈佛大学客座教授,讲授经济管理学方面的课程,丰富的实践经验又使他的学识上了一个台阶,期间他曾被授予伦敦经济学院名誉研究员称号。

1993年5月,意大利国有企业又到了调整改革的关键阶段,当时的钱皮总理慕名而来,又把口碑颇好的普罗迪请回到伊利集团,钱皮对普罗迪开玩笑说:"把你那张面孔借我用用。"但到次年3月,以传媒大亨贝卢斯科尼领导的中右联盟在大选中获胜后不久,普罗迪同贝卢斯科尼在伊利集团管理方式上意见不一,遂挂冠而去。盛名之下的普罗迪自然不会为饭碗发愁,他又回到波洛尼亚大学,当着众门生翻开了讲义,同时还指导一个权威性的经济预测小组的工作。

夺得总理府

辞去伊利集团董事长职务后,普罗迪的朋友曾建议他竞选人民党总书记,他没有接受。他是个坚持原则的人。在主宰意大利政坛近50年的天主教民主党解散之初,部分坚持右翼思想的人见普罗迪年轻有为,想拉他加入右翼势力。但普罗迪敏锐地认识到右翼势力是特定时期的产物,随着时代变迁,右翼最终将退出历史舞台。相反,左翼将进一步崛起,成为新兴的、充满活力的政治力量。于是,他拒绝加入右翼势力,表示愿意考虑为一个更广泛的政治阵营效劳,此时他已经有意从政,而且积极组织同右翼特别是极右翼势力相抗衡的政治力量。

此时的意大利政坛一直动荡不定,政府走马灯似的更迭不停。在经历了由中右势力的代表人物贝卢斯科尼政府以及专家技术型的钱皮政府和迪尼政府的治理后,意大利各方面的情况未见实质性好转。在这种情况下,素以稳健著称的教授普罗迪在人们的怂恿下,再也按捺不住,决心杀上政坛。1995年2月2日,普罗迪宣布要代表中左力量参加大选,与右翼的贝卢斯科尼角逐总理宝座。

普罗迪此举并非一时头脑发热,而是经过了冷静观察和深思熟虑。他确实有着脱颖而出的有利条件。首先,他是虔诚的天主教徒,与前天民党的关系密切,但又不属于天民党的核心层,没有那些老政客的不良名声,因而对于在上次大选取中因天民党垮台而转向贝卢斯科尼的大量天主教温和选民具有吸引力。其次,作为经济学教授,普罗迪对令政客头疼的经济问题颇有见地。虽然在政界的知名度还不算高,但他有一定的群众基础,几次民间测验表明,他居住的波洛尼亚市市民都希望他当市长。

但竞选道路并不平坦。与拥有3家私营电视台、一家大广告公司和一家出版社的竞争对手贝卢斯科尼相比,他唯一的宣传武器就是组织群众集会,直接让选民了解自己。他的竞选委员会将一辆大轿车加以改装,保留了十几个座位,安装了两台个人计算机,两部电话机,一台传真机,一台复印机,一张供打盹用的沙发床,俨然是一间流动的办公室。由此,普罗迪开始了“百座城市”竞选活动计划,他所到之处发表演说,很谦逊地倾听群众呼声,回答所提问题,其亲力亲为、平民化的形象与传统的政客不同,给人以耳目一新的感觉。

就个人魅力而言,普罗迪恐怕也难与贝卢斯科尼相比,在电视辩论中,贝氏挥洒自如,信心十足,而普罗迪则像在大学里授课一样,显得慢条斯理,温和有余,个性不足。但普罗迪却善于街头拉票,同老百姓坦诚交谈,收到了预想不到的结果。因此,当地舆论称他们是“教授与骑士”“理智与激情”的较量。普罗迪抓住了意大利政坛一向不太稳定,选民普遍求稳定重实干的心理倾向,在选举中适时地提出了“未来、团结和市场”的竞选主张。“未来”是指统一南北经济(意大利北方经济一直好于南方),改革管理体制,更新国家政治;“团结”是指各阶层各地区要互相扶持;“市场”指要反对垄断,加强企业自由,完善市场规则,治理公共财政赤字,特别是增加教育和培训方面的投入。他曾说“如果连续两代富有而无知,国家就会灭亡”。实在的竞选纲领,历时14个月行程3万公里的全国竞选旅行,使他赢得了不少民众的支持,最终他在1996年4月的大选中如愿以偿地成了胜家。

在新闻发布厅,普罗迪满面春风地走上主席台:“亲爱的朋友们……”他扫了一眼台下的人群,好像在寻找着谁,“我想让大轿车的3位司机最先登上主席台”。原来他没有忘记他那辆神话般的竞选大轿车。志愿来为普罗迪效劳的3位退休老司机激动得抽噎起来。

在欢庆大选胜利的时候,普罗迪理智而热情地说:“国家的发展药方有两种天然成分,那就是——大脑和团结!大脑意味着人力资源,团结意味着在合唱中才能前进。”这位学者被任命为战后意大利第55届政府总理,并在18个小时内顺利地组成了战后首届真正意义上的中左政府,这为意大利政坛带来了一阵清新的风。

斐然的政绩

大凡对意大利政坛稍有了解的人都知道,意大利政府的稳定性极差,总理的寿命大多不长,战后50多年来,已经更换了54届政府,最长的是克拉克西第一届政府存活了两年零 10 个月,寿命最短的安德烈奥蒂第一届政府,刚成立 9 天就夭折了,而此公竟然断断续续地干了 7 届总理,不能不令人称奇。许多人批评说:"普罗迪太没有个性,缺乏魅力,而且缺乏雷厉风行的作风,是个连上电视都不自在的人,根本不适合领导意大利这样政局不稳的国家。"但普罗迪却对出任总理相当自信。虽然他只有 5 个月担任内阁部长的经历,但他认为执掌拥有 50 万员工的伊利集团"使自己有了驾驭复杂机构的经验","我知道如何当总理。"他宣称由他领衔的政府一定能够干满 5 年的任期。在政府成立的当天,意大利里拉和股市不降反升,也给了他一个好兆头。

普罗迪接手的是一个烂摊子:由于意大利货币里拉自 1992 年起一直游离于欧洲货币体系汇率机制之外,其地位长期不稳,财政赤字达 7%,国债甚至超过国内生产总值,通胀率达 5.6%,都离欧盟《马约》规定的趋同指标相差甚远。而普罗迪是一位非常坚定的欧洲主义者,也是严格的自由主义者,推崇市场经济,反对垄断;政治上主张民主,反对右翼的民粹主义。在欧洲问题上,普罗迪表示继续奉行前任总理迪尼的政策,确保意大利如期加入欧洲货币联盟。为此,他在施政纲领中即把经济发展的目标同如期达到《马约》的趋同指标挂钩,并主张限制公共开支,加强税收,抑制通货膨胀,推进国有企业私有化,争取里拉早日返回欧洲货币体系。他在内阁中重用了善抓经济的人如外交部长迪尼、国库兼预算部长钱皮等。他甚至将本届政府的命运同改善国家经济发展结合起来,不止一次在公开场合说过,如不能如期使意大利首批加入欧洲经货联盟,他将辞职下台。正因为他的这些思想和主张,有人称他为意大利的"德洛尔"。德洛尔是当时的欧盟主席。这也为普罗迪日后成为欧盟的"大管家"埋下了伏笔。

普罗迪向国人显示了自己理财的本领。他大刀阔斧地开展重振经济的各项工作,其中增收节支工作尤为突出。他通过调整利率,提高汽油使用税、房产税、彩票价格以及反偷漏税法等方法,增加了财政收入;同时,通过削减政府公共开支和地方拨款、减少医疗卫生等社会福利和其他财政补贴,改善了国家的财政状况。此外,他还提出为更新已经使用 10 年以上的汽车和摩托车的消费者提供一定补贴,对购买省油、无污染汽车的消费者政府还将提供更加优惠的政策,使意大利国内汽车消费市场出现了空前的活跃,创造了新的就业机会,推动了整个工业的生产。

除调理本国经济、安抚民心外,普罗迪还积极开展全方位外交活动,谋求意大利在国际事务中发挥作用,在欧洲范围内甚至在国际舞台上争得发言权。他和阁员们频频出访,足迹遍及五大洲,为历届政府所少有。1997 年春天,与意大利隔海相望的阿尔巴尼亚国内一些公司非法集资引发一场政治和社会危机,给普罗迪提供了施展其外交才能的舞台。在整个欧洲都在"隔岸观火"的情况下,普罗迪先是在欧盟做工作,作为东道主在罗马召开欧盟特别会议寻找解决办法,后又不顾国内一些政党包括"盟友"意大利重建共产党的反对,毅然冒着战火两次乘直升机飞往阿尔巴尼亚,同其领导人商谈国际援助和联合国多国部队的部署情况,并得到联合国的授权,这支多国部队由意大利领导。普罗迪的派兵行动是在差一点引发一场国内政府危机的情况下争取的,由此可见,一向笑眯眯的普罗迪地处理这场外交事件上的坚强决心。

在担任总理职务期间，无论是执政党还是在野党，无论是内阁成员还是普通公务员，普罗迪都一视同仁，凡对政府工作有利的意见或建议，他都认真听取，择优采纳。但他又是一个"坚持原则"的人。

1998 年 10 月，因政府的财政预算案同参政的意大利重建党共产党产生巨大的矛盾，普罗迪甘冒政府垮台的风险，也不拿原则做交易。因此，普罗迪在议会的信任投票表决中以一票之差痛失总理宝座。许多人表示非常惋惜，认为这在相当程度上主要是由于一些偶然因素，而非出自必然性。对此，普罗迪表示"本人毫不懊悔，因为这样做是很值得的"。

政声人去后，有人评价说，在普罗迪执政的两年半时间内，意大利不论在政治、经济、外交、科技、文化等各个领域都取得了长足进步，他的政府被认为是意大利多年来最稳定的政府。在此期间，普罗迪政府给意大利臭名远扬的公共财政带来秩序，特别是在发展国家经济方面所做的贡献，更是显著，使意大利在较短时间内如期达到了《马约》规定的趋同标准，成为首批加入欧元的欧盟成员国。而当初普罗迪上台宣布这个目标的时候，还曾经被许多人认为是"天方夜谭"。

掌管欧委会

从总理宝座上意外跌落的普罗迪没有消沉，仍然活跃在意大利政坛上，伺机东山再起。

1999 年 3 月 24 日，或许连普罗迪自己也未曾想到，这一天，欧盟最高行政长官——欧盟委员会主席的权杖交到了他手上。这天下午，欧盟现任轮值主席国德国总理施罗德在欧盟柏林特别首脑会议上宣布：经欧盟 15 国政府首脑磋商决定，一致同意由意大利前总理普罗迪接替辞职的卢森堡人桑特担任欧盟委员会主席。施罗德在宣布上述决定时说，普罗迪具有"崇高的品质"和"力主改革"的记录，有足够的资格出任欧盟内这一最具权威的职务，"我和我的欧盟 14 国同事在商讨普罗迪这一人选时，均无异议，一致赞同。"

有分析家认为，此次欧盟推举普罗迪出任欧盟委员会主席，很大程度上是信服他的杰出的管理和协调能力。因为在分歧很多的欧盟各国中，一个各方都能接受且又能驾驭复杂形势能力的人并不多，而普罗迪懂欧洲事务，是个坚定的"欧洲主义者"，有能力，又是一个大国的前领导人，无疑是这极少数人当中的杰出的一个。

当天，普罗迪正在家乡同密友筹划即将举行的意大利总统选举事宜，获悉这一消息后又惊又喜。他表示："担任欧盟委员会主席是一项重大的挑战，就我个人而言，获得欧盟成员国首脑们的一致信任和赞同是莫大的满足和荣幸，而同时对我的国家来说，这也是崇高的荣誉，这个荣誉在我国的历史上尚属首次。"平素极为镇静的普罗迪显得有些激动，立即用手机拨通了亲友们的电话，让他们分享这份从天而降的喜悦和荣誉。

普罗迪在接受人们道贺的同时，内心却首先在盘算着另一个难题：自己的法语能否应付新工作。

普罗迪精通英语，德语也说得不错，但认为自己的法语较弱。为迎接新职位的挑战,普罗迪随即报读了意大利陆军外语学校为期一周的"速成"法语班。为使学员能全力投入学习,这个"地狱式"学习课程要求学员整周留在学堂,晚上才可以出去散步。普罗迪每天埋首书本 17 小时,"恶补"法语,过着"修道士式"的生活。

对一位已离开校园数十年的人来说,突然再投入学习并不是容易的事。由此可见,普罗迪做事认真,而且非常重视欧盟委员会主席的工作。普罗迪的法语程度比他描述的高,他在完成这个课程后,已可以"专业地"运用法语。

1999 年 7 月 9 日,欧洲联盟委员会新任主席罗马诺·普罗迪在布鲁塞尔公布了新一届欧盟委员会委员名单,从而完成了长达近 3 个月的"组阁"任务。这个阵容比较整齐,委员从政经验丰富,差不多都在本国当过议员,其中大多人当过内阁部长。欧洲舆论普遍认为,一个带有普罗迪色彩的欧盟委员会登上了欧洲一体化建设的大舞台。

普罗迪在"组阁"时突出了与欧洲议会的关系。他指定一位欧盟副主席专门主管与欧洲议会关系。普罗迪认为,与议会的良好合作,是委员会工作成功的保证之一。根据欧盟法律,20 名欧盟委员会委员的名额分配为德、法、意、英、西 5 个大国各出 2 名委员,其余 10 国各出 1 名委员。普罗迪重视欧盟内大国对欧洲建设的作用,在权力分配上让大国掌握重要部门,以便协调解决问题。因此,他让英国的金诺克担任副主席,主管即将进行的欧盟改革事务,由德国的费尔霍伊根担负欧盟扩大的重任,让法国人拉米承担在世贸组织中的全球多边谈判工作。

普罗迪宣布,新一届委员会将是一个"能力强,高效率,致力于改革的委员会",各位委员会的分工都是根据他们的能力和经验确定的。他强调,委员会是在他的"政治领导之下工作"。他还向新闻界透露,他已经得到各位被选定的委员的口头承诺,在普罗迪要求他们中的任何一位辞职时,必须立即离职,避免影响整个委员会。而历史上,欧盟委员会一直奉行的是集体负责制,委员个人即使有错也不会被解职。这表明"大管家"普罗迪的权力被大大加强了。

普罗迪走马上任后,即在欧盟委员会内部进行重大改革,目的是精简官僚机构,使新的委员会在对外关系、司法、内部事务、卫生、保护消费者利益等重要部门的工作更具有效率。这些改革包括,将委员会由原先的 42 个部门削减为 36 个;提高工作效率,各位委员必须与他们管辖的部门一起办公;为防止出现任人唯亲,对高级官员实行更严格、更透明的任免制度;为防止出现舞弊行为,在委员会内部实行高级公务员流动制度。

接着,普罗迪领导的欧盟委员会发表了题为《塑造一个新欧洲》的报告,阐述了今后 5 年工作的政策重点。普罗迪在解释报告时分析了欧盟面临的内外挑战,提出了"欧洲需要什么"和"欧盟需要什么"两大问题,把建立新的欧洲管理模式,建立"新的经济和社会日程",改善生活、保护环境等 4 个问题作为工作重点,其中最突出的是管理问题。

然而,在欧盟这个大家庭里,出台什么样的高明设想都是众口难调,这样一来,普罗迪招致舆论不同的评价甚至尖刻的批评就在所难免了。

事实上,普罗迪一直得到舆论的青睐。在许多记者的眼里,普罗迪缺乏领袖人物的超凡魅力,国内政敌甚至以他的家乡产品为借,讽刺他是平平无奇的"香肠先生"。而同两位前任相比,他既没有桑特的朴实随和,也没有德洛尔面对挑剔的记者谈笑风生,挥洒自如。桑特虽被视为技术官僚,但经常下楼到新闻大厅同记者见面,说话颇有分寸,时而还幽上一默。普罗迪上任以来同记者见面次数屈指可数,更不要说接受记者的专访了。舆论批评他架子大,嘲笑他英语说得蹩脚,法语表达不清。对于他的工作表现,习惯于"鸡蛋里挑骨头"的媒体也多有纠缠。有人批评,他不适当地提出要为欧盟东扩确定一个明确日程。大多数成员国虽然同意加快扩大进程,但拒绝制订扩大的日程表。有人指责,他没有考虑资金从何而来,就提出今后5年内向巴尔干各国提供55亿欧元的财政援助,对巴尔干国家融入一体化进程"操之过急"。有人认为,他对委员会内部改革"过于雄心勃勃",闹得委员会人心浮动、精神沮丧。

抛开新闻界的横挑鼻子竖挑眼不说,就是欧委会内部的运作也不是那么好"摆平"的。欧委会委员都是各成员国大名鼎鼎的人物,有的当过政府部长,甚至总理,有的是政党党魁,从政经验丰富,谁没有个三头六臂,要想帅住他们,即使有一定的政治功底也绝非易事。最令普罗迪如履薄冰的是,600多名来自各成员国政治精英组成的欧洲议员们一直"虎视眈眈",随时准备揪他的"辫子"。他的前任、曾任卢森堡首相的桑特即是被欧洲议会以"裙带关系""管理不善"等罪名弹劾下台的。

因此,有的政治观察家也客观地说,"普罗迪不是普罗迪兹",在法语中,"普罗迪兹"是奇人、奇才的意思。这说明,对"大管家"普罗迪的处境,欧盟各成员国是理解的。

凡夫俗子

也许是跟生长在大家庭有关,普罗迪喜欢过一家团团圆圆的生活,在婚后的相当一段时间里,他与妻子仍然同父母兄弟住在一起。直至第二个孩子出生前,普罗迪夫妇才另立门户、单独过小家庭生活。而且每逢节假日,只要可能,普罗迪从来都是回家与父母、妻儿一起过。

虽然普罗迪身体较胖,但他十分喜爱体育活动,并且酷爱骑车。普罗迪自上高中时就喜欢骑自行车,经常与自己的哥哥们骑车远游,每次回来跟同学们谈起路上的所见所闻,都是眉飞色舞,让同学们赞叹不已。大学教书时他每天骑车上班,周末常与朋友骑车郊游。1994年夏,他曾从波洛尼亚骑车赴西班牙的旅游胜地圣地亚哥——德孔波斯特拉,行程3500公里。现在成了大人物,但无论在意大利还是在美国、英国,无论冬夏春秋,只要时间允许,他总要骑自行车过把瘾,少则几公里,多则数十公里,甚至近百公里。在他家中,自行车是交通工具的"老大",全家4口人,有3辆汽车,却有4辆自行车。在其带动下,妻儿老小也时常骑自行车锻炼身体。而其书房的书架上,则摆着许多自行车工艺品。

普罗迪当总理时,虽然工作繁重,但他觉得自己来日方长,仍未改变过去那种有张有弛、按部就班的工作作风。早晨7点准时起床,夜里12点按时睡觉,吃完午饭尽量小睡一会儿。因为罗马人声嘈杂,他不得不改变沿街跑步的习惯而在一座军营里进行锻炼。他看报纸不多,他知道若有重大消息,部下定会直接禀报。不过美国的《国际先驱论坛报》和他一直订阅的英国《经济学家》是必看的。他的办公桌还有一台监视器,随时可以了解世界上几大股票交易所的情况。晚上得闲,没准就到索拉卢恰餐馆吃碗金丝面解解馋。普罗迪不喜欢招摇过市,出行尽量轻车简从,每周五晚上或周六早晨回到波洛尼亚的家,乘坐的都是普通列车,唯一与普通乘客不同的是身边跟着几个警卫人员。

普罗迪的妻子弗拉维亚·弗兰佐尼亚是普罗迪在大学教书时结识的老乡。她比丈夫小5岁,曾当过教师,后来辞职在家,料理家务,供养两个儿子上了大学之后她到一所大学教社会福利事业规划课,涉及公共事业、残疾人和经济困难公共机构、家庭政策问题以及接待外国人。在这些问题上,她正是普罗迪最好的政治顾问。无论丈夫职位如何变迁,她一直住在波洛尼亚市中心的一栋平民楼内。她说:"我爱波洛尼亚这个城市,在这里你可以有正常的节奏和高质量的生活。这里人际关系融洽,考虑政治的方式富有人情味。罗马诺在罗马基吉宫上班时,每个周末都要回到波洛尼亚来,在这里他可以超脱一些,冷静地观察事物。"

同丈夫一样,弗拉维亚也不喜欢抛头露面,工作之余她赶到罗马同丈夫会面,往返也是乘坐普通列车,从不要求特殊照顾。有时可以看到她悄悄地走出总理府,叫上一辆出租车就奔了火车站,连公车的光都不沾。在丈夫担任意大利总理职务的近3年时间里,人们在公众场合确实看不到她。只有一家外国周刊在封面上登载过她的一张照片:在普罗迪总理访问伊朗期间,她穿着黑袍,以表示对穆斯林妇女戴面纱的风俗的尊重。弗拉维亚在普罗迪总理身边总是十分谨慎,非常注意回避。有时,她丈夫必须动员卫队去找她。

对于普罗迪当选欧盟委员会主席,弗拉维亚也感到突然。她开玩笑说:"我还不会用欧元来算账。想到要用里拉折算欧元的元、角、分,我就头疼。"她在考虑怎样才能保持与丈夫经常会面,"罗马诺任总理期间,我往往在下午乘火车从波洛尼亚出发,赶到罗马去同他一起吃晚饭。而将来我到布鲁塞尔去做一个非全日制的妻子,情况将更加复杂,从波洛尼亚到布鲁塞尔甚至没有直飞的航班。"弗拉维亚还担心语言问题,"我会讲英语,法语我就不行了。"于是,她只好临时抱佛脚,像丈夫一样报名到法语学校去学习法语。

当上欧盟第一夫人,弗拉维亚会改变"包装"吗?弗拉维亚直截了当地说:"我讨厌牌子。"朴素大方,一直是弗拉维亚的形象。受丈夫的熏染,她爱骑自行车上街采购。

"您知道我担心什么吗?欧盟主席任期5年,当我们回来时,我已经57岁了。"

身为欧盟"超级政府大管家"的普罗迪倒不担心年龄问题。他还是喜欢以一副凡夫俗子的形象出现在公众面前。他反对自己办公室的装修过于富丽堂皇,喜欢骑自行车上下班并且为此津津乐道,有时候甚至干脆步行去上班。有一次,他去英国唐宁街10号拜访布莱尔首相,干脆在街头叫了一辆出租车,以消除欧盟官员在人们心目中的官僚形象。在走马上任欧盟委员会主席前,他和所有欧盟委员一样在欧盟的网页上公布了自己的个人财产:一幢两卧室公寓的一半产权以及在波洛尼亚的一间底楼办公室。除此之外他就再也没有什么值钱的财产,真有点一身清廉、两袖清风的风范。

但这位以轻车简从出名的"大老板"很快就耐不住清贫,向欧洲议会提出了为他配备一架专用私人飞机的要求,"如果只能依靠商业航班,我根本无法完成分内的工作。"他的一些助手也替他帮腔,说普罗迪并不是想要一架"空军一号",但是他的这一职务使得他的工作日程表经常排得满满的,他不得不经常往返于布鲁塞尔和国外之间,以至于顾了这头顾不了那一头。这些助手还指出,欧洲每个国家的元首都有专机随时随地供其调遣,而普罗迪先生为了完成任务,不但日理万机,而且动不动就要穿梭往返于包括正在申请加入欧盟的国家在内的 28 个国家之间,在一些重大国际会议上还要代表欧盟与会。

自上任以来,普罗迪简直成了"空中飞人",最长的一次连续飞行是 1999 年圣诞节前乘坐商业航班飞往加拿大首都渥太华参加欧盟——加拿大首脑会议。在结束会议的当天晚上,又马不停蹄地飞抵美国首都华盛顿参加第二天举行的欧盟——美国首脑会议。之后,他又乘坐商业航班途经瑞典飞往北京,参加欧盟——中国首脑会议,而当天晚上他又返回布鲁塞尔。为此,他的助手们怨气冲天,说为普罗迪安排乘坐商业航班的飞行日程"简直是浪费时间"。他们还替普罗迪鸣不平,普罗迪经常因航班误点在候机室一等就是好几个小时,为此好几次耽误了和一些国家领导人的会面,对方还常常感到不可思议。有时候一些国家元首出于友好,主动提出把自己的专机借给普罗迪使用。普罗迪的发言人里卡多·列维说:"拥有一架专机不是为了比排场摆阔气,纯粹是为了提高工作效率。我们经常听到舆论反映欧盟与欧洲百姓过于疏远,现在该是主席先生能够自由地走访欧洲乃至全世界的时候了。"

用什么样既经济又有效的办法保证普罗迪先生能够圆上这个梦呢?欧盟的官员觉得购买一架专机无疑过于昂贵,为此曾向比利时空军咨询过能否从他们那儿借一架飞机,但是被一口回绝。万般无奈之下,欧盟委员会决定向航空公司发出招标,看哪一家公司愿意随时随地向普罗迪提供一架飞机供他调遣。

"二流明星、一流政治家"

——里根

人物档案

简　　历: 罗纳德·威尔逊·里根(Ronald Wilson Reagan)美国政治家,第33任加利福尼亚州州长,第40任美国总统(1981年-1989年)。他也是一名伟大的演讲家。在踏入政坛前,里根也担任过运动广播员、救生员、报社专栏作家、电影演员、电视节目演员、和励志讲师,并且是美国影视演员协会(Screen Actors Guild)的领导人。他的演说风格高明而极具说服力,被媒体誉为"伟大的沟通者"(The Great Communicator)。历任总统之中,他就职年龄最大。他是历任总统中唯一一位演员出身的总统。

生卒年月: 1911年2月6日~2004年6月5日。

历史功过: "大器晚成"的里根是创下最多纪录的美国总统,他是第一位由影坛跨入政坛的总统;他是当选时年龄最大且最长寿的总统;他是中美两国建交后首位在任时访华的总统;他没有学过经济专业,却创立了"里根经济学"。他是最受共和党人推崇的20世纪美国总统;民主党人最喜欢的20世纪共和党总统。1989年他离任时的支持率高达63%,是继富兰克林·罗斯福1945年去世以来的最高纪录。2005年,他被美国在线探索频道评为"最伟大的美国人"。

由电影明星到政治明星

有谁能相信,一个多年从事演员职业的人会成为世界超级大国的主宰呢? 不管你相信与否,一生演过几十部电影的人,罗纳德·威尔逊·里根,在他69岁时登上了美国总统的宝座。这不仅在美国历史上是绝无仅有的,而且在世界政坛史上也是极其罕见的。

1911 年 2 月 6 日,里根出生于美国伊利诺伊州坦波科小镇上。里根的曾祖父是爱尔兰人,因家乡发生重大灾荒才背井离乡,逃到美国。长大后的里根在外表上酷似他的父亲,仪表堂堂,身材修长,体格健壮。作为以卖皮鞋为业的小商人,里根父亲精明、圆滑,擅长说道,经常不知疲倦地四处奔波,喋喋不休地向人们兜售他的皮鞋。里根母亲,多年从事慈善事业,经常在公众场合朗诵诗歌和表演喜剧。她经常勉励少年里根参加露天演出,扮演角色。父母的禀性、职业、爱好深深地熏陶着小里根,培养了里根热情、开朗、能说会道和热爱公共活动的性格。正如成年后的里根在谈到对戏剧、体育和政治三方面的爱好时说:"我对公共生活的喜爱,也许是父母两种遗传基因相结合的结果。"

1928 年,里根高中毕业后考进由基督教徒办的尤雷卡学院。学院教师、职工、学员大都是基督教徒,思想保守,因循守旧。这种教育,对里根后来的保守主义思想形成有一定关系。在这所大学里,里根仍像小学、中学时那样,不怎么用功学习,成绩平平,但始终是一个十分活跃的人物。他把许多精力花在打球、游泳和演戏剧上。他不仅担任学生自治会主席,还是学院戏剧社社长、篮球啦啦队队长、足球队一名队员。由于里根高度近视,常戴着近视眼镜,他的体育教师只让他当足球队候补队员。对此,里根一直耿耿于怀。因为家境贫穷,里根还经常搞勤工俭学,当过救生员,也扫地、洗碟子,以此挣钱交学费。

1932 年,获得文学学士学位后,年仅 21 岁的里根跨出学校大门,开始为自己的工作前途四处奔波了。此时的里根,连从政、成为叱咤风云的政治家的想法都没有,只想进好莱坞当一名演员。当演员,成为电影明星,是里根大半生孜孜以求的最高目标。当时,好莱坞的大门并没有向这位充满热情和希望的大学生打开。无奈,里根只好在艾奥瓦州达文波特市一家电台找了份工作,当一名体育播音员。直到 1937 年,里根才时来运转,经朋友介绍,成为好莱坞华纳兄弟创办的电影公司的一名演员。

里根以极大的热情投入到拍电影中,从 1937~1942 年,共参加过 30 多部片子的演出。他是一个称职的演员,成功地塑造了许多人物。在电影《金石盟》中,他成功地扮演了男主角,致使他当选为美国 5 名"明日最佳明星"之一。如果不是被征召入伍,里根很有可能成为美国超级电影明星。但是三年的军队生活,使崭露头角的好莱坞新星夭折了。1945 年从部队复员后,里根又回到了好莱坞,想成为超级电影明星。然而,时过境迁,虽然又连续拍了 10 年的片子,但始终未能恢复战前蒸蒸日上的势头,大部分情况是给人当配角,声望日衰,直到 1954 年,他依旧只是一个演 B 级影片的"二流影星"。

当一流明星失望的里根在政治上却是好莱坞的头面人物。1938 年被选为好莱坞电影演员工会的理事的里根,于 1947 年当选为该工会主席,一直担任到1952 年。

此时,他的婚姻也发生了重大变化。结婚 8 年的电影演员妻子,常常抱怨里根忙于工会事务而不与她呆在一起,于 1948 年向法院提出离婚请求。第二年,他们分手了。这件事使里根日后成了美国历史上唯一离过婚的总统。幸运的是,里根不久结识了一位名叫南希·戴维斯的电影演员,经过 3 年恋爱,他们于 1952 年喜结良缘。婚后,南希主动放弃自己的追求,全力以赴支持丈夫事业。她的最高准则是:保持里根快乐——她认为,只要里根快乐,她本人也快乐、幸福。

1954 年,里根放弃了演员职业,受聘为美国通用电气公司的电视节目主持人。随后,又当了该公司"人事关系计划发言人",根据老板意图,向公司广大职工进行宣传,调解纠纷,鼓舞士气。8 年的代言人生涯,加上以前的体育播音员和好莱坞时的演说家经历,造就了里根滔滔不绝的口才,使他成为也许是自罗斯福以来最有影响的美国政治演说家。

在漫长的演员和代言人生涯中,里根的政治信仰逐渐发生了变化。家境贫穷使里根早年崇拜民主党总统罗斯福,希望通过增加社会福利和民主权利来改善自己的生活。但以后漫长的工作、生活经历,渐渐改变了里根对民主党的信仰。他不遗余力地攻击政府权力的膨胀和高税政策,痛斥民主党的自由主义。这种偏激观点的行为正是导致他被电气通用公司老板解雇的原因。随着思想转向保守主义,里根于 1962 年退出民主党,加入共和党。这一转变,使里根成了共和党内的著名保守分子,使他逐步走上共和党的政治舞台。

如果不是在 1962 年被共和党总统候选人戈德华特有幸委任为选民委员会主席,没有从政念头的里根也许不会在 60 年代走上政治舞台。正是这次机遇,使里根得以在全国政治舞台上崭露头角。尽管戈德华特失败了,里根却因在全国电视联播节目中,为戈德华特筹集基金发表了半个小时的电视演说而名声大振,令共和党刮目相看。正是这篇演说,使加利福尼亚州南部新兴财阀发现了他们所需要的保守派政治新人物。这些富翁们对执政的民主党推行的高福利、高赋税政策很不满意,因此,转而支持主张减税、削减福利开支和裁减公务人员政策的里根;他们一致推举里根出马竞选加利福尼亚州长。

作为上帝的宠儿,幸运再次降临于里根。1966 年 11 月,里根脱颖而出,一举击败现任州长布朗,成为加利福尼亚最高长官。从此,里根登上了政治舞台,走上了仕途。

在连任两届、为期 8 年的执政期间,他刷新了州政,缩减了税收,压缩和整顿了过于庞大而又臃肿的州政府行政机构,简化了政府各项办事程序,充分发挥下属的积极性。里根政绩卓著,给州政府带来了使人耳目一新的气氛。里根在加利福尼亚州的政治生涯,为他日后竞选总统打下了坚实的基础。

随着里根在加利福尼亚州威望的不断增长,他问鼎美国最高权力的欲望也日益增长。1968 年,州长里根首次出马参加总统竞选,但时隔不久又退了出来。1976 年,他又一次出马,与福特竞选共和党总统候选人提名时,再次败北。

两次失利并没有使年过花甲的里根心灰意冷,相反,他越失败越坚强,越坚定了"再次出马,决一雌雄"的信心。为了克服年事已高和给人以保守派的印象这两个不利条件,里根特意制定了应付策略:竞选时要精力充沛,要竭力以"善于思考的保守派政治家"形象出现在公众面前。他,摩拳擦掌,跃跃欲试。

老里根的机遇终于来了。从 1980 年 2 月开始,里根先声夺人,节节获胜,先后击败共和党内 9 个竞争劲敌,于 7 月终于被提名为共和党总统候选人。接着,里根与民主党总统候选人、现任总统卡特展开了最后的决战。事前民意测验表明,拥护里根和卡特的人大致相当。为了获胜,里根制定了竞选策略,即;第一,不说蠢话,不使卡特一方有机会说他太无知;第二,抛开卡特的批评,重点攻击卡特的经济失误;第三,不要惊慌失措,保持镇静。以此策略,趁着美国国内保守思潮卷土重来、选民对民主党治国失误不满的有利形势,里根凭借自己的演说口才,勇往直前,使卡特连连败阵。

1980 年 11 月 4 日,美国国会宣布:里根当选为美国第 40 位总统。老当益壮的里根终于如愿以偿,成为美国历史上当选年龄最大的总统。里根之所以成功,不仅因为他口才好、乐观,给人以鼓舞,更重要的是因为他顺应民心,提出了与民众心中愿望一致的纲领。当时,美国人民对高失业、通货膨胀和国际威望日益下降极不满意,迫切需要一个能扭转这种局面的总统。

当历史的车轮滚动到 1984 年,73 岁的里根以自己第一任期内的显赫战绩,蝉联第二届总统。他,满怀信心的领导美国沿着他开创的道路前进。

罗斯福第二

1981 年 1 月 20 日,站在国会大厦就职典礼台上,里根向亿万大众宣誓:"让我们以我们拥有的一切创造性能力开拓一个国家复兴的时代。"在这之前,在接受总统候选人提名后,里根同样发誓:"让我们一起以此为一个新的起点,让我们保证在我们这个时代恢复美国精神。"听到如此鼓舞人心的话,美国人不由得想起当年临危受命的罗斯福,并大为惊讶:里根的语调、手势和罗斯福多么相似! 难道果真是罗斯福再现?

早年的里根,视罗斯福为崇拜的英雄,背下了他首任总统时演说的章章节节。在以后漫长的岁月里里根在演讲时,还经常模仿罗斯福讲话时的语调和姿态。竞选期间和就任总统前期,里根还时常引用罗斯福的话,事实上是想叫人把他看作是新的政治领袖。他要发动一场革新运动,彻底改变美国面貌。

里根铭记罗斯福名言:"我坚信,世界上怕就怕有害怕情绪。"当年,罗斯福不怕,把资本主义传统的自由主义弄了个底朝天,叫精神沮丧的美国人振作起精神;现在,里根不怕,要把自己崇拜的偶像罗斯福建立起来的东西摧毁掉,恢复美国精神。

30 年代上台的罗斯福负有一项使命,把国家从严重的经济危机中解脱出来;现在的里根也负有拯救美国经济的使命。十几年来,美国国民经济生产总值的增长率日益下降,通货膨胀和失业成了多年要解决、但始终未能解决的严重问题。1965~1980 年,通货膨胀率平均每年增长 6.6%,特别是 1977~1980 年间则剧增到 10.8%。1980 年,物价上涨率达到美国一百多年来的最高水平,经济下跌幅度也创造了历史最高纪录;失业人数达 800 多万人,国内到处都有工厂停产。美国经济危机虽然没有 30 年代初那么严重,但也处于严重衰退阶段。高物价、高失业率严重破坏了美国人民正常生活,引起人们的强烈不满。

里根指出,造成美国经济衰退的根源在于自 30 年代以来形成的经济政策和经济制度。他说,"我们的经济弊病是在过去几十年中积累下来的","是越来越落后于时代的民主党政权,在过去几十年中支配美国人民生活这一不幸造成的必然结果"。里根把经济衰退归罪于民主党统治,决心要彻底纠正实行了几十年的经济政策和制度。

里根宣布,他要"建立一个健全的、生气蓬勃的、日益发展的经济",建立一个"没有通货膨胀的经济发展和全部就业"的经济。为此,1981 年,他提出了振兴美国经济的《经济复兴计划》,阐述了他的经济思想,制定了经济改革方案。这一计划,是里根根据供应学派、货币主义和传统的保守经济学派的经济理论制定的。据此计划,里根在国内掀起了一场大规模的经济改革运动。这场运动旨在减少政府干预经济生活的作用,在新时期恢复和完善自由放任的经济制度。归纳起来,里根经济改革的内容主要集中在下列几个方面:

第一,改革税制,大规模减税。在 3 年内削减 30% 的所得税,以后根据通货膨胀率来确定新的税率。通过减税、减少政府收入,增加个人、企业收入,以扩大投资规模。

第二,改革社会保障制度。里根一改以往扩大社会福利的政策,紧缩社会福利规模,并逐步使社会福利转入私人经营轨道,以减轻联邦政府的沉重负担。里根认为,福利容易使人们养成惰性,缺乏进取心,因此,要减少福利。

第三,严格控制政府开支,大力压缩计划中的非国防开支,同时增加国防开支。

第四,减缓、稳定货币增长速度,促使通货膨胀下降。

第五,在几年内消灭财政赤字,达到预算平衡。

第六,大大减少政府管理经济的环节及规章制度。里根信奉"管得越少的政府越是好政府"的准则,对民主党执政时政府干预人们日常活动和经济生活的做法深恶痛绝。他继承了共和党的最大限度地尊重个人和企业自由的传统路线。鼓励自由竞争,反对政府对经济生活进行干预。在他任期内,原先的政府管理经济的许多规章条例被废除了,一些经济管理机构也被撤销或合并了,政府最大限度地满足自由竞争的要求。

上述几个方面,就是被人们称之为"里根经济学"的主要组成部分。由此可见,在经济主张和做法上,里根基本上是和罗斯福以来的民主党相对立。罗斯福通过扩大政府干预范围来促进经济发展,而里根则通过减少政府控制来推动经济增长。

时至今日,人们对里根的经济政策的评价有褒有贬,众说纷纭。8 年内,里根的经济改革取得了重大成就,扭转了美国经济衰退局面。自 1982 年 12 月开始从谷底回升以来,到 1989 年 1 月为止,美国经济持续增长了 72 个月。除了 1961~1969 年连续增长了 104 个月外,这次增长要算二战后最持久的一次了。而且,布什任职后,这种增长仍有增无减。1983~1987 年,美国国民生产总值平均每年实际增长率为 3.8%,高于 1976~1980 年间平均增长率的 3.4%。通货膨胀率由 1980 年的 11% 下降到 1988 年的 5% 左右。8 年内,美国创造了 1 000 万个就业机会,失业率由 1982 年的 9.5% 下降到 5.6%。美国的经济恢复了。当 1989 年 1 月 11 日里根向美国人民发表告别演说时,把美国的经济恢复和国民士气恢复视为他"最感骄傲的两件事"。

里根经济改革既有成功方面,也有不足之处。这些不足主要有:第一,财政赤字不仅没有减少,反而扩大了。财政赤字每年徘徊在 1 500~2 000 亿美元之间,8 年累计达 1.3 万多亿美元。第二,国债累累,到 1988 年,美国内债达 2.5 万亿美元,外债达 3 700 亿美元,每年光支付利息就需 1 500 多亿美元。里根任期内,美国在世界上最大的债权国变成了最大的债务国。第三,贫富差距扩大。减税、减少福利肥了富人,而广大劳动人民则遭殃。据美国人口普查局调查 1985 年生活在贫困线以下的穷人多达 3 300 万,占人口总数的 14.4%。贫富差距扩大,增加了许多社会矛盾。

总之,当过电影演员、七旬老人的总统里根,不是一个弱不禁风的平庸之辈,而是一个精力充沛、很有能力的杰出的资产阶级政治家。正如他 1981 年就职时夸下的海口,在卸任总统时,总是笑容满面的里根确实实现了他改变美国的许诺。他增强了美国实力,特别是重新唤起了美国人那种积极奋斗、勇于创新的精神。作为头号强国的总统,里根为资本主义世界注入了强有力的血液,使资本主义再次显示出了一定的发展潜力。就变革深度、广度和经济恢复、增长而言,里根算得上自罗斯福以来最有威望的总统。

从冷战走向缓和

8 年来,在国际舞台上,里根给人的形象是矛盾的:在他任职的前期、中期,他竭力鼓吹冷战;后期,他又向世界传送和平信息。他不愧是个演员,能扮演多种角色。

同几十年来的美国总统一样,在里根心中,美国必须在全球发挥主导作用。在他看来,美国是最自由的国家,代表着人类发展方向。因此,只要是对美国有利的,也就是对世界有利的。他认为,美国必须担负起"自由世界"的领导责任,坚决反对与美国自庙利益相违背的任何企图和行为,同时支持与美国自由利益相一致的想法和行为。这种思想,成了里根推行冷战政策和缓和政策的指导思想。

里根是一个坚定的反共分子,认为共产主义是"自由"世界的最大敌人,因此也是美国最大的敌人;任何对美国领导的自由世界的侵犯,也就是对美国利益的侵犯。当他看到苏联军事力量在 70 年代急剧增长、在第三世界的影响日益扩大时,感到美国应增强实力,与之抗衡,于是他猛烈攻击民主党,指责民主党领导软弱无能才使苏联势力大增,使美国安全受到威胁。他决心重新武装美国,"重振美国雄风",以"捍卫美国利益"。

里根明白,没有军事优势,就不可能取胜。为此,他要扩军备战,增强美国军事实力,"以实力求和平"。首先,他大大增加了军事开支。1985 年,美国军事开支在美国国民生产总值的比重已由 1979 年的 4.9% 提高到 6% 以上,占联邦政府总支出的近 1/3。其次,实施"星球大战"计划。里根认为,在核时代,一旦发生核战争,美国不可能一举摧毁苏联的核武器,总有漏网之鱼,这些导弹也可以炸毁美国本土。鉴于此,他在 1983 年正式提出"星球大战"计划。这一计划的基本构想是以美国的空间技术优势,在太空立体防御体系中拦截并摧毁敌人发射来的核弹头,以此确保美国国土的安全。里根力图在实行这一计划中，在战略上夺取太空主导权，在政治上以退为进争取主动，在经济上拖垮苏联，在军事上掌握优先权。正因为"星球大战"计划在对付苏联上有多种作用，里根才死抱住它不放。这一计划遭到美国一些人和东西方一些国家的强烈反对，但里根仍我行我素。到 1987 年，投入这一计划的科学家已近 2 万，全美 100 家大公司中有 4/5 卷入这一研制项目。

与此同时，随着经济复苏，里根决心在国际舞台上针锋相对地同苏联进行较量。里根一上台就对苏采取了强硬的外交方针，他要求美国要做好准备，"在任何有关美国切身利益的地方，打任何规模、任何模式的战争"。为了同苏联对抗，他甚至敢于诉诸武力。

80 年代初，里根在公开演说中，一再攻击苏联是"邪恶的帝国"，指责苏领导人是说谎家和大骗子。他曾在英国国会发表"新铁幕"演说，赞扬"老铁幕"丘吉尔，要求西方国家全力支持苏东国内所谓的"民主运动"。1983 年底，他不顾苏联的警告，要在中、西欧部署中程导弹，以对抗华约。

在第三世界国家和地区，里根利用苏联国内经济困难、领导人不断更替、暂时无暇顾及国外之机，决定采取"有限推回"或"低烈度战争"的战略方针。这一方针旨在不与苏联直接交锋的情况下，通过有限战争，从苏联及其代理人手中夺回 70 年代在第三世界失去的地盘。里根下令，美国要从隐蔽到公开，在各个地区展开反击：向阿富汗游击队提供大量经济、军事援助，对抗苏军和阿政府军；在中东，美国扶持、放纵以色列，以防止亲苏力量在海湾得势；1986 年 2 月和 4 月，美借口"反对恐怖主义"，两次派轰炸机空袭与苏正在接近的利比亚；在南部非洲，美恢复对安盟中断了 10 年的军事援助，并加强外交活动，以排挤苏联、古巴势力；在中美洲，美视古巴为仇敌，支持尼加拉瓜反政府军，并对尼实行经济封锁；军事压力和入侵威胁……

里根到处与苏为敌，致使美苏关系在他第一任期内倒退到 40 年代末、50 年代初的水平上。

里根的扩军备战和军事冒险政策，不仅遭到世界爱好和平的人民（包括美国盟国人民）的强烈反对，而且还受到国内大多数人反对。民主党指责里根是一个毫不妥协的反苏干将，使苏美关系恶化，使东西方处于一触即发的对抗状态。迫于国内外压力，里根不得不重新考虑对苏政策。促使里根对苏采取温和政策的因素还有美国经济恢复和军事力量增强，苏联正在调整政策等等。作为政治家的里根也不愿做一个遭世人唾骂的好战分子。所以，缓和对美国有利，对资本主义世界有利。"以实力求和平"的里根，在经济恢复后，开始考虑与苏对话了。

早在 1984 年，里根就向苏联传送了缓和信息，他说："现在是我们坐到一起，讨论各种重大问题，消除误会，以便着手进行削减核武器的时候了。"只是由于苏联领导人忙于国内事务，没有立即与里根举行首脑会晤和谈判。1985 年，戈尔巴乔夫上台后，苏联才积极、认真地考虑里根的建议，使美苏关系揭开新的一页。这位具有"新思维"的苏共总书记，为了集中精力搞好国内经济建设，迫切需要从军备竞赛中摆脱出来。戈尔巴乔夫不仅积极响应里根建议，而且还频频向里根提出关于裁军和谈的反建议和新建议。

1985 年 11 月，在美苏关系僵持 6 年后，里根和戈尔巴乔夫两个对手终于在日内瓦会晤了。两人都表示，美苏双方都要"来一次信任的飞跃"。在两天的会晤中，两个对手，唇枪舌剑，争论不休。互不退让。戈强烈要求里根放弃"星球大战"计划，但遭到里根拒绝。不过，双方都同意加快军备控制谈判，各自砍掉战略核武器的 50%。这次会晤，虽然没有对世界人民最为关心的限制军备竞赛的问题达成具体协议，但却标志着两国关系开始进入一个新阶段。里根说。他来日内瓦是为了寻求美苏关系的"新起点"，这一目的已经达到。

1986 年 10 月 9 日，里根接受戈尔巴乔夫的建议飞往冰岛雷克雅未克与戈举行临时性首脑会晤。虽然戈做出了重大让步，但里根仍坚持实施"星球大战"计划。双方围绕着该计划各持己见，最后不欢而散。

1987 年 12 月 8—10 日，戈尔巴乔夫访问美国。在华盛顿，里根与戈签署了"中导条约"。翌年 5 月，里根回访苏联，与戈尔巴乔夫会谈。同年 12 月，戈又赶往美国会晤即将卸任的里根。尖锐对抗的美苏关系开始朝着缓和的方向发展。

美苏关系的缓和，也给全世界带来了一股和解之风。1988 年，美苏开始销毁导弹，苏开始从阿富汗撤军，两伊同意停火，古巴准备离开安哥拉，南非打算离开纳米比亚，巴勒斯坦解放组织正式接受同以色列讲和，利比亚同乍得复交等等，全球呈现出一种暂时的和缓局面。

里根在卸任时终于给世人留下了一个并非完全是冷战旗手的形象，他的第二步、第三步……的目标，只好让白宫新主人去实现了。

恪守"勇往直前"格雷的美国总统

——布什

人物档案

简　历：乔治·沃克·布什为美国第43任总统。布什在2001年1月20日就职，并且在2004年的选举中击败民主党参选人约翰·克里当选连任。在担任总统之前，布什于1995年至2000年间担任第46任的德州州长。布什家族很早就开始投入共和党以及美国政治，布什的父亲是之前曾担任第41任总统的乔治·赫伯特·沃克·布什，他的弟弟杰布·布什也曾是佛罗里达州的州长，由于与父亲同样都是美国总统，因此又常被称为小布什以区别，而他父亲就被称为老布什。

生卒年月：1946年7月6日~

性格特征：敢想敢干。

历史功过：《时代》周刊将乔治·沃克·布什列为2000年~2004年的年度风云人物，认为他是那两年中世界上最具影响力的人物。当乔治·沃克√布什就任总统时，他的民调认可度大约将近50%。在发生举国震惊的911恐怖袭击事件之后，乔治·沃克·布什的认可度跃升到高过85%，并且在攻击后四个月里维持80-90%的比例。自从那时之后布什在处理国内和国外政策上的民调认可度就持续下跌，到2006年已经跌至大约40%了，使他创下历史上美国总统认可度的最低纪录之一。在2006年11月5日进行的民调中，布什的执政认可度则停留在32%。

冒险家的成功

　　"向上看，别低头；向外看，莫内顾；向前看，勿回首。"这几句话，既是布什自传的卷首语，也是激励他一生奋斗不息的座右铭。正是它们，推动着年少志高的布什，一次次冒险，闯荡天下，一步步登上美国权力的顶峰。

1924 年 6 月 12 日,一个男孩降临于马萨诸塞州尼尔顿的一个国际金融家的家庭。他,就是乔治·布什。布什的父亲,工作勤奋,事业心强,靠个人奋斗起家。为了报效国家,耶鲁大学毕业后,他报名参加了第一次世界大战,当过炮兵上尉。复员后回到家乡,开始了实业家的生涯。父亲教会了布什怎样去工作、怎样去奋斗,成为布什成长的楷模。布什的母亲为人谦逊、正直,常教育孩子们竞争要求胜,做人要诚恳、谦让。每当孩子们自吹、言过其实时,她总要批评他们。即使布什后来当了副总统因工作需要而说一些不切实际的话时,他的母亲也要马上打电话批评他。布什的母亲教会了他怎样生活、怎样为人处世。

　　在中学时,布什很活跃,曾担任学生会负责人、高年级班长、足球队和棒球队队长,有过 20 多个社会工作的头衔。中学毕业后,他决心走父亲的道路。当时正值第二次世界大战重要时期,年仅 18 岁的布什本来完全可以不参军而上大学,但他报名参加了海军航空兵。在太平洋执行轰炸任务的一年多时间内,布什出生入死,冒着枪林弹雨,作战飞行 58 次,达 1 228 个小时。有一次,飞机被日军炮火击中,同机两名成员死亡,唯有布什幸免于难。危险的环境培育了布什勇于冒险的精神。

　　1945 年,21 岁的布什和 20 岁的巴巴拉结婚。他们是 4 年前在一次舞会上偶然认识的。在那次舞会上,身高 1.73 米的巴巴拉身材苗条,长着红褐色的秀发,引起了布什的注意。经人介绍,布什当即主动地与巴巴拉交谈。两人一见钟情,坠入爱河之中,不久便订下终身。巴巴拉因思念布什而无法读书,就从刚上了一年的大学退学了;而布什为表示对巴巴拉的热恋,则把他的作战飞机起名为“巴巴拉”。婚后,巴巴拉没有参加工作,一直伴随夫君,走南闯北。由于布什为实现抱负不断前进,在眼花缭乱的职务升迁过程中,他们先后在 17 个城市住过,到过 26 个国家,搬过 28 次家。布什带着他的娇妻东奔西跑走天下。

　　和父亲一样,婚后不久的布什带着妻子进了耶鲁大学,主修经济学,用两年半时间就得到了学位。1948 年大学毕业时,父亲准备在纽约金融界给他找一个差使,但布什谢绝了,他要独自奋斗。他说:“我们(布什和巴巴拉——注)要开创自己的路,犯自己的错误,创造自己的未来。”当时,石油业正是美国刚兴起的、蓬勃向上的热门行业。24 岁的布什也跃跃欲试,想在石油事业上大显身手,自己去做生意,办实业。尽管这有很大风险,但布什生性喜欢冒险,他说:“我不会总是做那些我也熟知的事,也不想做那些按部就班可以预料的事。”“我在追求一种完全不同的生活,寻找一种充满挑战、冲破常规的生活。”他是这样说的,也是这样做的。

　　告别父母,布什携夫人远离家乡,南下得克萨斯州,希望在那里创业、崛起。布什先在父亲朋友所办的一家工业公司当设备管理员,从基层干起。1949 年,他被提升为推销员,到加利福尼亚分公司任职。第二年,他又被召回得克萨斯州,负责该州第一家油和汽的销售行。如果照此下去,凭布什才干,加上他父亲朋友的培养、提拔,他很有可能登上与石油业有密切关系的大公司经理的宝座。然而,独立性强的布什,仍坚持创自己的事业。1950 年,布什辞去公司职务,与一位刚结识的朋友合伙创办了一家石油开发公司。该公司业务逐渐扩大,生意兴旺,布什赚了一大笔钱。但令人不解的是,1953 年,他退出了这家公司,又与另一合伙人创办了萨帕塔石油公司。到第二年,该公司被分割,布什成为自己所分得的分公司负责人。

后来,随着业务扩大,机构逐渐庞大,布什担任了公司的董事长兼总经理职务。直到1966年,布什一直在该公司干,成了不算出名的百万富翁。

作为商人和企业家,布什在十几年的经历中,逐渐对政府过分干预经济不满。他喜欢自由竞争,不愿政府干扰自己赚钱、扩大业务。可以说,布什以后提出的经济主张大都是在这十几年中形成的。

如果不是布什父亲1953年竞选当上美国国会参议员,那么,布什至少不会从那时起开始对政治产生浓厚兴趣。父亲的胜利大大刺激了布什,他决心向父亲学习。从50年代末,布什就想从政了。朋友们告诫说,如果想在官场上混出名堂,最好先退出共和党、加入民主党——当时民主党正走运,而共和党威信较低。但布什自有主张,始终坚持自己对共和党的信仰。

1962~1964年,布什一边管理公司业务,一边担任得克萨斯州一个县的共和党组织的负责人。他不甘心在此默默无闻地生活,他要向华盛顿进军,在那里施展他的抱负。

1964年,布什首次竞选美国国会参议员,但失败了。布什并未因此而退却,反而促使他全力以赴地投入到政治追求中。1966年,布什辞去公司董事长和总经理职务,一心一意参加国会众议员竞选,并获胜。他在众议院干了四年,以务实的保守派出名。他的同事评价说:"他是一颗正在升起的政治明星。"在国会,布什不仅擅长讲话,还善于听取别人意见,尤其是那些善于分析具有创新精神的意见。这种作风使他平易近人,人缘极好。从此,他在政治舞台上步步高升,同时,也坚定了他向政坛巅峰攀登的决心。

1968年,布什希望作尼克松的副总统候选人,但因尼克松嫌他太年轻,资历浅而未能如愿。1970年,再次竞选参议员失败的布什被尼克松任命为美国常驻联合国代表。1973年,尼克松连任后,请布什担任共和党全国委员会主席。当水门事件曝光后,布什不得不代表共和党要求尼克松辞职。1974年,福特接替尼克松当上了总统,布什仍想做副总统。但福特让布什选择是作驻英国大使还是作驻法国大使。布什却提出去中国,这令福特和基辛格大为惊讶——美国当时还没有同中国建交。布什认为:"一个新的中国正在出现。美国与中国关系在未来的岁月里将是至关重要的,无论是对美国的亚洲政策,还是全球政策都是如此。"1974年9月,布什出任美国驻中国联络处主任,开始了解这个神秘而古老的东方大国。1975年,他又被福特调回美国担任中央情报局局长,整顿全国情报系统。

早对总统职务抱有奢望的布什,在1977年离职后决定参加1980年的总统选举。他自豪地宣布:"我是领导80年代美国的最佳人选。"然而,事与愿违,他斗不过里根。不过,他被里根选定为副总统候选人。布什之所以被里根提名,是因为:第一,与里根主张大致相同,如都主张减税、压缩政府开支,减少政府的干预等;第二,布什主张退出竞选,并号召全党团结起来,支持里根,这使里根深受感动;第三,布什谦逊诚实,经验丰富。

从此,布什忘我地为里根奔走。1981年1月,布什宣誓就任美国副总统。作为副总统,布什始终认为,应该视忠于总统为首要责任。正是这种忠诚,使布什赢得了好名声。为了取得总统里根信任,布什为自己定了五条纪律。第一,不与总统争权,不超越副总统权限;第二,"当白宫某些决策或政策受到公众冷遇时,不要故意显示自己正与总统保持一定距离来玩弄什么政治上的机会主义把戏";第三,不要泄露白宫机密;第四,将所有谈话内容、甚至包括朋友们的谈话内容都录下来,特别是你想与他们保持长期友谊时更应注意这一点,以防人们、特别是新闻记者胡说八道;第五,"应忠实地履行对总统的职责","在任何问题上,无论是赞成,还是反对,都应向总统提出自己的见解。"实践中,布什身体力行,严格遵守上述纪律。里根对布什非常信赖,让他连任两届副总统,为其出谋划策,共同改造美国。

作为副总统,布什是称职的。但他不甘心屈服于总统副职,仍念念不忘攀登权力的最高峰。早在1986年,布什就决心参加1988年的总统选举。1988年,在竞选过程中,布什接连击败曾红极一时、被认为是里根正统思想继承人的肯普和其他党内对手,获得总统候选人提名。接着,他乘胜前进,一举击败民主党总统候选人杜卡斯基。终于,65岁的布什在1989年1月宣誓就任美国第41位总统,实现了一、二十年来梦寐以求的夙愿。归纳起来,布什获胜的原因主要有:第一,里根执政时期,成绩显赫,这也有布什功劳;第二,布什是温和的保守派,而极端保守思想则随着国际关系缓和而失去了吸引力;第三,威望极高的里根支持布什,亲自为布什竞选奔波;第四,布什从政经验丰富;第五,更重要的是,美国人民希望有人能维持里根开创的"和平与繁荣"景象,而布什是最佳人选。

山姆大叔的梦想

80年代末90年代初,国际局势风云突变,使人目不暇接,也使当政的美国总统布什把他的主要注意力更集中在美国疆界之外的世界,以实现几十年来美国孜孜以求的独霸世界的梦想。放眼全球,人们发现整个世界从来没有发生如此神速、深刻、繁杂和难以想象的变化:苏联戈尔巴乔夫要实行"人道的、民主的社会主义";柏林墙轰然倒塌,被分割的德国重新统一;东欧各国共产党政权纷纷垮台,南非当局释放曼德拉;伊拉克入侵科威特等等……世界形势的这一变化,使布什清楚地意识到,只有抓住机会,敢于冒险,才可能成功。

同前任里根不同,里根可以斥责"邪恶的帝国",制定以反苏为主的外交路线。现在,美苏关系缓和,苏联也不再构成对美国的威胁,对此,美国该怎么办?

早从苏美关系开始缓和时,身为副总统的布什就在脑子里思考即将来临的新形势下的外交政策了。布什认为,一个新的时代即将开始,美国必须改变政策才能适应变化着的世界,才能成为世界领导者。新世界迹象出现了,需要深思熟虑来制定一个转折性的外交政策。因此,布什一上台,就在国内发动了一场关于美国在新形势下外交战略问题的争论,探讨新的国家安全战略。一直到1990年3月,布什向国会提出《美国国家安全战略》报告,布什的外交战略、方针、政策才完善起来。

早在1988年竞选时,布什就说:在对外关系上,美国的"主要目标是维护和建立致力于自由与民主的政府。"1989年9月25日,布什在联合国发言中说:"东方和西方,北方和南方,在每个大陆上,在所有的地平线上,我们都能看到一个自由的新世界的轮廓正在展示出来。"在布什心目中,这种"自由的新世界"实际就是资本主义世界,就是以美国资本主义民主、自由为蓝图的世界。很显然,布什要使美国利用时机在全世界促成建立以美国为蓝图的资本主义制度。

如果说里根信奉"以实力求和平",那么,布什现在则推崇"以实力求自由、民主"。布什认为,保持军事力量强大,是促成、巩固民主、自由制度的前提条件。苏联裁军后仍将是军事大国,东欧剧变后产生的新制度还不稳定,第三世界、地区冲突,对所谓"自由、民主"制度的各种难以预料的威胁……这一切都成了布什保持强大军事力量的理由。其实,布什心里明白,没有强大的军事力量,就很难为西欧、日本等盟国提供安全保障,从而使美国失去"自由世界"的领导地位。以前靠强大的军事力量,取得了遏制"共产主义扩张"的胜利;现在保持强大,可以迫使世人走"自由、民主"道路。因此,布什强调,"美国必须继续保持能够加强威慑和安全的现代化防务。"布什时期,美国国防开支虽然有所缩减,但缩减数额微不足道。布什并没有放弃里根时期的"星球大战"计划,只是将其改变为"灿烂卵石"的防御计划,即在近地轨道上部署成千个微型卫星或小型火箭,用来撞击并摧毁敌方的导弹。

对于西方盟国,布什主要提出了"新大西洋主义"。在布什眼里,西方盟国是引导世界前进的一块圣地,而美国则是圣地中的宫殿。没有圣地,宫殿也很难保住。作为宫殿中的国王,布什指示,在对外政策方面,美国应首先考虑的仍是积极地支持西方盟国。当东西方关系缓和后,布什要把盟国作为世界其他国家学习、模仿的楷模。保护盟国,成了美国的首要责任。布什认为,只有保护好这些国家,才能"确保中欧和东欧的民主演变",才能给第三世界提供样板。布什支持统一后的德国留在北约集团,支持欧洲共同体到1992年建立统一市场的计划,同意建立统一的"欧洲大厦"计划,其目的主要在于加强同盟国的合作,巩固和扩大"自由世界"。由于西欧、日本、德国实力正在增强,不那么服从美国的指挥棒,布什"谦让"地要和盟国"分担全球领导责任"——不过,美国要承担全球的主要领导责任。

布什制定的"超越遏制"政策虽然是直接对准苏联的,实际上也是瞄准所有社会主义国家的。40多年来,美国对社会主义国家一直奉行"遏制"战略,即"阻碍共产主义扩张"。现在,历史发展到今天,布什一改几十年来的老政策,而抛出了新政策。布什毫不掩饰其推行"超越遏制"战略的目的,他公开宣扬,这一战略旨在促使以苏联为主要敌手的社会主义国家发生和平演变,纳入以美国为首的资本主义体系。他毫不掩饰地说:"我们的目标是大胆的——比我的任何前任认为有可能实现的目标抱负更大的目标。"

与前任总统主要使用机枪、大炮、核武器不同,布什在保持强大军事力量的前提下,主要是以经济、技术和政治、文化渗透为手段来对付苏联。布什说,对于苏联,"我们的目标是越出遏制,争取把苏联纳入国际体系,成为一个建设性的伙伴。"为了达此目标,布什主要采取如下对策:首先,加强裁军、控制军备谈判,加强合作;其次,有条件地支持苏联改革。当东欧剧变时,1989年12月布什和戈尔巴乔夫在马耳他美苏军舰上举行临时性会晤。布什要求给予合作,戈尔巴乔夫爽快答应不干涉东欧事态。1990年3月,两人又在华盛顿会晤,表示销毁现有化学武器的80%,以后不再生产,并决定在7年内把各方远程核武器削减大约1/3。还决定,

1991 年 11 月在维也纳举行削减常规武器的谈判。1990 年 9 月,两人又在赫尔辛基针对海湾危机举行了会谈。双方达成反对伊拉克入侵科威特并制裁伊拉克的协议,这是超级大国在解决地区冲突问题上的第一次合作,采取了共同立场。1992 年 7 月,布什又亲自出访了苏联。从马耳他到华盛顿,从华盛顿到赫尔辛基、莫斯科,美苏首脑在短短的几年中进行着频繁的会晤,这表明美苏在国际事务中的合作态势在加强。这种合作,有助于布什推行和平演变计划。

在支持苏联改革问题上,布什附加了苛刻条件。布什认为,戈尔巴乔夫的改革符合西方利益,而支持改革成功也"最符合美国的国家利益"。但是,另一方面布什强调,苏联改革必须向市场经济、政治自由、多党制方面努力,否则,不予充分支持,或不支持。特别是涉及钱时,布什故意设卡。在 1990 年 7 月的七国首脑会议上,布什强烈反对向苏联提供财政援助。他说,只要苏联继续保持高额军费,只要它不向"民主、自由"过渡,给它的援助就只能限于技术援助。

对 1991 年 12 月苏联的解体,布什也是起了推波助澜的作用的。早在 1991 年的 7 月布什出访苏联时,他就采取了对苏联的"双轨政策",不仅会晤了戈尔巴乔夫,而且还会晤了叶利钦、克拉夫丘克等苏联加盟共和国的领导人。虽然戈尔巴乔夫表示抗议,但布什依然我行我素。布什还明确表示支持乌克兰的独立,支持叶利钦等人成立独联体。多年的敌人,如今眼看不费一枪一弹就使其完蛋,布什能袖手旁观吗?

至于东欧,布什则把它作为推行"超越遏制"战略的突破口和试验基地。东欧一开始变化,布什就给予密切关注。当波兰团结工会即将上台、匈牙利准备实行多党制时,布什尤感兴奋,认为"演变"机会到了。他抓住这个机会,于 1989 年 7 月出访了波兰和匈牙利,这也是美国最高领导人 12 年来对东欧的第一次访问。对于这次出访动机,布什直言道:"我们的任务是很明确的:修补旧的裂痕,实现几十年的梦想,出现一个安全、繁荣、和平与自由的新欧洲。"布什既是摸底,也是鼓劲,为东欧的演变制造舆论。访问时,布什还向这两个国家提供了大约 1.5 亿美元的经济援助,以便为波匈和平变革奠定经济基础。在苏联不干预情况下,美国加紧推动东欧变革。在美国及其西方盟国大力推动下,东欧发生剧变,社会主义政权继波、匈之后,又在民德、保、捷、罗解体。这些国家新的当权者都宣布与"现实社会主义"决裂,实行西方的市场经济、多党制,放弃科学社会主义。至此,罗斯福、斯大林和丘吉尔三巨头确立的雅尔塔体制以东欧的剧变而宣告结束。现在,布什说:"摆在我们面前的任务是巩固和平变革的成果,为进一步和平变革提供样板。"布什要把对东欧的演变,当作演变其他社会主义国家的样板。

对于中国,布什否决国会提出的延长中国留学生留美期限的议案,决定延长中国最惠国待遇,支持日本及其他盟国恢复对华援助时,他都是在"继续支持中国政治、经济改革","支持中国向自由、民主迈进"的口号下进行的。在他看来,孤立中国,不利于中国改革开放,从而不利于美国利益。

对待发展中国家,布什想通过施加压力、甚至军事威胁以及提供援助等手段来促使它们加入"自由的新世界"行列,即纳入世界资本主义体系。实际上,当美苏缓和时,里根就已改变了为抗衡苏联而实行的对亲美反苏独裁政权一律支持的政

347

策,转而强调"民主化"。布什上台后继承了这一政策,并试图把这一政策适用范围扩大到所有发展中国家。美国宣布,落后国家要想得到它的美元,就必须首先实行"自由、民主"制度,废除"独裁政权"。在亚洲,马科斯、全斗焕下台之后,布什继续大力支持菲律宾阿基诺民选政权,帮助镇压军队反叛,支持卢泰愚在南朝鲜实行多党制。在柬埔寨和阿富汗问题上,美国主张通过自由选举产生政府。在非洲,支持纳米比亚实行民主制度,希望其"成为整个非洲大陆实行自由、多元制和面向市场经济改革的榜样"。向南非当局施加压力,迫使它取消种族隔离制度;减少对肯尼亚政府的经济援助,以迫使它实行多党制……在拉美,以维护巴拿马民主为借口出兵入侵巴拿马,用武力把诺利加赶下台;欢迎奥尔特加下台,帮助由选举产生的查莫罗新政府在尼加拉瓜"建立民主政体";支持智利废除"独裁""重建自由与民主制度"。而当发展中国家的一些地区大国不听凭美国摆布、损害美国利益时,布什必"枪打出头鸟",不惜用军事高压政策,甚至大动干戈的方式逼其就范。最典型的莫过于布什1991年初在海湾针对伊拉克的铁腕人物萨达姆而进行的代号为"沙漠风暴"的军事行动。布什从欧洲抽调了以前对付苏联的70%的兵力,并又到处化缘,要其西方盟国有钱的出钱、有力的出力,来对付已积贫积弱的伊拉克。其结果当然是不言而喻了,布什也因为在海湾战争中取得了"辉煌"的胜利而在国内声誉大增。

糟糕的国内政绩

虽然布什在全球到处兜售美国的价值观、推行美国的模式,虽然他也为自己在这方面的成绩感到由衷的高兴、万分的喜悦,但是当他审视自己领导的美国时,他的这种高兴、这份喜悦就不能不大打折扣了——除了日益严重的各种社会问题令他束手无策之外,国内的经济状况更是令人担忧。

其实,美国的经济问题照后来的克林顿总统所说,是"冰冻三尺,非一日之寒。"由于美国在50、60年代竭力推行以凯恩斯主义为核心的国家垄断资本主义,在短期发展之后便留下了长期难以解决的"滞胀"问题,从而严重阻碍了美国经济的发展。到了里根时期,政府始终推行一条旨在控制通货膨胀的紧缩货币政策,严格控制货币发行量和信贷。但是里根政府期间的财政政策是扩张性的,为了美苏军备竞赛的需要,军费开支不断增加,再加上实行减税政策和危机期间财政收入的不断减少,致使政府的财政赤字骤增。1982年财政赤字首破1 000亿美元大关,达到1 280亿美元。此后几年财政赤字又连续增加,1986年达到2 210亿美元。1988年、1989年虽有所下降,但也在1 500亿美元左右。为了弥补财政赤字,政府又不得不大举借款,连年财政赤字使国家债台高筑,1985年美国从世界上头号债权国变成了债务国。大举借债,同时又造成了高利率、高汇率。虽然里根1989年得以光荣引退,但其"里根经济学"把美国经济搞得一团糟,高赤字、高国债、高利率、高汇率,搅在一起,像一锅难吃的粥让布什无法下咽。

毫无疑问,经济问题是布什当政的首要问题,也是最根本问题。不解决这个根本问题,在激烈的国际竞争中,只能越来越落伍。

然而,一向以精明老道著称的布什却恰恰在这根本的问题上犯了致命的错误——他不该只顾忙于国外事务而忽视了国内日益严重的经济问题。直到1990年2月,也就是说在他上台一年零一个月之后,他才比较明确地阐述了他的政府的经济战略。这对于只有短短的4年任期来说,未免提出的太晚了!

　　1990年7月,美国在出现了持续90多个月的低速增长之后,又进入了战后第9次经济衰退。虽然海湾战争给美国经济带来了某些复苏的迹象,1991年4月美国工业指数开始回升,失业率逐步下降。但这种战争的刺激作用并未持续多久,1991年10月一连串的坏消息又接踵而至:制造业增长速度放慢、零售市场疲软、银行贷款下降、申请失业补贴的人数猛增、高价耐用商品定货连续两个月下降、住宅销售情况也很不景气。美国联邦储备委员会主席格林斯潘也一反原来的乐观预测,明确表示他不能确定目前的经济停滞何时结束,甚至悲观地认为不能排除要到90年代的后5年才有结束的可能。

　　经济的再次逆转,特别是许多大公司纷纷宣布裁员关厂的计划之后,美国选民对布什政府的不满情绪陡然上升。1991年11月初,布什的前司法部长迪克·索恩伯勒清楚地向布什发出了一个信号,即美国的经济问题已经伤害到美国人的生活,民主党已经利用经济问题把他描绘为一位不关心国内问题的总统。民意测验也显示选民们对他的支持率已由海湾战争胜利后的90%以上猛降到46%。

　　虽然1992年大选期间,布什总统不顾疲劳奔命于全国、竭力兜售自己的政策主张,宣传他4年期间的业绩,特别是在外交上的业绩,甚至对其对手克林顿个人生活和越战服兵役等问题大做文章,但收效不大,因为美国人更关心的则是自己的生活。而在这方面,布什总统的确找不到值得炫耀的东西。布什执政4年期间,美国经济运行状况一直不佳,经济增长率是战后以来美国最低的4年。

　　因此,在大选期间,民主党总统候选人克林顿始终咬住美国国内的经济问题,向布什发起了猛烈进攻。克林顿利用各种场合和机会就美国经济的"三升高、三下降"的现象来抨击布什总统的无能。"三升高"就是美国赤字、债务、失业率的升高。1992年美国财政年度的赤字为2 902亿美元,国会预算办公室预测1993年将达到3 100亿美元。美国的国债已达3万亿美元,相当于国民生产总值的51.1%,50年来首次超过了国民经济的一半,1992财政年度美国仅支付国债利息就达1 900亿美元。美国的失业率也长期在7%以上居高不下。"三下降"是指美国人均国民生产总值下降、工业生产下降、竞争力下降。对此克林顿嘲讽布什说:"凡是该下降的都上升了,凡是该上升的又都下降了。"

　　最后,在问鼎总统宝座的这场角逐中,布什终于失败了,克林顿则以较大的优势赢得了胜利。对此结局,布什虽始料不及,但又无可奈何。到底是美国人太现实,还是自己认不清形势呢? 布什也说不清楚。

小人物创下"三连冠"

——克雷蒂安

人物档案

简　历:克雷蒂安,生于加拿大魁北克省,毕业于拉瓦尔大学法律专业,并获多所大学法学名誉博士学位。1958年至1963年他从事律师工作。他1963年当选为自由党联邦众议员,自1967年起先后任财政国务部长、税收部长、印第安事务和北方发展事务部长、国库部长、工贸和商业部长、财政部长、司法部长兼总检察长、能源矿业和资源部长以及副总理兼外交部长等职,1990年当选为自由党领袖。1986年他辞去议员职务,退出政坛,在渥太华、多伦多等地当律师。1990年6月,克雷蒂安当选为自由党领袖并于当年12月重新当选为联邦众议员。1993年10月大选,自由党获胜,他出任加拿大总理。他在1997年和2000年两次大选中连续获胜,蝉联总理。2003年12月卸任。

生卒年月:1934年1月11日~

性格特征:心直口快、特立独行。

历史功过:克雷蒂安执政的10年中,国家经济稳步增长,失业率逐步降低,政府的财政赤字从1993年的420亿加元(相当于320亿美元)下降到1997年的收支平衡,2002年,加拿大成为西方八国中唯一没有财政赤字还有结余的国家。

不过,克雷蒂安也不是十全十美的领袖,比如他的"自由主张"就有点过火,他批准了一些修正法案,支持同性结婚、种植大麻和吸食大麻,这曾惹来不少加拿大人的非议。

加拿大前总理让·克雷蒂安其貌不扬,他从小口吃,幼年因病导致左脸局部麻痹,嘴角畸歪且一耳失聪,在这个英语和法语均为官方语言的"双语"国家里,他的英语、法语却都讲得不怎么样,尤其是英语,不仅带有法国腔,而且经常是句子不完整和不成文法。他具有这么多弱点,却能克服重重困难,在政坛上纵横驰骋,于1993年10月率自由党一举结束了9年的在野日子,登上总理宝座,并在1997年6

月的大选中再次夺冠,在 2001 年的大选中又执牛耳,保住了执政党的地位、三任总理,成为加拿大跨世纪的领导人。看来,说他是加拿大的传奇人物,一点也不为过。

2003 年 12 月 12 日,克雷蒂安宣布退休,告别了工作 10 年的总理府,为自己长达 40 年的政治生涯画上句号。随后,他加盟希南——布莱基律师事务所,重操旧业干起了律师。

"我要坐最前面的位子"

让·克雷蒂安 1934 年 1 月出生于魁北克省威尼根镇的平民之家,父亲是普通的工人,他在 19 个兄弟姐妹中排行第 18。他曾打趣地说:"幸亏那时还没有避孕药,否则我就不存在了。"时至今日,他还自称是"一个来自威尼根镇的小人物"。

克雷蒂安以勤工俭学及民间少得可怜的助学金在拉瓦尔大学修完法律学毕业后,曾当过一段短时期的律师。他追忆说,他当时只懂得几句英语,但对政治充满好奇心,很想知道联邦主义对自己所在的魁北克省有什么好处,因此于 1963 年代表自由党竞选国会议员,竟一鸣惊人地当选了。

年仅 29 岁的克雷蒂安初到首都渥太华,便由新民主党资深国会议员费雪带他参观国会,向他解释总理坐在前面中间的位子,周围坐的是高级部长,普通议员坐在后面。费雪追忆说,克雷蒂安听到这里,马上自信地说:"有一天我要坐最前面的位子。"

1965 年,皮尔逊总理委任克雷蒂安当财政部长夏普的秘书。有一次夏普带他出席财政部高级官员会议,会后夏普交代说,会谈内容是国家机密,不要泄漏出去。克雷蒂安淡淡地回答说:"没有问题,其实我根本不知道你们在谈些什么。"12 年后,他成了第一个出任联邦财政部长的法裔。

此后,克雷蒂安连续 7 次当选为国会议员,直到 1986 年自请辞职。他先后在皮尔逊、特鲁多和约翰·特纳 3 位总理手下走马灯似的出任要职,9 次当过职务不同的部长,如财政部长、司法部长、印第安人事务部长、国防部长、税收部长、国务部长、能源、矿业和资源部长等。1984 年,自觉羽翼丰满的克雷蒂安雄心勃勃地问鼎所在的自由党党魁交椅,不料却遭到当头一棒,输给了对手约翰·特纳。出任总理的特纳倒是能容得下人,让富有内阁经验的克雷蒂安担任副总理兼外交部长。可惜,这个内阁班底的寿命太短,只有两个多月,便被保守党人推翻了。克雷蒂安心灰意冷,加上医生警告他,要放慢工作节奏,以防止心脏病发作,于是便暂离政坛,重操律师旧业,为人们跑跑颠颠地打官司,全然没有昔日为官的派头。

然而克雷蒂安并未告别政治,他肯学习、肯帮助人,同时不在党内树敌,颇有人缘。他的英、法语虽然讲得不好,但饱经宦海的他却极富机智和幽默,常讲出如珠妙语,普通百姓都很欣赏他的这些特点,因此各地自由党选区举行的筹款餐会,请他演讲一定"爆棚",他也乐此不疲,为日后竞选党魁打下了基础。

到了 1990 年 6 月,"卧槽马"克雷蒂安重返国会,并在党内竞选中一跃而出,如愿以偿地拿到自由党领袖的头衔,这为自称"来自威尼根镇的小人物"的他掌管国家大权打下了基础。

在 1993 年的加拿大联邦大选中,克雷蒂安出马与执政的保守党领袖金·坎贝尔对垒。刚担任加拿大总理的坎贝尔年方 46 岁,被加拿大人称为"才思敏捷而又傲慢"的女性,她于 1978 年踏入政界以来,在马尔罗尼内阁先后出任印第安人事务和社会发展部长、司法部长、国防和退伍军人事务部长,可谓青云得志,一路顺风,在大选开始时,她在民意测验中的选民支持率大大超过克雷蒂安。选民本来对她抱有很大希望。但坎贝尔空有豪言壮语和引人注目的个性,却拿不出制服经济衰退的高招。尽管她曾发誓要施行不同于其前任马尔罗尼的经济政策,但实际上,她几乎原封不动地继承了保守党持续了 9 年的政策,缺乏变革创新之举。再加上执政才短短 4 个月,因此,坎贝尔没有能扭转不断滑坡的经济。加拿大全国失业率高达 11.6%,政府债台高筑,实际上已处于近乎失控的状态。

在竞选中,克雷蒂安认准了保守党的痛处,靠经济打擂台。坎贝尔政府认为,庞大的国债已使加拿大濒临险境,因此唯一出路是削减政府开支,降低财政赤字,克雷蒂安则明确反对紧缩政策,认为这只能导致经济萎缩。克雷蒂安主张政府积极干预经济,加强公路、桥梁等基础设施建设以刺激经济,从而达到增加就业并最终减少赤字的目的。由于保守党在过去 9 年中推行的消灭赤字的政策并未奏效,因此,尽管克雷蒂安对于如何筹资增加收入、如何解决国债等难题也没有良策,而且其主张还可能扩大赤字,但对选民仍有吸引力。确实,克雷蒂安早就意识到,要想安抚民心,取得成绩,必须从就业问题入手。他发表的《创造就业机会》红皮书深受选民欢迎。

除了经济政策得民心以外,克雷蒂安独特的个人魅力也为他拉来了不少的选票,作为政坛老手,他思维敏捷,智慧过人,丰富的阅历及经验更给选民一种安全感,尽管反对党认为他是个"过时人物",并讽刺他是一条试图用 20 世纪 60 年代的老一套来解决 20 世纪 90 年代新问题的"政治恐龙",但大多数人觉得克雷蒂安从政 30 多年来以廉洁著称,从未与丑闻沾边儿,实属难能可贵,是一个值得信赖的政治家。为了瓦解保守党对他身体欠佳的谣传,在竞选班子的策划下,克雷蒂安精神饱满地频频出现在电视荧屏上,兴高采烈地玩棒球、滑冰橇,并不怎么费力地挪动沉重的啤酒箱,将一个精力旺盛、体力充沛的政界元老的形象推销给选民们。其实他早年喜爱体育,年轻时爱打乒乓球,球打得又刁又狠,议会中敢于向他挑战的人都不是他的对手。

竞选期间,克雷蒂安不止一次地向选民讲一个故事:一艘轮船驶离纽芬兰不久,在茫茫大海上遇到了风暴,随时都有覆没危险。船上的人发出呼救信号,渴望有一名经验丰富的水手把他们带到彼岸。"我就是那个经验丰富的水手!"克雷蒂安自信地说。

1993 年 10 月 25 日,大选尘埃落定,克雷蒂安率领的自由党以绝对优势击败了坎贝尔领衔的保守党,这样,一向以"小人物"自居的克雷蒂安终于坐到了国会"最前面的位子",圆了总理美梦。

用人有雅量

同克雷蒂安打过交道的人都感到,他平易近人,同他在一起没有拘谨感。他听别人谈话时神情专注,有时略显腼腆,但言谈举止中流露出非凡的智慧。他惯于凭直觉行事,是一个务实的人。

克雷蒂安小时得了一种病,结果一边耳朵失聪,讲话时嘴巴歪向一边。他有这种缺陷,不但不自卑,反而能奋发图强,在演讲时能恰到好处地利用诙谐、幽默的语言来弥补缺陷,并不失时机地提高嗓音,以达到理想的效果。前保守党主席曾讥笑克雷蒂安的神情活像一个银行劫匪在驾车逃走时的神态,他听后一笑了之;前保守党部长史蒂文斯曾讥笑他用一边嘴讲话,他马上反击说:"我用一边嘴讲一种话,不像你用两边嘴讲两种不同的话。"一语双关,令人拍案叫绝。

1993年10月大选时,保守党请了美国民主党的谋士当顾问。保守党为了攻击克雷蒂安没有资格当总理,竟大肆利用电视广告来夸张他脸部缺陷,然后问道:"你要这样的人来当你的总理吗?"这样的选战攻讦在美国行得通,但在加拿大却招致了很多选民的愤怒和反感。克雷蒂安处之泰然,毫不隐讳自己身体上的缺点,反博得选民的极大同情。任总理的保守党领袖坎贝尔女士自觉在道德上理亏,被迫收回这个电视广告,并向克雷蒂安公开道歉。这真是偷鸡不成反蚀把米,据估计,这个电视广告使保守党至少失去10%选民的支持。

大选揭晓后,轮到坎贝尔被人嘲笑了,保守党中委会指责她应对大选惨败负责,要她马上辞去党魁一职,单身的坎贝尔顿失栖身之所。而克雷蒂安并没有对一箭之仇,耿耿于怀,他拨给坎贝尔一间办公室和一个秘书,让她从容地整理文件。坎贝尔后来应邀在哈佛大学当了一年研究员,回到加拿大后又失业了。不计前嫌的克雷蒂安又向她伸出了救援之手,让她在驻俄罗斯和驻洛杉矶总领事二者之间挑选,坎贝尔选择了后者,从而拿到了一份12万加元的年薪,享受上了部长级待遇。这位处事果断善于妥协的女强人知恩图报,把领事工作做得很有成绩。克雷蒂安这种容人的雅量令政敌们汗颜。

善于用人的确是克雷蒂安的一大长处。他敢于放手让下面的人处理各种事务。他的原则是:用兵不疑,疑人不用,必须对为你效力的人抱有信心。克雷蒂安在1990年东山再起担任党的领袖后,曾做出一个重要决定:让他的党内政敌保尔·马丁制订自由党的政策,克雷蒂安的信任消除了他们之间的隔阂。结果,马丁和他的班子全力为自由党制订了一套经得起选民检查的政策,为赢得选票、获得大选胜利奠定了基础。

克雷蒂安不但用贤不"避敌",而且任人不"避亲"。他的侄儿雷门是外交部的资深官员,曾任驻非洲多个国家的大使,克雷蒂安刚一上任,便委任他为驻美国大使。当反对党指责他是任人唯亲时,他却为自己辩解说:"我把侄儿派驻美国,是为了表示对美国的重视。美国如有什么紧要的事来找我,通过我侄儿不是更方便吗?"加拿大工会也出面支持克雷蒂安,认为雷门适宜担任驻美大使职务。

在宦海中扑腾了多年的克雷蒂安深知用人的重要性。他说,搞政治"就像赛车一样,如果你在急转弯时车速快一公里,就会车翻人亡;如果慢一公里,就会败北",因此,必须选好"赛手"才行,哪怕你并不喜欢这个"赛手"。

动粗惹风波

克雷蒂安在少年时是个顽劣的学生,喜欢打架,多次逃学,曾被四所学校开除。步入成年后,克雷蒂安喜欢打架的性格,仍不时地显露出来。他靠自己努力通过律师考试后,在家乡一间律师楼工作,在一次律师聚会上,一位老同学当众讥笑他说:"如果不是你哥哥的关系(克雷蒂安的哥哥是当地著名的医生),你哪里可能找到这份工作。"自尊心极强的克雷蒂安顿时怒火中烧,不由分说,一拳向那人脸部打去,那人倒在地上,鼻子受伤,满脸是血,但自知失言,没有控告他。

当总理之后,克雷蒂安对自己极力克制,可气极之下,仍不免旧病发作,终于惹出大麻烦来。

1996年2月15日是加拿大的"国旗日",中午时分克雷蒂安特地赶到魁北克省赫尔市参加集会。魁北克省是加拿大最大的省,相当于法国面积的3倍,被视为法国文化在北美洲的摇篮,迄今约82%的人口以法语为母语,该省分离主义倾向严重,一些人一直在吵吵嚷嚷地闹独立,并为此进行过两次全民公决。克雷蒂安虽然来自魁北克,但他支持魁北克留在加拿大,在他的演说中最后常常强调加拿大必须保持统一。当他在大选获胜时,他的个人声望在加拿大各地都有所提高,唯独家乡魁北克是个例外。这一天,克雷蒂安演讲时赞扬枫叶国旗象征的爱国热情,呼吁魁北克省人民维护国家的统一。在场的数十名示威者发出的抗议声浪,不时淹没克雷蒂安的声音,他不得不缩短演讲时间。

当克雷蒂安步下讲坛,穿越聚集的人群时,参加示威的劳工联盟活动分子克莱奈特突然冲到他的面前,用法语大声吼叫:"克雷蒂安应尝尝失业的滋味!"克雷蒂安怒不可遏,用右手抓住克莱奈特的颈后,左手紧扼其颚下喉部,猛力将他推向两名警员,警员则把克莱奈特按倒在地。在克莱奈特站起来时,他的牙箍从牙齿上脱落而破碎。

这场出人意料的冲突事件仅持续了四五秒钟,在场的摄影记者甚至来不及按动快门,只有加拿大环球电视公司的记者摄录了这难得一见的镜头。翌日,加拿大各家报纸都在头版用大幅位置刊登了从环球电视影带翻制的现场照片,克雷蒂安在动粗时咬牙切齿的神态,清晰可见。渥太华社交圈就此流行一句笑话:"如果加拿大可以分裂,你的脸也可以扭曲。"英、法语报纸竞相报道了朝野人士谴责总理动粗的言论。

魁北克省劳工联盟主席高宾特发表声明说:"克雷蒂安先生如此缺乏自制力,这表明他或许不再具备执行总理职责的必要素质。"曾在1979～1980年间担任总理职务的克拉克告诫克雷蒂安:"作为加拿大领袖,你在这种场合下面临巨大的压力,但你有义务尊重你的职位。我认为,如果你对自己的作为表示歉意,那将是处理这种情况的妥善方式。"

因这一冲突而成为各界关注的焦点的克莱奈特更是乘机造势。他声称:"有人肯定会说，我不过是赢得 15 秒钟的名声，但我要对克雷蒂安先生说，这是他 15 秒钟的耻辱。"他先是扬言要向警方控告总理，继而宣布将把一份牙医治疗账单寄到总理办公室，要求赔偿。为了息事宁人，皇家骑警预备支付克莱奈特 560 加元（约合 410 美元），以赔偿他修整牙齿的费用，不过亦要求他签署放弃申诉的资格。因为一旦指控成立，克雷蒂安将被处以 2000 加元的罚款，并有可能再判处 6 个月的监禁。然而不依不饶的克莱奈特决计要羞辱贵为总理的克雷蒂安一番，他宣称应由克雷蒂安本人而非警方支付账单，他将把骑警赔偿的费用以公开形式交给克雷蒂安。而克莱奈特在"国旗日"高喊的口号"克雷蒂安应尝尝失业的滋味"流行一时，成为日后举行的抗议政府削减失业保险金集会的口号。

克雷蒂安一直拒绝道歉。他表示，由于皇家骑警未能为他清理穿越人群的道路，以致他不得不迅速做出决定，摆脱阻挡去路的克莱奈特。联邦副总理库普斯则把这种冲突事件归咎于"假扮示威者的魁独分子"，这番话更在魁北克省内惹起一波波的抗议浪潮。

总理办公室对冲突事件的解释几经变化。最初总理办公室否认克雷蒂安动粗，后来又辩解这样做是为了自卫。一名官员说，像克雷蒂安总理这样喜欢与群众接近的领袖，个人安全是很难保障的。因为任何政治领袖一旦步入人群，保安人员就无法控制他周围的局面，"以当时情况看来，根本不可能有时间去考虑，就如同以色列总理拉宾遇刺那一刻，他可能有时间去问对方动机吗？"

其实，拉宾总理的遇刺身亡，以及 1995 年 11 月一名魁北克省的刀客夜闯总理官邸卧室等事件，已使克雷蒂安总理精神上受到很大的刺激。在那次意外事件中，克雷蒂安不得不急中生智，手拿一件沉重的工艺雕像躲在卧室门后，准备与刀客格斗。这种紧张场面持续了 7 分钟，皇家骑警才赶来逮捕了刀客。

被这件事弄得极为尴尬的克雷蒂安接着还碰到了一个令他头疼的案子：他的前任马尔罗尼状告加拿大政府对他进行诽谤，并威胁说，如此案不尽快结束，他将邀请包括美国前任总统布什和前任首相撒切尔夫人出面作证，以示清白。

马尔罗尼是因为加拿大法院和警察局写信给瑞士当局，要求帮助调查他是否在 1988 年加拿大购买欧洲"空中客车"飞机的交易中收受回扣一事而发怒的。他说，加拿大现政府的做法有损他的形象，要求就此得到 3650 万美元的赔偿。看到事情有可能闹大。克雷蒂安急忙表示最好把这个加拿大空前绝后的诽谤案尽快在法庭以外"私了"。但愤怒的马尔罗尼对此案要价不低：他除了要求政府对他进行不折不扣的道歉外，还要求政府负担他支付的一切诉讼费用，捐献给他指定的慈善机构。

普通民众和政坛显要两头夹击，要同克雷蒂安打官司，把律师出身的克雷蒂安弄得同样不知所措，好不烦恼。

北约峰会失言

1997 年 7 月 10 日，西班牙首都马德里，北大西洋公约组织成员国领导人正在这里举行紧张的高峰会议。这次会议的主要议题是北约东扩，各国特别是美国和法国就首先吸收哪几个国家加入北约的事吵得不可开交。这天的会议定于当地上午9时举行,由于还有几个关键的问题需要讨论,心事重重的加拿大总理克雷蒂安早早地就来到会场。

其他国家的政府首脑也紧随克雷蒂安步入会议大厅,可是唯独不见美国总统克林顿——他迟到了。"山姆大叔"美国是北约的"大哥大",克林顿不到场,一切问题都无从谈起,所以先到场的各国领导人只好靠聊天,来打发时间,不耐烦地等待克林顿的出现。

在几年的政治交往中,克雷蒂安和比利时首相德阿纳建立了很深的友谊。他见缝插针,坐到德阿纳身边,随便聊了起来。他们谈得很投机,聊天的内容自然和北约东扩有关,但因为对美国的强硬态度很反感,很快他们的话题就转到美国头上。

当年克雷蒂安上台后即表明,他掌管的加拿大与美国关系不会像保守党政府时期那样亲密。他曾攻击马尔罗尼政府与美国关系过于密切,在政治、外交及经济上都跟着美国走,对美国"卑躬屈膝"。克雷蒂安说,"我的人生大志并非和美国总统一起去钓鱼"。对美国、加拿大和墨西哥三国签署《北美自由贸易协定》,克雷蒂安虽然表示赞同,因为美加是"地理上的邻居,历史上的朋友,经济上的伙伴,国家利益上的盟国",但他强调要同美国建立一种"互相尊重"的"特别关系"。

现在,克雷蒂安对德阿纳说,美国许多政客都是"近视眼",他怎么也不明白,这样的人竟然能走上美国政治舞台。"这些政客太缺乏国际政治知识,对任何事务都是以美国国内政治为基础,显得可笑。"在克雷蒂安眼里,这些美国政客什么都干得出,他们为了保住自己的地位不惜向政府威胁出卖自己的投票权。他看到德阿纳频频地点头称是,便更来了情绪,"像这样的政客如果在加拿大或者比利时早就被投进监狱了,而他们在美国竟然活得有滋有味。"

克雷蒂安显然犯了一个不该犯的错误,他认为自己与德阿纳的悄悄话不会被别人听到,再说,他只是对老朋友发发牢骚而已,在公开场合他还是赞扬美国政治家是如何如何具有领导才能的。

克雷蒂安的面前有一个麦克风,因为会议还没有开始,他以为麦克风是关闭的,可是它恰恰是开着的,于是戏剧性的事情出现了。

尽管克雷蒂安和德阿纳的谈话声音很低,但还是被麦克风送到会场外的一个录音间里。这个录音间是东道国西班牙的一家电视台包租的,会议期间用来录制节目和现场直播。录音间的工作人员突然听到会场里传来声音,马上警觉起来,并按下录音键。当克雷蒂安同姗姗来迟的克林顿彬彬有礼地握手寒暄时,他不知道他那一番放肆的悄悄话竟然被神不知鬼不觉地灌进了这家电视台的录音带里。

正为挖不到独家新闻而愁眉苦脸,索然无味的这家电视台录到这段对话后简直大喜过望,因为凭它可以制造一连串的轰动性的新闻,要知道与美国为邻的加拿大总理表面上对美国老大恭敬有加、背后却大骂美国政客这可是不多见的。

北约峰会议还没有结束,这家电视台便迫不及待地播放了这段录音。正如电视台预料的那样,克雷蒂安的悄悄话立即在加拿大和美国引起了强烈的反响。电视台的观众骤增,却使克雷蒂安陷入了异常尴尬的境地,高峰会议一结束,他便抛开国内一堆事务,匆匆地赶到一处秘密处所度假去了,想让此事不了了之。

加拿大人对总理失言反应不一,有人认为无所谓,因为克雷蒂安说的是实话,但也有人认为克雷蒂安只知批评别人,不知检讨自己,身为总理在国际场合出如此洋相,真是把加拿大人的脸面丢尽了。改良党党魁毫不客气地批评克雷蒂安出言不逊,侮辱了美国政治,应向美国人道歉,免得两国关系恶化。

但加拿大的新闻媒体也有为克雷蒂安打圆场的,发行量最大的《多伦多明星报》为此发表社论,声称克雷蒂安根本无须道歉,因为他所讲的都是实话。

无情不丈夫

克雷蒂安很少提及自己的家庭生活,熟悉他的人都说,他有一个幸福的家庭,有一个患难与共的妻子。他于1957年同比他小两岁的艾琳·谢纳结婚,膝下有两子一女。艾琳有敏锐的观察力,一向锋芒不露,是他最可靠的顾问。在紧张的竞选期间,艾琳始终陪伴着丈夫。她静静地站在丈夫旁边,很少发表讲话。如果克雷蒂安的神情出现些许迷惘,艾琳就会深情地望着他,微微地点点头,使丈夫稳定情绪。

但克雷蒂安的家庭生活中并非没有阴云飘过。近几年来,他的养子米歇尔·克雷蒂安让他伤透了心。

米歇尔原本是居住在加拿大北部偏远地区耶洛奈大的印第安人后裔。1972年,当克雷蒂安担任印第安事务和北方地区发展部长时,出于发自内心的爱怜,与夫人商定收养了还在蹒跚学步的米歇尔作为养子。然而儿大不由爹,1992年的6月16日,23岁的米歇尔因触犯刑律而被魁北克法院判处5年有期徒刑。

米歇尔在聆听法官的判决书时,脸上毫无表情,但当他的父亲、身为加拿大自由党领袖的克雷蒂安在闭庭后到监房看望他时,他的心却受到了剧烈的震动,望着父亲慈祥而严肃的面孔,潸然泪下。

许多人说,克雷蒂安把米歇尔视为己出,对米歇尔的疼爱胜过亲子,事实也证明了此话并不过分。在法庭审理期间,正为来年大选做紧张准备的克雷蒂安即使再忙也要出席听证会。克雷蒂安表示:"米歇尔这时最需要父亲的关怀和家庭的温暖,我来这里是在履行做父亲应尽的责任。"

在加拿大人的眼里,克雷蒂安是个既具有长者风度又有家庭亲情观念的政治家,但了解克雷蒂安的人都知道,克雷蒂安关心下一代、注重子女教育的思想,与传统的家庭影响密不可分。克雷蒂安的父亲韦利早年是魁北克省威尼根一家造纸厂的技术员,也是热衷于自由党活动的组织者。在父亲的熏陶下,克雷蒂安很早就参加了自由党,并替父亲到处发送传单。父亲常对克雷蒂安说:"有国才有家。没有加拿大,就没有我们传统的文化和家庭。"

克雷蒂安在回忆童年生活时说,即使在十分艰苦的条件下,父母还是想方设法让我们去学校读书。父亲早出晚归去做工,母亲则在家中操持家务和园中种菜。父亲常常指着路边的青草说:"这是通向收获之路,而孩子们上学则是他们通向事业成功的必由之路。"

追昔抚今,对于儿子触犯刑律而入狱,内心深深自责的克雷蒂安表示,作为父

357

亲,应当履行三种责任,一是哺养和教育子女;二是在子女有困难的时候,要及时在精神上给他们以关怀、帮助和支持;三是保护好家庭的存在,使家庭成员有安定、美好的生活和归属感。米歇尔被判刑后,克雷蒂安心中一直惦念着他。当上总理后,他把米歇尔画的一幅主题为印第安人跳舞从黑暗奔向光明的作品悬挂在总理府引人注目的地方,以寄托自己的思念。

到了1997年2月,米歇尔被假释出狱。但这个不争气的儿子还改不了火暴脾气,又让他的总理老爸额头上平添了几分皱纹:在获得假释11天后,米歇尔因涉嫌强拉女友及其儿子去看电影而被控攻击他人,尽管当事人和小孩都没有受伤,但警方仍认为米歇尔违犯假释规定,理应再入监狱或看守所羁押。但由于米歇尔向法官保证,他会与被害人保持距离,在未经律师同意下,不与被害人及其儿子接近,为此,法官经过考虑,同意他暂时保持自由之身。

虽是律师出身,又贵为一国总理,克雷蒂安对犯法的养子却一筹莫展。因为警方表示,一切都会依法办理,米歇尔不会因为是总理的儿子而受到特别优待或照顾。克雷蒂安的舐犊之情只有埋在日益染霜的鬓发之中了。

选战宠儿穿越硝烟——克林顿

人物档案

简历:全名:威廉·杰斐逊·"比尔"·克林顿,美国政治家,美国民主党成员,曾任阿肯色州州长(1979 年～1981 年、1983 年～1992 年)和第 42 任美国总统(1993 年～2001 年)。美国第一位出生于第二次世界大战之后的总统、第二位遭受国会弹劾动议的总统,也是仅次于西奥多·罗斯福和约翰·肯尼迪之后的最年轻的美国总统,以及富兰克林·罗斯福之后连任成功的唯一的一位民主党总统。

生卒年月:1946 年 8 月 19 日～

性格特征:兴趣广泛,尤其爱好音乐,能言善辩,极度崇尚人权。

历史功过:他的政绩萦绕在听众耳中,他的过失在人们的记忆中淡去。关于克林顿的功与过,今后也许还会引起争议,但是不论是爱他还是恨他的人都必须承认,克林顿是独一无二、不容忽视的一位美国总统。

20 世纪的最后 8 年,头号超级大国美国的总统府一直为民主党人克林顿所占据。在任期间,尽管他与莱温斯基小姐的性丑闻闹得沸沸扬扬,甚至遭国会弹劾险些下台,但他却凭着政治家的超人魅力和美国经济的强劲复苏,侥幸地躲过了一个又一个政治巨浪,直至功成身退,给美国当代历史留下了深刻的印记。

有的人甚至评论说,如果不是美国的宪法规定"总统只能连任一届",没准儿遗腹子出身的克林顿还可以再干上 4 年。正因如此,这个浑身是戏的政坛宠儿在美国 2000 年和 2004 年的大选中,都被民主党人视为拉票高手。他虽然已是"前总统"了,但在美国和国际上的影响仍不可低估。

这个政坛常青树成功的奥秘何在呢?也许通过 1992 年美国烽火连天的大选战,人们可以管中窥豹。

跻身大选

在实行总统制的国家中,恐怕要数美国总统的权力最大了,他集国家元首、行政首脑、实际主要立法者和决策人四职于一身,成为有形的国家机器的中坚。他可以否决国会所通过的任何法案,有权召集国会举行特别会议,可以对任何被判破坏联邦法律的人(除被弹劾者外)做完全或有条件的赦免。他不但负责本国同外国政府之间的全部官方接触,还有权处理国家事务和联邦政府的各项工作。作为美国武装部队的总司令,总统在战时与和平时期对于军事有处置权,无须议会同意,可以自由从事防御战争、镇压叛乱等。正因为此,那位二战时坐在轮椅上的罗斯福总统毫不夸张地说:"总统已具有(除非已为宪法所直接禁止的)决定一切的权力。"况且,美国总统享有优厚的待遇和津贴,并拥有专用汽车队、飞机、游艇、高尔夫球场、46 个座位的小型电影院等设施,除豪华的白宫官邸外,在戴维营还有别墅。在离职之后,还有丰厚的退休金,单从那撰写回忆录和发表演讲中获取的收益,足以把自己的口袋塞得鼓鼓囊囊。对于这样一个极富吸引力的宝座,谁个不垂涎三尺?

按照美国宪法,凡在美国出生并在美国本土居住 14 年以上、年满 35 周岁的公民均有权竞选总统。但对于克林顿来说,早在他 17 岁时,他的总统梦就开始萦绕在脑际而不断地折磨他了。

那是 1963 年夏天,他在"中学模拟政府"的竞选中因思辨力强和口才出众而被选为"参议员",应邀代表阿肯色州的中学生们,参加了参观首都华盛顿的活动,使他有机会看到了"真正的政府"。在白宫玫瑰园,年轻的总统肯尼迪接见了他,并同他握手合影留念。这一瞬间让克林顿兴奋得彻夜未眠,他的母亲回忆说:"他回家就打开包,拿出了他和总统握手的照片给我看。我能看懂他的表情,我知道他日后要干什么。"

知子莫如母。华盛顿之行成了克林顿人生的转折点,从此,这个中学生的理想开始从牧师、音乐家、记者或教授聚焦到政坛。尽管肯尼迪在几个月后便遇刺身亡,但克林顿心中的偶像并未破碎,他暗暗地铆足了劲,梦想成为肯尼迪第二。通向白宫的历程从这一天开始了。

为了能天天回味华盛顿之行带来的幸福与激动,中学毕业的克林顿索性拒绝了路易斯安郡州提供的音乐学院的奖学金,千里迢迢来到了华盛顿特区的乔治敦大学。乔治敦大学的生活,使来自贫穷落后的农业州的克林顿大开眼界,活跃的学术气氛更令他有机会与来自国内外各地的学子们及著名教授进行广泛的接触,他还利用业余时间到富布赖特在华盛顿的办事处工作,耳濡目染各色政治智囊们的洋洋洒洒风度,克林顿对他们佩服得五体投地。

克林顿拿到乔治敦大学毕业证书的同时,也获得了一份罗兹奖学金,趾高气扬地赴伦敦牛津大学深造。在这所著名的学府里,他如饥似渴地博览群书,经常与好友们在林荫道上或是辩论会上高谈阔论,探讨他所推崇的理想和主义。后来,他又设法弄到了耶鲁大学的奖学金,入该校攻读法律。

当他迈出耶鲁大学校门的时候,许多著名的律师事务所都向这位高才生抛出媚眼,有意拉克林顿入伙,但克林顿并不动心,因为他自有一番打算,他认定养育自己的小州阿肯色是一片"机会之地",他要在那里开始实现自己的梦想。为了闯出一条路来,他从朋友那里借了一笔钱,在自己的家乡挂出了"克林顿法律事务所"

的招牌,可惜这块招牌并未招徕多少客户,入不敷出使他陷入了窘境。好在此时的阿肯色大学新设立了一个法学院,急需教授,而克林顿驱车回温泉城老家探亲时,又偶然邂逅了阿肯色大学校长,两个人谈得很是投机,白发苍苍的老校长以欣赏的目光看着面前的小伙子,当场拍板,同意聘用他为阿肯色大学法学教授。

到窗明几净的大学教室讲授法学课,只不过是克林顿暂度饥寒的权宜之计,他是不愿把自己的奋斗限制在讲义上的,他已牢牢地盯住了政坛,决心一试锋芒。1974年,身在曹营心在汉的克林顿出台亮相,以27岁的牛犊之气向8年来一直无人敢与之较量的共和党人约翰·保罗·哈默施米特扔出挑战的手套,与之竞争联邦众议员。克林顿利用对手的"轻敌",发起咄咄逼人的攻势,赢得了选民们不少的掌声。这下子哈默施米特沉不住气了,急忙赶回阿肯色接招儿,最后仅以微弱优势险胜。克林顿虽然败北,但他得到更多的是政坛角逐的快意和鼓舞,因为他的名字开始为整个阿肯色州所熟悉。

1976年,克林顿走马上任,抓住了阿肯色州司法部长的大印,利用自己娴熟的法律知识,精力充沛的克林顿东跑西颠卖弄自己的主张,这使他声名鹊起,被当地报纸捧为"本州上升最快的政治明星之一"。两年后,32岁的克林顿首次瞄准州府开火,结果轻取党内4名对手,又击败共和党候选人的来犯,一举成为美国当时最年轻的州长,民主党人惊呼:"神童出世了!"可好景不长,两年后他痛失权柄,但他并不甘心,经过两年的卧薪尝胆,终于卷土重来再胜一盘,痛快淋漓地报了一箭之仇。从此,阿肯色州长开始姓克林顿,至克林顿入主白宫,未有人能再染指,这在美国历史上是无先例的。此外,20世纪80年代以来,克林顿还曾担任过全国民主党州长大会主席,全国州长协会主席和民主党指导委员会主席。

克林顿的确是把阿肯色州当作自己的起家本钱来惨淡经营的。任州长期间,他在经济上保护企业利益,为企业免税以促进投资,使阿肯色州的经济增长了29%,比全国平均数高5%。就业率和收入增长率也高于全国平均数。他注重教育,使该州教育经费从原来的全国倒数第一位增至全美第三位,高等学校入学率也从1981年的39%提高到51%。正因为这些建树,他被评为美国处理州政务效率最高的州长之一。

春风得意的克林顿什么时候也没有忘记他17岁时立下的攀登美国权力顶峰的宏愿,只不过因时机不成熟而未敢露出声色。现在他感到羽翼渐丰,于是,1991年10月3日,克林顿在阿肯色州小石城的州府老楼前,对闻讯赶来的各种新闻媒介的记者们宣布,他将参加1992年美国总统竞选,并把小石城州府老楼作为自己的竞选总部所在地。"这个国家正在朝着错误的方向飞速下滑。""我将认真对待美国被遗忘了的中产阶层的要求,用既非自由派也非保守派,而是取两者之长的方法来解决目前美国所面临的问题。"——克林顿首次打出了自己的竞选广告。

克林顿踌躇满志:当年肯尼迪总统接见我时是46岁,倘我今年竞选总统获胜不恰恰也是46岁吗?这个巧合更令克林顿坚信上帝是会保佑他成功的。

克林顿选中31岁的乔治·斯蒂法诺波罗斯做自己的竞选主任,他同克林顿及其许多亲信一样毕业于牛津大学。竞选策划者兼政治顾问是克林顿的新亲信詹姆斯·卡维尔,这位前海军陆战队员,现在从事律师职业,他是一位民众主义者,无视传统观念,具有卓越的政治才能,并且了解民情,信息渠道广,脑子转得快,很受克林顿青睐。竞选班子还包括与克林顿风雨同舟、形影不离、任克林顿办公室主任达12年之久的贝特西·赖特女士等一批政治、经济、外交方面的专家顾问,可谓人才济济。这些各色谋士们经常在克林顿的厨房里聚会,筹划竞选大事。这个"厨房内阁"中还有一位正式成员,她就是克林顿的夫人希拉里。

小石城的州府老楼里,克林顿的竞选总部正式挂牌运营。几部专线电话"嘀铃铃"地响个不停,电报、信函雪片似的飞来,而竞选班子的智囊军师们也开始了不分昼夜地连轴转……

亮相之初

克林顿的登台亮相,并没有引起多大的轰动效应。

早在 1991 年的 4 月 30 日,马萨诸塞州的民主党人、前参议员保尔聪格斯就第一个亮出参加 1992 年总统竞选的旗号,不久,艾奥瓦州的参议员汤姆·哈金、内布拉斯加州的参议员鲍勃·克里和弗吉尼亚州州长道格拉斯·怀尔德步其后尘,竞相上马。1991 年 10 月 21 日,民主党全国委员会主席、前加利福尼亚州州长埃德蒙·布朗也不甘示弱,宣布下海弄潮。这样,民主党人的 6 条"驴"开始争斗。

然而人们都认为民主党获胜的希望太小了。他们要同竞选连任的乔治·布什总统过招,无异于鸡蛋碰石头。海湾战争的胜利为布什带来了好运气,他在民意测验中高达 90% 的支持率,破了历史纪录,即使现在有所下降,但连任获胜的把握仍然很大,正因如此,民主党的几位重量级的选手如纽约州州长马里奥·科莫、参议院军事委员会主席、乔治亚州参议员萨姆·纳恩,到了预选报名期截止时,都不敢上擂台,以免在大选中弄个遍体鳞伤。人们普遍认为,克林顿等 6 名实力尚薄的民主党人此番"练摊儿",也不过是想讨个知名度,为下一届竞选打下基础。

即使是在 6 名民主党人中,克林顿也并不惹眼。虽然他为了迎合美国选民不满现状的心理,标榜自己是"变革的代言人",但人们还是弄不清楚他的政治主张。连阿肯色州《民主报》的专栏作家约翰·布鲁梅特都抱怨说:"长期以来,我一直在写关于克林顿的报道,但我不知道他究竟相信什么。他太易变了,最新的民意测验倾向哪边,他就倒向哪边。""为了让人们相信他是大家理想中的人物,他可以见风使舵,随时改弦易辙。他简直是个变色龙!"克林顿过去的一位密友在酒酣耳热之时愤愤地评论他。

的确,克林顿擅长吸收周围的不同意见,以促成共识,形成合力,但他太过分了,无时不在努力博得所有人的好感,把自我远远地扔在了一边。可是这能怪克林顿吗?又有谁愿意了解一下克林顿痛苦的童年呢?

在阿肯色州的南部,有一个鲜为人知的霍普小镇,这个大多为黑人居住的穷乡僻壤,便是克林顿的出生之地。当他于 1946 年 8 月 19 日呱呱坠地时,他的母亲弗吉尼亚·布莱恩流下的泪水中夹杂着过多的忧伤,因为早在 3 个月前,他的生父、汽车制造商威廉·杰弗逊·布莱恩第三为生意而奔波,不幸翻车河中溺水而死。为了纪念他那未见过面的生父,这个昵称为比尔的孩子在填写出生证申报户口时,被命名为威廉·杰弗逊·布莱恩第四。谁也不会想到,这个家境贫寒的遗腹子,在46年后会摇身一变,按着《圣经》和美国宪法起誓,荣登美利坚合众国总统宝座。

还是一个见习护士的弗吉尼亚连自己都立不住脚,自然无力养家糊口、照料比尔,她只好含泪把出世不久的比尔托给自己的父母抚养,自己则为了拿到一纸文凭而远走他乡,进护士学校学习护理专业。小比尔是在外公外婆的爱抚中长大的,他们在这个连父亲的面都没见过的孩子身上倾注了整个爱心。尽管外公经营的小杂货店赚钱不多,但他还是想法给外孙弄了各色各样的玩具,以满足他的童心。很会讲故事的舅舅巴迪更是把比尔视为掌上明珠,一天到晚逗着比尔玩,每当比尔因不高兴而撒泼时,他就会绘声绘色地讲一个生动的小故事使比尔破涕为笑。巴迪曾是一个借酒浇愁的懒汉,但他听从别人的忠告,决心振作精神不再饮酒,果然变成了一个滴酒不沾的勤快人,他的戒酒故事给外甥比尔留下了深刻的记忆。

比尔长到4岁时,生活环境开始发生了变化,他的母亲弗吉尼亚找到了一份工作,并嫁给了第二个丈夫罗杰·克林顿,虽然是回到了母亲的身边,但新家庭并没有给予比尔更多的温馨,母亲和继父因意见和秉性不合,不时发生激烈冲突,小比尔陷入了抑郁不乐之中。身为汽车推销商的罗杰·克林顿先生嗜酒成性,且脾气暴躁,每当他酗酒后就会跌跌撞撞地闯回家要酒疯,大发淫威,在家搅起一场暴风骤雨。弗吉尼亚胆小怕事,对丈夫的施暴总是逆来顺受。在比尔6岁那年,一次继父喝醉了酒,对着母亲大吼大叫,横挑鼻子竖挑眼,当弗吉尼亚顶了一句后,他竟拿起枪对着弗吉尼亚开了火,所幸子弹打在墙上,未伤及母亲和比尔。闻讯赶来的警察把继父带到了警察局,并投进铁窗里关了一段时间。

这件丑事轰动了街坊邻里,全家都在众人面前抬不起头来,比尔的小伙伴也不断地以此取笑他,全家不得不迁往温泉城另筑新巢。希望家中平安无事的比尔,为了让人觉得家庭关系已大大改观,在外人面前维持家庭的面子,正式随继父改姓克林顿。面对一个难改酗酒恶习的继父,比尔·克林顿应付的办法是竭力去当一个无可挑剔的乖孩子,也就是在这时候,他开始努力赢得周围人的好感,周到地为家庭着想。过了10岁后,他甚至在同好朋友约会时,如果知道继父又喝酒了,心中便会忐忑不安,每隔半小时、20分钟打个电话回家,看看他那可怜的母亲是否安然无恙。尽管如此,他的继父克林顿先生酗酒还是越来越厉害,由于他站在母亲一边也经常遭到继父粗暴的斥骂。14岁那年的一天,由于对继父在家中施暴的行为忍无可忍,比尔·克林顿破门而入,双目圆睁,挥着拳头警告发酒疯的继父说:"我已经14岁了,个头已经比你高,只要我在家,就决不允许你胡作非为。"

对孩子时期这种痛苦而难堪的经历,比尔·克林顿闭口不谈。这种经历不但给他的心灵蒙上了一层阴影,也塑造了克林顿的性格,使得他总是试图迎合所有的人,让大家都满意。连他本人也坦率地对好友们承认:"当我16岁时,我已经像个40岁的中年人了。我认为我试图迎合他人的特点,部分是由于我小时候常有一种感觉,就是只有我才能使我们的家相安无事。"这种尽力表现自己,争取他人喜欢的性格对克林顿产生了重要影响,上中学时,他刻苦读书并积极参加学校的各种活动,还学会了一手吹奏萨克斯管的本领;热心社区服务的他随时准备为他人帮忙效劳,经常利用星期天和同学们一起到教堂演出,并多次参加教会组织的慈善活动。

同成长在其他不幸家庭中的孩子一样,克林顿易于同情他人的不幸并乐于助人。他曾在黑人政治家马丁·路德·金被暗杀后,冒着人身危险为华盛顿暴乱地区的两个教堂送去食品;曾去酒鬼收容所演奏他拿手的黑人爵士音乐,而不管那些醉醺醺的听客们如何对他嬉笑逗骂;也曾在家乡出现种族紧张局势时到市中心组织爵士乐演奏,以乞求人们平抑情绪,不要诉诸暴力。他的同学说他总想给比他大的人留下印象,而了解他辛酸童年的母亲弗吉尼亚则说他"有时比大人还大人"。

长成大人的克林顿,也并非没有痛苦。1983 年在克林顿当第二任阿肯色州州长时,警察局向他报告,他的同母异父弟弟小罗杰·克林顿参加了贩卖毒品的活动,警方问他怎么办,克林顿毫不犹豫地答道:"该怎么办就怎么办!"警方提出要对他弟弟暗中监视一个月,以便把这贩毒团伙一网打尽,克林顿答应配合。这一个月对克林顿来说简直是一场噩梦,因为一贯希望家中平安无事的他虽内心痛苦不堪,但在母亲和弟弟面前还必须不露声色。后来,他的这位不争气的弟弟因贩毒罪而蹲了一年大牢。

看来想随时都讨好人也不容易。在 1991 年 12 月 15 日,民主党 6 位竞选人正式开始争夺党代会的总统候选人提名。当晚克林顿和他的 5 名对手在电视辩论中露面斗法,全美广播公司的著名电视主持人汤姆·布劳考主持了辩论,结果是布朗的进取性和克里的上乘表演引起了人们的兴趣,而对想讨好电视观众的克林顿却并未过多地流露好感。

好在同一天,1768 位政治活动家云集佛罗里达举行民主党中期大会,对 6 位候选人待价而沽,进行了意向性投票测验,克林顿的行情有些看涨,竟获得 54%的票数,这意味着他的政绩和主张得到了多数民主党政治家的首肯。

当游说佛罗里达会场的竞选主任乔治·斯蒂法诺波罗斯用电话向克林顿报告这一消息时,克林顿长长地嘘出了一口气,他顺手打开了音响开关,和着他喜欢的爵士音乐,他的手和脚和谐地打起了节拍……

艳情败露

要想当美国总统,不在总统大选这架绞肉机中打几个滚儿休想过关。

1992 年 1 月 16 日清晨 6 时 30 分,乔治·斯蒂法诺波罗斯给呆在竞选总部的竞选筹划者詹姆斯·卡维尔打来电话,他的声音有些慌乱:"卡维尔,最新消息:明天出版的《明星》周刊要发表一篇文章,称克林顿有 5 桩婚外情。"

《明星》周刊是一份专在超级市场之类的地方出售的杂志,各界名流的花边新闻充斥其间,品位虽不高,但销售量却很大。卡维尔放下电话筒便意识到,人们要在克林顿的私生活问题上做文章了。

1972 年的一天,正在耶鲁大学法律系读书的克林顿,坐在学生宿舍楼的娱乐室里与同学聊天吹牛,兴致很高的克林顿炫耀起自己家乡的特产:"我们阿肯色产世界上最大的西瓜。"这话飞出窗外,恰恰被路过楼下的一名女大学生希拉里·罗德曼听到了。

希拉里·罗德曼是芝加哥郊区一个纺织品商店主人的女儿,曾在美国名牌女子大学——韦斯利大学专攻政治学。受 20 世纪 60 年代社会文化潮流的冲击,她开始参加各种政治活动,是韦斯利大学第一个反越战团体的组织者之一,她毕业时作为学生会主席而发表的演讲很是轰动一时,现在她也在耶鲁大学读法律。罗德曼小姐向朋友打听说"世界上最大的西瓜"的那人是谁,这样一对青年男女便走到一起了。当赴约的克林顿鼓足勇气,怯生生地向罗德曼小姐迈出第一步时,早已等急了的罗德曼拿起一本书向他砸了过去,对他说:"你听着,如果你再这样盯着我看的话,我也会同样地盯着你看的。我们至少应该知道彼此的名字。"

二人的浪漫曲由此开始谱写。

1975 年,同时揣上耶鲁大学烫金文凭的克林顿和希拉里,手挽手喜气洋洋地走进教堂,对着上帝盟誓,然后交换了结婚戒指,青春韶华的希拉里正式成了克林顿太太。

为了成全夫君一展宏图的愿望,希拉里放弃了颇有前途的华盛顿律师事业,跟着克林顿来到了阿肯色州,在阿肯色大学法学院教书,同时在当地挂出律师事务所的牌子。她潇洒自如地发挥自己的学识,很快成为全美知名的关于儿童及家庭方面的辩护律师,在努力降低婴儿死亡率,以及给穷人提供法律帮助等活动中,她一直很积极,并两度入选"全国 100 位最有影响的律师"。此外,她还拥有律师行经纪人、儿童保护基金会主席、阿肯色教育标准审核委员会主席等头衔。繁多的社会活动也为她聚敛着财富,她的收入十分可观,是担任州长的克林顿 3.5 万美元年薪的 3 倍,令克林顿的朋友们为之咋舌。

然而希拉里与比她大一岁的丈夫之间的性格差别之大,远远超过了她职业上的成就。他俩进不同的教堂,批评她的人说,她在政治上比克林顿左得多。尽管结婚后她便为丈夫生下了一个可爱的小女孩彻尔西,但独立意识很强的她很长一段时间都不愿改随夫姓,甚至自己单独开了一个存款账号,以同克林顿的财产分开。直到克林顿第二任州长连任竞选失败、1982 年再度竞选时,受到克林顿很多朋友、同僚的规劝和压力,她才改姓克林顿,以表明同丈夫勠力同心。

有这样一位既是女强人,又不失贤妻良母的美貌女子陪卧床侧,年轻有为的克林顿也该心满意足了吧,然而精力充沛的克林顿天生一个多情种,他好像另有所钟,感情不断溜号,因此就不免给人留下把柄了。

克林顿清楚地知道,大选年无例外的是丑闻年,美国人经常以"一个人隐私权受法律保护"而感到自豪,但具有讽刺意味的是,参加角逐美国总统的候选人的隐私却经常被翻得底儿朝天。其中尤以桃色丑闻最能引人注目,寻花问柳的隐私是根本瞒不过善于钻窟窿打洞挖花边新闻的记者们的。远的不说,在近几届总统竞选中,几乎每一届都有人被湮没在桃色丑闻中。克林顿担心过不了这一关,因为他过去在竞选州长时,便遇到过此类麻烦,所以,在宣布参加竞选总统前,他便晓以大计,打通了希拉里,夫妇二人决定,先发制人,主动亮丑:1991 年 9 月,克林顿夫妇一起出席《基督教科学箴言报》著名专栏作家戈弗雷·斯珀林主持的每周一次的早餐会,会上,面对华盛顿有影响的记者提出克林顿对妻子不忠的问题,夫妇二人明确表示:他们的婚姻并不总是幸福美满的,但他们目前的婚姻关系"坚如磐石"。克林顿向人们发出的信号是:即使我与别的女人有染,但事情已经过去,妻子已原谅了我,并坚决地站在我一边,与别人有什么相干呢?

看来这个不打自招的"苦肉计",并未奏效,克林顿最担心的事终于发生了。尽管克林顿于 1992 年 1 月 17 日断然否定了《明星》杂志上的报道,但不甘心的《明星》又于 1 月 23 日发了一篇相关文章,称克林顿曾与夜总会歌星吉尼弗·弗劳尔斯有过 12 年之久的婚外情,并说已搞到了两人 1990 年 12 月到 1992 年 1 月中旬的电话录音。这则桃色绯闻顿时成为选民们茶余饭后的热门话题,克林顿每次与记者见面,总要被纠缠在此事上脱不开身。

克林顿急得出了一身大汗,要知道美国总统大选的第一个阶段,是各党候选人在全国 50 个州和哥伦比亚特区进行预选,力争成为本党的候选人,1992 年的预选将于 2 月 18 日在新罕布什尔州拉开帷幕,在预选开幕前,捅出这个拈花惹草的婚外情,很可能是对克林顿的致命一击。因为从美国总统大选的历史看,新罕布什尔州虽属小州,但其率先预选的结果对其他各州都有很大影响,该州预选中领先的人往往在夏季党代表大会上获得提名的可能性比较大。为了防止问鼎白宫的愿望会由此告吹,克林顿急忙召集竞选班子的全体成员在曼彻斯特开会,商讨对策,他下榻的旅馆成了一个临时指挥部。当大家通宵达旦难寻良计时,军师卡维尔显出了自己的精明,他把疲惫不堪的克林顿拉到窗边,小声地对他说:"比尔,希拉里可以帮你的忙。"

经卡维尔这么一点拨,克林顿茅塞顿开。他又耐心地在枕边给希拉里吹起风来,哀求希拉里看在夫妻的份上帮他一把,其实希拉里也是"深明大义"的,作为女人,有谁不愿意享受"第一夫人"的荣耀呢?在卡维尔的安排下,克林顿夫妇于 1992 年 1 月 26 日在哥伦比亚广播公司的"60 分钟"电视节目中露面。克林顿在澄清他和弗劳尔斯的关系时,一方面否认他和这位歌星私通,一方面又以痛心而真诚的语调说:"我承认我做过错事,承认使我的婚姻受过挫折。我认为大部分美国人明白我说的话,会感到我是一个十分坦率的人。"面对大约 4000 万美国观众,和丈夫绑在一辆战车上的希拉里又拿出了律师上法庭的派头,把她的辩护才能发挥得淋漓尽致:"我认为我们夫妻生活中所发生的事及细节如何,与其他人没有任何关系。我爱我的丈夫,我尊敬他,我珍惜我们走过的路,如果这还不能使你们信得过克林顿的话,那就实在没有办法了。"

这一幕情景,与 4 年前哈特竞选总统时其夫人的表演形成了鲜明的对照,当时头发长见识短的哈特夫人在丈夫的桃色新闻被捅出时,只知醋劲大发,痛哭流涕,寻死觅活地逼老公退出竞选。而现在,克林顿夫妇风雨同舟,避免了后院起火,希拉里的"义举"博得了稀稀拉拉的掌声,令克林顿的支持者们感动得热泪盈眶,直夸她是"女中豪杰"。

在录制这个节目中还添了一个小小的插曲:摄制棚有一块东西突然掉下来,就落在离希拉里只有一英尺的地方,希拉里吓得尖叫起来,手疾眼快的克林顿立刻把希拉里拉到自己怀里紧紧拥抱了半分钟之久。摄影师不失时机地把二人紧紧拥抱的镜头拍摄下来,并在电视台播放,显示了夫妇的亲密无间。

克林顿夫妇即兴表演的小品并未能打动多少屏幕前的电视观众。克林顿在丑闻中拼命扑腾,终于累病了,发烧、出虚汗,在一所中学演讲时差一点晕倒,但关键的首场预选就在眼前,克林顿哪敢休息,只好带病苦战,形势却没有些微好转。在新罕布什尔州的预选中,尽管克林顿别出心裁复制了2万盒个人政治广告录像带,派手下人挨家挨户地送到选民手中,以推销自己,但由于丑闻的冲击,他的竞选势头还是严重受挫,得票率由丑闻曝光前的39%下降了14个百分点,只占25%,低于支持率占33%的保尔·聪格斯,差一点被淘汰出局。

"女人啊,你是祸水!"——元气大伤的克林顿想到了在牛津大学读书时记下的莎士比亚的这句诗。

脱颖而出

大选的游戏虽险象环生,极富刺激,但对于竞选者来说并非好玩。从美国宣告独立产生第一位总统以来,除开国总统乔治·华盛顿外,没有哪一位总统不是经过激烈拼杀而入主白宫的。为了争到那金灿灿的钥匙,每一位候选人无不绞尽脑汁,亮出高招:抬高自己,可以瞒天过海;攻击别人,可以不择手段。在林林总总的竞选花样中,谙熟政坛掌故的竞选人都不约而同把相互攻讦视为拿手好戏。

克林顿的婚外情丑闻成为他的民主党哥儿们围攻的目标,让他吃尽了苦头。他们刺耳地强调家庭价值观念,这显然是在影射克林顿对家庭的不忠。在南达科他州初选中后来居上的内布拉斯加州参议员、48岁的克里,试图乘胜前进,把克林顿看作是他的主要对手。因此吹乎起自己在越南战争中受过伤、得过奖章的光荣历史,指责克林顿为自己逃避到越南打仗而提出的理由是"胡扯"。克林顿没有过多地理睬克里,他在新罕布什尔州和南达科他州的初选中失败后,寄希望于南部几个州的初选,他认为他的主要威胁来自前马萨诸塞州参议员聪格斯,因为他在新罕布什尔州选举中败在聪格斯手下,虽然后来在南达科他州初选中比聪格斯领先10个百分点,但民意测验结果表明,在即将举行的科罗拉多州初选中,他将再度落在聪格斯之后。克林顿把攻击的矛头直指聪格斯,指责他反对给中产阶级减税是"冷酷无情",说他是"华尔街的候选人"和在华盛顿注册的"说客"。聪格斯自然不吃这一套,立即进行反击,指出克林顿对他的指责是一种"辱骂",并反唇相讥,说像克林顿这种"易动肝火"的人根本不适宜当总统。

克林顿在同聪格斯相互攻击的时候,一不留神,走错一招,打了一个横炮:他听说黑人民权运动领袖杰西·杰克逊支持衣阿华州的参议员哈金竞选的消息后,不禁勃然大怒,大骂杰克逊不够朋友,捅了他"背后一刀"。不过克林顿事后觉得这次"走火"不妙,得罪了杰克逊,必然会失去大批黑人选民的支持,因此,立即表示要同杰克逊修好关系。这件事被前加利福尼亚州州长布朗抓住不放,他狠命地攻击克林顿是"下流坯",是"收破烂的大王"。克林顿则回敬布朗,称他是"幼稚无知的娃娃"。他们的相互攻讦引起民主党内不满,以致党内号称"德高望重"的纽约州州长科莫呼吁他们"净化"竞选空气。

竞选的空气当然不可能净化,因为"超级星期二"到了。"超级星期二"指的是1992年3月10日这一天,其所以"超级",原因之一是预选阶段投票由2月18日正式拉开帷幕至今,次重量级的竞争者们望而却步,相继退出了竞选;原因之二是这一天民主党要在 11 个州同时选出 783 个参加党代会的代表,占民主党总统候选人所需代表的 36% 以上。因此它是竞选预选阶段的关键一仗,从某种意义上来说,它也是决定着竞选人命运的一场"生死"较量。好运也就是在这一天降临在克林顿这个遗腹子头上,因为作为南部一州之长的克林顿,南部诸州自然是他的"势力范围",再加上他前些日子向黑人领袖杰西·杰克逊一个劲地赔不是,换来了两人握手言和,使南部占多数的黑人对他的支持率高达 80%,经过这场战役,已在 1992 年 3 月 3 日 5 个州预选的小"超级星期二"跃上鳌头的克林顿,在民主党竞选人中处于明显领先地位,他横扫南部 6 个州,获得了 399 个代表的支持,仅在老家马萨诸塞州和另外两个小州获胜的聪格斯夺得了 199 张代表人票,而"愤怒的公牛"布朗只可怜巴巴地弄到了 23 张代表人票。看来,46 岁的克林顿只有聪格斯这一个对手了。

屈居第二位的聪格斯虽然受挫,但仍想重整旗鼓,继续同克林顿进行较量。这位同癌症斗争了 7 年之久的前参议员,意志可谓坚强,作为民主党内商界和知识界的代表,他的潜力还是很大的,因为到目前为止,85% 的南方州都已预选完毕,对克林顿来说,有优势的地区已经不多了。然而,上帝在这关键的时刻捉弄了他,来了个釜底抽薪——1992 年 3 月 18 日晚,当聪格斯回到马萨诸塞州洛厄尔老家,同妻子及竞选班子总管商量竞选的前程时,筹款负责人脸色阴郁地告诉他,他的钱袋子空了。

加利福尼亚州众议院前议长杰斯·昂鲁卸职时曾吐出一句惊世箴言:"金钱是政治活动的母乳。"在大选年,金钱的威力在竞选中发挥得淋漓尽致,有了钱这个润滑剂,大选机器才能转起来。

但钱从哪里来呢?一是靠联邦和地方政府的拨款,二是靠社会募捐。社会募捐的主要来源是个人和特殊势力集团,但只有傻子才会无偿解囊,这些捐款者是期望日后得到回报:或出钱买个驻外大使的头衔,或换来出席总统举行的招待会等风光一下的机会。竞选的金库往往被"具有特殊利害关系并期望得到特殊优待的富人填得满满的"。在几位民主党的候选人中,只有克林顿筹集捐款最顺利,得款最多,约 820 万美元。而聪格斯的财源不足,他的竞选班子在 1992 年 1 月份之前,几乎是在"饥荒"中度日。在 1992 年 3 月南部和中西部各州预选时,克林顿能动用 300 万美元做广告、搞竞选,而聪格斯的资金却不及克林顿的一半,自然是小里小气拉不开栓。在几个大州进行竞选时,克林顿可以在电视中随心所欲地丑化他的形象,而囊中羞涩的他却无力自卫,只好坐以待毙。聪格斯为了竞选已经欠下 100 万美元的债,现在连借款也已告罄,他无路可走了,被迫于 1992 年 3 月 19 日下午宣布中止竞选。他在接受公共电视台采访时坦率地说:"我们别无选择,只能走这一步。"记者们发现,聪格斯钻进自己的汽车里时,再也掩饰不住自己的心情,凄然泪下。

其实聪格斯还算不上特惨的:民主党的另一名黑人候选人道格拉斯·怀尔德因未筹足资金,在预选尚未开锣之前就已拔营起寨,宣布退出竞选;鲍勃·克里尽管 1992 年 3 月 3 日在南达科他州预选中以 40% 的选票领先,但两天后终因欠债 140 万美元而偃旗息鼓;4 天后,曾在艾奥瓦州骨干会上一枝独秀的汤姆·哈金也因"母乳已经断绝"而被挤出竞选圈。美联社为此发表评论说："这些候选人因断奶而放弃争夺白宫宝座的梦想，不得不面对在美国政治斗争中美元万能的现实。"

财大气粗的克林顿看到强大的对手不战而败，黯然退场，真是欣喜万分。此后，他如乘东风，攻势凌厉，一路过关斩将，在人口最多的加利福尼亚州，他赢得了47%的选票。至此，克林顿在进行了预选的36个州内胜了28个，共获得选举人票2430张，超过所需的2145张，把53岁的单身汉布朗先生远远地甩在了后面。看来在7月份召开的民主党代表大会上，总统候选人提名的荣耀便归于他克林顿了。

力挽颓势

然而仅仅操着一个民主党总统提名人的胜券，并不意味着就能拿到白宫的通行证。克林顿深知通往白宫的道路还很艰难，因为经过"超级星期二"的角逐，共和党推出的总统候选人、现任总统乔治·布什正把住路口，虎视眈眈地等着同他交手呢！

克林顿面对的这个共和党冤家对头绝对是硬邦邦的，作为在职总统，布什的知名度高，擅长外交，可以采取一些有利于自己竞选的政策，竞选经费也比较充足，已筹集到1430百万美元。对克林顿说，旧愁未了又添新忧，大选舞台又杀出个"程咬金"来，小个子的亿万富翁罗斯·佩罗充当了"第三者"。

罗斯·佩罗貌不出众，语不惊人，一嘴南方口音，至今鼻子上还留有孩童时代为父亲出售马匹刷毛时落下的伤疤，但62岁的他在美国却大名鼎鼎。1962年，他向妻子借款1000美元，白手起家弄了个电脑数据系统公司，从此时来运转，财源亨通，经过几十年的惨淡经营，佩罗从一个默默无闻的小业主成为拥有30亿美元资产的亿万富翁，跻身当今美国15大富豪之列。但真正使他扬名美利坚的是两件事：1969年，他应美国总统国家安全顾问基辛格之请，在圣诞节前花费400万美元租巨型运输机，为在越南的美国战俘运送食品、医药、衣物和家信；1979年，伊朗扣留了他的两名职员做人质，仅有1.65米的他竟胆大妄为，亲赴伊朗，指挥美国特工成功地把两名职员营救出来。这两件"英雄"之举不仅当时轰动全美，日后还被写成小说、拍成电视剧广为流传。

根据美国选举法，佩罗要想成为总统独立候选人，需要征得80万选民的签名支持，这是一件费时、费力、费钱的艰巨工作，可腰包鼓得要胀破的佩罗不在乎这个，他表示愿自掏1亿美元参加竞选。美国选民们给予了这个长着扇风耳朵的小个子以更多的热情，在他们看来，美国国内问题成堆，而共和、民主两党又束手无策，他们只好寄希望于佩罗这个"局外人"和"实干家"来改变华盛顿的无能状态，他的"穷光蛋"打天下的传奇经历及其精明干练的个人魅力也为不少选民所倾倒。因此很快在美国刮起了"佩罗旋风"，支持电话此起彼伏，签名信件纷纷扬扬，关于佩罗的书籍也走红畅销，佩罗的政治行情看涨，大有振臂一呼、天下归心的气势。

"驴""象"争斗中又跃出了一匹"黑马"，竞选活动出现了三足鼎立的局面，驴与象斗已够吃力了，如再应付马就只有招架之力了。佩罗这匹"黑马"搅和进来，可把克林顿这头"毛驴"踢惨了，他从克林顿手里夺走了大把的选票，在1992年6

月份的一次民意测验中,佩罗的支持率直线上升为33%,居于榜首,布什的支持率为28%,而克林顿被压到24%。克林顿的竞选活动再次跌入低谷,而这时,他在预选中已欠下400万美元的债务,问鼎白宫之宏愿面临夭折的危险,他有点心灰意冷了,沮丧地对卡维尔说:"我已为我自己写过好几次讣告了。"

他的能干的夫人希拉里这时以特有的温存和支援有力地推了他一把:"比尔,我们别灰心。让我们冷静地想一想,问题出在哪里?"

在希拉里的极力敦促下,克林顿重振精神,召集他的竞选班子急商对策,经过一番密谋后,克林顿果断地出手一系列紧急措施。他知道在个人魅力和抛金撒银做竞选广告上,自己根本无法与佩罗同日而语,于是就抓住了他的漏洞做文章,佩罗在游说中只是空洞地要求变革,但却因准备不足未拿出任何具体的行动纲领。克林顿针锋相对地公布了一个题为"把人民放在第一位"的经济计划,提出了一些解决美国经济问题的具体设想;克林顿还从内部着手,改组了竞选班子,将其命之为"克林顿行动班子",以求这个班子成为对来自共和党和佩罗的任何攻击都能做出快速反应的作战室;在黑人领袖杰克逊发起的"彩虹联盟"集会上发表演说时,克林顿着意谴责了鼓吹对白人实行暴力的黑人歌星索莉娅,巧妙地向中等阶层的白人选民抛出媚眼儿。

克林顿还派出竞选班子中的沃伦·克里斯托弗律师,到处物色副总统候选人,几经掂量,他敲定了田纳西州的参议员小艾伯特·阿诺德·戈尔作为自己的搭档,这自然引起了轰动效应,民主党内乃至美国政界不少人士都认为,克林顿下的这个注可谓慧眼独具。克林顿与戈尔的确是一对取长补短的搭档:克林顿家境贫寒,卡尔却出身名门望族;克林顿只当过州长,被认为没有外交大政的经验,戈尔则是参议院军事委员会重要成员,在外交及国家安全政策方面颇有见地;克林顿的阿肯色州被指责为环境保护太差,而戈尔是个著名的环境保护主义者;克林顿因与弗劳尔斯的婚外情而备受责难,可戈尔则素有顾家、生活作风严谨之美誉,为了照料车祸受伤的儿子,宁愿忍痛放弃了竞选总统。这对搭档都是属于第二次世界大战后生的新一代政治明星,因此可以用年龄优势拉住求变进取、崇拜明星的年轻选民的选票,两张年轻的面孔同出,唤起了人们对40多岁就当选为总统的肯尼迪的回忆;况且,戈尔在1988年预选中曾在南方好几个州获胜,这对克林顿瓦解共和党在南部的传统势力很有帮助。克林顿选中了戈尔,他的竞选战略便更加明确地显露出来了,这就是稳住南部,重点争夺东西部,对东北部则见机行事,侧重于借经济不景气之题而大加发挥,策动共和党选民倒戈。

克林顿采取的这些措施,使得他在同布什和佩罗竞选中的地位大为改观,加之这段时间布什把主要精力放在了对付佩罗上,佩罗自然是以牙还牙、重点火力对准布什,把布什的国内经济政策扫射得像蜂窝洞似的。克林顿虽被冷落,但正好可坐山观虎斗,腾出手来大力推销自己的经济主张,因此,克林顿的支持率悄悄地赶了上来。据《新闻周刊》1992年7月9日至10日进行的民意测验表明,渔翁得利的克林顿已超过佩罗3个百分点,与布什的差距缩小到1个百分点。

1992年7月14日晚,纽约麦迪逊广场公园张灯结彩,一派节日气氛。民主党人在这里举行了每4年一度的全国代表大会,这个代表大会的主要目的是通过民主党新的纲领,正式推出该党参加今年大选的总统和副总统候选人。

一头身披节日盛装的毛驴在人们的簇拥下进入会场,民主党这个神圣的象征物到场,宣布了代表大会的开幕。因为过关斩将的克林顿已在预选中获得了足够的选票,精明的政客们见风使舵,捐弃了昨日攻讦之仇,握手言和,头面人物纷纷发表演讲和谈话,一致支持克林顿——戈尔代表本党出马夺回白宫。东道主、在党内德高望重的纽约州州长马里奥·科莫的演讲最为精彩:"美国人民普遍强烈要求变革,而克林顿就是领导变革最合适的人选。今天,我提名希望之子、阿肯色州州长比尔·克林顿为美国总统候选人。"

在热烈鼓掌后的各州唱票中,克林顿和戈尔顺利获得多数票,成为民主党正式总统及副总统候选人,顿时全场掌声雷动,党徒们欢呼雀跃。主席台上,克林顿与12岁的女儿彻尔西紧紧地拥抱在一起,戈尔喜气洋洋地鼓掌庆贺,两人的夫人希拉里和蒂珀则禁不住喜悦之情,携手共舞起来。

逃役事发

民主党大会发出动员令后,克林顿的声望也随着党徒们的拥戴而大涨。

此时的亿万富翁罗斯·佩罗开始打起了退堂鼓。几个月来,这位集企业巨子和大商人于一身的独立候选人,由于对美国现状的抨击激烈有余,但迟迟拿不出振兴美国的"济世良方",因而使得选民对其热情明显消退;美国权势集团担心佩罗的参加竞选会冲击现行政治制度,也一直在利用各种方式阻止他的竞选;加之他麾下聚集的谋士们虽对现状不满,但政治观点迥异,分歧严重,他的政治顾问罗林斯和外交顾问尼采因与其意见相左拂袖而去,更使他感到当选总统希望渺茫,于是在1992年7月16日知难而退。"佩罗"气泡随之消失。

佩罗的选民成了"驴""象"两党竞相收买的对象,克林顿亲自出面拉拢,他声称自己的党是主张"变革"的党,希望佩罗的支持者"好好读一读我们的计划。"这一番动听的言论果真把大多数因反对布什而支持佩罗的人拉到了自己的旗帜下,使民主党竞选势头更猛。1992年7月16日至18日两天内,克林顿的支持率由28%直攀54%,第一次名列头榜,超过布什近20个百分点。

布什总统再也无心在怀俄明州的小湖畔垂钓了,他感到了克林顿这个与自己大儿子同龄的对手确实不好对付,后生可畏啊!他急忙上岸部署反扑,但面对先声夺人、气势磅礴的民主党攻势,老谋深算的他不免有些发怵,共和党的阵脚随之出现慌乱,竞选班子在策略运用上也显得"缺乏章法",为扭转这一局势,布什不得不痛下决心,要詹姆斯·贝克国务卿辞职,改任白宫办公厅主任,全权掌管总统竞选。布什期望贝克这位在经济、内政、外交等各方面都有十分丰富的经验且断事明智的"大选修理先生"能为自己保住总统宝座再立新功。

1992年8月20日,共和党全国代表大会闭幕,以压倒多数再次推出布什和丹·奎尔为总统、副总统候选人。这标志着大选已进入决赛阶段。克林顿和戈尔为已获得的胜利所鼓舞,率领竞选班子组成的大轿车车队进军务州,深入基层游说,随时停下来演讲。为了博得选民们的好感,克林顿亮出自己在上中学时练就的拿手好戏,多次用萨克斯管吹奏起爵士乐,曲中浓郁的乡土气息惹得支持者们和曲而舞,群情激奋。他们避开布什在国际事务方面的优势,专找布什的痛处打,集中精力抓住广大选民对经济衰退、失业增加、犯罪和吸毒问题日趋严重等问题大做文章,激烈抨击布什政府的"失败纪录",并不失时机地向选民兜售自己的经济主张,用极富煽动性的语言告诉选民:"是改变现状的时候了!"

布什在这些问题上自然是有口难辩,于是便和新闻界联手,琢磨如何找克林顿的碴儿。这样,克林顿23年前的一块疮疤被抖露出来了。

当20世纪60年代末克林顿就读于华盛顿乔治敦大学时,越南战争的阴云正笼罩着美国,按照美国的义务兵役制要求,应征年龄内的年轻人都要参加可能赴越参战的筛选,但由于战争的惨烈,且目的性受怀疑使美国青年普遍恐惧和反感,于是大家绞尽脑汁像躲瘟神似的逃避入伍。1968年夏天毕业的克林顿揣着罗兹奖学金赴英国牛津大学深造,1969年4月,克林顿在牛津大学校园收到了应征入伍通知书,但此时已过了应征截止日期,征兵委员会告诉他可以不予理会。1969年初夏,克林顿告别英伦三岛回国,答应参加阿肯色大学的预备役军官训练团计划,从而推迟了被征入伍的机会。

由于"驴""象"两家每逢大选便犹如水火不能相容,克林顿当年牛津大学的同窗、已委身共和党阵营的克利福德·杰克逊,翻脸不认23年前的交情,在背后狠狠地捅了克林顿一刀子,说当年他和朋友们都曾应克林顿之请求托熟人拉关系,设法推迟克林顿被应征入伍的时间,但克林顿达到目的后,又食言未参加阿肯色大学预备役训练团,而是远走高飞,溜到了牛津大学。杰克逊还声称手头握有当年的几封信可以作证,其弦外之音是,克林顿不守信用,像一个胆小鬼那样逃避服兵役。

其实,早在初选开始时,涉嫌逃兵役一事就已成为克林顿越来越敏感的伤口,动不动就让新闻界和共和党对手们撒上点盐,疼得龇牙咧嘴。克林顿当然死也不认这一壶酒钱,在卡维尔等左右谋士们的策划下,他变被动为主动,当即在电视新闻中露面,抢先公布了有关信件。称自己当年经过反复考虑,退出阿肯色大学预备役军官训练团计划之后重新应征,1969年12月1日被抽签排在了311号,这要到1970年5月才轮到应征入伍的份儿,但1970年初尼克松总统已采取措施准备从越战的泥潭中拔脚,克林顿就不必再当兵上越南战场了。"这完全是上帝的安排,我并未做任何手脚。"——克林顿信誓旦旦,拼命为自己辩解。

看来他的唾沫四溅的辩解并未能使人们满意,因为接着又不断有传闻说,克林顿当年因反对越南战争而想逃避兵役,试图通过放弃美国公民资格而申请英国护照。为了弄个水落石出,美国颇负盛名的《新闻周刊》等三家新闻机构动了真格的,可当他们到国务院护照处去查寻克林顿1969年申请护照的原始记录时,却发现要查寻的几页重要的记录不翼而飞了。

这更增加了人们的疑团,因为失踪的这几页原始记录,正是有关克林顿去英国和苏联的记录。《华盛顿时报》说,克林顿除逃服兵役远走英国外,他还是1969年10月美国全国性反对越南战争示威和1969年11月伦敦反对越战示威的组织者。当年在伦敦美国驻英大使馆门前的反战示威中,克林顿甚至抬着一口贴着越战中阵亡的美国士兵姓名的棺材,试图进入大使馆交给美国外交官。这还不算完,新闻界又翻出了克林顿1969年12月底到1970年初取道奥斯陆赴莫斯科和列宁格勒的老账。胡佛研究所一位情报间谍专家含沙射影地说，当时苏联正物色美国的反战积极分子，如果克林顿的莫斯科之行不是克格勃安排的，"那他可能是唯一例外"。

问题如此严重，把克林顿弄了个大趔趄。他跟跟跄跄地走出来表态说，有关他想申请别国护照或考虑放弃美国公民资格的传说纯属共和党捏造的谣言，"我从未想过要改变"美国公民身份。至于反战示威，他说自己只参加过两次，而且只是听听演讲而已，"没做过任何使我感到羞愧的事。"他还说，"我到苏联是自费旅行，不是苏联机构出钱安排的。就我所知，我没同克格勃接触过。"克林顿的竞选班子不但声称他们与国务院护照处记录失踪事件"毫无关系"，还倒打一耙说，共和党人掌管了12年的国务院，他们更有机会接触这些档案材料，以暗示共和党人想制造丑闻来嫁祸于人。

仿效当年转败为胜的杜鲁门而乘火车巡回演讲的布什，紧紧抓住克林顿这个旧账不放，喋喋不休地集中攻击克林顿逃避兵役，在国外游行反对越战，对旧账前后说法不一，这位在二战中曾佩戴过勋章的共和党候选人，在群众集会上大声疾呼："美国总统就是美国陆海空三军的总司令，一个逃避服兵役的人怎配担此大任？你究竟相信谁？"

共和党在攻击克林顿的"人品"时，把他的夫人希拉里也捎带上了，他们批评这位著名的律师是一位"专横恶毒的、有权力狂的、激进的女权主义者"，指责她将婚姻比作奴隶制度，主张小孩有权控告父母，都是大逆不道。美国大选就是这么怪，丈夫竞选，老婆遭殃。政客们之所以这么做，是因为根据美国选民行为研究，揭发对方丑闻，远比自吹自擂打广告有效得多。

希拉里在大选中的表现也确属上乘。她的自由派思想倾向，她在竞选活动中的作用，以及她的律师生涯和犀利的口才，已经使美国上下对她颇为关注。除了在初选中和克林顿携手上电视排除夫君的婚外情骚扰外，她还表现出老练的竞选技巧：与马萨诸塞州西红柿种植农探讨农产品价格补贴，在华盛顿筹款餐会上阐述其丈夫的中东政策，耐心地聆听南卡罗来纳州一名买不起医疗保险的年轻母亲吐苦水……她的出色表演使得《美国新闻与世界报道》所做的一项民意测验表明，有25%的人认为，如果克林顿当选总统，希拉里可以弄个部长干干；不少选民甚至说克林顿出来竞选错了，应该由他的太太参加竞选。当希拉里听到这些恭维时，总是难以压抑自己的得意之情："如果你们投克林顿的票，你们就会得到我。"

不过，面对对手们的攻击，希拉里还是接受了竞选顾问们的建议：改变形象。前些年，希拉里从一个戴眼镜、留着卷发的书卷气形象变为戴隐形眼镜、穿着保守且男性化的职业女士形象。现在，为圆第一夫人之梦，她在专业人员的指导下，放弃了朴素的长摆裙，穿起引人注目的时髦服装，贴身且颜色鲜艳，裙摆只到膝盖，长发也剪短了12厘米，以求塑造一个随和、不那么富于挑战性的形象，从而改变那些攻击造成的对她的错误感觉。

赢得头彩

1992 年 10 月 1 日,正当美国大选进入最后冲刺阶段之时,小个子的亿万富翁罗斯·佩罗又出人意料地杀了一个回马枪,三足鼎立的局面再现,使本来就很激烈的大选又增添了扑朔迷离的色彩。

佩罗深知,由于中途"脱逃",自己不可能再有 4 个月前的风光了,他宣称,他重上擂台并非要赢得大选胜利,而是从整体上影响美国的前途和发展方向。他两面出击,指责布什和克林顿不愿解决美国面临的经济麻烦,因此他只好无可奈何地为了"国家的利益"而"提供服务"。这位财神爷自掏腰包不惜重金,全力以赴做竞选广告,在美国广播公司整小时地推出电视广告,向选民介绍自己的身世及家庭,阐述美国经济的严重情况及其治理经济的药方子,这种"闪电战",果然使他的选民支持率迅速上升。

克林顿对佩罗的再度出马感到吃惊,因为这很可能会把投身自己大旗下的选民们重新拉走。克林顿不甘示弱,也专注地打起竞选广告战来,虽然许多广告分析家认为,广告宣传不会对大选胜负起决定作用,但克林顿面对新的形势,还是指望多花钱来捞取更多的选票。实际上,在整个秋季竞选中,克林顿的"快速反应"班子常常取得这样一个至关重要的优势:在布什的竞选广告播出之前,他们就将这些材料搞到了。克林顿认为,他的竞选广告应避开同佩罗交锋,集中攻击布什在经济上的失误,几个月来选民支持率超过布什 7 至 15 个百分点的事实,已证明了这一战略是正确的。为了消除选民对克林顿的怀疑心理,针对布什对克林顿"人品"的攻击,民主党人以牙还牙抓住布什违背 1988 年上台时所做的"不增税"承诺,在电视上做广告,指责布什签署了"美国历史上第二大增税方案,使啤酒税增加了一倍、汽油税增加了 56%",把布什描绘成了一个言而无信、不可信赖的人。

竞选广告战的硝烟尚未飘散,三人的电视斗法便宣告开场。在美国大选年内,总统候选人和副总统候选人在电视节目的黄金时间进行实况辩论,开始于 1960 年民主党的肯尼迪和共和党的尼克松之间,选民们藉此可对候选人的政策、观点及其本身的素质进行直接的比较。这种常常成为竞选活动高潮的电视辩论,常由民间团体发起,由新闻界知名人士主持;提问题的都是一些深谙美国政情、经验丰富的资深记者。候选人要想得分就必须机智、准确地回答记者的提问,并对辩论对手的话做出迅速反应。刁钻的记者们提的都是十分复杂、敏感的问题,回答得巧妙,就能势头大增,在电视机前的亿万观众心目中留下美好印象;反之,稍一疏忽,即使出现些小语病,也会后患无穷,当年的福特、卡特都曾因此翻过船。克林顿深知电视辩论的厉害,他从华盛顿请来一名律师扮演布什,又从俄克拉荷马州请来一位议员扮演佩罗,就辩论中可能出现的问题进行一次次演习,以求在电视屏幕上争个最高分。

1992 年 10 月 11 日晚,美国东部时间 19 时整,美国圣路易斯市郊外,华盛顿大学体育馆。角逐总统宝座的佩罗、克林顿和布什登台亮相,拉开了电视辩论的第一幕。这场众所瞩目的辩论采取记者提问形式,主持人首先发问:您与另外两位候选人有何不同之处？克林顿声称,他代表"变革",重点是刺激投资和促进经济增长。接着主持人和另外三位记者先后提出十几个问题,涉及内政和外交诸多方面,但辩论的重点是选民们所关心的经济问题,克林顿胸有成竹,侃侃而谈,他认为美国有两大赤字,一是联邦财政赤字,二是投资赤字,他主张以刺激投资的方法推动经济发展,并开列了里根、布什执政的失败经济记录,指着布什说:"你们已执政12年,你们已有机会表现自己,但你们那套已玩不转了,只有我才代表着变革的希望。"当布什影射克林顿的"人品"难以担任美国的三军总司令时,克林顿反驳说,对他的爱国主义提出质疑,是在搞"麦卡锡主义"。90分钟的辩论结束后,舆论反应是佩罗表现出色,克林顿次之,布什未达到预期目标。

　　1992年10月15日,三位总统候选人又在弗吉尼亚州首府里士满二度斗法,辩论开场不久,布什故技重演,抢先就克林顿逃兵役、在英国组织反越战问题挑起战端,几分钟短兵相接后,现场经认真筛选的200多名持中间立场的观众表示对20多年前的历史不感兴趣,希望候选人讨论"真正的问题",布什耸了耸肩,只好结束攻击,不情愿地应付他的弱项——经济问题。克林顿习惯于这次辩论采取的方式,只有一位主持人,三位候选人没有讲桌,只有张高椅子可坐,其实克林顿并未坐,他那努力讨好别人的性格此时帮了大忙,他因势利导,在辩论中明显改变策略,减少对布什的攻击,而着重为自己担任阿肯色州州长12年的政绩评功摆好。辩论结束后,哥伦比亚广播公司电视台公布了民意测验结果,认为克林顿占优势的为53%,领先于布什(25%)和佩罗(21%),它评论道:"克林顿在取得选民的信任方面又迈出一大步,他今晚显得更加沉着,并表现出为当全国领袖做了充分准备。"

　　三位候选人最后一次逐鹿荧屏是于1992年10月19日晚上在密歇根州首府兰辛举行的。希望转败为胜的布什在辩论一开始,便采取进攻性姿态步步紧逼,对克林顿在阿肯色的政绩、见什么人说什么话的作风等发动连续攻击,与前面两次辩论相比,布什的仪态、谈吐明显改善。克林顿当然是寸土不让,在美国经济、布什政府在海湾战争前夜仍支持萨达姆等细节问题上发起攻击,并圆滑地说:"我既尊敬布什先生在白宫期间的为国操劳,又希望选民们鼓起勇气,敢于更新,接受更佳人选。"其言辞之妙,博得阵阵掌声。一些新闻机构在辩论会结束后立即进行的民意测验表明,克林顿的这次得分像前两次辩论一样,仍高于布什。

　　民意测验归民意测验,民意测验是有误差的,民意测验并不等于最终捞到了选票。在支持者们信心十足、感到胜利在望的情况下,克林顿头脑很是清醒,他告诫其支持者切莫过分自信,要继续奋战到最后一刻。离1992年11月3日的决战投票只有两周了,克林顿把竞选话题死死钉在"变革"和他的经济计划上。为了迫使布什处于守势,克林顿挥师西进,向被认为是共和党传统"据点"的几个州发起强大攻势。这些地区选举人票比较集中,是历届大选必争之地。从1964年约翰逊以来,没有一位民主党人在加利福尼亚州获胜过,克林顿就不信这个邪!他利用这个通常不会出现衰退的"黄金州"的经济急转直下和洛杉矶发生种族骚乱事件,大挖特挖共和党的墙角,果真把布什的墙推倒了,在这个州领先布什20个百分点。

　　遗腹子出身的克林顿是幸运的,因为美国选民对国内经济状况的强烈不满和求变的心态,使竞选连任的乔治·布什处于不利地位,却为克林顿争夺白宫宝座提供了良机。

布什还懵懵懂懂地拘泥于"信任""经验"和"人品"等问题上大做文章,岂不知求实惠的选民们已对此兴味索然了。

1992 年 10 月 25 日,美国《纽约时报》发表社论,表示将同其他数 10 家报纸一起支持克林顿入主白宫,在此之前,与《纽约时报》同被称为美国最有影响的报纸《华盛顿邮报》已表态支持克林顿。

1992 年 11 月 2 日,克林顿出现在新泽西州一个体育赛场跑道上,开始了总统竞选活动的最后一天。当他和夫人旋风般地到达费城近郊的公园里时,数以千计的支持者高唱着《又一天》的歌,用午夜的焰火欢迎他们。"我确信明天就能发现新大陆,美国人应该投'希望和变革'的票。"为激情所左右的克林顿用嘶哑的嗓音讲完话后,拿起随身带来的萨克斯管,演奏起欢快的乐曲《我坐不住》。

决战在即,克林顿的确坐不住。几小时后他便离开费城,率领他的竞选班子乘着包租的三架波音 727 客机,行程 4106 公里,前往 9 个城市,进行最后 29 小时的闪电式竞选活动。他嗓子喊哑了,但没有睡上一分钟的觉,精神仍很旺盛。1992 年 11 月 3 日清晨,克林顿及其竞选班子风尘仆仆地飞回总部阿肯色小石城。2000 名新闻工作者蜂拥而至,在这个城市的多个角落里树起了 30 个临时通讯天线,他们预测,这里将有特大新闻爆出。克林顿夫妇和女儿彻尔西来到排起长队的选民中间,同大家套近乎。他没有忘记向众人显示家庭的和睦,他把手搭在希拉里肩上,并不断亲吻女儿的额头。"如果今天你们为我说话,我将为你们说 4 年。"克林顿最后一刻还在拉选票。

午夜过后,终于传来了他 17 岁时就想听到的消息:克林顿当选美国第 52 届总统。除肯尼迪外,美国历史上最年轻的总统诞生了。

白宫,为美利坚的新宠儿克林顿打开了大门。

历尽人间风霜的著名政治家

——勃兰特

人物档案

简　　历:维利·勃兰特,德国政治家,1969 年~
1974 年任西德总理,以和苏联集团和解的新东方政
策打开外交僵局,尤其以 1970 年在华沙的华沙之跪
引起全球瞩目。为此他在 1971 年成为诺贝尔和平奖
获得者。在 1974 年 5 月 6 日他因为东德间谍入侵事
件曝光被迫下台,下台后更被报料就任总理时的性丑
闻。2005 年 11 月 28 日,德国电视二台投票评选最伟
大的德国人,勃兰特名列第 5 位。

生卒年月:1913 年 12 月 18 日~1992 年 10 月
8 日。

性格特征:善于反省。

历史功过:无论是作为总理,还是作为党魁,勃
兰特的权威是巨大的。然而,他并未因此成为滥用
权力的专断者。

仕途脱颖而出

在一些伟人的政治日记中,出身和早期经历往往是其日后成功的奠基石与资
本。然而,命运赐给这位来自吕贝克的年轻人却是一番辛酸泪。在通向权力顶峰
的道路上,大概没有那一位政治家比勃兰特受到政敌的攻击与指责更多的了。每
次大选中,他的阶级出身和早年经历几乎总是被对手大加嘲讽。直到他进入联邦
总理府的绍姆堡宫,这种无休止的人身攻击才得以暂时寂静。

维利·勃兰特于 1913 年 12 月 18 日出生在波罗的海海滨城市吕贝克的一个
贫困工人家庭,母亲是合作商店的售货员。未婚生子在当时的德国社会虽不算是
罪过,但也在世人眼中倍受歧视。或许是由于缺少父爱的缘故,小维利把刚从战场

上回来的外祖父当成父亲了,并且很快就喜欢上了这位慈祥、淳朴、正直的"爸爸",受家庭环境的熏陶,早年的勃兰特深受外祖父和母亲的影响,思想激进。外祖父是德国社会民主党的信徒,母亲也常常参加社会主义的活动。维利在少年时期就参加了社会民主党组织,不满 17 岁时被破格吸收为社民党党员。希特勒法西斯的上台,给这位政治抱负远大的青年心里投下了难以言状的阴影。由于法西斯的迫害,勃兰特所在的社会主义工人党只能转入地下活动。在一片白色恐怖之下,勃兰特被迫出走他国,开始了漫长的流亡生活。他的这段经历,日后成为反对党攻击的把柄。直到战争结束后,勃兰特才不得不放弃挪威国籍,返回祖国,1947 年来到柏林,参加柏林的战后重建工作。当然,那时的勃兰特决不会料到,在以后的 20 年时间里,他的名字同柏林的命运紧紧联系在一起了。

如果讲,勃兰特的发展是以极不寻常的方式同联邦共和国、同社会民主党的历史紧紧相关的,谁也不会怀疑。这个精力充沛、有朝气、敢于创新立意,不受传统束缚的年轻人,同社会民主党那些暮气沉沉的官僚相比,的确是出类拔萃的人物。勃兰特基本上是一个活动家,社会民主党柏林总部的工作赋予他一个独一无二的机会。他要求打破传统、废除教条主义,改变党的内外政策,使社民党重整旗鼓,在竞选中取得执政地位。可不能因此说勃兰特在党内就一帆风顺,事实上,他反而为自己的性格吃尽了苦头,特别是遭到党内不少老前辈的反感与不信任。执拗、武断的党主席舒马赫就对这个从奥斯陆回来的年轻人表现出明显的不满。正是由于党内中下层成员,尤其是年轻人的支持才使著名的"哥德斯堡纲领"得以通过,使党在革新的道路上迈开了决定性的一步。

用传统的等级观念来衡量,提名勃兰特作为联邦总理候选人,不能讲不是一个极为大胆的决定。因为,他只是几年前才被选入党的联邦理事会,并且最初并不是主席团的成员。只是在提名为总理候选人后,他才得以参加主席团会议。当然,有一个原因是很重要的,那就是,柏林是勃兰特在党内的"大本营",他很快获得了社会民主党州组织的主席职位。他身为执政的柏林市长,在公众中享有的巨大威望远远超出联邦共和国的国界,显示出一个头脑冷静、善于思考、沉着果断的政治家形象,博得了美国等西方盟国的信赖。这一点,为他在党内的地位上升和政策推行确实帮了大忙。1964 年,这位 51 岁的少壮派登上德国社会民主党主席的宝座。

勃兰特之所以能牢牢地控制住党,成为社会民主党团结的象征,绝不是由于他善于专权。事实上,他是非常善于妥协的,在党内素有"和事佬"之称,但做"和事佬"并不等于他没有权力,他的意见在关键时刻总是受到重视的。勃兰特并非是一个毫无缺点之人,他的可贵之处在于能够克服那些缺点,他考虑自己的弱点比别人考虑自己的才干要多。作为一个成熟的政治家,他不自命不凡或野心勃勃,而是懂得看准机会,及时主动出击,一举得胜。勃兰特的为人是无可挑剔的,在他看来,个人忠诚是十分重要的。他从来没有公开讲过党内一个朋友的坏话,这可能是一种手段。但令人钦佩的是:即使在他不满意某些同事的表现时,他也从未完全抛弃过他们。这是社民党之所以把他作为凝聚力象征的理由了。

柏林为勃兰特提供了一个有利于他开展事业的地位和日后步步高升的特殊环境。勃兰特是首先被派往波恩的八名联邦议员之一,并很快成为市议会议长。这一特殊的荣誉职务使他可以超越社民党的范围,发挥自己的政治影响,1957年,西柏林市市长苏尔逝世后,勃兰特力挫群雄,以绝对多数票当选为西柏林市长。

战后的西柏林有着它特殊的地位,它既不是民主德国的领土,也不归属联邦德国,而是美英法三国共管之地。西方称之为插入"铁幕"的一把尖刀,是东西方冷战的象征。正是由于西柏林的这些独特之处,这座城市才成为世界著名的游览胜地。每年大约有十万人来此观光、访问,来这里的不但有记者、演员、职员、作家和外交人员,也有工商业界大亨,各国政界要人。美国总统、法国总统、联合国秘书长、日本天皇、印度总理等政界首脑都曾经成为勃兰特的座上宾。无疑,他通过与各国政治家的交往,获得了丰富的外交经验和国际交往知识。西柏林的这一有利地位,使勃兰特的名字为世界千千万万人所熟悉,扩大了这位市长的影响,为他架设了一座通往波恩权力顶峰的桥梁。

如果讲柏林这座城市给了勃兰特许多好处与机会的话,那么,这个是非之地同样也使他面临不少危机与挑战。他是一个在危机和挑战中成长起来的人,他以惊人的自信来迎接一切可能发生的事情。1958年和1961年,两次柏林危机先后爆发,把冷战推向高峰,特别是后一次柏林墙危机,使东西方几乎接近交火状态。勃兰特以一个冷静、理智而又果断的态度走上前台。他既表现出决不让步的立场,同时又呼吁市民保持理智和克制,承认现实,避免事态的完全恶化,并采取一系列的补救措施,稳定市民情绪。正是由于勃兰特等人的努力,柏林才得以从灾难的边缘挽救出来,简直处于绝望的形势才未能进一步恶化。柏林危机,也使勃兰特的名声大作,获得了意想不到的政治资本。就是当时赫赫有名的联邦总理阿登纳的形象,同这位柏林市长比起来,也显得相形见绌。在事件期间,勃兰特对这位从波恩姗姗来迟的联邦总理大人,表现出明显的冷遇。

勃兰特任柏林市长达十年之久,作为德国这个最大城市的总管,辖有200多万人口的市长,几乎获得了他想得到的一切东西。就像柏林忘不了勃兰特一样,他也忘不了使他跻身德国政坛的这座基地。但如果认为勃兰特的政治舞台仅限于柏林这一城之域,恐怕低估了这位政治家的雄心抱负。

1961年。担任柏林市长仅四年的勃兰特,就被他的党推举为总理候选人,同老态龙钟的政敌阿登纳角逐。西德选民不知该如何对待勃兰特那种轻松活泼的竞选模式:五彩缤纷的气球,出奇的新花样,里面用微微发光的红色皮革布置的默西迪丝豪华敞篷赛车,以及赫然写上姓名的竞选标语:"和维利·勃兰特一起前进"。也许德国人已习惯了执拗而有怪癖的老人阿登纳,留恋阿登纳给德国带来的一派繁荣,唯恐新人的上台而消失,选民还是把大部分选票投给阿登纳。勃兰特在第一个回合的角斗中失败了。四年之后,联邦选举的大旗又一次拉起,勃兰特继续作为该党的总理候选人,再一次走上竞技舞台,同素有声望的著名经济家艾哈德竞争,结果又未如愿。勃兰特心事重重地回到柏林,继续担任他的市长职务。两次政治角逐的失利,不但给社会民主党带来损失,埋怨、批评、指责声此起彼伏,一浪接一浪;而且也给勃兰特本人很大的刺激。他曾一度萌发离开德国政治舞台的念头。但勃兰特毕竟是一个经受得住失败考验的强手,他比别人更能忍受痛击,每当遭受失败、烦恼、苦闷时,他就低头沉思,在内心里默默同自己的感情打交道,一旦从挫折中清醒过来后,他又回到竞技场上来了。机会很快降临,一年之后,联邦政府爆发危机。在内外交困的形势下,艾哈德政府宣布辞职。由各个主要党组成的大联合政府宣告成立。社会民主党首次获得参政机会,勃兰特担任副总理兼外长。大联合政府的组成给社民党带来了无法估量的好处,它第一次在联邦范围内给社民党提供了使居民相信这个所谓"永久的反对党"具有参政能力的机会。这次参政的过程,使勃兰特的领导能力,尤其是外交手腕第一次在联邦政府的政治舞台上崭露头角。他成功地扭转了联盟党因长期推行"哈尔斯坦主义"而使西德外交走进死胡同的局面,提出了大胆、灵活的"新东方政策"。从某种意义上说,勃兰特的这次参政,为他以后登上总理的权力宝座,创造了必要的条件。

攀上权力顶峰

在西方各国的政治生活中,大概没有比几年一度的大选更扣人心弦的了。1969年,又到了西德各大政党为谁入主绍姆堡宫而进行大角逐的时候了。如果这次大选同以往其他几次有什么不同的话,那么,自由民主党的转向自然是最重大的事件了。它不但宣告了联盟党同自民党伙伴关系的暂时终结,使联盟党第一次沦为在野党,同时也宣告了社会民主党作为执政党登上了西德政治舞台。尽管在电视屏幕上一点也看不出勃兰特获得大选胜利那种炫耀成功的姿态,但是,有一个场面是不会被人忘记的,即勃兰特和议会党团主席魏纳默默地手挽着手,他们俩恐怕是最能体会在历尽辛酸、曲折之后的胜利果实的分量了。

记得勃兰特在三年前当上大联合政府外长时就曾深有感触地说:"任何一个有常识的人是不会轻易地忽视这样一个事实的,即一个具有我这种政治信仰的人,竟然当上德国的外交部长。"这番话对他担任联邦总理这一更有权力的职务来说,自然就更显得一语中的了。这不仅从他的政治渊源来讲,而且从他那低微出身来看,情况也是如此。在"有教养的社会上层"看来,未出嫁的女售货员的私生子同联邦总理相联系实在荒谬;吕贝克的贫困工人家庭同资产阶级上层更是无法相提并论。然而,就是这样一个人,现在竟然当上了堂堂的联邦总理,这本身就是一件引人注目的事,也是勃兰特本人为推倒世俗偏见壁垒而取得的重大胜利。

勃兰特上台后,面对国内外的一系列棘手问题,虽说并无治国妙方,但也敢大胆探索。在内政方面,他提出了雄心勃勃的改革计划,为改变国内经济的困难局面提供了推动力,使联邦德国从困境中走了出来,继续朝着繁荣、发展之路迈进。与治理内政的成就相比,使勃兰特个人形象大放异彩的自然要算他的外交活动了。作为联邦总理,勃兰特非常善于审时度势、利用机会,寻找突破口。早在几年前任外长时,他就清醒地认识到:基于哈尔斯坦主义的联盟党一贯推行的强硬东方政策,已经没有出路。勃兰特执掌政权后,对西德外交进行了惊心动魄的大调整,突出的就是改变旧的东方政策,缓和同东方国家的关系,特别是同苏联、民主德国的关系。有限度地承认民德,默认奥得尼斯河边界。勃兰特上任后,立即同民德政府商谈,改善双边紧张关系,互设常驻代表机构,并同时申请加入联合国。1971年,勃兰特作为联邦总理首次出访苏联。这次访问的重大成果是,双方签订了和平友好条约,结束了这两个大国之间的长期战争状态。同时,他还同波兰签订了互不侵犯条约。实际上承认了德波间的奥得尼斯河边界。不知是出自真情,还是一种手段,勃兰特在波兰访问期间,当来到犹太人纪念碑前时,他突然双膝下跪,在场的几百人无不为之惊呆。

新东方政策,显示了勃兰特争取现实主义的政治勇气,缓和了二战后的欧洲紧张局势,也提高了德国在国际上的地位与声望。这位总理因此被西方人士称赞为制造缓和气候的先驱,在人们中被看成是一个伟大的和平缔造者。为表彰他为此做出的贡献,1971年挪威议会决定授予勃兰特诺贝尔和平奖。作为联邦德国的勃兰特,为了德国人民的利益,向昔日的敌人伸出了和解之手。他热诚地为欧洲的和平奔波,在奠定欧洲和平事业上做出了杰出的贡献。他找到了修复东西欧之间关系的桥梁——缓和政策。

对于德国的统一,勃兰特是极其关注的,并为此进行了长期不懈的努力。他推行的新东方政策,就为两德之间建立相互信任迈出了重要的一步,他还到东部讲演,创造缓和气氛。他主张东西德两部分应逐渐融合,"不要操之过急"。

无论是作为总理,还是作为党魁,勃兰特的权威是巨大的。然而,他并未因此成为滥用权力的专断者。对权力问题,他有着明智的认识:"一个人之所以要在民主国家里谋求权力,是为了使某些事情做得合理,这就是我唯一的看法"。作为党政首脑,勃兰特所表现出来的举动并不是在他做出决定时犹豫不决,而是谨慎、节制地使用他的领导权威。总理自然是一个有实权的职位,但他非常小心不滥用他的权力。他是一个善于听任事态自行发展的能手,善于在人们几乎毫不留神时把事情引向他要引导的方向上去。正因为如此,在许多情况下,他总是等待决定自行成熟,而不独断专行。他还有一个不同于他人的领导技巧,那就是他喜欢进行讨论,说服,十分注意意见形成的自然过程。这样往往可以使做出的决定更为可靠,能够得到多数的支持。如此娴熟的手段,使勃兰特成为善于巧妙操纵别人的能手,而又不会让对方发现痕迹,除了最后只能服从他的总结意见外,别无其他选择。

说勃兰特是一个善于操纵事态发展的能手,但也难免有防不胜防的时候。他所推行新东方政策,尽管在国际国内影响重大,成就昭著,但反对它的也大有人在。尤其是勃兰特政府暗示,将承认德波边界时,他遭到了联盟党、难民联合会更强烈的反对。反对党利用这一时机,通过进行"建设性不信任案"来罢免联邦总理勃兰特,以取而代之。这在联邦德国的历史上是第一次,幸亏联盟党内部有两位议员从中作梗,"建设性不信任案"才未获通过,使勃兰特度过政府危机,挽救了东方政策。

政坛仍显身手

勃兰特的下野同美国前总统尼克松的下野确有相似之处。这两位政治家引退后的经历中,有一个共同点:他们俩都没有在国际国内政治舞台上消失,而是利用他们的威望和影响,继续发挥着自己的重要作用。

勃兰特引退二年后,在日内瓦召开的社会党国际十三大上当选为社会党国际主席。从此,社会党国际开始了一个生气勃勃的勃兰特时期。作为世界上最大政党之一的专职主席,精力旺盛的勃兰特充当的可不是挂名领袖。他扮演着"世界公民"与"和平使者"角色,奔忙于资本主义和社会主义诸国,特别是超级大国之间,充当美苏和解的牵线人。他这个星期可以在华盛顿倾听美国总统的讲话,而在下一周。他又在克里姆林宫同苏联领导人进行叙谈,为解决地区冲突"马"不停蹄地穿梭斡旋。

这位善于谋略,历尽风霜的前总理,能敏锐地适应于这个风云变幻的政治时代,又能依赖于他那高度的政治敏感去预测未来的风向。为了实现世界和平,他致力于超级大国的裁军谈判调解工作。为了促进世界的稳定和发展,他强烈呼吁各大国支持南北对话,拯救第三世界经济。1977年,国际发展问题独立委员会,即勃兰特委员会成立,勃兰特亲自担任该委员会主席,并为此奔忙于世界各国,呼吁大家共同解决失业、债务、饥饿、环境恶化、经济停滞等问题。二年后,著名的《勃兰特委员会报告》问世,引起了许多国家的重视。

勃兰特虽出身于工人家庭,但他基本上是以资产阶级政治家的身份出现的。对于共产党的看法,勃兰特的认识是带有一定成见或偏见的。他认为,共产党的策略是用"把水搅混"这样一种办法,给工人运动中政治上的反对派都扣上"罪犯"的帽子,"借以证明他们的残酷迫害是正确的"。但勃兰特毕竟是现实主义者,尽管观念相左,但他并未拒绝同共产党国家的来往。勃兰特下野后,先后两次出访苏联,寻求同苏的合作。勃兰特作为一位有远见的政治家,对于发展联邦德国同中国的关系是比较重视的,正是在他坐镇波恩后,在1972年决定同中国建立外交关系,并派副总理兼外长瓦尔特·谢尔前来北京正式签署建交公报。1984年,勃兰特应中共中央的邀请,率领社会民主党代表团第一次访问中国,受到中国领导人的热烈欢迎。这次访问加深了他对中国的了解,为中德两党两国的交往架设了新的桥梁。

1987年3月23日,担任德国社会民主党主席达23年之久的勃兰特突然辞去这一职务,此举在德国政坛乃至国际社会引起震惊。他的辞职与社会民主党在同年大选中的失败、党内围绕纲领、路线出现的危机,以及他的身体和年龄有关。但导致这位政坛元老辞职的直接原因是他任命一位名叫玛·马西奥普洛斯的希腊女子为党的发言人,此事引起党内不少人的不满和反对。他们认为未经党领导层集体讨论就擅自做出这一决定,是无视党的组织和纪律的表现,有损党的形象。勃兰特则针锋相对,认为,任命该发言人是合适的,是由党的联邦干事长经过初步的了解之后推荐的。在争执不下的情况下,勃兰特愤然辞去社会民主党主席的职务。

巧合安度晚年

勃兰特是一位富有男性魅力,深得女性崇拜和喜爱的男子汉,被多嘴饶舌的西方记者喻为"情场上的男子汉",他的个人私生活一再成为政敌攻击的把柄。有人说,在纪尧姆案件的窘境下,勃兰特为了防止自己的私生活牵连进去,当成新闻界的丑闻公之于世,而愤然辞职。当然,事实是否如此,没人能够查证。对新闻界来说,感兴趣的大概也就是指勃兰特曾三次结婚,其间又穿插一些风流韵事而已。

勒兰特的前两位妻子都是挪威人,第一位妻子叫卡罗塔·托尔基德森,两人于1941年结婚,生育一女,后来由于客观环境限制,两人在达成谅解的情况下于1947年正式离婚。而在离婚前勒兰特同另一位挪威姑娘露特·汉森已有来往,他们志同道合,都是社会主义运动的激进分子,两人于1948年结婚。露特原是一名政府官员,结婚后,成为勒兰特的贤内助,无微不至地照顾丈夫、同情、理解丈夫的事业。可以讲,勒兰特后来在仕途上的每一次成功,都凝结着这位贤妻的心血。正如一位哲人所说:"一位成功的男子后面,总是站着一位伟大的女人,"露特无疑属于这类女人。

　　生活的道路并不都是按正常规律发展的,有时也会发生意想不到的变化。在勒兰特的生活旅程中就是如此。1979年,勒兰特因心脏病发作在法国疗养,此时,有一位名叫布里吉特·泽巴赫的32岁的年轻女子一直陪伴着他,替他处理日常事务,成为勒兰特的得力助手。勒兰特病愈返回波恩前向新闻界宣布:他已同夫人露特取得谅解,将解除婚约。1983年,这一对老少夫妻在一所教堂举行了简朴的结婚仪式,这时的勒兰特已过了古稀之年。据说泽巴赫还是一位事业心很强的妇女,深得勒兰特的赏识。

　　维利·勒兰特,这位获得诺贝尔和平奖桂冠的政治家。以一名党的干部身份而崭露头角,在一定程度上讲,他是他的党培养的产物。朝着成功地获得权力和荣誉进军是漫长而又令人心力交瘁的。这位政治家在通向权力顶峰的艰难而又曲折的道路上,尽管多次陷进政治的泥潭,犯过这样或那样的错误,但他还是显示了他的民主社会主义者的坚定性,体现了他品格的正派、诚实与爽直。他作为一名有说服力的宣传者和鼓动者。其思想流传久广,为世界不少政界人士所赞赏。他的政治活动并没有因为他的辞职而停止,更没有由于纪尧姆案件的阴影而断送他的政治前途。他是社会党国际的首脑,更以前柏林市长和前联邦总理的身份为千百万人所了解。作为一名国际社会活动家,勒兰特继续在国际政治舞台上发挥他府有的作用。

　　千年大树,也有倾倒的一天。1991年10月,勒兰特被诊断患有直肠癌,尽管立即做了切除手术,但是,他还是没有等到八十岁生日的那一天。

　　1992年10月8日,德国国家电视台向全国播发了一条令人震惊的消息:联邦德国前总理、社会党国际前主席维利·勒兰持,因患癌症医治无效,在家中逝世,享年79岁。九天后,德国政府为这位政坛巨星举行了仅次于国葬的国家典礼。法国总统、英国王储、联合国秘书长、欧共体委员会主席、苏联总统戈尔巴乔夫以及德国各党政要人、联邦议院议员及各国驻德使节等1 000多国内外贵宾在柏林出席了这位著名政治家的追悼会。德国总统魏茨泽克、总理科尔、社民党主席恩格霍姆分别发表讲话,赞扬勒兰特为欧洲和世界缓和与谅解所做出的贡献。

　　当天下午,勒兰特的灵柩在柏林策伦多夫森林公墓安葬。勒兰特,这位历尽人间风霜的著名政治家,就这样走完了他人生的最后一站。划上了一个圆满的句号。

搭乘德国统一之车的联邦总理

——科尔

人物档案

简　历：科尔，生于德国的路德维希港（Ludwigshafen），少年时参加了第二次世界大战最后阶段的战斗。1982 年 10 月 11 日，科尔通过不信任投票的手段战胜对手赫尔穆特·施密特（Helmut Schmidt）成为总理。科尔是俾斯麦之后任职时间最长的德国总理。

生卒年月：1930 年 4 月 3 日~

性格特征：对日常生活无过高要求，喜欢吃各种汤食和葡萄干馅饼，不吃家禽，但喜欢吃北京烤鸭，喜欢喝优质白酒。他吸烟斗，爱散步，爱听德国古典作曲家巴赫的音乐，爱收集各种形状的石头，并喜欢阅读传记文学和历史文学，并著有作品。

历史功过：科尔在德国统一问题上一贯坚持东西德是"一个民族"，"互不为外国"，主张在欧洲统一的前提下通过自决的方式实现德国统一。在解决德国统一的外部环境问题上，科尔于 1990 年 2 月 9 日访问苏联，劝说苏联改变对德国统一问题上的"顽固立场"，取得苏联在德国统一的方式、时间、速度和条件等问题应由德国人自己决定的承诺，最终说服戈尔巴乔夫"最终打开了通向德国统一的道路"。

联邦德国政坛的宠儿

1982 年 10 月 1 日，联邦议院通过了对总理施密特的"建设性不信任"案，科尔将取而代之，可是，科尔深知能否保住总理的职位，将取决于他自己许诺的在明年 3 月提前举行的联邦大选。结果，他顺利通过了这次大选的考验。1987 年，科尔击败社会民主党主席福格尔，再次蝉联联邦总理一职。然而，他绝对没有料想到：三年之后的今天，自己能成为统一德国的联邦政府总理，实现了他的多届前任所未能如愿的理想。

历史赐予这位总理的好机遇实在是太多了。

赫尔穆特·科尔,1930年4月3日出生在莱茵河畔的路德维希港的一个信奉天主教的家庭。其父为一般职员,在第一次世界大战中由于作战勇敢,被提升为军官,战后在财政部门任职。科尔的经历与他的前任施密特不同。在第二次世界大战中,当施密特被派往苏联前线作战时,科尔仅11岁。科尔是在战后成长起来的新一代,在他的早年经历中,没有直接打上战争的惨痛烙印。在充满保守气氛的小城里,科尔度过了他的童年与少年。

青少年时期的科尔就有政治抱负。由于家庭环境的熏陶,他思想比较保守,但他对政治活动还是很感兴趣的。在中学读书时,年仅17岁的科尔就成为路德维希港基督教民主联盟青年组织的创建人之一。20岁时,科尔中学毕业,随后进入法兰克福和海德堡大学攻读历史和政治。1958年获得哲学博士学位,是西德历任政府首脑中获得学位最高的一位总理。

如果说勃兰特、施密特是德国社会民主党二战后的著名政治家和国务活动家,那么,科尔则是基督教民主联盟的骄傲。他在中学时就加入基督教民主联盟,成为这个党的坚定一员。他把自己的主要精力投入到党的活动,并且成为党内青年领导人中的佼佼者,走上了职业政治家的道路。在大学读书时,科尔已是莱茵兰法尔茨地方基督教民主联盟执委会成员。1954年,年仅24岁的科尔就被选为州的青年联盟副主席,后来成为该州基督教民主联盟的主要领导者,并深得当时的党主席阿登纳的赏识,使这位年轻人在党内的地位不断上升。1964年,科尔成为基督教民主联盟联邦理事会成员,五年后当选为基督教民主联盟的副主席。1972年,基督教民主联盟主席巴泽尔在同社会民主党主席勃兰特竞选总理失败后,先后辞去了反对党议会党团主席和基督教民主联盟联邦主席职务。科尔被选为基督教民主联盟的新主席,从而控制了阿登纳创建的西德最大的保守政党。他上任后,对这个党进行了一系列改革,大大加强了党的基层建设,使基督教民主联盟在组织上获得了较大的发展,并在政治上使它从传统的保守党,逐渐演变成一个中间派的全民党,以争取更多的选民。三年后,科尔又兼任联盟党议会党团主席,并被该党推选为联邦总理候选人。

这位基督教民主联盟新领袖身高1.93米,体重100多公斤,年轻时满头乌发,曾一度获得"黑巨人"的绰号,科尔是一位精力充沛、性格坚强的人,有着惊人的忍耐力和自制力,他办事认真,讲究实效,并擅长社交。这种性格给他的政治生涯带来不少好处,使他在仕途历程中,几乎是一路顺风。

1959年,年仅29岁的科尔竞选州议员获得成功,成为莱茵兰—法尔茨州最年轻的议员。四年之后,科尔又当选为该州议会党团主席,深得当时的州长阿尔特迈尔的赏识和重用。在州长授权下,科尔参与了该州的机构改革工作:减少区的建制,合并一些县、村,免除了30个初级法官职务,提高了州政府的工作效率。科尔的治政才能已初露锋芒。1969年,39岁的科尔成为西德最年轻的州长。新州长一上任,就大刀阔斧地行动起来:取消教会学校,建立该州第二所大学、制定颁布了联邦共和国第一个幼儿园法规;提高州政府工作效率,推动经济的发展,取得了显著的成绩。他成为远近闻名的地方政治家。

科尔不满足现有的状况，他怀有更远大的抱负。尽管科尔1968年拒绝出任基辛格总理让他掌管的内政部要职，但他对联邦德国权力所在地波恩是有浓厚兴趣的，随着自己在党内地位到达顶峰，问鼎波恩权力最高宝座的愿望也就显得更为迫切。

被人低估了的政治家

1976年，四年一度的联邦大选又到了。年轻的科尔向"全能政治家"施密特发起了挑战。毫无疑问，人们对这位联盟党的总理候选人是持怀疑态度的。科尔曾经是一位称职的州长，但他能把同样称职的联邦总理施密特挤下台吗？他能对付其形式上的盟友、实际上的竞争者基督教社会联盟主席施特劳斯的种种计谋吗？不管如何，科尔还是全力投入了他的竞选活动。竞选的结果是以施密特的蝉联总理职务、科尔的失利而告终。尽管科尔未能通过这次大选入主联邦总理府，但实际上他的联盟党还是取得了自阿登纳以来除1957年之外最好的成绩。只是由于自由民主党仍同社会民主党联合，联盟党才未能取得绝对多数而上台执政。

多年来，科尔一直是被政界人士低估了的政治家，至少在1982年成为联邦总理之前是这样。他不仅为熟悉科尔这个名字的为数不多的外国人低估了，而且也被国内舆论界的许多预言家们所看轻。科尔感觉灵敏，有着可观的耐久力，政治上有不寻常的应变能力。他的外表很像一个态度和蔼的银行经理。虽然波恩分析家对他并不怎么看重，但在很多选民中，却把科尔看作一个信得过的人。

1976年大选的失利，对科尔也是一个不小的挫折，联盟党内，尤其是基督教社会联盟内对他的抱怨，攻击声一浪接过一浪。科尔和施特劳斯的矛盾越来越明显。在1980年的联邦大选来临之前，施特劳斯强烈反对科尔继续作为总理候选人，要求由基督教社会联盟的党魁出阵，同社会民主党的施密特决战。这位自信的国防部长显然认为，如果他代替科尔领导联盟党进行竞选，施密特会失去他的总理职位。在一次被泄露给公众的私下谈话中，施特劳斯甚至断言："科尔缺乏联邦总理的性格和头脑"。为了避免联盟党的分裂，共同对付真正的政敌——社会民主党，科尔表现出政治家能屈能伸的君子风度，断然做出让步，让这位自信的政治家施特劳斯去迎战施密特。

当基督教民主联盟和基督教社会联盟在1979年就施特劳斯作为翌年的联邦总理候选人达成一致时，人们感到意外，让基督教社会联盟党魁作为总理候选人，这是唯一的一次例外。一些基督教民主联盟人士勉强支持施特劳斯，是因为他们和施特劳斯一样认为科尔是个"庸才"，成不了气候。另一些人则认为，让施密特去试一试吧，他很可能会失败。这样基督教民主联盟就可以摆脱施特劳斯，由科尔出来收拾残局了。

在这次竞选中，科尔不计个人恩怨，理智行事，在公众面前全力并忠诚地支持了施特劳斯，因而甚至在他的反对者和竞争者中间也赢得了好评，认为这位主席还是有机会再次角逐的。

对联盟党来说，1980年大选是联邦德国1949年建国以来最糟糕的一次。施特劳斯得到的选票。比四年前"无能"的科尔要少得多。大选失败后,科尔做了许多工作来弥合基督教民主联盟和基督教社会联盟的分歧。同年,科尔又重新当选勾联盟党议会党团主席,他联合党内各派力量,加强了自己的地位,力他日后可能上台组阁铺平了道路。

机会很快来临。1982 年,施密特陷入严重的政府危机中。战后又一次世界经济危机降临,国内经济形势恶化。社会民主党内因安全防务政策发生激烈争吵,执政伙伴自由民主党不愿承担国内外危机责任,决定倒戈。等待多年的科尔认为机会终于来到,及时出击,联合自由民主党,打击社会民主党。与自由民主党主席根舍商量后,决定通过在联邦议院进行"建设性不信任案"表决的方式,推翻施密特政府,由基督教社会联盟取而代之。

1982 年 10 月 1 日,联邦德国历史上第二次"建设性不信任"表决在波恩进行。表决结果,基督教民主联盟主席科尔以绝对多数票取得胜利,从而取代施密特立即成为第一位未经过全国大选出任的政府总理。同时,这位新总理兑现了自己的诺言,1983 年 3 月提前举行新的联邦大选,科尔以绝对优势击败威信日益下降的社会民主党总理候选人,开始了为期四年的施政时期。面对接踵而来的成功,科尔的心情是复杂的。他清楚地意识到,上届政府留下的经济衰退,失业严重和财政赤字巨大的烂摊子,并非能容易收拾。在联邦政府内部,他还要经常面临着来自基督教社会联盟和自由民主党的挑战。反对党更是在时刻寻找机会,以报一箭之仇。这些都成为对这位新总理的严峻考验。

自然,在行政管理和理财经验上,科尔暂时可能比不上前任施密特。但基督教民主联盟内也不乏经济人才,又有 4 名自由民主党部长留任,再加上一套精明的顾问班子。新政府医治经济危机的"良方"很快开出来了:削减部分社会福利开支,减少财政赤字,提高增值税,控制通货膨胀,刺激私人投资,增加国家投资,改善农业机构,扩大基本建设,增加就业门路。经过几年的运行,效果很快显示出来。到1987 年联邦大选前夕,经济获得持续稳定增长,人均收入增加,失业率下降,外贸额超过美国,成为世界最大贸易出口国。科尔在众望所归之下,又一次蝉联联邦总理,开始了一次具有历史意义的转折时期。

同他的几届前辈阿登纳、艾哈德、基辛格一样,科尔也是个坚定的大西洋主义者,强调北大西洋联盟和德美关系在西德外交中的重要地位。他修复了一度冷淡的德美关系,重建同美国的友好合作关系。上台后不久,科尔就飞往美国,弥合裂痕,修复两国协商渠道,建立了同里根的私人友谊。同克林顿的个人友谊也不错。从 1994 年 7 月起,德美之间建立了特殊伙伴关系。实际上科尔就任联邦总理不久,就坚决利用执政联盟的优势,使联邦议会通过了在西德如期部署美国中程导弹的决议。1985 年,当西欧北约成员国围绕着里根政府的"战略防御倡议"进行激烈辩论时,科尔一开始就表示在原则上支持这个倡议。里根为了表示对科尔多次友好的回报,不顾国内许多人的反对,在 1985 年 5 月的西德之行中,去比特堡公墓,为埋葬在那里的所谓第三帝国的"阵亡者"致哀。

施密特和德斯坦合作的"蜜月"期,随着这两位领导人的相继离职而告终,接替他们掌权的分别是科尔和密特朗。这两位新人的合作虽不能说已达到了前任那样的亲密,倒也相处得不错。两位领导人相互尊重,注意协商,寻求谅解,共同维护法德轴心在欧洲一体化建设中的重要作用。科尔上台的第三天,就飞往巴黎,声言要继续维护德法之间的特殊关系,有趣的是,1987年,科尔继续当选总理,翌年密特朗也蝉联总统一职。历史的机遇使他们有时间和信心去建立类似前任的那种"蜜月"关系。

也许都是由于保守党执政的缘故,科尔和撒切尔夫人建立了较为信任的合作关系。外界早就传闻这位"铁娘子"态度僵硬,不好相处。这位灵活、善变的联邦德国新总理倒也愿碰碰运气,以图开辟新的合作天地。他在访问巴黎后,随即飞往伦敦,向首相撒切尔夫人发出了亲善的信号。

舆论称科尔是"亲美派"、美国的忠实朋友,但这并不意味着他就是美国无条件的追随者。事实上,只要在一切许可的条件下,这位总理还是努力争取维护自己的利益,尽可能照顾西欧的利益的。在1985年,美苏冰岛首脑会晤前,科尔亲赴美国,敦促里根总统与西欧磋商,提请美国注意西欧的利益。科尔的此举,是颇得人心的。

保持外交政策的连续性,是科尔政府对外活动的一大特点。这位新总理声称,他将恪守前政府与苏联东欧国家签订的所有条约,继续致力于真正的缓和、对话与合作。

考虑到西德自身的特殊地理环境和地位,这位总理虽没有像前任施密特在美苏之间推行力求两边讨好的走钢丝政策,而是善于克制,讲究策略,力图不恶化德苏关系,保持缓和成果。1983年7月,科尔总理出访苏联,谋求同苏联的进一步合作,这是苏联党和国家领导人安德罗波夫总书记邀请的第一位西方国家首脑。

发展同民主德国的关系在联邦德国的政治天平中,占有很重要的分量。科尔比前面历任政府迈的步子都要大,他曾两次为民主德国在联邦德国筹措资金,提供政府担保,给予了民主德国比前面各届政府所能给予的大得多的经济实惠。也正是在科尔的任期内,实现了民主德国领导人昂纳克对联邦德国的第一次访问,两位领导人都强调了缓和紧张局势,维护地区和平是双方共同的需要和特殊的责任。

德国统一之"父"

历史往往出现一些惊人的巧合:德国是在基督教民主联盟当政时一分为二的,而德国的重新统一恰恰在基督教民主联盟在台上时实现。

谋求主权的恢复,实现德国的统一,是从阿登纳、勃兰特、施密特等历届政府所奋力追求的外交目标;是解除雅尔塔体制的束缚,结束两个德国人为的分裂局面,实现德国统一的宏伟目标。荣幸地由科尔总理这一代领导人来完成了。

早在上中学时,科尔就热烈赞同当时社民党主席舒马赫提出的不顾一切实现德国统一的主张,认为值得为之一搏。1969年5月,科尔在出任州长的就职演说中说:"只要了解我们州的历史和它数百年来的疆界变迁,就会懂得,我们理所当然地是统一的德国的组成部分"。真可谓统一之心,矢志不移。科尔毕竟是一位现实主义者,他不是预言家,从他的1987—1991年的施政大纲看,这位总理是绝对不可能写上:在这一届任期内完成德国统一大业。他只能同其他所有前任一样,正视德国分裂的现实,把谋求德国统一作为自己政府为之争取实现的重要目标。有鉴于此,当1987年9月7日民主德国领导人昂纳克到波恩访问时,科尔不得不按照国家元首的礼遇来接待他。他没有也不可能制定一个实现德国统一的具体时间表,或许在他的潜意识里,德国统一的具体日程表,只能委托给他之后的若干届政府去制订,本届政府充其量只能是为之铺平道路。

在人们探讨德国统一大业与科尔的关系时,很难讲在多大程度上是时势造英雄,还是英雄造时势,也许这对于科尔来讲,两者兼而有之。1989年,是欧洲历史的转折之年。这年秋冬,东欧国家局势发生重大变化。11月9日,以新上任的民主德国统一社会党总书记、国务委员会主席克伦茨为代表的新领导决定全面开放东西德边界,开放柏林墙。这是一个历史性的事件,形势的急剧变化使波恩的政治家们喜出望外。凭着一位政治家的敏锐感觉,科尔意识到:历史已将一个千载难逢的机会摆到了他的面前。11月9日,正在华沙访问的科尔当听到柏林墙打开的消息时,懊悔地称自己是在错误的时间呆在错误的地方。第二天,他果断地中断了访问,赶到柏林参加群众集会。11月22日,莱比锡的示威游行者第一次喊出了:"我们是一个民族"!"德国,统一的祖国!"的口号。科尔确信:"统一的真正时刻来到了! 11月28日,科尔向联邦议院正式提出建立德国联邦结构的"十点计划"。这犹如一颗重型炸弹震动了国内外朝野各界。科尔的统一计划受到美英法等西方盟国的谨慎欢迎,遭到了苏联、民主德国的强烈反对。戈尔巴乔夫明确表态:德国统一问题暂时提不到议事日程。民主德国政府也断然宣称:这是不现实的幻想。

作为政治家,科尔不会不明白:德国的统一不但是一个民族自决问题,而且还是一个事关欧洲安全和稳定,乃至世界和平的重大问题。没有有关大国,尤其是苏美英法四大国的支持,统一是不现实的。更何况还牵涉到同苏联、波兰的边界问题。这就产生了后来的所谓"2+4"会议来商讨德国统一的外部条件。

德国的统一,主要还是德国人民自己的事。科尔的"十点计划"在西德人们中间产生了强烈反响。西德的绝大多数人都赞成德国的统一。实现德国统一乃是大势所趋,不可阻挡。在1990年3月18日民主德国人民议院选举中,得到西德朝野主要政党支持的民主德国基督教民主联盟等党上台执政,从而基本扫除了按照科尔的构想实现统一的内部障碍,加速了统一的步伐。

统一前景在望,但外部阻力仍在,科尔还需努力。后来,苏联看到德国统一已不可避免,转而支持德国的统一。这固然为科尔的统一行动开放了绿灯,但并非万事大吉,在未来德国的盟约归属和边界问题上,这位总理是遇到困难的。更别说科尔在德波边界问题上的暧昧态度,引起轩然大波。

科尔认识到,通过外交努力来解决德国统一问题的障碍的时刻已经到了。他和他的助手在大国之间纵横捭阖,在华盛顿、莫斯科、巴黎、伦敦等都留下了他们繁忙活动的踪迹。半年内,这位联邦总理两次出访苏联,开展政治和经济外交,给苏联提供巨额财政贷款,最后才从戈尔巴乔夫那里换取了苏联在未来德国盟约问题上的谅解。在边界问题上,科尔也向有关国家做出了一系列承诺,使问题得到解决。这位总理因此满怀喜悦地对外宣布:德国统一的所有条件已经具备,在1990

年内将完成这一伟大使命。

令这位总理高兴的是,德国统一的具体日程比他设想的还要快,民主德国政府决定在 10 月 3 日加入联邦德国。这样,赫尔穆特·科尔事实上成为统一德国的第一位政府总理。

历史往往是由人来导演谱写的,在德国统一进程中众多的主体范围内,有人认为赫尔穆特·科尔更突出,他是历史的幸运儿,因为搭乘统一之车而显荣耀。确实,科尔的威望在德国统一前后达到顶点,他将作为"德国统一之父"彪炳史册。正如他自己所言:"对于我个人,这是我一生中一个最美好的事件。作为一个领导近八千万人口的大国总理,科尔也不愿再当政治上的"矮子"。他声称:德国应该在世界上负有更大的责任,那就是——跨入政治大国的行列。

科尔是中国人民的老朋友,1974 年,他以基督教民主联盟主席的身份第一次访问中国,1984 年、1987 年和 1993 年,他又先后三次以总理身份出访中国。他比较重视发展同中国的关系,特别是经济贸易关系,并且努力寻求共同的政治利益。他为中德两国人民播下了友谊的种子,架设了联系的桥梁。

科尔是幸运的,在他的几十年从政生涯中,他获得过许多桂冠。他曾是西德最年轻的州长,又成为联邦共和国最年轻的总理;他还是德国统一的最后实现者。在1994 年 10 月的联邦大选中,他领导的执政联盟以 10 票的优势险胜反对党,继续组阁执政,成为战后德国历史上超过阿登纳担任总理时间最长的政治家,对于欧洲联盟建设来讲,科尔的连任无疑是个好消息,作为欧洲一体化进程的坚定支持者和主要决策者,他必将同成员国一道把马约向前推进。

作为政治家,科尔尽管多次被人轻视过,但他没有为此计较。因为,事实推翻了某些人的偏见。科尔的政绩是有目共睹的:他统一了德国,修改了宪法,实现了外国军队从德国的最终撤离,共同制订了马约,德国成了美国的"特殊伙伴",使德国的国际地位大大提高。科尔的下一个目标是:德国成为联合国安理会常任理事国,朝政治大国之路迈进。

敢于挑战的澳大利亚总理
——基廷

人物档案

简　　历:基廷,澳大利亚总理(1991~1996)。1944 年 1 月 18 日生于澳大利亚悉尼。14 岁辍学,在悉尼郊区组织摇滚乐队,同时进夜校补习,并加入工党。1991 年 12 月任澳大利亚总理。1993 年 3 月大选再度获胜,蝉联执政。他连任后,积极解决失业问题,继续实行低通货膨胀政策,以促使经济尽快复苏。外交方面,主张加强澳大利亚与亚太地区的经济一体化,加强与东盟各国和太平洋岛国的防务合作。1996 年 3 月卸任。

生卒年月:1944 年 1 月 18 日~

名家点评:1983 年 3 月出任财政部长。翌年被《欧洲金融》杂志评为当年最出色的财政部长,有理财专家之称。

向总理公开挑战

　　权力的更替并不一定都需要通过民主的程序来完成,有些也可能通过某些幕后的交易或协议乃至公开的挑战去实现。这在所谓民主制度完善的国家也不乏其例。在澳大利亚两位政治家罗伯特·霍克和保罗·基廷之间就出现过一人欢喜一人愁的事。

　　据澳大利亚新闻界透露,随着联邦总理霍克与财政部长基廷关系的日趋紧张,为了工党执政大局,这两位政坛强人于 1988 年 11 月 25 日在悉尼的基里比斯总理别墅达成了一项秘密协议。其中规定:工党如果在 1990 年大选中获胜,霍克将让位于基廷,这一"君子协议"拿到手,基廷只好忍着屈居于霍克之下,辅佐他干了一年半,终于熬到 1990 年 3 月大选来临。大选揭晓后,工党第四次战胜反对党,蝉联执政。满怀希望的基廷认为接班的时候到了。他万万没有想到,霍克早把秘密协议抛之脑后,并且不止一次地向新闻界公开表示:在 1993 年 5 月大选之前他不会辞职。年轻有为的基廷颇为不满,大有被愚弄之感。尽管霍克在这届政府中把基廷安排在仅次于他的第二把手之位——副总理兼财政部长,但基廷心中的积怨并没有为这些安慰所化解。1991年5月30日傍晚,基廷在出席完各州总理会议后,径直来到联邦总理办公室,正式向霍克表示准备向他的工党领袖地位挑战,声明工党需要大变革。有点耐人寻味的是,晚上6时许,《公报》专栏作家,著名电视评论员奥克斯在第九频道电视节目中,令人吃惊地公开了工党政要1988年关于权力交替的"基里比利协议",并指出霍克和基廷双方各有一名亲信知情。对这一消息的公布,全国为之哗然。当事人双方态度大相径庭,基廷立即指令自己的办公室发言人予以确认,而霍克尴尬不堪,并谴责基廷企图抢占总理之位,声言不再对其信任。最后在无可选择的情况下,霍克宣布接受基廷的挑战。

对突如其来的权力危机,工党领导集团只好寻求解决办法。当晚8时,工党决策委员会召开紧急会议,在调解两位当事人矛盾无效后决定:或由霍克先行辞去工党领袖职务,然后进行秘密表决;或者由基廷提出工党领袖空缺的动议,由委员会表决通过。两人则固执己见,僵持不下,拖到6月3日才进行表决,结果令基廷大失所望。霍克以66票对44票获胜,继续担任工党领袖。作为暂时失利的一方,基廷不得不立即辞去联邦副总理兼财政部长职务,又回到了议员的位置。

失败后的基廷,是不会轻易服输的。同年6月,他便发表公开讲话,阐述取代政府的政策。这时,被经济衰退困扰得焦头烂额的霍克,又因涉嫌1987年竞选丑闻而承受着巨大的政治压力,引起党内严重不满,要求霍克下台的呼声甚高。基廷看到形势已向有利于自己的方面发展,于是在同年12月19日向霍克第二次提出挑战,终于以56票对51票的微弱多数击败对手,执掌了工党领导权。当基廷离开表决会场时,他谦虚地对记者发表了简短的讲话:"当选为工党领袖,甚为荣幸。担此重任深感诚惶诚恐。此时此刻,我百感交集,难以言状。"当记者问及如何评价对手(霍克)时,基廷宽宏大量地说:"我衷心地感谢他。"

靠自己的实力,基廷终于登上了澳大利亚第二十九任总理的宝座。

从工党的政治"沃土"上崛起

从一定程度上讲,基廷是工党培育的政治苗子,这从基廷的早年生活中就得到体现。

保罗·约翰·基廷,1944年1月18日生于澳大利亚最大的城市悉尼郊区一个普通工人家庭。家境贫困,全家五口人仅靠父亲的微薄工资艰难度日。穷人的孩子早当家,作为长子的基廷在上中学后就开始支撑起家庭生活的重担。因父亲在外谋生,长期不归,小基廷只得作为母亲的得力助手,一边学习,一边照顾小他10多岁的两个弟妹。到底难以两全其美,过重的家庭担子使得基廷在班上成绩平平。为了减轻家庭负担,不满15岁的基廷只好中途辍学,找了一份工作干。他自己也认为与其再在学校熬下去,还不如早点走向社会。何况像他这样的穷苦人家,就是中学毕了业,进大学也只是一个难圆的梦。

如果仅以一个打工仔去衡量基廷,那未免太低估这位年轻人。他对政治的敏感程度,超过了许多上大学的同龄人。这不能不提及家庭尤其是父亲对基廷的影响与熏陶,尽管父亲很少回家,但他在家时对基廷的影响还是很大的。作为具有爱尔兰血统的虔诚的天主教徒,老基廷总是对儿子灌输三个传统观念:即常作弥撒、加入工会、支持工党。这样,基廷从少年时代开始就习惯于每个礼拜日到教堂做弥撒。父亲 50 年代初先后担任过锅炉制造工业工会地方分会书记、工党班克斯中心分都主席等职务的经历,这使基廷耳濡目染,矢志从政。早在 12 岁时,小基廷就曾在竞选时为工党散发过宣传小册子。辍学后不久,他就正式参加工党,成为一名少年党员。

万丈高楼平地起,基廷实实在在是从基层干起。1959 年,他进入悉尼市政委员会,当了一名变压器管理部的低级职员。勤快的基廷每天早上准时来到悉尼乔治大街的维多利亚女王大厦上班,一直干到下午四点一刻。帮助处理大量的杂务。这时基廷深深地感到文化程度和知识与工作的差距。于是,他硬着头皮去贝尔莫尔技术学院上夜校补课,又到悉尼技术学院业余学习数学和电气工程方面的知识,经过数年的寒窗之苦,终于依靠自学拿到大学文凭,为日后踏上仕途补上了必须的一课。

投身工党活动,这是基廷锻炼政治才干的第一步。1962 年,他加入了新南威尔市州的"工党青年委员会"(后改名为"工党青年派"),成为一名活跃分子,积极参加委员会的各种讨论会、辩论会,就有关妇女流产、州政府对天主教中小学的财政援助、外国在澳大利亚的投资环境等问题同对手进行争论。这时的基廷已小有名气。五年后,基廷就升任为"工党青年派"的主席,决心为工党重新上台执政而奋斗。

积极从事党务活动,使基廷学到不少东西,受益匪浅,既练就了一套善于标新立异的政治本领,又增添了他涉足仕途的自信心。市政委员会一个小小的公务员职务哪装得下基廷那颗不甘寂寞的勃勃雄心。1965 年,基廷离开了悉尼市政委员会,在香港驻澳大利亚的一家贸易公司干了一年多,之后又在新南威尔士州电力委员会供职一年。1968 年,基廷受聘成为"澳大利亚市政及郡政委员会雇员工会"研究官员。这时,他一面为工会工作,一面又为参加联邦议员竞选做准备。因为在基廷看来,工会是实现他个人政治目标的最好跳板。尽管他的顶头上司,该工会总书记特里格斯表示不喜欢手下的人去关心工会之外的闲事,甚至公开讥讽基廷想当议员是白日做梦。

年轻气盛的基廷,却是初生牛犊不怕虎,敢于为党内看不惯的事情打抱不平。他全力以赴为工党元老、因政见不同而被开除出党的约翰·兰鸣冤叫屈,并力图为其恢复名誉而四出奔走,大声疾呼。他认为,工党没有理由不去正视约翰·兰的政绩。因为这位政治家的一生,恰恰反映了工党饱经忧患的历史。在基廷的努力下,工党终于在 1971 年重新接纳约翰·兰为其一员。基廷也因此在工党名声大作。

饱尝仕途苦乐

世界上几乎每一位政治家的经历都饱尝过酸甜苦辣的不同滋味。基廷尝到的是另一种甘苦。

当众议员是涉足政坛的第一个具体目标。为了实现当议员的夙愿,基廷和几个志同道合的朋友常常在家中聚会,进行策划和商讨。此外,基廷还利用晚上时间,不辞劳苦地挨家敲门,拜访熟人,游说朋友,争取支持,为此他没少遭人白眼,受到冷遇。

联邦大选开始后正巧基廷买来一辆旧公共汽车。他仿效 60 年代初美国第一个天主教徒总统肯尼迪的竞选方法,将车涂成白色,在车身两旁分别画上他的头像、写上他的名字,在车背后则写上"下站开往堪培拉"的字样。这辆装着扩音器的白色公共汽车,整日在他家乡班克顿选区的大街小巷行驶。全家人也上车助选,不时地高喊"让基廷为班克斯顿工作"的竞选口号。这种奇特的竞选方式在当地是极为罕见的,再加上基廷信心十足,使竞争对手甘拜下风。后来,连颇有影响的《悉尼先驱晨报》以"格拉斯科夫发现了一头工党雄狮"为题,为基廷的竞选大唱赞歌。功夫不负有心人,25 岁的基廷,竞选议员一举成功,成为澳大利亚最年轻的联邦众议员。为庆祝这一胜利,家里特设酒宴,款待 200 多位前来祝贺的各方宾客。

基廷的当选,为工党重掌朝纲注入了一份生机,也为暮气沉沉的联邦议会带来了几丝新鲜空气。基廷在议会辩论中,素以锋芒毕露著称,他言辞犀利,一针见血,尖锐中透着幽默,常令对手难以招架,众议员戴利回忆说:"听议会发言时,五个人当中你听到第四个就能睡着。但只要基廷站起来情况就大不一样,你不但能了解他在经过精心准备的发言中谈到的有关知识,而且使你不得不把他的话听完。"

基廷当选后,对国家财政颇为关注。限于知识和阅历,基廷深感对这一问题知之甚少。为了工作的需要,他一改过去厌恶学习的习惯,用功钻研。为了逐渐地熟悉财政问题,基廷一边在家阅读大量的金融专著,一面又到名气很大的《澳大利亚金融评论》报编辑部登门求教,从而使自己从财政问题入手,通过孜孜不倦的勤学苦练,变成日后堪称精通经济问题的专家,并成为澳大利亚政府经济问题的最高决策者。

1972 年,工党在这次大选中获胜,惠特拉姆出任联邦政府总理。喜出望外的基廷,希望自己也能分得一份称心的果实。然而,由于党内论资排辈的积习甚深,再加上自己还显得有点稚嫩,入阁之愿成为泡影。直到惠特拉姆执政接近尾声,基廷总算当上了联邦政府澳北区部长,可惜只过了三个星期,工党政府就于 1975 年 11 月垮台,基廷只好重新回到议员位置上。此后,基廷默默无闻地干了七、八年。1976 年初,基廷出任工党影子内阁农业问题发言人,三个月后又被惠特拉姆"提升"为矿业和能源问题发言人,这个岗位成为他日后在党内崛起的关键。澳大利亚矿产资源丰富,历届政府都大力发展采矿业,扩大能源出口也是振兴国家经济的重要一环。担任矿业和能源问题发言人四年,基廷不辞劳苦,频繁深入基层,足迹几乎遍及全国。用他自己的话说:"有人们只能叫出些矿山的名字,但我都去过那里","我去过全国的每一座矿山"。正是这种脚踏实地、一丝不苟的工作作风和虚心好学的刻苦精神,使基廷不但被国内许多企业家所称道,甚至得到执政党一些政敌的好评。可以说当时基廷对矿产和能源问题的了解,是国内其他任何政治家所无法比拟的。

在工党内,随着个人声望的不断提高,基廷的政治地位也日渐巩固。1977 年大选,工党再次败北,惠特拉姆引咎辞职,海登接任。基廷深受这位工党新领袖的器重,被委任为工党影子内阁资源和能源问题发言人。只是在权力的角逐中,生性耿直的基廷有时也不得不采取实用主义的策略。1982年7月,基廷支持霍克向海登夺权,成为新领袖霍克的嫡系,作为该党的财政问题发言人。1983年工党又重新掌权,基廷担任了霍克政府的联邦财政部长职务。上台伊始,基廷就在有300多位社会各界知名人士参加的“全国最高经济会议”上,开出了一副为各方接受的医治澳大利亚经济衰退的“良方”,使澳大利亚经济不久就走出了低谷。基廷的成功,不仅在国内赞誉之声不断,在国外也获得了欧洲一家影响很大的商业杂志所授予的“1984年最佳财政部长”的殊荣。在这之后的两次大选中,工党蝉联执政。由于澳大利亚经济连续增长,国内失业率不断下降,财政赤字逐年递减,基廷不但在政界牢牢站稳了脚跟,成为执政党的“顶梁柱”,而且深受公众欢迎,为新闻界大加颂扬。担任了四年多财政部长的基廷,声望越来越高,反令霍克相形见绌。人们曾经如此评价说,谁都知道霍克是联邦总理,但基廷却是政府经济政策的掌舵人。澳大利亚摩根·盖洛普民意调查所的一项报告显示,国人普遍支持基廷当财政部长,而如果霍克让位的话,也支持基廷当联邦总理。有一次,澳大利亚《公报》杂志则干脆把“基廷总理”的字样印在其封面上,并且发表长篇评论,大谈基廷何时、怎样当总理。随着基廷的声望日增,与工党领袖、总理霍克之间的摩擦,也不断加深。1988年8月,因财政部长职位问题,双方的冲突达到了白热化程度。基廷声称这是自己最后一次编制财政预算,以甩手不干来要挟总理。霍克也不示弱,在一次政府聚餐会上公开声称:他的政府没有基廷照样运转。经人调解,尽管两人之间的矛盾暂告平息,但到底是“一山难容二虎”。1988年11月,这两位政坛强人终于以本文开头所讲的“基里比利秘密协议”来了却他们的个人“恩怨”。

谋求圆共和之梦

当上总理后的基廷,深感所肩负的担子繁重,不敢懈怠。在当选总理之后的首次记者招待会上,这位新领导人就立下三项誓言:一、尽心司职为国效力;二、讲出实情决不粉饰太平;三、全力以赴解决失业问题,为经济走上复苏之路而奋斗。上台不久就制订了一项经济振兴的四年计划。

一向具有挑战性的基廷不但能向总理挑战,而且敢于向昔日的殖民“主子”英国发起挑战——要求改变澳大利亚的国体。澳大利亚应该有自己的总统,基廷欲当建立共和国的弄潮儿。

澳大利亚是英联邦的成员国,宪法规定其国家元首是英国国王。1901年,澳大利亚第一任内阁总理巴顿曾宣布:英澳一家永不分开。时至今日,基廷则公开宣称:该是分家的时候了。1991年,基廷上任后不久,就成立了一个专门委员会,具体研究在2001年建立共和国的有关问题,如修改宪法、总统设置及其任期、权限等。2001年正是澳大利亚由英国殖民地变成英联邦成员国的100周年,该委员会将就此问题起草文件提交全民公决。

1992年曾经发生过这样一件事。是年1月英国女王伊丽莎白二世访问澳大利亚。在一个公开场合,基廷总理用手扶了一下女王的腰。这本来不算什么大不了的事,但两国新闻媒体却展开了一场舌战。英国舆论猛烈指责基廷"非礼",对此,基廷非但不道歉,而且反唇相讥,澳大利亚的一些新闻媒体也站出来对英国的评论进行反击。此事反映了澳大利亚要彻底摆脱与英国的殖民关系。对于关系国体的大事,并非基廷鲁莽。他手中握有一张民意的王牌。1990年时,澳有关民意机构的调查显示,58%的人希望留在英联邦内,继续奉英女王为国家元首。而两年后,情况发生重要变化:民意调查表明,支持共和政体的人上升到55%,年轻人的比例则达71%,1993年对共和制的支持率又达到62%。正是在这种有利形势下,基廷在1993年9月的访英过程中,态度坚决地向英国女王伊丽莎白二世和首相梅杰陈述了2001年割断与英殖民体系,建立共和国的设想和计划,女王只好表示:将尊重澳大利亚人民的意愿。这样,基廷拿到了尚方宝剑,汹涌的澳大利亚共和浪潮又激起了新的波澜。

冷战结束后,各国都在调整自己的国际坐标。澳大利亚也不例外。作为共和浪潮发起者的基廷总理,在一次谈到为何要搞共和时幽默地说:澳大利亚不是因为马车坏了而抛弃它,而是因为马车已经过时,想换辆汽车。这种换车的思想,表明了澳大利亚人的一种自主趋向。今日的澳大利亚,经济已经相当发达,希望在国际事务中扮演更重要的角色。尽管女王或者是作为女王代表的总督在澳大利亚政治中没有多少实权,但是基廷仍然看到:只有实现共和制,澳大利亚才能摆脱和洗刷掉它作为英国殖民地的痕迹,提高自己作为一个独立主权国家的地位。观察家认为:实现共和梦是基廷总理名垂青史的大好机遇,他将全力以赴。

总的来讲,基廷是一位幸运的政治家,他因在政治上采取惊人的举动而成为澳大利亚政治舞台的主角。他为了摆脱英国的控制跨出了决定性的一步。在他获得连任总理的1993年,基廷还为澳大利亚争得了在南半球第一次举办跨世纪的奥运会——第二十七届奥运会的资格。赢得挑战,是基廷政治生活的重要篇章。

踏平坎坷写辉煌

——金大中

人物档案

简　　历：金大中,20 世纪 50 年代起投身政界,6 次当选国会议员;60 年代以"懂经济的年轻议员"扬名全国。1971、1987、199 1997 年 12 月 19 日,韩国中央选举管理委员会正式公布总统选举结果,新政治国民会议的总统候选人金大中以 40.4% 的得票率,战胜大国家党候选人李会昌和国民新党候选人李仁济,当选韩国第 15 届总统。屡败不衰的金大中在年逾古稀之时第四次参加总统竞选。经过他不懈的努力,最终实现了入主青瓦台(总统府)的梦想。

生卒年月：1924 年 1 月 6 日~2009 年 8 月 18 日。

历史功过：韩国民主斗士的象征,被誉为"亚洲的曼德拉"。在韩国独裁的李承晚、朴正熙、全斗焕政权期间数度入狱,从未放弃民主斗争。1998 年当选韩国总统,并在 2000 年因促成朝韩两国首脑的首次会谈而获得诺贝尔和平奖。

弃商从政,不惜负债累累

　　1924 年 1 月 6 日,金大中出生在全罗南道新安郡的一个佃农家庭里。他的家所居住的荷衣岛在朝鲜封建王朝末期被割让给日本,岛上的居民由此成为日本人佃农。因此他们在反抗压迫他们的日本人的同时,对王室也充满怨恨。金大中的父亲金云植曾领导过村里的抗租运动,为延缓儿子应征入伍,他把金大中的出生日期改小了两岁。他临终前留给金大中的家训是:忠实于老天和自己的良心,相信自己并自己开拓命运。家庭和家乡的反抗传统给金大中以深刻影响,他后来曾回忆说:"生我的土地给了我同民众一起反抗邪恶的力量。"正是这种巨大的力量支撑着他,使得他在日后从政生涯中,虽多年流亡国外,几次入狱甚至被判死刑,仍矢志不移,坚定地为谋求民主而奋斗不息。

金大中自幼聪慧,重视教育的父母卖掉耕地送他离开海岛到城市里读书,他学习很是用功,8 岁起就能一字不漏地给人阅读报纸上有关政治方面的内容。读中学时,他喜爱并擅长辩论和演讲,在学校每月召开一次的时局讲演会上,经常会就一些政治事件作尖锐的提问并发表自己的见解,有时弄得主讲人十分尴尬。校方对其辩论的评价是"正确而明了"。后来,金大中在高丽大学和庆熙大学研究院深造,还曾就读于建国大学外交政治系,使得演讲技巧炉火纯青,备受同侪关注。

1943 年,木浦商业高中毕业的金大中进入木浦商船会社,开始摸索从商之道。两年后日本战败投降,会社作为回收财产由韩国人接管,这样,金大中从一个普通职员一跃成为正式代表。当时的海运市场需求量大,颇具商人头脑的金大中趁机扩展经营业务,成为木浦一带很有实力的运输商,先后出任木浦海运会社董事长、大洋造船工业株式会社董事长、韩国海运组合联合会董事长等职。1951 年,金大中仗着实力收购了木浦日报社并自任社长。

金大中没有沉湎于商海成功之中,他始终关注着政治。1952 年 5 月之间,嗜权如命的李承晚为了继续连任总统,以种种罪名逮捕了 62 名反李国会议员,7 月又出动军警,迫使国会夜间开会,以"起立表决"形式,强行通过了"宪法修正案",这种强奸民意的行径,激怒了金大中,唤起了他决心为民主而斗争的欲望。

1954 年,雄心勃勃的金大中在木浦以无党派人士的身份参加第三届国会议员选举,为了舌战其他精英议员,他常常泡在国会的图书馆翻阅资料,准备演讲稿,由于选举中表现不俗,被人冠以"政治九段"的雅号,但最终因涉政时间短,经验不足而落选。吃了政坛第一记闷棍的金大中并未气馁,他经过认真地分析,意识到无党派背景是自己落选的主要原因,遂于 1957 年加入了民主党。以民主党为背景,金大中又踌躇满志地参加第四届议员选举,为避免同另一位民主党党员发生冲突,他将籍贯迁至江原道麟蹄另辟战场,可惜被军方取消了登记权而未能如愿。在接下来的第五届议员选举中,他再遭败绩。一连串的失败耗尽了他的家财,他也失去了心爱的妻子和姐姐,甚至有传闻说他可能因负债累累而自杀,但他的从政之心未改,经过锲而不舍的努力,终于在 1961 年初被补选为国会议员。

然而命运似乎有意捉弄他,由于朴正熙发动军事政变,在韩国全境实行戒严,解散一切政党和社会团体,禁止集会、游行等一切政治活动,使得当选议员仅 4 天,还未来得及宣誓就职的金大中失去了议员地位,并因所谓的民主党腐败事件受牵连而被投进监狱。第二次被捕时,金大中同第二任妻子李姬镐结婚才十天。

1963 年,蛰伏的金大中再度崛起,他重整旗鼓,凭着多次失败和挫折中积累起来的政治才华,在当年 11 月以压倒性的多数当选这国会议员,在簇拥者掌声中,金大中一口水未喝持续演讲了 5 小时 19 分,且思路清晰、幽默风趣,给人留下深刻的印象,成为韩国政坛上一颗耀人的新星。这很令推行专制的朴正熙坐卧不宁,在第七届国会议员选举中,朴命人到处行贿以收买民心,企图把金大中拉下马。然而已步入不惑之年的金大中早不是政治上的毛头小伙了,他针锋相对,将计就计,巧妙地来了个"张冠李戴",搅浑了朴正熙选定为收买对象的居民户,同时走上街头,大力发挥自己的善辩才能,提高了自身的知名度和感召力。选举当天,金大中竟然动员了 15000 千余名支持者来到计票场,为自己助威,抗议当局的作弊行径。结果,他如愿以偿,在国会里找到了自己的座位。

风头正健的金大中迎来了政治生涯的高峰期,他先后加入了在野的民众党、新民党,历任民众党发言人、政策审议会议长、新民党发言人、政务委员等职,并当选为第八、十三、十四届国会议员。

同政治迫害、监狱、软禁和死亡打上了交道

盛名之下的金大中把目标瞄准了总统府青瓦台,1971年4月,他被在野党新民党推举为总统候选人首次参加总统选举,同强行通过宪法修正案以谋求连任的朴正熙对垒,打出了"以政策战胜朴正熙"的旗号,提出了大众经济论、设立奢侈税、实施双重谷价制等崭新的政策方案,引起了国民的高度关注,胜选呼声很高。这当然不是朴正熙所希望看到的,他利用当政优势、操纵选举过程,大加舞弊,以微弱的多数票获胜。相比之下,金大中夺得540万张选票,仅比朴少90万张,这在韩国上下引起了极大的轰动。舆论界普遍认为,"如果有公正的选举机构监督,正确计算选票,金大中肯定会当选总统。"

自从在政坛上一鸣惊人后,金大中就同政治迫害、监狱、软禁和死亡打上了交道。朴正熙深感金大中对自己构成莫大威胁,视其为眼中钉,肉中刺,必欲拔之而后快。1971年8月,金大中竞选国会议员,提出了韩国社会民主化、南北方交流及和平统一的政治纲领,这更不能为朴正熙当局所容忍,于是在金大中前往光州进行竞选游说途中,蓄意策划了一起谋杀事件,金大中的座车被一辆载重14吨的大卡车撞入稻田,致使金大中骨关节严重受伤,虽幸免一死,却留下了后遗症,至今步履蹒跚。

为躲避迫害,金大中不得不背井离乡,赴美、日进行反对朴正熙独裁活动。朴正熙为确保自己当上终身总统,于1972年10月宣布实行维新体制,无限制地扩大了总统的权力,排斥了人民群众及在野党的参政活动,实际上成为又一次军事政变。正在日本就医的金大中闻讯后,放弃回国的打算,频繁来往于美国和日本,全力投入反对朴正熙的民主化运动,于1973年出版《独裁和我的斗争》一书,抨击揭露朴正熙集团的独裁统治,并在美国成立了美洲地区的韩国恢复民主统一促进国民会议,自任名誉会长。朴正熙对金大中在海外的活动极为恼火,指令中央情报部长李厚洛,不择手段绑架或除掉金大中。中央情报部经过周密侦察和布置后,决定在8月8日金大中去日本时采取行动,当金大中从东京大皇宫饭店乘电梯时,即遭特务绑架。起初,特务想在饭店客房里将他杀掉,后又决定把他带上韩国情报机关的工作船"龙金号",准备绑上石块把他沉入海底。据金大中回忆,当他正觉得万事皆休时"看到了主耶稣",于是他紧紧拉住耶稣圣袍的左摆,大叫:"主啊!救我!我还有事待做啊!"紧接着的瞬间,他听到有人大叫:"有飞机!"情况瞬即转变,死神与之擦肩而过,特务们只好放弃杀掉他的计划,押送他回到韩国软禁起来。

1975年初,金大中恢复自由,他又义无反顾地投入反对独裁的政治斗争。1976年3月1日,金大中在汉城明洞大教堂宣读要求朴正熙总统下台的宣言,称为"民主救国宣言事件",这直接招致了金大中、李文永等共同签署宣言的12个人全被下狱。金大中不屈不挠,在法庭上他作了慷慨激昂的最后陈述:"我发誓要遵从

良心和上帝的命令,为被镇压虐待的国民奉献一生。政治的自由、经济的平等、社会的正义是我的基本信念。"

金大中被判了五年徒刑,1978 年底假释出狱,1979 年 10 月 26 日独夫民贼朴正熙被刺杀后,金大中获赦并恢复公民权,这似乎为他在政坛复出带来了转机,然而这一线希望很快又随着全斗焕发动的军事政变而化为泡影。1980 年 5 月 17 日,全斗焕宣布韩国全境实施"非常戒严令",逮捕了金大中等一大批政界人士,当金大中被勒令在"合作"与"死刑"二者间选择时,他断然回答:"决不合作。"他所在的势力范围——全罗南道的光州市爆发了有 20 万各界群众参加的大规模的反抗政府的斗争,全斗焕派出军队进行血腥镇压,死伤惨重。金大中由此被以"阴谋内乱""违反国家保安法"等多项罪名判处死刑,他的妻子被软禁一年,两个儿子也遭到严刑拷打。金大中临危不惧,在军事法庭上为自己作了义正辞严的申述,表现了视死如归的高尚气节。这一判决遭到当时韩国各界人士和国际社会的强烈谴责和抗议,美国国会为此通过了决议案,里根总统也致函全斗焕促其改弦易张,并派出国家安全顾问艾伦与全斗焕接触,提出如果减轻对金大中的刑罚,那么将同意他对美国进行国事访问。在国际、国内的强大压力之下,金大中被改判无期徒刑、20 年徒刑、缓刑,并于 1982 年流亡美国,任韩国人权问题研究所理事长。由于有如此坎坷的政治经历,金大中被韩国人称为"职业在野政治家中的第一人"。

随着韩国民众要求民主、反对独裁的呼声越来越高,铁腕人物全斗焕为内外交困所迫,不得不同意于 1987 年实行直接选举总统,并推出自己选定的接班人卢泰愚为总统候选人。曾参与发动"肃军政变"的卢泰愚为装点门面,取悦民众,发表了《民主化宣言》,宣称实行大赦,特别是赦免金大中,恢复其政治权力。此前已结束流亡生活重返韩国政坛的金大中,决心第二次投入总统竞选活动,这同合作伙伴、有"在野党的旗手"之誉的金泳三发生了直接的抵触,因为曾为要求"社会民主化"而进行过 23 天的绝食斗争的金泳三也想夺得青瓦台的金钥匙,他对金大中说:"你出走海外后,我在国内苦苦地为民主而斗争,你就让给我这一次机会吧。"话虽说得感人至深,但这是什么事,能让人吗? 由于两人在谁出任总统候选人的问题上相持不下,只好分道扬镳,彻底决裂,各自重新组建政党出马竞选。

而这正中卢泰愚的下怀,"二金"真是聪明一世,糊涂一时,他们哪知"鹬蚌相争,渔翁得利",卢泰愚不费太大气力便分化瓦解了"二金"阵容,在选战中名列榜首,当了总统,因窝里斗而元气大伤的"二金"醒过神来,只有扼腕长叹的份了。金大中没有打退堂鼓,他重整自己统率的和平民主党,终于在 1988 年的国会选举中,成为第一大在野党,开始在韩国政坛发挥呼风唤雨的作用。

1992 年的总统大选又来临了,金大中第三次拍马而出,竞选总统,他的主要对手是金泳三和韩国最大的工业集团"现代集团"的创建人郑周永,但金泳三为了能稳操胜券,已不惜出卖自己的政治贞操,接受了卢泰愚的"招安",当了执政党民自党的总裁,自然实力大增,加上大选中浓重的地区感情因素,使得金大中再度败北。在竞选结果揭晓的当天,金大中即给金泳三写信,承认自己的失败,祝贺他当选并希望他为发展经济、实行民主化、统一祖国做出贡献。

性格坚强的金大中此时似乎觉得精疲力尽,已是 68 岁高龄的他厌倦了政坛争斗,遂向外界宣布隐退,"永不返政坛",并辞去了国会议员职务,出任亚太财团董事长,重操商务,还一度远渡英国留学。

为圆总统梦,与政敌握手言和

其实,搞了一辈子政治的金大中一天也没有离开过政治,他只不过在卧薪尝胆罢了。他的坎坷遭遇赢得了绝大多数韩国人的同情,他的奋斗不息的精神也使他在韩国知识分子和青年学生中享有很高声望。他成立了"亚太和平基金会",并自任会长,宗旨是研究朝鲜半岛的和平统一和亚太地区的民主化问题。他仍然四处出访,在美国、英国、俄罗斯、中国等地的研究所和大学里发表演讲,阐明自己的政治见解,在国际社会里发挥着他的政治影响力,图谋做最后一搏。

1995年6月末,在野的民主党在地方选举中大胜后,金大中确实感受到自己获得的支持,因而重又燃起政治野心,他审时度势,以金泳三政权已大失民心为由宣布复出政坛,拉走了民主党的大部分人马,创建了新国民政治会议并出任总裁,为进军青瓦台紧急备战,力图搭上政治生涯中的最后一班车。

金大中做出的第一件惊人之举是,在前总统卢泰愚秘密政治资金案事发后,不失时机地主动向新闻界披露,他在1992年的大选中曾从卢泰愚处收受了20亿韩元(约合260万美元)的竞选费用。这无异于引火烧身,金大中的支持者对他竟有此不光彩行为而痛心疾首,一些资深政界人士认为,再次出山的金大中的政治生命将因此而告完结。但一些敏感人士很快意识到,这是金大中以退为进、打卢泰愚牌向现总统金泳三发难的高招。金大中称,金泳三在1992年的选举中从卢泰愚处收受了"比自己多数倍的选举资金"。面对在野党的追问,执政的民自党代表委员金润焕也不得不承认,金泳三在1992年选举时"可能从卢泰愚处接受了资金支援"。由于金泳三及一些政坛头面人对是否接受政治资金一事吞吞吐吐,说不清楚,搅浑了一潭水的金大中却站在岸边看热闹,落了个坦荡清白之身。他的老谋深算使"公关"行动获得成功。

进入1997年后,根据民意测验,金大中在总统候选人中位居首位,但喝过三次失败苦水的金大中显得格外谨慎。也许是历史的教训太深刻了,金大中决计不再重蹈单枪匹马闯天下的覆辙,他经过一番待价而沽后,决定与另一位在野党自民联总统候选人、老牌政治家金钟泌联手竞选,因为金钟泌也是挟带着一股怨气从金泳三总统所在的执政党分离出来的。金大中一开始便向金钟泌发出"求爱"的信号,但老奸巨猾的金钟泌迟迟没有做最后的表态,弄得金大中很是急眼。但他没有动摇,不断给金钟泌丢媚眼儿,甚至不惜一改初衷,答应在竞选胜利以后由两党组成联合政府,平分内阁名额,总理由自民联出任,并以最终实现内阁制为条件,终于和自民联达成了由自己出任两党统一的总统候选人的协议。这在别人看来真是强扭的瓜,感情上怎么也转不过弯来。因为军人出身的金钟泌是金大中的宿敌,曾与朴正熙联手发动军事政变夺取政权,先后任情报部长、民主共和党主席、国务总理、新民主共和党总裁、民正党主席等职,在台上时参与迫害过金大中,二人结下冤家。然而急于叩开青瓦台大门的金大中哪里顾得上这些,他自有他的高明之处。他深知,韩国的地域感情在历届总统大选中都发挥了巨大的影响,而通过与第二大在野党自民联的联姻,加上吸收曾在朴正熙时代创造韩国"钢铁业发展奇迹"的朴泰俊加盟,不仅淡化了长期以来困扰他的"左倾色彩",而且扩大了地盘,他可以在历来属于执政党势力范围的庆尚南北两道、釜山、大邱地区获得大量选票。

招降了金钟泌之后,金大中的最大竞争对手就是执政党新韩国党推出的李会昌了。李会昌有皇族血统,系李王朝后裔,毕业于汉城大学法学院,历任地方中级法院和高等法院法官、司法研修院教授、律师等职。在金泳三就任总统后被起用为监察院院长,在惩治腐败、建立纲纪法规方面立下汗马功劳。1993年12月被任命为国务总理,上台仅四个月就因对金泳三的"独断专行"不满,不愿当"有职无权的总理"而辞职,创下了127天的"短命总理"纪录。他于1996年1月加入新韩国党任顾问,4月当选为国会议员,并很快出任该党主席。他的座右铭是"立天下之正位,行天下之大道",被誉为"不奉承权势的竹竿儿","清正廉洁的有识之士"。然而他毕竟是出道的晚,难以稳住阵势,在经过激烈的党内竞选被推为总统候选人后,新韩国党便发生内讧,竞争失利的前京畿道知事李仁济另立新党,并被推选为总统候选人,与之分庭抗礼,拉走了不少人马,使李会昌元气大伤。

金大中对此好不得意,但他丝毫不敢轻敌。在同李会昌、李仁济的竞选辩论中,金大中拿出了他修炼了几十年的看家本领,淋漓尽致地发挥他的演讲才能,虽年事已高,但他对问题的反应却非常敏捷,对答得体又不失幽默。为了克服选民对金大中年龄偏大的担忧,竞选班子煞费苦心地为他进行了形象设计、包装,竭力塑造一个平民总统的形象。当有些选民流露出对金大中"出生于偏僻小地方、见识短浅"的忧虑时,形象设计师们急忙频频抛出金大中的高丽大学和庆熙大学的显赫学历及各种头衔,并大肆宣扬金大中在日本、美国为民主而奔走呼号的经历,说明他是喝过洋墨水、富于开放意识和革新精神的人,以改变选民的看法。

金大中把金字招牌放在经济上。他知道,近两年来,韩国经济滑坡,尤其是1997年10月以后,韩国国内经济形势急剧恶化,陷入严重金融危机,企业纷纷倒闭,韩元暴贬不止,执政党被揭露出来的种种腐败现象及在经济发展上的一系列失策,激起了习惯于高速发展的韩国国民的不满和思变。求稳、求变,企盼早日克服目前困难,重振经济,已成为韩国国民的一致愿望。因此,他把握住这一大局,在竞选中一方面对政府的失策进行了尖锐的批评,称曾出任政府官员的李会昌、李仁济应对目前的经济危机承担责任,大力宣传自己是"已经做好准备的总统","懂经济的总统",当他拖着因受迫害致残的老腿登上讲坛,以广博的学识和机智的辩才呼吁政权进行更迭时,博得了许多人的同情心;另一方面他大张旗鼓地推出了一系列重振经济的措施,并开出大把支票,许诺在他5年的总统任期内将使国民收入人均提高两万美元,而用一年半的时间即可使韩国经济走出危机。

为了确保金大中实现当选总统的夙愿,他的全家老小一齐出动,为他的竞选造势加油,他的70岁的弟弟重病在身,心有余而力不足,只得躺在医院的病床上为哥哥默默祈祷,盼望好消息早日到来,可惜在临近投票的最后一天去世了,临终前留下一句话:不要让金大中知道。家人们严密地封锁这个消息,因为金大中已年迈73,选民们本来就对此存有顾虑,若知道他弟弟之死,肯定会对他的健康有怀疑,使投票意向受影响。真是用心何其良苦啊!

功夫不负有心人。1997年12月19日凌晨,韩国总统选举结果揭晓,年逾七旬的老牌政治家金大中以40.4%的得票率击败比自己年轻许多的对手,成为韩国自

1948年建国以来第一位在野党领导人当选总统。真可谓历尽沧桑，总统梦圆。

在金大中的家乡，人们得知金大中当选的消息后，走上街头，手舞足蹈，敲锣打鼓欢庆自己贫瘠的土地上冒出了个总统。

"秘书不敢对他直说的话，由我来说"

作为一个一生都在搞政治的人，金大中很喜欢读书和思考。他拥有多种头衔，于1970年完成韩国庆熙大学研究生院经济学硕士学位，1992年获俄国国立外交学院政治学博士学位，并获得美国埃默里大学和天主教大学的名誉法学博士学位。金大中还是美国哈佛大学国际问题研究所特约研究员、美国拉·罗奇大学基金会理事、美国罗伯特·肯尼迪基金会顾问、美国神学联合会神学院顾问、英国剑桥大学克莱尔·霍尔·科来奇学院及国际问题研究所客座教授和教授会终身会员、俄罗斯莫斯科大学终身名誉教授、俄罗斯文化研究会会员。

金大中也是一位优秀的作家，他著述甚丰，主要著作有在美国出版的《狱中日记》及《建设和平民主》《为了新的起点》《二十一世纪的亚洲及其和平》《共和国联合制》《韩国民主的戏剧性及前景》等。丰富的阅历，传奇的人生，使他的著作蕴藏着深邃的哲理，闪烁着智慧的光芒。

在大选开坛前的1997年11月，金大中为了让民众更多地了解自己，出版了最新撰写成的一部随笔散文集《我挚爱的女性——致青年女性书》，一时引得青年和知识分子选民竞相阅读。这本书包括"我挚爱的女性""文化街漫步""心心相印"，"为了完整世界的那一半"五部分，金大中坦露情怀，叙述了自己矢志民主，九死一生的坎坷政治生涯和爱情与家庭生活，披露了他同科拉松·阿基诺、昂山·素季等当代知名女性的友谊和交往，他对死别的第一位妻子车容爱和同志般伴随他的夫人李姬镐深情的爱，他对子女们及新一代女性的真切关怀和厚望。全书既有坦诚的情感告白，又有深层的哲理思考，诚如他在《前言》中写道，他"珍重这方热土上的所有女性"，"愿意将自己在这方热土上顶着风雨尘暴走过来的体验留给这片土地未来的年轻主人"。

通过这本书，人们更多地了解到了他的夫人李姬镐。李姬镐长金大中一岁，毕业于汉城大学教育系，曾到美国留学，获社会学硕士学位。他们早在1951年因战争逃到釜山避难时就认识了，当时李姬镐是大韩女子青团国际局局长，在一次吃饭时邂逅金大中，双方匆匆握手后就没有再见过面。直到1958年她留学归来后，有一天在大街上与他偶然相见，他们才开始深入的交谈。当时正值金大中政坛失意，竞选议员未果，反落得倾家荡产，妻子车容爱也去世了，给他留下两个孩子，因此两人在1962年决定结婚时，李姬镐周围的人没有一个赞成的。"我是看中金大中这个人才同他结婚的。我看中他对生活的态度和他的思想。从他的谈话中你可以感觉到他是多么热爱国家和人民。同时，他也很有魅力。"

正是有这样坚实的爱情基础，他们婚后相濡以沫，风雨同舟，共渡逆境，成为"同志"。金大中主张男女平等。20多年前，他在狱中写信，就以"亲爱的"和"尊敬的"称呼自己的夫人，至今他家的门牌上仍然并排写着金大中和李姬镐两人的名字。金大中信奉天主教，同夫人的宗教信仰不一样，婚后也并未要求夫人皈依天主教,现在每到礼拜天,老两口仍是各到各的教堂和圣堂做礼拜。李姬镐对金大中的评价是:"一个尊重妻子的男人。"

从外表看,75岁的李姬镐颇像前美国总统夫人芭芭拉·布什。她给人的印象是,性格温顺,不轻易出头露面。但是了解她的人却认为,她是个不亚于美国第一夫人希拉里·克林顿的热情女性,现在只是年纪大了。然而李姬镐认为自己既不像芭芭拉,也不像希拉里。当记者怀着浓厚的兴趣采访这位第一夫人时,她用惯常的语调一字一顿地说:"我按自己的方式生活。"

问:您同一个经常在报纸和广播中出现的人生活在一起,同时又不成为人们议论的对象。这有什么秘诀吗?

答:我的性格不喜欢自高自大,也不喜欢自作聪明。这也是我的缺点。我不愿意说别人不爱听的话。对别人该热情的时候我就热情对待。

问:今后对总统也不说不爱听的话吗?

答:对他不能那样。即使我不说,也会让儿子去说,或让秘书去说。总统选举时,很多人都说金大中的支持率达到70%,而我坦率地对他说:"不要绝对相信这些话,支持率只有50%,甚至40%。"秘书不敢直说的话,由我来说。只有这样国家才能走正路。

已属爷爷辈的金大中膝下有3子,老少3代共12口人,可谓儿孙满堂。因为金大中长期在野,备受磨难,他的3个儿子跟着颠沛流离,找不到工作,耳濡目染,他们从父亲那里看到的和学到的只有政治,因此都走上了从政之路,大儿子深得父亲真传,目前已是国会议员。由于前总统金泳三的儿子金贤哲从政受到很多批评,并因受贿和逃税被判徒刑3年,人们就自然关注金大中入主青瓦台后儿子何去何从了。在金大中两口子看来,孩子们的一生由他们自己选择,不能因为父亲的原因而不让他们做任何事情,那样太残酷了。如果儿子不是搞政治的料也就罢了,但现在干得不错,何必让他们放弃呢?

推行"阳光政策",荣获诺贝尔奖

韩国人在经济危机的阴影中迎来了1998年元旦,忙于接收政权的金大中在其办公室挥毫用汉字写出他的新年愿望:经世济民。

1998年1月6日是金大中的74岁生日,按照韩国传统习俗应该大办生日宴席,何况这是当选总统后的第一个生日,但是金大中考虑到当前韩国困难局面决定不办生日宴席,只是在早餐时和助手们一起吃了生日必吃的米饭海带汤和年糕。生日这天,金大中的工作日程仍然排得很满,他听取了劳动部长官的情况介绍,会见了来汉城参加亚太议会论坛的外国代表,到青瓦台同现任总统金泳三讨论了克服国家经济困难的问题。两位总统会谈后号召全体国民勤俭节约,同舟共济、共渡难关。

金大中率先垂范,于1998年1月23日在众议员的注视下,捐出自己的几件金银首饰,并许诺将自减工资,以号召国民帮助政府渡过经济危机。他说:"我亲爱的人民,我真的需要你们的帮助,情况非常艰难,没有你们的合作,就不会取得成功。"

1998年2月25日,金大中走马上任。面对着众人的祝贺,金大中脸上浮出的笑容显得极为凝重,因为他面临的课题是韩国历史上最严峻的。韩国政府已与国际货币基金组织签署了协议,以经济发展指标下调、经济结构调整、扩大开放金融市场等苛刻的条件换取了 600 亿美元的紧急援助,丧失了部分经济主权,他曾指责金泳三政府此举是"卖国求荣",但现在他不得不默认这些苛刻的条件,"没有痛苦的改革是不可能的",他必须找出一条符合韩国实际情况的经济振兴之路;他领导的新政治国民会议和金钟泌领导的自由民主联盟虽是大选胜家,但在国会的议席中尚不足一半,他在竞选中许诺的"修改宪法"和"内阁负责制"等政权体制的变革又将如何落实? 在朝鲜半岛和平机制进程已经启动,朝鲜半岛四方正式会谈首次会议取得进展的情况下,如何为早日实现朝鲜半岛的持久和平与稳定,改善南北关系做出贡献? 这不仅关系到韩国是否能创造一个良好的外部发展环境,同时也关系到东北亚乃至亚太地区的和平与发展。

这一切,决定了金大中在青瓦台的日子并不好过。其实,被视为风水宝地的青瓦台并不能保佑其主人:李承晚入主 12 年后被学生运动赶下台成为异国孤魂;尹普善入主 1 年零 8 个月被朴正熙赶出其门;朴正熙先后任五届总统,终被其心腹刺杀;总统崔圭夏暂住几个月后又被全斗焕军人集团轰出大门;全斗焕、卢泰愚两人在 1980 年 8 月至 1993 年 2 月任第 11 届至 13 届总统后均沦为阶下囚。金泳三下台后能否平安无事? 谁也不敢打保票。他在总统选举中是否从企业界接受了政治资金? 选举与韩宝集团丑闻及卢泰愚的政治资金有没有瓜葛? 他是否与其次子金贤哲藏匿 134 万美元大选剩余资金有牵连? 在野党和社会各界现在都在穷追猛打。

金大中呢? 他开局就同他蹒跚的步履一样艰难。因此,在今后的岁月里,他必须倾其人生 70 年修炼之功,竭其政坛 40 载搏击之智,方能在韩国史上书写暮年辉煌。

事实证明,金大中不愧是个镇定成熟、临危不乱的卓越领袖。在他的从容导航下,韩国成为从亚洲的金融危机中恢复过来的第一个国家,其社会保障体制也得到完善,妇女和消费者权益以及环境保护运动都取得了进展。

然而,为金大中赢得世界性声誉的是他为推进朝鲜半岛和平而提出的"阳光政策"即"在和平与和解的基础上改善南北关系",就像太阳给行人送温暖一样,他要用温热来融化横亘在南北间的坚冰。在几次半岛发生的危机中,他都采取克制的态度,没有使危机进一步激化、升级。这种韧性的努力换得了北方的信任,并最终导致了金大中于 2000 年 6 月飞抵平壤,同金正日举行了朝鲜半岛分裂半个世纪以来的首次最高级会晤,使南北关系取得了突破性发展。金大中也当之无愧地荣膺了 2000 年度的诺贝尔和平奖。

此后,朝鲜双方在社会、体育、文化等级域的交流逐渐加强,双方的经济合作也取得进展,不仅就修复穿越"三八线"的铁路和分路、共同治理临津江水患等方面问题达成协议,而且还启动了一批经济合作项目,南北贸易额已突破 4 亿美元。"阳光政策"还在一定程度上改变了韩国民众对北方的心态,尽管南北关系存在许多变数,但韩国内希望南北关系改善的还是大有人在。

从这个意义上说,"阳光政策"是洞悉半岛发展大势的金大中为自己在青瓦台树立的一座纪念碑。他对此感到欣慰,在告别总统生涯的恳谈会上,他语调平和地说:"我将消失在历史中,我过去所做的一切将由时间和历史来评判。"

为和平而献身的政治家

——帕尔梅

人物档案

简　　历：帕尔梅,瑞典社民党主席、政府首相奥洛夫? 帕尔梅(Olof Palme)在上个世纪六十年代末到八十年代中期(1968~1976,1982~1986)间,曾两度出任瑞典首相,是当时欧洲政坛威望较高的政治家。1986年2月28日在斯德哥尔摩遇刺。

生卒年月：1927年1月30日~1986年2月28日。

性格特征：敢怒敢言,生活十分简朴。

历史功过：在美苏对话中断,国际局势日趋紧张的情况下,帕更加活跃地出现在国际舞台上。他先后提出了中欧无核走廊和北欧无核区主张,并与希腊、印度、坦桑尼亚、阿根廷和墨西哥等国领导人共同发表了《联合声明》和《德里宣言》呼吁各核国家特别是两个超级大国冻结核武器,停止核试验和禁止在太空进行军备竞赛。帕还多次谴责苏联侵略阿富汗和越南侵占柬埔寨。

帕尔梅在执政期间,为提高瑞典的国际地位做出了杰出的贡献。他坚定地维护瑞典的中立地位,同情和支持发展中国家争取民族解放和经济独立的斗争,并呼吁发达国家增加对发展中国家的援助。1980年,他倡议成立了"关于裁军和安全问题独立委员会"(也称"帕尔梅委员会"),同年11月,他还作为联合国秘书长的特使调停两伊战争。

他的死震惊了整个世界

政治,纷繁杂乱,时而残酷,时而滑稽,时而神圣,时而荒诞,令人不可思议。瑞典是一个和平而中立的国家,极少成为令人不可思议。瑞典是一个和平而中立的国家,极少成为地区冲突或恐怖组织的是非之地,战后几十年间,这里听不到枪声,见不到凶杀,世界上多少人一直在羡慕着这个宁静、祥和、富庶、和谐的国度。这一国家的领导人为国际社会所敬仰。

然而,1986 年 2 月 28 日,这一平常的日子,却成为瑞典历史上举国难忘的祭日。瑞典首相奥洛夫·帕尔梅遇刺身亡,震惊了整个世界。

　　这一天夜里,瑞典首都斯德哥尔摩被浓浓的寒意笼罩着,街道上残存的积雪,冰冷的寒风与灰漾漾的天空交织成一幅阴森的景象。

　　吃过晚饭后,帕尔梅首相偕同夫人丽丝贝特像普通公民一样,兴致勃勃地来到市中心的格兰德电影院,观看新上映的影片《莫扎特兄弟》,23 点 15 分电影结束,帕尔梅夫妇走出人流,沿着大街步行回家。按照瑞典多年的传统及帕尔梅本人的习惯,首相平时活动,没有保安人员伴随。当他们夫妇俩过了两个街区到达一个交叉路口时,一个陌生人过来同他们攀谈起来。可是,没有谁会料到,就是这个人竟然是杀害帕尔梅首相的凶手。他在相距不到两米的地方举枪朝首相射击,帕尔梅的胸部和腹部当即中了两颗子弹,他的夫人丽丝贝特背部也受了轻伤,枪响过后,丽丝贝特立即大声呼救。等人们闻讯赶来时,凶手已经逃之夭夭。此时赶到抢救的人还不知道,被害者竟是他们的内阁首相。有的人帮助人工按摩心脏,有的进行人工呼吸。然而,这一切都无济于事,帕尔梅仍然昏迷不醒。几分钟后,救护车急速开来,帕尔梅夫妇被送往一家医院进行紧急抢救。

　　遗憾的是,帕尔梅没有从死神中走回来,罪恶的子弹打中了首相的致命处。3 月 1 日凌晨 0 点 6 分,医院沉痛宣布,由于抢救无效,帕尔梅与世长辞。

　　一位伟大的和平战士就这样倒下了。

　　帕尔梅首相被暗杀的噩耗像一股凛冽的寒风吹遍了全国,瑞典人民的心在寒风中颤栗。3 月 1 日这一天,举国上下沉浸在悲痛中,全国各地人民深切悼念这位被丑恶暴行夺走了的国家领导人。在斯德哥尔摩帕尔梅被害现场,从早到晚,成百上千的吊唁者泣不成声,久久不肯离去。在首相府前,络绎不绝的人群冒着严寒,排着长队,流着眼泪前往吊唁。

　　3 月 10 日中午十二点整,全国各地奔驰的汽车、列车、公共汽车、地铁列车、出租汽车全部停驶默哀。电台停止广播。机场停止播音,工厂停止工作,只有教堂的钟声在寂静的国土上回荡,瑞典全国人民默哀一分钟,沉痛悼念被暗杀的帕尔梅首相。同时,斯德哥尔摩市议会根据市民的愿望,决定将帕尔梅遇害的那条横街改名为奥洛夫·帕尔梅大街。

　　一石击起千重浪。帕尔梅遇害的消息,在国际上引起强烈反响。联合国秘书长、欧洲委员会、非洲统一组织外长会议、美国总统,纷纷发去唁电,赞扬帕尔梅为维护世界和平做出的积极贡献。苏共二十七大 3 月 1 日上午会议正式开始前。全体起立为帕尔梅默哀。3 月 14 日瑞典为帕尔梅首相举行隆重葬礼,世界上 130 多个国家和国际组织的 1500 多位领导人赶来参加。斯德哥尔摩市十万多人与帕尔梅诀别。如此悲壮的规模,在瑞典的历史上绝无仅有,世人用于死者的沉痛悼念是对其政治业绩的崇高钦敬。

　　帕尔梅,这位"和平战士的典范","联合国最高理想的化身",他的死,从另一个方面表明:维护和平与安全。反对暴力和恐怖的使命是何等的重要与艰巨。

从士兵到首相

　　政治家是可以培养出来的,帕尔梅就是其中的典范。

　　奥洛夫·帕尔梅,1927 年 1 月 30 日出生于斯德哥尔摩一个名门望族之家。其父是一家保险公司的经理,在帕尔梅 6 岁时去世。母亲是拉脱维亚人。这位幼年丧父的少年,从小就受到正规教育。17 岁时他被录取到锡格蒂纳基金会寄宿学校。1945 年,帕尔梅高中毕业后,便到部队服役,两年的部队生活,磨炼了他的坚强不屈的毅力。因表现良好,获得了骑兵少尉军衔。20 岁时,帕尔梅获得了奖学金前往美国俄亥俄州的凯尼恩学院学习政治和经济。也许正是在这时期,帕尔梅对政治产生了兴趣,一年后,他获得文学学士学位。

　　返国后,帕尔梅仍感学海无涯,不知的领域还是不少。因此又来到斯德哥尔摩大学学习法律,1951 年获法学学士学位。在校期间,帕尔梅就表现出他那不同于众的组织才能。1949 年,他担任瑞典全国学生联合会国际部秘书,一年后,当选为全国学联国际部长。同年加入社会民主党青年团和大学生联盟。1952 年,参与组建了"国际学生组织秘书处",并成为该组织执行委员会主席,同年出任全国学联主席,成为颇有名气的学生领袖。

　　1953 年帕尔梅到瑞典国防参谋部情报局担任特别首席秘书,后又到外事局军政处任职。当年,帕尔梅加入了社会民主党,这是他真正跨入政治大门的开始,因为,帕尔梅知道,在一个政党政治居支配地位的国度里,投身于哪一个党派,将对本人以后数十年的政治生命起决定性的影响。

　　1954 年,27 岁的帕尔梅出任社会民主党主席、首相埃兰德的秘书和首相办公厅首席秘书。这是帕尔梅政治生涯的重要一步。此后的 15 年与埃兰德几乎朝夕相处的工作对帕尔梅政治上的成熟起了很大的作用。帕尔梅作为埃兰德起草文件的秘书,那种埋头苦干、讲究实效的作风和独特的见识深得首相的赞赏。埃兰德有意把他作为政治苗子来培养。一年后,帕尔梅担任瑞典社会民主青年组织的研究部主任和瑞典工人教育协会理事,一干就是 6 年。1958 年,帕尔梅作为延彻平省议员进入瑞典议会上院,时年 30 岁,为当时瑞典议会中最年轻的议员。50 年代,他曾受命组建原子弹调查委员会,为瑞典决定不生产原子武器提供了依据。60 年代初,帕尔梅又担任了内阁筹备委员会局长兼瑞典政府对外援助工作组组长,瑞典国际开发署理事。或许由于工作性质与环境的缘故,"锻造"了帕尔梅一副积极援助第三世界贫困兄弟的热心肠。1963 年,帕尔梅被埃兰德提拔为不管大臣,两年后出任交通大臣。上任后就对汽车行驶实行了一次根本性的改革,他改变了瑞典的道路交通秩序,将左行驶交通改为右行驶。1967 年,帕尔梅又被委任为教育和文化大臣,领导了瑞典的教育体制改革,尤其是高等教育的重大改革。

　　1969 年 10 月,瑞典社会民主党召开全国代表大会。42 岁的帕尔梅以全票当选为党的主席,接替年迈的埃兰德,成为当时欧洲最年轻的首相。这样,帕尔梅登上了他仕途的顶峰。

福利制度的积极推进者

　　推行社会福利制度,是社会民主党各任首相始终不渝的基本方针。帕尔梅首相在继续维护"从摇篮到坟墓"的福利制度的同时,并根据形势的变化发展,使之不断深化和完善。在他遇刺前 8 小时,这位首相在接受记者的采访时仍然强调要完善瑞典的福利制度。他明确指出："公共部门是提高社会文化程度的基础。教育、邮政和电讯，儿童保育及医疗卫生等等，所有这些都是衡量一个社会文明程度的标准"。从一定意义上讲，"社会民主党的社会主义就是福利政策"。帕尔梅早先在《社会主义与个人自由》一文中对福利制度做了具体的论述："我们福利政策的基本原则是：1.每个人有权得到适当的住房，低收入不能成为儿童在舒适环境中成长的障碍；2.每个孩子都有受教育的权利；3.每个人在患病时都能够知道他不会受到经济困难和支付大笔医疗费用的困扰；4.每个老年人都明了他能得到借以生活的养老金"。这些原则，在瑞典的现实社会生活中，得到相当程度的体现。瑞典的福利制度经过半个世纪的建设，到帕尔梅执政时期，已经取得了举世瞩目的成就：在瑞典，实现了免费教育和近于免费的医疗保障；人均居住面积已达 40 多平方米，名列世界前茅；雇员患病时能得到正常工资 90% 的病假工资；提供给退休雇员的养老金和附加养老金可达在职时的 2/3 左右；小孩出生后，国家给每个 16 岁以下的儿童提供统一的免税补助，父母双方可以度过共 12 个月的假期，等等。这种福利模式，成为当今世界的"橱窗"和"样板"。

更值得提及的是，帕尔梅领导的社会民主党和瑞典总工会，积极推动"雇员投资基金"的立法，这是瑞典福利国家前进的一个大的飞跃。所谓"雇员投资基金"，就是使议会通过立法，将企业部分利润的所有权，由资本家手中转为工人的集体财产，并以此进行生产投资，以成为与资方资本相抗衡的一种经济力量和所有制成分。1983 年底，在帕尔梅第二次出任首相一年后，瑞典议会终于通过了《利润分享税法》和《全民保险养老金有关规则法》，至此，在瑞典社会争论达十年之久的建立雇员投资基金问题，终于以立法的形式加以确立并付诸实施。这是帕尔梅推进和完善福利国家的一个重大举措，它使社会民主党政府在改造资本主义的过程中，由分配领域进入到所有制领域的一个飞跃。这一制度也是帕尔梅试图走一条既不同于资本主义，又不同于苏联东欧的所谓"中间道路"。它通过增强工人在生产过程中的影响和作用，冲击资方的管理特权，旨在建立一种集体所有制，以消除资方管理特权借以产生的基础。当然，这一制度要真正建立和完善，并不是一件容易的事。它首先是遭到资产阶级、雇主的顽强抵制，另外，经济状况的好坏也将对此产生重要影响。

作为福利制度深化的配套计划，帕尔梅对劳动市场采取了一些民主改革措施，包括确立就业保险法、老年人及残疾人劳动法和代表法、职工参与决定法等有关法律。

当然，也必须看到，随着实践的发展，帕尔梅政府的以"雇员投资基金"为主导的瑞典福利模式，在相当程度上只能表明社会民主党包括帕尔梅本人和平改造资本主义，以实现民主社会主义的一种美好的愿望。随着瑞典经济走向长期的衰退与不振，福利国家的负担越来越重，寅吃卯粮成为瑞典社会的一种普遍现象。一个只有 800 万人口的中等国家，却背着 300 亿美元的巨额外债。帕尔梅逝世后的社会民主党政府，不得不把改革传统的福利制度，减少公共开支等作为其内政的一个重要举措。现实一再表明：瑞典传统的社会福利制度正面临着十分严峻的挑战。

和平卫士

帕尔梅上任后继续执行其政治恩师埃兰德的社会经济和福利政策,以及中立的和平外交政策。当然,帕尔梅并不是一位以守摊来维持政权的社会党领袖,作为埃兰德的得意门生,他表现出一种独特的治国才能。尤其是在维护国内和世界和平方面,在西方世界独树一帜,影响巨大。

这位新首相首先把他的和平信念变为实践。在 60 年代就任总理期间,他谴责美国卷入越南战争,并给逃避征兵的美国人提供政治避难,引起了瑞美关系长期冷淡。另一方面,帕尔梅强烈谴责苏联入侵捷克斯洛伐克,他甚至把后来的捷克领导人描绘成"独裁制度的仆从"。并把佛朗哥统治下的西班牙政府叫作"该死的刽子手。"

在帕尔梅看来,只要是采取武力解决争端,只要是采用独裁专制统治国家的手法,都是非民主、非人道的政策,不管他是属于哪一种意识形态的国家所为,他都大加抨击,不留情面。帕尔梅把更多的感情留给了急需支援和帮助的第三世界国家和人民。70 年代初,他的政府大大增加了对发展中国家的帮助,在各种国际会议上,他都一再敦促富国更多地考虑第三世界国家的经济要求。

在以后的三次全国议会大选中,帕尔梅领导的社会民主党均接连获胜,继续组阁。70 年代中后期,西方世界爆发了一场大规模的经济危机,处在北欧的瑞典也受其影响。帕尔梅指望通过大举外债的办法来减少世界经济衰退对瑞典经济的影响。以维护"从摇篮到坟墓"的福利制度。可是这种寅吃卯粮的办法造成了高额的财政赤字,反倒使瑞典经济雪上加霜,陷入低谷而不能自拔。再加上他赞成在瑞典建造核电站的态度给反对党以攻击的口实,导致了他的党及他本人的下台。

人们都说,无官一身轻。可对于帕尔梅来讲,是一个例外。无论是执政还是在野期间,帕尔梅都忙碌于国际和平事业的活动中。作为社会党国际的副主席,他领导着该组织的南非问题研究小组,于 1977 年夏天到该地区进行了实地考察。同年,他成为"独立的国际发展问题委员会"成员,曾对非洲作实地考察。其出色的表现,使这位社会民主党领袖荣获美国加利福尼亚斯坦福大学颁发的杰克逊和平奖。1980 年,帕尔梅作为联合国秘书长的特使数次出访伊拉克和伊朗,从中斡旋调停。世界上各大报纸头版对此突出报道。这位瑞典前首相还是"勃兰特世界发展问题委员会"的成员之一。在他的推动下,建立了非政府组织"裁军和安全问题委员会",有人甚至称之为"帕尔梅委员会",他出任该委员会主席,为世界的和平与裁军而奔忙,1982 年 6 月,"帕尔梅委员会"向联合国大会提交了长达 200 页的《共同安全》报告,陈述世界的和平与安全状况,主张建立一个无战场核武器地区,反对以摧毁巴勒斯坦解放组织来"解决"巴勒斯坦问题,呼吁各国关注人类的和平事业。

1982 年瑞典进行大选。广大选民对当局实行的勒紧裤带政策不满,而选择了主张充分就业和增加公共开支的社会民主党。帕尔梅在阔别了他六年之久的首相府后,又重新回到自己熟悉的位置上。

面对 80 年代初东西方关系的僵局,美苏两个超级大国的频繁争夺,再次出任首相的帕尔梅把更多的注意力放在了维护本国的和平与安全之上。他在上任后宣称:社会民主党政府将"坚定不移地奉行武装中立政策","用一切可能的手段保卫瑞典的领土不受侵犯"。

自 1981 年苏联一艘潜艇在瑞典的海军军事基地卡尔斯克鲁纳附近搁浅后,不明国籍的外国潜艇频频进入瑞典海域。1982 年为 47 次,1983 年达 63 次之多。帕尔梅政府对此采取了自卫行动,宣布瑞典海军无须事先警告即可向侵入领海的外国潜艇发射火器。1983 年 4 月,帕尔梅召见苏联驻瑞大使,向他递交了一份照会,强烈抗议苏联潜艇 1982 年 10 月初侵犯瑞典的霍尔斯海湾水域。潜艇事件又一次触发了这个中立国家人民的敏感神经,瑞典自发的国防运动与和平运动变得活跃起来。作为首相的帕尔梅表现出主权高于一切的勇气,甚至命令海军直升机向不明国籍的潜艇投深水炸弹。

作为世界和平事业的积极卫士,帕尔梅多次向各国呼吁:用和平手段解决地区冲突,呼吁超级大国进行谈判,停止军备竞赛和裁减核武器。同时,他的党也在为继续争取建立中欧无核区走廊和北欧无核区而努力。

帕尔梅对地球上任何一个热点地区的冲突都非常关心,他心中经常牵挂着世界大小角落的和平与安全。但他却恰恰忽视了他自己的人身安全,尤其是公事之后的安全保卫。他从反对特殊,便于接触群众方面考虑,拒绝在工作之外对他的警卫保护。可是,他很少甚至没有想到他本人可能成为恐怖活动的攻击目标。

1986 年 2 月 28 日,一颗罪恶的子弹打破了瑞典那令人悲痛的宁静。

受人尊敬的政治家

帕尔梅首相在瑞典是十分受人尊敬的领导人。他虽贵为政府首相,但仍住在以前的平民公寓里。他衣着简朴,看上去与普通瑞典人没有什么两样。他对搞特殊十分反感。瑞典国王在帕尔梅遇害后对记者说:"尽管他是国家首相,但他愿过一种普通人的生活"。80 年代初,因暴力事件频繁,帕尔梅首相参加公务活动时一般乘坐防弹汽车,并有两名警察保护。但下班后,一切个人活动他都谢绝保安人员跟随,人们在大街上常常可以碰到这位首相,互致问候。同普通群众打成一片这是帕尔梅为人的重要特点。瑞典人都认识这位总理,都愿意同他随意交谈。帕尔梅对自己要求极严,从不摆架子、讲排场,以普通公民的身份自居。有一次他去美国参加一个国际会议,竟是乘出租汽车独自一人前去机场的。1984 年 3 月,他去维也纳参加奥地利社会党代表大会,也是只身前往。他对群众的来信,极为重视,每年他收到国内外来信约有 5 万封,为此他专门雇请了 4 名专职人员处理信件,他要求工作人员在两、三周内给以复信,不能拖延,否则将严厉批评,对于复信,帕尔梅通常都要亲自过目,有时还提出修改意见,直到他认为满意时才签发。

帕尔梅心胸开阔,待人宽厚,对不同政见者也能容纳,毫不歧视,连瑞典左翼党都承认,说他不像资产阶级新闻界所描绘的那样"贪婪权势","强硬傲慢",而是"腼腆而体贴别人"。对左翼党采取的是"信任的、同志般的态度"。在和左翼党讨论问题时,他"极其温和,好打交道"。当这位政治家遇害后,瑞典左翼党非常难过地宣布:射到帕尔梅身上的子弹也是一颗射向整个工运和爱好和平的子弹。没有帕尔梅"瑞典政治就会变得贫乏"。不少党派都担心失去帕尔梅后,瑞典可能会成为一个"行动受监视的封闭型社会"。

中国人民的朋友

特别值得一提的是,帕尔梅首相对中国人民怀有深厚感情,对于中国来的客人,表现得非常热情,常给予特殊的礼遇。1970年11月,斯堪的纳维亚乒乓球公开赛在瑞典的哈尔姆斯德举行。中国乒乓球队应邀参加,帕尔梅首相在全场观众和各国运动员的热烈掌声中走进体育场,同中国队领队、教练及全体运动员一一握手,赞扬中国运动员的高超球艺。当时参加比赛的国家很多,首相却单独接见中国队,不能不说是一种特殊的礼遇。对东方友好使者的真切情谊,从中可见一斑。两年后,中国乒乓球队又来瑞典参加公开赛。一天晚上,中国运动员经过一天比赛之后正在旅馆休息,旅馆接待处突然打电话来说,帕尔梅首相已到旅馆,希望见见中国队的负责人。大家惊喜交加,立即跑到楼下接待处,发现首相已经站在那里,帕尔梅微笑着同每一位中国客人握手,双方进行了十几分钟的亲切交谈。临别时,有人提议首相与中国客人合影留念,他十分高兴地把大家聚拢在一起,为瑞中友谊留下了令人难忘的镜头。

帕尔梅首相多次赞扬中国实行改革开放的政策和所取得的惊人成就,赞赏中国为维护世界和平所做出的努力。1984年6月,中国总理访问瑞典。他在欢迎中国客人的宴会上讲:"中国总理来访,在我国历史上还是第一次。"认为这次来访是两国间历来存在的良好诚挚关系的明证。他称赞在历史上中国文化对瑞典文化的影响。首相还愉快地接受了访华邀请。遗憾的是,帕尔梅还没有等到那一天的到来,就猝然离开了人世。

帕尔梅去世几年后,国际形势发生重大变化:华约集团解体,东西方冷战结束,和平与裁军进入一个新阶段。但这个世界并不太平,地区冲突不断。战火依然在欧洲及世界其他地区燃烧,同帕尔梅为世界和平事业所做出的贡献不会被世人忘却一样,维护世界和平与安全的努力任何时候也不应停止。

最优秀的"差等生"

——卡梅伦

人物档案

简历:卡梅伦,出生于英国的一个贵族家庭,具有纯正的英国王室血统,是英国保守党的政治明星。

生卒年月: 1966 年 10 月 9 日~

性格特征:谦逊而极具敏感的保守党领袖。

历史功过:2001 年成为英国下议院议员,2005 年在年仅 39 岁时成为英国保守党领袖,2010 年 5 月 11 日起成为英国第 53 任首相,也是英国自 1812 年以来最年轻的首相。2010 年 11 月 9 日,戴维?卡梅伦将展开为期两天的访华之旅,这是他 2010 年 5 月就任以来首次对中国进行访问。

贵族世家

时光回溯到 43 年前——1966 年 10 月 9 日,大卫·卡梅伦在英国的伦敦出生。卡梅伦在家中排行老二。在他出生时,家中已经有了一个大他三岁的哥哥亚历克斯。而在卡梅伦之后,他的母亲又先后孕育了两个女儿,即塔尼亚和克莱尔。这几个小家伙,和他们的父母其乐融融地生活在一起。

在很长一段时间内,他们一家六口都住在伯克郡的皮斯莫尔村。如果按照保守党"破裂社会"的观点,这个村早就不应该存在了。的确,像皮斯莫尔这样一个童话般的乡村,似乎的确与节奏越来越快的社会有些格格不入——村里的很多设施和习惯,都还保持着最原始的传统。这里有一个不错的老酒馆,酒馆的墙上固定着当地猎户打来的狐狸头,壁炉上悬吊着啤酒杯。这里的很多房子都还是用茅草铺就的屋顶,而房子四周的树蓠上缠绕着各种颜色的野花。村里建有一个可爱的小教堂……1978 年,皮斯莫尔村被评为整个伯克郡传统风貌保存最佳的乡村。

小时候的卡梅伦就生活在这里。他家的房子很大,还有一个围起来的花园。然而,这个看似普通的家庭却有着显贵的皇室血统。(1)英王威廉四世的后裔

1688 年"光荣革命"后,英国确立起以议会为核心的君主立宪政体,英王的实权逐步转至议会。18 世纪初,英王实权又逐步转至内阁。英王成为"统而不治"的国家元首。在法律上,英王享有任免首相、各部大臣、高级法官和各属地总督,召

413

集、停止和解散议会,批准法律,册封贵族和授予荣誉称号,进行审判,统帅军队,宣战与媾和等广泛权力。但实际上这些权力大都由内阁和议会行使,英王的一切政务活动完全服从内阁的控制和安排,其活动多属礼仪性质。但英王个人还是享有崇高荣誉和尊严,以及其他诸如不纳税、不被起诉等特权。英王是英国和英联邦统一团结的象征、英国政治连续性的标志和政府决策的顾问,对政府决策享有被咨询权、鼓励权和警告权。1701年英国的《王位继承法》规定,王位继承者必须是新教徒。该法确立了"长子继承原则"和"男性优于女性原则"。王位根据年长顺序传给已故国王的儿子;如无子,则传给女儿;如无子女或后裔相隔很远,则传给旁系亲属或其后裔。此后,英国王室一直都是按照这部法典来选定自己的继承人。

1714年,一直无子嗣的安妮女王在综合权衡了《王位继承法》规定和宗教需要的基础上,决定在德国汉诺威家族选定自己的继承人。安妮女王逝世,乔治一世即位,从此,英国的皇家王朝进入了乔治时代。汉诺威家族的第一个国王,也为英国王室注入了德国血统。乔治一世之后,登基的是他的儿子乔治二世。乔治二世虽然政治上无能,但却具有卓越的军事才华。他是英国历史上最后一位亲自带兵征战沙场的君王。而乔治时代在位时间最长的就是乔治三世了。乔治三世是乔治二世的孙子,出生于英国。他于1760年即位,直到1820年去世,终年81岁。多次的精神错乱为乔治三世的晚年笼罩上一层乌云。

而威廉四世(1765~1837年),则就是这个以"疯癫"而闻名的乔治三世的第三子。当然,说乔治三世"疯癫",是因为他在晚年患上了严重的精神疾病。事实上,乔治三世是个心地非常善良的人,家居生活俭朴。乔治三世和妻子共育有15个孩子,包括9个儿子和6个女儿,他一直认真地关注着每个孩子的成长。1779年,乔治三世曾亲自将年仅13岁的威廉王子送到"乔治王子"号军舰上当水兵。他之所以这么做,是因为当时他的长子(即后来的乔治四世)已经沾染上了酗酒、嫖妓的坏毛病,他可不想让长子把其他的孩子也带坏。所以,为了威廉王子能有一个好的成长环境,他毫不犹豫地让他去体验艰苦的军队生活。在威廉王子当兵期间,乔治三世还曾多次给他写信,告诫儿子一定要遵守纪律,不要跟"坏孩子"学,特别是不能冒犯上级。而对于威廉王子的每一点进步,乔治三世也毫不吝啬地赞扬。在写给威廉王子的信中,国王乔治三世写道:"你正开始人生新阶段。你可以给家族带来光荣,也可以带来耻辱。在这样一个严肃的时刻,如果不就如何做人给你指导,就不能表明我对孩子的爱。尽管在家里你是王子,但是在'乔治王子'号上,你只是个学习海军职业的普通男孩。"

另外,他还不忘提醒威廉王子:

"身为王子你更要时刻牢记:要对你的上级更加服从,对你的同级更加谦恭,对你的下属更加友善。这些都是成为一个绅士必备的要求,很多男孩子不会得到这样的教导。"

大部分信件的落款都是"最爱你的父亲乔治"。

在英国的王室中,很少有人像乔治三世这样,如此细心地呵护自己的子女。但同时,对家人的要求过于严格,也导致他与几个儿子的关系都不是很好,诚可谓"可怜天下父母心"。

乔治三世是英国历史上统治时期最长的国王之一,但他晚年的生活过于凄惨。因为,在乔治三世统治的后期,这位国王突染怪病,最后十年里一病不起,到1811

年末,乔治三世已陷入永久性精神失常的状态,不仅完全失明,失聪的情况也越发严重,最后被安排到温莎城堡过着与世隔绝的孤僻生活,直到驾崩。

乔治三世病逝后,其长子乔治继承了王位,是为乔治四世。早在1784年,乔治四世遇上了一位比他大5岁的女人——玛丽亚·安妮·菲茨赫伯特夫人。这个女人是个罗马天主教徒的寡妇。当时英国国教是新教,天主教被禁止传播,为了和这个寡妇结婚,时为王太子的乔治四世专门找到一位名叫巴特的牧师,让他为自己举行结婚仪式。巴特牧师正因为拖欠债务被监禁,他同意了乔治王子的要求,但条件是将来王太子登基后,封他当主教。这一婚礼尽管合乎教规,但根据1772年的"王家婚姻法",从一开始就无效。所以,乔治四世在继承王位后,放弃了这段婚姻。当然,他这样做不仅是为了顺应法律,也更是为了还清国家所欠的债务,于是,他选择了和不伦瑞克的公主——卡罗琳结婚。但乔治四世与卡罗琳一直没有什么感情。乔治四世之所以会娶卡罗琳,完全是为了是被高筑的债台所逼,他必须娶一个有钱的妻子。但这种利益结合的婚姻很难会有幸福。因此,在他们唯一的女儿夏洛特出生后不久,两人就分居了。夏洛特是乔治四世和卡罗琳唯一的孩子。但遗憾的是,夏洛特又因难产而亡。这就表明乔治四世没有了直接的继承人。于是,乔治四世病逝后,三弟威廉便理所当然地继承了皇位,是为威廉四世。其时,威廉已经50多岁了。

威廉四世在即位之前,从来没有结过婚,但其已经和自己的情妇——罗茜·乔丹,共同生活了20多年,且两人先后共同养育了10个私生子女。而卡梅伦的先主,也是这众多私生子中的一个。但按照《王位继承法》的规定,威廉四世的这些私生子是没有继承权的。更何况,罗茜·乔丹是演员出身,这样的出身是根本没有资格进入皇室,成为皇后的。所以,威廉四世在继承了王位后,只得和罗茜·乔丹分手,并在1818年迎娶了自己的表妹、当时只有25岁的阿德莱德。两人在婚后先后孕育了两个女儿,但不幸的是,两个女儿还没长大,就在同一年因病身故。所以,威廉四世死后,他的四弟的女儿——维多利亚继承了皇位,即为维多利亚女皇。

从前述卡梅伦的皇室谱系可以看出,如果卡梅伦的先主是正室所生,那么如今的他至少也是在册的英国皇室的成员,甚至有可能是英国的国王。当然,历史是不能假设的。(2)卡梅伦的姑奶奶——现任英国女王伊丽莎白二世

既然卡梅伦有着皇室的血统,那么其自然可以和很多皇室的成员攀上亲戚。事实上,如前所述,卡梅伦和当今的英国女王伊丽莎白二世同是英王威廉四世父亲乔治三世的嫡系后代。如果论辈分,卡梅伦还应该叫她姑奶奶呢!

伊丽莎白二世,1926年4月21日生于伦敦,原名为伊丽莎白·亚历山德拉·玛丽,是英国温莎王朝第四代君主——英王乔治六世的长女,其全称为"大不列颠及北爱尔兰联合王国与其他国土和领地之女王,联邦的元首"。

她自幼在皇宫内接受教育,主修宪法史和法律。她在历史、语言和音乐方面有着很深的造诣,能流利地讲法语、西班牙语和德语。第二次世界大战后期,她参加了英国本土部队,接受过驾驶和维修摩托车的训练。1947年7月9日,她与远房表兄——希腊和丹麦亲王菲利普·蒙巴顿中尉(现为爱丁堡公爵、菲利普亲王)订婚,同年11月20日结婚。

伊丽莎白二世从1951年开始代表英王乔治六世出席各种正式场合。1952年2月6日乔治六世逝世后,她继承了王位,并于1953年6月2日加冕。女王是英国

世袭国家元首,除英国外,女王同时也是澳大利亚、新西亚、加拿大等17个英联邦国家的元首。女王经常去英国各地巡视,视察农业、工业、教育等方面的发展情况。

伊丽莎白二世育有三子一女。长子查尔斯王子为王位继承人,次子为安德鲁,三子为爱德华,女儿是艾丽斯·路易丝公主。

作为卡梅伦的长辈,伊丽莎白二世一直关心并帮助着卡梅伦。对卡梅伦的政治生涯,也曾给予颇多的指点,这些对卡梅伦在政治上的成功都是非常有益的。

(3)从事股票经纪的父亲

卡梅伦不仅有着显赫的家族背景,其生活境况也一直非常优越,这得益于他有着一个金融背景的家庭。卡梅伦的家族源自苏格兰高地的印威内斯,这个地方在英国金融界历史上有着很深的影响。

卡梅伦家族世代从事金融行业,其高曾祖父艾文·卡梅伦在汇丰银行伦敦总部工作,在日俄战争期间,与日本央行副总裁、驻伦敦财务官高桥是清(后来成为日本首相)在关于兜售战争债券的谈判中扮演了关键角色。

曾祖父艾文·艾伦·卡梅伦是股票经纪公司的高级合伙人,曾在外国债券持有人理事会和中国债券持有人委员会(由英格兰银行设立)任职。

卡梅伦的祖父亚历山大·格迪斯曾到芝加哥做谷物生意赚了大钱,并于1880年回到苏格兰,还在那里建造了一所格兰布莱茂学校。

卡梅伦的父亲伊恩·唐纳德·卡梅伦是房地产经纪人和股票经纪人,收入颇丰。良好的家庭物质背景为卡梅伦的成长提供了相当优越的教育条件。

卡梅伦的父亲双腿都有残疾,后来因为病情恶化而不得不截肢,但他一直乐观地面对生活。父亲这种积极的精神也极大地鼓舞了卡梅伦,让他在面对工作和生活中的困难时有着更多的力量和勇气。(4)担任治安法官的母亲

卡梅伦的母亲玛丽·芙洛·蒙特是准男爵威廉·蒙特的女儿。她还曾担任过治安法官的职务。卡梅伦之所以会踏上政治之路,和母亲以及母亲家族的影响是分不开的。

卡梅伦母亲的家庭,是一个传统的保守党家庭,家族曾出了很多英国保守党的议员。从小,卡梅伦就浸淫在这种保守党的政治氛围中。1988年,卡梅伦大学毕业后,他的第一份工作就是在保守党政策研究部门,为撒切尔夫人和约翰·梅杰两任保守党首相提供咨询服务,准备讲演稿。在此期间,他还成了当时的内政大臣也就是2010年刚刚卸任的保守党领袖霍华德的特别顾问。2001年,卡梅伦重返政坛,当选为国会议员。当霍华德接任保守党领袖后,卡梅伦在党内的地位也随之迅速上升,担任保守党副主席和影子内阁教育大臣。这样的政治轨迹令卡梅伦在党内熟悉了很多高层、老臣,为他最终问鼎首相宝座打下了坚实的基础。

"差等生"

(1)成绩倒数第一的小学生

卡梅伦的小学是在英国最著名的贵族私立小学——伯克夏郡艾斯科特市希瑟当预科学校度过的。

希瑟当预科学校是当时全英国最难进的贵族小学,这所学校一直以注重学业

和体育而闻名。不过,这所小学可不是谁想进就能进的。要知道,要想把自己的孩子送入希瑟当预科学校,家长的背景很重要。稍微调查一下就不难发现,这所学校的学生家长非富即贵。所以,这绝对是名副其实的贵族学校。查尔斯王子的两个弟弟——安德鲁王子和爱德华王子就都曾在希瑟当预科学校就读过。卡梅伦入学时,安德鲁王子刚刚毕业,而此时,爱德华王子也刚刚进入这所学校两年。虽然不是同一届、不在同一班,但这丝毫不能抵减他们校友的情分。

很显然,如果孩子能到这所学校来就读,那么他就将有更多的机会结识到拥有显赫背景的人,这对孩子进入上层社会的社交圈以及未来的发展都是非常有好处的。但遗憾的是,希瑟当预科学校每年只招收80~90名学生,这对家长的能力又是一种挑战。但无论如何,很多有权势的英国家长都会竭尽全力将孩子送到这所学校中。

卡梅伦的小学生活开始于1973年,入学的那一级共有80名学生,而学生家长就包括八名普通贵族、四名爵士、两名军队上尉、两名医生、两名少校、一名陆军准将、一名海军准将、两名公主、两名女侯爵、一名子爵、一名伯爵、一名男爵。

当时,卡梅伦已经7岁了,但小学时的卡梅伦还不够懂事,根本不知道学习的重要性,所以他的成绩总是不能让人感到满意。英国的一家媒体曾经刊登过卡梅伦1978年的成绩单,从那张成绩单不难看出,卡梅伦可是一名地地道道的"差等生",因为他的学习成绩在全班竟然是倒数第一。成绩单上显示,卡梅伦当时所在的班级总共只有13名学生,而当时11岁的卡梅伦各学科总成绩竟然在全班排在最后一名。卡梅伦的拉丁文和数学成绩是班上最后一名,由于各科成绩几乎都在班上"垫底",所以他的年终总成绩仍然是全班"倒数第一"。

据卡梅伦回忆称,他在小学时还经常受到老师的体罚,譬如有一次因为从校长妻子管理的花园中偷摘草莓吃,结果,被老师逮住后用衣服刷子狠狠地敲打了好几下。再看看如今贵为英国首相的卡梅伦,很难想象小学时代的他竟然如此地不"体面"。这就是成长的代价吧!

卡梅伦的小学老师莱维林评论说:"当时的卡梅伦在学校中并不出众,甚至有些害羞,根本不像现在这样口若悬河,富有政治人物的魅力。他当时非常胆怯,你甚至很难注意到他的存在。当他的哥哥亚历克斯毕业离校后,他更加显得不知所措,在所有那些来自富贵世家的孩子中,卡梅伦是最普通的一个。"

当然,在这段五年的小学生活中,卡梅伦还是有很多美好的回忆的。如卡梅伦在8岁时,曾参加过学校组织的《蟾蜍宫中的蟾蜍》的演出,并在其中扮演"兔子哈罗德"。在这个剧中,卡梅伦的哥哥亚历克斯扮演一只老鼠。但他的风采完全被弟弟盖过了。当时学校的指导老师克里斯·布莱克不无骄傲地评价道:"卡梅伦是一个很自信的演员。"当然,还有一个重要演员也不得不提,那就是和这对兄弟同台的、时年11岁的爱德华王子,他在剧中扮演一只鼹鼠。而在台下观看这些演出的,则是包括英国女王伊丽莎白二世在内的一些王室成员。连女王都来了,可见这所学校的面子有多大!

伊顿公学的"差等生"

卡梅伦小学时期的学习成绩的确很是让人担心,不过,这并不妨碍卡梅伦后来进入同样著名的伊顿公学（Eton College）读书。伊顿公学是世界三大贵族学校之一，是世界上最著名的贵族私立男校，被称为"英国的精英摇篮"。

伊顿公学，1440年由亨利六世创办，坐落在温莎小镇，与女王伊丽莎白二世钟爱的温莎城堡隔泰晤士河相望。伊顿公学素以"精英摇篮""绅士文化"而闻名世界，也是贵族子弟争相进入的一个学校。

不过，伊顿虽是贵族学校，但诸多规矩又使其有别于其他的同类学校。如在这里，不论你是权贵之后，还是富贾世家，进了伊顿都得遵守校规，所有学生一律平等，谁想颐指气使，就等于自讨没趣。

另外，伊顿公学严谨的校规也表现在严格的着装规定上。伊顿校服犹如宫廷朝服，等级分明。伊顿公学为不同职位、不同等级、不同荣誉的获得者设计了不同着装。伊顿的校服类似绅士的黑色燕尾服、白色衬衫、圆领扣、黑色的马甲、长裤和皮鞋。这套行头就要700英镑，加上配套的衬衫、领带等，如果装扮一个伊顿人，至少要花费好几千英镑。在黑色燕尾服中，有一些带披风的，那是国王奖学金获得者的标志。有些穿不同颜色马甲的，是伊顿5年级的"明日之星"，他们是从所有获奖者中选出的佼佼者。如果配有银色扣子，则代表最高级别的优秀学生，他们有权参与学校政务。通过这些日常服饰上的变化，突出竞争中优胜者的地位，使他们理所当然地鹤立鸡群，让学生充分体会优胜者的优越感、荣誉感。校长、教务长、舍监和各学科负责人，也有不同的黑色学袍，稍微正式的场合，学袍一穿，犹如宫廷朝服，也是等级分明。

伊顿公学采取的是"分班制"教学法。考入伊顿的学生基本都是尖子，但不等于每个学生的天分、特长、爱好都一样。"分班制"就是为了避免群体教育的粗略。学校根据每个学生考入伊顿的成绩，在英语、数学、法文等每一学科下分别分出等级（班），一般14级，而较小的学科则相应减少。它与快慢班不同，一个学生不是被笼统地归在快或慢的班里，而是根据每一科的不同成绩，然后分配到不同的班级里。如进入第一班的学生，即证明他在该科目上已经有了超强的天分和能力，教师会给学生充分的自我学习机会。而14班则相反，证明学生在该项目上天赋和能力较弱，缺乏自学能力。老师就要加倍细致、耐心，有时要"一对一"地个别辅导。

对学生而言，也不会因为被划入"低班"而自暴自弃。因为一个学生可能这科在14班，另一科就在1班。其间的差异，虽然可以暴露出自己的不足，但也足以显示出自己的优势，同时产生的是"向自己看齐"，让自己"全面优秀"的动力。同学之间也会注意到每个人各有千秋，你是"物理天才"，我是"数学博士"，增进互相尊重和友谊。每年通过伊顿考核，前几名会升入更高班。每次"提升"班级，学生都得到更上一层楼式的鼓励，增强了学生的自信心。

据不完全统计，伊顿公学曾先后造就过20位英国首相，从任职时间最长的英国首位首相罗伯特·沃波尔到发动苏伊士运河战争的罗伯特·安东尼·艾登，再到力主英国加入欧洲共同市场的哈罗德·麦克米伦，等等。而伊顿公学的校友名单也可谓是名士云集，比如，诗人雪莱、经济学家梅纳德·凯恩斯、在"滑铁卢战役"中打败拿破仑的威灵顿公爵、英国王储查尔斯以及哈里王子等等。泰国现任总理阿披实·维乍集瓦也就读过这所学校。另外，据统计，伊顿每年大约250名的毕业生中，其中70余名学生会顺利地进入牛津大学或剑桥大学。总的来说，伊顿公学的毕业生大概有

70%会进入世界名校继续深造。

伊顿校友帕拉什·戴夫将伊顿的成功归功于学校给予学生的自由度,因为在伊顿,每个学生都会被鼓励追求任何他可能拥有的梦想。按照戴夫的说法,伊顿不像外人眼中那样刻板、陈腐,它允许学生"持有异议,某种程度上鼓励这样做。那对任何一个想得到领导者角色的人而言非常有用"。

卡梅伦的伊顿生活并不是一帆风顺的。1983年5月,恰好在他参加O-levels(普通水平测试)6个星期之前,只有十几岁的卡梅伦涉嫌吸食大麻。后来,因为他承认了自己的违法行为,并且没有涉及毒品贩卖,才没有被学校开除,但被罚不准离开校园,并抄写500行拉丁文诗句。

最先揭露这件事的是英国《独立报》的记者詹姆斯·汉宁和弗朗西斯·伊利奥特。这两个人在共同撰写的卡梅伦传记《新保守党人的崛起》中描写了卡梅伦等人因为吸毒而被学校处分的陈年旧事。

事情的经过是这样的:1982年,伊顿公学调查校内学生可能吸食大麻的情况。学校本想通过调查警告一下那些不老实的学生,谁想,调查越深入,被卷进吸食毒品丑闻的人就越多。这远远超出了校方人员的想象。"法不责众",所以当年被卷入的学生不无张狂地说道:"他们无法让每个人都停学。"当然,校方也懂得"家丑不可外扬"的道理,他们也不想把事情搞得太大,于是就将吸食大麻的7个"核心人物"逐出校门,以儆效尤。而对像卡梅伦这样虽然吸食大麻、但未参与贩卖毒品的学生进行了从轻发落。据说,当时卡梅伦被叫到校长室问话时,认错态度非常诚恳,于是校长就将其关了一个星期的禁闭,还对他进行了相应的罚款,以作警示。但也可能因为此,才让卡梅伦有了侥幸的心理,以至于他在进入大学后,还"不时吸食含有大麻的香烟"。

卡梅伦的这段吸食大麻的经历被揭露后,很多舆论都对他不利。但这绝不是一件不堪回首的往事。卡梅伦坚持认为,"政界人士在踏入政坛前有权保留私人生活"。而在竞选首相期间,卡梅伦改变了自己的思路,愿意对曾经犯下的错误说上几句。不过,谁没有犯错的时候呢?卡梅伦还因为自己的坦诚成了"英国第一个承认违法的领导人"。"知错能改,善莫大焉"。

言归正传,对于卡梅伦的伊顿求学生涯,有人给他的评价是:"未必有高智商,但却有高情商"。虽然卡梅伦的成绩一般,但是当他接触到那些适合的科目时,他的表现又非常出色。

在伊顿公学,卡梅伦不算是很出众的人物,但却给他的中学政治老师约翰·克拉克留下了深刻的印象。谈及卡梅伦时,约翰·克拉克这样评价:"在那个时候,我就非常确信他在政治上有野心。他表述能力清楚明了,对政治怀有热情和动力。在那个阶段,他就对政治的这一套,以及对政治作为自己的职业表现出了浓厚兴趣。他认为政治很有趣,很刺激,他的立场也是保守派务实的那些理论。"而卡梅伦的一名伊顿公学的同学在回忆起当年大家一起猜测本届有哪位同学可能成为未来的英国首相时,有人就说:"我猜,我们中唯一一个成为首相的将是卡梅伦。"

通往塔顶之路

(1)牛津大学的生活

卡梅伦并没有因为中学时吸食大麻被惩罚的经历而沉沦。相反,他最终顺利通过了 12 门 A-1evel 考试(相当于中国的高考),然后开始准备大学的敲门砖。在艺术、历史和政治经济学的 A-Level 考试中获得了三个 A,为优秀级。1983 年秋季,卡梅伦参加了牛津大学的入学考试,在之后的面试中也表现出色,顺利进入自己所心仪的学院——牛津大学布拉斯诺斯学院。初入伊顿,他只是个 13 岁的小男孩,而离开伊顿时,他已成长为 18 岁的谦谦君子。

鉴于牛津大学要到 1984 年的 9 月才开学,卡梅伦决定先游学几个月。在头 3 个月,他先在保守党议员提姆·拉斯波恩的办事处从事研究工作,并列席了很多下议院的辩论会,从而直观地接触了政治。而后,又通过父亲的关系,前往香港并在香港居住了 3 个月,在怡和洋行担任一份文职工作,兼职货运代理人。

如果说伊顿公学是"精英的摇篮",那么牛津大学就是通向精英宝塔顶尖的最后一道阶梯。这座以人文和社会科学称雄的高等学府,在近 850 年的历史中,培养了 5 位国王、27 位英国首相、多位外国政府首脑、近 40 位诺贝尔奖获得者。据1979 年 6 月的统计,当时 339 名保守党议员中,有 94 人毕业于牛津大学。

牛津大学(the University of Oxford),建校于 1167 年,它在英国社会和高等教育系统中具有极其重要的地位,有着世界性的影响。英国和世界很多的青年学子们都以进入牛津大学深造作为理想。

牛津大学是英语国家中最古老的大学。在 12 世纪之前,英国是没有大学的,人们都是去法国和其他欧陆国家求学。据说,1167 年,当时的英格兰国王同法兰西国王发生争吵,英王一气之下,把寄读于巴黎大学的英国学者召回,禁止他们再去巴黎大学。另一说法是,法王一气之下,把英国学者从巴黎大学赶回英国。不管如何,这些学者从巴黎回国后,聚集于牛津,从事经院哲学的教学与研究。于是人们开始把牛津作为一个"总学",这实际上就是牛津大学的前身。学者们之所以会聚集在牛津,是由于当时国王亨利二世把他的一个宫殿建在牛津,学者们为取得国王的保护,就来到了这里。12 世纪末,牛津被称为"师生大学"。1201 年,它有了第一位校长。1213 年,该校从罗马教皇的使节那里得到第一张特许状。

(2)"臭名昭著"的布灵顿俱乐部

在中世纪,那些思想活跃、生活不羁、常赊欠债务的牛津青年学生,不可避免地与当地居民发生冲突。其中在最大的一次冲突中,几百名学生被乱箭射死。这件事的结果是国王出面镇压,并判市民赔偿牛津大学。可以看出,牛津大学似乎无时无刻不充斥着"反叛"的精神,这也难怪会有什么叫作"布灵顿俱乐部"的组织,专门团结学生来搞破坏了。

布灵顿俱乐部,创建于 1780 年。经过多年的发展,于 1875 年时成为牛津大学的正式学生社团,一般成员在 15～70 人之间,最少的一年只有 7 人。它的前身是个以狩猎、板球为主题的俱乐部,但不知道从什么时候起,其发展到后来就变了味儿,逐渐演变成为一个吃喝玩乐的"餐饮俱乐部"。当然,会员们也有"活动",但都是一些喝醉了搞破坏的活动。

即使是这样的一个俱乐部,也不是谁想参加就能参加的。事实上,能加入这个俱乐部的人,不仅要是牛津大学的学生,还要是家财万贯的富家子弟。为了保证学员的"血统纯正",新会员必须由老会员提名推荐,如果新会员有位伊顿学长的推荐,那就顺利多了。它为英国所谓的"精英阶层"或者说"名门之后"提供了一个社交场所,并为他们将来的成功奠定了人脉基础。很多政界的显耀人物,也都曾经参加过这个组织,如内阁影子大臣乔治·奥斯本、伦敦市长鲍里斯·约翰逊、波兰前外交大臣雷德克·斯考斯基、英国 BBC 著名主持人大卫·丁姆比、梅杰时期的检察总长尼古拉斯·赖尔等等。

想加入俱乐部的候选人确定后,全体成员对其进行秘密考察、表决。谁举了手?谁反对? 当事人永远不会知道。当一群强人突然从窗户爬进你的宿舍,洗劫一番,那么恭喜你,布灵顿接纳了你,这是欢迎新会员的一个仪式。接下来,花钱的时候到了:先去有 300 多年历史的伦敦著名裁缝店 Ede&Ravenscroft 牛津分店定做一套以牛津蓝和象牙白为主色的、镶着黄铜扣的燕尾服当作礼服。不要小看了这套服装,大概要花费约 3000 英镑;此外就是每年 1 万英镑的会费。而收上来的会费主要用于购买香槟酒——尽可能充足的香槟,以及喝醉后搞破坏的赔偿金。如果负担不起这些费用,那么连提名的资格都不会有。

俱乐部的活动据说很简单,就是一年两次聚餐:一次早餐、一次晚宴。但这两次聚会就是豪饮——在早餐会之前,每人就会分到一个垃圾桶,这样不必离开餐桌就可以呕吐(离桌是犯规)。晚宴通常选在一家乡村餐馆举行,匿名定好一个包间。匿名的原因是布灵顿会员"大碗喝酒、大块吃肉、大肆破坏"的臭名令餐馆老板唯恐避之不及。但相对来讲,布灵顿的会员一般比较古板守旧,他们喝到烂醉也不碰毒品,还很厌恶女人。不过,在为新会员举办的入会早餐中,负责人会找一个脱衣舞娘做主持人。在外人看来,布灵顿会员是一群醉醺醺、无法无天的年轻贵族,气质接近,似乎都爱开玩笑,但穿得很恐怖,打扮得俨然是一张张娃娃脸的保守党大臣、部长、下院议员。

关于布灵顿俱乐部,成员毕业后似乎纷纷得了或轻或重的健忘症,极少谈论相关情况,因此俱乐部显得很神秘。不过,还是有人将布灵顿俱乐部的照片刊登出来。其中最著名的一张就是拍摄于 1987 年的照片,在那张照片上,当时 23 岁的鲍里斯·约翰逊和其他 9 位牛津同学穿着镶牙色丝绸翻领的品蓝色燕尾服,个个看起来都是文质彬彬的英俊少年。照片拍完几个小时后,10 个年轻人一起在餐馆喝得酩酊大醉,把店堂砸得稀烂。有人指出,在这张布灵顿会员的年度合影中,卡梅伦正意气风发地站在后排呢。但这张唯一外传的照片也被很快地收回了。据说,当年半夜回学校的路上,有人用花盆砸碎了一扇窗户,警报器惊动了警察。事后,成员约翰逊不改其大嘴巴做派,洋洋得意地对媒体说到此事,"我们慌不择路,一心想逃脱警犬的追赶,好在有 4 个人逃掉了。"据其中的几个被警察抓住的人回忆道:"我们被抓进局子后,才变得多愁善感起来!"的确,他们中有好几个年轻人因为喝得太多,连跑都跑不动,所以不得不被抓了起来,拘留了一夜。

和谐的家庭生活

(1)同样显赫的妻子家族
卡梅伦的夫人——萨曼莎·卡梅伦,生于 1971 年 4 月 18 日。萨曼莎也有着不可小觑的出身。她的父亲准男爵雷金纳德·阿德里安·伯克利·谢菲尔德，是一位拥有众多庄园的有钱爵士。而他们的家族背景则可以追溯到十字军时期，并与国王查理二世有着紧密的联系。据调查，萨曼莎是英国历史上被称为灰姑娘化身的内尔·格温的后代。而内尔·格温，则是国王查理二世极其宠爱的一个情妇。

查理二世(1630 年~1685)，苏格兰及英格兰国王。查理二世是查理一世与亨莉雅妲·玛利亚王后的长子。童年生活幸福，受到很好的教育。但是在他 12 岁时，内战爆发，之后他就与父亲一起经历着战火的考验。查理一世被处决之后，查理二世在欧洲大陆的处境日益艰难。他一直试图娶富有的安妮·玛丽亚为妻，却未能如愿。1605 年，查理二世仅带少量随从回到苏格兰，试图夺回王位。1651 年，查理二世率军由苏格兰进入英格兰，却在伍斯特战役中全军覆没，凭借武力复位的努力以失败而告终，他再次开始了流亡生活。此时，欧洲各国慑于英格兰共和政府的势力，不敢长期收留查理二世，他生活的艰辛可想而知。领导共和政府的克伦威尔死后，英格兰军方与议会纷争再起，相互争权夺势。在苏格兰的蒙克将军的巧妙安排与斡旋之下，查理二世和平复辟。

复辟之后，为了得到葡属海外领地及大宗财产，查理二世娶葡萄牙公主凯瑟琳为妻，婚后却冷落妻子，继续其放荡的生活，被称为"快活王"——他虽然在吃喝方面有所节制，但是他非常好色。他荒淫无度，情妇无数。对于女人，查理二世有着无尽的热情。没有人能统计出他到底有过多少个情妇，而且不论对方身份、地位如何，查理二世一律来者不拒，因此，也给自己增加了一大批私生子。白金汉公爵的儿子小乔治·维尔斯曾经不无调侃地说："国王就该爱民如子，而查理二世本身就是不少人民的父亲。"

不过，查理二世的情妇虽然众多，但最著名的就要数内尔·格温。内尔·温格原本只是在特鲁里大道皇家剧院里售卖橘子的小贩。那时候，从事这项工作的大多是轻佻的少女(有时候，昏昏欲睡的听众需要无伤大雅的调情来调节气氛)。但是，最终她成了查理二世的情妇。这中间还有一个小故事，据说，当时她的男朋友是剧院的演员查理·哈特。在男朋友的帮助下，她这个卖橘子的小姑娘竟然有机会登上舞台参加表演，她在戏剧《印度皇帝》中的表演，得多了很多人的赞赏，特别是引起了多西特伯爵查理·萨克维尔的注意。也正是因为有了这个人的帮助，内尔·格温才得以一步步地走进上层社会的交际圈。很快，她就不用买橘子、演戏剧了，而是可以像那些有身份的人一样，坐在包厢里看别人进行表演。一天，当她和另外一名追求者在剧院里看戏时，英王查理二世被她的倩影吸引。国王对她的聪明机智大加赞赏，并邀请她在演出后共赴晚宴。可是，当晚宴结束时，国王尴尬地发现身无分文，只好让内尔·格温自己为这次约会买单。内尔·格温忍不住失声大笑，毫不顾忌地说道："天哪！你应该是我在酒店里碰到的最穷的同伴。"周围所有人都被她的直言不讳吓坏了，但是国王却很欣赏她的作风，并爱上了她。内尔就这样成了国王的情妇，并为他生下两个儿子，其中一个就是萨曼莎的先主。

据说有一次内尔·格温乘坐马车到了牛津，人们错把她当成查理二世的另一个情妇朴次茅斯公爵夫人，于是群起而攻之。内尔·格温从容地向车窗外说道："祈祷吧，善良的人们，文明点。我不是那个信新教的婊子。"内尔·格温的魅力让国王印象深刻，在他最后的日子里仍然没有忘记她。国王在病榻上的最后一个要求就是"别让可怜的内尔过苦日子"。虽然内尔·格温终未被扶正,但英国人对她还是非常认可的,甚至还给了她一个昵称:"俏丽、俏皮的内尔"。

因此,可以说,和丈夫一样,萨曼莎·卡梅伦也有着皇室血统。

(2)萨曼莎·卡梅伦

对于自己的贵族出身,萨曼莎非但从未炫耀,反而一直刻意隐藏。她从马尔伯勒私立中学毕业后,选择去布里斯托理工学院(即现在的西英格兰大学)学习艺术。按照传统的观点,那里的很多人都是应该被贵族鄙视的。但萨曼莎·卡梅伦却能跟他们打成一团,如把她称为"难以想象的好哥们儿"的崔克就是有过多次入狱经历的人,但萨曼莎·卡梅伦非但没有看不起他,反而发现他身上很多的优点,并让自己成了崔克的好朋友。她们一起唱歌、打台球、泡吧,这些"粗野"的行为是不应该发生在一个贵族身上的。年轻时的萨曼莎是典型的"信托嬉皮士"——年轻、不用工作、只需等待大笔财富降临,却总想和贫民窟沾点边的信托基金受益者。她的好朋友崔克这样说:"15岁时,我打家劫舍,卖大麻。但我桌球玩得很好,所以我们经常一起玩。我会给她点建议,教她点小花招。"后来,崔克还成了小有名气的说唱歌手,这让萨曼莎·卡梅伦为他感到非常骄傲。当时的萨曼莎还非常热衷于街头文化,经常混迹于当地的酒吧,并和那些摩托党、毒贩、嬉皮士混在一起。

21岁时,萨曼莎·卡梅伦在去意大利度假的途中认识了好友克莱尔的哥哥卡梅伦。萨曼莎的浪漫、充满冒险精神的性格,彻底迷住了年长她5岁的卡梅伦。

萨曼莎还是学生时,他们两人就已开始约会。在那时,卡梅伦就同她提及自己的政治野心。后来,萨曼莎回忆说:"他非常率直。他告诉我:'我想成为一名议员。如果你不喜欢这,你要实话实说。'这显然不是我的天性"。在两年后,也就是1996年6月1日,两人举办了结婚典礼。

(3)卡梅伦和他的孩子们

婚后,卡梅伦夫妇先后孕育了3个孩子,分别是大儿子伊凡(Ivan Reginald Ian,2002年生)、女儿南希(Nancy Gwen,2004年生)、小儿子阿瑟(Arthur Elwen,2006年生)。而2010年,刚刚当上首相夫人的萨曼莎·卡梅伦又身怀六甲,这对卡梅伦来说也应该算是双喜临门了。

卡梅伦为了孩子,是不惜"放弃"一切的。如在伊凡出生的时候,他就专门休了假。卡梅伦是很多人眼中的"新模范男人",这也为他赢得了不少女性选民的支持。卡梅伦的3个孩子中,大儿子伊凡是让卡梅伦夫妇最揪心的一个。伊凡降生时,给卡梅伦夫妇二人带来了很多快乐,在儿子出生的那几天里,他们觉得自己是世界上最幸福的人。但两个星期后,他们发现孩子的体重开始下降,还经常出现严重的抽搐症状。这可把这对年轻的父母吓坏了。他们赶紧把儿子带到医院进行检查。检查结果出来了,卡梅伦夫妇得到了一个令人非常心痛的消息,那就是伊凡患有严重的先天性疾病——脑瘫和癫痫。这个消息对于刚当上爸爸、妈妈的卡梅伦夫妇来说,无疑是个沉重的打击。要知道,脑瘫是无法治疗的疾病,随着孩子年龄的增长,会导致肌肉运动和协调出现各种问题,严重者随时都可能死亡。

但很快,他们就从悲痛的阴影中挣扎出来,并决定尽一切力量照顾好这个不幸的孩子。接下来,他们为伊凡提供全天24小时的照顾,尽管伊凡可能随时被病魔夺取生命,但只要能让他多活一秒、能让他多看一眼这个美丽的世界,卡梅伦夫妇就觉得再苦再累也值得。伊凡暂时活了下来,但他不能走路,也不能说话。他不会自己吃东西,必须用软管把食物输入胃里。此外,他必须定期到医院接受治疗。当然,伊凡随时都可能发病,卡梅伦夫妇要做好准备,不论伊凡什么时候犯病,他们都要以最快的速度把他送到医院去,并且还要长时间在医院陪护。为了照顾伊凡,他们还重新装修了自己的房子,添置了特殊的医疗器械。医生对他们说,患这种病的孩子大多活不过幼年时期,即使很幸运能多活几年,但生活也无法自理。遗传学专家则表示,卡梅伦和妻子如果以后再生孩子,患这种病的概率是 1/20。不过,幸运的是,他们的另外两个孩子南希和亚瑟都很健康。

尽管伊凡的病严重到没有认知能力,但他对父母的关爱也能有所反应。卡梅伦说:"有时候他会微笑,嘴角微微上扬,那时候,我觉得整个世界都被他点亮了。"但卡梅伦也承认,伊凡活得很痛苦,这让他内心十分难受。所以夫妻二人更是小心地照顾着他,希望他能够生活得轻松一点儿、再轻松一点儿。但不幸的事情还是在7年后发生了。2009 年的一天晚上,伊凡的癫痫病突然发作,卡梅伦夫妇发现后,立即带着伊凡到医院进行救治。但遗憾的是,这次医生没能从死神的手里夺回可怜的小伊凡。第二天早上,伊凡在伦敦圣玛丽医院死去了。医生们尽管是那么努力地去救他,但最后还是没能使伊凡的心脏再次跳动。

卡梅伦的一位朋友说:"事情发生得太突然了。这本来是很普通的一天。大卫白天还在办公室上班,他心情很好。晚上,他们和往常一样一起做煎饼。但伊凡的情况突然变得很糟糕。他的病开始发作,这对他来说是常有的事。可是他们很快就发现,这次的情形特别严重,因此迅速送他到医院。他们累得筋疲力尽,但伊凡还是没能逃过这一劫。"虽然卡梅伦夫妇早就有心理准备,他们知道伊凡的寿命不会太长,但这个孩子的去世对他们来说还是太快了。卡梅伦告诉朋友,唯一值得安慰的是,伊凡去世的时候,他能陪伴在身边。

卡梅伦和妻子萨曼莎随后返回家中,和 5 岁的南希和 3 岁的亚瑟一起哀悼他们这位兄长的离开。此后,卡梅伦请了两个星期的假,陪伤心的妻子,也陪伤心的自己。卡梅伦热爱自己的工作,但他同样热爱自己的家庭,他只有让自己的身体休整一下,让自己的心灵休整一下,才能继续上路。

的确,卡梅伦的仕途虽小有波折,总的来说还应该算是顺利,但大儿子伊凡一直是卡梅伦生活的遗憾。卡梅伦曾多次表示,伊凡是自己奋斗至今的重要动力。

伊凡降生前,卡梅伦过着几乎无忧无虑的生活。伊凡出生后,频繁进入医院的经历让卡梅伦感受深刻。在保守党的政策中,卡梅伦强调"大社会"概念,并特别推崇"家庭观念",为夫妻争取优惠税收政策就是他竞选中的一大亮点。伊凡死后,卡梅伦向一些保守党成员发短信说:"当我们得知伊凡的病情后,我原以为,我们将为照顾他而受苦,但至少他可以从中获益。我现在回想往事,发觉完全是另外一回事。只有伊凡真正受苦,我、妻子和其他两个孩子从中获益甚多。拥有并去爱这样一个特别、可爱的孩子给了我们许多。"

二战后出生的首位法国总统

——萨科齐

人物档案

简历：尼古拉·萨科齐，匈牙利裔法国政治家，于2007年参与总统初选，以53%的支持率赢得大选，当选为"法兰西第五共和国"的第六位总统。

生卒年月：1955年1月28日~

性格特征：直言敢干，作风强势。

历史功过：萨科齐对自己的总统使命充满期待，他表示政府要继续推行自由市场经济，努力增加就业，减少企业税负，提高法国的竞争力，并对法国现行社会福利和劳工制度进行改革。在外交政策上，萨科齐强调要以欧盟为依托，突出法国的作用，并重视与中国在多方面进一步加强关系。

萨科奇今年才50多岁，在法国政坛属于少壮派人物。萨科奇是传统右翼代表，以"直言敢干"的强势作风著称。他支持自由市场经济，主张降低企业社会福利和税收负担，从而刺激经济发展以降低失业率；他力主改革现行的社会福利和劳工制度，鼓励员工延长工作时间以增加收入；他还强调法国的"国民性"以及加强对移民控制，以此吸引"深右"选民。萨科奇提出的竞选口号是"团结起来，一切皆有可能"。

个性鲜明

像拿破仑一样拼命工作：萨科齐是个不折不扣的"工作狂"。他每天早晨6点起床，先浏览当天的报纸，然后吃早餐，再向办公厅主任布置一天的工作。接下来就是一个接一个的会议、约见、招待会，晚上还要把文件带回卧室。据他身边的人介绍，他每天都要工作17个小时以上。不过，即使再忙，他每周都要抽时间去跑步。萨科齐的工作方法也自成一体。2002年刚一就任内政部长，他就开会要求下属"写通知须清晰可辨，有新思想"。有一次，他在一份报告上读到"债务的可承受性令人满意"等词句后，异常不满地对国家统计及经济研究所所长咆哮："请写得简单一点,让法国人能看得懂!"就这样,萨科齐把内政部的头头脑脑们整治得服服帖帖。但对普通工作人员,他总是和颜悦色,展现的是一副亲民形象。同时,他也明白,外面的"民"更要去"亲"。几乎每一周,他除了要面对各阶层的数十个约会,还会下一次基层。

2004年3月,萨科齐改任经济、财政和工业部长。短短数月,他就使前任梅尔相形见绌。其实,萨科齐的经济政策与梅尔的基本相同,"不同的是,他总是设法让人们知道他在做什么",梅尔的一位前顾问道出了萨科齐的成功秘诀。但是,跟着萨科齐干的人就没有了原来的好日子。上司要提高工作效率,手下人自然不敢懈怠。上至次长,下至打字员,每个人都感受到了巨大的压力。一位顾问就曾苦着脸说:"萨科齐的工作速度让我们吃不消,我们连周末都没了!"而萨科齐则说:"抱怨我整天工作?我的任务就是行动!"

干练强硬的作风一方面为萨科齐积攒了不少人气,另一方面也让一部分人对他恨得咬牙切齿。民意调查机构CSA的负责人曾向《巴黎人报》透露,不少选民都因为萨科齐的个性而问过自己这样的问题——他是否有些危险?

与其他温文尔雅的政客不同,萨科齐锋芒毕露,毫不避讳自己是个占有欲极强的人,"有个空位子,我就想坐上去"。"我感到自己有一股力量和愿望,想要有不一样的法国。我希望使法国社会重现活力。"这是他的参选宣言。他还希望加强社会流动,帮助民众致富,建优质学校,提高工资……最终目的是将法国重塑为"世界典范",与过去的法国"平静地决裂"。"(希拉克)总统先生求无为,我希望求变。"他了解法国人当前觉得国家正走下坡路的忧虑,毫不犹豫地祭起改革旗帜。其中,最明显的包括加强与美国的关系,不再像戴高乐或希拉克般喜欢与美国唱对台戏。

前妻塞西莉亚

塞西莉亚是萨科齐的第二任妻子。他们曾经被视为"爱情与事业的完美组合"。身为名模的塞西莉亚婚后一直扮演着丈夫非正式政治顾问的角色,据说在萨科齐担任财政部长时,她就是公认的财政部"二号人物"。多年来,夫人塞茜利娅一直是萨科齐得力而知心的助手。她是个不领报酬的"高级顾问",长期负责萨科齐生活和工作中的各项事务,诸如准备菜单、筹备招待会等。萨科齐毫不掩饰自己对夫人的时刻牵挂,而塞茜利娅也对丈夫体贴入微,着实羡煞旁人。

但在2004年底,两人的感情出现了危机——塞西莉亚有了情人、纽约广告商人理查德·阿迪亚斯,后来索性在2005年离家出走。萨科齐一度将妻子追回,但塞西莉亚选择了第二次"出逃"。出人意料的是,2006年年底,塞西莉亚悄悄回到萨科齐身边,当起了萨科齐非正式的竞选顾问。而在22日投票当天,塞西莉亚重新出现在萨科齐身边,陪同丈夫一起投票。

尽管萨科齐与塞西莉亚的爱情故事,堪称世界政坛的一段传奇;可是再好的戏也有落幕一刻,从上个星期开始,这一对权力与美丽结合的夫妇宣布离婚。萨科齐离婚的消息已经让媒体颇感震惊,不过塞西莉亚的表现更为诧异。就在法国官方证实"第一家庭"离婚事实的前几个小时，塞西莉亚竟衣着光鲜地为《巴黎竞赛画报》高调拍照，并被拍到与朋友在高级餐厅就餐，出入高档购物场所。

据美国媒体报道，塞西莉亚接受采访时表示，自己是一个低调、喜欢宁静生活的人，非常不喜欢"站在聚光灯下"，她对"第一夫人"角色的排斥由来已久。两年前她就说过一句名言："老实说，当第一夫人很烦。我不适合这种场合。"——很明显，这是真心话。

这身黑色吊带裙和芭蕾舞平底鞋都是法国高级服装定制大师阿瑟丁？阿拉亚（Azzedine Alaia）手笔，他的服装以2.5万美元起价，阿拉亚的设计强调女性腰臀的优美，塞西莉亚选这个品牌作为自己在国际舞台首次亮相的包装，对身材显然有相当的自信，也强调了她特立独行的个性。

戴安娜王妃在世的时候，法国《巴黎竞赛画报》《Elle》这类媒体对她的关注度比起英国小报来也只多不少，时尚记者不舍得漏过她在公众场合穿戴的任何一款新衣、手袋、鞋或者珠宝。邻居家有这么一个光彩照人的女人，法国人既羡又妒，只可惜自家没有王室来撑社交门面，也没有杰奎琳·肯尼迪那样的第一夫人，令时装设计大师们个个奉她如天仙。

现在法国人有了塞西莉亚。

第一夫人穿什么，品位如何，从来都是时尚和八卦专栏作家的笔下话题，想挑剔的时候怎么刻薄怎么写，要吹捧起来也十分肉麻。在6月初德国举行的八国首脑峰会上，塞西莉亚的衣着品位和身材气质就令到媒体两眼放光。当时塞西莉亚身穿黑色吊带裙出席峰会官方晚宴的照片，被《巴黎竞赛画报》刊登在封面，又被各家报纸和网站转载，众媒体赶紧把塞西莉亚和杰奎琳相提并论，猛夸两个人都天生丽质，怎么穿都好看。

塞西莉亚的衣着品位已经不用专栏作家们来费心分析，毫无疑问，她是意大利奢侈品牌Prada的拥趸。萨科齐正式获得总统竞选资格之后，塞西莉亚总共在正式场合亮相3次，3次都和Prada有关：5月底，萨科齐获得党内正式提名之后，在庆祝宴会上她穿了一件象牙色的Prada晚装；萨科齐宣誓就职总统的仪式上，她穿的是一条乳白色Prada绸缎连衣裙，事后连设计大师克里斯汀？拉克鲁瓦（Christian Lacroix）也称赞她的衣服效果非常出色，"既迷人又符合身份，不那么刻板，也不过于时髦"。塞西莉亚亦为萨科齐选了一套深色Prada西服，他们各自两次婚姻的5个孩子一起出现，穿的则是Miumiu——那也是Prada旗下的品牌。作为法国是时尚之都，塞西莉亚一出场就弃用法国品牌，立即在法国引起争议一片。

虽然，有着法国人浪漫不羁禀性的塞西莉亚，选择在年满50岁生日前"辞任"法国第一夫人。不过，没有人会怀疑她还将稳稳地坐在"时尚话题女王"的宝座上。顶着时尚的浪尖锋口，每个时代都需要一位像塞西莉亚这样的标杆。

塞西莉亚身高178cm，比萨尔科奇高14cm。

1984年首披嫁衣，与著名儿童电视节目主持人贾克·马丁结婚，证婚人为萨科齐。

1988年与萨科齐同居。两人与各自的原配离婚后，于1996年步入礼堂。

2005 年情势生变，塞西莉亚远赴纽约，与公关专家理查德·艾提亚斯过从甚密。

2006 年初，法国总统选战逐渐升温，塞西莉亚也倦鸟还巢，回到丈夫身边。

2007 年 10 月，爱丽舍宫发言人证实塞西莉亚与萨科奇已离婚。

"相比较晚礼服而言，我更喜欢牛仔裤、夹克衫和马靴。我不适合戴着面具生活。"

与布吕尼完婚

法国总统萨科齐与女友布吕尼在爱丽舍宫举行婚礼，爱丽舍宫所在的巴黎第八区的区长拉贝尔（Francois Lebel）接受电台访问时证实，08 年 2 月 2 日他在法国总统府主持了两人的婚礼。

这是首次法国总统在任内结婚，53 岁的萨科齐去年底与第二任妻子塞西莉亚离婚之后，开始同现年 40 岁，曾经做过模特儿的布吕尼一起出席公开场合。

拉贝尔告诉法国电台"欧洲第一"（Europe-1）："我为两位住在巴黎市第八区圣誉郊路 55 号的市民见证结婚仪式。"这正是法国总统府艾里赛宫的地址。

报道说，区长拉贝尔宣布两人结婚时，双方部分亲属、朋友以及证婚人约 20 人在场观礼。男方证婚人是萨科齐的密友、顾问尼布拉·巴齐尔，女方证婚人是公关专家马蒂尔德？阿戈斯蒂内利。

法国法律规定，结婚须经区长见证，方能生效。

萨科齐就任总统后支持度一路下滑，在其大方表态下，媒体紧追其感情生活，使其花边新闻凌驾政策和国事宣导，令人民感觉总统为己胜于为民。

法国媒体给萨科齐取了个"亮晶晶总统"的封号，因为他送给布吕尼一只粉红色迪奥订婚钻戒，布吕尼则回赠他百达翡丽手表。

萨科齐就任法国总统创了两项纪录，一是去年他和前第一夫人西西莉亚结束 11 年的婚姻，成为法国史上第一位任内离婚的总统；二是本月二日迎娶布吕尼，成为法国史上第一位任内结婚的总统。萨科齐与女友认识不到三个月就结婚，萨科齐与第二任妻子西西莉亚离婚也还不满四个月。

政治历程

萨科齐出生于一个富有的匈牙利移民家庭，20 岁时就踏进政坛，一直是法国青年中的领袖人物。1978 年，他拿到律师证，曾与人合伙经营一家律师事务所。有阔绰的父母做后盾，年轻的萨科齐轻松地在政商两界施展才华。28 岁时当选塞纳-那伊市市长，34 岁时成为国会议员。2002 年，他更是进入内阁，出任内政部长，瞬间成为法国政坛一颗冉冉升起的巨星。萨科齐个头不高（1.61m），有性感的眼睛，阳刚、有活力的形象和充满磁性的声音。

在法国，萨科齐被戏称是希拉克的"政治女婿"（前总理阿兰？朱佩被戏称为其"政治儿子")。他与希拉克有过近20年的师生情。上世纪70年代,时任总理的希拉克将只有20岁出头的萨科齐拉入自己的队伍。而萨科齐也很争气,22岁成为市议员,28岁就当上了市长。但是,好景不长。1995年,法国举行总统大选,萨科齐倒戈支持希拉克的竞争对手,成为希拉克一辈子"既不能忘记也不能原谅的人"。于是,萨科齐被踢出了"元首继承人"队伍,前进道路上不断冒出绊脚石。然而,他神奇地一路"逢凶化吉",节节高升。在此期间,他曾担任过一段时间保卫共和联盟的总书记和代理主席的职务。

在2002年的法国总统竞选中,萨科齐回到希拉克身边,为"岳父"竞选连任东奔西走。他当然也有自己的打算——试图得到总理位子。但是,希拉克连任成功后,将总理宝座送给了连法国人都不太熟悉的拉法兰。但希拉克还是给了他一根内政部长的权杖。他决定将内政部变成为自己而战的阵地。他全力打击犯罪活动,牢牢抓住了媒体的注意力。法国媒体曾用"安心睡吧,他在守护着你"的溢美之词,来为萨科齐唱赞歌。2005年5月,希拉克因全民公决《欧盟宪法条约》失败而更换内阁总理,萨科齐的地位未变、继续担任政府国务部长并兼任内政部长,他在当年年底发生的"巴黎骚乱"中采取铁腕政策,很快平息了席卷全国的动乱,显示了其治理国家的魄力和才能。2002年由保卫共和联盟以及其他右翼和中右翼党派组建的右翼统一大党——总统多数派联盟(后更名为人民运动联盟),在立法选举中获胜,占据了国民议会中多数席位,萨科齐参与其中,2004年11月他当选这个执政党的主席。今年1月,人民运动联盟以98%的选票支持萨科齐作为执政党唯一候选人参加本次总统竞选。3月希拉克宣布引退并且明确表示了对萨科齐的支持。萨科齐在竞选中提出"同过去的法国平静地决裂"的竞选口号深得人心,使得他在4月22日的大选第一轮投票中胜出进入决赛。他的得票率超过30%、达到31？18%,这是右翼候选人在历次总统选举第一轮投票中从来没有取得过的支持率。

最终,他在2007年的法国总统选举中以53%的支持率赢得大选,成为希拉克之后的法国总统。

政策主张

一、经济与就业

豁免对超时工作以及社会保险费用的征税;

减征4%的税收以及社会负担费用,该举措将使得法国国民增加680亿欧元的收入;

设计一种新的单一劳动合同,雇员的权利将随着时间的延长而增加,这种灵活性将会鼓励企业主雇请更多的工人;

禁止对高级管理人员实行"黄金降落伞"(即:企业的高级管理层或离任的政府官员在失去他们原来的工作后,在经济上给予其丰厚保障的一种制度安排)安排政策,阻止将股买卖的特权仅限于公司的老板;

继续将退休年龄维持在 60 岁,坚持每周 35 小时工作制,工人们有权拒绝超时工作;

减少公共部门的工作人员数量,增加公务人员的工资水平,降低政府的公共债务;

萨科奇所在的人民联盟运动党曾公开承诺,萨科奇当选总统后,在五年时间之内将政府公共债务减少 60%,将公共支出的增长水平增加到 1.5%。

二、法律与移民

减少对多次犯罪者的量刑标准,增加对青少年犯罪的量刑标准;

确保法官们对自己做出的决定负责;

减少非法移民数量,实行选择性的移民政策,以有利于那些具备一定资格的工人进入法国;

设立专门的移民和国民身份认证机构,使得国民身份认证不再被视为社会的禁忌。

三、福利与社会政策

对交通以及能源部门的退休人员实行更加优厚的养老金政策,同时提高其他部门工作人员的退休待遇;

允许同性恋者成立民间协会,对那些已经生活在一起的同性恋者实行同样的税收、移民以及社会政策,但不允许这些同性恋者结婚或者收养小孩;

通过法案使得全体国民享有房屋居住权,对于任何没有住房的法国国民,将在两年内为他们提供居所。

四、外交政策

欧洲:向欧洲中央银行施加压力,要求他们降低欧元汇率,在有效遏制通货膨胀的同时增加经济和就业率;支持欧盟与土耳其之间就建立战略伙伴关系进行协商对话,但不主张土耳其可以获得完整的欧盟成员国资格;暂停一些新国家申请加入欧盟;希望在 2009 年之前化解欧洲宪法僵局,要求简化欧洲宪法的条款,这些条款包括延长欧盟委员会主席的任期、设立欧盟外交部长、增加就司法以及移民问题进行投票国家数量、提升欧洲议会的权限、给予普通公民向委员会提交政策的权利。

伊朗:伊朗获得核武器是完全不可以接受的,如果德黑兰执意拒绝遵守联合国的决议,将寻求对伊朗实行更多的惩罚性制裁。

美国:将与美国建立"深厚、真诚、坚定"的伙伴关系,但同时认为美国在阻止全球气候变暖问题上应该受到谴责,也应该承担更多的义务。

五、机构改革

总统只能连续担任两届;

总统有权直接在议会发表讲话;

增强国会在修改政府议案方面的能力;

在议会上院实行比例代表制;

政府部长的数量控制在 15 个以内。

六、教育

法国国内的教育机构将获得更大的自主权；

进入国家博物馆将全部免费；

法国国内的大学将获得更大的自主权。

竞选胜利后，萨科齐向聚集在巴黎市中心的支持者发表演说。他表示，将做全法国人民的总统。"对于那些在此次选举中没有投我一票的民众，我想说，法国只有一个，我希望所有人摒弃政治成见和观点分歧，团结在一起。我郑重承诺，我将做全法国人民的总统。"

萨科齐将接替希拉克成为法国总统，他将成为二战后出生的首位法国总统。法国总统竞选活动的主要议题是如何改善经济增长、降低年轻人的失业率、移民政策。

萨科齐还表示，他坚信大欧洲建设事业将继续深入，而美国完全可以相信两国之间的友谊。"我想对法国的欧洲盟友们说，欧洲是我一生的归宿，今夜法国是欧洲最坚定的后盾。"

问题与挑战

第一、法国的综合国力持续下滑。在经济全球化的浪潮中，法国在世界经济中的地位不断下降。法国 GDP 在最近 25 年中从世界排名第 7 位下降到第 17 位；法国人均财富的世界排名也由 1995 年的第 5 位下降到 2006 年的第 13 位；目前，法国的经济增长率为 1？4%在欧盟各国中是最低的，而财政赤字占 GDP 的比重则是最高的；法国的失业率也长期徘徊在 10%的高水平上。可以说，法国实力的下降与其长远的战略目标之间的矛盾日益突出。

第二、法国在欧洲的影响力不断缩小。2005 年 5 月，希拉克提出法国通过全民公决来批准《欧盟宪法条约》，而公决的结果是否定了这一条约。这一结果不仅对希拉克本人是一个打击，而且导致法国在欧盟中的地位受到严重损害。随着欧盟不断扩大，一些来自中东欧的新成员对法国主导欧盟的地位也提出了挑战，而曾经是推动欧洲建设的"法德轴心"也由于两国领导人立场差异的加大而越来越失去了"发动机"的作用。

第三、在经济全球化的汹涌浪潮中，像中国和印度这样的发展中国家正在经历一个经济迅猛高速发展的时期，在世界经济中的地位不断提升，同时这些国家在国际事务中的影响力也随之增强。法国认为，无论在争取产品和投资市场上还是在资源开发方面都面临着这些国家咄咄逼人的威胁。

第四、经历过二战的政治领导人已经纷纷退出历史舞台，而年龄在 50 岁上下的新一代法国领导人的资历是很难同戴高乐、密特朗或者希拉克这样的领袖人物相提并论的。他们在国际舞台上尚未被人知晓或熟悉，这就直接影响法国在国际事务中发挥作用。

以上几个方面正是摆在萨科齐面前必须正视和解决的重大课题。

萨科齐语录

"希拉克总统力求无为,我则希望求变。"———萨科齐屡次声明将与过去的政策"决裂"。

"我唯一所求就是将法国人民团结在一个新的法国梦周围,在这个博爱共和国中,人人都有自己的一席之地,多样化再不会被视为一种威胁,而是一种财富。"———萨科齐"头号警察"的称号名不虚传。

"虽然与美国总统布什的见面为我自己带来了重重困难。但美法两国的友谊是深刻的、诚挚的、可靠的,是决不会屈服的。"———萨科齐是战后60年来第一个"拥抱美国"的法国重量级政治人物。

"我是中国人民的朋友,对中国怀有深厚的感情。感谢中国政府在我仕途处于最困难、思想最低落时,邀请我访问中国……"———2007年春节,萨科齐把300多位华人华侨请到自己的内政部做客,在宴会上他对中国公开示好。

"最后想想看,比起骑马,我宁可选择总统竞选,老实说简单多了。"———第一轮投票前,萨科齐来到了法国卡马尔格地区的农场骑马,度过首轮竞选活动最后一天。对于萨科齐来说,他从来都不缺乏信心。

外界评论

欧洲时报:法国人选择了改革。社论说,在整个选举之中,萨科奇的个人能力、经济改革措施等等都是他最受国人信赖之处。但是,应该看到:奇迹不可能因他的个人的领导能力与几条改革措施而发生,改革的成功,有赖全社会的集体努力以及对新的以发展为核心的文化的塑造。要重振法国,首先要重振经济;要重振经济,又必须重振文化。这种文化的反思能力,才是推动改革的原动力和不可或缺的社会氛围。一位锐意改革的总统,只有在这种新文化氛围中才能有所作为。社论指出,法兰西式的危难之际的改革,可谓挑战与机遇并存。法兰西民族的宽容与智慧,极高的国民素质,极高的劳动生产率,得天独厚的自然资源,众多领先于世界的高技术,丰厚的文化底蕴,绝无任何理由在经济全球化的大潮中沉沦。法兰西需要做的只是顺应这一历史潮流,找准在这一潮流中的位置。

张智新(首都经济贸易大学公共管理系-讲师,博士):萨科齐首先需要在内政方面变革和作为,让身陷困境的法国从经济低迷中走出来。萨科齐公开赞赏美国模式,也对英国的经济复兴充满热情。他准备对迄今为止无人敢碰的一系列问题发动立法闪电战,这些问题包括劳动力市场自由化、降低企业和个人税收、调整公共养老金体系。不过,萨科齐将要直面的这些内政改革,都是法国长期沿袭、积重难返的积弊,从密特朗到希拉克都曾想通过改革而有所作为,但最终都无果而终。萨科齐能否打破坚冰而让改革成功,恐怕还须拭目以待。

在外交上,萨科齐将一改希拉克对美国敬而远之甚至大唱反调的做法,在继续深化欧洲一体化进程的同时,全力促进法美关系的改善,推动美欧关系的协调改进。美国前总统布什在第一时间向萨科齐致电祝贺,白宫发言人也高调做出反应,这一罕见的政治举动,也为萨科齐将来的外交走向做了一个醒目的注脚。

在对华政策方面,萨科齐将与前任有所不同,但相信不会彻底改弦更张。希拉克执政时期,中法建立了全面战略伙伴关系,政治、经济和文化交流走向深化,双边关系处于近年来最好时期。萨科齐强调改善美法关系和加强美欧联合,势必在政治上对中法关系有所影响,在人权和民主问题,特别是对华军售禁令解除,以及承认中国市场经济地位等问题上,可能会出现若干杂音。

但是,有两点必须注意的是:一是萨科齐对中法经济关系有着清醒认识,一心想改变法国内政窘境的他,不可能无视中国崛起带来的无限机会,相信会理性应对包括经贸摩擦等现实问题;二是此前他曾多次访华,与中国官方有着密切接触和良好沟通,诸如聘请华裔作竞选顾问、主动亲近华人华侨、首开中文竞选网站等举动,都表明萨科齐对中国的特殊情感倾向。所有这些,都应是未来中法关系平稳前进的重要背景与动力。

《回声报》(Les Echos)曾预测萨科齐上任后将兑现竞选中做出的承诺,推行一系列改革,包括提高就业率、变革劳动法等经济领域的改革。

《解放报》在对大选结果的评述中同样预测萨科齐未来将大力推行改革,并把这位传统右翼执政党领导人比作"没穿裙子的撒切尔"。

《费加罗报》(Le Figaro)把萨科奇的胜出评价为"闪光的胜利",并对萨科奇在今后五年内锐意改革、重振经济,带领法国走出低谷做出乐观展望。

萨科齐政坛经历丰富,曾在28岁时成为法国历史上最年轻的市长。此后当过内政部长和经济、财政和工业部长以及法国国民议会议员。萨科齐讲究务实,工作作风干练,个人政绩突出,对国内治安和经济发展都做出过不小的贡献。

萨科齐对自己的总统使命充满期待,他表示政府要继续推行自由市场经济,努力增加就业,减少企业税负,提高法国的竞争力,并对法国现行社会福利和劳工制度进行改革。在外交政策上,萨科齐强调要以欧盟为依托,突出法国的作用,并重视与中国在多方面进一步加强关系。

韩国年轻人的偶像
——李明博

人物档案

简历：李明博，长老教会基督徒。出生于日本大阪中河内郡。曾任韩国首尔特别市市长，现任第 17 任大韩民国总统。2011 年 12 月，对于朝鲜领导人金正日逝世一事，李明博呼吁韩国民众不要因此消息而动摇。2012 年 1 月 9 日至 11 日李明博曾对中国进行过国事访问。2012 年 7 月 24 日就其兄长、前新世界议员李相得及亲近助手腐败一事向国民道歉。

生卒年月：1941 年 12 月 19 日~

性格特征：勤奋，敢于提出问题，善于创新。

历史功过：在当选为韩国新一届总统后，李明博成为韩国年轻人的偶像。其执政的一些言论、措施，对东亚地区造成部分紧张状态。

名字由来

李明博的父亲李忠宇 30 年代便离开家乡浦项到日本寻找教育的机会。父亲并不富裕，最后在临近大阪的一个农场里做起了放牧人。他的妻子姚充润是韩国清平一个果农的女儿，经人介绍认识李明博的父亲后，随他到了日本。为了补贴家用，她为农场主做些零活。李明博的父母共育有四个子女，李明博排行老三，还有一个妹妹。他的名字在族谱上被记为相京，"相"是他在家族中的字辈，这遵循了韩国的传统。但是他的母亲决定叫他明博。李明博曾解释说："母亲怀孕前，曾经梦到一轮满月从她的裙下升起，所以母亲为他取名'明博'，'明'代表'明亮'，'博'表示'广博'"。

半学半工

1945 年日本战败后，李明博与父母一起搬回南韩。初中在学时虽然成绩优异，但却因贫困而一度放弃升上高校，在老师的劝说下，母亲让他进入可半工半读的商业高校就读。毕业后从事劳力工作积攒学费，1961 年进入高丽大学商学部。大学生涯期间曾任商学部学生会长，后来因为领导日韩会谈的抗议活动而被捕入狱。

进入现代

因学生运动服刑的前科没能顺利求职的他，向时任总统朴正熙致信，抗议政府不合理的就业政策。最后历经周折在中小企业"现代建设"就业。

与生俱来的勤奋和敢于提出问题的性格，使得他在进公司不到两年就晋升为组长，并在 29 岁晋升为理事，1977 年，年仅 36 岁的李明博成为公司有史以来最年轻的领导人。此后，他担任过现代集团 10 家下属企业的领导人。辉煌的经历使李明博成为韩国企业界的传奇，被誉为"工薪族的神话"。

李明博是具有不断创新精神的代表人物。在泰国工作期间，李明博被委任为现代重工业的科长，并在回国后负责了向京釜高速公路建设项目提供装备的工作。当时，推土机几乎每天都出现故障，加上技术人员蛮横的态度，工程进度一再被推迟。李明博有一天晚上将出现故障的所有推土机拆掉，然后重新组装，完全掌握了其构造。技术工们被他折服，此后开始听从李明博的指示，而这件事情无意间被现代集团会长郑周永看到，成为李明博日后在现代集团扶摇直上的决定性背景。

首尔市长

李明博通过 20 多年 CEO 生涯，积累了不少财产，也摆脱了贫穷的生活，其现有资产按标准市价计算，超过了 330 亿韩元（约合人民币 2.7 亿元）。据悉，李明博上述资产中的大部分是在现代集团任职期间，成功竞标中东地区大型工程的奖金。位于论岘洞的私人住宅是姚奖永为方便李明博接待客人而盖的。

以第三任民选市长入主首尔市政厅的前首尔市长李明博在 4 年任期内复原清平川、改善大众交通体系、建设首尔林和首尔广场等，推进了与历届市长都无法相比的大型工程。但"推土机"的外号不仅包含了"拥有强有力的推进能力"这样的赞美，也遭到"搞开发主义式行政"这样的批评。

最具代表性的工程是复原清溪川工程。李明博在上任伊始就着手开展工作，在不到 1 年的 2003 年 7 月完全拆除了清溪高架道路，之后利用两年零三个月时间展开了复原工程，并于 2005 年 10 月将 5.84 公里的清溪川泉水归还给市民。

总统候选

1992 年到 1998 年间曾担任三届国会议员。2007 年 8 月 20 号，李明博以约 8.1 万票击败前总统朴正熙的长女朴槿惠，将代表大国家党参加 2007 年 12 月举行的总统选举。朴槿惠赢得 7.86 万张选票。

李明博在竞选时宣布他的施政纲领关键词为"747 经济发展计划",即韩国经济以每年至少 7% 的速度增长;再花 10 年左右时间,韩国人均年收入将达到 4 万美元,韩国将发展为世界第 7 大经济体(目前韩国世界排名第 11 位)。在外交方面,李明博主张在巩固韩美同盟、发展韩日友好的同时,加强与中国和俄罗斯等国的合作。他还强调要遵循六方会谈有关协议,构建韩朝经济共同体。

当选总统

韩国中央选举管理委员会 2007 年 12 月 19 日晚宣布,韩国大国家党候选人李明博在当天举行的总统选举投票中以 49% 的得票率的压倒性优势当选韩国新一任总统。

李明博 2008 年 1 月 1 日表示,韩国要树立明确的目标,在往后十年里进入世界七强的行列。李明博主张称,长久以来韩国处于"日韩中的三明治"状况,如果从 2008 年开始发愤图强,就能在未来 10 年内赶超日本,而如果将中国视为良好的竞争伙伴,那么就能走出这一"三明治"框架。

李明博表示,尽管韩国已具备世界一流发达国家水准,但部分领域还存在不少的问题,因此只有一切领域都具备基本水准,才能真正步入发达国家行列,所以需要提升弱势领域。

2008 年 2 月 25 日上午李明博在首尔正式宣誓就任第 17 届韩国总统。2010 年 11 月 23 日,在位于韩国首都首尔的韩国国防部,韩国总统李明博出席在韩国军队联合参谋本部控制中心召集的会议。韩国和朝鲜当日下午在有争议的"北方界线"附近发生交火。2011 年 12 月 19 日,在青瓦台紧急召开国家安全保障会议,就朝鲜最高领导人金正日逝世一事呼吁韩国国民,不要被此消息动摇,要照常做到尽职尽责,专事从事经济活动,并为商讨稳定国内情况召开了"非常国务会议"。2012 年 1 月 9 日至 11 日,李明博对中国进行国事访问。2012 年 8 月 10 日登临独岛(日本称竹岛),成为首次登上这座韩日争议岛屿的韩国在任总统。